中国近代史学文献丛刊

王 东 李孝迁／主编

中国现代史学评论

李孝迁／编校

上海古籍出版社

上海高校服务国家重大战略出版工程

上海市教育委员会科研创新计划重大项目
"重构中国:中国现代史学的知识谱系(1901–1949)"
(2017-01-07-00-05-E00029)

丛刊缘起

学术的发展离不开新史料、新视野和新方法，而新史料则尤为关键。就史学而言，世人尝谓无史料便无史学。王国维曾说："古来新学问之起，大都由于新发现。"无独有偶，陈寅恪亦以为"一时代之学术，必有其新材料与新问题"，取用此材料，以研求问题，则为此时代学术之新潮流；顺此潮流者，谓之预流，否则谓之未入流。王、陈二氏所言，实为至论。抚今追昔，中国史学之发达，每每与新史料的发现有着内在联系。举凡学术领域之开拓、学术热点之生成，乃至学术风气之转移、研究方法之创新，往往均缘起于新史料之发现。职是之故，丛刊之编辑，即旨在为中国近代史学史学科向纵深推进，提供丰富的史料支持。

当下的数字化技术为发掘新史料提供了捷径。晚近以来大量文献数据库的推陈出新，中西文报刊图书资料的影印和数字化，各地图书馆、档案馆开放程度的提高，近代学人文集、书信、日记不断影印整理出版，凡此种种，都注定这个时代将是一个史料大发现的时代。我们有幸处在一个图书资讯极度发达的年代，当不负时代赋予我们的绝好机遇，做出更好的研究业绩。

以往研究中国近代史学，大多关注史家生平及其著作，所用材料以正式出版的书籍和期刊文献为主，研究主题和视野均有很大的局限。如果放宽学术视野，把史学作为整个社会、政治、思潮的有机组成部分，互相联络，那么研究中国近代史学所凭借的资料将甚为丰富，且对其也有更为立体动态的观察，而不仅就史论史。令人遗憾的是，近代史学文献资料尚未有系统全面的搜集和整理，从而成为学科发展的瓶颈之一。适值数字化时代，我们有志于从事这项为人作嫁衣裳的事业，推出《中国近代史学文献丛刊》，计划陆续出版各种文献资料，以飨学界同仁。

丛刊收录文献的原则：其一"详人所略，略人所详"，丛刊以发掘新史料为主，尤其是中西文报刊以及档案资料；其二"应有尽有，应无尽无"，丛刊并非常见文献的大杂烩，在文献搜集的广度和深度上，力求涸泽而渔，为研究者提供一份全新的资料，使之具有长久的学术价值。我们立志让丛刊成为相关研究者的案头必备。

这项资料整理工作，涉及面极广，非凭一手一足之力，亦非一朝一夕之功，便可期而成，必待众缘，发挥集体作业的优势，方能集腋成裘，形成规模。华东师范大学历史学系，在史学理论与史学史研究领域有着长久深厚的学术传统，素为海内外所共识。我们有责任，也有雄心和耐心为本学科的发展贡献绵薄之力。在当下的学术评价机制中，这些努力或许不被认可，然为学术自身计，不较一时得失，同仁仍勉力为之。

欢迎学界同道的批评！

前　言

历史学的发展经常跟发现新史料有着内在联系,诚如陈寅恪所谓"一时代之学术,必有其新材料与新问题。取用此材料,以研求问题,则为此时代学术之新潮流。治学之士,得预于此潮流者,谓之预流(借用佛教初果之名)。其未得预者,谓之未入流。此古今学术史之通义,非彼闭门造车之徒,所能同喻者也"。① 进入 21 世纪十余年来,跟以往任何一个时代相比,都可以说是史料大发现的时代。除了研究者发挥"上穷碧落下黄泉,动手动脚找东西"的精神之外,实受惠于我们这个科技大发展的时代,海量中外图文资料数字化,而且数字化程度仍会不断提高,全文检索能力不断加强,这是前辈学人永远所不能梦见的时代。

当前,史学史研究亟待提升,与历史学其他分支学科相比,发展缓慢,在新问题、新史料、新方法方面皆有所不足,与中国史研究总体现状不相称。每年虽然出版发表大量的论著,但"采铜于山"、令人耳目一新者少,多为"废铜铸钱"式的低水平重复劳动。但凡被世人所公认的名著,皆在既有的史料基础上不断拓展史料发掘的广度和深度,从而提出有说服力的论断。所谓新问题、新史料、新方法三位一体,彼此关联,而历史研究因其本身的特殊性,无史料无史学,新史料乃是关键。所以,推进史学史研究,应该充分利用现今图书资讯便利的条件,尽力发掘新史料,形成新问题。这也许不是最高明的方法,但对一般研究者而言,可能是最有效的途径。只要经年积累,同行贡献的砖块多了,自然会形成规模效应,否则巧妇亦难为无米之炊。

"五四"以来至 1949 年之前,中国现代史学形成并迅速发展,派别

---

① 陈寅恪:《敦煌劫余录序》,见《陈寅恪集·金明馆丛稿二编》,三联书店,2001 年,第 266 页。

众多,名家辈出,作品满目,是中国现代学术门类中进步最快、最有成绩的一门学科,"中国的史学由破坏的进步进展到建设的进步,由笼统的研究进展到分门的精密的研究,新面目层出不穷,或由专门而发展到通俗,或由普通而发展到专门;其门类之多,人材之众,都超出于其他各种学术之上"。① 凡是一门学科发展到一定程度,大多会出现回顾反思性质的文字,以检讨前人所走过的道路,指示未来可能的途径。齐思和《近百年来中国史学的发展》长文,被广为征引,他撰写旨趣即在:"百年来中国史家究竟作了些什么事,最近改造旧史学的成绩如何? 将来应采取什么途径?"回顾不是目的,而是为了看清楚未来的路。1920 年代梁启超首倡研究史学史,提出要特别注意史官、史家、史学的成立及发展、最近史学的趋势。或受梁氏的影响,中国现代史学每每走一小段路,就要"回头看",所以时人经常发表"最近史学的趋势"性质的文章,不仅有总论,亦有专论,不仅有论中国史,亦有论西洋史,不仅正统派好回顾,左派史家亦喜总结。只是这些文字散落在各个角落,没有合适的工具书可以按图索骥,一般研究者又缺乏史料意识,往往被忽略。所以一般引来引去就那几篇人所周知的文献,说来说去就那几个人所共晓的议题,试问对学术有何贡献?

中国现代史学头绪繁多,不仅关涉新旧,而且交错中外,即便当事人的观感、见识,亦千差万别,更何况后人审视过往,雾里看花,难免陷入想当然的尴尬境地。如何真切又具体认识中国现代史学发展的脉络,除了研究史家和史著,尽最大可能把那个年代"回头看"的文字搜集整理出版,让不同立场、不同高度的同时代人现身说史,众声喧哗,以便后人有所凭借,多方比较,从而领略中国现代史学多样而丰富的面相,对之有近真的把握,不致被后见之明或一孔之见所误导,或以偏概全。例如何炳松,齐思和对何氏评价甚高,誉之"在中国现代史学有不可磨灭的贡献",费墨颇多,然周予同却只字未提,顾颉刚更不承认何氏是史学家,而只谓之教育家;再如,夏曾佑《中国古代史》从中学历史教科书升格为大学丛书,深受时人推崇,齐思和、周予同、钱穆皆有所称述,尤其周氏予以详论,可今人谈论中国现代史学,夏书虽不能不提,但恐怕

---

① 顾颉刚:《当代中国史学·引论》,辽宁教育出版社,1998 年。

不占特别显著的位置;周予同谈唯物史观派,首讲胡汉民,而不提李大钊,与时下的认识亦大别;同是回顾总结抗战以来中国历史学的发展,徐文珊、叶蠖生两人的文章立场、观感皆差异甚大;前人和今人都喜谈流派,但当事人未必欣然接受各种标签,如把顾颉刚作为疑古派代表,柳诒徵为信古派代表,他们自己或许都不能接受。顾颉刚就认为中国现代史学不存在明确的流派,强分派别很不合理,如陶希圣、郭沫若、翦伯赞同以唯物史观解释中国历史,但各人所得的结论距离很远。顾氏更愿意用地域区分史学风格,"以北平为中心的史学家,重实际而注意枝节,往往失之琐碎,只见树木不见森林。以上海为中心的史学家,重概括而追求完整性,往失之空洞,只见森林而不见树木"。① 但这只是笼统的说法,落实到某位史家,则又得具体分析。总之,史无他法,只有比较的方法,傅斯年极端地说:"假如有人问我们整理史料的方法,我要回答说:第一是比较不同的史料,第二是比较不同的史料,第三还是比较不同的史料。"历史事件虽然只发生一次,不再重演,但一个事件不尽止有一个记载,可比较而得其近真,好几件事情每每又有相关联的地方,可比较而得其头绪。② 因此,"回头看"文字的作者不仅是学术实践的参与者,同时也是评论者,诸人所见所评,未必如实客观,却提供了前后左右比较参证的依据,是我们今人穿越回归历史现场不可或缺的媒介,应引起研究者的重视。

基于上述认识,我们利用各种目录工具书以及各种图书数据库,尽最大努力搜集1949年前时人所写的各种"回头看"的文字,精心筛选,让更多声音发出,希望能比较全面反映中国现代史学的面貌。近代以来中国史学发展总体格局是偏重于头尾与中段,即古史、近代史和蒙元史,其余重要时期秦汉、隋唐、明代的历史,研究者相对较少。③ 为什么研究古史的人那么多?聂崇岐认为理由不外两种:一古史疑问多,可做题目多;二古代材料少,所费时间自然也少。题目多,材料少,见工较易,成名不难。他更批评投机分子研究古史,走入画鬼一途,因鬼不易

---

① 《顾颉刚论现代中国史学与史学家》,《文化先锋》1947年第6卷第16期。
② 傅斯年:《史料论略及其他》,辽宁教育出版社,1997年,第2页。
③ 齐思和:《中国史学界的展望》,《大中》1946年第1卷第5期。

见,画得像不像,没有人能做比较。① 研究蒙元史渊源于晚清西北史地之学,又受刺激于域外汉学,国内学界欲与外人争胜,故治"不中不西之学"者亦不少;至于近代史(清史)的研究,自然是因为时代的需要,跟现实较接近,新旧各派都很关注。所以,"回头看"文章大多偏重这三块领域,其他所见者少。这种畸形的史学发展,或受西方汉学(或中国学)的影响。蒙元史更不用说,古史研究侧重探讨神话传说,近代史注重外交方面,皆与西洋人研究中国史取向一致。因此,齐思和呼吁史学研究要均衡发展,纵向上各重要的断代史,都要有人研究,横向上关注面不能太偏,经济、政治、社会、学术、制度都要有所注意。

  史学史研究不应只留意学院派史学,历史知识的传播和普及,同样是史学史研究的对象。故收录两篇讨论近代中国的学校历史教育的文字,有助于我们了解当时历史教育的实况,而不是想当然以为近代史学名家辈出,历史教材编写兴盛,彼时历史教育一定令人满意;以往中国近现代史学史研究,事实上只是研究中国史的史学史,几乎不论及中国学者在西洋史领域的教学和研究情形,为纠此偏,特收录四篇有关检讨和回顾国内西洋史的文章;左派史学是中国现代史学的一支生力军,他们如何看待对手的工作以及如何评论自己的成绩,对我们深入认识现代史学大有裨益,尤其1940年代国共两党在史学领域的斗争异常激烈,焦点何在,如何表现,皆需要"回头看"的文章。左派所写的文章,以往认为没有学术价值,多所忽略,所见较少,故尽可多收;收录三篇以"国故"或"国学"为题的文章,是鉴于内容多关系史学。需要说明的是,评论史家与史书的文字,当然也属"中国现代史学评论"范围,但本集只收录综合性的评论文字,凡评论某人某书,拟另收编于其他资料集。总之,在海量的文献中披沙拣金,难免挂一漏万,期待学界同道的共同努力,不断披露资料线索,以便日后能不断完善这本资料集。

  本集所收录文献,相当部分为首次整理,尽量根据原本,如有其他各版,则参考校勘,皆径改不出校注。按现在通行的出版要求重新标点。近代文献整理,看似容易入手,实则亦有难度。所收文章大多发表

---

① 聂崇岐:《对现在史学界几句诤言》,《现代知识》1947年第1卷第11期。

于报刊,错字、别字、衍字和倒误之处甚多(皆径改),加之标点不规范,字迹模糊,对编校者的知识和耐性都是一番考验。每念及此,诚惶诚恐,我郑重向读者承诺,本集所有文献的编校工作,皆本人亲为,如有失误,亦个人能力有限所致。真诚期待学界同行的批评!

李孝迁
2015年秋华东师大历史学系

附记:

藉再版机缘,我对初版文字略有校正。若干篇文献最初未见原本,取用其他整理本,此次皆直接采用原本。同时增补新见《"五四"以后的中国史学思潮》、《近三十年来中国之新史学》、《中国外交史学术现状及其发展》三文,以期此集臻于完善。

李孝迁
2018年夏华东师大历史学系

目 录

丛刊缘起 / 1
前言 / 1

晚近中国史学界之一瞥　诒　荪 / 1
现代中国史学之发达　卢绍稷 / 9
中国近代史学　周　容 / 17
民国以来之史学　魏应麒 / 24
五十年来中国之新史学　周予同 / 36
"五四"以后的中国史学思潮　陈一戎 / 79
中国新史学的学派与方法　张好礼 / 89
中国新史学运动中的社会学派　张好礼 / 100
五十年来的中国史学　顾颉刚 / 112
中国近三十年来之史学　晋　三 / 126
近三十年来中国之新史学　黄挺柱 / 128
近百年来中国史学的发展　齐思和 / 143
民国以来的历史学　方　豪 / 180

评现在之中国史学界　马鸿昌 / 197
新史学批判　靖　公 / 208
新考证派的评价　子　彬 / 222

中国史学之新趋势　丁则良 / 228
最近史学之新趋势　郑师许 / 232
抗战以来中国史学之趋向　徐文珊 / 240
近三十年来中国史学之趋势　沈兼士 / 247
中国史学界的展望　齐思和 / 250
现代史学的特征　周一良 / 255

中国现代史学界的检讨　曾繁康 / 260
现代中国史学评论　齐思和 / 263
中国史学研究之新动向　王静如 / 269
对现在史学界几句诤言　聂崇岐 / 271
中国史学界人物及其代表作　吴景宏 / 274
顾颉刚论现代中国史学与史学家　蒋星煜 / 281

中国历史学的简单回顾与展望　金灿然 / 285
近三十年中国史学的发展　张绍良 / 293
发展的中国新史学　文　超 / 302
抗战以来的历史学　叶蠖生 / 307
战时中国历史研究　郭沫若 / 331
近五年间中国历史研究的成绩　胡　绳 / 338
正在展开中之史学的反动倾向　翦伯赞 / 345

二十年来我国之国故整理　陈钟凡 / 350
近年来国学研究在北京　傅芸子 / 365
三十年来国学界的概况　聂崇岐 / 377

谈古史辨　舟　及 / 384

近代古史研究鸟瞰　沅　思 / 388

现代中国古史研究鸟瞰　郑慕雍 / 399

近年史学界对于中国古史之看法　冯友兰 / 408

略论近年来国内史家史前史研究的成绩　童书业 / 413

古史及古史研究者　华白沙 / 418

唯物史观者古史观的批判　童卷章 / 433

研究中国历史漫谈　缪凤林 / 439

中国社会史的轮廓　陶希圣 / 452

中国经济史坛的昨日、今日和明日　秦佩珩 / 459

论"中国社会史"问题　杨　堃 / 468

近年国人西域研究之发展　冯先恕 / 474

南洋研究的回顾与前瞻　许云樵 / 490

东方学者研究元史之总成绩　懿　生 / 499

元史研究之回顾与前瞻　韩儒林 / 504

中国外交史学术现状及其发展　蒋廷黻 / 510

近代史书史料及其批评　萧一山 / 515

历史与教育　钱　穆 / 536

新历史教育论　李季谷 / 542

西洋史教学之基本问题　齐思和 / 554

近三十年来之出版界（外国史之部）　吴祥麒 / 571

西洋史的出路　齐思和 / 582

中国史与西洋史　齐思和 / 587

晚近中国史学界之一瞥

诒 荪

这篇叙述文字,是我拟编《中国史学要论》的一章,自清季到现在,史学上发展的关系和研究的经过,略为解释说明。这固然也是研究最近中国学术史的人所应负的责任,但是疏别学术,最难扼要,所以本文到了现在还没有脱稿。现因急应桂君之命,乃尽两日之力,草率写成,乖漏之处,势不能免,望阅者谅之!

一 晚近中国史学界发展的关系

如果想明白一个时代学术所发生演进的关系,必须考察这个时代前后的来因去果,而找出他们相互的影响与感应,这是历史的因果律所指示吾人的。近几年来中国史学界的成绩颇具优越,的确已经走上了一条科学的新道路,许多进取的新方向,是值得我们注意的。我现在正要寻流溯源的看出他们所以发生演进的关系,拿很概括、简约的方法,写出他们在近代史学上两个最显著的特征。这两个特征,也许为今日史学界立了两个根本的方法和基础,请分述如下:

(一)求真。清朝一代的学术,的确只有经学而无史学,这个原因很多,一来是因为宋明理学的反动,所以顾炎武要出来提倡"舍经学而无理学"之说;二来是因为异族入主中原,文网缜密,横施暴威,驰天下学者尽做那与世无争"为经学而治经学"的汉学研究。至于史学呢?谈者确是很多,虽然前后出了一个黄梨洲、万季野、崔东壁、章实斋,也不能成为学风。但是今日史学上根本的基础,的确要说是建设在这汉学家求真的精神上。

在这史学不甚发达的时代,而卒能建立今日史学上的基础的,就是发端于那清初广义的史学——文献学,这也是因为当时的士大夫如顾亭林、黄梨洲、全谢山、万季野诸人抱"明亡"的隐痛,竭力以保存前明文献为己任的结果。他们的根本精神,就力矫前代"史评"、"书法"空疏流弊,注意到史料的搜集和鉴别,务求事实的正确,觉臆测推论不可凭,这是求真精神的表现。试一看《亭林文集·钞书自序》就首先要说"著书不如钞书",这便是客观的搜集史料的方法。近人论亭林在清代学术界中之所以能占重要的位置,第一在他所创为学的方法,我说他的为学方法,第一在本客观的真实去搜集资料,为开清代史家之应用科学的考证法来治史的先导。王鸣盛《十七史商榷·自序》上说:"盖学问之道,求于虚不如求于实,议论褒贬皆虚文耳,作史之所记录,读史者之所考核,总期于能得其实焉而已矣。"这一段的理论,很可以拿来代表当时史学界的作风。它如赵翼的《廿二史札记》、钱大昕的《二十二史考异》、洪颐煊的《诸史考异》等类史著,都很可以考见他们那考证求真的精神了。

这种求真的精神,是历史家唯一的天职,所以历史的目的无外乎明白真象,盖必如是,才能产生一种唯真的史学。梁任公的《中国历史研究法》就是本着这种精神,他在原书中曾说过:"吾以为有最要之观念为吾侪所一刻不可忘者,则吾所屡说之'求真'两字——即前清乾嘉诸老所提倡之实事求是主义是也。"(原书页一五九)它如胡适之所著的《中国哲学史大纲》从事于"学说的真面目"的研究(原书页十),都无外乎这一个"求真"的精神。

(二)疑古。学术发达有待于怀疑精神,自不待言。清初史家自万季野、钱大昕、王西庄、赵瓯北诸人拿考证学来治史学,同时他们更根据求真的态度来辨证古史,所以如杭大宗《诸史然疑》、洪稚存《四史发伏》、梁玉绳《史记志疑》、崔东壁《考信录》一类的辨证著作,便风起云涌了。

经学方面,自胡渭的《易图明辨》,对于宋儒假托羲、文、周、孔的易学,诋为诬妄,阎若璩的《古文尚书疏证》对于晋人伪托《古文尚书》证为伪作,已开了后人疑古的端绪。

嘉道以后,今文学大兴,如廖平、崔适、康有为诸今文学者皆先后辈出,在经学上则否认了一切的古文经典,于史学上则以《史记》是信史,《左传》是伪品,《汉书》是掩伪之书。康氏著《孔子改制考》说先秦诸子都是托古改制,《六经》是孔子所作,拿来作为宣传的书册,尧舜是孔子所托的理想社会。在他当时发出这些论调,目的固然是推崇孔子,要替古圣人揭出他们的圣道王功,辨伪不过是手段,并没有设想到把中国伊古以来的荒谬史实来澄清一下,但是在今日史学界所发生的影响,确算是意外收获了。于是中国古代一些不经的历史记载,一部分为之土崩瓦解,到现在才发生这样猛烈的疑古精神!才走上这样科学的治史大路!

打破已往的遗传观念,而创造未来的正确思想,全在怀疑的工夫不断的努力,所以学术之有进步全由于学者之善疑,不独史学而然。所以我们想澄清如许荒谬不经的中国史学界,非用极热烈的疑古精神去打扫不可。最近梁任公著《先秦政治思想史》说"《虞夏书》为周人所追述"(原书页二八至三七)。《中国历史研究法》更根据于《尧典》"蛮夷猾夏"一语,为帝舜时所不能有;"金赎刑"一语,金属货币更为三代以前之所无,指为时代错出而认为伪作(本书页一七四至一七五)。凡此诸例,都可以说是"疑古"的精神表现。至于现在胡适之、钱玄同、顾颉刚诸人之辨证古史,疑古更烈,钱玄同《研究国学应该首先知道的事》上说:"比较可信的旧史只有《史记》,《史记》的纪年始于周召共和元年,即公历纪元前八百四十一年,这以前的时代,便绝无可考。"他这种疑古的程度,已加浓到十分,足以令人惊异的!顾氏所著的《古史辨》对于禹的史迹之演变,说得最为清楚,已详下节。

他们那"疑古"的工作,不特从黄帝、尧、舜着手,竟到了禹,可谓中国史学界第一次大革命,其影响于思想界最为重要。它如梁任公之疑《老子》、胡适之和陆侃如之疑《屈赋》、疑古玄同之疑《六经》,可以说是洪波所及,蔚成风气了。我都承认是中国学术界很好的现象——尤其是这样"赝品"最多的国学界,至少也要感觉得必需。

二 最近中国史学界的新贡献

晚近中国史学进步的原因和发展的关系,已略如前述。兹更就我耳目所及的范围,将最近的中国史学界进步的情形和研究的经过,略就其最重要的部分再为介绍,以明学术思想之重要。现为叙述的便利,分作两项论列:

(一) 古物的发现
(二) 今人的著述

(一)

考古学在史学上的价值,是尽人而知的。郑樵在《通志·总序》上说:"金石之功,寒暑不变,以兹稽古,庶不失真。"的确是这种原因。这种学问,自清乾隆中叶以后,直到现在一百五十年中,确实有很猛烈的进步,考其原因,正因金石古物出土之丰富,与专门学者之从事努力所致。清初治金石学的人虽间有一二,而专门学者之继起研究,实自道咸以后而始盛,最著的如阮元、翁方纲、孙星衍、潘祖荫、吴大澂、毕沅、杨守敬诸人,最近的如罗振玉、王国维、马衡诸人,皆于此学多所贡献。但前此所得的金石古物,大率都是偶然出土,从未有如西人从事于人工的发掘,专供历史的考释与参证。这是由于国人不谙于专门的发掘事业,也是因为年来国内内乱频仍,一二学术团体也无暇计及了。而在最近二十年来古物偶然的出土,既然如此的丰富,真是中国史学界特有的大幸!请就其大者分别说明:

(1) 甲骨文的发现——光绪二十五年(一八九九)河南安阳县西小屯有乡人掘得龟甲兽骨无数,后经专门学者孙诒让、罗振玉、王国维诸人的专心考证,知为殷时卜筮之物,并考其地即殷之汤殷。商自成汤以前,绝无史实,《史记·殷本纪》所书的世次,全据《世本》,而王氏于卜辞中发见王亥、王恒之名,更由甲骨断片中发见上甲以下六代的世系,与《史记》纪表不同。复著《殷周制度论》,于是将殷商以来的历史与民性、先公先王的称号系世,得以考见校正者不少,而对于周之宗法、丧服,及封弟子尊王之制，都有很精密的系统说明，这种空前的创获，是古人所梦想不到的。

（2）魏晋木简的发现——光绪二十八年（一九〇二）匈牙利学者斯坦因博士（Dr. Stein）探险中亚，在我国新疆罗布泊一带沙渍中，发见魏晋木简，后复游新疆全境及甘肃西部，续得两汉人所书的木简，多至千枚，斯氏追记其三次探险，成《西灵地雅》（Seridia）一书，我国罗、王二氏亦曾参与考释。斯氏第二次发现之木简，法人沙畹教授于一九一三年为之考释，罗、王二氏将其影本重加考订，于次年成《流沙坠简》，共九卷。其所研究的结果，贡献于史学界者不少。我们看木简上的记载，与中国历史上有关系的地方很多，最古起两汉，最近到六朝，综合研究，一面可以多少了解西域的情形，一面可以多少了解当时的风俗制度，如汉时西域两道的分歧，塞上各烽燧的次第，魏晋间葱岭以东的国家和西域长史的治所，在在都可以匡补旧史的阙文。

（3）敦煌石室的发现——光绪三十三年（一九〇七）斯氏作第三次的探险，竟于甘肃敦煌发见石室，中贮隋唐五代刻写书籍（间有佛像、梵筴等件），多珍罕古本，为中土早经亡佚之书。斯氏及法人伯希和（P. Pelliot）皆先后至此，将其中善本为六朝及隋唐人写卷子本书数千卷，辇之归国。后始为我国所知，学部乃遣人往收其余沥，所得犹及万卷，经学者考研，乃知此千佛洞石室为西夏藏书之府。罗氏就伯氏所寄的影本，印为《石室秘宝》十五种、《鸣沙石室逸书》数十种，罗福苌著有《伦敦博物馆敦煌书目》、《法京敦煌石室书目》各一卷。最近有叶遐庵、陈仲骞诸人组织敦煌经籍辑存会（见一九二五年北大《国学周刊》），足见年来国人对于古籍之保重。据学者考究，其年代最古者为苻秦时，以千余年来之最古图书馆，一旦发现，真可谓世界文化一大可庆事！敦煌古简古书之有益于史料者，除其间古经史写本足供校勘者外，其余的地券、信札……之可以考见其时社会的风俗制度，和文化、经济的状况，更不待言了。

（4）石器时代古物的发现——民国十年（一九二一）瑞典地质学家安特生（Andersson）在河南渑池县仰韶村，掘得石器、陶器诸生活用具甚多，安氏著有《中华远古文化考》一文，详为叙述考究。袁复礼所著的

《记新发现的石器时代的文化》(载北大《国学季刊》)仅序大略。安氏又在奉天沙锅屯掘得之石穴,亦著有《奉天锦西沙锅屯洞穴层》一文,详记其事。而所得的遗物,安氏考为新石器时代的遗迹。中国远古的历史记载,除一些荒谬妄诞的神话外,绝无可考,这些的发掘,实为我国石器时代的文化第一次的真确发现,将来有益于中国远古文化的说明,更非浅鲜了。

（5）新郑周代铜器的发现——民国十二年(一九二三)河南新郑绅民李锐凿井,偶得古物鼎甗等数器,后军旅继掘,得古鼎敦及各种古铜器至万余件,据学者考证,知为东周之器,作为殉葬之用。马衡著有《新郑古物出土调查记》,叙序颇详,惜其器上多无文字。王国维《王子婴次庐跋》上说:"新郑所出铜器数百事,皆无文字,独有一器,长方而挫角者,有铭七字曰'王子婴次之□庐',余谓婴次即婴齐,乃楚令尹子重之遗器也……"以之印证周史,固正未艾。其余各地的零星发现,及历年地质调查所之所掘得,如各地所出的三代彝器、汉唐石刻,及种种古器物,亦复不少,不另为详析。

这些地下古物的发现与研究,不但只是匡补某一个时代的史料和考察某一部分的情形,并且可以在这普遍的人类历史上发明两条原则:第一,因为这些地下古物的考察可以发明人类逐渐进化的道理——从石器到铜器,到铁器——打破了一切神秘荒谬的宗教思想;第二,因为这些发掘的遗物,大半都是那个时代经济生活的残余品,更将人类生活的方式——由渔猎到牧畜,由牧畜到农业、工业——一一的明明白白呈显出来。所以近来我国古物出土的丰富,不特引为私幸,当进一步努力,以为作更精备之人类史的资料。

（二）

近几年来,研究中国史的学者,的确已走上了科学的道路,谈学的人咸知顾及源流,作史的人都注重于方法,而历史的著述论文,亦日渐增多,在在都可以看出我国史学界进步的趋势。其间史家在史学上的成就,确实具有特殊的功绩了。兹就出版界之最显著者,分科叙述:

（1）史的专著——最近专著史书,本不多见。柯劭忞的《新元史》

二百五十七卷，成于民国十年（一九二一），竭数十年精力，号称繁博，论者谓："求之秘史，斠之蒙文，证之金石，董之译籍，钩之《永乐大典》，集之多桑、拉施特诸书，于是于蒙古一代疆域、藩封、武功、治迹湮没不彰者，灿然复如指掌。"（见《史地学报》）可见柯氏对于该史所尽的功力了！但是在我们眼光里观察，他对于旧史的体例绝少更张，又多笼统不著出处，与那些社会无关的"正史"，没有多大的分别。但晚清治《元史》的人最多，至李若农、沈乙盦、洪文卿、屠敬山诸人更求猛进，这书确算作集《元史》的大成了。萧一山的《清代通史》对于史料之搜集，颇为致功，汇引众说，善为折衷，为现有清史最有系统的著作。学术史方面：如胡适《中国哲学史大纲》，其中有三分之一，全用科学的考证法，来作系统的研究，这种方法不特为哲学界开了一条坦道，简直为后来治史学的开了无数的法门。再如梁任公《清代学术概论》也是具有这种精神的。

（2）史的图表——我国古代史家知道图表真实价值的，确是很少，以治史自命的刘知幾尚斥图表无用，独郑樵对于斯学有所启发。清季杨守敬著《历代舆地图》、李兆洛著《历代地理志》，都很精细，为即史考地之始。表志方面，旧史多阙，顾栋高的《春秋大事表》以类排比，已属罕见。最近陈援庵所著的《二十史朔闰表》，是用极精密的方法考定了中国二千年来的朔闰，成为此书，有了朔闰，便可推定日历，故这部书实在是一部最简便的中西二千年日历。他还著一部《中西回史日历》，不久也可出版，这种史书在史学上的价值，在其能供治史者以最精密的考证工具。这种创作，不但予中国治史学的人的便利，并且全世界治史的人均受其赐，这种勤苦的工程和伟大的创作力，是值得我们钦佩的。

（3）史的讨论——清代史家讨论史学的著作，除章实斋的《文史通义》专以研究史学义例者外，其余便不可多得了。近来关于史学讨论的文字，日渐增多，但有系统著述的，实不多得，以我所见，惟梁任公的《中国历史研究法》和顾颉刚的《古史辨》，足以当之。《研究法》的精采，即在其所立鉴别伪书之公例十二、鉴别伪事的方法七。其对于考证的精察，尤所致力，他自己在原书中曾说过："吾所用研究法，纯为前清乾嘉诸老之严格考证法，亦即近代科学家所应用之归纳研究法也。"我们在这一点上可以看出这书的精神和价值；《古史辨》是今日出世的考证古史的第一部著作,胡适之说它"是中国史学界第一部革命的书,又是一部讨论史学方法的书,可以解放人的思想,可以指出做学问的途径,可以提倡那'深澈猛烈的求真'的精神"。可见这书的价值了。这部书第一个中心学说,就在他发明那"层累地造成的中国古史"。他用了这种基本方法,把禹以前的许多帝王都一笔勾销了,就是连禹和后稷都要发生重大的问题,这是十八世纪末期削去了几十万年古史的崔述所梦想不到的。他这种盛业,在最近史学上虽然还没有绝对的成功,但是对于某一个时代传说中的中心人物演变的裂痕,已说得明若观火了。所以我承认这部书不特是空前的创作,简直是以后史学界的开山。

近日中国史学界里有了这些创作,是值得我们夸耀的。但学术进化,日新月异,当前大业,端赖后人,吾侪勉之而已!

(《桐声》1926 年第 2 卷第 1 期)

现代中国史学之发达

卢绍稷

一　近二十年来中国史学之进展

上节既言现代西洋之史学,本节当言现代中国之史学。近二十年来中国史学之进展状况,可分七点言之:

(一)元史之新著。清季讲求元史,成一时之风尚。胶州柯劭忞躬染风习,奋志于斯,因编采前著,参综融会,以数十年之力,著成《新元史》二百五十七卷(一九二一年,即民国十年),允为集元史之大成。日本赠柯氏以博士,盖曾加考审云(王桐龄氏之《新元史介绍》及日本帝大赠柯氏博士之宣言书,曾见民国十三年四月间《北大日刊》)。

(二)清史之整理。民国设官之初,于国史馆外别设清史馆,以赵尔巽典其事。今已有成书,名曰《清史稿》,先行付梓云。

(三)发掘之新绩。自清季发掘有功于史,各地以出土闻者特多。一九二一年(民国十年)瑞典地质学家安特生(Andersson)在河南渑池县仰韶村掘得石器、陶器,又在奉天锦西沙锅屯掘得石穴及遗物,安氏考为新石器时代之遗迹。是则吾国石器时代文化之真确发现,实始于此;进而考研,必且有益于中国远古文化之说明。一九二三年(民国十二年)八月,河南新郑绅民李锐掘地得铜器;军旅继掘,得古鼎敦以各种铜器至万余件之多。学者考释大半定为周代遗物,此于印证周史,正未有艾。其他各地之零星发现,及历年地质调查所之所掘得,或则多归散佚,或亦断碎不著。特发掘之业,在西国已著异效;吾国果以人力从事大规模之进行,成效正未可量。①

（四）外史之翻译。清季讲习外史,重在明其致富强之道,译史虽多,佳本鲜见。近十余年来,以国中教育益具世界性质,故于欧美、日本历史之研究始益进步。原本引纳,译书蔚起。关于史学者,有何炳松先生之美国 Robinson：*New History* 译本,与李思纯先生之法国 Langlois and Seignobos：*Introduction aux Etudes Historiques* 译本。此仅指译西国史学之专书者;至于介绍西洋论史学之文字,如前北高之《史地丛刊》、东大之《史地学报》及今中国史地学会之《史学与地学》中颇或有之。

（五）史学之论著。二十世纪初年,吾国人始粗闻西洋近世新史学之要义。其时梁启超先生于《新民丛报》(壬寅第？期,即一九〇二年)中,发表其《新史学》数千言,实为吾国史学引纳西说之权舆。梁先生游欧归,著《中国历史研究法》一书,采引新说,条理厘然。又何炳松先生留美回国后,其关于史学方面之著作,除上述译本外,今又著有《历史研究法》、《通史新义》等书,撷取西说,通以中国之史学,而措词之生动,尤有鼓动学者倾向国史研究之效！此仅指关于史学之著述而言;至关于史学之论文,如上述之《史地丛刊》等,及《国学季刊》、《东方》、《学衡》、《民铎》、《学灯》等书报中,佳作颇多(要目详后)。

（六）研究历史学会之组织。彼英、法、德、美诸国现今史学之发达,固由于"史学会"之促进,吾中国近年史学之进展,亦莫不由于国人有"史学会"之组织。吾国近年研究历史之学会,著名者有：(1)北京高师之"史地学会",其出版物有《史地丛刊》(一九二〇年创刊);(2)北京大学之"史学会",其出版物有《史学杂志》(现尚未见);(3)东南大学之"史地研究会",其出版物有《史地学报》(一九二一年创刊);(4)北京女子大学教授柳诒徵等发起组织之"中国史地学会",其出版物有《史学与地学》(一九二六年,民国十五年创刊);最近南京方面又有中国史学会之组织,其出版物为《史学杂志》。诸学会之组织,皆在观于东西学者纪述之丰,科条之精,研译之密,测验之审,发掘之广,会计之明,图绘之

---

① 参见陈训慈《史学蠡测》(《史地学报》)及叔谅《中国之史学运动与地学运动》(《史地学报》第二卷第三期)。

周,乃皇然叹昭聋之不相侔,而谋所以振吾族文明之衰落。其目的虽非专究历史,然观其出版品,关于历史文字,所占篇幅之多,吾人不能不谓其有功于史学之进步也。

（七）学校史学科目之开设。从前北京高师、武昌高师、南京高师等之国文史地部,东南大学等之史地学系,与今日中央大学之史地学系,北平大学之史学系,大夏大学之历史系等,皆设有史学科目,如史学通论、历史研究法、中国历史研究法、西洋历史研究法、历史哲学、新史学建设论等,聘请国内名师大儒教授,现今学者通晓外史与研究国史之日多,莫不由于名师之导扬也;史地学会等之组织,亦莫不由于名师之提倡也。抑有进者,往年中学,皆仅有本国史、西洋史、文化史等学程而已,而无史学科目之设;今日大学区立之中学(如中央大学区立之各地中学),则设有"史学概要"一科目,于此更可见吾国史学有进步之趋势矣。

国人研究历史,如能继续前进,采取西说,整理国史,俟得有明确可稽之信史后,再进与世界各国史相联络,庶几真正允当之世界史,可有实现之一日(今西人所谓世界史,于中国方面,仍甚疏阔,仅为西方史而已)！顷闻上海商务印书馆将有编纂《中国历史丛书》(百二十册),与《中国史学丛书》(十四册)之计划,其所以整理国史者,至周且详,余甚望该馆之早见诸实行也。

二　近二十年来中国论史学译著论文要目

吾国关于论史之书,统系之作极少,不能与欧美比。乙部目录,自来皆列史评为一类,但此类中之书,大都论议史事,罕及史学义法。自太史公以降,史家论史之言,大抵发之于篇章,或表之于笔记,鲜有成为专书。刘知幾著《史通》一书(成于纪元后七一一年,即唐睿宗景云二年),详究义法,纵论得失,吾国专论史学之书,此为第一,已如前述。其后,宋郑樵有卓越之史识,往往申其说于著作中(《通志·总序》)。至十八世纪末叶,章学诚著《文史通义》一书,大半为论史之言。刘氏生当八世纪,即章氏亦先于德大史家兰克(Ranke, 1795—1886)数十年,而其陈词立说，颇有与新史学默契之点。从此可见吾国过去史学之发达，初不仅在史书之丰备。惜除此以外，无纯然论史之作，诚可为吾国史学叹也！所幸近二十年来，国人深感西洋史学之昌明，益觉国史之繁富，大有改造整治之必要，研究历史者日多，关于论史学之著述论文亦日多，国史整理，不无希望。关于年来中国论史学译作、著述、论文，今姑就鄙人所见及，择要录其书名、篇名于此，以备治史学者之采择焉。

甲、译本

何炳松译：《新史学》（美国鲁滨生原著）（北大丛书）（商务）

李思纯译：《史学原论》（法国朗格罗亚与赛诺波原著）（商务）

郭斌佳译：《历史哲学概论》（英国佛林脱原著）（新月书店）

梁思成等译：《世界史纲》（英国韦尔斯原著）（商务）（此书与史学颇有关系，故亦列入）

乙、选本

何炳松选述：《历史研究法》（英文本，法国朗格罗亚与赛诺波著）（商务）

丙、著述

梁启超著：《中国历史研究法》（商务）

何炳松著：《历史研究法》（百科小丛书）（商务）

李守常著：《史学要论》（百科小丛书）（商务）

杨宙康著：《文化起源论》（商务）（此书与史学颇有关系，故亦列入）

丁、论文

朱希祖：《中国史学之起源》（北大《社会科学季刊》第一期）

徐则陵：《史之一种解释》（《史地学报》一卷一期）

缪凤林：《历史之意义与研究》（《史地学报》二卷七期）

张君劢记、杜里舒：《历史之意义》（杜氏《演讲录》第五期）

顾颉刚、刘掞藜：《讨论古史》诸书（《努力》之"读书杂志"之第十五期，一九二三年，《史地学报》转载）（诸书虽系关古史，而非论史学，但商榷之中，颇见史旨史法，故并列之）

何炳松：《史通评论》（《民铎杂志》六卷一号）

何柏丞：《历史上之演化问题及其研究法》（民国十七年五月十六

晚七时,在上海俭德储蓄会学术讲演社讲,张才快字速记团速记)

何炳松:《增补章实斋年谱序》(《民铎杂志》第九卷第五号)

何柏丞:《历史研究法》(民国十七年八月七日,在上海尚公小学图书讲习会讲,《民铎杂志》第十卷第一号)

梁启超:《清代之史学》(《清代学者整理旧学之总成绩》之第六章,《东方杂志》二十一卷十七号)

梁任公:《五千年史势鸟瞰》(钱基博编:《国学必读》下册)

梁任公:《历史统计学》(同上)

柳翼谋:《正史之史料》(同上)

柳翼谋讲:《历史之知识》(《史地学报》三卷七期)

柳诒徵:《中国史学之双轨》(《史学与地学》第一期)

张其昀:《刘知幾、章实斋之史学》(《学衡》第五期,并见《史地学报》一卷三四期)

郑鹤声:《汉隋间之史学》(《学衡》三十三期,并见《史地学报》第三卷第七期)

陈训慈:《史学蠡测》(《史地学报》三卷三、四、五期)

向达译:《史律》(Law in History,美国 Edward P. Cheyney 原著)(同上,三卷七期)

向达译:《近四十年来美国之史学》(These Forty Years,美国 Charles McLean Andrews 原著,1863—)(《史学与地学》第一期)

萧炳实:《殷虚甲骨文之发现及其著录与研究》(《东方杂志》第二十五卷第十五号)

卢绍稷:《文学与史学之异同》(《学灯》,民国十六年三月十四十五日)

三 现代中国论史学重要译著内容概略

(一) 何炳松译:《新史学》

甲、提要:此书最重要之主张:"研究历史的人,应该知道人类是很古的,人类是进步的。历史的目的,在于明白现在的状况。改良现在的社会,当以将来为球门,不当以过去为标准。古今一辙的观念,同盲从古人的习惯，统应该打破的。因为古今的状况，断不是相同的。""Robinson 博士所说的话，虽然是统属于欧洲史方面，但是很可以做我们中国研究历史的人针砭。"（见《新史学·译者导言》二十与二十一页）

乙、内容概略：全书共八篇：1. 新史学，2. 历史的历史，3. 历史的新同盟，4. 思想史的回顾，5. 普通人应读的历史，6. 罗马的灭亡，7. 一七八九年的原理，8. 史光下的守旧精神。

(二) 李思纯译：《史学原论》

甲、提要：此书所陈，有与我国刘知几《史通》、章学诚《文史通义》两书所陈，若合符辙而无异致者，如史料之搜集、记载之真实、论历史鹄的是也。但其亦有出远西新谛，而为两书所不及者，如"历史学当服从一切自然科学规律之理由"、"论社会事实联带之因果"等种种，是皆为刘、章二氏之所未发也。此书亦可作为本国治史者之一种新参考资料。

乙、内容概略：全书共三篇，末有结论及附篇：(1) 上篇：a. 搜集史料，b. 辅助之科学（初基知识）；(2) 中篇：a. 历史知识之概况，b. 原本文字鉴定，c. 制作原始鉴定，d. 史料之类分整理，e. 校雠考证与校雠考证家（外形鉴定），f. 命意释义鉴定，g. 忠实与精确之反面鉴定，h. 特件事实之个别研究（内容鉴定）（分析工作）；(3) 下篇：a. 历史构造之概况，b. 事实之汇聚分组，c. 构造之理想推度，d. 构造之大体编裁，e. 史文造作（综合工作）；(4) 结论；(5) 附篇：a.《法兰西中等历史教育》，b.《法兰西高等历史教育》。

(三) 梁思成等译：《世界史纲》（二大厚册）

甲、提要：此书由梁思成、向达、黄静渊、陈训恕、陈建民五人译述，由何炳松、梁启超、王云五、朱经农、竺可桢、秉志、任鸿隽、徐则陵、程瀛章、傅运森十人校订，而总其成者实惟何氏。名虽为《世界史纲》，然"名实相副之人类历史哲学，必从天体叙起以及于地球，必具万物为一之真知——自始至终以同一定律贯彻其单纯之观念"（Friedrich Ratzel 语）。此书叙述人类史，远溯至地球及生物之起源，直至欧洲大战以后，使读者得悉数百万年来人类蜕演之陈迹，而有对于世界史研究之兴趣,其与史学关系之大,自不言而喻!

乙、内容概略:此书初出版时,余曾作《世界史纲》一文(《时事新报·书报春秋》第二十五期),绍知国人,谓其内容有十特点:1. 以进化论为根据,2. 体例与通史不同,3. 世界史名实相符,4. 处处有比较语,5. 详列中国史实,6. 叙述注重近代,7. 评述各种主义,8. 插入图表多种,9. 有世界大事年表,10. 内容胜于原著。此书优点颇多,上所述者,尚未足以明其特征也。

(四) 何炳松选述:《历史研究法》(P. S. Ho, Introduction to the Study of History)

甲、提要:此书为法国 Langlois and Seignobos 二人所著,由英人 Berry 译成英文。凡关于史料搜罗、版本考证、知人论世、训诂之学、考异之功、属词之道、文史之辨等,莫不加以深切著明之讨论(请参阅前章"西洋史学书目"一节,与本节"李思纯译《史学原论》"一条)。何先生为介绍西洋名著于我国史学界起见,特将原书删繁就简,录存正文十章。首尾完具,纲举目张,绝无割裂破碎之弊。书中学术名词及可以意会不可言传之字句,均以浅显之中文注释之,可供有意于迻译西洋史籍者之一助。书首并冠以选述者中文《导言》一篇,颇能将史学性质及中外史学之异同,加以说明,足资一般研究史法者之参考。

乙、内容概略:全书共十章:(1) The Search for Documents, (2) General Conditions of Historical Knowledge, (3) Textual Criticism, (4) Critical Investigation of Authorship, (5) Interpretative Criticism (hermeneutic), (6) The Negative Internal Criticism of the Good Faith and Accuracy of Authors, (7) The Determination of Particular Facts, (8) The Grouping of Facts, (9) Exposition, (10) Conclusion("第一章讨论史料之搜罗,即吾国所谓目录之学也;第二章总论史料考证之重要;第三章讨论版本之考证,即吾国所谓校勘之学也;第四章讨论撰人之考证,即吾国所谓知人论世之学也;第五章讨论史料之诠释,即吾国所谓训诂之学也;第六章讨论撰人之是否忠实;第七章讨论史事之断定,即吾国所谓考异之功也;第八章讨论史事之编

比,即吾国所谓比事属词之道也;第九章讨论历史之著作,即吾国所谓文史之辨也;第十章总括全书纲要,并讨论历史之效用为何"。见此书《导言》)

(五) 梁启超著:《中国历史研究法》

甲、提要:本书为著者前任南开大学之课外讲演,凡十余万言。先将中国过去之史学界,详细批评其得失;次明史学改造之新意义;次论搜集史学之法;次论史学上推求因果之理法。主旨在应用近世科学研究精神,为史学界辟一新天地。

乙、内容概略:全书共六章:一史之意义及其范围,二过去之中国史学界,三史之改造,四说史料,五史料之搜集与鉴别,六史迹之论次。

(六) 何炳松著:《历史研究法》

甲、提要:本书著者以浅显文字,介绍西洋历史研究法上最新之学说。并引用吾国史学名著中之理论,以表达之。关于搜集史料、考证伪书、知人论世、比事属词、文史流别诸端,均加以简明稳健之讨论,而为史学界不可少之参考资料。

乙、内容概略:全书共十章:1. 绪论,2. 博采,3. 辨讹,4. 知人,5. 考证与著述,6. 明义,7. 断事,8. 编比,9. 著作,10. 结论。

(七) 李守常著:《史学要论》

甲、提要:此本小册重要之主张是:"吾信历史中有我们的人生,有我们的世界,有我们的自己,吾故以此小册为历史学作宣传,煽扬吾人对于历史学研究的兴趣,亦便是煽扬吾人向历史中寻找人生寻找世界寻找自己的兴趣。"(见此书末页)

乙、内容概略:全书共六篇:1. 什么是历史,2. 什么是历史学,3. 历史学的系统,4. 史学在科学中的位置,5. 史学与其相关学问的关系,6. 现代史学的研究及于人生态度的影响。

(卢绍稷:《史学概要》第 4 章第 2 节,商务印书馆,1930)

中国近代史学

周 容

　　中国史学虽有数千年之根柢,然自鸦片战争以后既与世界文化相接触,亦不能不起突然的变化,以造成近代史学的新局面。近代史学约可分为三时期:第一时期为光绪以及宣统年间,初兴学校,模仿欧洲,有历史教科书的编撰,其体裁由纪事本末体一变而为通史;第二时期为民元以来翻译世界各国史籍最风行的时代,对于欧美史书与史学理论,皆竞相介绍;第三时期为古史研究时期,这是近数年来国人最注目而且最努力的方向。我国史籍自汉以下,可以凭为征信者甚多,至于周秦以前的史籍,年代悠远,稽核无据,历代史家颇多怀疑。到了最近数年,国内外史家,莫不以中国古史为一神秘的藏库,都想在这一所大神秘库中获取数千年未曾开发的宝藏,于是引用统计学、语言学以及文法学来考审古代史书的人也有了,努力从事于古物的发掘考证古代史迹的人也有了。最近数年中外学者的努力,成绩虽然不多,可是研究古史的热度却很高。总而言之,最近三十年的史学可以说是中国新史学运动的启明时期。至于史书的著作方面,多趋重于翻译外史与著述专门史两途,通史的著作除各大书局所编的历史教科书以外,尚无巨著出现,这有三种原因:第一种原因是中国历史太久,史籍太多,要通综上下数千年的史事著一部可观的通史颇不容易;第二种原因是专门史的实用性比较通史更大,所以大都趋重局部的专门史的著作;第三种原因是由于近代人的生活忙碌,有志史学的人都为生活所迫,没有著作通史的余暇和力量,专门史比较的容易,以一二年精力的著作,即灿然可观,这也是专门史发达的一个原因。但是这是很好的现象,史家各自分途从事专门史的研究,无形之中,可以获得分功合作的效果,在十年或二十年之后,中国必定有很完善的通史供献于世人之前,这是世人的希望,也是我们所应当努力的!

中国史的研究,现在不仅只是中国学者的任务,同时变成了世界史家的任务。日本人受中国文化二千余年的薰习,他们的史家具备研究中国史的条件,固不待言,即如与中国历史关系最浅的瑞典、德国以及英美的史家,也加入中国史的库藏的搜索工作了!就以曾经译成中文的外人所著的中国史而论,有高桑驹吉的《中国文化史》、三浦藤作著的《中国伦理学史》、大村西崖著的《中国美术史》、珂罗倔伦著的《左传真伪考》等书,还有许多没有译成中文的外交史通史等书;在国人所著的断代史方面,仅只有萧一山的《清代通史》,可称绝无仅有的巨著;至于专门史的著作就很多了:胡适的《中国哲学史大纲》卷上,钟泰的《中国哲学史》,蒋维乔的《中国佛教史》,刘彦的《中国外交史》,曾友豪的《中国外交史》,郑振铎的《文学大纲》,顾实的《中国文学史》,梁启超的《清代学术概论》、《先秦政治思想史》,蔡元培的《中国伦理学史》,王凤喈的《中国教育史大纲》,戈公振的《中国报学史》,陈重民的《今世中国贸易通志》,贾士毅的《中国财政史》等书,其中虽多抄袭成书之作,但大抵皆能独辟蹊径,成一家之言;译史方面为数更多,通史则有梁思成等合译的《世界史纲》,魏野畴的《美国史》以及其他国别史,专门史则有瞿世英译《西洋哲学史》,王建祖译《经济学史》,臧启芳译《经济思想史》,何炳松、郭斌佳合译《西洋史学史》等书;至于历史的研究法与历史理论方面的著作,译著并起,蔚然可观,于中国史学界另开生面。译史则有何炳松译《新史学》、李思纯译《史学原论》、郭斌佳译《历史哲学概论》、陈石孚译《经济史观》等书,著作则有梁启超著《中国历史研究法》、何炳松著《通史新义》、李守常著《史学要论》等书。现代史学的范围比较前代既广,书籍出版又较前代迅速便利,新译创著的书籍自然较前增加,近代史学的发展虽不过三十年,而史书的著作之多,实为中国数千年之冠,亦可见近代史学的发达,现在把重要著作叙述如下:

夏曾佑

曾佑杭州人,梁启超说他早年治乾嘉考据之学,一生不得志,著作亦复不多,曾著《中国历史》一书。此书在光绪三十年(一九〇四)出版,为中国最早的一部中学历史教科书。书分三编:第一编为上古史,起自三皇,终于战国;第二编为中古史,起自嬴秦,终于五季;第三编为近古史,起自北宋,终于满清。在他的自序中说:"智莫大于知来,来何以能知?据往事以为推而已矣。故史学者,人所不可无之学也。"可见他的史的见解,无非是以为史可以使我们"鉴往知来"而已,仍袭旧说,无多发明,可以不论。至于这部书的内容,完全是纂录二十四史,加以编制而成。但是编纂的手腕却很经济,能够在三四十万字之中,统述中国数千年的政治与学术的历史,源源本本,简而有要。其论儒学流变之处,每每表示作者的汉学门户之见,并且以孔子的哲学为宗教,颇有些偏见。但是他是在清季末年的人,识见为时代所限,不能苛责。不过他这部书是在纪传、编年、本末三体之外,另创通史的先锋,可以为近代史学第一时期的代表之作,在二十七年前的史学界,不失为一部名著。

胡适

胡适安徽绩溪人。他在民国五年鼓吹文学革命,掀起中国学术界一大波澜,功劳很大。他的学问的根柢在国学方面秉承清代朴学的家风,一方面运用欧美学者治学的方法,使二十世纪的清代汉学与欧洲的科学衔接一气,因此他在近代学术界的影响很大。他的第一部著作是《中国哲学史大纲》卷上,这部书的长处,正如蔡元培的序文所说:"我曾细细读过一遍,看出其中几处的特长:第一是证明的方法。我们对于一个哲学家,若是不能考实他生存的时代,便不能知道他思想的来源;若不能辨别他遗著的真伪,便不能揭出他实在的主义;若不能知道他所用辩证的方法,便不能发见他有无矛盾的议论。适之先生这大纲中此三部分的研究,差不多占了全书三分之一,不但可以表示个人的苦心,并且为后来的学者开无数法门。第二是扼要的手段。中国民族的哲学思想远在老子、孔子之前,是无可疑的。但要从此等一半神话、一半政治的记载中,抽出纯粹的哲学思想,编成系统,不是穷年累月,不能成功的。适之先生认定所讲的是中国古代哲学家的思想发达史,不是中国民族的哲学思想发达史,所以截断众流,从老子、孔子讲起。这是何等手段。第三是平等的眼光。古代评判哲学的,不是墨非儒,就是儒非墨。且同是儒家,荀子非孟子,崇拜孟子的人又非荀子。汉宋儒者,崇拜孔子,排斥诸子。近人替诸子抱不平,又有意嘲弄孔子。这都是闹意气罢了!适之先生此编,对于老子以后的诸子,各有各的长处,各有各的短处,都还他一个本来面目,是很平等的。第四是系统的研究。古人记学术的,都用平行法,我已说过了。适之先生此编,不但儒墨两家有师承可考的,一一显出变迁的痕迹,便是从老子到韩非,古人画分作道家和儒、墨、名、法等家的,一经排比时代,比较论旨,都有递次演进的脉络可以表示。此真是古人所见不到的。"蔡先生这一段批评,把《大纲》的长处阐发无遗了。不过综观此书的内容,以讲墨家为最精采。适之是精于名学的,所以能够把墨家以及儒家的名学说得最透澈,真是古人所见不到的。在此书成稿之前,适之曾有一部以英文著的《先秦名学史》,即是此书的底稿!至于叙述孔家哲学,似不免于琐碎,可惜不能"一以贯之"。因为孔子的人生哲学是他的思想与人格的心核,一种人生哲学是要从"体验"中得来,同时也要从"体验"中去了解。有人说孔子的人生哲学是一种宗教,正由于他的哲学的实践与了解,必须从"体验"下手的原故。梁漱溟讲学虽然有些霸气,但是他在"体验"方面所得却比胡适深刻。胡、梁讲学的脾味不合,就在这一点方法不同所致。但是自从《中国哲学史大纲》出版以后,中国学术史的著作,如春笋怒发,不能不归功于胡适所给予的著书新法!此书凡十二篇,共二十七章。

梁启超

新会梁启超,幼年尝习汉学,执业于康有为,因以今文学家自称,但是他不是一个纯粹的今文学家,他在经学方面所得的成绩很少,综合他一生的学术途径看来,不如说他是一位大新闻记者。他的学问极博杂不纯,又好从事政治活动,他的中年以前的著作,都是些报章杂志的论文,不足以挤入学术之林。他到了晚年才有悔心,立志向史学方面发展。他很有志于中国学术史与中国通史的著述,不幸他发愤过迟,大志未遂就死了。独有《中国历史研究法》一书,可以使他不朽!这部书论中国史料史迹的部分,确有独到之处,他的自叙说:"吾治史所持之器,大略在是。"其实他毕生的学力又何尝不在此书。全书凡六章：第一章史之意义及其范围，第二章过去之中国史学界，第三章史之改造，第四章说史料，第五章史料之搜集与鉴别，第六章史迹之论次。至于梁氏所著的《清代学术概论》，论次有清一代学术的大略，虽属概论，但叙述颇有条理。其中多梁氏自辩与自省之言，所谓"不惜以今日之我，难昔日之我"，即此可以知道梁氏一生尝在自我矛盾与努力前进之中过生活。梁氏又有《先秦政治思想史》一书，叙述先秦诸子之政治思想，精到之处甚多。

何炳松

何炳松专攻史学，译西洋史学名著数种，对于史学界颇多贡献。又常取法国史家塞诺波（Ch. Seignobos）所著的《应用于社会科学上之历史研究法》（*La Méthode Historique Appliquée aux Sciences Sociales*）为蓝本，加以疏通证铨，成《通史新义》。书分两编，上编十章，专论社会史料研究法，凡史料考订与事实编比之理论及应用，均加以系统的讨论。下编十一章，专论社会史研究法，凡社会通史之著作及其与他种历史之关系，均加以说明，同时对于其他各种似是而非、偏而不全之义例，亦复加以相当之估值。其论通史颇有新义，其言曰："特以通史者乃钩元提要之功，所以备常人之浏览；其他诸史皆属史料，乃守先待后之业，所以备后人之要删，家法虽不相同，功用初无轩轾，此不能独尊通史者也。……总之通史为便览之书，史料为通史之库，如徒求便览之书而不惜毁史料之库，是得鱼亡筌而舍本逐末也，又岂通达之论哉！"（《通史新义·自序》）

顾颉刚

现在作者所以要把顾颉刚叙入近代史家，并不是因为他有什么新的历史发明或是著作，只不过是把他提出来代表近十年来国人对于古史研究的一般态度。顾颉刚编了一部《古史辨》，其中有许多时人对于古史的辨论，不过这种辨论的开始却是由于顾颉刚在《读书杂志》发表了几篇推翻相传的古史系统的论文而起的。他的见解以为中国古史所记的史迹都不足信,而且是一种由神话渐渐扩大的理想社会,尧、舜、禹、汤都是后人假托的理想人物。他不赞成崔述的"经书即信史"的成见,他说:"所以我们要辨明古史,看史迹的整理还轻,而看传说的经历却重。凡是一件史事,应当看它最先是怎样的,以后逐步逐步的变迁是怎样的。"大概他以及和他表同情的学者,对于古史的怀疑,都是间接地受了社会学的影响。自从社会学把人类的社会进化阶级说明了以后,我们对于中国古书所记载的上古的黄金时代的人物与社会,不能不引起怀疑。我们根据社会进化的观念去考察古代的传说,使我们很难相信尧、舜、禹、汤那样的至圣至神的人物,这是当然的结果。顾颉刚对于中国古史的重要观点,是说中国古史是层累地造成的,这就是根据传说的演进与发展去说明古史的真相的方法。他说:

> 我很想做一篇《层累地造成的中国古史》,把传说中的古史的经历详细一说。这有三个意思:第一,可以说明"时代愈后,传说的古史期愈长"。如这封信里说的,周代人心目中最古的人是禹,到孔子时有尧、舜,到战国时有黄帝、神农,到秦有三皇,到汉以后有盘古等。第二,可以说明"时代愈后,传说中的中心人物愈放愈大"。如舜,在孔子时只是一个"无为而治"的圣君,到《尧典》就成了一个"家齐而后国治"的圣人,到孟子时就成了一个孝子的模范了。第三,我们在这上,即不能知道某一件事的真确的状况,但可以知道某一件事在传说中最早的状况;我们即不能知道东周时的东周史,也至少能知道战国时的东周史;我们即不能知道夏商时的夏商史,也至少能知道东周时的夏商史。(《古史辨》乙种本第一册,第六十页)

他这种勇于存疑的精神是我们所佩服的,用这种精神去研究古史,也许对中国的古史有所发明,他个人的态度可以代表当时史家的态度的一斑。

萧一山

有清一代,自清太祖努儿哈赤建国称号至辛亥革命,凡二百九十五年,其间事迹至为复杂,一方面为满族入据中国,宰制近三百年之久,一方面为西欧各国努力东侵，沦中国于次殖民地，所以这三百年的史迹，可以说是中华民族与外族关系最密切的时期。但是在辛亥革命以前，史家鉴于清室文字禁祸之盛，私家既不敢撰国史，而辛亥革命以后国史馆又复疲缓无力不能撰成一代通史，于是国人企望最殷的近世史竟无全书，有之则自萧一山始。萧氏以一人之力独任三百年大事之重，著《清代通史》，现成刊行者有上、中二卷。通观此书，于政治、文化、生计三方面皆能均衡铨叙，详述三百年大事之始末因果，有条理，有断制，参考各书与清代档案极夥，取材既富，编选亦精，诚不怍为现代史界唯一巨作。上卷凡七篇三十四章，又《清代大事表》、《清代爱新觉罗氏世系表》各一篇。中卷凡四篇二十章，又《清代外交约章表》一篇。

王桐龄

桐龄勤于治史，著有《中国史》、《东洋史》、《中国民族史》、《中国历代党争史》等书。《中国史》一书，经三年之岁月撰成，体裁为通史，内容详于政治，略于学术，序论所载，多采近人梁启超与日人论文，编辑成编，选择不精，论断无据。如梁启超之《中国历代民德升降表》，分历代民德为六级，以东汉民德居第一级，今日民德居第六级，固已荒谬于前，此书序论竟重录之，可与《汉书·古今人表》同为诟病。桐龄著作虽勤，然缺乏史识，又欠考证工夫，虽来日著作等身，亦不过抄书而已。

（周容：《史学通论》第 2 章，开明书店，1933。标题略有改动）

民国以来之史学

魏应麒

一 疑古与释古

疑古风气远开于春秋战国，前已叙述之矣(详本书下编第二章第四节)。春秋以降，代有作者，而极其盛于清代。当时之校勘、辑佚、考古诸工作，皆可谓为疑古之一支。其对象虽不限于史学，而颇多为经学而努力，然其结果皆有裨于史学，即谓为史学之成绩，亦无不可。惟当时之疑古工作，多关于零星琐屑之资料，或则有所偏蔽，而其理论与方法，亦鲜如何系统之贡献。及顾颉刚先生始有精密确当之条理，使斯学得有新辟之说明。在顾颉刚先生之前，清初有崔述，清末有康有为，皆对于疑古工作有甚大之成绩。钱玄同氏谓"推倒秦汉以来传记中靠不住的事实是崔述；推倒刘歆以来伪造的古文经是康有为"，此可以见崔、康在疑古方面之地位。然崔、康贡献虽大，而缺点亦复不小。钱玄同氏又谓："崔述推倒传记杂说，却又信《尚书》、《左传》之事实为实录。康有为推倒古文经，却又尊信今文经，甚而至于尊信纬书。这都未免知二五而不知一十了。"(《古史辨》第一册，二七面)其实崔、康之缺点，并不止此。叶德辉氏谓："康有为隐以改复原教之路得自命，欲删定《六经》而先作《伪经考》，欲搅乱朝政而又作《改制考》。"(《翼教丛编》卷七《与刘黄两生书》)斯言也，其直探康氏之肺肝者乎！康氏为人盖政客而非学者，其疑古目的但欲借孔子之名以造成其主教之地位。因有政治野心，故其说每有所偏蔽。至崔述，则顾颉刚先生以为"有二点不满意：第一点，他著书的目的，是要替古圣人揭出他们的圣道王功，辨伪只是手段。他只知道战国以后的话足以乱古人的真,不知道战国以前的话亦足以乱古人的真。他只知道杨、墨的话是有意装点古人,不知道孔门的话也是有意装点古人。所以他只是儒者辨古史,不是史家的辨古史;第二点,他要从古书上直接整理出古史迹来,也不是妥稳的办法。因为古代的文献可征的已很少,我们要否认伪史是可以比较各书而判定的,但要承认信史便没有实际的证明了。崔述相信经书即是信史,拿经书上的话做标准,合的为真,否则为伪,所以整理的结果,他承认的史迹亦颇楚楚可观。但这在我们看来,终究是立脚不住的。因为经书与传记只是时间的先后,并没有截然不同的真伪区别,假使在经书之前还有书,这些经书又要降做传记了。"(《古史辨》第一册,五九面)据此,可见崔、康两氏疑古之精神固可佩,而疑古之态度则颇多可议也。

顾颉刚先生虽深受崔、康两氏之影响,及直接受其师胡适先生之启示(胡先生辨井田及作《水浒传序》、《红楼梦考证》皆予顾先生以甚大之启示),然顾先生之理论方法则非崔、康所可及,亦较胡先生为具体。顾先生谓:"我们要辨明古史,看史迹的整理还轻,而看传说的经历却重。凡是一件史事,应当看它最先是怎样的,以后逐步逐步的变迁是怎样的。"因此见解,故彼"想作一篇层累地造成的中国古史,把传说中的古史的经历详细一说。这有三个意思:第一,可以说明时代愈后,传说的古史期愈长";"第二,可以说明时代愈后,传说中的中心人物愈放愈大";"第三,在这上即不能知道某一件事的真确的状况,但可以知道某一件事在传说中最早的状况"(《古史辨》第一册,六〇面)。顾先生此种"层累地造成的古史"见解,在史学上有甚大之贡献,诚如胡适先生所谓:"他这个根本观念,是颠扑不破的。他这个根本方法,是愈用愈见功效的。"于是胡适先生乃将其方法总括成一方式:"一,把每一件史事的种种传说,依先后出现的次序,排列起来;二,研究这件史事在每一个时代,有什么样子的传说;三,研究这件史事的渐渐演进,由简单变为复杂,由陋野变为雅驯,由地方的(局部的)变为全国的,由神变为人,由神话变为史事,由寓言变为事实;四,遇可能时,解释每一次演变的原因。"(《古史辨》第一册,一九二—一九三面)此式一立,而中国古史伪误之部分始有澄清之希望,而其真信之史迹亦始有建立之可能矣。以破坏为建设,寓建设于破坏,疑古理法之阐明,已可谓"前无古人"者矣。

惟当此种疑古理法披露之时,一班释古者(释古一词为冯友兰氏所举,见马乘风《中国经济史序》。冯氏谓今日研究历史有疑古、释古两派,兹采用之。但若依魏建功氏之说,则疑古之外应为愚古、奴古或泥古。魏说见《古史辨》第一册,二四四面)因"精神上之不一致",乃纷起非难。而顾颉刚先生当时所最先怀疑之对象为禹,而又因其"初次应用这方法,在百忙中批评古史的全部,也许不免有些微细的错误"(胡适先生语,见《古史辨》第一册,一九二面),于是释古者乃蹈瑕攻击,"以为古人古书不可轻疑"。然此种攻击,经疑古方面诸人之反质,无不理屈词穷,牴牾矛盾(详可阅《古史辨》第一册)。平心论之,顾先生所振在"鸿纲",而释古者吹求则在"小节"。此何异于章学诚谓世人之论郑樵"不究其发凡起例,绝识旷论,所以斟酌群言,为史学要删,而徒摘其援据之疏略,裁翦之未定者,纷纷攻击,势若不共戴天"也(《文史通义·申郑》)。

然当时之所谓释古者,颇有变本加厉之致,不仅对"古人古书不可轻疑",且不幸而流为魏建功氏所谥之愚古、奴古或泥古之嫌,谓"今人读古史,动辄怀疑,以为此为某某作伪,此为某某增窜,嚣然以求真号于众,不知古人以信为鹄,初未尝造作语言以欺后世。若谓今人始善考史,昔之人皆逞臆妄作,则由未读古书,不详考其来历耳"。"要之,史书无一事无来历,其小有出入,乃一时之疏,非故意以误后人,不得执一而疑其百也"。又谓众手集作,"掌之者立帝座之后,定时日以报,势不敢伪;史官据以撰述,亦莫由伪也"(《古史辨》第一册,二五八—二五九面)。彼释古者不知史书之不可尽信,子贡、孟子已极言之。孔子之叹美"史阙文",即有见于史无阙文,则史事之未必皆真,而为后人之妄行加入。《汉书》以后,断代为史之局成,后代修前代之史,兴朝记胜国之事,或因入主出奴,或因挟嫌诬蔑,或为无识,或为偏见,其间何尝无"造作语言以欺后世"(刘知幾、郑樵曾痛言之)。至起居注、国史实录,事在当时,宜"势不敢伪"或"莫由伪"矣,而不知其事或关涉君相之好恶,或牵判己身之祸福,因而隐讳者有之,曲笔者有之,甚而夸张粉饰者亦往往而有。起居注可以由宰相奏进御阅,国史实录亦可以屡加修改(详均请阅本书上编第三章第二节),则所谓"势不敢伪"与"莫由伪"者亦不攻自破矣。(不必谈古史,即以报纸言,此地与彼地,此派与彼派,其所记每有相反者。报纸记当日之事,且即为当日之人之公开阅览者,若依释古者之论,则亦必势不敢伪与莫由伪矣。)

二 新史料之发现及其研究

研究史学与史料实有莫大之关联,每一新史料发现,辄使史学研究有崭新之进步。自清末迄今四五十年间,吾国新史料出现之多,为向来所未有(本书上编第一章第三节已略述及)。据胡适先生估计:"其中至少有八大项最可纪:第一,是周口店的'北京猿人'的发现;第二,是旧石器时代文化的发现;第三,是新石器时代文化的发现;第四,是安阳的殷墟器物文字的发现;第五,是西域的汉晋木简的发现;第六,是敦煌石室藏的六朝、唐、五代写本的发现;第七,是日本旧藏中国古籍的公开;第八,是北京宫廷各处档案的公开。"(王彦威《清季外交史料序》。在此八项之外,胡氏以王彦威《清季外交史料》加入为九项,其实此书内容多为档案,不过曾经王氏之搜集整理者,实可并入胡氏之第八项内)此八项史料之发现,对于史学之贡献,胡先生以为"史前文化的发现,使我们对于太古时代得着一个完全新鲜的了解。殷墟器物文字的研究,使我们对于殷商一代的旧史得着一个新的证实和许多的修正。流沙古简书与敦煌写本的出现,和日本旧藏古书的公开,都使我们添了许多考订中古、近古史的材料。关于近代史料,自然要算近十多年中北京宫廷衙署的各种档案旧卷为最重要。北京故宫开放之前,即有内阁旧卷档案的卖出,其大部现归北京大学研究院。故宫完全开放之后,许多秘籍文件与重要档案陆续出现,其重要虽远不能比罗马法王宫廷藏书的公开,但在史料毁弃散失的中国,这也是史学界一个大宝藏了"(见同上)。所言殊为赅要。至于此种著录研究之有成绩者,则殷墟器物文字方面,始有刘鹗之《铁云藏龟》十册,继有罗振玉之《殷墟书契前编》八卷、《后编》二卷、《殷墟书契菁华》一卷、《铁云藏龟之余》一卷等,后有郭沫若君之《殷周青铜器铭文研究》二册、《金文丛考》四册等。此外如商承祚、叶玉森诸君亦各有所录。其间尤以王国维与郭沫若之研究,每多创获。至西域的汉晋木简,经英人斯坦因(A. Stein)搜得之后,于所著《于阗之故迹》(Ancient Khotan)中曾揭其影本,法人沙畹(Ed. Chavannes)为之笺释。其后斯坦因又续有所得,沙畹复为之考释影印成书。于是吾国罗振玉与王国维两氏乃重加考订,为《流沙坠简》三卷、《考释》三卷、《补遗》一卷、《附录》二卷。而张凤君亦据法人所得者,印为《汉晋西陲木简汇编》二册。至敦煌石室所藏之六朝、唐、五代写本，亦经斯坦因与法国伯希和（P. Pelliot）发现，盗运而去，其中颇多古梵文、古波斯文，及突厥、回鹘诸古国文字。于是罗振玉乃就伯希和所得及其留遗未运者，写为《敦煌石室遗书》，旋复先后印行《石室秘宝》十五种、《鸣沙石室逸书》十八种、《鸣沙石室古籍丛残》三十种，及《鸣沙石室佚书续编》四种。至"北京人猿"及旧新石器时代文化之发现，则地质调查所曾出版《中国猿人化石之发现》、《中华远古之文化》、《河南石器时代之着色陶器》，及《奉天锦西县沙锅屯洞穴层》、《西阴村史前的遗存》等书，可以参考。至北京宫廷各处档案的公开，则故宫博物院及中央历史语言研究所所出版之《掌故丛编》、《文献丛编》、《史料旬刊》、《清三藩史料》、《清代文字狱史料》、《清代外交史料》，及《明清史料》，均多可采。至日本旧藏中国古籍的公开，史书方面，张元济氏为上海商务印书馆辑印之百衲本《二十四史》，颇得其助。

因上述新史料之发现有裨于史学研究之故，于是地下发掘之事业日见兴盛，且成为一时之风尚。其中公家所组织者，如国立中央研究院、中央古物保管委员会，及山东省立图书馆、陕西考古学会等，工作成绩均颇可称。至军队及富绅、商民私自发掘者，苟非秘之私室，即系流于异域，诚斯业之一大厄也。

年来研究太平天国史事者，渐见其多，而英伦、苏联各图书馆所藏太平天国史料之出现，尤足供国人作新创之探讨。如萧一山、简又文、罗尔纲、薛澄清诸君，皆各有相当之贡献。其业方昌，前途殊未可量焉。

最后须特别提出者，则海盐张元济氏之辑印百衲本《二十四史》是。《二十四史》为吾国正史，材料之丰富及其价值之重大，久有定评，惟今日通行版本每多讹夺，毫厘之差，辄致谬以千里。张氏乃搜罗原刻善本，影印成集，既无虑尘叶，复勤加校勘，考其异同，正其谬误，著《校勘记》二十四卷。从此世人研阅正史，遂得有莫大之便利。张氏此举，有功于史学盖甚大也。

三　专门史之注重与历史研究工具之发达

过去吾国正史虽有志书一类及《通典》、《通考》、《通志》等书以纪述各种专门——指文化各方面——之事迹,但一般人所注意与所纪述者则多偏于政治方面,而正史志书及《通典》一类之书所纪述之专门事迹,亦仅系零碎材料而尚有待于史家之爬梳与整理。谓之史料则可,不能即谓之史著也。民国以来,吾国学者承欧美注重专门史之风气,亦着眼于此种史书之著述。胡适先生《中国哲学史》即此中筚路蓝缕之巨著。冯友兰氏《中国哲学史》继之,于系统整理之外,尤多新辟之创获。马乘风氏之《中国经济史》,为近年不可多得之名作。其余如王国维《宋元戏曲史》,鲁迅《中国小说史略》,郑振铎《中国文学史》,陆侃如、冯沅君《中国诗史》等,均能于中国文艺史迹,有系统之贡献。

因社会注重专门史之故,于是各种之专门史乃应运而生,为数颇多,不能列举。吾人于此,仅能说明此实为吾国史学界之好现象。盖由整理零断之材料而为系统之著述,姑无论其著述如何,而已达到刘知幾所谓"勒成删定归于后来之笔"之地步者矣。

前年上海商务印书馆为纪念张元济氏毕生致力于文化事业起见,有《中国文化史丛书》之编印,所列专门史目至八十种,凡关于文化史之各方面,几于应有尽有,而编著之人又多为该专门史之专家。规模之大,愿力之宏,可以想见。惜因抗战军兴,暂告停顿,然即就其已出版之二辑四十种言之,已多可传之著述。窃谓吾国过去专门之史迹,经此一番大整理之后,上可以结束前人史料纪载之局面,下可以开导后人专门研究之途径,诚今日史学界之一大事也。

此外历史研究工具之发达,亦为本期可纪之史实。吾国史书浩如烟海,研究考征,为事不易,有工具书籍,则按图可寻,开卷即得,其为便利,宁复待言。此种书籍,其本身虽无与于史学,然实大有助于史学之研究。司马迁《史记》中年表月表一类,当为历史研究工具之滥觞。其表不仅便览,实含有使人易于考究之意义。惟此种书籍,至清代始盛,如王之枢等之《历代纪事年表》,齐召南《历代帝王年表》,沈炳震《廿一史四谱》,钱大昕《宋辽金元四史朔闰考》、《疑年录》,汪辉祖《史姓韵编》等皆是。尤其汪辉祖《史姓韵编》,将《二十四史》中人名依韵编列,指出其人之姓字、爵里及在某一史中之某一卷第,于阅史者最称便利。钱大昕《疑年录》,列举名人之姓名、岁数、生卒年为表,颇有裨于读史知人之学。其后吴修《疑年续录》、钱椒《疑年补录》、陆心源《疑年三续录》、张鸣珂《疑年赓录》、闵尔昌《疑年五续录》继之,一时称盛。

民元以来,此种历史研究工具之书籍,更为发达。张维骧将钱、吴诸家之《疑年录》综为一集,曰《疑年录汇编》,而加以增补考定,益觉完密。梁廷灿乃又将张氏之《汇编》为底本,益之自辑之名人,凡得四千有奇,勒为《历代名人生卒年表》一书。上起孔子以迄最近,以生年先后为次,分姓名、字号、籍贯、生年、卒年、公元、岁数七项列之;书末更附以《帝王》、《闺秀》、《高僧》三表,视前此诸家为加详加密矣。

自明凌迪知《万姓统谱》及廖用贤《尚友录》以来,考究古人之行历始称便利。《尚友录》清代屡有增辑,然以韵分姓,检寻不无困难;而汪辉祖之《史姓韵编》亦同此弊。及民国,关于前者,上海商务印书馆乃由陆尔奎等就《尚友录》一类之书加以增补,改韵目以笔划为序,所收人名数逾四万,起自上古,断于清代。末附《姓氏考略》、《异名表》、《中国历代纪元表》三种,极称繁博;关于后者,上海开明书局乃就《史姓韵编》益以柯劭忞《新元史》,勒为《二十五史人名索引》一书,改韵目以王云五氏之四角码头检字法为序,列载《二十五史》中之人名,亦远较《史姓韵编》为完密。

清初沈炳震《廿一史四谱》中《纪元》一谱,列载历代之纪元年号,颇称详尽,其后李兆洛之《纪元编》继之,亦颇可取。及民国则此一类之工具尤为精密,史襄哉、夏云奇之《纪元通谱》,则依年表编纂,起黄帝元年(公元前二六九七),迄民国二十四年(公元一九三五),每年详载民元、公元、干支、帝号、年号。凡僭立称王而有系统者列入附表,无系统者则列旁注。附录有《春秋战国纪元》、《晋末十六国纪元》、《唐末十国纪元》诸表,较《纪元谱》等系统井然,无零断不完之弊。此外万国鼎又有《中西对照历代纪元图表》之作,始于周共和元年(公元前八四一),迄于民国三十八年(公元一九四九),每年载公元及中国帝王庙号、年号,并纪元、干支各项;书前书后各有附表多种,足资查考。又有刘大白以《五十世纪中国历年表》,其书分正表、附表两类,正表自神农元年(公元前三二一八),迄民国八十九年(公元二〇〇〇),每年分载公元、民元、干支、国号、帝号、姓名、年号、年数;书后亦附表十四种,亦有裨于检讨。

清钱大昕《宋辽金元四史朔闰考》仅局于数代，及民国，陈垣氏乃有《二十史朔闰表》之作，自汉迄清凡二十史，各列其朔闰于表，自汉平帝元始元年(公元一)起加入西历，自唐高祖武德五年(公元六二二)起加入回历；书前附有《年号通检》，书末附有《三国六朝朔闰异同表》、《日曜表》等，最称完善。此外陈垣氏又有《中西回史日历》一书，分上下两层纪载，上层为西历纪年、甲子纪年、回历纪年及中国历代纪元，下层纪载中西回史之月日，起汉平帝元始元年迄民国二十九年(公元一九四〇)；书末附有《甲子表》、《中国年号表》等，欲考查古今中外之年月，一检即得，极称便利。其后又有郑鹤声氏《近世中西史日对照表》加入太平天国日历，注重近代，起自明武宗正德十一年(公元一五一六)，迄民国三十年(公元一九四一)，分阳历、阴历、星期、干支四项纪载，而附节气于干支项内；书之前后亦附表多种，亦便检查。

关于大事年表，民元后则有傅运森之《世界大事年表》及陈庆麒之《中国大事年表》。前者纪载世界及中国大事，自黄帝元年(公元前二六九七)至民国七年(公元一九一八)，每年备载干支、国号、帝号、年号、民元、公元，分注中外大事于其下；后者由黄帝元年起迄民国二十三年(公元一九三四)，编排内容约略同上，惟书前书后增有附表。此两书均较过去《历代帝王年表》之类为美备。

此外北平燕京大学曾设立引得编纂处，专门编纂古书之索引，以便检查。其关于历史者，有《新唐书宰相世系表引得》，凡原表之姓名、别号、谥号、封爵等，皆分别为引得；有《八十九种明代传记综合引得》，乃用八十九种明代传记专书(如张廷玉《明史》中列传、王鸿绪《明史稿》中列传、徐开江《明名臣言行录》、黄宗羲《明儒学案》、朱彝尊《静志居诗话》等)，列载人名、字号，凡欲悉明代名人在何种传记中有专传者，依人之姓或号之笔画一检即得；有《三十三种清代传记综合引得》，乃用三十三种清代传记专书(如赵尔巽《清史稿》中列传、李垣《清朝耆献类征》、钱仪吉《碑传集》、李元度《清朝先正事略》、江藩《汉宋学师承记》、张维屏《清代诗人征略》等)，除未另列别号外，其编制作用均同明代引得，此诸书皆不可少之作也。

凡兹所列历史研究工具之书籍，既便考寻，又省精力，当兹人事日繁学术日进之时，此种工具之发达，有助于史学之研究，盖非浅鲜也。

四　新史学之输入及其影响

新史学或综合史学，为晚近欧美新兴之史学。此派史学之兴起，"一方面得力于现代自然科学及批评思想所酝酿而成之宇宙观念，一方面则得力于科学之应用于工艺及实业因而造成之实业上及社会上之变革"（向达译 H. E. Barnes 著之《史学史》）。"依此派之主张，诸原因（指私人或伟人论、经济或物质论、联合地理或环境论、精神或唯心论、科学论、人类学论、社会学论——作者附注）之单一范畴，殊不足以说明历史发展之一切形态与阶段。某时代之集体心理，即足以决定该时代之历史发展；史家之任务，在发现与估计各种因素，即创造与形成集体人生观之诸因素，此因素更决定为生存与改良之集体斗争之性质"（董之学译 H. E. Barnes 著《新史学与社会科学》）。具体言之，新史学盖利用自然科学尤其社会科学各方面研究已得之新知识以研究史学，采众家之所长，不拘执于一说，诚如班兹（H. E. Barnes）所云："以天文学、地质学、人类学研究之结果，史学乃得有时间之新背景，以有科学与《圣经》考订，而超自然论之魔祟摧灭无余，又因工艺与经济上之变化，文化制度皆起空前之革命，史家荟合众说，对于人类以及文化发展之绵延及性质乃较有把握，对于种种成就与趋势之待史学为之疏通证明者至是其认识亦较为真切，实业经济生活中最平庸之事物亦已深知其重要，因其遂引起史家反省之精神，谆谆致意于史事之诠释焉。"（向达译《史学史》）

此新兴史学在欧美占有极大之势力，其介绍输入于吾国，则当推何炳松氏为首功。何氏所译之《新史学》及自著之《通史新义》，皆对此新兴史学有系统之介绍。其后向达氏译之《史学史》、董之学氏译之《新史学与社会科学》继之，于斯学益有详尽之阐述。新史学输入以后，其影响于吾国史学界颇非浅鲜，约而言之，其大者最少有二：一为通史运动之再提出，一为历史解释之不可囿于一元。请略言之。

通史一体，自汉班固断代为史成就之后，遂告衰沉。宋郑樵慨然有感，大声疾呼，既阐通史之价值，且进而自著通史以示范。今传世之《通志》，即其《通史》之雏形。惟《通志》成于晚年，草草写定，殊未能满足人意。清章学诚亦极力提倡通史，其论视郑樵为精辟，然惜其不能自著一书,以"契前修而俟后圣"。及民国以后,欧美新史学输入,于是通史之论调又盛。惟此时之所谓通史与过去仅与断代史对称者略为不同,而兼含有对专史而言之义。关于此运动,可以何炳松氏为代表。何氏著《通史新义》一书,力主史料与著作分家,谓:"通史者乃提要钩玄之功,所以备常人之浏览;其他诸史皆属史料,乃守先待后之业,所以备后人之要删。"又谓:"所谓通史者实即共通之历史。""所有专史之编著虽完备异常,而在吾人之历史知识中始终留有不可或缺之部分。此不可或缺之部分非他,即吾人所谓通史者是也。其特性在于描写具体之真相,叙述社会人群之行为与伟业。故通史之为物,无异一切专史之连锁;通史中之事实,无异专史中事实之配景。实际上此种共通事象之足以联络或驾驭人类之特殊活动者,皆属影响及于大众及足以变更一般状况之事实。"(何炳松《通史新义》)观此,则通史之性质范围及其作用,何氏已作精赅之阐述矣。

惟何氏以公务倥偬之故,亦未能就其理论方法著成通史以嘉惠方来。此外因大学中国通史学程之渐为人注重,且定为必修科之故,于是中国通史一书乃纷纷出世。其间虽不乏精心之作(如萧一山《清代通史》、缪凤林《中国通史纲要》等),然亦颇多乘时赴急而仓卒出书者,非失之简陋即过于繁赜,此殆草创之初所不能免之现象者欤?

至历史解释之不可囿于一元,则亦为新史学所给予吾国史学界之影响。诚如何炳松氏所云"吾国近年来史学界","对于西洋史学原理之接受,正与政治学家、经济学家、新文学家同,一时顿呈饥不择食活剥生吞之现象"。"彼曾习统计学者以为研究应用统计法焉;彼曾习生物学者以为研究历史应用进化说焉;彼曾习自然科学者以为研究历史应用因果律焉;彼曾习经济学者以为研究历史应用经济史观焉;彼曾习论理学者以为研究历史应用分类法焉。一时学说纷纭,莫衷一是"。在其中尤以经济史观(亦称唯物史观)为占有势力,"以为经济史观足为研究全部人类社会生活上之线索,吾人可藉以了解人类在政治上、宗教上、理智上之一切活动"。换言之,即"所有各种人类之事实,如政治、法律、宗教、美术、哲学、道德等,均无非一种社会经济组织之结果"。"所有历史上之事实,均不过经济事实所产生次等之结果而已"。"经济为所有社会之基本结构"(何炳松《通史新义》)。

此种种历史解释囿于一元之说法,以新史学之主张观之,皆"偏而不全,似而非是"。依其主张,则上述"诸原因之单一范畴,殊不足以说明历史发展之一切形态与阶段"(董之学译《新史学与社会科学》)。今即亦就占有势力之经济史观言之,则"吾人将知经济组织并非人类社会之唯一组织,盖尚有他数种焉。(一)自然地理环境及人为环境,因其能予人类以多少之便利,故足以决定多种人类之行为,而且引起社会适合于某种之组织;(二)人种遗传之生理状况,足以影响人类之冲动、行为,甚至某种集合行为之便利;(三)人类个人之实际团结往往依其物质上之特性,如性别、年龄、疾病等人口学上之对象,足以便利或足以妨害某种行为或组织"。此外关于"经济生活所包含者,至少有一相当部分之心理现象(知识、技术、能力、愿望)",亦不能加以抹杀。而信仰、道德、政治亦均足为创造此经济组织之先决条件。经济史观之"理论既专注于经济之现象,因之对于联合经济组织与他种社会组织,如政治、法律、宗教、道德、科学等之连锁,遂受障碍而无所知。以为所有政治上、宗教上、道德上之行为均属经济组织直接之结果,或仅系获得经济财物之一种方法或名义而已。实际事实之观察,并不能证实此种理论之充分,而此种理论不能不使吾人断言有多数事先行为非此种解释所能说明"。"人类活动并不尽以获得物质上之享乐为目的。一人在经济组织中之地位亦并不直接原于其物质上之享受。社会组织并不纯为上流阶级之经济利害而后造成。社会之形成及其变化,除经济史观所主张之原因外,尚有多种更为复杂之条件焉"(何炳松《通史新义》)。

此新史学给予吾国史学界历史解释不可囿于一元之影响也。

五　梁启超

自章学诚《文史通义》以来,对于一般史学之研究甚有成绩而且著成专书者,惟有梁启超氏之《中国历史研究法》暨《中国历史研究法补编》而已。梁氏生平致力学术,世所共知,其中年以后尤惓惓于史学,著作虽多,而要以此二书为最。梁氏谓:"近今史学之进步有两大特征:

其一为客观的资料之整理——畴昔不认为史迹者，今则认之；畴昔认为史迹者，今或不认。举从前弃置散佚，钩稽而比观之；其夙所因袭者，则重加鉴别以估定其价值。如此则史学立于'真'的基础之上，而推论之功乃不至枉施也；其二为主观的观念之革新——以史为人类活态之再现，而非其僵尸之展览；为全社会之业影，而非一人一家之谱录。如此，然后历史与吾侪生活相密接，读之能亲切有味；如此，然后能使读者领会团体生活之意，以助成其为一国民一世界人之资格也。"（《中国历史研究法自序》）梁氏又谓："我国史界浩如烟海之资料，苟无法以整理之耶？则诚如一堆瓦砾，只觉其可厌。苟有法以整理之耶？则如在矿之金，采之不竭。学者任研治其一部分，皆可以名家；而其所以贡献于世界者皆可以极大。"（见同上）梁氏即本此见解与志愿，以著成《中国历史研究法》，告人以整理中国历史之方。其书计分六章，为史之意义及其范围、过去之中国史学界、史之改造、说史料、史料之搜集与鉴别、史迹之论次。至于《中国历史研究法补编》，则系前书之补充。前书系"说明一部通史应如何作法"，补编则"偏重研究专史如何下手"。其内容则"分为'总论'、'分论'两部，总论注重理论的说明，分论注重专史的研究"。总论计分三章，为史的目的、史家的四长、五种专史概论；分论计分五种：一，人的专史，凡分七章，为人的专史总说、人的专史的对相、做传的方法、合传及其做法、年谱及其做法、专传的做法、人表及其做法；二，事的专史（未作）；三，文物的专史，凡分五章，为文物专史总说、政治专史及其做法、经济专史及其做法、文化专史及其做法、文物专史总说、政治专史及其做法、经济专史及其做法、文化专史及其做法、文物专史做法总说；四，地方的专史（未作）；五，断代的专史（未作）。两书皆内容丰富，讲释详明，屡有其独特之新见解，足以补《文史通义》之不逮。而《文史通义》偏于理论而忽于例证，此则每有理论必附以例证，所述俱作具体之说明，尤便于初学。启蒙之功，非过去任何史学家所得及，兹用以殿吾书焉。

（魏应麒：《中国史学史》下编第10章，商务印书馆，1941）

五十年来中国之新史学

周予同

近几年来,为大学诸生讲授中国史,知道他们研究中国史的困难不在于史迹的记忆,而在于史迹背景与关系的了解,而更在于中国史学发展的现阶段的把握。因为这一点暗示,曾经发愿想写一本《中国的新史学与新史料》,以便初学者;又曾经为暨南大学史地学系成立"史地参考室",尽量搜集关于整理新史料的文献,如北京地质调查所、中央研究院历史语言研究所、北平故宫博物院、北平图书馆、北平研究院与国外各学术机构的刊物,以及罗振玉、王国维、斯坦因(A. Stein)、伯希和(P. Pelliot)诸人写印的书籍。"八一三"事变,这参考室因为近接史地教室,而远离图书馆,未及迁移,全成灰烬。三年来,因环境的局促,不仅后者的参考文献一时没有重行搜集完备的希望,便是前者的写作计划也未能安心的顺利的进行。现在姑乘本辑刊行之便,先写关于新史学的趋势一文。但为篇幅限制,未能尽量叙述,补充修正,也只好待于异日了!

一

中国史学在世界文化史上有其光荣的地位与悠久的历史。

中国史学的演变,从殷商以来,① 依个人的私见,可分为四期:第一期称为"萌芽期",从殷商直至春秋以前,甲骨上的刻辞、《易》的一部分

---

① 中国史学萌芽于殷商,系根据最近"小屯文化"的发现。可参考董作宾《帚矛说》《骨臼刻辞研究》)一文,见《安阳发掘报告》第四期。

的《卦辞》、《爻辞》、《今文尚书》中的一小部分,可认为代表的材料;第二期称为"产生期",从春秋经战国而至汉初,相传为孔子著修的《春秋》,①以及《竹书纪年》、《国语》、《世本》等书,可认为伟大的、代表的作品;第三期称为"发展期",从汉初直至清末民初,这是中国史学史上最重要的定型的时期,纪传体的《二十五史》,编年体的正续《资治通鉴》,纪事本末体的《九种纪事本末》,以及偏重政制的《十通》,专记学术的《四朝学案》,都可认为丰饶的代表的作品;第四期称为"转变期",从清末民初以至现在,在这一时期内,史学的著作虽还没有形成另一种定型,但与第三期的史学著作,无论就历史哲学或历史方法论方面,也就是章学诚所谓"史意"、"史识"、"史学"、"史法"各方面,已逐渐不同,实无容否认或讳言的事。为行文简便起见,萌芽、产生、发展三期的中国史学,可称为"旧史学";而第四期,转变期的史学,可称为"新史学"。

中国史学所以由萌芽而产生而发展,自各有其社会的、历史的背景或基础;同样的理由,中国史学所以转变,所以转变到今天而仍未能产生另一种定型,也自有其社会的、历史的背景或基础。关于这一点,本篇因限于篇幅,也只能就政治的、文化的或学术的各方面略加解释。

所谓转变期的新史学,可分为两类:一是偏重"史观"及"史法"方面的,一是专究"史料"方面的。史法每原于史观,或与史观有密切的关系。为行文简便起见,前者可称为"史观派",后者可称为"史料派"。换言之,中国现代的新史学家可归纳为两类,即"史观派"与"史料派"。固然,也有一些史学家能由新史料而产生新史观,如李济(详下),但大体地说,仍可以分属于上述的两派。这两派所以产生于清末民初,换言之,这两派所以使中国史学发生转变,与清代初期、中叶以及后期的学术思想有密切的渊源的关系。所以想明了这两派的新史学,非先对清代初期、中叶以及后期的学术思想作一度鸟瞰不可。

满清以蛮族入主中原,这一个政治的重大的变局,给予当时的士大

---

① 《春秋》一书,经古文学派认为孔子所修,可参考晋杜预《春秋经传集解序》;经今文学派认为孔子所作,可参考清康有为《孔子改制考》"六经皆孔子改制所作考";新史学家钱玄同认为《春秋》与孔子无关,可参考《答顾颉刚先生书》,见《古史辨》第一册,及《重论经今古文问题》,见同上书第五册。

夫们以非常深刻的刺激。他们就当时的观点,推究明亡清兴的原因,于是归罪于王学(王阳明一派)末流的空疏与狂妄。所以清初的学术思想界虽然人物辈出,派别各异,但有一点是相同的,那便是"王学的反动",或者确切点说,消极的修正"王学",积极的提倡民族思想。大概当时的学术思想界,以地域论,可先分为南北两派:北派以颜元为代表人物,主张实践,反对冥想与诵读,可说是"由行而知"派。这派不合于当时士大夫们的经济背景与政治环境,所以虽然理论不无是处,苦行亦多可佩,但终经李塨、王源两传而便中绝。南派又可分为吴中派与浙东派。吴中派以顾炎武为代表人物,主张以文字训诂治经学,以经学矫正理学(更其是心学派的王学),上达于孔子之道,以挽救民族的衰亡。浙东派以黄宗羲为代表人物,主张以史学充实理学,补救王学的空疏;而同时藉史学以高倡民族主义,保存晚明文献,以寄其反清复汉的热望。这两派,虽然一主"经",一主"史",但都可说是"由知而行"派。所以就王学的修正说,颜元是左翼,顾炎武是中军,而黄宗羲是右翼。但如就现代新史学的渊源说,黄的关系最深,顾次之,颜可以说无甚关系。所以上溯现代新史学的渊源,第一须追念黄宗羲。

　　清代的政治,因为康熙、雍正、乾隆三朝统治政策的成功,更其是对于士大夫们威逼利诱政策的成功,不仅颜元一派因中绝而消灭,就是顾炎武、黄宗羲两派也或多或少地起了"质"的变化。换言之,顾、黄两大儒的民族主义的思想逐渐被隐蔽或减退,甚至于消灭。一般学人以经史为其研究的对象或材料,采取考证、订补、辑佚等等方法,即所谓广义的考证学的方法,过其安静淡泊与世无竞的学究生活。到了这时候,顾、黄两派的研究材料与方法逐渐变而相通,而且有混同为一的趋势。所以当清代全盛的时候,一般考证学者,与其说是"治经",不如说是"考史"。① 当时代表这个学术趋势的大儒是钱大昕。就钱氏学术的渊源或师承说,他本属于顾炎武所派生的以惠栋为领袖的吴中派,但钱氏于

---

① 关于这,柳诒徵《中国文化史》第三编第十章《考证学派》有一段明确的话。他说:"吾谓乾嘉诸儒所独到者,实非经学,而为考史之学。……诸儒治经,实皆考史。或辑一代之学说(如惠栋《易汉学》之类),或明一师之家法(如张惠言《周易虞氏义》之类),于经义亦未有大发明,特区分畛域,可以使学者知此时代此经师之学若此耳。其于《三礼》,尤属古史之制度,诸儒反复研究,或著通例,或著专例,或为总图,或为专图,或专释一书,或博考诸制,皆可谓研究古史之专书。……"(页三七八至三七九)

治音韵、训诂经义之外，兼治史学，所著《二十二史考异》、《三史拾遗》、《诸史拾遗》、《补元史氏族表》、《补元史艺文志》、《四史朔闰表》、《疑年录》等书，在中国史学史上，都是第一流具有权威的著作。钱氏在清代学术史中，不仅上承顾、黄，而且下开后儒重修元史、专究西北地理以及编纂史部工具书的学风，而使现代新史学有一个稳固的学术基础。所以上溯现代新史学的渊源，第二须追念钱大昕。

乾隆朝的晚年，清廷的政治基础已渐露破绽。经过了道光朝的鸦片战争，咸丰、同治朝的太平天国与捻乱，清廷对外对内的统治权的动摇已表现得非常清楚。到了德宗光绪朝，无论在军事、外交或内政方面，处处显着土崩鱼烂的现象。当时，不仅清廷无法再实施威逼利诱的旧政策，就是士大夫们自己也都惕于危亡日迫，而重新鼓起"经世"的热情与理想。因为面对着这样严重的时局，学术思想界已无法置身事外，始终以经史考证学自娱，于是学术思想不得不开始转变。但学术思想的转变，仍有待于凭藉，亦即凭藉于固有的文化遗产。当时，国内的文化仍未脱经学的羁绊，而国外输入的科学又仅限于物质文明。所以学术思想界虽有心转变，而凭藉不丰，转变的路线仍无法脱离二千年来经典中心的宗派。当时代表这种学术趋势的大儒有两位：其一是章炳麟，其一是康有为。就政治思想的立场说，康氏是右派，主张保皇变法；而章氏却是左翼，主张反满革命。但就学术思想的渊源说，章氏是旧派，可以说是顾炎武、黄宗羲的学统的继承者或复兴者；而康氏却是新派，可以说是顾炎武所再度派生的以庄存与为开山大师的常州派(或称公羊派，当称为今文派)的集大成者。康氏是彻头彻尾的经学家，他对于现代新史学的关系与贡献，另有所在(详见下文)。章氏却是经史萃于一身的大儒。就经学方面说，章氏本属于顾炎武所派生的以戴震为领袖的皖南派，他由俞樾上承王念孙、王引之、段玉裁的学统而直接于戴震，所以他可以说是清代经古文学的最后大师；但就史学方面说，他并不以前一辈的考证的史学为满足，而竭力复兴黄宗羲派的民族主义的史观。他收编在《国故论衡》、《检论》、《太炎文录》里的文章，如《原经》、《尊史》、《订孔》、《春秋故言》等篇，不仅在学术论争上是权威的著作，就是对民族革命，也贡献其绝大的助力。章氏对于史学，真如他自己所说："发愤于宝书,哀思于国命。"①而且,章氏的经学与史学,并不是分裂的或对立的、各不相干的两部分,而是能有机地联系或统一起来的。大概地说:他潜心治学的方法,承袭古文学派的皖派的考证学,而揭橥应世的观点,则在复兴浙东史学派的民族主义。就他的学统的本身说,固属于旧派,但就他的学术思想的影响说,却自有其光荣的功绩。所以论述现代新史学的渊源,第三须追念章炳麟。

二

转变期的中国新史学,在文化的渊源方面,承接浙东史学与吴、皖经学的遗产,而与黄、钱、章三氏有密切的关系,已如上节所说。但这转变期的中国新史学,更其是史观派部分,不先不后而恰在清末民初开始其转变的倾向,却另有其社会的原因,或者狭义地说,另有其文化的动力。这文化的动力不是由于清代初期与中叶的学术主潮,即上文所说的浙东史学与吴、皖经学,而却是由于起源于乾嘉而发展于清末的今文学派,即上文所说的常州学派或公羊学派。

关于今文学派的产生与发展之史的叙述,不在本文范围之内,现在只能加以极概略的说明。依个人的私见,清代复兴的西汉今文学派,可分为前后两期:前期的今文学派,崛起于庄存与,成立于刘逢禄,而下终于戴望;后期的今文学派,创始于龚自珍,发展于康有为,而下迄于崔适。前期以分经研究为特征,对于古文经典加以个别的打击,对于今文经典予以个别的发挥,如庄存与的《春秋正辞》,刘逢禄的《左氏春秋考证》、《春秋公羊经传何氏释例》,魏源的《书古微》、《诗古微》,邵懿辰的《礼经通论》,戴望的《论语注》,都是代表的作品;后期以综合研究、发挥大义为特征,对于古文学派的学统与体系加以整个的攻击,对于今文学派的"微言大义"加以高度的发挥,如龚自珍的《六经正名》,康有为的《新学伪经考》、《孔子改制考》、《春秋董氏学》、《礼运注》,廖平的《古今学考》、《古学考》、《知圣篇》、《经话》,皮锡瑞的《经学历史》、《王制笺》,崔适的《春秋复始》,都是代表的作品。前期今文学派所以崛起,或者如

---

① 见《国故论衡》中《原经》篇,页七〇(浙江图书馆木刻本)。

梁启超所说,"发于本学派之自身",换言之,即学术的原因。因为清代学术的演变,"以复古为解放,第一步复宋之古,对王学而得解放;第二步复汉唐之古,对程、朱而得解放";则"第三步复西汉之古,对许、郑而得解放",实是非常自然的趋势。至于后期今文学派之所以发展,实"由环境之变化所促成",换言之,由于社会的原因。而这社会的原因,以"鸦片战役"为最重要。① 更其如康有为的《孔子改制考》一书,完全受鸦片战争的刺激,反映当时曾、左辈所提倡的官僚军工业的民族资本主义,倡言改制变法,就《公羊》三世之义,而发为先秦诸子"托古改制"的高论。这一部书,与其说是研究孔子,兼及诸家,不如说是借假孔学,表现自身。然而这一部书却给予中国史学的转变以极有力的影响。我们甚至于可以说,如果没有康氏的《孔子改制考》,决不会有现在的新史学派,或者新史学的转变的路线决不会如此(详下)。所以总括地说,转变期的中国新史学所以抬头,间接由于鸦片战争之社会的原因,而直接由于今文学派之文化的动力。

三

对于转变期的中国新史学加以研究的专篇文字,出版界似还没有人着手,偶然论到的,就个人所知,我以前曾撰《纬谶中的"皇"与"帝"》一文,在"前言"中曾将中国现代史学分为"泥古"、"疑古"、"考古"与"释古"四派。② 冯友兰在马乘风《中国经济史序》里,将新史学分为"信古"、"疑古"与"释古"三种趋势。③ 钱穆在《国史大纲》"引论"里,将中国近世史学分为三派:一曰"传统派",亦称"记诵派";二曰"革新派",亦称"宣传派";三曰"科学派",亦称"考订派"。而"革新派"的史学,随时递变,又可分为三期:其初为"政治革命",继为"文化革命",又继为

---

① 见梁启超《清代学术概论》第二节及第二十节,页六及页五一至五二(《饮冰室合集》本,专集第九册,专集之三十四)。
② 见《暨南学报》第一卷第一号,民国二十五年二月出版。
③ 冯原文云:"我曾说过:中国现在史学,有信古、疑古、释古三种趋势。就中释古一种,应系史学之真正目的,而亦是现在中国史学之最新的趋势。"按冯文成于民国二十五年十月,马书出版于二十六年十一月。

"经济革命"。① 大概我所谓"泥古派",就是冯氏的"信古",略近于钱氏的"传统派";我所谓"考古派",略等于钱氏的"科学派";冯氏和我所谓"疑古"、"释古"两派,略等于钱氏的"革新派"中的"文化革命"与"经济革命"两期。虽各人所分派数多寡不同,所定名称详略互异,但大致也还相近。

不过,详密点说,转变期的中国史学,应该先分为"史观"与"史料"两派。史观派因观点不同,可分为"儒教史观派"与"超儒教史观派",前者可称为"经典派",后者可称为"超经典派"。儒教史观派又因为受汉学古文学派的影响与受汉学今文学派的影响而迥然不同,可再分为两派。前者属于旧史学的范围,虽大师宿儒还多健在,但这派学统远绍刘歆、班固,近承章炳麟,与转变期的史学无关,故下文略而不提,而仅将这派所以属于旧史学的原因略加说明。后者即转变期的中国史学之首先转变的一派,就史观说,虽亦属于旧的,但就时期说,却是鸦片战争后,亦即近百年来第一派的新史学。至于"超儒教史观派"的学人,因为对于历史方法论与历史哲学的取舍不同,又可再分为"疑古"、"考古"、"释古"三派,但就这三派使中国史学继中国文字学之后脱离经典的羁绊而独立一点,却是相同的。最近数年,即"七七"事变以后,史学界已渐有综合各派或批评各派而另形成最后新史学派的趋势,但著作不多,观感各异,在目前似尚无加以定名论述的必要。至于"史料派",自清末以来,因国外学者陆续发现、搜集、整理、研究,现在上自数十万年前的周口店文化,下至近百年来的外交史料,其材料的丰富,以及对于史学影响的重要,颇有"附庸蔚为大国"之观,致蔡元培有"史学本是史料学"的论调。② 现再将上述表示如次:

(壹)史观派

(一)儒教史观派——经典派

(1)受古文学派影响者

(2)受今文学派影响者——转变期新史学的出现

(二)超儒教史观派——超经典派

---

① 见钱穆《国史大纲》引论第二节及第三节,页三至六(商务二十九年七月出版,上海未发售)。
② 见"中央研究院"历史语言研究所出版《明清史料》甲编第一册序言。

(1) 疑古派

(2) 考古派

(3) 释古派

（贰）史料派

中国社会从秦汉到鸦片战争以前，或者就政治文化说，到"戊戌变法"以前，这二千多年是中国有史以来最重要最长期的定型时代。适应这时代的文化，中国史学和中国文字学相似，穷究到最后的背景，总受着"儒教的经学"的支配，更确切点说，受经学中的汉学的古文学派的影响。就中国史学演变的形态上看，孔子的《春秋》、司马迁的《史记》，无论就"史体"说，就"史法"说，似乎都给予中国史学以巨大的影响。其实穷究中国史学演变的本质，古文学派的创始者刘歆与其继承者班固的史学，支配着中国史学史上"发展期"的全期。中国史学的理论家，如刘知幾《史通》中的《六家》、《惑经》、《申左》诸篇，处处抑《春秋》而扬《左传》，诋《史记》而誉《汉书》；又如章学诚的《文史通义》、《校雠通义》二书，力说集大成者是周公而非孔子，"史意"、"史学"都渊源于刘歆《七略》与班固《汉志》，不都是带着极浓重的经古文学派的色彩吗？再就史学体裁言，纪传体与其说本于《史记》，不如说本于《汉书》；编年体与其说源于《春秋》，不如说源于《左氏》；政制史（以往目录家称为政书类）与其说始于刘秩《政典》，不如说始于《周礼》六官；学术史（以往目录家分隶于子部各家）与其说源于《史记》的《孔子世家》、《儒林传》，不如说本于《汉书》的《艺文志》、《儒林传》。《左氏传》、《周官》以及《汉书》不是古文经典以及受古文派学说支配的史学著作吗？到了清代，除黄宗羲外，钱大昕的经史合一的考证学和章炳麟的许多史学理论，如认孔子是史学家，《春秋》是中国第一部的史学著作，刘歆保存古代文化是孔子第二，其直接继承经古文学派的学统，更非常明显。现代学者，受二章（章学诚与章炳麟）的影响，在史学著作界，仍可屈指而数，如张尔田的《史微》、陈汉章的《史学通论》、柳诒徵的《中国文化史》等，不都是与古文学派有相当关系吗？所以，就个人的私见，发展期的中国史学实以经古文学为其学术的背景，虽然许多史学家或自觉的或不自觉的、或多的或少的在受着它的支配。至于中国史学的转变，实开始于戊戌政变以后，或者就原因说,开始于鸦片战争以后。而给予中国史学以转变的动力的,却是经今文学。

四

如上文所述,康有为是清末后期经今文学派的领袖人物,他所著的《孔子改制考》一书,是经今文学给予史学以转变的动力的重要著作。康有为是经学家而非史学家,《孔子改制考》是在打通《春秋》、《公羊传》、《王制》、《礼运》、《论语》以及其他各经各子,以为倡言变法改制的张本。康氏著作的目的在于假借经学以谈政治,但康氏著作的结果,却给予史学以转变的动力,破坏儒教的王统与道统,夷孔子与先秦诸子并列,使史学继文字学之后逐渐脱离经学的羁绊而独立。而且在史学独立的过程中,逼使康氏走上时代落伍者的宿命的路,这都是康氏所不及料,所万不及料的。这种学术思想界的矛盾的演变,是值得我们士大夫化身的智识分子们警惕的。

《孔子改制考》的初版印行于清光绪二十三年丁酉(一八九七),在"戊戌政变"的前一年,当民国纪元前十五年。① 全书共二十一卷,其影响及于史学的,有卷一《上古茫昧无稽考》、卷九《孔子创儒教改制考》、卷十《六经皆孔子改制所作考》、卷十一《孔子改制托古考》、卷十二《孔子改制法尧舜文王考》等篇。从康氏追溯到西汉末年哀、平之际,中国学术思想界有一个传统的见解,这见解支配着中国哲学家,同时也支配着中国史学家。这便是:孔子以前,"道统"与"王统"合而为一;孔子以后,道统与王统分离。代表这种见解的,以韩愈《原道》一文为最简括。韩氏说:"斯道也……尧以是传之舜,舜以是传之禹,禹以是传之汤,汤以是传之文、武、周公,文、武、周公传之孔子,孔子传之孟轲,轲之死不得其传焉。"这一段话,除"孔子传之孟轲,轲之死不得其传焉"两句,为后起的宋明理学开了先路外,所谓尧、舜、禹、汤、文、武、周公、孔子之道

---

① 据《孔子改制考》重刊本康氏题记。原文云:"光绪丁酉印于上海。戊戌、庚子,两奉伪旨焚板禁行。越二十年,庚申,重刊于京师。壬戌成,冬印行。"按丁酉为光绪二十三年,公元一八九七年;戊戌为二十四年,一八九八年;庚子为二十六年,一九〇〇年;庚申为民国九年,一九二〇年;壬戌为民国十一年,一九二二年。

"一以贯之",原是士大夫们所深信不疑的。然而,康氏出,以为孔子以前的史实都是茫昧无稽,我们现在所家喻户晓的古代史实实是孔子为救世改制的目的而假托的宣传作品。中国历史,从秦汉以来,才可考信;秦以前,甚至于一般经学家、史学家所深信的《尚书》,如《尧典》、《皋陶谟》、《益稷》、《禹贡》、《洪范》等篇都是孔子所作,就是殷《盘》、周《诰》,也都是孔子根据旧文加以点窜而成,而且举出四证,证明《尧典》一篇确是孔子手撰。他的武断,他的狂妄,使现在的我们还觉着惊异,然而,他的识力的敏锐,气象的瑰奇,又岂是拘拘于训诂考订的经古文学者所能梦见?现为征信起见,稍录若干则如次:

> 中国号称古名国,文明最先矣;然六经以前,无复书记;夏殷无征,周籍已去;共和以前,不可年识;秦汉以后,乃得详记。……夫三代文教之盛,实由孔子推托之故。故得一孔子,而日月光华,山川焜耀;然夷考旧文,实犹茫昧;虽有美盛,不尽可考焉。(卷一《上古茫昧无稽考》,页一,万木草堂丛书本)

> 黄帝之言,皆百家所托。……故言人人殊。……尧舜之事,书缺有间,茫昧无稽也。(同上,页四)

> 秦前尚略,其详靡记。……然则,周制亦茫昧矣。……惟其不详,故诸子得以纷纷假托:或为神农之言,或多称黄帝,或法夏,或法周,或称三代,皆由于书缺籍去,混混茫茫,然后诸子可以随意假托。惟秦之后,乃得其详。……(同上,页四)

> 按三代以上,茫昧无稽,《列子》所谓"若觉若梦,若存若亡"也。虞夏之文,舍六经无从考信。《韩非》言:"尧舜不复生,将谁使定儒墨之诚。"可见六经中先王之行事,皆孔子托之,以明其改作之义。……(卷十一《孔子改制托古考》,页十一)

> 《尧典》、《皋陶谟》、《益稷》、《禹贡》、《洪范》,皆孔子大经大法所存。……皆纯乎孔子之文也。……其殷《盘》、周《诰》、《吕刑》聱牙之字句,容据旧文为底草,而大道皆同,全经孔子点窜,故亦为孔子之作。(卷十《六经皆孔子改制所作考》,页三)

> 《尧典》一篇皆孔子作,凡有四证:王充《论衡》:"《尚书》自钦明文思以下,何人所作也?……曰:孔子也。"则仲任尚知此说。

其证一。《尧典》制度,与《王制》全同。……《王制》为素王之制。其证二。文辞……调谐词整,与《乾卦》、《彖辞》、《爻辞》……同,并为孔子文笔。其证三。夏为禹年号,尧舜时,禹未改号,安有夏?而不云"蛮夷猾唐"、"猾虞",而云"猾夏"。盖夏为大朝,……故周时人动称夷夏、华夏,……虽以孔子之圣,便文称之,亦曰"猾夏"也。证四。……(卷十二《孔子改制法尧舜文王考》,页五)

其次,康氏不仅对于孔子以前的史实加以消极的否定,而且积极的对于中国的旧史观提出"进化论"的新见解。原来,照中国以往史学家的观点,更其是受经古文学的影响的史学家,根据一切儒教的经典,认尧、舜、禹、汤、文、武时代都是至治的盛世,认《周礼》确实是周公"致太平之迹",自然而然地会发生有现世不及隋唐、隋唐不及秦汉、秦汉不及三代、三代不及五帝的感想,世愈古而治愈盛,陷入无可超拔的退化的泥潭,而归结于悲观论与宿命论的史观。中国民族一部分的泥古的与痿痹的现象,固不能完全归罪于这种退化论,但这种见解之有害于民族的奋发复兴,是毫无疑义的。康氏出,凭藉《公羊》三世、《礼运》"大同""小康"的经说,发为进化的史观,以为"据乱"当进为"升平"(即小康),"升平"当进为"太平"(即大同)。尧舜时代的文化,只是孔子托以明义,悬一理想的目标,以为"太平世"的倒影。时愈久则治愈盛,人类社会最后的归宿终有实现《大同书》上所描写的"大同世"之一日。① 这种空想的社会主义,就现在看,固然缺点很多,但在清末军事、外交、内政、文化处处陷于失败或落后的境况的时期,康氏的进化论不仅在中国史学界引起一大波澜,对于民族的复兴也无异于一针强心剂。

康氏所以抱有进化论的见解,是否完全由于治《公羊》学的心得,抑

---

① 梁启超《南海康先生传》:"先生之哲学,进化派哲学也。中国数千年学术之大体,大抵皆取保守主义,以为文明世界在于古时,日趋而下。先生独发明《春秋》三世之义,以为文明世界在于他日,日进而日盛。盖中国自创意言进化学者,以此为嚆矢焉。先生于中国史学,用力最深,心得最多,故常以史学言进化之理。以为中国始开于夏禹。其所传尧舜文明事业,皆孔子所托以明义,悬一至善之鹄,以为太平世之倒影现象而已。……先生于是推进化之运,以为必有极乐世界在于他日,而思想所极,遂衍为大同学说。"《饮冰室合集》,文集第三册,文集之六,页七二至七三)又梁启超《论中国学术思想变迁之大势》:"以改制言《春秋》,以三世言《春秋》者,自南海始也。……三世之义立,则以进化之理释经世之志。……而导人以向后之希望、现在之义务。……"(同上,文集之七,页九九)

或已受有西洋思想的影响,这是一个值得考证的问题。据康氏的弟子梁启超的意见,康氏高倡三世进化的学说,在达尔文主义还没有输入中国以前,认为是康氏自己的心得,因而誉为"一大发明"。① 但据我个人的私见,康氏能有进化论的见解,实系受西洋思想的影响,而且深受严复译赫胥黎(T. H. Huxley)《天演论》(*Evolution and Ethics*)的影响。考康氏于二十八九岁时,由广东南海北游京师,道出香港、上海,曾尽购读江南制造局及教会所译各书,他受西洋思想的影响已始于此时。②严译《天演论》,成于光绪二十二年丙申(一八九六),较《孔子改制考》恰早一年。③ 那一年,梁启超有《与严幼陵先生书》,说:

> 南海先生读大著后,亦谓眼中未见此等人。如穗卿(按即夏曾佑)言,倾佩至不可言喻。……书中之言,启超等昔尝有所闻于南海而未能尽。南海曰:"若等无诧为新理,西人治此学者,不知几何家几何年矣。"及得尊著,喜幸无量。启超所闻于南海有出此书之外者。……南海亦曰,此必西人之所已言也。顷得穗卿书,言先生谓斯宾塞之学,视此书尤有进。闻之益垂涎不能自制,先生盍怜而饷之。④

可见康氏师弟对于严译的倾佩及其对于西洋进化论派著作的热望。考康氏所著《新学伪经考》一书,出版于光绪十七年辛卯(一八九一,民国

---

① 梁启超《论中国学术思想变迁之大势》:"夫三世之义,自何邵公以来,久暗忽焉。南海之倡此,在达尔文主义未输入中国以前,不可谓非一大发明也。"(《饮冰室合集》,文集之七,页九九)又梁启超《清代学术概论》:"有为著此书(指《大同书》)时,固一无剿袭,在三十年前,而其理想与今世所谓世界主义、社会主义者多合符契,而陈义之高且过之。呜呼! 真可谓豪杰之士也已。"(《饮冰室合集》本,专集第九册,专集之三十四,页六)
② 梁启超《南海康先生传》:"先生……年十八,始游朱九江(按即朱次琦)先生之门,受学焉。……凡六年而九江卒。……乃屏居独学于南海之西樵山者又四年。……既出西樵,乃游京师。其时西学初输入中国,举国学者莫或过问;先生僻处乡邑,亦未获从事也。及道香港、上海……乃悉购江南制造局及西教会所译出各书读之。彼时所译者……于政治、哲学,毫无所及;而先生以其天禀学识,别有会悟。……"(《饮冰室合集》,文集第三册,文集之六,页六一至六二)
③ 严译《天演论序》末署"光绪丙申重九";又导言《察变》案语:"斯宾氏迄今尚存,年七十六矣。"考斯宾塞生于一八二〇年,卒于一九〇三年;自生年数至光绪丙申,亦适为七十六周年。蔡元培《最近五十年之中国哲学》:"五十年来介绍西洋哲学的,要推侯官严复为第一。……他译的最早,而且在社会上最有影响的,是赫胥黎的《天演论》。……严氏译《天演论》的时候,本来算激进派。……"(见申报馆出版《最近之五十年》,蔡文,页一至二)
④ 见《饮冰室合集》,文集第一册,文集之一,页一〇。

纪元前二十一年），较严译《天演论》早五年，康著《孔子改制考》早六年。①《新学伪经考》一书虽集矢刘歆，为今文学张目，但未见具有进化论的见解，即如卷三《汉书艺文志辨伪》"春秋"类一段，亦未杂有与《孔子改制考》相同或相似的论调。由这旁证，可见将《春秋》三世之义与西洋进化论相通，当在读了严译《天演论》之后。所以确切点说，给予转变期的中国新史学以转变的动力的今文学，其自身已含有外来文化的因素了！

五

直接受经今文学的启示，而使中国史学开始转变的，计有三人：一是梁启超，二是夏曾佑，三是崔适。现在先述后者。

崔适与其说他是转变期的史学家，不如说他是清末今文学派最后的经学家较为恰当。崔氏的著作有《春秋复始》、《论语足征记》、《五经释要》与《史记探原》诸书。《春秋复始》一书完全是经今文学的著作，根据经今文学的见地，提出《春秋榖梁传》的评价问题。后一书《史记探原》，却是以经今文学的见地推论到史部纪传体第一部《史记》的本质问题。崔氏所以能取得清代今文学最后的经师的地位以此，崔氏所以与转变期的史学有关也以此。

原来《史记》与《汉书》，在史体上，都属于纪传体。所不同的，《史记》是"通史"，由黄帝直记到汉武；《汉书》是"断代史"，专述前汉一代的史迹。以往史学理论家对于《史》、《汉》的评价，也每就它们的外表的史体说，例如唐刘知几《史通》的《六家》篇，以"《史记》家"与"《汉书》家"相较，而称誉《汉书》"言皆精练，事甚该密；……学者寻讨，易为其功"。而宋郑樵《通志·总序》却说："自班固断代为史，无复相因之义。……会通之道自此失矣。"其次或有考《史》、《汉》文句的异同，以观其得失，如宋倪思的《班马异同评》一书。至于明人以及清代桐城派散文家评点《史》、《汉》，以主观的鉴赏，为字句的推敲，更不足与言学术。总之，从

---

① 据《伪经考》重刊本康氏题记。原文云："光绪辛卯，初刊于广州，各省五缩印。甲午，奉旨毁板。戊戌、庚子，两奉伪旨毁板，丁巳冬重刊于京城。戊午秋七月成。更姓记。"按辛卯为光绪十七年，公元一八九一年；甲午为二十年，一八九四年；戊戌为二十四年，一八九八年；庚子为二十六年，一九〇〇年；丁巳为民国六年，一九一七年；戊年为七年，一九一八年。

未有对《史》、《汉》内含的本质加以区分的。到了崔适，因经今文学在经部范围之内，无论分经的或综合的研究，都已无甚可发展的余地，于是转而治史，而首及于《史记》。据崔氏的研究，《史记》属于经今文学的著作，《汉书》属于经古文学的著作。《史记》中有与今文说及本书相违，而与古文说及《汉书》相合的，都是曾经刘歆所窜乱。刘歆为什么要窜乱《史记》呢？他以为刘歆既经"颠倒五经"，势不得不波及《史记》，以为佐证，作为助莽篡汉的一种文化工作。这种伪造经传、广树证据的工作，决非刘歆一人的力量所能胜任。关于这，崔氏以为当王莽操政权的时候，曾经"征天下有通《逸礼》、《古书》、《毛诗》、《周官》、《尔雅》、天文、图谶、钟律、月令、兵法、史篇文字者，皆诣公车，至者前后千数，皆令记说廷中，将令正乖缪"。这千数人便是仰体刘歆的意旨，帮助刘歆伪造窜乱的打手，而《史记》也便是受了这些人的糟蹋！

崔氏的《史记探原》，有原刻本，有北京大学排印本。书首有清宣统二年庚戌(一九一〇)朱祖谋的序文，出版在康有为《新学伪经考》与《孔子改制考》二书之后。崔氏本是俞樾的弟子，①与章炳麟同门，和皖派的古文派汉学有学统的关系，但他这部书却完全受康有为《新学伪经考》的影响。康书卷二《史记经说足证伪经考》本曾有"其书(指《史记》)多为刘歆所窜改，而大体明粹。以其说与《汉书》相较，真伪具见"的话，已给予崔氏以一种启示。所以崔书中有许多论据，如《秦始皇本纪》，说始皇设立吏师制度，当时所学不限于法令而兼及《诗》、《书》、百家语；如《儒林传》，说孔安国并没有得《古文尚书》；都袭取《新学伪经考》的旧说而加以补充。② 其余，凡《史记》有"古文"二字，或与古文学说相同的，他都斥为刘歆或后人所窜改。他虽自诩有许多见解为康氏所未言，他之于康，略如惠栋之于阎若璩，③但本书行文过于简短，不能列举理由，

---

① 《史记探原》凡例："凡称师，谓曲园也。汉儒但称师说，宋儒犹然。《论语集注》'愚问之师曰'，谓延平也。今用其例。按曲园即俞樾。
② 崔说见《史记探原》卷三"《秦始皇帝本纪》第六"及卷一《序证》"《古文尚书》"，卷八"《儒林列传》第六十一"；康说见《新学伪经考》卷一《秦焚六经未尝亡缺考》，页四至五，及卷三上《汉书艺文志辨伪》，页七至十一；文繁不录。
③ 崔氏于宣统三年(一九一一)二月致钱玄同书："知汉古文亦伪，自康君始。下走之于康，略如攻东晋《古文尚书》者惠定宇于阎百诗之比。虽若'五德'之说与《穀梁传》皆古文学，'文王称王'、'周公摄政'之义并今文说，皆康所未言；譬若自秦之燕，非乘康君之舟车至赵，亦不能徒步至燕也。"见钱玄同《重论今古文问题》(《古史辨》第五册，页二四)。

以塞反对派的责难,在方法论方面确多武断的缺陷。大概崔氏过于质朴,没有康氏的识力和气魄,因之理论的辩给也远不及康氏。所以康氏成《新学伪经考》,章炳麟以一代古文学的宿儒,拟执笔驳斥而终于中止;而崔氏《史记探原》出版未久,柳诒徵的弟子缪凤林便撰著《史记探原正谬》四卷。① 虽缪书迄未印行,但崔氏不能折人之口,服人之心,已可见一斑了!

六

接受经今文学的启示,编写普通的历史教本,使转变期的新史学普及于一般青年们的,是夏曾佑。

夏曾佑不是康有为的弟子,但青年期住在北京的时候,和康氏的弟子梁启超及后来成为"戊戌六君子"之一的谭嗣同很友善。他治经今文学,在和梁、谭结交之前,他是杭州人,或者是受同乡前辈今文学者龚自珍、邵懿辰的影响。自从他和梁、谭结交以后,因学问上的切磋,思想更趋于前进与解放。那时,他们以为孔门淑世之学所以转变,都由于荀卿,而发动一种"排荀"运动。② 但夏氏的性格偏于现代心理学家所谓"内向"型,与梁氏的豪迈不同,加以当时生活相当穷困,所以不无郁郁。③ "戊戌政变",这血的思想斗争与政治斗争的一幕,大概亦给他很

---

① 缪书见范希曾《书目答问补正》卷二,页二,国学图书馆本。
② 梁启超《亡友夏穗卿先生》:"穗卿和我都是从小治乾嘉派考证学有相当修养的人,到我们在一块儿的时候,我们对于从前所学生极大的反动。不惟厌他,而且恨他。……清儒所做的汉学,自命为'荀学';我们要把当时垄断学界的汉学打倒,便用'擒贼擒王'的手段去打他们的老祖宗——荀子。"(见《饮冰室合集》,文集第十五册,文集之四十四上,页二一)梁启超《清代学术概论》第二十四节:"启超……讲学最契之友,曰夏曾佑、谭嗣同。曾佑方治龚、刘今文学。每发一义,辄相视莫逆。其后启超亡命日本,曾佑赠以诗,中有句曰:'……冥冥兰陵(荀卿)门,万鬼头如蚁。……祖袒往暴之,一击类执豸。酒酣掷杯起,跌宕笑相视。颇谓宙合间,只此足欢喜。……'此可想见当时彼辈'排荀'运动实一种元气淋漓景象。"(《饮冰室合集》本,专集第九册,专集之三十四,页六一)又夏曾佑《中国古代史》页三三七至三三八:"盖汉儒……皆出荀子。……《荀子·仲尼》篇……《臣道》篇……以固宠无患,崇美讳败,为六经之微旨,则流弊胡所不至。《荀子死于秦前,幸耳。荀子而生于秦皇、汉武之世,有不为文成、五利者乎?"按此书仍采排荀的主张。
③ 梁启超《与碎佛书》:"……具悉近状,云何失馆,而栖萧寺?穷岁客况,闻之悽怆……念兄家计,勉集绵薄。……顾此区区,恐未有济。侪辈之中,咸稍苏息;独君郁郁,穷瘵益甚。……"注:"碎佛,夏穗卿先生号。"按此书作于光绪二十二年,当公元一八九六年。(见《饮冰室合集》,文集第一册,文集之一,页一一一)

大的刺激。所以"他既不著书,又不讲学,……只是和心赏的朋友偶然讲讲,或者在报纸上随意写一两篇",而且都是"署名别士"。结果,他"贫病交攻,借酒自戕",于民国十三年(一九二四)三月间逝世。① 这转变期的初期的新史学家,留给我们的,除了几篇在《新民丛报》和《东方杂志》上发表而还没有人代为收集出版的几篇文章外,只有一部未完全而且"并非得意之作"的《中国历史教科书》。②

这部《最新中学中国历史教科书》是为商务印书馆编写的,本是一部清末旧制中学本国史教本。第一册出版于光绪三十年(一九〇四),但是并没有编完,只出了三册,到隋代为止。民国十年(一九二一),梁启超出版《清代学术概论》,论到和他同时的人物,特别提及夏曾佑和谭嗣同。次年(民国十一年,一九二二年),蔡元培为申报馆纪念刊《最近之五十年》撰《五十年来之中国哲学》一文,根据夏氏这部书,也说到他的宗教哲学。民国十三年(一九二四),夏氏死,梁氏又为撰《亡友夏穗卿先生》一文,发表于《晨报》及《东方杂志》,③于是夏氏的学术声誉因之上升。民国二十二年(一九三三)冬,商务印书馆将这部书加以句读,改称为《中国古代史》,作为"大学丛书"之一,重行出版,颇引起学术界的注意。当时,缪凤林在《图书评论》上撰文批评,并指责商务以中学教科书改称为大学丛书。其实这部书在中国现代史学史上自有其相当的地位,如在改版书的首尾加以序跋,详述夏氏的身世、学术的来源以及本书在中国转变期的新史学上的评价,则重印改版未尝没有相当的意义。④

---

① 关于夏曾佑的生卒年月,各书颇多歧误。夏氏的生年,梁启超《亡友夏穗卿先生》一文中未提及。梁氏从子廷灿所编《历代名人生卒年表》亦只云生于清咸丰(见页二七六)。夏元瑮所撰《夏曾佑传略》,云生于咸丰癸亥十月,年六十二(见《第一次中国教育年鉴》戊编,第九,页四一一)。按咸丰并无癸亥年,自咸丰任何一年数至民国十三年(或十二年),亦均超过六十二,当是"同治癸亥"之误。同治二年癸亥,当公元一八六三年,下至民国十三年(一九二四),适为六十二年。夏氏的卒年,据梁文末署"十三年四月二十三日,穗卿死后六日",则夏氏卒于民国十三年(一九二四)四月十七日;梁廷灿书亦云夏氏卒于"民国十三,甲子,一九二四";但夏元瑮《传略》云:"民国十二年三月十五日卒,时年六十二岁。"年、月、日均不同。按《传略》"民国十二年"当系"民国十三年"之误,因同治二年至民国十二年,为六十一年,非六十二年。至月日以《传略》为是,因梁仅系根据夏氏家族的函告。容异日再考订之。
② 本段本页第三行起引号""中文,都摘自梁启超《亡友夏穗卿先生》(见《饮冰室合集》,文集第十五册,文集之四十四上,页一八至二四)。
③ 见《晨报副镌》民国十三年四月份及《东方杂志》第二十一卷第十号。
④ 缪文期数待查。据王钟麒(伯祥)面告,夏书改版在"一二八"之前,确曾为撰跋。事变以后,跋文大概遗失,故未附印。

《中国古代史》（只为便于称引起见）一书，开宗明义，便提出达尔文的《种源论》(C. R. Darwin: *The Origin of Species*)。其他以人群进化的原则论证中国史迹的，更是掇拾便是。① 原来他在戊戌政变以前，对于严译赫胥黎的《天演论》和斯宾塞的《群学肄言》(Spencer: *The Study of Sociology*)，已感到很大的趣味，② 加以受康有为《孔子改制考》的影响，则其接受进化论的思想，以为本书的骨架，实是当然的事。在本书中，他着眼孔子以前的原始宗教，秦汉的方士，汉代道教的产生与佛教的输入；同时着眼宗教与哲学相嬗之故，于老、孔、墨三家之"道"，周秦之际的学派，西汉今文学与方士的关系，东汉古文学与方术的分离，都另立专题。③ 其识力的敏锐，不仅在当时，就是在现在，和一般只知堆积死的史实的史学家相较，也可说相去倍蓰。夏氏在本书中，并没有专留意宗教和哲学，而忘记了政制的重要性。他说："中国五千年之历史，以战国为古今之大界。故战国时之制度，学者不可不知其梗

---

① 马君武译为《物种原始》，中华书局出版，今从夏氏原文。夏氏《中国古代史》第一编第一章第一节"世界之初"："昔之学人笃于宗教，每多人主奴之意。今幸稍衰，但用以考古而已。至于生物学家者，创于此百年以内，最著者英人达尔文(Darwin)之《种源论》(*Origin of Species*)。其说本于考察当世之生物与地层之化石，条分缕析，观其会通，而得物与物相嬗之故。由古之说，则人之生为神造；由今之说，则人之生为天演。其学如水火之不相容，……先举此以告学者，庶几有所别择焉。"（页一至二）。又如页一〇："故凡今日文明之国，其初必由渔猎社会以进入游牧社会。自渔猎社会改为游牧社会，而社会一大进。如页一一："故凡今日文明之国，其初必由游牧社会以进入耕稼社会。自游牧社会改为耕稼社会，而社会又一大进。……我族则自包牺氏已出渔猎社会，神农氏已出游牧社会矣。"如同页："大凡人类初生，由野番以成部落，养生之事次第而备，而其造文字，必在生事略备之后。"如页二四："禹乃确立传位之定法；盖专制之权渐固，亦世运进步使然，无所谓德之隆替。"如页二九："中国若无周人，恐今日尚居草昧。……中国之有周人，犹泰西之有希腊。"如页三五："群之由分而合也，世运自然之理。物竞争存，自相残贼。历千余年，自不能不由万数减至十数。"（按指春秋、战国诸侯之争霸）。如页七〇："春秋之时，人事进化，駸駸有一日千里之势。鬼神术数之学，遂不足以牢笼一切。……至老子遂一洗古人之面目。"如页一六六："秦以前为古人之世界，秦以后为今日之世界。"如页一八〇："僖公十八年传，郑伯始朝于楚，楚子赐金，……曰：无以铸兵。……是其时以铜为兵。而《史记·范雎传》云：铁剑利而勇士倡，则知战国已用铁为兵矣。即西人所谓铜刀期与铁刀期也。"如页一八三："古今人群进化之大例，必学说先开，而政治乃从其后。……至战国时，……一曰宗教之改革。此为社会进化之起原，即老、孔、墨三大宗是也。……四曰财政之改革。井田之制，……以近人天演学之理解之，则似不能有此。……其实情盖以大地为贵人所专有，而农夫皆附田之奴，……至秦商君，乃克去之，此亦社会进化之一端。"如页三八三："循夫优胜劣败之理，服从强权，遂为世界之公例。威力所及，举世风靡。弱肉强食，视为公义。于是有具智仁勇一种反抗强权之学风，以扶弱而抑强。此宗教之所以兴，而人之所以异于禽兽也。"都在应用进化论的理论。

② 已见前第（五）康有为节及《饮冰室合集》，文集第一册，文集之一，页一〇。

③ 参阅《中国古代史》原著"目录"便知，文繁不录。

概。"①又说:"秦汉两朝尤为中国文化之标准。""中国之教得孔子而后立,中国之政得秦皇而后行,中国之境得汉武而后定。三者皆中国之所以为中国。……譬如建屋,孔子奠其基,秦汉二君营其室。后之王者,不过随事补苴,以求适一时。"②又说:"清代二百六十一年为更化之期:此期前半,学问政治,集秦以来之大成;后半,世局人心,开秦以来所未有。此盖处秦人成局之已穷,而将转入他局。"③这种理论,对于"古今世变",真可称为"洞若观火",与最近有些中国社会史的论战家相较,或反为"谈言微中,可以解纷"。同时,他对于中国民族的发展,也给予很大的注意,虽然限于时代,他的民族主义思想比较狭窄而不甚同于现在。他溯论中国种族之原,不同意于当时流行的"中国民族西来说"。④他详述两汉的四裔民族,而更详于匈奴的政治与世系,予以很高的比重。⑤ 这些,在当时的史学界,都是不易得的见解。

至于这部书受今文学的影响,采用今文学的学说,更其是康有为的《新学伪经考》与《孔子改制考》二书中的理论,以反抗传统的古文学的见解,更是十分明显。如叙述尧、舜,说:"儒家言政治者,必法尧、舜。……九流百家托始不同:墨子言禹,道家言黄帝,许行言神农,各有其所宗。即六艺之文,并孔子所述作,而托始亦异。……惟《书》首尧、舜,其义深矣。"⑥如叙述孔子手定六经,附录唐陆德明《经典释文序录》,而加以按语说:"案此篇皆唐人之学。至宋学兴,而其说一变。至近日今文学兴,而其说再变。年代久远,书缺简脱,不可详也,然以今文

---

① 见原书第一篇第二章第二十三节"春秋制度之大概",页一七八。
② 见原书第二篇第一章第一节"读本期历史之要旨",页二二五。
③ 见原书第一篇第一章第四节"古今世变之大概",页五至六。
④ 公元一八九四年,法人拉克伯里(Perrien de Lacouperie)著《中国古文明西源论》(*Western Origin of the Early Chinese Civilization*),以为中国黄帝即巴比仑巴克族的酋长,率族东迁而来中国。一八〇〇年(明治三十三年),日人白河次郎、国府种德合著《支那文明史》,采用这说。一九〇四年(光绪三十年,原书用孔子纪元,署纪元二千四百五十五年),留日学生所组织的东新译社将这书译出,改称为《中国文明发达史》。当时这说很流行于中国学术界,如章炳麟的《序种姓》《检论》,丁谦的《中国人种从来考》《穆天子传考证》,黄节的《种源篇》,刘师培的《思祖国篇》《华夏篇》、《国土原始论》,蒋智由的《中国人种考》等都附和这说。独夏曾佑《中国古代史》说:"据下文最近西历一千八百七十余年后,法、德、美各国人数次在巴比伦故墟掘地所发见之证据观之,则古巴比伦人与欧洲之文化相去近,而与吾族之文化相去远,恐非同种也。"(见第一篇第一章第三节"中国种族之原",页三至五)
⑤ 原书第二篇第三十六节至第四十一节,述匈奴之政治及其世系(页三〇〇至三一〇);第四十二节至第五十九节,述西域、西羌、西南夷、百越、朝鲜、日本(页三一〇至三三四)。
⑥ 见原书第一篇第一章第十七节"尧、舜",页二〇。

学为是。"①如叙述春秋、战国时代的学派说："著录百家之说,始于《汉书·艺文志》,后人皆遵用其说。然《艺文志》实与古人不同。……因（刘）向、（刘）歆之大蔽,在以经为史。古人以六艺为教书,故其排列之次,自浅及深,而为《诗》、《书》、《礼》、《乐》、《易象》、《春秋》。向、歆以六艺为史记,故其排列之次,自古及今,而为《易》、《书》、《诗》、《礼》、《乐》、《春秋》。……既已视之为史,自以为九流之所共矣,然又何以自解于附《论语》、《孝经》于其后乎？其不通如此。"②对于经古文学者所尊信而将跻于经典的刘歆《七略》与班固《汉志》,直斥为"不通",而且深究其"不通"的原因。及叙述两汉经学学派,更探究经古文学产生之政治的背景,以为"六艺为汉人之国教,无禁绝之理,则其为计,惟有入他说以乱之耳。刘歆为（王）莽腹心,……必与闻莽谋,……故为莽杂糅古书,以作诸古文经。其中至要之义即'六经皆史'一语。盖经既为史,则不过记已往之事,……而其结果,即以孔子之宗教改为周公之政法。一以便篡窃之渐,一以塞符命之源,计无便于此者"。他在这一专题中,表明自己的学统,而且表明自己由经今文学转变为新史学的原因,在本书中可说是最重要的一段自白。他曾说："自东汉至清初,皆用古文学,当世几无知今文为何物者。至嘉庆以后,乃稍稍有人分别今古文之所以然,而好学深思之士,大都皆信今文学。本编亦尊今文学者,惟其命意与清朝诸经师稍异。凡经义之变迁,皆以历史因果之理解之,不专在讲经也。"③夏氏所以尊信经今文学,是由于"好学深思"之学术史的观察;而夏氏所以由经今文学者转变为新史学家,则由于"历史因果论"的采用。夏氏与康有为的学统上的离合,在这里已表白得非常清楚了！

夏氏《中国古代史》一书,在内容或本质方面是中国经今文学与西洋进化论思想的糅合,已如上文所说。但我们研究中国现代史学的转变,更应该注意：夏氏一书,在形式或体裁方面,实受日本东洋史编著者的影响。中国史学体裁上所谓"通史",在现在含有两种意义：一种是中国固有的"通史",即与"断代史"相对的"通贯古今"的通史,起源于

---

① 见原书第一篇第二章第十节"孔子之六经",页七七至九〇。
② 见原书第一篇第二章第二十二节"周秦之际之学派",页一七五至一七八。
③ 见原书第二篇第一章第六十二节"儒家与方士分离即道教之原始",页三四〇至三四三。

《史记》，最显著的例，如《隋书·经籍志》说梁武帝曾撰《通史》四百八十卷，从三皇到梁代(《史通·六家》篇说六百二十卷)；另一种是中国与西方文化接触后而输入的"通史"，即与"专史"相对的"通贯政治、经济、学术、宗教等等"的"通史"，将中国史分为若干期而再用分章分节的体裁写作。这种体裁不是中国所固有，就我个人现在所得的材料而言，似乎也不是直接由西洋输入，而是由日本间接的输入。这类书影响于中国史学界较早而较大的，大概是日本那珂通世的《支那通史》和桑原骘藏的《中等东洋史》两书，①更其是前者，因为用汉文写作的关系，影响更大。这书出版于公元一八九一年(明治二十四年，光绪十七年，也正是康有为《新学伪经考》出版的那一年)，原是学校的教本。东京高等师范学校教授南摩纲纪曾为这部书撰有序文，说"著史之要有十"："一曰详治乱之源委、国势之隆替；二曰辨政刑之美恶、教育之盛衰；三曰明地理之形、人种之别；四曰审制度之沿革；五曰记学术之异同、工艺之变迁；六曰分贡举、铨选之良否；七曰举兵赋、财政、货币之制；八曰析贤愚、淑慝、忠奸、正邪之迹；九曰载农商之勤惰、风俗之醇漓；十曰揭他国交涉之事。"关于通史所要叙述的材料大体具备。他称誉这书能包举这"十要"，说："初学熟读此书，则不费力而得略知支那四千年之治乱、政刑、地理、人种、教育、制度、风俗及农工商之大体。"过了八年，中国经过甲午战役、戊戌政变以后，到一八九九年(光绪二十五年己亥)，罗振玉将这部书翻印，由上海东文学社出版，但只出版到卷四宋代为止。罗氏曾为这翻印本撰序，说："吾友东儒藤田学士之言曰：自进化之论出，学子益重历史。……振玉持此义以求诸古史氏，则唯司马子长近之。……其他卷帙纷纶，只为帝王将相状事实作谱系，信如斯宾塞氏东家产猫之喻，事非不实，其不关体要，亦已甚矣。"因而称誉本书为"良史"，以为"简而赅，质而雅，而后吾族之盛衰与其强弱、智愚、贫富之所由然可知"(由罗氏的序文，可知他亦是受进化论的影响而将新通史体输入的一人)。夏曾佑《中国古代史》书中虽没有说到这部书，但他受日

---

① 桑原骘藏《中等东洋史》二卷，出版于明治三十一年，当清光绪二十四年，公元一八九八年。有樊炳清译本，于光绪二十五年(一八九九)由东文学社出版。又光绪三十年(一九〇四)，泰东同文局出版桑原氏《东亚史课本》，不署译者姓名。同年，科学书局出版桑原氏著、周同愈译的《中等东洋史教科书》。光绪三十二年(一九〇六)，文明书局又出版同上书；都见于《涵芬楼地字书目》。又"一·二八"前商务印书馆出版"本版书目"内载有金为译桑原氏的《东洋史要》一书，今已绝版，未见。

本东洋史研究者的影响仍是显然的,如他叙述三国疆域与两晋疆域沿革,便抄录日本重野安绎的《支那疆域沿革图》及略说。① 夏氏这部书,于开端几节,述种族,论分期,以及以下分章分节的编制,大体与《支那通史》一书相近,而内容精审过之。就体裁说,显然的受了这位日本东洋史研究者的影响。②

由上文所说,夏曾佑在中国史学转变的初期,是将中国正在发展的经今文学、西洋正在发展的进化论和日本正在发展的东洋史研究的体裁相糅合的第一人。梁启超说"他对于中国历史有崭新的见解,尤其是古代史",因而称誉他是"晚清思想界革命的先驱者",实不是阿好之言。

然而,这位"思想界革命先驱的夏穗卿先生",对于中国历史虽有崭新的见解,但不能由理论的知发为实践的行。他对于中国史,也只是"好像沙滩边白鹭,翘起一足",对着波涛千顷的"史海""在那里出神"。③ 我们读到他所说:"综古今之士类言之,亦可分为三期:由三代至三国之初,经师时代也。经师者,法古守礼,而其蔽也诬;由三国至唐,名士时代也。名士者,俶傥不羁,而其蔽也疏;由唐至今,举子时代也。举子者,天地之大,万物之多,而惟应试之知,故其蔽也无耻。"④真如面对着这位愤世嫉邪的新史学家,而得知其借酒自戕的原因。然而,从夏氏长逝以后,"士类"又一变了。天地之大,万物之多,而惟个己声色货利享受之知,倘使这位愤世嫉邪的新史学家活下去,不知他又将怎样的愤慨了!

七

直接受康有为经今文学的启示,而使中国史学开始转变、开始脱离经学羁绊的是梁启超。

梁启超是康有为的入室弟子,依常理说,是继承康氏学统最适当的

---

① 见原书第二篇第一章第七十五节页三八九及第二章第三十九节页五二一。
② 按当时受日本东洋史研究者的影响,不仅夏氏一人。刘师培于光绪末年间曾编著《中国历史教科书》二册,由国学保存会出版,其体裁亦与夏书相同。
③ 引语都录自梁启超《亡友夏穗卿先生》一文,见《饮冰室合集》,文集第十五册,文之四十四上,页一八至二四。
④ 见《中国古代史》第二篇第一章第七十四节"三国末社会之变迁下",页三八九。

人物,然而因为康、梁二氏性格的不同,而终于分手。关于这一点,梁氏自己说得很清楚:

> 启超与康有为有最相反之一点:有为太有成见,启超太无成见。其应事也有然,其治学也亦有然。有为常言"吾学三十岁已成。此后不复有进,亦不必求进"。启超不然,常自觉其学未成,且忧其不成,数十年日在旁皇求索中。……①

关于康、梁二氏离合的经过,梁氏也说得很详尽:

> 启超年十三,与其友陈千秋同学于学海堂,治戴、段、王之学。……越三年,而康有为以布衣上书被放归,举国目为怪。千秋、启超好奇,相将谒之,一见大服,遂执业为弟子。共请康开馆讲学,则所谓万木草堂也。……启超治《伪经考》,时复不慊于其师之武断,后遂置不复道。其师好引纬书,以神秘性说孔子,启超亦不谓然。……
>
> 启超自三十以后,已绝口不谈"伪经",亦不甚谈"改制"。而其师康有为大倡设孔教会……启超不谓然,屡起而驳之。……持论既屡与其师不合,康、梁学派遂分。……②

梁氏对于康氏,始从而终离,除性格不同的原因外,治学途径的变异亦是一大关键。康氏始终是经学家,其谈史也只是为了治经。因为康氏是经学家,所以始终谈"伪经",谈"改制",甚至于以神秘性谈孔子。梁氏已由经师弟子转变而为新史学家,所以留意于"我国旧思想之总批判及其所认为今后新思想发展应遵之途径"。梁氏的友人林志钧为梁氏编辑遗稿时,曾有很明确的话。他说:

> 知任公者,则知其为学虽数变,而固有其坚密自守者在,即百变不离于史是已。观其髫年即喜读《史记》、《汉书》。居江户,草中国通史,又欲草世界史及政治史、文化史等。所为文,如《中国史叙论》、《新史学》及传记、学案,乃至传奇小说,皆涵史性。其《历史研

---

① 见《清代学术概论》第二十六节,见《饮冰室合集》本,专集第九册,专集之三十四,页六五至六六。
② 见《清代学术概论》第二十五、二十六节,页六一至六五。

究法》，则其治史之方法论。而《政治思想史》、《美文及其历史》、《近三百年学术史》、《佛教史》诸篇，皆为文化史之初稿。……任公先生之于文化史，亦朝夕常言之。……①

梁氏虽由经师弟子转变而为新史学家，但他的史学思想显然地受了今文学的刺激而接收进化论的史观。代表这种见解的，是光绪二十八年（一九〇二）所发表的《新史学》一文。他首先批评旧有的史学，以为"兹学之发达，二千年于兹矣。然而陈陈相因，一丘之貉，未闻有能为史界辟一新天地，而令兹学之功德普及于国民"。他再进而指出旧史学的四个"病源"："一曰知有朝廷而不知有国家"，"二曰知有个人而不知有群体"，"三曰知有陈迹而不知有今务"，"四曰知有事实而不知有理想"。于是结果"汗牛充栋之史书，皆如蜡人院之偶像，毫无生气，读之徒费脑力"。因而斥责"中国之史，非益民智之具，而耗民智之具"。梁氏于批评旧史学之后，提出他对于新史学的界说："第一……叙述进化之现象。""第二……叙述人群进化之现象。""第三……叙述人群进化之现象而求得其公理公例。"②他的全部史观建筑在进化论之上！而且不仅以叙述历史的演进现象为满足，并进而探求历史演进的基因，浸浸乎和最近的释古派的理论相近！

梁氏在《新史学》发表的前一年，曾发表《中国史叙论》一文，其见解也和这相同。他以为根据他的新史学的界说，"虽谓中国前者未尝有史，殆非为过"。因为他以为"近世史家之本分，与前者史家有异。前者史家不过记载事实；近世史家必说明其事实之关系与其原因结果。前者史家不过记述人间一二有权力者兴亡隆替之事，虽名为史，实不过一人一家之谱牒；近世史家必探察人间全体之运动进步，即国民全部之经历及其相互之关系"。③ 这种史观，在现在看来，虽已成为老生常谈，并没有什么新奇可喜之处，然在四十年前，确是中国史学界的"飓风"、"火山大喷火"与"大地震"呢！（这是梁氏加于康氏三书的形容词）

林志钧恭誉梁氏，说："际此鄙僿恂陋举世昏睡之日，任公独奋然以

---

① 见《饮冰室合集·序》，页三，载本书文集第一册。
② 见《饮冰室合集》，文集第四册，文集之九，页一至一一。
③ 见《饮冰室合集》，文集第三册，文集之六，页一。

力学经世为己任。……其始也,言举世所不敢言,为举世所未尝为,而卒之登高之呼,聋发聩振,虽老成夙学亦相与惊愕而渐即于倾服。所谓思想界之陈涉,视同时任何人,其力量殆皆过之!"①就全部思想界说,梁氏是否是"陈涉",尚有商榷的余地,但就四十年前的史学界说,梁氏却确是揭竿而起、登高而呼的草莽英雄陈涉呢!

梁氏的学问趣味虽屡变,史学的著作虽很繁多,但进化论的思想始终或多或少的支配着他的史观。——民国十二年(一九二三),梁氏讲演《研究文化史的几个重要问题》,仍认历史的一部分现象是进化的。②——自然,在现在,单纯的进化论的见解是否毫无疵瑕,已成问题;而且梁氏是否能彻底的根据这个史观以完成一部权威的史学著作,也可怀疑。然而,梁氏由经今文学而接受进化论,由进化论而使中国史学发动转变,梁氏在现代史学史上确已有其不可磨灭的功绩。

终梁氏的一生,虽"著作等身",但始终未能完成一部权威的划时代的史学著作,这原因或亦只能于梁氏的性格方面得到解释。梁氏对于自己的批评十分严格而正确。他说:

> 启超之在思想界,其破坏力确不小,而建设则未有闻。……启超务广而荒,每一学,稍涉其樊,便加论列。故其所述著,多模糊影响笼统之谈,甚者纯然错误。及其自发现而自谋矫正,则已前后矛盾矣。

他之所以有这种弊病,他自谓由于"生性之弱点":

> 启超……保守性与进取性常交战于胸中,随感情而发,所执往往前后矛盾。尝自言曰:"不惜以今日之我,难昔日之我。"
>
> 启超以太无成见之故,往往徇物而夺其所守。……启超学问欲极炽,其所嗜之种类亦繁杂。每治一业,则沉溺焉,集中精力,尽抛其他。历若干时日,移于他业,则又抛其前所治者。以集中精力故,故常有所得;以移时而抛故,故入焉而不深。……启超虽自知

---

① 见《饮冰室合集·序》,页二。
② 见《饮冰室合集》,文集第十四册,文集之四十,页一至七。

其短,而改之不勇。①

　　梁氏的史学著作的缺点,虽不致如他自己对于他的一般学术思想的批评之甚,但"模糊影响笼统之谈","往往前后矛盾",与"入焉而不深"的弊病,确时时表现于他的史学著作中。即死前数年所著的《中国历史研究法》及所讲的《研究法续编》亦都不免。不过梁氏的性格,一方面有其弱点,一方面亦有其长处。林志钧称他"款挚而坦易,胸中豁然无所盖覆。与人言,倾困竭廪,恳恳焉惟虑其不尽"。② 当属可信。因为具有这种性格,所以他乐于接受当代后辈的影响,而不俨然以开山大师自居。如"五四"以后,因胡适、梁漱溟的著作与理论,而撰著《先秦政治思想史》《墨子学案》等史学著作,即其显例。③ 这种气度与修养,在当代学者间殊少其比。假使"天假之年",实是著撰中国文化史的较适宜的人选。然而如林志钧所说:"迩者中国社会史问题论战方始,任公不及参与讨论焉,即此已不可谓非学术界之一损失。"④平素尝说:士大夫或知识分子们,有不当早死而竟死者。就史学家言,梁启超与王国维都是不应死而竟早死者。

八

　　使中国史学完全脱离经学的羁绊而独立的是胡适。崔适只是以经今文学兼及史学,夏曾佑只是由经今文学转变到史学,梁启超也只是逐渐脱离经今文学而计划建设新史学。只有胡适,他才是了解经今文学、经古文学、宋学的本质,接受经今文学、经古文学、宋学的文化遗产,而能脱离经今文学、经古文学与宋学的羁绊,以崭新的立场,建筑新的史学。转变期的史学,到了他确是前进了一步。胡适为什么会有这样的

---

① 引语都见《清代学术概论》第二十六节,页六三至六六。
② 见《饮冰室合集·序》,页三。
③ 钱穆《国学概论》第十章"最近期之学术思想"说:"梁任公谈诸子,尚在胡适之前;然其系统之著作,则皆出胡后。因胡氏有《中国哲学史》,而梁氏遂有《先秦政治思想史》。因胡氏有《墨辨新诂》(未刊),而梁氏遂有《墨经校释》《墨子学案》诸书。……"(见本书下册页一四三)鄙意梁氏的《先秦政治思想史》尊奉儒家,盖受梁漱溟《东西文化及其哲学》一书的影响。梁启超晚年在清华研究所讲学,宣扬王学,或亦受梁漱溟的影响。
④ 见《饮冰室合集·序》,页三。

业绩？除了个人的天才与学力的原因之外，我们不能不归因于时代的反映。五四运动前后本是中国社会飞跃的一个时期，而胡适正是以"代言者"的姿态踏上了这一个时期。异日如有人专究现代中国以及胡适的史学，如果忽略了第一次世界大战的爆发、中国民族资本主义的抬头、西洋进化论思想的发展以及中国戊戌以来文化水准的提高等等史实，他将决不能了解胡适，而且也决不能了解中国转变期的史学！

　　胡适的历史哲学与历史方法论很清楚的很简洁的表现在他自己的两篇文章里：一是《介绍我自己的思想》(即《胡适文选·自序》)，①一是《中国哲学史大纲》上卷第一篇的《导言》。在前一篇文章里，他将十年内一百四十五万字的三集《胡适文存》选了二十二篇文字，分为五组：第一组选录《演化论与存疑主义》、《杜威先生与中国》等六篇，泛论思想的方法；第五组选录《国学季刊发刊宣言》、《古史讨论的读后感》等四篇，代表他对于整理国故问题的态度与方法。前者和他的历史观有关，后者和他的方法论有关。他说：他的思想受两个人的影响最大：一位是赫胥黎，一位是杜威。赫胥黎教他怎样怀疑，教他不信任一切没有充分证据的东西；杜威教他怎样思想，教他处处顾到当前的问题，处处顾到思想的结果。换句话说，就是存疑主义(agnosticism)与实验主义(pragmatism)建立起他的全部思想，而同时建立起他的史观。存疑主义与实验主义都是由达尔文的生物进化论派生的，所以简括地说，胡氏也和转变初期的史学家相同，都受着进化论的影响，只是比他们更了解的透澈而能更圆滑的应用而已。在方法论方面，他提出两个基本方法："一个是用历史演变的眼光追求传说的演变，一个是用严格的考据方法来评判史料"，而"这不过是赫胥黎、杜威的思想方法的实际应用"。所以胡氏的史观与方法论仍然是"一以贯之"。在《中国哲学史大纲·导言》一篇，对于历史方法论，有较具体的说明。他说：研究哲学史有三个目的：一是"明变"，二是"求因"，三是"评判"。但要达到这三个目的，先须做一番"述学"的工夫。所谓"述学"，第一步是"审定史料"，第二步是"整理史料"。审定史料的证据可分五种：一是"史事"，二是"文字"，三是"文体"，四是"思想"，合称为"内证"；五是"旁证"。整理史料

---

① 见《胡适论学近著》第一集下册卷五，页六二九至六四六。

的方法约有三端：一是"校勘"，二是"训诂"，三是"贯通"。胡氏的一切史学著作虽不能说完全依着这步骤，达到这目的，但在他自己，确以为是在很客观的向着这方面努力。

是不是完全如胡氏自己所说，他只在接受西洋文化，受着赫胥黎和杜威两人的思想的影响呢？不是的。胡氏究竟是中国人，他一样的受着中国文化遗产的培养。依个人的私见，胡氏与其说用西洋的思想来整理"国学"——其实只是广义的史学，不如说集合、融会中国旧有的各派学术思想的优点，而以西洋某一种的治学的方法来部勒它，来涂饰它。他平素称誉朱熹，称誉戴震，固然因为这两位学者治学的精神与方法有些近于所谓西洋的科学精神与科学方法，不仅仅因为他们也是安徽人，但很显然的，胡氏及其同派者都继承了宋学的怀疑的精神，采用了汉学古文派的考证的方法。我们只能说前修未备，后学加密，却不能说他们和宋学派及汉学的古文学派毫无学术上的关联。宋学家，如欧阳修疑《易·系辞》、《文言》以下非孔子所作，苏轼讥《书·康王之诰》为失礼，朱熹说《诗》邶、鄘、卫、郑、陈各《风》多淫佚之辞，苏辙指《周礼》是秦汉诸儒以意损益之作，王安石斥《春秋》为"断烂朝报"，李觏、司马光批评《孟子》的史识，他们的方法固然有时欠精审，但他们的疑古的精神和胡氏及其同派者所叫喊的"上帝尚可以批评"、"拿证据来"，①不是一脉相通吗？至于胡氏与清代考证学，即汉代古文学所派生的学问，不仅有密切的关系，而且完全接受他们治学的业绩与方法，更是非常明显。在《中国哲学史·导言》里，他谈文字，谈校勘，谈训诂，称誉戴震、王念孙、王引之、俞樾、孙诒让、章炳麟以及卢文弨、孙星衍、顾广圻这一班朴学大师。蔡元培在这部书的序文里，说他"生在世传'汉学'的绩溪胡氏，禀有'汉学'的遗传性，虽自幼进新式的学校，还能自修'汉学'，至今不辍"。梁启超也说"绩溪诸胡之后有胡适者，亦用清儒方法治学，有正统派遗风"。② 这种恭誉的话，胡氏并不否认，而且坦然地接受，这能说他和汉学古文派没有关系吗？

---

① 上句见胡适《人权论集序》，已收入《胡适论学近著》卷五，页六二五。下句见《介绍我自己的思想》，《胡适论学近著》卷五，页六三三。
② 见梁启超《清代学术概论》第二节，页六。

胡氏及其同派者,除承受宋学的精神与汉学古文派的方法以外,对于清末高度发展的汉学今文派的思想体系,实也有一脉相承之概。《中国哲学史》和以前出版的中国哲学研究著作,无论中国人或日本人写作的,有两个最大不同之点,即:一,中国哲学思想不始于尧、舜、禹、汤、文、武、周公,而始于老子与孔子。老、孔以前的思想史料,不采用《尚书》而采用《诗经》。这在现在,似不足惊为新异,但在当时,民八"五四"以前,却是颇大胆的"尝试"。然而,这种思想的来源,不是很显然的受了康有为《孔子改制考》一书的影响吗?中国文化既然始于孔子,尧、舜、文、武不过是儒家托古的人物,《帝典》、《皋陶》不过是儒家托古的礼制,则为史而治史,为信史而撰史,将这些伪装的人物和书籍一笔撇开,不是很合理的方法吗? 其次,胡氏的古代哲学史所以能将老、孔、墨诸子等视齐观,或者已受章炳麟"诸子学"和梁启超《论中国学术思想变迁之大势》等文的影响,①但康氏《孔子改制考》一书,说诸子都是"托古改制",意在尊崇孔子,实则夷孔子与诸子并列,不能不说是曾给了胡氏以思想上的启示。又其次,如胡氏说"论《春秋》的真意,应该研究《公羊传》和《穀梁传》,晚出的《左传》最没有用";②说秦焚书不是古代哲学中绝的真原因;③说诸子不出于"王官",《汉书·艺文志》"诸子略"并未能说明诸子产生的原因。④ 这些理论,或是袭用今文学的见解,或是由今文学的见解而加以扩大、加以转变。

关于胡氏这一派和今文学的关系,钱玄同有更忠实的叙述。他说:"一九〇九,细绎刘申受(逢禄)与龚定庵(自珍)二人之书,始背师(章太炎师专宗古文,痛诋今文)而宗今文家言。……自一九一一读了康、崔二氏之书,乃始专宗今文。"⑤又自述受业崔适的经过,说:"自一九一一(辛亥)至一九一三(民国二),此三年中,玄同时向崔君质疑请益;一九一四年(民国三)二

---

① 章氏论"诸子学"九篇,见《章氏丛书·国故论衡》卷下。梁文见《饮冰室合集》,文集第三册,文集之七,系光绪二十八年作。
② 见胡著《中国哲学史大纲》上卷,页九八。
③ 见胡著《中国哲学史大纲》,页三八四至三八七。
④ 见胡著《中国哲学史大纲》再版本附录《诸子不出于王官论》。该文原载《太平洋》杂志一卷七号,后收入《胡适文集》第一集。
⑤ 见《论今古文经学及辨伪丛书》,已收入《古史辨》第一册,页二九至三一。

月,以札问安,遂自称弟子。"①他初由章炳麟研究文字学,后由崔适接受今文学。他的《答顾颉刚书》,他的《重论经今古文问题》,更其是他论《左传》与《国语》的关系问题,都带有非常浓厚的今文学的色彩。② 胡氏的弟子顾颉刚也曾叙述到他和今文学的关系:"自从读了《孔子改制考》的第一篇之后,经过了五六年的酝酿,到这时始有推翻古史的明瞭的意识和清楚的计划。"又说:"我的推翻古史的动机固是受了《孔子改制考》的明白指出上古茫昧无稽的启发,到这时而更倾心于长素先生(有为)的卓识。"③总之,胡氏及其同派者的学术思想继承着今文学的思想体系而加以扩大,加以转变,是无可讳言的。

那末,他们是今文学者的"流风余韵"吗?那又不然。他们不是经学家而是史学家,他们不是旧的史学家而是新的转变期的史学家。胡适说自己"不主张'今文',也不主张'古文'"。④ 钱玄同说自己"从一九一七以来,思想改变,打破'家法'观念,觉得'今文家言'什九都不足信"。⑤ 顾颉刚说:"我对于今文家的态度总不能佩服。……他们拿辨伪做手段,把改制做目的,是为运用政策而非研究学问。"⑥他们由今文学胎育出来,而结果却否定今文学,这便是中国现代学术界演变的历程! 钱玄同去姓而自称"疑古玄同",其实"疑古"已成这一派的标帜而与"考古"、"释古"成为中国现代史学三派之一了。就"疑古派"所研究的史料与方法而论,或可称为"记载考证派",以与"考古派"之称为"遗物考证派"相别。所谓"记载考证派",因为他们的材料限于记载的书本,而他们的方法不出于史实的考证而已。

胡氏《中国哲学史大纲》上卷的出版,恰当着"五四运动"的发展,⑦曾风行一时。过了三年,民国十一年(一九二二),梁启超在北京大学哲学

---

① 见《重论经今古文问题》,收载《古史辨》第五册,页二四至二五。
② 《答顾颉刚先生书》,见《古史辨》第一册,页六七至八二。《重论经今古文问题》本系标点本《新学伪经考序》,载在北京大学《国学季刊》第三卷第二号,后加改正,收载《古史辨》第五册,页二二至一〇一。
③ 见顾编《古史辨》第一册《自序》,页四三。
④ 见《中国哲学史大纲》卷上,页九八。
⑤ 见《论今古文经学及辨伪丛书》。
⑥ 见顾编《古史辨》第一册《自序》。
⑦ 本书初版发行于民国八年(一九一九)二月。

社讲演,曾加以批评,①但也不过指出本书的若干缺点,并未能将"疑古派"的史观与方法论的缺陷加以暴露。民国十六年(一九二七)以后,中国学术思想界,更其是史学方面,渐趋复杂。当时批评胡氏的文章颇多,而以李季的批判一书最为热辣,②然而并未引起胡氏的答辩。顾氏《古史辨》出版后的经过也和这大致相同。当第一册初出版时,③很引起学术界的趣味,但不久接上来的是许多深刻的批评,④其中较热辣的是马承风的一篇批判文字。⑤ 平心而论,一种历史哲学或一种历史方法论,都有其优点,也都不免有其缺点,而其优点与缺点且每每随着社会的时代的进展而无法遮掩,只有历史的本身才是客观的公平的批判者。"疑古派"在中国史学史上自有其不可一笔抹煞的业绩,他们继承今文学的思想体系,采用古文学的治学方法,接受宋学的怀疑精神,而使中国的史学完全脱离经学而独立,这在中国学术演进史上是不能不与以特书的。至于他们的史料限于记载的书本,他们的研究方法仍不免带有主观的成见,他们的研究范围仅及于秦汉以前的古史以及若干部文学著作,因之,他们的成绩不免消极的破坏多于积极的建设。至于进化论、存疑主义与实验主义,应否应用于史观,则"见仁见智","是亦一无穷,非亦一无穷",在简短的本篇只好暂存而不论;而况在这派学者中,对这种思想,究竟了解到怎样的程度,应用到怎样的阶段,也未能一概而论呢。

九

对于疑古派的研究方法提出修正意见的是"考古派"。这派的代表

---

① 《评胡适之中国哲学史大纲》,现收入《饮冰室合集》,文集第十三册,文集之三十八,页五〇至六八。
② 当时《新社会杂志》、《读书杂志》及《二十世纪杂志》上都有批评胡氏《哲学史》的文章。李季的《胡适中国哲学史大纲批判》一书出版于民国二十年(一九三一),后又收入《我的生平》一书中。
③ 《古史辨》第一册出版于民国十五年(一九二六)六月。
④ 张荫麟《评近人对于中国古史之讨论》见《学衡》第四十期。陆懋德《评顾颉刚〈古史辨〉》,见《清华学报》三卷二期。梁园东《古史辨的史学方法商榷》,见《东方杂志》二十七卷二十二、二十四号。郑振铎《汤祷篇——古史新辨之一》,见《东方杂志》三十卷一号。
⑤ 见马乘风初版的《中国经济史》第一册第四编第四章《顾颉刚〈古史辨〉批判》,页四八五至五四〇。本书出版于民国二十四年(一九三五)五月,由中国经济研究会发行。马书以后由商务印书馆发行,将第四章完全删去。

者,在初期有王国维,在后期有李济。这派的起源并不后于疑古派,但他们能卓然自成一派,以与疑古派平分中国现代史学界,却在疑古派形成之后。这派与今文学和宋学已可说毫无关系,与古文学的治学方法虽有学统上的一点联系,但到了后期(最近),连这一点联系也在若有若无之间。这派和我所说的史料派有密切的关系,但比史料派前进了或深入了一步。史料派只注意史料的发现、搜集与整理,至于整理后的史料应如何与中国已有的史学配合,或如何修正中国史学,他们可存而不论。至于考古派,他不仅注意新的史料与旧的史学的关联,而且因而建立他们的历史方法论,因而建立他们的史观。到了这派的后期学者,中国史学不仅脱离经学的羁绊,而且脱离中国一切以往旧文化的羁绊。远古的史料,而处以崭新的技术,中国史学到此已完全宣告独立,谁能否认这是中国史学的大进步呢?

王国维的治学生涯可分为几个时期,因之,他的成就也是多方面的。关于前者,治学的分期,罗振玉和王氏的弟国华说得很清楚。① 大概从甲午中日战争以后到辛亥革命是他治学的前期。这时期,他初受康有为、梁启超政论的影响,由教育学而心理学而哲学而文学史与文学批评,在文学批评方面,有很高的成就;②从辛亥革命以后一直到他的自杀(民国十六年,一九二七),是他治学的后期。这时期,他受罗振玉史料学的影响,由古文字学而古史学而西北民族史地研究,在古史学方面,建树起另一学派。关于后者,他的学问的成就,陈寅恪也有很明晰的说

---

① 罗振玉《观堂集林序》:"光绪戊戌,……君年二十有二。君方治东西文字,继又治泰西哲学。岁丁未(按即光绪三十三年,一九〇七),君有《静庵文集》之刻。戊申(按即次年)以后,……又治元明以来通俗文学,时则有《曲录》之刻,而《宋元戏曲史》亦属草于此时。……辛亥之变,……航海居日本,自是始尽弃前学,专治经史,日读注疏尽数卷,又旁治古文字声韵之学。甲寅(按即民国三年,一九一四),君与余共考释《流沙坠简》,余考殷虚文字,亦颇采君说。丙辰(按即民国五年,一九一六)之春,君自日本归,……撰述乃益富。丁巳(按即次年),君撰《殷卜辞中所见先公先王考》及《殷周制度论》,义据精深,方法缜密,极考证家之能事。"(见商务新印本《海宁王静安先生遗书》第一册)又王国华《静安遗书序》:"十八,丁中日之战,变政议起。先君以康、梁疏论示先兄,先兄于是弃帖括而不为。二十二,入时务报馆,兼学东瀛、西欧文学,好叔本华、尼采之书,是为先兄治新学之始。于译述外,凡整理宋元以来戏曲之稿率成于其时。……会上虞罗叔言(按即罗振玉之字)……以古学期先兄,是为先兄治甲骨、金石、史地之始。嗣后二十年间,由古文字而古史而西北民族史地,学问著述,世所共知。"(见同上)
② 见吴文祺《近百年来的中国文艺思潮》第四段"王国维的文艺思潮",载《学林》第二辑,页一六三至一七七。

明。他说：

> 其学术内容及治学方法，殆可举三目以概括之者。一曰取地下之实物与纸上之遗文互相释证。凡属于考古学及上古史之作，如《殷卜辞中所见先公先王考》及《鬼方昆夷猃狁考》等是也；二曰取异族之故书与吾国之旧籍互相补正。凡属于辽、金、元史事及边疆地理之作，如《萌古考》及《〈元朝秘史〉之主因亦儿坚考》等是也；三曰取外来之观念与固有之材料互相参证。凡属于文艺批评及小说戏曲之作，如《红楼梦评论》及《宋元戏曲考》等是也。①

这三类的著作都包括于广义的史学，但影响于中国史学界最大的却是第一类，即陈氏所谓"属于考古学及上古史之作"。

叙述王氏的古史学，须追溯到殷虚甲骨文字的发现及其研究。关于这方面，近人的著述已多，拟不再辞费。② 大概甲骨的收藏始于王懿荣，拓印始于刘鹗，文字研究始于孙诒让，史学研究始于罗振玉，而实始于王国维。王氏是将甲骨学由文字学演进到史学的第一人。王氏在这方面的代表著作，有《殷卜辞中所见先公先王考》、《续考》、《殷周制度论》、③《殷虚卜辞中所见地名考》、《殷礼徵文》以及《古史新证》等。④ 王氏史学的业绩，不仅在于论断的精审，而是在于方法的缜密。他所以非仅仅属于史料派的学者在此，他所以有别于疑古派而能卓然自成考古派也在此。王氏是一位很笃实淳朴的学者，只顾自"立"，不愿"破"他，对于历史方法论的论争不大愿意参加。罗振玉在民国十二年（癸亥，一九二三）为《观堂集林》作序，曾转述王氏的话，说："君尝谓今之学者于古人之制度、文物、学说无不疑，独不肯自疑其立说之根据。"这是很明显的对于疑古派不满的话。后来，王氏在《古史新证》第一章《总论》里，才肯

---

① 见陈寅恪《王静安先生遗书序》，载商务新印本《海宁王静安先生遗书》第一册。
② 可参考董作宾《甲骨年表》（载民国十九年八月中央研究院历史语言研究所《集刊》第二本第二分），邵子风《甲骨书录解题》（民国二十四年十一月商务出版），容媛《金石书录目》卷七甲骨类（民国十九年中央研究院历史语言研究所单刊乙种之二）。又拙著《关于甲骨学》，系通俗文字，现收入《开明活叶文选》及傅东华编商务出版《高中国文》。
③ 三文都见《观堂集林》卷九、卷十。
④ 《卜辞中所见地名考》见《王静安遗书》第十一册《观堂别集》卷一，页十七至十八。《殷礼徵文》见同书第二十四册。《古史新证》原系清华研究院讲义，民国十六年载《国学月报》第二卷八期至十期，民国十九年载入《燕大月刊》第七卷第二期。民国二十四年，赵万里以王氏手稿本印行。

定的提出自己的见解。他说:"上古之事,传说与史实混而不分。史实之中,固不免有所缘饰,与传说无异;而传说之中,亦往往有史实为之素地。二者不易区别,此世界各国之所同。"这种承认传说之史学研究上的价值,比今文学派及疑古派将传说一笔勾消,使中国悠久的历史只剩了东周以来的下半截,实较为审慎。他指斥疑古派的缺点,说:"至于近世,乃知孔安国本《尚书》之伪,《纪年》之不可信,而疑古之过,乃并尧、舜、禹之人物而亦疑之。其于怀疑之态度及批评之精神,不无可取,然惜于古史材料未尝为充分之处理。"最后提出自己的方法论。他说:"吾辈生于今日,幸于纸上之材料外,更得地下之新材料。由此种材料,我辈因得据以补正纸上之材料,亦得证明古书之某部分全为实录。即百家不雅驯之言,亦不无表示一面之事实。此二重证据法,惟在今日,始得为之。"他所谓纸上的史料,有(一)《尚书》,(二)《诗》,(三)《易》,(四)《五帝德》及《帝系姓》,(五)《春秋》,(六)《左氏传》、《国语》,(七)《世本》,(八)《竹书纪年》,(九)《战国策》及周秦诸子,(十)《史记》;所谓地下的材料仅有(一)甲骨文字与(二)金文两种。他自称这讲义为《古史"新"证》,这"新"字正所以自别于疑古派。所以如果我们称疑古派为"记载考证派",则考古派实可称为"遗物考证派"。记载考证派不过以纸上的材料与纸上的材料相比较,以考证古史的真伪;而遗物考证派则以地下的材料与纸上的材料相比较,以考证古史的真象。两派的不同,不仅在于材料的种类,而在于比较的方法。疑古派偏于破坏伪的古史,而考古派则以建设真的古史为职志。目的不同,方法各异,于是他们研究的结论亦自不相一致了。

那末,王氏研究的结论是否偏于保守的而为传统的史学派(即泥古派或信古派)张目呢? 那决不然。王氏研究古史,原在阐明殷商时代社会的真相,但给予古史学以巨大的影响的,却在打破夏、商、周三代王统道统相承之传统的观念。因为据古文学派的解释,商周两朝是同父异母的两个兄弟的子孙所建立。商的始祖是契,他的母亲是简狄,他的父亲是帝喾。周的始祖是弃,即后稷,他的母亲是姜嫄,他的父亲也是帝喾。既然弃也是帝喾的儿子,为什么姜嫄要将他的儿子弃于"陋巷"、"平林"

和"寒冰"呢？关于这，古文学者有许多奇怪的不能自圆其说的解释。①到了王氏，他根据地下的新史料以与纸上的旧史料相比较，以为殷、周的典章制度都不相同，显然的是两个系统。于是王氏的弟子徐中舒撰《殷周文化之蠡测》一文，②直言殷、周系属两种民族。甚至于胡适、傅斯年也都受这种见解的影响。③ 三代王统、道统相承之传统的观念到此已完全由动摇而推翻了。王氏的学术思想无论在文字学、文学或史学方面，都是革新的，但他的私生活，受着罗振玉的牵制，却是反动的。前进的理论与后退的实践无法调和，所以他最后只得出于自杀的一途以解决一切。陈寅恪说他是以生命贡献给"超越时间地域之理性"，④虽亦确有理由，但恐怕还不是根本的原因呢？中国转变期的新史学家有两位"畸人"：一是夏曾佑，一是王国维。夏氏以醇酒自戕，而王氏则以蹈水悲剧终。知及之、勇不足以赴之的人每每有这种悲闷，这实是我们后学所当时常警惕的。

继王氏之后而使考古派史学飞跃一步的是李济。王氏的治学方法还和古文学的考证派有相当的关联，而李氏则是纯粹受西洋考古学的训练的学者。李氏初回国，从事于仰韶文化（中国新石器时代文化）的发现，曾著有《西阴村史前的遗存》一书。⑤ 到民国十七年（一九二八），中央研究院成立，次年（一九二九），李氏为该院历史语言研究所考古组主持安阳小屯殷墟的发掘。从这以后，殷商地下史料的获得，才由偶然的发现进而为科学的发掘；同时，地下史料的范围也由甲骨而扩大到铜器、陶器以及其他材料。由"甲骨学"的名称而转变为"小屯文化"、"青铜器时代文化"或"白陶文化"研究，以与前一时代的"仰韶文化"、"新石器时代文化"或"彩陶文化"研究相对，这正表示中国新史学发展的标帜。李氏和他的同事从事于安阳发掘，到民国二十五年（一九三六）冬，先后共十四

---

① 可参考《毛诗正义》卷十七《大雅·生民》篇。
② 见中央研究院历史语言研究所《集刊》第二本第三分，于民国二十年（一九三一）四月出版。
③ 胡适撰《说儒》一文，见《胡适论学近著》第一集上册，页三五至八一；傅斯年撰《周东封与殷遗民》一文，见同上书附录，页八二至八九；都受殷周异民族说的影响。傅氏又撰《夷夏东西说》一文，见《庆祝蔡元培先生六十五岁论文集》下册，页一〇九三至一一三四。按胡著成于民国二十三年（一九三四）春，傅前文成于民国二十年（一九三一）春，后文成于二十三年（一九三四）春。
④ 见陈寅恪《王静安先生遗书序》。
⑤ 此书于民国十六年（一九二七），由清华大学研究院出版。西阴村在山西夏县。

次,但《发掘报告》在上海可以见到的,只有四期,所研究的材料,也只限于前七次。二十二年(一九三三)以后的材料,偶见于《田野考古报告》,但也不是系统的。这些研究报告的文章,大体都可以归纳于史料派,不在于本篇叙述范围之内,故略而不提。就个人的私见,李氏所以不仅是史料派而可属于史观派中的考古派,因为他不仅以发掘整理这地下的史料为满足,且进而解释这些史料。代表这种解释工作的是《殷虚铜器五种及其相关之问题》一文。① 依据这篇文章研究的结果,殷商文化不是单纯的古代的中国文化,而是复合的文化。这文化有三个来源:一是本土的文化,代表这文化的是甲骨文字、龟卜、蚕桑业和一部分陶器;一是西土的文化,也就是和仰韶文化有关的文化,代表这文化的是陶业;一是南亚的文化,代表这文化的是稻米、水牛、青铜器中所含的锡,更其重要的是文身的民俗。仰韶文化是安特生(Andersson)等所发现,②它和小屯文化的关系较易推论,③但说殷商文化含有南亚文化的成分,则李氏以前决没有人这样主张过。依这见解加以推论,则不仅西汉末年以后中国输入印度文化,明末以来输入西洋文化,即普通所谓秦汉以前的中国固有文化也含有外来文化的成分了!这种见解已超出旧的单纯的进化论,而和文化传播论者(Cultural Diffusionist)或批评派(Critical School)的文化人类学发生联系了!在中国文化人类学这一部门非常贫乏的现况之下,李氏这篇文章确是中国学术界进步的路标呢!

　　对于史料派及考古派加以批评的,在现代学人间,还不大见到。就我所知的,只有钱穆。钱氏大概将这两派合称为考订派。他说:"考订派则震于科学方法之美名,往往割裂史实,为局部窄狭之追究。以活的人事换为死的材料。治史譬如治岩矿,治电力,既无以见前人整段之活动,亦于先民文化精神漠然无所用其情。彼惟尚实证,夸创获,号客观,

---

① 见《庆祝蔡元培先生六十五岁论文集》上册,民国二十二年(一九三三)出版,为中央研究院历史语言研究所《集刊外编》第一种。
② 另详拟写《新史料》一文。安氏撰《中华远古之文化》(An Early Chinese Culture),见《地质汇报》第五号,北平地质调查所民国十二年(一九二三)出版,英文本,附袁复礼节译本。安氏因仰韶所发现的彩陶与中亚苏萨(Susa)及安诺(Anau)相同,而主张中国民族系从西方移住东方。与以前拉克伯里氏所主张的"旧西来说"相别,而可称为"新西来说"。参看前注。
③ 李济曾撰《小屯与仰韶》一文,载《安阳发掘报告》第二期,推论小屯、仰韶两期文化的关系。

既无意于成体之全史,亦不论自己民族国家之文化成绩。"①钱氏站在"通史致用"的观点,要求治史者"附随一种对其本国已往历史之温情与敬意",②其出发点是情感的、公民的;考古派站在"考史明变"的观点,希望治史者抱一种"无征不信"的客观的态度,其出发点是理智的、学究的。钱氏斥责他们为"以活的人事换为死的材料",其实考古派也可以说自己是"将死的材料返为活的人事的记载,以便治史者引起对于本国已往历史之温情与敬意"。依个人的私见,这两种见解并不是绝对对立的,考古派的研究方法虽比较琐碎,研究的范围虽比较狭窄,但这种为史学基础做打桩的苦工是值得赞颂的。钱氏说:"治国史不必先存一揄扬夸大之私,亦不必抱一门户立场之见,仍当于客观中求实证,通览全史而觅取其动态。"③所谓"于客观中求实证",考古派学者不是很好的伙伴吗?

十

继疑古派与考古派而崛起的是释古派。胡适在《中国哲学史大纲》中虽然也曾提出治史的三个目的为"明变"、"求因"、"批判",但疑古派与考古派究竟多只做到"明变"的一部分工作,而没有达到"求因"与"批判"两个目的。——考古派对于这两个目的根本加以忽视;疑古派的"求因"工作每不是客观的而流于臆说的,因之他们的"批判"也并不会完全中肯。——换句话说,疑古派与考古派只叙说历史现象之如此,而没有深究历史之所以如此。再换句话说,只是历史之现象论,而非历史之动力论。释古派便是对于这种学术上的缺点而企图加以补充。其次,或者更重要的,释古派所以产生或者由于社会的原因。从民八"五四"以后,中国社会形态极变幻的能事,许多知识分子因不安于现状而探究鸦片战争以后中国现代社会的形态及其本质,因而再追溯产生这现代中国社会之以往各期的社会的形态及其本质,而且想用一种理论

---

① 见《国史大纲》上册《引论》,页三。
② 见《国史大纲》"凡读本书请先具下列诸信念",页一。
③ 见《国史大纲》上册《引论》,页一〇。

以解释这各期社会形态与本质之所以形成及其转变。释古派注意社会史，而中国社会史研究成为近十多年来中国史学界的专题，或者都可以于此得到解释。所以释古派与疑古派及考古派的另一异点，便是后两派注意于局部的断代的（时代之代，非朝代之代）研究，而释古派则喜为全面的通史的研究。

释古派的初期代表人物是胡汉民。民国八年（一九一九）下半年间，他在《建设》杂志第一卷第三号上发表了一篇关于中国哲学史研究的文章，显然的采用和胡适不同的观点。胡汉民承认中国古代曾有井田制度，而井田制度的破坏实为先秦诸子产生的原因。胡适受今文学的影响，否认中国古代曾有所谓井田制度。他在这年十一月间写信给廖仲恺，说：这篇文章的全体，他是很佩服的，汉代哲学一段更有独到的议论，而且他也并不是反对这研究的观点，只似乎不必从井田破坏一方面着想。于是由哲学史的讨论一变而为井田制的有无与本质问题的论战。当时参加这论战的还有廖仲恺、朱执信、吕思勉和季融五诸人，一直讨论到次年（民国九年，一九二〇）的五月，终于无结果而罢。①

使释古派发展而与疑古派、考古派鼎足而三地成为中国转变期的新史学的是郭沫若。郭氏在民国十七年（一九二八）避居日本时，用杜衎的笔名，在《东方杂志》上连续发表关于《易》、《诗》、《书》之社会背景与思想反映的研究文字，又在《思想》杂志上发表《中国社会之历史的发展阶段》一文。次年（民国十八年，一九二九），又补作《卜辞中的古代社会》和《周金中的社会史观》二文，合编为《中国古代社会研究》一书，于民国十九年（一九三〇）三月在现代书局出版。在这部书的序文里，他主张承接罗振玉、王国维的业绩，而对于疑古派的所谓"整理国故"表示不满。他说：

> 在目前，欲论中国的古学，欲清算中国的古代社会，我们是不能不以罗、王二家之业绩为其出发点了。

> 王国维……遗留给我们的是他的知识的产品，那好像一座崔巍的楼阁，在几千年来的旧学的城垒上，灿然放出了一段异样的光辉。

---

① 关于这次论战的文献见《胡适文存》初集，胡汉民著、黄昌谷编《唯物史观与伦理之研究》，柯金（Kokin）著、岑纪译《中国古代社会》附录。

又说：

> 我们的"批判"有异于他们（按指胡适及其同派者）的"整理"。"整理"的究极目标是在"实事求是"，我们的"批判"精神是要在"实事之中求其所以是"。"整理"的方法所能做到的是"知其然"，我们的"批判"精神是要"知其所以然"。"整理"自是"批判"过程所必经的一步，然而它不能成为我们所应该局限的一步。

这实是释古派之坦白的宣言。

与郭氏同属于释古派而见解却又歧异的是陶希圣。陶氏于民国十八年（一九二九）到二十一年（一九三二）间，继续编写《中国社会之史的分析》、《中国社会与中国革命》、《中国社会现象拾零》、《中国封建社会史》、《西汉经济史》、《中国政治思想史》（未完）、《中国问题之回顾与展望》等，产量相当丰富。但因为陶氏并不是单纯的客观研究的理论家，所以时被不同派系的人所指责，而且陶氏各书中的见解前后每不一致，所以更予人以指责的机会。对于陶氏各书指责得最热辣的是翦伯赞所著书中的一段。①

从郭、陶二氏以后，释古派的分裂与论争日甚一日，且已超出学术研究范围之外。嵇文甫说从一九二八年（民国十七年）到一九三五年（民国二十四年）这六七年间，中国社会史的研究可分为三个阶段：第一是概说时期，第二是论战时期，第三是搜讨时期。② 这话大致是正确的。在这时期中，能够以纯粹学术研究的态度写作的，有冯友兰的《中国哲学史》。冯氏在本书中虽然没有很明显的表白自己史学的立场，但他曾经说过"释古一种应系史学之真正目的，而亦是中国史学之最新的趋势"。③ 在本书中，如他说"中国实只有上古与中古哲学，而尚无近古哲学"，因划分"自孔子至淮南王为子学时代，自董仲舒至康有为为经学时代"。④ 关于子学时代哲学发达的原因，他反对胡适的见解，以为"于其时政治制度、社会组织及经济制度皆有根本的改变"。⑤ 至于经学时代的出

---

① 见翦伯赞《历史哲学教程》，页一五四至一六〇。
② 见中国经济研究会出版马乘风著《中国经济史》第一册序，页一至五。商务版亦曾收载。
③ 见《中国经济史·序》。
④ 见本书第二篇"经学时代"，第一章"泛论经学时代"，页四九二至四九三。
⑤ 同上书第一篇"子学时代"，第二章"泛论子学时代"，页三〇。

现,他以为:"秦汉大一统,政治上定有规模,经济社会各方面之新秩序亦渐安定。自此以后,朝代虽屡有改易,然在政治、经济、社会各方面,皆未有根本的变化,各方面皆保其守成之局。……"①这种以社会史的背景来说明哲学的产生与其演变,不能不认与释古派声息相通。此外如叙述"阴阳家思想中之宇宙间架",叙述"五行",叙述"阴阳家与科学",叙述《列子》中之机械论",②都和以往讲述中国哲学史者不同其面貌。但"七七事变"以后,冯氏的思想论调已渐起变化,③而接受——或者接近——陈寅恪的见解,即所谓"一方面吸收输入外来之学说,一方面不忘本来民族之地位",④更努力于海格尔历史哲学中所谓"合"的工作,⑤企图稳定宋明理学的地位,以上承儒学的道统,而渐与释古派分手了!

较冯氏《哲学史》一书稍后出而态度较为明显的是范寿康的《中国哲学史通论》。⑥ 在这部书的《绪论》里,他主张以"社会的存在"说明"社会的意识",所以他对于中国今后哲学思想的建立也恰与陈寅恪的见解不同。

释古派自身的论争非常激烈,而别派所给予的指斥也很露骨,但都不免含有非学术的宗派的气息,而未能为冷静的客观的论断。比较能不以盛气出之的,还是冯友兰。他在马乘风《中国经济史》序文里,说:"释古一派之史学多有两种缺陷:第一种是:……往往缺乏疑古的精

---

① 同本书第二篇"经学时代",第一章"泛论经学时代",页四九三。
② 见本书第二篇"经学时代",第二章"董仲舒与今文经学"(二),页四九八;(四),页五〇三。第三章"两汉之际谶纬及象数之学"(九),页五七三。(按原书目录遗夺)第五章"南北朝之玄学"上(四),页六一九。
③ 冯友兰自"事变以来,已写三书。曰《新理学》,讲纯粹哲学。曰《新事论》,谈文化社会问题。曰《新世训》,论生活方法。……书虽三分,义则一贯"。自谓"所谓'天人之际'、'内圣外王之道','合名曰《贞元三书》'"(引语见《新世训》自序)。前两书在商务印书馆出版,后一书在开明书店出版。又《新事论》一书,上海未发售。
④ 陈寅恪在冯著《中国哲学史》"审查报告三"说:"窃疑中国自今日以后,即使能忠实输入北美或东欧之思想,其结局当亦等于玄奘唯识之学,在吾国思想史上既不能居最高之地位,且亦终归于歇绝者。其真能于思想上自成系统,有所创获者,必须一方面吸收输入外来之学说,一方面不忘本来民族之地位。此二种相反而适相成之态度,乃道教之真精神,新儒家之旧途径,而二千年吾民族与他民族思想接触史之所诏示者也。"(页四)
⑤ 冯著《中国哲学史·自序》二:"吾之观点之为正统派的,乃系用批评的态度以得之者。故吾之正统派得观点,乃海格尔所说之'合',而非其所说之'正'也。"(页一)
⑥ 冯著《中国哲学史》第一篇成于民国十九年(一九三〇),在神州国光社出版;第二篇成于民国二十二年(一九三三),于次年,合第一篇在商务印书馆出版。范著《中国哲学史通论》成于民国二十五年(一九三六),于次年"七七事变"前在开明书店出版。

神。……往往对于史料,毫不审查,见有一种材料,与其先人之见解相合者,即无条件采用。……第二种缺陷是:……往往谈理论太多,……感觉他是谈哲学,不是讲历史。……我们应当以事实解释证明理论,而不可以事实迁就理论。"冯氏所不满于一般的释古派的,第一是方法问题,第二是技术问题,并非在于理论基础。换言之,还是"人"的问题,"书"的问题,而不是"史观"的本身问题。其次以较沉痛的语调出之的是钱穆。他在《国史大纲》的《引论》里,说:"革新派之于史也,急于求智识,而怠于问材料。……其于史,既不能如记诵派所知之广,亦不能如考订派所获之精。……彼之把握全史,特把握其胸中所臆测之全史。彼对于国家民族已往文化之评价,特激发于其一时之热情,而非有外在之根据。其绾合历史于现实也,特借历史口号为其宣传改革现实之工具。彼非能真切沉浸于已往之历史智识中,而透露出改革现实之方案。彼等乃急于事功而伪造智识者。"钱氏这些话固然不专指斥释古派,梁启超、胡适等亦在指斥之列,即他所说的革新派史学的三期——由政治革命而文化革命而经济革命——但他对于经济革命论派更其沉痛。他说:"使此派论者有踌躇满志之一日,则我国史仍将束高阁,覆酱瓿,而我国人仍将为无国史智识民族也。"按释古派的目的在于把握全史的动态而深究动态的基因,与钱氏所主张的"于客观中求实证,通览全史而觅取其动态",①并无根本的冲突。所成为争辩的焦点在于历史应否"求因",及把握什么以作求因的工具而已。不过国内自命为释古派的学人,每每热情过于理智,政治趣味过于学术修养,偏于社会学的一般性而忽略历史学的特殊性,致结果流于比附、武断。但从民国八九年以来,释古派因论争批评,也并非毫无进步。如果说这派发展,中国史学便要束阁覆瓿,那却未免过虑了。

十一

"七七事变"以来,中国史学因中国社会的急变而亦起反应。这反应的现象,虽因时间短促,以及史学研究者本身生活的流离颠沛,而还

---

① 见《国史大纲》上册《引论》,页一〇。

没有划时代的作品出世,但史学发展的几兆,大概不出于撷取疑古、考古、释古三派的优点,加以批判的综合,而渗透以高度的争取民族解放的信念。章炳麟说:

> 国之有史久远,则灭亡之难。自秦氏以讫今兹,四夷交侵,王道中绝者数矣。然撰者不敢毁弃旧章,反正又易。藉不获济,而愤心时时见于行事,足以待后。故令国性不堕,民自知贵于戎狄,非《春秋》孰维纲是?……孔子不布《春秋》,前人往不能语后人,后人亦无以识前。乍被侵略,则相安于舆台之分。《诗》云:"宛其死矣,他人是偷。"此可为流涕长潸者也!①

这位民族主义的史学家的话是会万古流传的。中国史学有其悠久的历史与光荣的地位,因之,我们可以相信中国也必然的会保持他的悠久的历史与光荣的地位!

现在选录事变以来的史学著作,作为中国现代史学家对于这非常期的献礼!

周谷城　《中国通史》精装一册,平装二册,开明,民国廿八年出版。
钱穆　《国史大纲》二册,商务,民国廿八年成,廿九年出版。
陈恭禄　《中国史》第一册一册,商务,民国廿八年成,廿九年出版。
吕思勉　《中国通史》上册一册,开明,民国廿九年出版。
罗根泽(编)　《古史辨》第六册一册,开明,民国廿七年出版。
蒋廷黻　《中国近代史》一册,商务,民国廿七年出版。
郭廷以　《近代中国史》第一册一册,商务,民国廿七年成,廿九年出版。
郭廷以　《近代中国大事志》,中央大学讲义,民国廿八年成。
平心　《中国现代史初编》一册,香港国泰,民国廿九年出版。
冯自由　《革命逸史》一册,商务,民国廿八年出版。
邹鲁　《广州三月二十九日革命史》一册,商务,民国廿八年出版。
钱亦石(遗著)　《近代中国经济史》一册,生活,民国廿七年付印,廿八年出版。
蒙思明　《元代社会阶级制度》(《燕京学报》专号之十六)一册,哈佛燕

---

① 见章炳麟《国故论衡》卷中《原经》,页七一。

京社,民国廿七年出版。

钱亦石(遗著)　《中国政治史讲话》一册,生活,民国廿七年付印,廿八年出版。

周谷城　《中国政治史》一册,中华,民国廿九年出版。

张雁深　《中法外交关系史》(法文本)一册,燕京大学法文朋友月刊社,民国廿八年出版。

钱端升　《民国政制史》平装二册,商务,民国廿八年出版。

丘汉平　《历代刑法志》二册,商务,民国廿七年出版。

向林冰　《中国哲学史纲要》一册,生活,民国廿八年出版。

朱谦之　《中国思想对于欧洲文化之影响》一册,商务,民国廿九年出版。

刘大杰　《魏晋思想论》一册,中华,民国廿八年出版。

徐世昌　《清儒学案》木刻本,二百〇八卷,一百册,北平修绠堂代售,民国廿八年出版。(本书编制虽沿袭旧体,但取材宏博,为四年来各书之冠,故附录于此)

谭丕模　《清代思想史纲》一册,开明,民国廿六年稿,廿九年出版。

赵丰田　《晚清五十年经济思想史》(《燕京学报》专号之十八)一册,哈佛燕京社,民国廿八年出版。

汤用彤　《汉魏两晋南北朝佛教史》二册,商务,民国廿七年出版。

徐宗泽　《中国天主教传教史概论》一册,上海圣教杂志社,民国廿七年出版。

郑振铎　《中国俗文学史》二册,商务,民国廿七年出版。

郭箴一　《中国小说史》二册,商务,民国廿八年出版。

李何林　《近二十年中国文艺思潮论》一册,生活,民国廿九年出版。

郑振铎(编)　《中国版画史》第一辑四厚册,第二辑四厚册,良友代售,民国廿九年出版。

张世禄　《中国音韵学史》二册,商务,民国廿七年出版。

胡朴安　《中国训诂学史》一册,商务,民国廿八年出版。

姚名达　《中国目录学史》一册,商务,民国廿七年出版。

张立志(编)　《山东文化史研究甲编》,齐鲁大学国学研究所,民国廿八年出版。

徐松石 《粤江流域人民史》一册,中华,民国廿八年出版。

王庸 《中国地理学史》一册,商务,民国廿七年出版。

顾颉刚、史念海 《中国疆域沿革史》一册,商务,民国廿七年出版。

郑肇经 《中国水利史》一册,商务,民国廿七年出版。

李长傅 《南洋史纲要》一册,商务,民国廿七年出版。

李仲融 《希腊哲学史》一册,开明,民国廿六年成,廿九年出版。

王克仁 《西洋教育史》一册,中华,民国廿八年出版。

王光祈(遗著) 《西洋美术史入门图本》及《说明书》二册,中华,民国廿八年出版。

王光祈(遗著) 《西洋音乐史纲要》二册,中华,民国廿八年出版。

陈高佣(主编) 《中国历代天灾人祸表》九册,图表一册印刷中,暨南大学研究委员会,民国廿八年付印,廿九年出版。

蔡尚思 《中国历史新研究法》一册,中华,民国廿九年出版。

欧阳颐、薛仲三 《两千年中西历对照表》一册,商务,民国廿五年脱稿,廿六年排版成,因战事被毁重排,廿九年出版。

  附注一:本文只将五十年来之史学趋势为极概略的叙述,关于这时期内的一般史学著作,更其是关于西洋史的编著,欧美历史哲学与历史方法论的介绍,因为范围颇广,材料颇多,非本文篇幅所能容纳,拟另文叙述。

  附注二:本篇是史的叙述,对于当代师友,仿梁启超《清代学术概论》之例,概直书姓名,不加师、先生、君等敬称,以求简洁,希读者谅之。

  民国三十年元旦起草,一月十六日完成。

(《学林》1941 年第 4 辑)

"五四"以后的中国史学思潮

陈一戎

（一）

五四运动可说得是中国文化再生的运动。这从较广大的意义看来，此种看法是具有多方面的性质的。

关于讨论"五四"的文章很多，而见解亦极纷纭。本篇的主旨，在把"五四"以来的中国史学思潮，作为较系统的较具体的一种史的探察。在这里吾人可以看到现阶段中国史学发展至某一程度，同时更使吾人能清楚未来奋斗的目标。

将史学的发展当作一种人类文化进化的现象看，是当科学方法的历史考订学与历史哲学兴起以后发达的，故为期尚浅，这却是已给史学的新进展开一宽广的大道，其贡献不为不大。史学的生命是生生不息地日趋进展的，和人类文化进化的本身自有其极重要联系，故历史是叙述人类文化的进化现象，使我们明白我们自己同人类的现在及将来的叙述。西塞禄（Cicero）以为真正的历史家应该是真理的火把，是生命的指导师，是往古的传达人，就是这个意义。

然而历史的迹象是最错杂纷歧了。过去许多史家迷恋着历史是研究过去的学问的主张，故赞美神界讴歌异象便蔚成一代风气，而推尊英雄，发挥丰功伟迹的思想又蔚成另一代风气，于是古罗马一勇武的骑士如何护持他的爱人，古亚述尼尼微间一妇人背着她底丈夫而私祷于神庙，某贤人不愿聆禅让于己而跑至青青的河畔去洗耳，又某隐士怎样垂钓于渭水之滨，也成了历史里的重要事实。其实此些史迹，对于人类文化关联极小，在历史里只有装潢缀饰的地位，但仍占着过去历史记述的一大部分，这当极为今日的新史家所反对，以其对于人类文化绵延不断之流，未能捕捉其主体而给予未来新的贡献也。

当然，此偏于一体的好历史，已是过去的物事，在欧洲的历史哲学发展史中，吾人可以看出此已成陈迹的鳞片。历史哲学的观念，是于今人所认为过去穷奢极侈的基督教会建设以后始成立的。欧洲中世纪的历史是完全屈膝于宗教的支配之下，以宗教的观点来观察历史和宇宙，则历史自然如他们所说的是一篇美丽的神诗了。故迄文艺复兴前，从格罗细士（Gnosis）派至奥古斯丁（Augustinus），从奥古斯丁的弟子至宗教改革时代法国的包绥（Bossuet），以至于马丁路德以后出版的教会史，皆以"神意"为历史的中心，由是便形成历史哲学中"宗教的历史时代"。

戡天役物，一秉智慧之光，这是文艺复兴以后在知识上一种伟大的成就。在历史这边看来，自我的发现，把汩没性灵使个人隔于上帝的教会推开，这或许会陷入于太看重"伟人"或空泛的"时代天才"的深渊内，却是以浓重宗教黑暗意味下的神，归心于自己心内潜藏的神，以神意的压抑，而发挥了意志，自由的意义以理性为真正价值的归凭，以自然为永持一致的本体，因自然而立平等，因理性而定人权。这趋于后来，好像是太偏于历史的想像和漠视，然而自文艺复兴以后，卢梭（Rousseau）、服尔泰（Voltaire）、赫德（Herder）、康德（Kant）、黑格尔（Hegel）等蔚成建设新历史哲学的中坚，而成立了"自我的，史时代"，就有赖于此想像或漠视里的自我精神的表现。

"社会或科学的历史时代"的启始，实归源于黑格尔氏的余韵流风。黑氏的影响，于兰克（Ranke）方面则成了主张严格探讨而建立了科学的治史方法中心，于马克思氏方面则成了"经济史观"的治史原则。然而二者以外，则有孔德氏在所著的《实证科学讲义》里创立社会学，而以历史作这种科学的一部分。至如著《英国文化史》的巴克尔氏（Buckle）

以为史家的职务，即在于杂乱无章的事实中，觅那历史必然的定律，故氏虽主张地理元素对于社会改进的影响，但却依归于人类知识进步的实际原因。这比孔德更彻底一点的天际钟声，可说是此期中光荣的殿后者了。

巴克尔以后，历史哲学便进入以社会心理为方法的"综合历史时期"。这是由于一班人不满意过去历史范围的狭隘而思有以扩张，谓须以人类成绩的总和，以世界史有普遍史为纪载对象，并且欲说明一时代历史，就只有从那时期的社会心理中探索之。此给历史哲学以辉丽的贡献，吾人不容忘记了兰伯列希（Lamprecht）、鲁滨孙（Robinson）和邵威尔（Shotwell）、韦尔斯（H. G. Wells）等之功的。至于西南学派的温特尔班（W. Windelband）、卡特黎（Rickert）等在此时期内又建立了历史哲学的另外一支，他们提倡以"价值"来讲明历史，却是如杜里舒所云：若历史以价值为标准，是则历史不过是集合了一堆珍奇的事物，只有道德的价值吧了，故以价值来说明历史和以价值来说明文化同样是不周全的。吾人以为"历史哲学应该包括全体"，盖人类历史是人们的本能的产品，是由于人类内在潜藏一往无前活泼的生机力。

可见将史学作为人类文化进化的现象来看是有其广阔的意义，根据知识线上的进化现象是要如此的，要明白人同自己的现象及在未来尤其要如此的。

中国哲学的发展，自然是人类文化进化现象的一部分，人类文化发达的阶段法则，自然包括中国文化发达的法则，所以以人类哲学发展的史程来研究中国历史发展的史程，不特足以说明中国历史是依着规条和条理而向前迈步，同样也足说明中国史学是并不自外于世界史学里的。历史的分类法有多种，但我以为 Bernheim（班海穆）氏的较为精审。依班氏的历史分类，则"在历史的知识发展中，可分三个主要的阶段，即故事或列举的阶段，教训或实用的阶段，与发展或发生的阶段"。今配合了中国的史学发展，其阶段的演进和内容的叙述意义，约相当如下表。

史学分类	举例或方法			代表人物	年代标记
故事的历史	《周易》、《书经》、《诗经》、《春秋》				战国以前
教训的历史	《史记》、《汉书》、《后汉书》、《三国志》、《晋书》、《宋书》……《金史》、《元史》、《明史》、《清史稿》			司马迁、班固、范晔、陈寿、张廷玉等……	宋代以前
发展的历史	1	《通鉴纪事本末》、《通典》、《通志》、《通考》、《续通考》		袁枢、杜佑、郑樵、马端临、王圻	宋至明
	2	《明儒学案》、《宋元学案》、《文史通义》、《考信录》		黄梨洲、全谢山、章学诚、崔述	明至清
	3	考证学	1 甲骨文字学的研究	王国维、罗振玉	清至现在
			2 "写的古史"真伪问题	梁启超、顾颉刚、胡适之	
			3 科学发掘的方法	傅斯年、李济之	
		马克思派	中国社会史的分析	郭沫若、李季、陶希圣等	
		现代史学	现在的历史	中大史学研究会	

从上表吾人可以看出中国史学演进的大概了。本文的范围是"五四"以后的中国史学思潮,故讨论的重要就偏重于发展的历史阶段中第三分段,吾人应知从这一分段起即形成中国史学成为科学研究的时代,这范围即从考证学派至现代史学派的发生。

（二）

中国史学走上科学研究的路上，不容讳言的有三种主要的因素以导成此方向之转变，而这三因素的配合，便促成了中国新史学的进展，这三种因素就是：

一、汉学对于校勘、训诂考订的成就；

二、西方文化输入的影响；

三、新史料的发现。

汉学的成就，便是当时人（清中叶）治学处处都含着归纳科学的新精神，处处都应用史学的新方法，影响于发展的史学非常重大；西方文化的输入，其社会科学的贡献及介绍了 Langlois 与 Seignobos 的治史方法，使中国史学界受到绝大的刺激，而新史料的发现（如殷墟甲骨、汉晋木简、敦煌写本、内阁档案等）更使其能对新方法运用，王国维氏以为古来新学问之起大都由于新发现实是可贵的见解，所以说及中国史学新进展之先，这些我们是应该明白的。

考证或考古学派的第一期，开其端者为孙诒让和罗振玉对于殷墟甲骨文字的贡献。孙氏于民国前八年撰《契文举例》，依铁云藏龟而成书十篇，在其自序中已认此甲骨文字为周代以前的文字，这实在是莫大的贡献。然而与中国文字学界及史学界以一大革命者，则罗振玉氏可算首屈一指。罗氏除拓有《殷虚书契前编》、《后编》等外，复著有《殷商贞卜文字考》、《殷虚书契考释》、《殷虚书契待问编》等书。《殷虚书契考释》出版，王国维氏在跋文中认为"三代以后言古文者未尝有"之书，可见其贡献亦为不少。与罗氏同时有王国维氏"作《殷卜辞中所见先公先王考》，以证《世本》、《史记》之为实录（且可证其谬误），作《殷周制度论》以比较二代之文化"。民国八年又著《戬寿堂所藏殷虚文字考释》，九年作《随庵所藏甲骨文字序》，十二年序商承祚《殷虚文字类编》，因为他考证金甲文字，能够"考之史事与制度，以知其时代之情状"，故其目的虽不在古史而却给古史的研究辟出一条出路。然而王氏的弊处是有的，第一王氏的基础科学不足，第二是以地下史料迁就纸上史料。但其能为史学开综合比较研究方法开其始基，使日后研究古史者得有所依据，那不能不算是考证史派的绝大的成就了。

考证史派的第二期讨论中心为"写的古史"真伪问题，在此以前，姚际恒、崔述等已扬其波，至胡适之氏更一方面秉承清代朴学的家风，一方面运用欧美学者治学的方法。他在《中国哲学史大纲》与《文存》三集斤斤阐述这点的意义，"尊重事实，尊重证据"，这可见他治学的精神了。然而胡氏亦有他偏见的地方的，所以梁启超氏说他凡怀疑的书都不引，甚至著中国古代哲学史，连《书经》也一字不取，且在他的书中无论何处都有一种自定的格律，这话是很对的。顾颉刚氏的疑古，据他自己说是由于胡氏的影响，在《古史辨》里各文章可见到他和其他疑古人们意见的全部。顾氏的"层累地造成的中国古史"，在史学界中诚是一大贡献，然而他所用的材料亦不过只有两可的解释。委实，这些真实的材料是太缺乏了，以至现在顾氏编的《上古史讲义》中也不见有什么成就。梁任公本身也是辨伪的一派，他著书很多，《中国历史研究法》、《古书真伪及其年代》等，前者对于治史方法很有见地。梁氏的志向是很大的，他很有志于中国文化史及中国通史的著述，然而可惜而今竟赍志以没了，未竟之功还有待于吾人继续努力。然而梁氏的意见也自有其不彻底的地方，即他还没有离开注重政治史的束缚而把历史看作人类文化进展的现象，所以亦有待于修正的。此外还有何炳松氏，何氏翻译西洋史学名著甚多，而他在自著的《历史研究法》一书，亦有很新颖的见地，他把王充、崔述的著作推为治史的楷模，把《四库总目提要》及姚际恒之著作推为足明论世知人之道，把王鸣盛、王念孙、钱大昕的著作推为能示人以读书明义之法。此种见解实为辨伪者开不少门径，且更能示人以新的方法。

考证史派的第三期发展，即所谓科学发掘的方法，此派人有傅斯年氏、李济等。此期和前期所用的方法和态度都有很大的差异：前者是注意传承，后者则注意遗物；前者注意文献的考订，后者注意考古学的方法；前者注意纸上材料的真伪问题，后者注意地下材料的鉴别。他们以为钟鼎上及彝器上所刻的文字，可以纠正古史的谬误，甲骨上的文字增加了古史不少的真确性，所以说："现在的历史学研究，已成了一个各种科学的方法的汇集",又说"研究古代除从考古学入手实无其他方法",这因为过去"中国人考古的旧方法都是用文字做基本,就一物一物的研究,文字以外,所得的非常之少;外国人以世界眼光去观察,以人类文化做标准,故能得整个文化的意义"。这样,吾人可见得前后两者殊异之处了,不特如此,考古学是有赖于人类学协作的,所以他们也于古器、古物之外,更注意人骨比较的研究而推测人类形状的转变。平心论之,考证史派进至考古学方法的注重,其成就可说至于极峰了。然而考古学方法的弊端也是无容讳饰的,即忽略了文化的整体及联系,并且特别注重材料,有材料的历史固可以迹寻,没有材料的自然留下了缺口。推至于极端,就是史学理论的不讲求而锱铢以材料为务,傅氏等之缺点就在于此,结果则与发展史第二期的马克思派乘虚而入,做成头重尾轻之势力。

（三）

史学上有所谓记述主义与推理主义的,真正的历史学者,从没有轻此重彼的表示,但中国过去的考证学派,对于"记述"方面太看重了,几十年来向这方面钻研,始终走不出这个束缚,所以另派的学者有感于范围的大狭窄,不足以解释整个历史的联系,在这时代,中国的社会科学已有相当基础,而哲学的研究也日趋发皇。在时势上,更是内忧外患日相煎迫,有志的人都深欲明了这社会的性质,而求其症结而得以改造,于是空前的"中国社会性质大论战"便发生了。这次论事参加的人很多,他们各自有代表他们的政治关系及阶级立场,以指陈其对于过去中国社会的认识,他们都有其共同点,即站立于过去所少见的"推理主义"之上,且必以真正的马克思派自命。然而这还不够,要是没有外人关于中国经济或社会的著作翻译到中国,也不见得会如此风起云涌的,他们看见,狄拉克《中国革命运动史》持论的新鲜,更看见马扎尔等《中国农村经济研究》的立论新奇,觉得甚合他们的口胃而就忘记了事实。即如马克思在"政治经济学批判序文"中称为亚细亚的古代的、封建的、资本主义的生产方法,如何将中国社会套进这公式内便成为了五花八门的论事了。有的说亚细亚生产方法为东方所独有的。有的说,中国自秦至清都没有打破封建的壁垒。有的说,二千五百年的中国社会史在封建制度言是后封建社会,在资本主义言是前资本社会,还有什么商业资本社会、佃农社会、高级农业社会……他们都同样的征引马克思、恩格斯、列宁的说话,愈多理论便愈充足,纷然杂陈,令人目迷神荡,彼一方成过去,彼即代之而兴。

在这狂流中,有一现象是可注意的,就是对反对用这些方法的人同样一致地吆喝,认为是替资产阶级辩护,自然他们是反资产阶级的。第一个揭起这枝大旗的是郭沫若氏,他在《中国古代社会研究》中便提出"我们的批评异于他们整理"的意见。郭氏这本书是自以为继恩格斯的《家族财产及国家的起源》之后的,郭氏应用的材料很多,除现存的纸上材料外还引用了许多金石甲骨的材料,他标出中国历史的阶段有原始共产制、奴隶制、封建制、资本制等,同样因这几个阶段的转变而推出"奴隶制的革命"、"封建制的革命""资产制的革命"。郭氏的主张,李季氏给与他的批评为"这种时代划分的根据不是中国社会发展的实在情形,而是一种先入之见,即马克思公式"。其实李季氏本人亦何尝不一样,曾参加论战的人亦何尝不一样。马克思看了摩根的《古代社会》后而弃废了亚细亚生产方法的见解,而中国的学者倒反抱着不肯放弃,这真是奇事,而深懂马克思的李季,其中国经济发展的五阶段何尝有所省悟,后来陶希圣虽称转变,然亦何尝有彻底的省悟呢?

陶希圣的"秦汉以后的中国,还是在前资本主义时期",主张转变到以历史事实为转移的主张,再转变至时代的细分论的主张,这种现象使人想到过去套公式的错误,不特如此,也可看见一往沉迷于马氏公式论者回头是岸了。

(四)

注重记叙主义者的重材料而不重理论,结果就走至极端,把历史看作破罐子;注重推理主义者的重理论而不重材料,结果也不免于只见得都是抽象的公式。在此时候,一种史学的新思潮的发生是必然的,这就是引到"现代史学"的一个阶段。提倡"现代史学"理论的人，是国立中山大学一班有志于史学的热心者，在民国二十二年一月中出版的《现代史学》宣言中曾标出三个注意点：

一、历史之现代史——要毅然决然舍弃了过去历史的残骸，从事现代性的历史把握。

二、现代治史方法之应用——"历史法"的应用，即应用历史构成的方法，及历史发生的方法。

三、注重文化史，尤其是社会史、经济史——不但要有一种解释社会的现象的发展、社会之历史的形态、社会形态变迁的历史哲学，同时还要在叙述史上面建立一种叙述社会现象的发展、社会之历史形态、社会形态之变迁的社会史学。

从前许多历史学者以为历史就是研究过去的学问，中国外国都一样不用说了。其实历史不会是这样简单，奥古斯丁很早便告诉我们历史、时间只是现在的关系，一切时间只是三个现象形式，即希望直观记忆。黑格尔反对同时代的史家，以为我们历史应根据事实记载，我们历史非从经验上研究不可……我们第一个主张就是将历史事实忠实地把握，这就可看见他们的精神了。真的东西永远是现在的，所谓绝对的现在就是"今"，我们即使通过如何广大的过去，我们还只从事现在的。过去的文化须经过今我的活动，这文化方是活的。克洛采说"一切真的历史都是现代的历史"，又说"将过去涌现于现在当中"，是则不经今我活动的历史都是过去的残骸吧了。

现代历史的建立，是有赖于现代治史的方法的，这种方法，就是"发生的方法"。班海穆等对于史料的搜集，对于史料的批判有卓异的成绩，中国考证学派对于史料的搜集和批判也有卓异的成绩，然而历史不是辨伪考古就完事了。换言之，我们不单看重历史构成的方法，同时要看重历史的进化方法；我们不但须要记述主义，我们还须要推理主义；我们不但要有材料的根据，同时也要有历史哲学的指导。

从现代方法的应用，吾人便归结到现代的历史的内容来了。在发展史中，在历史哲学以外最重要的还有文化史。现代历史学家的观点，历史就是文化史，文化史即包括近代一切叙述的历史，而文化史中的社会史及经济史尤为重要。所以,从这几方面,我们可以看出现代史学在发展史中所占的地位,同样更可看见现代史学和过去单重片面的史学的不同。

人类历史是永远绵延持续的,历史演进至于今日,固未尝达至局终,比如观剧者在兴高采烈中忽尔闭幕,然其迷离穿插的后来,与方兴未艾之五光十彩,固未尝或已,是则一切未来之人类行为,乃构成历史下一章之资料,而现在的过去,亦即涌现于下一幕未来的现在之,故发展期中的现代史学固无可限量的。

（五）

五四纪念今天就届廿二周年的生日,廿二年来的中国史学思潮可冥极尽变化的能事,而后之视今,亦犹今之视昔。要史学的进步不已,是有待于有志的历史学者继续钻研探讨,使得以底日趋完善的境域了。

(《生活思潮》1941 年第 5 期)

中国新史学的学派与方法

张好礼

讲到中国的新史学运动及其学派,在三四年前,有一篇很重要的论文,诸位不可不知道,那便是周予同先生的《五十年来中国之新史学》一文。该文登在《学林》第四辑内,民国三十年二月初版,上海开明书店经售。

周先生这篇论文,共约四万字。引证精确,论断公允。在我所要讲的这个题目内,要算是空前未有的一篇极重要的著作。我现在所能利用的篇幅,要比他少五倍。而我们想要讲的话,却亦不比他少。故他已经讲过的,即请诸同学去参看,我不再说。惟该文的可躇之处,亦颇不少。我既然负责向诸位介绍此文,我即负有补充与商榷的义务。

第一,该文将中国的新史学运动,分为史观派与史料派两派,似不妥当。因为一提到史观,就使我们想到唯物史观、唯心史观、宗教史观、伟人史观、地理史观、种族史观等等,这全是历史哲学内的名称,不是历史科学内的名称。科学的史学家,是要将史学当作一种自然科学与社会科学去研究,不必去讲史观。而我国近十年来,几位第一流的史学家,如陈寅恪、傅斯年、陈垣、张星烺、冯承钧、洪业、齐思和等等,若依周先生所讲,是应列入于史料派呢?还是应列入于史观派呢?其实,他们也不是仅仅的考证史料,也绝不高谈什么史观,而全是些脚踏实地、埋头苦干、科学的史学专家。

第二,该文在"超儒教史观派"的名称之下,共提出三个学派:一疑古派,二考古派,三释古派。这亦带有语病。因为疑古派的工作是破坏的,不是建设的。他们所疑的是古书,还谈不到古史。如何会有史观呢？如何能列在"史观派"以内呢？其次，谈到考古派，我觉得周先生是和其他的国学家们一样，对于考古学一名称，似乎还有一种误解。譬如说，卫聚贤的《中国考古小史》一书（上海，商务印书馆，民国二十二年十二月初版）内载有两篇论文：一梁启超的《中国考古学之过去及将来》，一王国维的《最近二三十年中中国新发见之学问》。我们若将这两篇文章拿来一看，就可看出，梁任公所说的是我国旧有的金石学，不是科学的考古学。王国维所说的新发现，亦指古文字、旧档案，和中国境内之古外族遗文而言，仍是文字学，而非考古学。自从王国维的《观堂集林》与《古史新证》以及国立中央研究院的《安阳发掘报告》相继出版之后，我国学人对于考古学一名称，似乎有点中魔。对于纸上史料，发生厌恶，对于地下史料，报有极大的希望。其实他们所叫作的考古学，全是金石学、古文字学，而不是考古学。真正的科学的考古学，在中国还很幼稚，还不能对史学的建设运动有何帮助。譬如说，中国现有的科学的考古学家，据我所知者，共有三人：一李济，二梁思永，三裴文中。然而他们三位的贡献，除去李济之先生的一两篇论文之外，却全是考古学的，不是史学的。连史学的还谈不到，如何能列之于"史观派"以内呢？再说到释古派，周先生与冯友兰先生所说的释古派，似全指唯物史观派而言。唯物史观派，自然是地道的"史观派"。然而释古派一名称，却不应为唯物史观派所独占。因为在唯物史观派之前，已有梁任公、夏曾佑、胡适之诸人的进化论释古派。在唯物史观派之后，尚有从训诂学、民俗学、社会学、人类学或心理学诸方面来求解答的释古学派。而且唯物论派的释古，是史观的释古，亦即是历史哲学式的释古，不是科学的释古。而我国新史学运动的趋势，是要在一切史观之外，走进科学的社会学之内，去发现科学的释古的法则，这已与史观派不同，故亦不应列入于史观派之内。

　　第三，周先生对于梁任公、王国维、胡适之这三位大师，说得比较详细，颇可参考。我可补充的话，并不太多，但亦并非没有。例如，梁任公先生对于史学的贡献，主要的是在于提倡与宣传。王国维之主讲清华研究院，即是他的推荐之功。他曾命他的两位少爷，一位（梁思成）专攻营造学，因而创办中国营造学社，出版《营造学社汇刊》及丛书，为中国新史学的一枝营造学,奠定了科学的基础;另一位少爷(梁思永)专学考古学,因而安阳发掘始成为中国考古学史内划时代的科学的发掘。至他个人的著作,虽说有一大部分与史学无关,然而中国新史学运动之发端,却亦不能不归功于他。近二十年来的我国学人,能一点也不受梁任公的影响的,可说是没有。即是胡适之、顾颉刚这两位疑古学派的大师,亦全受任公先生的影响。若专从史学方法论之一点而言,任公先生的《中国历史研究法》与《中国历史研究法补编》(按周先生误作《研究法续编》)两书,至今仍有参考的价值。他虽未能给我们留下一部《中国文化史》,然而中国文化史的纲要,他已给我们预备出。我们后辈自然应该能超过他,然亦不应忘掉他的功绩。另如关于胡适之先生者,周先生曾引证梁任公的话,说他是"用清儒方法治学,有正流派遗风",但在我看来,胡先生在《中国哲学史大纲·导言》内所讲的方法论,实与何炳松先生在《历史研究法》内所讲者,无大差别。因为他们两位全是受过西洋史学的洗礼的。胡先生在"参考书举要"内并已明言:"论史料审定及整理之论,看 C. V. Langlois and Seignobos's *Introduction to the Study of History*"(见《中国哲学史大纲》卷上,页三十三,民国九年四月五版本)。这还能说他的方法,仅是我国的土产么?

周先生这篇大著,在讲完梁任公、胡适之、王国维三位大师之后,所讲的就太简略。他所根据的资料,亦不完备。对于新史学极其有关的辅佐科学,如"语文学"(philologie)、社会学等等,亦均认识不足,而且他对于北京史学界的动态,似乎亦不清楚。因此种种原因,我现在来讲中国近二十年内的新史学运动时,学派及方法,乃需要暂时丢开周先生的论文,完全用我个人的看法,再向诸位略谈一下。

我相信中国新史学运动的开端,应归功于梁任公、王国维、胡适之这三位大师。而近二十年内的新史学运动,虽说派别很多,然而这三位大师的影响,却仍是很大的。

在这三位大师之后,若从方法论的观点而言,则有四派值得一述:一疑古学派,二西洋史学派,三唯物论派,四语文学派。兹再略为引述如下:

一,关于疑古学派者,最好是以顾颉刚先生为代表。这一派的文献,大家全知道,乃是那部有名的《古史辨》共七册(按第七册分装为上中下三册,故实际上乃是九册)。至这一派的贡献,则是属于古书的考证与整理。在古史的建设运动中,《古史辨》所作到的,仅是破坏的,不是建设的,这周先生亦曾讲到,不必多述。惟顾颉刚先生的贡献,并不仅在于《古史辨》。他在古史辨的破坏工作之外,尚有两种建设的工作,亦应提到的,那便是他对于民俗学及古地理学之研究。在民俗学一方面,他乃是中国民俗学运动史内一位大师,并且是历史的民俗学派的开创者。这我在以下讲到民俗学一章时,还有机会去讲,今暂从略。至在古地理学一方面,我们不应忘记,他乃是《禹贡半月刊》的创办人。而"禹贡学派"一名称,亦已存在了。从古地理学一方面下手,以研究中国古史及民族史,这乃是建设的,不是破坏的,是属于科学的史学的,不是任何史观所能包容的。这在新史学的运动中,乃是很值得特书的一件大事。

二,西洋史学派。本来,胡适之先生在《中国哲学史大纲》内所用的方法,即是西洋史学家所用的方法,该书之所以有价值,即在于此。然若讲到西洋史学派的代表者,则应推何炳松先生。何先生的《通史新义》一书,不仅在介绍西洋史学家的方法,而且还想融会中西,从事于中国新通史之建设运动。这从该书的"自序"内,已可明白看出。惟何先生在介绍历史考证法之外,又时常超出科学的史学家之范围,去谈唯心主义的史观。例如他在批评统计学方法时,曾言:

> 统计学所能为力者充其量仅物质状况或人类行为之外表而已,而非社会演化之真因也。真因维何?即人类内心之动机是已。
> (见该书自序,页一一)

这在我们看来,实是不应该的。他曾遭受唯物论派的批评,实是咎由自取。惟唯物论派的批评,尚不能使何先生称服。因为唯物论,亦是历史哲学的,不是历史科学的。仅有从历史科学与科学的社会学之观点,来与何先生相商榷,说明他的历史考证法非常精确,史学研究法尚觉可议。因为他在史学研究法内,未能采用科学社会学的理论,故而超出了历史科学的范围,误入到唯心史观之内,实觉可惜呵!

何先生想用《通史新义》内的方法,以从事于中国新通史之建设运

动。其成绩之表现,则有上海商务印书馆的《中国历史丛书》之编纂与出版。何先生编此丛书,有一"缘起"内云:

> 中国史籍,浩如烟海,体例纷纭,要领莫揽。在今日欲求一完善之通史,诚有苦索无从之叹。炳松承乏此间,窃不自揆,颇有理董国史之念。顾兹事体大,断非一人之心力所可几,因与同好友人王云五、胡适之、王伯祥、傅纬平诸先生商拟草目,先立主题百余则,数经往复,然后写定。每一主题,自成一册,略就时代先后及史实联贯为比次。区区之意,端在作彻底之研究,将以为通史之嚆矢,故重在经纬纵横之精神,不取分类排纂之义例。爰特商请专家,分门撰述。既不偏于某一时代任何事物之一端,亦不仅类叙某一时代各种活动之琐屑,务使览之者对于中国社会演化之某一阶段得一完整之观念,并审知其在全史上相当之地位,是用通史之所有事也。用述缘起如右,别列全目于左,备览观焉。(转引,王志瑞编《宋元经济史》,"目次"前所附之《中国历史丛书全目》。王氏书系《中国历史丛书》之一,民国二十年二月初版)

何先生所拟的这个《中国历史丛书全目》,实亦有向诸位介绍之必要。因为从此全目中,可以看出何先生的通史的计划来。惟我为篇幅所限,恕不备引。何先生这个计划,至今究已行至若何程度? 共出书若干种? 以及此类丛书之内容,究竟如何? 皆可暂不讨论。然而此种企图,却是值得称许的。

三,唯物论派。周予同先生讲述此派时,曾说此派初期的代表人物是胡汉民。这话诚然不错,然而他竟完全忘掉了李大钊,实不能不说是一个遗漏。李氏因为死的太早,留下的著作并不算多。据我所知,似仅有《史学要论》(商务印书馆,《百科小丛书》第五十一种,一九二四年五月初版,一九二六年十一月再版)一书与十余篇论文。然而他在唯物史观派内所应占的地位,恐亦不在胡汉民先生之下。惜乎,关于他的学说与方法论,尚未见有专文论述。仅有郭湛波的《近五十年中国思想史》(北京,人文书店,民国二十五年八月再版。据闻,此书有日译本)一书,曾讲到他。

本派的代表人物,当然要算是郭沫若。惟周先生的论文,仅提到郭氏的《中国古代社会研究》一书,未提到该书的姊妹作《甲骨文字研究》一书,这似乎不很妥当。(按该书共二册,民国二十年初间,上海大东书局发行)因为这部《甲骨文字研究》,不要仅看标题,这绝不是文字学方面的研究,而实是古史学方面的研究。况郭氏那篇有名的"性生殖器崇拜"论,即是在此书内发表的。一般人全知道郭氏是一位唯物论者,很少人知道他同时还是一位唯性论者。然而他的唯性论,却已经在中国史学界内发生若干影响。如闻一多、陈梦家、孙作云诸先生,全多少受了他的一点影响,即是一个显例。关于他的唯物论与唯性论,此处恕不多述。然若专讲他的方法,我觉得他所用的,还是旧派的比较法与哲学的辩证法,实在不算高明。不过他人极聪明,具有卓识。故方法虽不精密,亦常有新的发现,足使一般史学家及文字学家大为惊服。我相信,郭氏若能在方法论一方面,再多读几本社会学与民族学的著作,那他在中国古史学上的贡献,就一定更伟大,绝非任何他人所可比拟。我们还应知道,郭氏原是一位极富有进取性的学者。他在《中国古代社会研究》一书出版的六年之后,又用"郭鼎堂"的笔名,发表了一本《先秦天道观之进展》(《中法文化出版委员会丛书》之一,民国二十五年五月初版,商务印书馆发行)。该书在方法论一方面,已较《中国古代社会研究》大为进步。盖郭氏不仅是一唯物论者,而且是中国新史学界最有希望的一位作家。

讲到唯物论派,总要提到十余年前在上海《读书杂志》内所发表的"中国社会史的论战"。该志为此论战,曾出了四个专号,在当时学术界内曾引起一大激动。然从方法论一方面去看,却亦无甚可述。惟该论战所引起的影响,在好的一方面,乃是在史学家看来,从此后需要将眼光放大,学习点新方法,吸收点新鲜空气。在社会学家看来,从此以后,已不应专从事于外国理论之介绍,而更需要注意到中国本位的文化与中国自家的社会史。换言之,这次论战,可说是促成史学与社会学之初次会面的纪念日。必须使史学与社会学,由会面而进为朋友,由朋友而举行订婚,再由订婚而举行结婚。仅有在史学与社会学二者正式结婚之后,我们所理想的中国的新史学,方有诞生之可能。

参加"中国社会史的论战"的那班学者,我们可全不讲。然有一位在参战的中途,即行临阵脱逃的,我们却不能不提到他,那便是陶希圣先生。陶先生在上海新生命书店所出的那几种书,如《中国社会之史的分析》《中国社会与中国革命》《中国社会现象拾零》等等,认真的讲,我们实在不敢过于恭维。然我们如能认清那几本书的出版时代及其思想环境,那我们就不能过于求全,亦不应对它们估价太低。而且,我们所以要特别提出他的临阵脱逃这件事的,即因为这次论战,可说是陶先生思想转变的原因。他从此论战中,感觉到空虚与无味,乃毅然决然,逃出论战,跑到北京,努力潜修,埋头苦干。一面在北京大学法学院成立"中国经济史研究室",指导同学去作专刊式的研究,因而陆续出版了《唐代经济史》(与鞠清远合著,民国二十五年四月初版,商务印书馆《史地小丛书》)、《南北朝经济史》(与武仙卿合著,民国二十六年二月初版,同上丛书)诸书;一面又发起"食货学会",创办《食货半月刊》,并主编《中国社会史丛书》(按此丛书系由上海新生命书局发行,大约共出十余种)等等。此外,他还著有《中国政治思想史》(新生命书店)、《民法亲属》《亲属法大纲》(此两书均由商务印书馆出版)、《民法亲属论》(上海,法学编译社,民国二十二年六月出版)诸书。惟他关于法律一方面的著作,系用的"陶汇曾"的名字,故不知陶汇曾与陶希圣之为一人者之亦大有人在。总而言之,陶氏在中国史学界内的贡献,可分为中国社会史、中国经济史、中国政治思想史、中国家族婚姻史四方面。他在史学、社会学、法律学、唯物论诸派学者之内,往往全被人称作"海派"。我们对于他的著作,不必一一批评。但从方法论的观点而言,他在《食货半月刊》内所表现的精神,实较在中国社会史论战以前者大为进步。在《食货半月刊》内,虽说仍带有唯物论与辩证法的色彩,然而科学实证的精神,却是处处亦可看出。直至现在,这部《食货半月刊》(按刊自一九三四年十二月一日创刊,每卷共十二期,共出五卷。前四卷由上海新生命书局发行。第五卷改由上海杂志公司出版。第五卷第十二期,系于一九三七年六月十六日出版,后即停刊),对于有志研究中国社会史与中国经济史的学人,仍是一种有用的工具。

四,语文学派。在本派之内,又可分为新旧两派。旧派系指我国旧有的文字学、音韵学而言。此派在近代的初期内共有两位大师:一是王国维，一是章太炎。他们两位对于文字学与音韵学的贡献，那是在本讲的范围之外，恕不介绍。至他们两位在史学方面的贡献及其影响，关于王国维者，周予同先生的介绍，已很完备，故我不想再说。惟一般人全将王国维列在考古学派之内，不将他列在文字学派之内，在我看来，这是不正确的。关于章太炎先生者，有一位署名"贝琪"的，写过一篇《章太炎先生之史学》，载在《东方杂志》第三十三卷第十六号之内，读者可以参考。我今可以补说的，乃是这两位大师，一则很重视甲骨文，一则很反对甲骨文。惟常从文字学方面入手以讲述史学，则是他们两位的共同点。而最近二十年内的史学家及文字学家，从文字学立场以研究古史学，似已成为一种风气。其最大胆而最有名的著作，则是以上已经提到的，郭沫若的《中国古代社会研究》与《甲骨文字研究》两书。此外，如董作宾、徐中舒、沈兼士、陈梦家等等，不胜列举。固然在这些学者之间，并无一种组织，亦无共同信念，似尚不能称为一派。然而他们治学的方法，可谓大致相同。在现今的史学界内，最占势力的，即是此派。他们的贡献，往往亦颇可观。惟从方法论之观点而言，他们不仅对社会学缺乏素养，即对于西洋的科学的语文学，恐不免亦未深究。这乃是这一派的共同点。

语文学派中的新派，系指受过西洋语文学训练的那些专家而言。我们应知道，中国现在的文字学虽颇发达，然而真正科学的语言学家，却仅有三人：一赵元任，二李方桂，三王静如。但他们三位的贡献，除去王静如的一两篇论文外，可说全是属于语言学的，不是属于史学的。故严格的讲，用文字学来讲史学的虽很普遍，然而中国史学内的语文学派，却至今尚未出现。

然我所以要讲到语文学派的，乃是因为有一位外国学者，已替我们打下一些基础，那便是瑞典的高本汉（Karlgren，1889—　　）。高本汉的著作，译成中文的，已有许多种。而他的代表著作《中国音韵学研究》一书，已由三位第一流专家赵元任、罗常培、李方桂，替他译成中文，并得到我国最高研究机关国立中央研究院的后援，已由我国最大的书店商务印书馆发行，已于民国二十九年出版。这不仅是高本汉先生应得的一种光荣，实亦是我国学术界内极稀有的一件大事。倘不是曾得到我国权威学者胡适之、傅斯年两先生的支持,恐不会成功的。

高本汉在中国语文学上的贡献,今已成为世界上惟一的权威。然而他的著作,可以批评的地方,仍不算少。惟他的方法,却是不能批评的。研究中国文学,那是惟一可靠的方法。现我国学人,已多有此感想,此处不必多说。至若用此方法,以研究中国的史学,那是否亦是惟一有效的方法呢? 这在我看来,实颇成为问题。

高本汉用他的语文学的方法以研究中国的史学,据我所知者已有三种译成中文:一是陆侃如译的《左传真伪考》(一九二七年初版,上海新月书店发行,后归商务印书馆发行,一九三六年刊),一是陆侃如、冯沅君合译的《中国古书的真伪》(《师大月刊》第二期),一是李涌泉译的《中国古代的几个生殖力象征》(《齐大季刊》第二期)。因为他的方法比较高明,并因为有胡适之先生肯替他作宣传(参看《古史辨》第五册,页二九三至三一三),故他的著作颇为我国学人所重视。然而他的方法,用在史学一方面,果真是完全可靠么?

我相信,用高本汉的方法来研究中国的语文学,那是绝对可靠的,毫无问题的。然若用他的方法来研究中国的史学,那犹很难保证了。因为史学的对象,乃是历史的事实。而历史的事实,不仅是语文的,而且是社会的。故必须在语文学方法之外,还要采用社会学的方法,方能发现它的秘密,得到科学的解释。若专凭语文学的方法,那是不够用的。

试以高本汉的《中国古代的几个生殖力象征》一文为例。他认为祖、宗、社诸字全是从古代生殖器崇拜之演变而来,这与郭沫若的《释祖妣》一文,可谓不约而同。惟郭沫若的方法是文字学的与唯物辩证法的。而高本汉的方法,则是科学的,语文学的,故二者比较起来,高文的价值,实较郭文为高。然而高文结论之不可靠,却亦不减于郭文。法国汉学家马伯乐(Henri Maspero)先生,对于高氏此文,曾写过一个书评,登在《亚洲学报》(*Journal Asiatique*,第二百二十二卷之内,一九三三年一月至六月份,页一八至二一),已将高氏的错误指示出来。念过法文的同学,可以参看一下。据我所知,杨堃在所著《五祀考》一书内,不仅指出高、郭两氏的错误,而且他还提出一个新的假设,为社、祖两字提出一个新解释。可惜该书尚未出版,此处不便引证。然而无论如何,仅用语文学的方法,尚不足以建设中国的新史学,这在我们学社会学的人看来,早已千确万确,不待将高本汉拿来作证,已经很明显的摆在眼前了。因为这些话,法国汉学家及社会学家葛兰言(Marcel Granet, 1884—1940),已在二十年以前,早就说过,并已在所著《中国古代舞蹈与传说》一书内,予以证明(参看杨堃《葛兰言研究导论》中篇,页三二,载国立北京大学法学院《社会科学季刊》第一卷第四期,民国三十一年冬季,北京,北京大学法学院出版,并见该文单行本,页三四)。只可惜,葛兰言不如高本汉那样幸遇,他不仅不曾得到胡适之、傅斯年两位权威学者的青盼,而且他还被他们两位的朋友丁文江先生打了一拳。固然,丁文江并不曾打倒葛兰言,然而葛兰言从此以后,就算倒了运。无论他在国际汉学界的声誉如何高大,我国学人对之,总是视若不见,听若不闻,给他一个闭门羹。甚或,偶尔有人提到他,亦全是未先厘清,即想予以讥评。好像不如此,不能显得自己的尊贵与伟大。其实,这何尝是葛兰言的不幸,真是我国史学界内一个顶大的损失。

总而言之,我们若将最近二十年内的史学界,加以回顾与检讨,我们就可看出,史学的进步已经很有可观。譬如说,在考古学与语文学两方面,我们已均有了够得上世界科学水准的专家;在工具一方面,已有一部《说文解字诂林》,以及《引得》(参看北京哈佛燕京学社所出各种《引得》)、《通检》(参看北京中法汉学研究所所出的《通检丛刊》)、《国学论文索引》、《文学论文索引》、《地学论文索引》、《期刊索引》等等,可供我们参考;在方法论一方面,已有正确的历史考证法、语文学研究法、社会学研究法,可供我们的采用;再在作家一方面来看,亦已有不少的专家,在那里埋头苦干。试将近十几年来的国立中央研究院的《历史语言研究所集刊》、北京大学的《国学季刊》、清华大学的《清华学报》、燕京大学的《燕京学报》、《史学年报》、辅仁大学的《辅仁学志》以及上海、南京、广州诸处所出版的史学刊物等等,拿来细看一下,就可看出,中国近十余年来的进步,确实不能算小。惟若从另一方面看来,这些进步却仅是未来的新史学建设的途径中必有的预备。而最重要的一点,还在乎从此以后,要充分利用科学的方法,尤其是语文学的方法与社会学的方法,二者缺一不能成功。关于语文学的方法,已经不必再说。关于社会学的方法,我本想在本讲内就要讲完,不意尚未讲到本题,就已经到了收场的时候。今特向诸位预告,我下次讲话的题目,是《中国新史学运动中社会学派》。

(《读书青年》1945年第2卷第3期)

中国新史学运动中的社会学派

张好礼

近代新史学运动中之有社会学派,可自法国史学家古朗士(Fustel de Coulanges,1830—1889)于一八六四年所出的《古邦》(*La Cité Antique*)一书算起。然而真正的社会学派之出现,则犹在古朗士之后,有赖于古朗士的两个学生:一是杜尔干(Emile Durkheim,1858—1917),一是白尔(Henri Berr)。杜尔干于一八九八年创办《社会学年刊》(*L'Année Sociologique*),然后始有"法兰西社会学派"(l'Ecole Sociologique Francaise)。白尔于一九〇〇年创刊《历史综合评论》(*Revue de Synthese Historique*),然后始有"法兰西历史综合学派"。至一九〇三年,杜尔干学派巨子席密昂氏(Simiand,1873—1935),于《历史综合评论》发表《历史方法与社会科学》(*La Methode Historique et Science Social*)一文,可说是社会学派的正式宣言书。但在此最初的几年内,可说是全属于论战的时期,积极的建设尚谈不到。自一九一八年以后,以至现在,就全入于建设的时期。在白尔所主编的《人类演化》(*L'évolution de l'humanité*)丛书中,社会学家已有多人参加(如余伯尔 Henri Hubert、达位 Georges Davy、葛兰言等等,皆是杜尔干学派之健者)。而纯粹史学家或者古学家、语言学家,受到社会学派的影响,或接受社会学派的理论或方法者,更是多不胜举。故无论是在法国,或是在国际间,新史学运动中之有社会学派,这早已没有疑问了。

社会学在中国的发展,虽说已经有了三四十年的历史,并且已有许多学派,蔚为大观(参看上引杨堃《中国近三十年来之社会学》),然而新史学运动中之有社会学派,却是最近三四年内才有的一件事。其所以出现如此之晚的原因，据我推想，则是因为我们的一切社会学家，全是仅学过社会学，未学过史学，尤其是对于我国旧有的国学以及那一套浩如烟海，或汗牛充栋的旧籍，总是有点莫明其妙，不敢问津。而我国旧有的那班史学家，又往往连外国文亦看不懂，故竟有公然向生徒声称，自谓一看见蟹行的文字，即觉头痛者。像这样，在社会学与史学二者之间，既然有一道很大的鸿沟，不能打通，那二者彼此相轻，互不了解，自亦难怪。中国社会学家，在未打通此道鸿沟之前，永不能担负起建设中国文化本位社会学的重任，这暂时先不必讲。而中国的史学家们，在近代社会学已有了极大的进步之今日，尚往往对社会学毫无认识，不曰社会学为专讲社会一般性的社会哲学，即曰社会学与唯物论或社会主义，仍是一类的东西。因为如此，与他们穷于应付，需要向外边借援兵时，本来是依照自家的心愿，一心一计，要向科学的社会学的营寨内去求援兵，不幸走错了道路，遇见了玄学鬼，借来一套辩证法，或唯心论，辩来辩去，始终离不开史观，逃不出哲学的圈套。及至醒悟过来，乃又大骂社会学之抽象或空虚。社会学如有知，岂不叫冤！

中国史学界之有社会学派，与自李玄伯先生的《中国古代社会新研初稿》一书之出版算起。该书系于民国三十年六月出版，上海孔德研究所丛刊之三，北京来薰阁书店发行。这是中国史学界，最近二十年内，最重要的一种著作。没有读过的，应该赶快去读。

该书的内容及其评价，我知道已有人写过一个很长的书评，本来要在中法汉学研究所创刊的《汉学》第一辑内发表，只因缺纸及误期的关系，乃又临时抽出，须俟第二辑出版时，方可看到。我现在想向诸位同学所说的，仅是极简单的一个介绍。

该书共分为两篇论文：一是《希腊罗马古代社会研究序》，一是《中国古代图腾制度及政权的逐渐集中》。第一篇是著者为译古朗士的《古邦》一书而写的一篇译者序。该书即名为《希腊罗马古代社会研究》，已于民国二十七年出版，由上海商务印书馆发行。而这篇译者序，因为篇幅太长，又系一论文的性质，故将留下另外发表。

李先生在这篇译者序内最大的贡献，在乎介绍出一种新的方法来，那便是社会学的比较法。这个方法，本来是古朗士所发明的。今李先生在译古朗士之余,乃本其心得,用古朗士的方法,将古朗士的研究范围扩大,将中国与希腊罗马古代制度,两两比较。从此比较中,许多不可解答或误解的问题,今均能提出一种新的解释来。而这种解释,既不是唯物论的,亦不是唯心论的,而是社会学的。故李先生这篇论文的成功,自是没有疑问的。

第二篇论文是专讲的中国古代图腾社会的问题。这个问题,虽说古朗士在《古邦》一书内未曾讲到,因为在古朗士此时代问题尚不存在。然在古朗士以后,到了杜尔干的手中,杜尔干就大讲而特讲,而且还认为一切宗教的初级形态,全可于此得到说明。李先生生在杜尔干、莫莱（Moret，1868—1938）、莱那施（Salomon Reinach，1858—1932）诸人之后,对于这些人的著作,亦颇用过功。故他所倡的中国图腾社会说,在许多地方全是发前人之覆,言前人之所未言。他不仅使史学家们读之当能惊服,即使古朗士复生,想亦要表示欢迎,认作同志。

总而言之,李先生这本书,若仅从新史学运动一方面来看,实可称为一部划时代的大著。然若从社会学方法论一方面来说,那却不能使我们完全满意,因为在我们看起来,实不免有点落后之感。因为李先生所用的方法,尚是《古邦》一书中的方法,李先生所用的理论亦全是杜尔干时代的理论,这从现在看起来,虽不能说是已成古董,已太腐旧,然而应予修正的地方,却亦并不算少。先说《古邦》一书中所用的比较法,那尚是古朗士在三十几岁时所用的方法。他因为《古邦》一书在出版之后,曾引起许多争论,受到许多攻击,故他到后来再著书时,方法就与前不同,较前大为严密了。譬如他在一八七五年所写的《古法国政治制度史》(*Histoire des Institutions Politiques de l'ancienne France*)一书,虽说他仍然不能不用比较的方法,然而他在取材一方面,就特别谨慎。比较的范围,力为缩小。凡不同时代、不同模式或微有可疑的文献,他一概不去利用。他这样的态度,不仅是近代史学家的模范,就是现今的社会学家,又何尝不如此呢?

再谈到理论一方面,无论是关于祀火制度,或是图腾制度,李先生的意思,总相信这是一种普遍的制度,特别是关于图腾制度一项,李先生总认为,这是人类演化史内必经的一个阶段。但在我们学社会学的人看起来,这样的绝对主义与这样一条鞭式的演化论,我们已不敢和莫尔甘、斯宾塞相同,还相信这是真理。我们的态度,要处处根据事实来说话。事实有几分,我们就说几分。再具体的一点来说,我亦相信,在中国古史内,可以发现祀火与崇拜图腾的遗迹。然而我绝不敢说,这全是绝对的,普遍存在的一个阶段。我至多仅能以此作为工作的假设,决不能视之为真理,并依此公式,又予以演绎而或推论。盖现代社会学家所信的理论或学说,全是相对主义的,不是绝对主义的,全是有时间性、地方性、与假设性,不是"放诸四海而皆准,百世俟圣人而不惑"的。社会学之不彻底在此,社会学之由哲学而变为科学,亦正在此。故李先生这本著作,因为他能首先采用了社会学的方法论,故可称为新史学运动中划时代的杰作。然而因为李先生不是一位职业的社会学家,故对于近二十年来社会学、民族学内各种新的进展,似未能予以充分的采用,故不免使我们对之略有落后之感。这实在是很可惋惜的一件事。

我们若将李先生在一九四一年所发表的这本著作与葛兰言在一九二六年所出版的《中国古代舞蹈与传说》一书,拿来比较一下,我们就很觉得惭愧,因为中国学者实在是敌不上外国的学者。在工夫上,不如他们的工夫深;在方法上,不如他们的方法精;在治学的态度上,亦远不如他们比较小心,比较谨慎。故我们在讲本题《中国新史学运动中的社会学派》时,还须丢开李玄伯先生,来讲葛兰言。

关于葛兰言的生平、著作、学术背景、治学方法,及其贡献等等,仅在一年以前,我们向算有了一篇像样的介绍的论文,那便是我在上一讲内已经提到的,杨堃的《葛兰言研究导论》。但该文系在北京大学法学院《社会科学季刊》内发表。那个刊物在市面上不易看到,故我国学人对于葛兰言,至今仍未认识。今举一例,可以证明。譬如说,葛兰言的《中国古代舞蹈与传说》一书,那乃是西洋汉学界近二十年来很重要的一部巨著,它在国际汉学界早有定评。然而它在我国却未发生若何影响,仅有李璜在该书出版后,曾写过一个长约三万字的书评,载入《长风》半月刊,从第一期起分期发表。后该刊停刊又续在《新月月刊》第二卷第八期内续完。又在上海中华书局出有单行本,标名曰《古中国的跳舞与神秘故事》,民国二十二年二月发行。而李氏此文,初发表时,署名为"幼春",后于印成书时,乃改名曰"李璜译述"。因既标名曰"译述",故容易使人误解。近见莫东寅先生所著《东方研究史》一书(北京东方社出版,中华民国三十二年十二月,定价八元),犹称李氏此书为《中国古代舞蹈与传说》之节译本,这乃使我不得不在此予以指明,因为李氏所评,颇多误解,故该书本无向诸位介绍之必要。惟莫东寅先生这本书,乃是新史学运动中很好的一种工具。我们在现今来治中国史,若不先知道西洋汉学界与日本支那学界的动向,那是不能及格的。而莫先生这本书,就正适合于这样的需要。故莫先生此书,不久会得到极大的成功,那是很可预卜的。所不幸者,即该书对于葛兰言的介绍,太不完备,使葛兰言在该书内所占的位置太不重要。认真的讲,我们若说葛兰言的贡献,尚在伯希和(Paul Pelliot,1878—　)与马伯乐(Henri Maspero,1883—　)两氏之上,那或者会有人说,我们是带有社会学家的偏见。然若说,法国近二十年来的第一流汉学家,仅有三人:一伯希和,二马伯乐,三葛兰言,那我想绝无问题,在国际汉学界内,每人全能首肯的。然而,伯希和、马伯乐二人的大名及其著作,已早为我国学人所熟知。惟独葛兰言,连他的名字,我们还时常弄错,这是什么缘故呢? 李玄伯先生的著作,还能得到许多史学家们的重视,葛兰言的著作,其价值至少亦当在李书五倍以上,反而不被看重,这又是什么缘故? 因为我是念社会学的,我似乎可以说,这全是中国的社会学家们太没有出息,没有尽了他们的责任!

葛兰言用社会学方法研究中国文化史,是开始在一九一二年。而他在一九一二年左右所写成的博士论文《中国古代节令与歌谣》一书,因为第一次欧战的关系,至一九一九年始行出版。从出版以至现在,今已有两种英文译本及一种日文译本。惟独在中文内,尚未见有人介绍过。至他在一九二六年所发表的《中国古代舞蹈与传说》一书,那更是他的一部代表著作。他的学问,他的治学方法,全可从该书内看得出来。而那部书的导论,共五十九页,尤可称为社会学派的宣言书。该导论已由中法大学教授曾觉之先生译为中文,惜未出版。其他可以介绍的话,本有很多。今为节省篇幅起见,凡杨堃在那篇《葛兰言研究导论》内已经说过者,我此处即不再说。惟有两点,似须加以补充:

第一，欲了解葛兰言，或欲批评葛兰言，最低限度，须能念过，而且懂得《中国古代舞蹈与传说》一书，方算合格。因为那是葛兰言的代表著作，他的一生学问与治学方法，全可从该书内看得出来。至若他的《中国文明》与《中国思想》两书，那固然是他的体系著作，但从方法论的见地而言，却远不如《舞蹈与传说》为重要。因为现阶段的中国古史学，尚属于专刊式的阶段。在现有情况之下，任何一位史学家，若想以一人之力，写成一部中国文化史或中国思想史，那一定是失败的。葛兰言也很明白这一点，故他的那两本体系著作，在实际上，亦仅是由他的若干专刊论著所合成。惟无论如何，既然采用体系著作的规模，有时就不免要将就格式，因而也就为该书减色不少。至于我所以说须要念过而且懂得者，乃是因为该书尚无英译本或日译本可供参考。不仅是法文原著比较难懂，而且葛兰言的这部书，尤其是不易懂。最明显的例子，就是李璜先生本是译述界内一位老手，史学与社会学又几乎全是他的本行。他还著过一本书，就叫作《历史学与社会科学》。他又认识葛兰言，还与葛兰言一同相处过。那他的介绍还会错么？然而他竟然还会失败，那葛兰言这本书之不易译述，亦就可想而知了。

第二，我们应知道，葛兰言最大的贡献就是在于方法。没有新的方法，绝不能建设新的史学。历史考证法、语文学方法、唯物论方法等等，对于史学之研究，虽均有用，然仅赖此，尚不足以建设科学的新史学。科学的新史学，仅能是社会学的。故在方法论上，仅有社会学分析法，可以胜此重任。葛兰言的理论，我们可以修正，可以补充，或者亦可推翻。然而葛兰言所用的方法，那乃是绝对可靠的方法，亦即是建设新史学惟一的利器。我们若不能明白葛兰言的方法论，那就不必再念葛兰言，亦不必再谈新史学的建设运动。

为促进中国新史学建设运动之成功计，《中国古代舞蹈与传说》一书，实有译成中文之必要。最低的限度，亦需要有一个名实相符，而又忠实可靠的节译本。在此节译本内，原书的导论与结论，必须一字不删，完全译出来。李璜的"译述"固然不是译述，杨堃的《导论》，亦仅仅是一导论，不能应此需要。我很希望我国的权威学者与研究机关，能聘请专家，将葛兰言这部大著，完全译成中文。那不仅是葛兰言的幸运，而实是促进中国新史学运动之过程中,最重要的一个关键。

在葛兰言之后,我们还应提到杨堃的《灶神考》一文。因为该文所用的方法,亦是与葛兰言大致相同的社会学分析法。惟该文系著者《五祀考》一书内之一篇,登在北京中法汉学研究所的《汉学》第一辑内,全文共约三万五千余字,民国三十三年九月出版。现《五祀考》的全书,既未出版,故我们尚不便多加批评。然若专以此文而言,我们似已不能再说,社会学家全是不读书,专讲空论的空谈家;或说,社会学家全是仅注意到社会的一般性,而忽略了历史的特殊性;似亦不应再将社会学与什么史观,或什么辩证法,混为一谈。至于该文所表现的弱点,我相信,我的看法不错,可共约为以下三点。一,著者在运用史料时,无论怎样努力,总不如一位职业的历史学家运用得熟练。故从历史考证法之观点而言,可以批评的地方,当然是有的。二,作者是一位社会学家,但不是一位语文学家。然而语文学的方法与语文学一方面的知识,那却是绝对必要,决不能缺少的。故从此观点而言,著者的态度,无论怎样谨慎,亦难免不闹笑话。再不然,他在运用社会学分析法时,亦必定要受到许多限制。否则,那他就太冒危险,恐不免有失于科学的精神。三,著者曾指出许多不曾为人注意的小问题,其实亦往往全是很值得专文讨论的大问题。著者尚未能运用民族学、比较宗教学或比较法学各方面的史料,去作更进一步的发挥与研究,不免使我们觉得不满足。总而言之,该文在社会学的观点之外,可批评的地方颇多,然若仅从社会学的观点而言,则著者的学识诚不免使吾人尚有不足之感,然而著作所用的方法,我相信,那却是极正确的,那却是绝对可用的。

但有一点,诸位还须注意。那便是,严格的讲,在中国新史学运动的现阶段内,实尚无社会学派之可言。因为仅有人写过一本书或发表过一篇论文,那怎能就会创成一派呢?而我所以故意的张大其词,而叫作"中国新史学运动中的社会学派"者,我是想得一方面,要唤起社会学家对于史学的注意,一方面要唤起史学家对于社会学的注意。我相信,中国的社会学家若不能与史学家合作,不能利用史学家的贡献,去从事于中国本位文化之社会学的与文化史的建设运动,那他们眼看就要落伍,不久即不配再作中国的社会学家了。而我们的史学家们,他们本拥有世界最丰富的文献史料,然而不知利用,反而卑视之,要将它束之高阁,或弃之厕所,一定要去发掘,另寻地下的史料。这在我们看来,实是舍近求远,不达时务。然而我们的意思,当然不是说,考古学的论证是不必要的,而仅是说,从考古学的现有知识而言,它的重要性尚远不及文献的史料。而且,在这天下多事之秋,文献的史料时时可以遗失,可以灭亡;考古学的实物,纵然再在地下多住几年或几十年,又有何妨?惟一般史学家对于旧有文献的看法,总觉得有点失望,好像是说,那些古籍已经被古昔学者研究了一两千年,已经登峰造极,到了尽头,故不免具有"已无英雄用武之地"之感。然而,这在我们看起来,那却是一个顶大的错误。因为旧日的学者不知道科学的方法,纵然拥有极丰富的史料,亦不能产生出科学的史学来。试将我们的"廿四史"及"十通"打开一看,处处皆是史料,那里会有史学? 固然我们也有不少的史论或史评,然而在那些著述中,至多亦仅能看出一点唯理主义的偏见来,若与西洋的那些史观派相较,尚觉落后,不能同日而语。若谈到科学的史学,一点影子那里看得出来? 仅有在此最近二十年内,因为科学已经介绍到中国,已有了何炳松的历史研究法与高本汉的语文学研究法,故在中国的史学界内乃突然有了一种新的气象。然而这两种方法,仅能考证中国的文籍,与整理中国的语言,尚不足以建设中国的史学。唯物论的方法很可替我们创制出一套新的历史哲学来,然不能替我们建设出科学的新史学。仅有葛兰言的社会学分析法,那才是建设中国新史学之惟一的工具,亦是中国新史学运动中之惟一的一条出路。而我这样的说法,绝不是说社会学家具有野心,要来与历史学家抢地盘,而仅是说社会学家与历史学家从今以后必须联合战线,竭诚合作,二者方能均有出路。社会学家固然有些地方比着历史学家高明,然亦有好些地方必须拜历史学家为师,方不致闹出笑话来。历史学家的态度,一向全很谨慎。然而仅有谨慎,那里会有发展? 一不谨慎,即易为玄学鬼所迷,丧失了科学的精神。仅有社会学家与历史学家二者的联合战线,坚固结成之日,中国的新史学运动才能真入于建设之途。这乃是我讲述这一讲的本意,希望诸同学能彻底明白这一点,那或就不算白讲了。

最后,我还想将社会学派的方法论,极简单的再介绍一下,以供诸同学之参考。不过,我应先声明,我的介绍是根据我个人十几年来的一点经验及心得,说的全是我自己的话,至少亦是我自己相信的话,故应完全由我负责,不一定全是与葛兰言有关的。

第一,社会学的方法,乃是直接观察社会与直接研究社会的方法,故社会学亦是一门观察的科学,不是历史的科学。一般所说的社会学的方法,或叫作社会调查法,或叫作社会研究法,或来得更为精细,更为圆满,乃又叫作社会学调查法。其实,即全指此直接观察社会的这套方法而言。故严格的讲起来,社会学研究法仅能应用在直接观察的活的社会科学内,不能用在历史科学内。惟社会学家研究现代活的社会,不能仅以活的资料为限,亦不能仅以现代事实之观察为足。因为文化是有累积性的,现在与过去是无法分得开的。故为的了解现在,亦往往需要了解过去,因此之故,社会学家在直接观察活的事实之外,又往往采用一种倒推的方法,或叫作历史的溯源法,从现在而过去,而更过去,一步一步往上推求,何时推求到无可再为推求的时候,方才停止。甚或,还不甘心,还要加上一些假设,以追寻该种事实之起源。盖社会学家的兴味,一方面是活的现实社会,一方面却是洪荒时代的初民社会。因而他们所用的方法,一方面是直接的观察法,一方面则是比较的溯源法。这是与历史学家的兴味及历史学家的方法很不相同的一点。

第二,历史事实是一种间接的社会事实,不是直接的社会事实。因之,用社会学方法去研究历史事实,不能专靠直接的观察,必须借助于历史的文献,或文字的记录,方能办到。因此之故,历史学家所常用的文献考证法与语文学的方法,社会学家亦须予以采用。若谓社会学家仅有社会学分析法即可够用,不必再用历史考证法与语文学的方法,那就完全错了。惟社会学家本着直接观察社会事实的精神,在利用文献时,所注重者仍是活的社会事实,不是一笔一划的文字或记录。能将记录与社会事实分开,而在记录之内去发现活的社会事实,这乃是社会学方法的一种奥妙。历史学家因为太看重了记载,故往往将记载与社会事实混为一谈,因而闹出许多错误。譬如,丁文江批评葛兰言时,曾责葛兰言不应以三从之说去解释《诗经》。因为三从之说,据丁先生的意见,则是起源于汉。亦即是说,在《诗经》时代,三从之说尚未发生。而丁先生所以说此的理由，即是认为在我国的古籍中，最早提到三从之说的，则是汉朝的著作。然而丁先生并未想到，三从之说之最早的记载，纵然是起自汉朝，然亦不能证明，三从制度或三从信条的习俗，亦是起自汉朝。因为某一社会制度之起源是一件事，某一社会制度之第一次见于记载，则另是一件事。稍微学过一点民俗学的全能知道，在民间礼俗或仪式或信仰，无论那一方面，全可看出许多事实全是不经之谈，从未见之于记载，然亦决不能说，那是新近发生的事实。若再以三从之说为例，我曾见彪勒（Georg Buhler，1837—1898）氏所译的《马拿法》（*The Laws of Manu*），即曾讲到三从（参看《东方圣书》*The Sacred Books of the East* 第二十五卷第五章，页一九五，第一四八与一四九两段，一八八六年出版）。后又读到古朗士的《古邦》一书，乃益知三从之说，尚不仅为古印度法典所特有，而希腊与古罗马法典中亦均有之。盖三从之说，乃男权社会内很容易产生的一种社会意识，亦是比较很普通的一种社会制度。丁先生竟认为是我国特有的，而且是从汉时才发生的，那岂不弄错了么？丁先生想用这样的论证去打倒葛兰言，那当然打不倒葛兰言。然而社会学方法之与历史学方法不同，从此亦可证明了。

第三，社会学的方法，既是一种科学的方法，故仅能研究静止的事实，不能研究活动的事实。换言之，它可以研究社会的组织或结构或形态，不能研究社会的演化或变迁。然而历史的事实，即是在时间上有变化性及变迁性的事实，那如何能用社会学方法去研究呢？但我有一个办法，那便是先将你要研究的那段历史，分成若干段落。在每一段落之内，假定时间过短，没有演变，故能用社会学方法去研究。在每一段落全经过这样的研究之后，然后再连贯起来，加以比较与排列，那演化与变迁就全可看出来了。这如同活动电影的片子一样，每一段落片子全是死的，然若连贯起来，那就变成活动的了。用社会学方法以研究历史的演变，即应作如是观。这样的方法，亦可叫作历史的比较法。无论研究那一种社会制度史，全可采用这样的方法。

第四，社会学的方法是一种观察的方法及分析的方法，必须选择小的题目，范围非常确定，然后研究起来，方能应付裕如。故从此而言，社会学方法与历史学方法，并无什么不同。惟社会事实全是极复杂的，各部分全是密切相关,互相具有连性的,而且彼此之间还有一种一致性及全体性。故研究的问题纵然很小,所牵连的部门却可很多。而且在此一小问题完全弄清之后,许多在外表上好像不相干的问题或制度,却亦可因此而得以说明。故研究的问题虽小,而结论或推论的范围却可很广。然而这样的奥妙,就仅有社会学家才能知之,那专讲文献考证法的考证家,实不足以语此。

第五,社会学分析法,亦是一种比较研究法。惟比较时,须注意到文化的相关性及全体性,故社会模式之不同者,不能相为比较。而新派比较法与旧派比较法之最大的分别,即是在新派的比较法中,充分的采用了历史研究法的精神,将时间、地域、文化模式、文化个性与文化的年龄等等,看得非常重要;旧派的比较法则反是,故结果多不可靠。然而新派的比较法,虽说是比旧派的精密了许多,但因为社会事实之复杂,有远非意料之所及者。故社会学上的法则总是相对主义的,不是绝对主义的;总是活的,不是死的。故我们对于社会学方法看法,亦仅能视之如工具,时时可以改良,时时可以修正。否则,那就成为哲学的方法,不是科学的方法了。

第六,最后,我们还应知道,在中国新史学建设的运动中,问题最多,然亦最有意味的,就是关于上古史的一部分。这一部分,在史学中可以自成一门,叫作古史学。关于古史学之研究,疑古学派仅能有破坏,不能有建设。唯物论派虽能有建设,然亦是哲学的建设,不是科学的建设。而那班态度谨严,一字不苟的史学家们,亦因为文献之不足,束手无策,一筹莫展。仅有念过社会学与民族学的诸同志,因为应付"初民社会"已有经验,对于一般所说的伪书亦有方法,能在伪书之中发现出真的历史事实。因此之故,在中国新史学之建设运动中,特别是关于古史学的一部分,仅有社会学家足以胜此重任。对于社会学若无根基,对于社会学若不会应用,那他就不必去参加古史学的建设运动。

本来,社会学的方法不是几条可以能说完的。我如今仅举出以上的六条,请诸位细细去思考一下。你们有何意见,请写出来,我很愿意和诸位青年朋友来讨论。我这个讲话中最主要的目的,就是想介绍出一种正确而有效的科学方法来,以便大家共同从事于中国新社会科学之建设运动。如今所讲的史学,这仅是工作的一部分。但即以这一部分而言,诸位朋友亦应认清,社会学家绝不是要与史学家争地盘!绝不是说,你们不成,你们走开!让我来罢!而仅是抱着一种服务社会的精神,希望来与史学家们共同结成联合战线,各自为此运动去尽最大的努力。即以古史学一门而言,若没有历史学家、语文学家、考古学家、地质学家、古生物学家等等专家之共同协作,专凭社会学家绝不能建设出古史学来。社会学家知道自己的专长,亦知道自己的弱点,除非是一个夸大狂的精神病者,不然绝不会抱有不要历史学家,而独自来建设古史学的野心。我们要打倒竞争!拥护协作!仅有协作才能共存,才能使我们的新史学建设运动达到成功。这是我们的口号,亦是我们的出路!

附言:本讲应开的补充读物,即是在讲内已经指出的那几种:一,周予同《五十年来中国之新史学》;二,李玄伯《中国古代社会新研初稿》;三,杨堃《葛兰言研究导论》;四,杨堃《灶神考》。

(《读书青年》1945年第2卷第4期)

五十年来的中国史学

顾颉刚

提起最近五十年来的中国学术,史学要算是一门最蓬勃的科学。关于这门学问的研究和进步的情形,为了叙述的方便,可分为两方面来说。

头一方面我们要说的便是旧有的史籍和史料的研究与整理。这里所说的史料,是专指文字的记载,关于古代实物的发现和搜集研究等,留待下一节再讲。凡是一门学问的研究,都有它的延续性,后人的研究大部是继续前人的工作,或是受前人的影响和启示,不能一刀两段的把它来分开了。说这是五十年来的史学,那是五十年前的史学。大体说来,近五十年来的中国史学,有一部仍是清代正统史学的延续。

清末的史学界,有一种新的研究风气,那便是关于《元史》的研究。原来明修元史,仓卒成书,在二十四史中算是最潦草的一部史书。所以在清朝初年,就有人在努力改作,康熙时有邵远平的《元史类编》,乾隆时有钱大昕的《元史考异》及补作的《氏族表》,嘉庆时有汪辉祖的《元史本证》,稍后有张穆的《圣武亲征录校正》、李文田的《元秘史注》,对于《元史》都有匡谬补遗的功劳。本来钱大昕想自作一部新的元史,没有成功。到道光时魏源便作了一部《元史新编》,是第一部私人修成的元史。从此以后,便入于我们所要叙述的时代了。光绪中洪钧著了一部《元史译文证补》(光绪二十六年刻),在元史学的研究上放一异彩。他这部书是从波斯人拉施特《蒙古全史》译出来的,从这中间,便得了不少中国未有的材料。有了这部承先启后的著作,到民国初年,就有两部关于元史的名著出现:一部是屠寄的《蒙兀儿史记》,另一部是柯劭忞的

《新元史》，都是集大成的巨著，而《蒙兀儿史记》尤为矜慎详博，为士林所推重。这是中国现代史学史上应该大书特书的事。元史学的研究，到此已开放了灿烂之花，于是学者的努力便转变了方向，那就是关于中西交通史的研究了。在这风气转换的当中，陈垣先生是一位最重要的人物。他对于元史有精深的研究，这可从他所著的《元西域人华化考》中看出来。自屠、柯诸家之书出，他便着力于中西交通史的研究，所著《中西回史日历》是一部最重要的工具书，也是中西交通史的开山作。继起有声闻的，如张星烺先生纂《中西交通史料汇编》，译《马可波罗游记》，冯承钧先生译《多桑蒙古史》而及《西域南海史地论丛》，又译沙海昂本《马可波罗行纪》，向达先生著《唐代长安与西域文明》，岑仲勉先生著《佛游天竺记考释》，龚骏先生著《两汉与罗马的丝贸易考》，都是很有成就的。此外如洪业、方豪诸先生，对于明清之际西洋学术东渐的历史，和基督教东渐的历史也都有卓著的贡献。自从中西交通史研究兴起后，元史的钻研工作自然不免有点冷落。但目下如姚从吾、李思纯、杨志玖诸先生之于元史，韩儒林先生等之于蒙古史，其功力都非常深厚，将来进一步的成绩必然会令我们欢欣接受的。

元史学的发皇是近五十年来史学界的第一个美果。以下让我分别的来叙述其他断代史研究的成绩。

比元史较晚而亦成为现代研究的风气的，那便是古史研究。这方面的考古部分，等下一节再讲。其文字纪载的考订和研究，《古史辨》算是集近来疑古文献的大成。从第一册的通信辨伪起，一直到第七册（第八册编好因战事未能印行），每一册差不多都是一个中心问题讨论的结集，如第三册以讨论《诗经》及《周易》为中心，第五册以讨论阴阳五行说与经今古文学为中心，第四和第六以讨论先秦诸子为中心，第七册以讨论古代神话传说为中心。有了以上的讨论，对于今日研究古史的人们，在审查材料和提出问题上给与了许多的方便，同时也可给读者一种崭新的历史观念。此外主要的著作，如胡适先生《中国哲学史大纲》上卷、梁启超先生《先秦政治思想史》、傅斯年先生《性命古训辨证》、郭沫若先生《先秦天道观之进展》及《周易构成的年代》等，是关于哲学史的研究的；如钱穆先生《先秦诸子系年考辨》，梁启超先生《春秋载记》、《战国载记》等，是关于断代史的研究的。而大学教科书的编著，也先后有夏曾佑先生《中国古代史》（原为中学历史教科书）及陆懋德先生《中国古代史讲义》等，都是有条理的贡献。张森楷先生用了一生的力量作《史记新校注》（尚未印行），综合前人的古史研究，是一部很有魄力的著作。

秦汉史方面，劳榦先生发表的论文最多，而钱穆、吕思勉、黄文弼诸先生，也都从事精深的研究。钱先生《刘向歆父子年谱》及《两汉博士家法考》，是关于汉代学术的两本重要著作。在史书校注方面，王先谦《汉书补注》及《后汉书集解》是集大成的纂述。

魏晋南北朝及隋唐五代史方面，权威学者为陈寅恪先生，他的《桃花源记考证》、《隋唐制度渊源略论稿》及《唐代政治史述论稿》都是震动士林的名著。朱希祖先生《六朝建康冢墓碑志考证》、《天禄辟邪考》、《神道碑碣考》（并见《六朝陵墓调查报告书》）及《后魏赐姓源流考》，颇多创获。此外，姚薇元先生有《北朝胡姓考》（未刊），王伊同先生有《五朝门第》，都是考订南北朝氏族的佳著。岑仲勉先生《唐代翰林学士壁记注补》、《唐代翰林承旨厅壁记校补》、《补唐代翰林两记》，及罗振玉先生《唐折冲府考补》、谷霁光先生《唐折冲府补遗》，都是唐史的精心之作。其魏晋佛教史的研究，梁启超、胡适二先生筚路蓝缕，开启山林。而汤用彤先生《魏晋南北朝佛教史》，专门名家，沉潜最深。补作及校注方面，有李盛铎先生《三国志补注》、陶元珍先生《三国食货志》及吴士鉴先生《晋书斠注》。

宋辽金元史方面：研究宋史的如张荫麟、金毓黻、谷霁光诸先生，发表的单篇论文都不少。邓广铭先生近著《宋史职官志考正》、《陈龙川传》、《陈龙川年谱》及《韩世忠年谱》，是这方面最有成绩的一位学者。朱希祖先生《伪齐录校补》及《伪楚录辑补》二书，以客观之整理，作抗战之宣传。又廿四史中，《宋史》最为芜杂，方壮猷先生有志重作，已定体列，深愿其早日成功。研究辽金史的，以金毓黻、傅乐焕、陈述、谭其骧、冯家昇诸先生为最著。金先生有《东北通史》、《渤海国志长编》及《辽海丛书》，傅先生有《辽代四时捺钵考五篇》及《补辽史交聘表》，陈先生有《辽文汇》、《辽史补注》、《契丹世选考》、《辽国闻见杂录》、《金史氏族表初稿》及《金国闻见杂录》，谭先生有《辽史订补三种》，冯先生有《辽史源流与辽史初校》，都是煌煌巨制，萃其精力，非一般泛泛操觚者可比。张亮采先生近著《宋辽交聘表》，也是一部佳作。

再说明清史的研究。明史方面的成绩，除了王颂蔚先生的《明史捃逸》一书外，大多偏于明季——南明史的整理。谢国桢先生有《晚明史籍考》，是搜集材料的初步工作。朱希祖先生有志作南明史，搜集材料近三十年，也曾发表过编纂的计划，可惜没有成功便去世了，但他的南明史籍的题跋已积有五十篇之多，可给后来人以不少的便利。抗战后柳亚子先生有意作这项工作，也已定有计划。南明史的成书，十年之内，或许能够实现。关于明代开国的历史，也有吴晗先生在努力。中央研究院历史语言研究所中，李晋华、王崇武先生先后做校订《明实录》的工作，由所长傅斯年先生自己指导，不久便有一部《明实录》的定本出来。至于清史方面，治满清开国史的章炳麟先生的《清史建国别纪》及谢国桢先生《清开国史料考》肇其始。但要说态度谨严，功力深厚，则以孟森先生为巨擘。孟先生已出版的著作有《清朝前纪》、《清代三大疑案考实》及《八旗制度考实》等数种，尚有论文集《心史丛刊》三册，都是清史研究的重要的著作。但他的最伟大的著作，乃是萃毕生精力而未完全脱稿的《明元清系通纪》一书，这是以明代的纪元叙述清初的世系和史实巨作。这部书垂成而先生遽归道山。当先生病亟之时，曾作诗自慰道："卅年襞积前朝史，天假成书意尚殷！"犹念念不忘于这部著作的完成。我们希望郑天挺先生能完成他的遗志。萧一山先生专攻清史多年，先后著有《清代通史》上中两册，及《清史大纲》一册，还继续下册的编著。此外陈恭禄、郑鹤声、郭廷以诸先生都作过《中国近代史》，郭先生并有《百年来大事日记》之作。蒋廷黻先生著有《中国近代史大纲》，虽其中还有未完全作成的，但就已有的成绩说，都不失为相当有剪裁的作品。在这里我们所要特别提一下的，便是太平天国史的研究，这是清史研究中的一朵奇葩。在清代，这方面的历史记载都是些官书，太平天国的本身材料则已销灭净尽。民国以还，学者探讨不遗余力，其开先路的有凌善清的《太平天国野史》，接着便有罗尔纲先生的《太平天国史纲》、王钟麒先生的《太平天国革命史》、吴绳海先生的《太平天国史》，到最近有简又文先生的《太平军广西首义史》。简先生这部书是他的《太平天国全史》的第一部，再有几年工夫，他不难将全史整理出来，这是材料最丰富、记述最有系统的一部著作。此外关于这方面的论著也还不少，如《太平天国杂记》（简又文）、《太平天国史丛考》（罗尔纲）、《太平天国史事论丛》（谢兴尧）、《太平天国诏谕》、《太平天国有趣文件》（刘复）、《太平天国历法考》（郭廷以）等，或则材料搜自海外，或则比勘极其精博，都是重要的参考。清史的研究，除了开国史、通史及太平天国史外，最重要的还有学术史的改作或创作。关于学术史的著作，先后有三种：一是梁启超先生的《中国近三百年学术史》，一是钱穆先生的《中国近三百年学术史》，一是徐世昌先生的《清儒学案》。前二者都是大学教本，叙述扼要，可以合观，后者因为是集众人编成的，稍嫌凌乱，所以钱穆先生又据以编著新书一部，不久可以出版。此外萧一山先生有《清代学者著述表》，是《清代通史》附表之一。

民国史方面，时间尚早，还说不上研究，不过有两部书值得注意的，便是邹鲁先生的《中国国民党史稿》及冯自由先生的《中华民国开国前革命史》，公正翔实，中华民国开国的规模，都备于这两书中了。

现在再说关于专门史的研究。大体说来，科学史方面，如李俨、钱宝琮诸先生之于中国数学史，刘朝阳先生之于中国天文史，鲁实先先生之于中国历法史，侯宝璋先生之于中国医学史，都有开创之功。

社会史方面，蒙思明先生《元代社会阶级制度》及《魏晋南北朝的社会》（待刊），非常深入精湛。

政治史方面，如陶希圣先生《中国政治思想史》，曾资生先生《中国政治制度沿革史》，严耕望先生《两汉地方制度》（待刊），都是重要的著作。而政治思想史方面，萧公权先生更有很好的见解。

外交史方面成书的，有张忠绂先生《中华民国外交史》。

经济史方面近来从事的人更多，李剑农先生著有《中国经济史》，陶希圣、武仙卿二先生著有《南北朝经济史》，傅筑夫、王毓瑚二先生今正从事《中国经济史料汇编》，而全汉昇先生的论文尤极精博而有系统。其他如中央研究院社会科学研究的梁方仲、汤象龙二先生整理明清档案中的报销册，是专门致力于近三百年经济史的研究的。

地理沿革方面，杨守敬《中国历代疆域图》、《水经注图》及《水经注疏》（其弟子熊会贞续成），是这方面集大成的著作。张相文先生有《南园丛稿》，考证了不少地理上的问题，而《地学杂志》的刊行更是他的不朽的功绩。此外如臧励龢先生《中国古今地名大辞典》，王国维先生《三代地理小记》，钱穆先生《史记地名考》、《周初地理考》、《三苗疆域考》，赵泉澄先生《清代地理沿革表》，史念海先生《中国之运河》及《汉代地图》（待刊），都有其出色之点。我也曾和史先生合著一部《中国疆域沿革史》，同时还在北平创办禹贡学会，集合同志，出版《禹贡半月刊》，对沿革地理，作系统的研究，可惜因七七事变而停刊了。在办《禹贡》时代，谭其骧、冯家昇诸先生的努力最多。

经学史方面近五十年来，如廖平、康有为、孙诒让、皮锡瑞、章炳麟、刘师培、崔适、蒙文通、钱穆、钱玄同、杨树达、刘节诸先生，都是一时的大师，专著和论文都灿然为世所知。子学史方面，亦有孙诒让、钱穆、罗根泽、杨树达、谭戒甫诸先生。

哲学史方面，冯友兰先生是一位承先启后的学人。汤用彤先生、吕澂先生之于佛教史，许地山先生、范午先生之于道教史，白寿彝、马坚二先生之于回教史，都在勉力开拓新园地。

文学史方面，刘师培先生《中古文学史》，胡适先生《白话文学史》，罗根泽、郭绍虞二先生《中国文学批评史》，俱是一时的杰作。其中偏于民间文学史的，如胡适先生《水浒传考证》、《红楼梦考证》，王国维先生《宋元戏曲史》，孙楷第先生《中国通俗小说书目》，郑振铎先生《中国俗文学史》、《宋金元诸宫调考》，冯沅君先生《古剧四考》，向达先生《唐代俗讲考》等，于文学史的研究并有很大的功劳。

目录学史方面，姚振宗、缪荃孙、张元济、傅增湘、余嘉锡诸先生，俱称权威。姚先生于《汉书·艺文志》、《隋书·经籍志》，余先生之于《四库全书》，有如江汉朝宗，盖其兼容之量。张先生凭藉了商务印书馆出版的方便，先后编印《四部丛刊》和《百衲本二十四史》，尤为便利学人。后起之中，如姚名达先生《中国目录学史》及《中国目录学年表》二书，亦是佳作，可惜他在抗战中牺牲了。

美术史方面，研究汉画的有孙文青、容庚、滕固诸先生，研究壁画的有叶瀚、黄文弼、张大千诸先生。

工艺史方面，研究建筑史的有梁思成、刘敦桢二先生，研究车制的有王振铎先生，都是富有科学精神的人，中国营造学社的成就必然是我们工艺史上的奠基石。

民族史方面，有马长寿、凌纯声、林惠祥诸先生。而朱延丰先生的《突厥通史》（未刊），融合中外材料，系统秩然，尤为可观。

最后我们必须一提的，便是地方史的研究。方志学在清代是盛极一时的学问，近五十年来的工作虽没有以前那样兴盛，但其中如方矅仙先生《滇南碑传集》、慕寿祺先生《甘宁青历代大事记》、张维先生《甘肃通志》和《陇右金石录》，于乡土文献的搜集考订都极完备。陈衍先生《福建通志》、张国淦先生《察哈尔通志》、傅增湘先生《绥远通志》，并可媲美前贤。黎锦熙先生撰《方志今议》，对修志提供不少新的意见。最近国立编译馆修《广汉新志》，完全用科学方法编辑，测绘、统计、摄影等工作都由专家主其事，很可以代表一个新的趋向。

五十年来历史学者"对于史籍的研究与整理"大体已如上述。关于通史的研究和编著，虽是其中一个大课题，但成绩却还说不上，因为这原不是一个人的工作、一时代尝试可以满意的。张森楷先生有《廿四史人表》（未印行），最为精核，是编通史所不可缺少的参考书籍。

现在再让我来说一说关于史料的搜集和整理。提起清史史料的整理，第一便要数《东华录》，这是满清一代大事的结集。这书最初由蒋良骐编纂，始满清开国，到雍正朝为止。光绪中王先谦加以增补，续以乾隆、嘉庆、道光、咸丰、同治五朝，最后朱寿朋续以光绪，便成为今日的《十一朝东华录》。现在国立编译馆正将此书分类编纂，作成《东华录类编》，分成之后就是一部《清会要》了。其次是《清史稿》，这本是由政府主修的《清史》，但因那时国内军事的纷扰及修史遗老们的眷恋前朝，没有把它作成一部信实公正的理想史书。北伐后，国民政府便把它明令禁止了，所以我们也把它归入史料中说一下。至于钞撮碑志家传的，有缪荃孙的《续碑传集》，是续钱仪吉《碑传集》的，后来闵尔昌又成《续碑传集补》，搜集的名人传状真是不少。这些都是清末民初人所做的工作。

民国十年以后史家所整理的史料，最重要的是内阁大库的档案。内阁是明清两代政务机关，举凡皇帝的朱谕、敕谕，臣工的黄本、题本、奏本，历科殿试的大卷，及其他公文案卷，都储存在那里，其间往往杂有宋元的遗物，都是非常重要的史料。起初这些档案，存于文华殿的两廊，后来移到京师图书馆和国子监的南学。民国建立后，由教育部历史博物馆保存。后因馆中经费支绌，把其中四分之三卖给纸商，准备作造纸的原料，幸好被罗振玉氏看到，完全由他以收买，然后再让与李盛铎，移贮天津，最后由中央研究院历史语言研究所购回，才开始加以整理，现在印行的有《明清史料》三集。其仍存在历史博物馆中的，后来移归北大文科研究所，分三项手续整理：一、分朝代，二、摘由，三、整理内容，曾印行过《目录》一册及《文史丛刊》几册。此外还有一大部军机处的档案，由故宫博物院整理，已印行的有《掌故丛编》、《文献丛编》、《史料旬刊》及《清三藩史料》等。徐中舒、单士元、吴晗、赵泉澄诸先生先后有分析报告发表。

至于太平天国史料的搜集与整理，乃是近年学者努力的一个方向，其编辑成书的有程演生先生的《太平天国史料》第一集、萧一山先生的《太平天国丛书》第一集及尚未印行的"二集"，而王重民先生拟汇刊《太平天国官书新编》，流传海外的史料至此大都有了归宿，可惜这部书还没有印出。还有一宗材料我们应注意的，便是外交史资料的编刊，其中如蒋廷黻先生的《近代中国外交史资料》、王彦威父子的《清季外交史料》、《宣统朝外交史料》及王芸生先生《六十年来的中国与日本》，最为长编，都是经过细心整理的良好资料。

关于边疆史料的搜集与整理，吴寄荃先生《清代蒙回藏典汇》（未刊）是一部洋洋巨著。

此外如北京大学《国学季刊》、《燕京学报》、《清华学报》、《辅仁学志》、《中央研究院历史语言研究所集刊》、《田野考古报告》、《地质汇报》、《食货半月刊》及最近的华西、齐鲁、金陵三大学联合出版的《中国文化研究汇刊》等，则都是有关这一方面研究的定期刊物。

以上是近五十年来关于旧有史籍及史料研究整理的大概情形，因限于见闻，自然不能说得详备。

第二方面我们要说的便是地下史料的发现与研究，这是近代中国史学研究上的一件大事。近代中国史学能够大放异彩，就是由于地下新史料的发现。现在粗略的叙说一下。这次发现，最重要的有三项：

（一）甲骨文的发现及其研究

甲骨文字最初发见的地方，是河南安阳县城西北五里的小屯村，洹水环绕于东西北三面，即《史记·项羽本纪》所说的"洹水南殷虚上"，所以又叫做"殷虚书契"或"殷虚文字"。光绪二十五年出土，其文字刻在龟甲兽骨上，是商代古人的纪录。估人得到后卖给王懿荣，次年王氏卒，所藏甲骨千余片，尽归刘鹗，他又继续搜集，总共得五千多片，曾选一千片印行，是为《铁云藏龟》。其后罗振玉氏大事搜求，一年中间得到一万多片，并令他的弟弟到洹阳去采掘，后来又亲自前去考察，先后得到几万片，印行《殷虚书契前编》、《殷虚书契后编》、《殷虚书契菁华》、《殷虚书契续编》等书，故关于甲骨文的搜集印行，罗氏是一位开导先路的大功臣。刘鹗死后，所藏甲骨片有一部分归罗氏，他编为《铁云藏龟之余》；一部分归上海哈同夫人，后印为《戬寿堂所藏殷虚文字》；一部分归叶玉森先生，后印为《铁云藏龟拾遗》；一部归美人福开森，后商承祚先生编为《福氏所藏甲骨文字》；一部分归商承祚先生，编入《殷契佚存》。其归吴振平氏的，由李旦丘编为《铁云藏龟零拾》；归中央大学的，由李孝定摹印为《中央大学史学系所藏甲骨文字》；归陈中凡及沈维钧二先生的，由董作宾先生收入《甲骨文外编》，还有一小部分尚不知道下落。这是刘鹗所藏甲骨片的流传情形。当时外国教士对此也多所搜集，最早有美国长老会教士方法敛及英国浸礼会教士库寿龄二氏，他们于光绪二十九年在山东潍县合购了很多片，转让一部分分于上海英国皇家亚细亚学会博物馆及潍县文理学院院长柏尔根，后并收于其摹印的《甲骨卜辞七集》。另一部分则又印为《库方二氏藏甲骨卜辞》，此外还有些外人零星的搜集，后来也都收在方氏《甲骨卜辞七集》中。其他流传的甲骨片，辗转编印成书的，计有容庚先生的《殷契卜辞》、林秦辅的《龟甲兽骨文字》、明义士的《殷虚卜辞》、王襄《簠室殷契征文》及唐兰先生编《北京大学藏甲骨刻辞》等，其中以明义士所得为最多，尽归济南齐鲁大学,事变后便不知下落了。这是甲骨文初期发现及流传的经过。到了民国十七年,中央研究院历史语言研究所派李济、董作宾二先生从事发掘,在安阳小村洹屯水北岸侯家屯等地工作,一直到二十五年前后凡发掘十五次,共得甲骨八万多片,其中以十八年秋季第三次发掘的成绩为最佳,著名的"大龟四版"就是在这次中获得的。当十八、十九年时,河南博物馆也在小屯村发掘,先后得有甲骨三万多片。抗战后听说日本人也到那里搜求去了。总计四十年来甲骨文发现的材料,已著录的有六十种,三一一三九片,其中已出版的有四七种,二八七〇七片,已编未印的有十三种,二四三二片;据说未著录的尚有四七七八四七八片。合计起来,已著录与未著录的共一三七宗,一〇九六一〇片。

关于甲骨之研究,自最初的释字到后来的考史,作者辈出,多有发明,其解释文字及纂集文字的,自孙诒让的《契文举例》、罗振玉的《殷虚书契考释》、王襄的《簠室殷契征文考释》、商承祚先生的《殷虚文字考》、叶玉森先生的《殷虚书契前编集释》、郭沫若先生的《甲骨文字研究》,到唐兰先生的《古文字学导论》、《天壤阁甲骨文存考释》、《殷虚文字记》,不仅甲骨文可以属读,并且为古文字学开了一条新道路。其考史的自王国维先生的《古史新证》,郭沫若先生的《卜辞通纂》、《殷契粹编考释》,董作宾先生的《甲骨文断代研究例》,直到最近胡厚宣先生的《甲骨学商史论丛初集》考地征史,在古史研究上也辟出了一条新的道路,殷商史的系统,已渐渐从实物上建立了起来。罗、王、郭、董四先生,在甲骨学研究上贡献最大,学界中有"四堂"(罗字雪堂,王字观堂,郭字鼎堂,董字彦堂)之称,真不愧为一代大师。唐兰先生说"卜辞研究,自雪堂导夫先路,观堂继以考史,彦堂区其时代,鼎堂发其辞例,固已盛极一时",对他们的贡献及其所长,可谓一语道尽了。现在董先生正研究《殷历谱》,胡厚宣先生正整理他的论丛第二、三集,甲骨学的研究真是方兴未艾哪。自甲骨文之发现,我们对于商代的历史知识不但超过了汉以下的史学家,而且超过春秋时的那位征文考献的孔子,实在不能不说是一种极大的幸福。

甲骨文以外,又有一宗陆续发现的古文字,它的贡献几可与甲骨文相颉颃,那就是金文,又叫钟鼎文。古时所铸的鼎彝等铜器上面,往往刻有铭文，都是用古代文字写的，上面还有花纹或图画。这种鼎彝，在汉代就已有发现，但当时都把它当作一种宝贝看，很少有人加以研究。宋代以还，稍稍有人著录。到了清代，才成为一门学问，那便是所谓金石学了。关于这种古文字的研究，给嘉庆中的阮元，光绪中的吴大澂奠定了不可动摇的基础。阮氏的《积古斋钟鼎款识》，吴氏的《愙斋集古录》、《说文古籀补》，及孙诒让的《古籀拾遗》，实为后来治甲骨及金文的先声。从此以后，以金文证史的学者，最著名的有王国维、郭沫若、徐中舒、吴其昌诸先生。王氏《观堂古金文考释》及《鬼方昆夷猃狁考》，完全用金文作证，足以订补经史。郭氏的《两周金辞大系考释》，以金文鉴定古物的时代，甚（原缺）并注意花纹用以断代，涉及较广。吴氏根据□□排列西周铜器年代，（原缺）深。我们综合看来，金文的鉴定法，或以称谓，或以制度，或比事，或属辞，或考字形，或详书体，往往可与甲骨文相通假。因其由上述诸点可以辨别时代，于是金文乃用之于证史。这实在是近年史学研究上值得称道的一件大事。

（二）汉晋木简的发现及其研究

光绪二十六年二十七年间，匈牙利人斯坦因（A. Stein）奉英政府令，到新疆天山南路访古，在和阗之南发掘古寺废址，得唐以前遗物多种，又在尼雅河下流得魏晋间人所书木简约几十片，后来影印于所著的《古代之和阗》文中。到了光绪三十三、三十四年间，他又到新疆及甘肃考古，在敦煌西北长城遗址发掘得两汉人所书木简约千片，旋又于尼雅河下流得东汉人所书木简十余片，后更在罗布淖尔东北海头故城得魏晋间木简百余片，都是当时公牍文字和屯戍簿籍。自后日本人大谷光瑞派遣的西域探险队也得到些魏晋木简，但为数无几。民国三、五年间，瑞典人斯文·赫定（Sven Hedin）在新疆访古，也有所得。至十六年，中国与瑞典合组西北科学调查团，由徐炳昶及斯文·赫定分任团长，访古新疆，曾在居延河畔黑城子里发见汉人木简有二万片之多。斯坦因先后所得木简，均由法国沙畹（Ed. Chavannes）作笺释，影印成专书。经罗振玉、王国维二氏重加考订，并斯文·赫定所得的木简编印行世，是为《流沙坠简》，共三卷，又《考释》三卷，《补遗》一卷，《附录》二卷。

这本考释中所发见的,如汉时西域两道的分歧、塞上各烽燧的次第、魏晋间葱岭以东的国家、西域长史的治所等,都足以补史乘的阙佚。罗、王在这方面的贡献也正不下于他们在甲骨文上的贡献呢。西北科学调查团所得的汉简,由中央研究院历史语言研究所研究员劳榦先生整理成书,其《居延汉简考释》释文四册业已印行,考释听说也已印就,从他已发表的文字,如《汉代兵制和汉简中的兵制》及《汉简中的河西经济生活》两文看来,其可以供给我们补证史事的地方,一定不少,这是我们可以预言的。

(三) 古籍与古器物的发现及其研究

敦煌千佛洞在鸣沙山上,本为佛寺,现归道士居住。光绪二十年,道观墙壁颓坏,忽发现古代藏书的石室,其中以书卷为最多,间也有些字画。起初有几幅画像流传中土,但人多不识。光绪末年(卅三、卅四),斯坦因与法国伯希和(Paul Pelliot)先后访古到敦煌,得六朝及隋唐人所写卷子本书各几千卷,及古梵文、古波斯文及突厥、回鹘诸国文字无算,均由该观王道士手中骗载以去。后来斯坦因发表此项文件,才引起国人的注意,清政府乃将留存石室的古书一万多卷运归北平学部所立的京师图书馆保存,前后又经人盗窃散归私家的有几千卷之多。现在尚存八千卷。查该项书卷佛典为最多,所谓"唐人写经"是;但我国旧籍也不算少,大多是已经失传的秘宝。其中史部,有孔衍《春秋后语》,唐代西州、沙州诸图经及慧超《往五天竺国传》等,都为伯希和所得,现存于法国国民图书馆。宣统元年,罗振玉就伯希和寄来的影片编为《敦煌石室遗书》印行,不久又印出《石室秘宝》十五种。民国二年,更刊行《鸣沙石室逸书》十八种,后来又刊行《贞松堂西陲秘籍丛残》及《鸣沙石室佚书续编》四种。至民国十年,伯希和复寄来陆法言《切韵》三种影印本,王国维先生亲临刻写一本,用石印行世。以上都是巴黎所藏的书籍,除此以外,有些曾被罗氏印入《国学丛刊》,有的也被别人印出,如成都二仙庵即有《老子化胡经》刻本。这种古籍的发现,给研究中古史的人们提供不少的史料。陈垣、向达诸先生,都在这方面尽了不少的力,陈寅恪先生称之为"敦煌学",可见其价值之大。近年来中央研究院和教育部又都派人前往敦煌研究壁画等艺术,也均有所收获。

除文字史料的发现以外,为了近年考古学及地质学的发达,对于史前史方面曾有几项重大的发现。民国九年,地质调查所采得河南石器很多件,乃于第二年在河南渑池县仰韶村发掘古物,得到石器、骨器、陶器很多,经考定结果,都是属于新石器时代末期的东西。继又在奉天锦县沙锅屯,得新石器时代遗物。后来又在甘肃贵德县及山西夏县西阴村等处发掘,均有发现。其在甘肃所得的器物,考古学家分为六期:一曰齐家期,以齐家坪得名(洮沙所得者附之),其时代约当西元前三五〇〇年至三二〇〇年;二曰仰韶期,以仰韶村得名(出于西阴村者附之),其时代约当西元前三二〇〇至二九〇〇年;三曰马厂期,以马厂得名,其时代约当西元前二九〇〇至二六〇〇年。以上三期均属于新石器时代末期与铜器时代初期;四曰辛店期,以辛店得名,其时代约当西元前二六〇〇至二三〇〇年;五曰寺洼期,以寺洼山得名,其时代约当西元前二三〇〇至二〇〇〇年;六曰沙井期,以沙井得名,其时代约当纪元前二〇〇〇至一七〇〇年。以上三期,属于紫铜器时代及青铜器时代。前三期所出器物中没有金属品,后三期中则铜器渐多,所以说一在史前,一在有史以后(见安特生 J. G. Andersson《甘肃考古记》),这个断定固还有疑问,但确是一个大发现,可鼓励我们此后的工作。新石器时代以前为旧石器时代,法国生物学家德日进(Pierre Teilhard de Chardin)等在宁夏鄂尔多斯及陕西榆林等处发现为旧石器,断定为五万年以前的东西。伟大的发现尚不止此,民国十一、二年间,澳洲古生物学家师丹斯基(O. Zdansky)在北平房山县属周口镇发现北京猿人的臼齿,断定其年代在五六十万年前甚至百万年前,定其名称为"北京齿",而定生长此齿的人为"北京人"。这次史料的发现,它的位置可说是空前的伟大。接着步林博士(B. Bohlin)在原穴续得臼齿一枚,步达生(Dr. Davidson, Black)定名生是齿者为"北京之中国猿人"。民国十七年,北平地质调查所杨钟健、裴文中二先生更在周口店得猿人牙齿化石数枚,不完整的牙床二个。十八年十二月,裴先生又发现一未经破碎的成年人猿头骨及牙齿十余枚,于是北京猿人遂为科学界所承认,更名生是齿的人为"震旦人"。此外日人在旅顺、大连等处发现许多石器,其时代与仰韶、沙锅二村得的石器相同,且为同一民族所遗留,并且由此知道仰韶、沙锅二村居民之体质与近代华北居民体质为同派,也与史前甘肃居民体质类似,都是亚洲嫡派人种。有了这个发现,于是推翻了中华民族西来的臆说。每一新史料的发现,辄使史学研究有崭新的进步,这是一个极显明的例子。此外中央研究院历史语言研究所"城子崖"(古谭国遗址)的发掘,发现了黑陶文化,在史前史研究上的贡献也很不小。这一方面的著作很多,地质调查所的《古生物志》,是最重要的参考书。

以上是关于地下史料的发现及研究的大概情形,其他如蒙古、女真、西夏及回鹘等文字的发现,造像、砖瓦、古陶及明器、墓刻等的发现,也都有助于历史的研究。关于前者,陈寅恪、王静如二先生功力最深;后者方面,郑德坤、商承祚诸先生,也在作研究整理的工作。但这仅是一个开头,其发皇还有待于后人的努力,所以暂不备述了。

(潘公展主编:《五十年来的中国》,胜利出版社,1945)

中国近三十年来之史学

晋 三

中国的史学有着悠久的历史，在这悠久历史的过程中始终在积极进展着，尤其近三十年来，接受西洋治学方法，其进步之速颇为其他科学所不及。当逊清末叶，国事危急，学者多言事功。首创体用之说者，如张文襄公，素即诲后学以读史学为急务。章炳麟亦谓读书宜自史学入手。如此创导学风，与当时之"今古文学"，及以后之西域考古，有极密切之关系也。

迨鼎革之初，学者守朴学之垒，博大精微，绍先学者之端绪，有柯劭忞之《新元史》、屠寄之《蒙兀儿史记》，惟其趋向仍在作异族史之研讨。至新会梁任公先生讲学清华，始著《研究法》一书，其理论清晰，在我国当时推为独创。彼又力倡研讨中国学术史为务，虽其成树渺少，而足启后来研究之肇端，其功绩亦不可泯灭。

五四运动，首以欧西治学方法，用之旧籍，当时首推胡适之先生。其《中国哲学史》，印行未几即震撼世界，名噪一时，自此中国渐有系统史书可读，惟撰述学精于考证，却难有定见。民国十二、三年，胡弟子顾颉刚以怀疑古史作风，成《古史辨》一书，驳斥学者妄见，而以崭新眼光，审定古代历史，发二千年人所未知，成一派之学风，其影响至于今日。同时史学界更扩张其范围，远至戏曲小说，鲁迅之《中国小说史略》、王国维之《宋元戏曲史》，即以新方法出现者。民十九年后，研讨史学者益盛，但多偏于古史。此时郭沫若之《古代社会研究》问世，首以唯物论之科学方法，批评古史，虽所言未必甚是，但启迪后学，以批评精神，重读古史。因之史学之风气，转向社会科学，且时人介绍西洋名著日繁，如人类学、考古学、民俗学、社会学等辅助学科，发展异常，故辅佐史学之研究日便。至于近世史学界进步之事实要领，约略有七，分述于下：

（一）殷墟甲骨文。自光绪中叶于河南安阳发见龟甲，民初经王（国维）、罗（振玉）二先生精研，并以古籍铜器比较、纠正《史记·殷本纪》世系之误，对于祭祀、承继、崇鬼等殷人社会习惯，靡不毕陈，此于两千年前，孔子尚不能见之古史，今日竟周知，群众可为幸焉。

（二）考古学之发掘。李济、董作宾之殷墟发掘利用考古方法，使殷代史实更趋清晰，而裴文中氏于周口店，发现北京人头骨，对中国民族之起源，更加以有力之证据。后安特生之仰韶西阴村新石器之发掘，对我国史前史亦暂告确定。

（三）探险西域。探险西域最先有斯坦因，后有斯文·赫定，我国亦有西北科学考察团参加。对于汉魏之际，我国西域交通概况，考查甚详，并发现木简、封泥等物俱在。又敦煌莫高窟唐人写经之发现，厥功之伟，难于尽言。

（四）西洋治汉学家之介绍。伯希和氏、高本汉氏，及近日之葛兰言氏，均或以语言学，或以考古学，或以社会学之新方法，研究中国历史。就中伯希和氏之著作，冯承钧先生译述泰半，为史学界增色不浅。（注：冯氏今春故于燕都，实史学界一大损失也。氏专长南洋、西域等交通史，著述颇多。）

（五）内阁大档之发现。首获者为罗振玉先生，藉此以研究清史，极为便利，清史研讨之风日盛，多归档案史料保存完整之故。

（六）目录学、图书馆之开放。目录学为治史之基，近日亦扩大范围，有新目录学之出现。图书馆除北平、南京二大图书馆外，私人藏书，渐尤出借，亦治学之喜闻。

（七）民俗学之研究。首创于顾颉刚、江绍原诸氏，其研究之结果，对于上古礼俗，及神话传说之形成，俱有大成。

以上荦举大端，约略言之。至于细述，可成巨卷，若无兵火之燹，其进步当更可观。

（《察省青年》1946年第4卷第3期）

近三十年来中国之新史学

黄挺柱

一

梁任公谓:"中国于各种学问中,惟史学最发达,史学在世界各国中,惟中国最发达(二百年前可云如此)。"夷考历史著作,虽曰汗牛充栋,如梁氏所云,然要之不外记述朝代的起源、继承、变幻之事,甚至有专述战争的胜负、外交的诡论、个人的丰功伟业,以及神怪离奇的异闻轶事,或是标显个人的主张,攻斥异端,殊不知此种著作,实不能说明我们现代人类社会的来源,与文化制度如何达到今日的境界,又不能道出其利弊,更不足以助我们计划未来。十九世纪以来,各种科学有了空前的发现,乃将现代文明推向最新的路,而供给人类以最新的观念,同时斯宾塞尔于《伟司梯敏斯特杂志》中发表《何种知识最有价值?》一文,指出当时史学的狭隘与肤浅,并鼓吹一种新史学,以纠正过去一般的错误。美国新史家鲁滨孙也诋责过去一般的历史,只注意叙述伟人与战役的名称,或侧重政治事变,及演述种种奇闻异事,这些都与人类文化在历史上之发展无大关系,由是使历史对人类有实用价值的新史学,乃应运而兴。加以格林、巴客、弗海达、亚达米亚、麦克玛斯达诸人的鼓吹,由是更给予历史以更宏富、更健全、更生动之内容。

自来中国历史(即西洋也如此)的传统看法,不是把人的事迹看作神怪,把全部历史当作神事的纪载,便是把历史看作文学的附庸,或更以历史为传记的总汇聚、帝皇的家谱、伟大人物的行状,把历史的功能单归注于造成人民的爱国心理的狭隘的范畴内;而现在吾人所求以建立之新史学,则认历史应包括文化各方面的发展之说明,例如观念之滋长、习惯之增加、艺术之历史、自然科学之兴趣,与促进物质文化之进步,各种经济的、社会的、政治的团体制度,无不加以注意。质言之,凡是把历史看做少数英雄、帝王、圣贤、豪杰任意造成的,凡是把历史当作记载统治者阶级的言行、事迹和功罪得失的,凡是认为历史不受一定的法则支配的,凡是抹煞人类的实践和意志在历史中的能动作用的,这都不能算做今日所需要的历史。新史学诚然是负有记载过去史实和借往鉴今的任务,但它决不能被认为一种单纯的记载科学或价值科学,它的主要任务,却在说明和解释人类多方面的实践生活的变动和发展,即是要考察和解说整个人类或特定人群在什么样的法则和条件之下,从事各式样的斗争,改变他们的生活方式,变革社会的组织,创造新的社会关系和文化,它从过去直至现在的人类社会实践的全部经验中,去求求一切历史现象(社会制度、政治制度、文化形态、观念形态、革命运动、社会斗争等都包括在内)产生和消灭的必然性。从而根据一切已知的历史法则,去预测未来的历史发展,所以新史学的任务如此,而今日所需要于新史家之努力也如此。自从工业革命以后,海外殖民地事业之竞争,人类宇宙观之日益扩大,新史学受了这种影响,于是:(一)所叙述人类利益与活动的种类加多;(二)人类的有史时期向后推延;(三)将历史占领的空间扩大,使历史逐渐变为世界的。由于世界史学汪流的冲击,中国史学界呈现一种新的趋向,殆属必然。这里所特别提出的"近三十年"的中国新史学,并不是说中国新史学的茁生是近三十年的事,而是说这阶段变化比较剧,成绩比较显。其实中国近三十年来的历史领域所以有纵的延长和横的伸张,除了上述那些世界历史发展的远景给以启示外,主要的还是中国近代历史发展的必然路向所决定下来的,关于这点我得在下面来一个说明。

二

中国新史学的发生,与二百多年的清代学术思想有密切的渊源,故明白新史学的发生,探本寻源,得从清代说起。

有清一代的思想，从一方面看来，是对宋明理学的反动，从另一方面看来，也正是继续着宋明理学而向前进展。如果从顾亭林的反陆王理学的运动算起，中间经过乾嘉时代的汉学运动，一直到咸同光三代的今文学运动，在这将近三百年的历史发展过程中，的确见着儒家思想发生着急遽的最基本上的变动。这变动诚如梁启超所说："厌倦主观的冥想，而倾向于客观的考察"，"排斥理论，提倡实践"，从而一反过去之迂阔空虚、游谈无根之理学，而趋向于"穷源溯委，词必有征"的务实，和"以驯致乎平之用而无益者不谈"（顾亭林语）的尚用的大道上去。以当时地域而论，关于这种思想的阐发又分为两派：北派以颜元、李塨为代表，主张实践，是"由行而知"派，可惜以不合当时士大夫们的经济背景与政治环境而卒至中绝；南派又分为吴中派与浙东派。吴中派以顾炎武为首，主张以文字训诂治经学，以经学矫正理学，上达于孔子之道，以挽救民族的衰亡；浙东派以黄宗羲为代表，主张以史学充实理学，补王学的空疏，同时欲藉史家以高倡民族主义，保存晚明文献，以寄其反清复明的热望。这两派虽一主"经"，一主"史"，但都可说是"由知而行"派，由他们所主张的"务实"、"重客观"、"词必有征"，则新史学之嫩芽实由他们一手栽植，而其影响至深的仍旧是推黄宗羲。

　　其次清代自入关以后，从顺治至雍正，其对汉人的统治，由利用，而高压，而怀柔，年年的科场案，使士多怀畏惧之心，又借江南奏销案，使缙绅之家多所牵累，而且大兴文字狱，牵累动至数十百人，文网之密，不惟不许排满，即论时事亦有不测之祸，所以当时的学者，乃不得不趋于考据训诂一途，这和欧洲罗马教皇权力鼎盛时，欧洲学者只埋头于字句爬疏的注经工作，是如出一辙。所以在当时一般的学术空气，与其说是"治经"，无宁说是"考史"。（柳诒徵《中国文化史》语）而当时挹时代学术的流风而开拓史学之新领域的，却是钱大昕。就其学术的统系上说，他是承顾黄之余绪，而专攻音韵、训诂，经义之外，兼治史学，而更将其爬疏整理之考证，应用到元史、西北史地，和史部工具书之编纂上来，使新史学得到一个稳固而科学的发展基础。阮元谓："先生于正史杂史无不研寻，订千年来未正之误，校正地志，于天下古今沿革分合，无不考而明之，精通天算，三统上下，无不推而明之，于金石无不编录，于官制史事考核尤精。"于此可见其引援之精密,分析之入微,影响于后来新史学之成立,殊不能抹煞。

其次我们论述到影响于日后新史学发扬的第三个人物,这就是章学诚。新史学之所以有异于旧史学,由于重批评,而不重叙述。故史评一类,实为新史学精神奠定之契机。过去对史之论述,虽间有其人,无如持论驳杂,去古弥远,如苏氏父子之史论,多带江湖气味,藉以发表其政见,或发抒其牢骚;吕祖谦之《东莱博议》,张溥之《历代史论》,其末流只以供帖括勦说之资,无关史学之得失;即王夫之之《读通鉴论》、《宋论》,亦易导人于奋臆空谈。而可注意者,只唐之刘知幾、宋之郑樵,无如"郑樵有史识而未有史学,刘知幾得史法而不得史意"。(见《志隅自序》)故章氏之作《文史通义》,特就"义"这方面加以发挥其中精到独到处,必详前人所略,述他家之所不及。他认为历史的著作,要能够决择去取,例不拘常,对史料之部勒,要能够赅备无遗,体有一定。(《文史通义·书教》篇)对通史的著作,要能够"纲纪天人,推明大道,通古今之变,成一家之言";编通史之法,要能够"参百家之短长,聚公私之纪载,旁推典证,闻见相参,显微阐幽,折衷至当";述通史的文章,要能够不落旧套,"详人之所略,异人之所同,重人之所轻,忽人之所谨,绳墨之所不可得而拘,类例之所不可得而泥,而后微茫妙忽之际,有以独断于一心"。以为这样得来的历史"自然可以参天地而质鬼神,契前修而俟后圣,此家学之所以可贵"。至于这里所谓"天人之际"完全纯用客观主义去观察,一切事物的真相,不应参以丝毫成见,这才配称为史。不过人类总得有气,总不免有情,研究历史的人,总不能绝对的离开主观。所以他主张一种调剂的办法来治史,他以为主观的气,如合于理,则便是客观,主观的情,如能本乎性,也一样是客观。故他以合理来救济主观的气,以本性二字来救济主观的情,这样才不会陷于冲动,陷于自蔽,其思想之深邃,即海尔达尔的观念说,赫格尔的民族精神说,均无以过之,诚如梁任公云:"章氏生于刘郑之后,较其短长,以自出机杼,自更易为功,而被于学术大原,实自有一种融会贯通之特别见地,故所论与近代西方之史家言多所冥契。"又谓:"章学诚可以说截至现在止,只有他配说是集史家之大成的人。"此诚为笃论,非徒他人之阿好也。

雍正后,由于清室的统治已转入土崩鱼烂之境,过去学者那种埋头于爬疏整理,不问政治的态度,已开始稍变。而且当时古典的考证工作,大部分已为前辈发挥殆尽,于是学者便有一种别寻新径的倾向。加以咸同二十多年间,先之以洪杨之乱,跟着是捻回之变,最后还要加上一幕英法联军之入北京,弄得草木皆兵,风声鹤唳,而文教至盛之江浙,又适为豺狼窜突之场,所以耆宿之凋谢,文典之荡然,于是乾嘉遗老之风流文采,只成为"望古遥集"的资料,考证之学,至此遂有不得不改其趋向,且以西学讲求之风已成时尚,而排满之思想,遂至一发而不可遏止,于是遂由政治上的腐败,而孕育成思想上之革新,循至酿成政治上的剧变。如此前波逐后波,相激相荡,摧枯拉朽的将二百多年的满室拉倒了。当时学术上的光影,完全注意在"经世致用"这方面,一般学者已不再为经史考证之烦琐的风气所囿,可惜凭藉不厚,转变的路线仍无法脱离二千年来经典中心的宗派。这时最显著的代表是章太炎和康有为。在学术思想的渊源上说,章氏是顾炎武、黄梨洲的继承者,或复兴者,而康氏可以说是以庄存与为开山大师的常州派(或称公羊派)的集大成者;就经学而言,章氏是清代古文经学的最后大师,在史学方面,却极力阐发黄梨洲的民族主义的史观,所以其对日后的民族革命他有着一种推波助澜的作用。总之,他在当时是把经学和史学作有机的配合起来,一方面承袭古文学派考证学的余绪,提倡经世致用,另方面把浙东史学派的民族史观发扬起来,将历史和现实的生活打成一片;至于康有为可以说是中国史学急速地转变的一个原动力,关于他是研究新史学发展一个不可放过的人物。

三

　　中国社会自秦汉至鸦片战争,这悠长的二千多年中,我国的史界没有一刻离开过汉学的古文学派的影响,无论在史法上或是史体上,都是与古文派暗通声息的,所以中国二十余年的历史,是以古文派为其发展的背景。到鸦片战争以后,一方面由于社会现实的刺激,一方面由于古文学派的学统与体系给那高举着"微言大义"的大纛的今文派以整个的攻击,于是康有为就公羊三世之义,而发为先秦诸子"托古改制"之高论,中国史学遂脱离了二千多年古文派的樊笼,破坏儒教的王统与道统,夷孔子与先秦诸子并列,使史学继文学脱离经学的羁绊而独立。这种新的转向,可以从他的巨著《孔子改制考》中看得出来。

过去史家言必尧舜禹汤,他们脑袋中所憧憬的是一套致治的盛世,以为世愈古而愈盛,陷于泥古的深渊中,随而悲觉宿命之思想,便笼罩于全民族之脑海中而不能自拔几二千年,其影响于民族复兴不可谓不大。康氏在极度纷乱的当日,凭借《公羊》"三世"《礼运》"大同"、"小康"的经说,发为进化的史观,以为"据乱"当进为"升平","升平"当进为"太平",尧舜时代的文化,只是孔子托以明义,悬一理想的目标,以为"太平世"的倒影,这种空想的社会主义,说来虽不无缺点,无如当时萎靡无所依归的人心中,不能不说是一服有力的强心针,此不仅在史界上有其价值已也。

四

首受今文派的影响而对史学有新的贡献的是崔适,继起的是夏曾佑和梁启超。

崔适是清代今文学派经学家的殿军,由于经今文学在经学范围内,无论分径或综合的研究,已经走到无可发展的余地,所以崔氏便移转他的目光到史学这方面来。他所著的《史记探源》,不特对《史记》本质的研究启示出一条新路,同时指出刘歆改窜《史记》、颠倒《五经》的痕迹,对古文派理论上给予有力的打击。他认为《史记》是今文学的著作,《汉书》是古文学的著作,《史记》中有与今文说及本书相违而与古文说及《汉书》相合的,都是刘歆的伪窜。他以为刘歆既颠倒《五经》,势必波及《史记》,以为助莽篡汉的一种文化工作,《史记》便在这种情况下遭受他们的蹧蹋,而失了原形。虽然其中论据有不少武断之处,但对过去史学的怀疑,不能不说已暗示后人研究历史一条新的路向。

其次论到夏曾佑,他是受了今文派的启示和西洋种源论、天演论那些进化观的影响,而对历史以另一种眼光去分析和说明。从他著的《中国古代史》中,很可以见其识力之敏锐。他着眼于中国宗教与哲学相互递嬗之源,于老孔墨三家的"道",周秦之际的学派,西汉今文学与方士的关系,东汉古文学与方术的分离,都另立专章讨论,这是发前人所未发的。他对中国五千多年政制变迁的起伏,独具卓见,他把中国经今文学和西洋进化论思想揉合起来,建立起他的"历史因果论"。而且他那本书在体制上是接受了日本通史的形式,而系统地贯通政治、经济、学术、宗教等等的变迁,而予以分章分节的叙述,一反过去那种传统的"通贯古今"的通史体制,所以夏氏在中国新史学发展的途程上,将中国正在发展的经今文学、西洋正在发展的进化论和日本正在发展的东洋史研究的体裁相揉合的第一人。梁启超谓为"晚清思想界革命的先驱",实非过誉。

现在来说被誉为"史学界的陈涉"的梁启超。他是康有为的入室弟子,直接间接都受到今文学的洗礼,不过由于治学途径之差别,所以其对史学的贡献远过经学之所得,他实在由经师弟子而转变为新史家。所以林志钧谓:"知任公者,则知其为学虽数变,而固有其坚密自守者在,即百变不离于史者是已。"他对于历史的见解可于其《新史学》一文见之。他首先批评旧有史学,以为"兹学之发达二千年于兹矣,然而陈陈相因一邱之貉,未闻有能为史界辟一新天地,而令兹学之功德普及于国民"。他再进而指出旧史学的四个"病源":"一曰,知有朝廷而不知有国家","二曰,知有个人而不知有群体","三曰,知有陈迹而不知有今务","四曰,知有事实而不知有理想"。于是结果"汗牛充栋之史书,皆如蜡人院之偶像,毫无生气,读之徒费脑力"。因而斥责:"中国之史,非益民智之具,而耗民智之具。"其批评旧史学之后提出他对于新史学的界说:"第一……叙述进化之现象。""第二……叙述人群进化之现象。""第三……叙述人群进化之现象而求得其公理公例。"这史观可说完全建筑在进化观之上,在当时诚为不可多得之论。其学虽然如他自己所认:"模糊笼统","前后矛盾","入焉不深",然而那种坦荡豁然无所覆盖的气度与修养,在当代学者殊鲜与京。看他的《先秦政治思想史》之推尊儒家,在清华研究院讲学之宣扬王诘,其接受梁漱溟《东西文化及其哲学》一书之影响,是显而易见,其对学术研究上态度之坦诚,很值得吾人效法的。

五

新史学的领域，由于清代考据学之提倡，注重"实事求是，无征不信"，而一反宋代空疏狂妄、游谈无根的风尚，加以今文派对旧史观的摧毁，和西洋进化论的直接间接的影响，于是新史学的种子便随时代之嬗变而慢慢成熟起来。由于黄梨洲导其源，而钱大昕、章学诚扬其波，章太炎、康有为、崔适、夏曾佑、梁启超衍其流，而新史学的巨潮已经走入洋洋大观的阶段，只要是风狂势顺，便很可以成为一时代之主要趋向。这点到五四运动时，这种史界的新流，便完全冲破过去传统的旧史氛围而独立起来了。完成这任务的是胡适。过去如崔适、夏曾佑、梁启超辈，虽然对新史学的建设是尽过不可磨灭的功业，无如崔适只是以经今文学而兼及史学，夏曾佑也是由经今文学转变到史学，即梁启超也只是逐渐脱离经今文学而计划建设新史，到胡适才彻底地把新史学以经今文学、经古文学与宋学的羁绊解放出来，这伟大的成就，除了拿他个人的学力天才来解释外，最重要的还是五四时代所给予的影响。

胡适对史学的见解，可以从《介绍我自己的思想》和《中国哲学史大纲》上卷第一篇的导言中，很明确地发表他对整理国故问题的态度与方法，所以我们由此可以看出他的历史观和方法论。其实说来，他整个思想体系，是建筑在存疑主义与实验主义之上。换句话，一方面受了赫胥黎的影响，而从怀疑求真的路上走；另一方面又循杜威的教化而处处明变求通。然而存疑主义与实验主义，都是达尔文的生物进化论派生出来，所以胡适的史观一样离不了进化史观的道路，不过较过去的史学家了解较透彻，应用较圆滑罢了。在方法论方面，于《古史讨论》一文中他提出的两个基本的方法："一个是用历史演变眼光追求传说的演变"，"一个是用严格的考据方法来评判史料"。在《中国哲学史大纲·导言》里，对历史方法论有较具体的说明。以为研究哲学史有三个目的：一是"明变"，二是"求因"，三是"评判"。但要达到这三个目的，必须能"审定史料"和"整理史料"。审定史料的证据，又分五种：一是"史事"，二是"文字"，三是"文体"，四是"思想"，合称为"内证"，五是"旁证"，整理史料的方法,约有三端:一是校勘,二是训诂,三是贯通。这几点确乎可以建立历史的客观地位。

胡氏这种教人疑而后信,考而后信,有充分的证据而后信的客观的史观,虽然是由西洋科学的思想而来,但仍旧不能脱离中国文化本身之影响。我们可以这样说,他是融会中国旧有的各派学术思想的优点,而以西洋某一种的治学方法来部勒它,来涂饰它,很显明他是继承了宋学的怀疑精神,采用了汉学古文派的考证方法。我们从他称誉朱熹、戴震、王念孙、王引之、孙诒让、章太炎、卢文绍、孙星衍这班朴学大师便可以见了。他写中国哲学史不循传统的旧路,而开始就从孔子、老子说起,和后来主张诸子不出于王官等议论,这都说明他是受了康有为《孔子改制考》的影响,最低限度是受了今文学派思想的暗示。而且当他讨论孔老墨诸子时,都采等视齐观的态度,这不能不说是受了章太炎《诸子学》和梁启超《论中国学术思想变迁之大势》等文之影响。所以胡氏在学问上的贡献,是采取兼容并包的态度。至如钱玄同、顾颉刚辈,也循用其法以整理古史,因为他们的材料限于记载的书本,而他们的方法也不出于史实的考证,而研究的对象也仅及于秦汉以前的古史阶段,而其成绩又不免"消极的破坏多于积极的建设",所以这派在初期固引起了不少人的兴趣,但到后来却不少人把他作为攻击的对象。总之,他们治学的方法是否适用于史观,且不必说,然而采用古文学派的治史方法,接受宋学的怀疑精神,而使中国史学得到解放,得到独立,未始不是他们的功迹,而该大书特书的。

六

由疑古派而得到启示,复起而修正其研究方法的是考古派,又可称为遗物的考证派,代表人物是王国维和李济。

这里所谓考证派,在研究的方法上不仅注意史料的发现和整理,而且注意到整理后的史料,与中国已有的史学配合起来,或予中国史学以重新的修正。他已脱离了经学的羁绊,而用崭新的技术去开拓古史的新领域,其研究范围已从书本解放出来,而着眼于实物的搜讨。

王国维的治学缜密谨严,奄有清代二百余年文字、声韵、训诂、目录、校勘、金石、舆地之长,而变化之,恢宏之,以其对外国文字之精通和科学方法运用之熟练,故其学每多独到,其研究范围之广,其功力之深,近代学人殊不易多见。陈寅恪于《静安先生遗书序》中谓:"其学术内容及治学方法,殆可举三目以概括之者:一曰取地下遗物与纸上之遗文互相释证,凡属于考古学及上古史之作……;二曰取异族之故书与吾国之旧籍互相补正,凡属于辽金元史事及边疆地理之作……;三曰取外来之观念与固有之材料互相参证,凡属于文艺批评及小说戏曲之作……"他对新史学的贡献不在对过去全部史实加以否定,而是用缜密的态度去爬疏,回复真史的面目。他在《古史新证》里说:"上古之事,传说与史实混而不分,史实之中固不免有所缘饰,与传说无异,而传说之中亦往往有史实为之素地,二者不易区别,此世界各国之所同。"他对过去疑古派的缺点加以正确的指出说:"其怀疑的态度及批评之精神,不无可取,然惜于古史材料未尝为充分之处理。"最后提出他的方法道:"吾辈生于今日,幸于纸上之材料外,更得地下之新材料,由此种材料,我辈因得据以补正纸上之材料,亦得证明古书之某部分全为实录,即百家不雅驯之言,亦不无表示一面之事实,此二重证据法,惟在今日始得为之。"这点可以从他对殷周制度的研究,打破夏商周三代王统道统相承之传统的观念,而用比较法肃清古文学家含糊笼统的古史解释中可以看得出来。这不独对中国古史给予新生命,且对中国新史学的发展更趋于健实之途。

纯然接受西洋考古学的训练,完全脱离经今古文派的羁绊,而对中国史界作崭新的努力者是李济。由于科学的发掘渐次开展,地下遗物出土的日见增多,于是历史的研究范围便开始为深广的研究,安阳山西的发掘,使历史的真实内容要追溯于甲骨、铜器、陶器及其他材料上,遂使久悬未决的中国文化来源问题,便在这锄头考古中获得了一个很宝贵的收获。把过去传统的中国文化单元说,予以严重的修正。指示出殷商文化已含有南亚文化的成分,这见解明显地已不是如过去那种进化史观相同,而慢慢和播化派、批评派的文化人类学发生了关系。

七

考古派虽然站在"考史明变"的立场上，希望治史者抱一种"实事求是"的客观态度，无如其对史料的整理还只能做到"知其然"，而还没有从"批判史料"中去"知其所以然"，那么历史便得要和社会科学绝缘，而忽略了社会现象中各个部分间彼此的关系，对这方面而予以修正的是释古派。由于这派所产生之时代，正是社会形态极其纷乱变幻的"五四"，故社会形态及其本质的讨论便成了一时的风尚，想用一种理论来贯通中国全部的社会形态，与本质之所以形成及其转变，注意历史现象之整体理解，而一改过去部分割裂之探求。这派理论的确立是由郭沫若开其端，从《中国古代社会研究》一书中可以看出他是承接罗振玉、王国维的业迹，而对疑古派所谓"整理国故"而予以修正。他说："王国维……遗留给我们的是他的知识的产品，那好像一座雀巍的楼阁，在几千年来的旧厚城垒上灿然放出了一段异样的光辉。"又说："胡适的《中国哲学史大纲》……我们对于他所'整理'过的一些过程，全部都有从新'批判'的必要，我们的'批判'，有异于他们的'整理'，整理的究极目标，是在'实事求是'。我们的批判精神是要'知其所以然'，'整理'自是'批判'过程中所必经的一步，然而它不能成为我们所应该局限的一步。"郭氏虽然在方法论的应用上想力求正确，在史料的搜集和考证上也不肯随便下手，不过如吕振羽所说，"由于其对哲学和一般社会科学的认识太幼稚，以及其对世界史知识的不够"，"历史理论中之实验主义的成份在作祟"，所以不但在历史理论上处处表示着机械论的错误，而且其对史料的考证也不少疏脱的地方，然而就新史学的发展上创作上说，确有其主观上的"东方恩格斯"的任务，是不可抹煞的。

与郭氏同属于释古派，而其见解却又稍有差异的是陶希圣。从他不少的著作中可以看出他的思想前后矛盾，这给予反对派以攻击的机会。吕振羽在《史前期中国社会研究》中说："陶希圣……不惟对中国历史的真际性不曾把握着，且徒然使其自己的辛勤研究，辗转于历史循环论的泥沼中。"又在《史学新动向》一书的序文中说："由于其出发点的方法论上的根本错误,所以并没有考证、选择搜集和应用史料的能力,而且也止于在接受实验主义、顾颉刚等人的考证。"接着如马乘风、翦伯赞对他更驳得体无完肤,不过在他研究中国社会史的方法和观点一篇讲稿中,说得还很持平,他说:"……个人研究社会史的观点可以分下面四方面来说:(一)一件事必须要着眼于整个变迁的过程,而不能把每件事隔离开来看;(二)竭力探求我们研究的对象,与社会各方面的关系,由这个错综复杂的整个关系中,找寻这个因素的性质、功用和地位……历史的变迁只有由社会事实的各方面观察,方能得到正确的认识,否则我们只能知道社会事实的连续性,而不能知道它的变动性;(三)每个大变动都是由长期的小变动累积而成;(四)物质条件为社会变化之基本因素,所谓物质条件非仅指经济组织而言,广括所有看得到摸得着的客观存在的东西,它必须透过人的努力,亦即人类之生产劳动力才能有效,在社会物质生活充裕后,始能有进步可言。"继郭、陶二氏而以较稳重的态度去从事学术史的研究者是冯友兰。虽然其对史学的观点未有明白的指出,然而从他的《中国哲学史》中所述,很可以知其一二。他说:"写的历史之目的在求与所写的实际相合,其价值亦观其能否做到此'信'字。"则其识见是与释古派取着同一步调,然其对史料利用的态度,诚如陈寅恪所云:"独具特识"、"应为表章"。他说:"吾人只注意其书中所说之话之本身之是否不错,至于此话果系何人所说?果系何时代所有?则丝毫不关重要,某书虽伪,并不以其为伪而失其价值,如其本有价值,某书虽真,不以其为真而有价值,伪书虽不能代表其所假——之时代之思想,而乃是其产生之时代之哲学史料也。""其对历史之叙述,虽然乃主客观主义,但不如疑古派之穿凿傅会,而是已达到'神游冥想',与立说之古人处于同一境界,而对于其持论所不得不如是之苦心孤诣表一种同情。"中国新史学的趋势中,启示出不少新的途径,最近冯氏思想已渐起变化,而其研究的途径,他已显明地趋向于赫格尔历史哲学中所谓"合"的工作,而企图稳定宋明理学的地位,而建立新儒学的系统。这一派最后我们要一述的是张荫麟和钱穆。

张氏他对历史的见解以为要把一国民族的历史写出来,最重要的目的乃在"复原"。我们判断某一本某一人所写的历史好不好?至少有一个标准是少不了的,即考求这本历史是否和当时的事物相接近,而这种"复原"的工作至少有三部分是不可放过的:一是如何慎重甄别与选择所用的材料;二是如何利用这些材料而选择若干"要点"以表现当时整个面目;三是当史料缺乏时如何用合理的推论去弥补这些空隙。至于"要点"的选择,张氏以为应顾到下面几个标准:(一)新异性,即内容的特殊性;(二)实效,即史实所直接牵涉和间接影响于人群的苦乐的程度;(三)文化价值,即真与美的价值;(四)现状渊源,即追溯现状所由发生的本源,从而主张"社会的变迁"、"思想的贡献"、"若干重大人物的性格描写"为历史叙述的三大鹄的。他对历史的研究态度和方法,认为主要的条目在:一为理智上彻底诚明之精神,即达到"毋自欺"、"毋自蔽";二为求全之精神,即认为对历史的研究在对象上和方法上都要"整个地看",盖不能如此,即必有所蔽,不能如此,亦必有所遗,由此可见其以历史为整个的、进步的、客观的,而该以诚明之精神而求历史本身之接近真实。

其次与张氏同其论调而稍有不同的是钱穆。他在《中国今日所需要的新史学与新史学家》一文中,以为新史学是须要融贯空间相,通彻时间相,而综合为一,才能得到真正的了解。如此而后于史学真有得,亦必能如此而后于世事真有补,由此推说,今日的新史家,其人必具下列诸条件:(一)其人于世事现实有极现实恳切之关怀者;(二)其人又能明于察往,勇于迎来之拘拘于世事现实者;(三)其人必于天界、物界、人界诸凡世间、诸事相、各科学智识有相当晓了者;(四)其人必具哲学头脑,能融会贯通而籀得时空诸事态相互间之经纬条理者。他以为能如此:"而后可当于司马氏所谓明天人之际,通古今之变,而后始可以成其一家之言,否则记注之官,无当于史学之大任。"因此他以为:"历史之可贵,不仅于鉴古而知今,而为未来精神尽其一部分孕育与向导之责。"按钱氏对新史学的主张在"于客观中求实证,通览全史而觅取其动态",其与释古派之论本无大出入,然所不同者,在于历史应否"求因"及把握什么以作求因的工具。惟国内自命释古派的学人,每每热情过于理智,政治趣味过于学术修养,偏于社会学的一般性,而忽略历史学的特殊性,致结果流于比附武断。

最后还要说到释古派之另一支而以"社会的存在"说明"社会的意识"的，如范寿康、吕振羽等，他们以为历史是人类世界中的产物，所以历史运动根本法则的确立，我们应从现实的生动的人类的实践的活动中觅取材料，人类为了要生活，生活必需品的正常获得是需要的，为了要获得这种需要，就不能不生产，所以生产在人类生活发展上是一种历史的行为。由于生产物的分配，而发生的社会阶级的分化，就成了社会机构复杂和一切变革的原因，这明显地表示社会的变化，可不能随便归之于"天命"，而应该从社会的生产方法和交换方法的变动中去探求。所以吕振羽便说："史的唯物论不啻是我们解剖人类社会的唯一武器，史的唯物论是唯一的历史学方法论。"平情说来，这派的地位不容吾人否认，不过如吕氏所云，固然有些强调，而把理论与方法复混为一谈，这实在是一件危险的事。总之，一般所谓"唯物辩证法"的史家，欲以"唯物辩证法"代替"历史研究法"的全部，毕竟在今日还是"时机犹未成熟"。关于这点，冯友兰有段很持平的话："这一派的史学家，多有两种缺陷：第一种是：往往缺乏疑古的精神……往往对于史料毫不审查，见有一种材料与其先入之见解相合者，即无条件采用……第二种缺陷是……往往谈理论太多……感觉他是谈哲学，不是讲历史……我们应当以事实解释，证明理论，而不可以事实迁就理论。"我总承认以某一原则来解释全部历史，其不流于笼侗，便陷入附会，对历史本身相距还远。班兹说："现今探寻单一原则以说明历史组织者，就心理言之，正如古代爱奥那哲学家寻求一元原则如水火土气等以解释宇宙。"确是的论。

余思学术思想之变动，一面由于本国社会变动之后形成之形态之推进，一面更由于外来学术之激荡而展开一新局面。视前所述，中国新史学之形成递嬗，殆有其所以然之程序，而其由孕育而推进，而发皇，继而至于成熟，其归趋殆有脉络可寻，且以吾国史学旧有庞大之基础与丰富之载籍，一遇新潮之激荡，不难万花争妍，众流入壑，故放弃皇家谱录之著述，而为人类全体社会活动之描写，废弃个人英雄中心之史论，而从事于群众心理、群众动态之记述，垂训史观之渐消沉，代以新兴之科学历史观点，实为今日中国史界所共循之大道。兹就所见条述中国新史学之全貌以为本文之结尾，使读者对于今后史界之动向得一更明确之印象焉。

（一）历史是批判的，说明的，而不是接受的，叙述的。

（二）是为生人而作，非为古人而作，而该与现实人生发生关系。

（三）是大众的行纪，非英雄传记。

（四）是完整的，不是割裂的，是进步的，不是循环的。

（五）是放弃传奇、政治、战役的描述，而转移其视线于社会发展文化发展之重要过程的。

（六）是世界的综合的，而非国别的单一的。

(《大光报·文史周刊》1946年第1—4期)

近百年来中国史学的发展

齐思和

一 中国史学何以落了伍？

西洋史学赶上并且超过了我们，不过是近百年来的事。在一百多年前，西洋史学，无论在质或量方面，皆远不及中国。中国民族是一个很切实的民族，在玄想的学问方面，不但不及西洋，亦且不及印度。但中国人在史学方面久擅胜场，我们的祖先在这方面有光荣的传统，有惊人的成绩。至于何以到了现在，我们的史学反而落后了呢？这不是因为过去百年中中国史家不争气，而实是近百年来西洋史学突飞猛进的结果。

百年以来西洋史学之惊人的进步，不但是由于西洋历史家的努力，而且是整个西洋文化进展的结果。历史是一门综合的学问，是整个人生的反映，不能离开其他学术而独立。近一百多年来，西洋文化发生了空前的变化，改变了整个的人生，一切学术思想皆发生剧烈变化，而史学所受的影响尤为重大。在政治方面，民主运动和几个重要政治革命的结果，人民夺取了君主和贵族的政权，成了国家的主人。民主运动发展的结果改变了历史家对于历史的看法。一向专为帝王作家谱，为贵族作起居注的历史家，感觉到人民在历史上的重要性，而开始提高他们在历史上的地位了。帝王贵族们的政治阴谋和战争是个人的，平民生活的进展是集体的、社会的，平民既代替君主和贵族成为历史的主人翁，传统的政治史、战争史也扩大为文化史、社会史了。于是乎历史的主人翁由少数的帝王贵族而扩大为一般群众，由政治战争的描写而改为叙述日常生活。历史的范围扩大了,历史的基础雄厚了,历史民主化了。在经济方面,工业革命的发生和进展,使西洋由中古式的农村经济社会踏进了近代工商社会。马克司看出生产技术和生产方式的改变对于文化进展的重要性,创唯物史观学说,指出了经济因素的重要性。历史家受到了时代思潮的影响,渐放弃以前专以政治军事为主的历史而以经济的发展为主要的脉络了。在学术思想方面,近代自然科学惊人的进展,对于生活伟大的贡献,改变了西洋人的学术思想,研究社会现象各部门的学问也应用自然科学家的方法来研究他们的问题,而称他们的学问为社会科学了。历史家自然也不甘落后,也开始采用科学的客观态度,专门的研究,对于材料细密地审查,而以历史为一种"科学"。科学家中达尔文的进化论,对于历史家的影响很大,以后历史家对于文化的变化,也采取生物的现象,如"演变"、"发展"、"生长"等名辞来研究他,认为文化也是生长的,而非静止的、死的。现代史家每研究一种制度要注意它的起源、发展和衰老,这当然是受了进化论的影响。最近爱因斯坦的相对论不但改变了科学家对于自然现象的解释,此时历史家也提倡历史相对论了。十九世纪自命为科学的历史家,以为历史的目的是求历史上绝对的真理,在现代史学家看来,已近于不可能了。无论研究者的态度如何客观,方法如何谨严,但是在选择材料上、解释事实上,历史家不知不觉地受了时代环境、个人主观的影响。历史家所得到的一切只是相对的,而非绝对的。一个时代有一个时代的真理,因之历史家的工作,和其他科学家的一样,永远没有完。

以上所举的影响近代西洋史学最大的三个力量——政治、经济和科学的进步——都是历史学以外的发展,但是对于史学发生了空前的影响。这三种力量到最近才逐渐传入中国,中国在经济生活、社会制度、学术思想各方面渐由中古式而现代化。现代中国人的思想和所要解决的问题和现代西洋人的差不多,因之即拿现代中国人的眼光来看,中国传统的史学已经不能满足我们的需要,而应加以彻底的改造。但是百年来中国史家究竟作了些什么事?最近改造旧史学的成绩如何?将来应采取什么途径?近来虽然有不少论中国近五十年来或三十年来或当代中国史学的文章和书籍,但从近百年来中西史学发展上来作对比的似乎还没有,遂引起我作此文的动机。我在本文所要说明的是些大的趋势,至于各史家的著作目录,几本通行的书目已经罗列甚详,无须再加撮钞了。

二 清代学者的治史精神

清初学风大抵矫晚明王学末流,"束书不观,游谈无根"之弊,竭力实事求是,易主观为客观,改空谈为征实,处处要求证据,不尚空谈。开创这种风气的几位先导大师,若顾炎武、颜习斋、黄梨洲、阎若璩几位先生,除黄氏外,都不是史家,多半是要学以致用的,不过这种精神最适于史学的发展。而他们所用的方法,如顾炎武的《日知录》是以考据的方法来表现他的政治经济思想的。黄梨洲治理学,不仿宋明人作语录,而辑《明儒学案》,俱是用的历史方法。黄梨洲更留心明代史实,尝辑《明史案》二百四十二卷,又辑《明文海》四百八十二卷,将明代史料网罗略备。弟子万斯同承其学,参与纂修《明史》之役,对于《明史》贡献极大,结果《明史》比明初人修的《元史》、元人修的《宋史》都好,在正史中,算是一部很好的书。

不过最能代表清代史学特点的还不是官修的《明史》。当清廷正准备着大开史馆,纂修《明史》的时候,邹平人马骕,网罗三代所有的史料,以及后世较古的记述,辑成《绎史》一百六十卷,起自开辟,迄于秦亡,这是古今对于上古史最伟大的著作。这书的特点尚不在其取材浩博,搜讨详备,而在其编制体裁的特殊。他这部大书是将古史分成一百多个题目,依次纂述。大体说来,可以说是纪事本末体。不过这书的前边有三十七篇世系表,又有《年表》一卷,后边又有《天官书》等书志专叙制度,仿佛《史记》的八书,《汉书》的十志,其中对于名物制度还有图,又有地图,末附《古今人表》,表列书中的人物,则又采取了纪传史的特点来补苴纪事本末的不足。至于书中有图,更是前史所无,可见他的特识。后来章学诚所提倡改革纪传史的办法,他多早已实行了。至于这书叙次的方法,尤和以前的史家不同,在正文里面,他不用自己的话,而将以前的史料直录原文,加以编排,每段史料皆注明出处。而且他对于史料

的斟酌去取,也煞费苦心。他在序里说:

> 经传子史,文献攸存者,靡不毕载。传疑而文极高古者亦复弗遗。真赝错杂者,取其强半。附记全伪者,仅存要略而已。汉魏以还,称述古事,兼为采缀,以观异同。若乃全书阙轶,其名仅见,纬谶诸号,尤为繁多,则取笺注之言,类萃之帙,虽非全璧,聊窥一斑。又百家所记,或事同文异,或文同人异,互见叠出,不敢偏废,所疑则传疑,广异闻也。

可见他对于史料的真伪、时代的先后,很下过一番甄别的工夫。虽自现在看来,他所收取的仍未免失之于滥,但是因为他每条都注明出处,不夹杂自己的话,所以读者自己去加以区别并无困难。和宋人苏辙的《古史》、罗泌的《路史》比起来,这部书是何等谨严!何等客观!这种注重客观的矜慎态度,便是清代史学的特点。

马骕这部书出来之后,很受到当时人的重视,对于以后的史学有很大的影响。到了乾嘉时期,清代的学术已到极盛时代。当时正统的学问是经学,而他们治经的方法,是一反宋明人的主观武断的方法,而以小学考据学为工具,来研究古书的意义。有几位大师,治经之余又贾其余勇,拿同样的方法来治史。他们把正史看作经,来研究它们的版本,校正它们的文字,阐明它们的训诂,考证里边的天算历法、地理沿革、职官制度等问题,改变宋明人注重褒贬论断的方法,而注重客观的了解。当时最负盛名的著作是钱大昕的《二十二史考异》。钱氏是当时第一流的经学家、小学家,他对于治史也用同样方法。他的序中说:

> 廿二家之书,文字烦多,义例纷纠。舆地则今昔异名,侨置殊所,职官则沿革迭代,冗要逐时,欲其条理贯串,了如指掌,良非易事……世更有空疏揣大,辄以褒贬自任,强作聪明,妄生疻痏,不叶年代,不揆时势,强人以所难行,责人以所难受,陈义甚高,居心过刻,予以不效也。

这是乾嘉时期第一位史学大师整理旧史的方法。他不满前人笔记书中指摘正史中偶尔的讹误,他更反对宋明人空疏的史论,无谓的褒贬,如《读史管见》、《通鉴纲目》一类的书。他所注意的是文字训诂、全书义例、舆地沿革、职官制度,以及天算历法。钱氏是一位极精细缜密的学者,又深通小学、地理、算法。经过他一番整理,正史中的疑文晦义,解决了不少。这实在为治史的创了一个方法。

当钱大昕用新方法整理正史的时候,他的内兄王鸣盛也用同样方法整理正史。王鸣盛是当时的经学大师,他的《尚书后案》是当时极负盛名的一部巨著,而他的《十七史商榷》也和《二十二史考异》齐名,清人论史学,往往以钱、王并称。他治史的态度和钱氏相同,也是注重了解,而陋视无聊的褒贬和空疏的议论。他自序中也说:

> 大抵史家所说典制,有得有失,读者不必横生意见,驰骋议论,以明法戒也。但当考其典制之实,俾数百千年建置沿革,了如指掌,而或宜法,或宜戒,待人之自择焉可矣。其事迹则有美有恶,亦不必强立文法,擅加与夺,以为褒贬也,但当考其事迹之实,俾年经事纬,部居州次,见闻之离合,一一条析,而若者可褒,若者可贬,听之天下之公论焉可矣。书生匈臆,每患迂愚,即使考之已详,而议论褒贬,犹恐未当,况且未确者哉。

可见他对于议论褒贬的厌恶,与钱氏相同。他以为事实弄清楚以后,是非自然明显,无须作者发论,如事实尚未弄清楚而大发议论,那议论也要不得。这种治史的精神,和清人治经的精神,完全相同。王氏是先治经后治史的,他用以治史的方法,也就是治经的方法。他于序中又述说自己治经史的经历道:

> 予束发好谈史学,将壮辍史而治经,经既竣,乃重理史业,摩研排缵,二纪余年,始悟读史之法,与读经小异而大同。何以言之?经以明道,而求道者不必空执义理以求之也。但当是正文字,辨音读,释训诂,通传注,则义理自见而道在其中矣……读史者不必议论求法戒,而但当考其典制之实,不必以褒贬为与夺,而但当考其事迹之实,亦犹是也。故曰同也。若夫异者则有矣,治经断不敢驳经,而史则虽子长、孟坚,苟有所失,无妨箴而砭之,此其异也。……要之二者虽有小异而总归于务求切实之意则一也。(钱氏也曾说:"经史岂有二学哉?"见《二十二史札记序》)

由这一段引文看，更可证明清儒如钱、王者流，治史和治经，是用同一个方法，都是避虚而求实，抱着实事求是的精神去整理它。至于他所说的小异，不过仍宥于传统的成见，以为经是圣人制作的，那敢驳正？至于他们所用以整理二者的方法，是并无不同的。

自钱、王二氏创了这种整理史学的新方法，以后用这方法整理正史的人很多。如张熷的《读史举正》(八卷)、洪颐煊的《诸史考异》(十八卷)等书都是这类的书。但是以一个人的精力要用考证的方法去整理全部的正史，自然不是一件容易的事体。像钱、王二氏，皆是早岁通籍，中年即引退不仕，以天赋的聪明、雄厚的根基，用毕生的精力去整理史籍，又兼秉赋过人，克享大年，才有这样的成绩，这岂是普通人所能作到的？但是就钱、王的书而论，每部史书经他们举正的也不过数十条而已，疑文晦义，所余尚多。于是又有人用这方法专治一史的，最著名的如惠栋的《后汉书补注》(二十四卷)、梁玉绳的《史记志疑》(三十六卷)、钱坫的《史记补注》(一百六十卷未刊)、赵一清的《三国志补注》(六十五卷)、施国祁的《金史详校》、汪辉祖的《元史本证》都是这类的书。他们范围虽然较小，而成绩则比钱、王的书细密得多了。更有专治某部史书中的某一部的，最著名的有梁玉绳的《古今人表考》(九卷)，专考《汉书》中这一卷所列的人物，全祖望的《汉书地理志稽疑》(十六卷)。这种工作清儒作的很多，经过他们这番整理工作，正史中的几部书才渐渐可以读了。到了清季王先谦才出主意，模仿清人新的经疏体例，将清儒对于两《汉书》所作的工作，网罗在一起，加以整理，修成《汉书补注》一百卷、《后汉书集解》一百二十卷，集清人研究二书的大成，其价值犹如清人的各经新疏。近来日人泷川龟太郎的《史记会注》，体例模仿王氏，也是很有用的一部书。

除了注释以外，清人研究正史第二种方法是补。这便与治经的方法不同了。经是不能补的(但前人也有补经的，如晋束皙补过《诗》，明人好补《周官》，都为后人所讥)，史则可以补。司马迁、班固所创的纪传体例，其中有纪，有传，有志，有表，但是以后的正史中，纪传是都有的(《三国志·魏志》原亦有纪，今本无纪，系后人所改)，但是表和志，却不是每部都有，譬如《后汉书》即无表(其志亦系刘昭用司马彪《续汉书》补入的)，《三国志》表志全无。而且有志的也未必全，如《续汉书》(即刘昭所补《后汉书》者)、《晋书》无艺文志。于研究的人很是不便，于是又有人出来为正史补表补志。有补全史的，如万斯同的《历代史表》（五十九卷），他鉴于自《后汉书》至《五代史》，除了《新唐书》外皆无表，本《史》、《汉》之前例，各为之补撰。有专补一史的，最著名的如钱大昭（大昕弟）的《后汉书补表》（八卷）。志的方面如《续汉书》缺艺文志，便有几家替他来补（钱大昭补《续汉书艺文志》二卷，侯康补《后汉书艺文志》四卷）。这种工作，清人作的更多。最近开明书店将清人和近人这类工作辑印为《二十五史补编》，是一部极有用的书。

补编之外，清人整理正史第三种方法是改编，不过这种工作清人作的并不甚多，成绩也较少。正史中，前四史清人奉之如经，自然谈不到改作。清人最不满意的是宋元二史，《宋史》成于元初人之手，时值异族入主，文物荡然，而是书又卷帙浩繁，成书仓促，所以书中重复矛盾，脱落疏漏，不一而足。清人好纠弹其失，若邵晋涵、章学诚辈皆发愤重修，然皆无成书。至于《元史》，则又以文字隔膜，所涉繁杂，而成书仓促，所以较《宋史》尤劣。清诸儒如钱大昕、汪辉祖等人皆于是书用功甚深，不过尚只是就本书细斟，至于运用新材料去整理，那是近百年的事，后边再细说。此外周济将《晋书》改编为《晋略》（六十卷），较原书为明析易读，是改编正史较为成功的一部书。

清人整理正史，大约出不了以上所举注释、补作、改编三种方法。但是赵翼的《二十二史札记》则又创出将正史分成若干小题来研究的方法。赵氏是钱、王同时的人，书前边有大昕的序，但是他所用的方法却能于钱、王之外，独创一格。赵氏不是小学家，他不长于文字训诂，但是他读书很细心，他用比较的方法，对于史事有许多发明。他自序中说：

> 是以此编多就正史纪传表志中，参互斟校，其有牴牾处自见。

正史是以人物为主的，所以同一件事，往往散在数处。他用心将他们聚在一起，往往发现其中的牴牾矛盾之处，而可以改正某处的错误。这是"用本书证本书"的方法。此外更利用两部书相同的部分，如《史》、《汉》、《后汉书》与《三国志》，《八书》与《南北史》、新旧《唐书》，互相参证，更可发现某一部不实的地方。利用这方法，赵氏对于正史中的问题颇有些重要的发现。

钱、王、赵三氏不但是同时的人，并且是很熟的朋友，在学问上自然互相影响。他们都是当时正统派的学者,但是清代最伟大的史学家,却是一位在当时不甚知名的人。崔述因为生在穷僻的大名,未得与当时的名流学者来往,所以声名不出乡里。但是他对史学的贡献,却远在钱、王之上。他毕生的工作是整理古史,他研究的对象和马骕一样,用的材料也和马氏差不多,但是他的成绩比马氏更伟大些,这是由于他采用了细密的方法和怀疑的态度。由他看来,"大抵战国、秦汉之书,皆难征信,而其所记上古之事,尤多荒谬"(《考信录提要》卷上)。于是他便把马骕所采取的材料,剔去了大半。至于秦汉以后的谶纬伪书,他更不信了。他所信据的只是经书,经书中未有的,他不敢信;与经书牴牾的,他加以辨正。他用司马迁"考信于六艺"的典故称他的书为《考信录》。他对于经书的看法,也和乾嘉时汉学家不同,汉学家是尊崇汉儒的家法的,崔述却不受他们的束缚。他说:"彼汉人之说经,有确据者几何?但亦自以其意度之耳。"(《考信录提要》卷上)他这见解真高出当时笃信汉儒的经学家之上。他不但不信汉唐人的注疏,他对于经书本身的估价,也和当时一般的经学家不同。他未看过阎若璩的《古文尚书疏证》,但已经发现了二十五篇伪古文是假的。此外他不信《周礼》、《仪礼》、《尔雅》是周公的书,他不信《礼记》是"圣人之经"。他不信《孝经》是孔子的书,他甚至认为《论语》的后五篇,也靠不住,所以剩下他认为可信的也没有几部了。这是对于古代史料第一次的彻底批判,这是对于传说神话第一次的大扫除。他的《考信录提要》,详述古史传说的造成和旧史料多半不可信的原因,是清代第一部讲史学方法的书,直到现在凡治古史的人都应当细读。

和崔述同时又有一位史学家章学诚,他治学的方法也和当时正统派的学者们不同,他在当时的名望比崔述大。章氏不为当时的训诂章句之学,而专讲史学,他治史学的方法又不从考据入手,而专讲史学的体例。他要改造纪传体,要从"局馆纂修"恢复迁、固的独断别裁,所作《文史通义》一书,议论振奇,锐利无前。但是他因厌薄考据,不免专讲体例,而不讲事实。史学而不重事实,独断别裁,从那里表现呢?他因不愿用考据,所以一部史书也没有作出,他所修的方志,也往往论体例的话多过事实,并且有的时候不免因牵就体例而往上凑材料,殊难令人满意。并且他的议论,初看惊人,实甚肤浅,除方志外,也并没有什么影响。与崔述的潜沉笃实,真是迥乎不同了。

三　道光时期史学界的转变

　　清代的学术到了乾嘉时期,已走上纯科学的路,实是清代学术的极盛时代。无如好景不常,到了道光以后,学术界又发生了重大的变化而逐渐走上功利主义的途径。这种变动自然是当时政治、经济混乱的反映。本来有清一代,到了乾隆时期,已经是极盛时代。乾隆好大喜功,连年用兵,享用奢靡,到了末年,已渐感觉到民穷财尽。清代的衰乱遂从此开始。嘉庆一朝,教乱扰攘,元气大伤。到了道光中叶以后,因河工兵饷费用的激增,对外贸易的漏卮,国家遂渐患贫。自道光中叶以后,迄于咸丰中叶,外则有鸦片、英法联军诸役,内则有洪杨革命与捻子之乱,战乱遍天下,用兵二十年,一再失败,国家又渐患弱。于如何致富强,遂成了士大夫思想的中心。在此功利思想盛行的时期,乾嘉时期为学问而治学问的精神,自然未免显得迂腐无用,于是治学问的风气就为之丕变了。

　　道光以后学术的新风气是谈富强,讲经世。在经学方面,由训诂典章名物之学,转而讲微言大义,以求通经致用,遂要讲今文,要沟通汉宋。在史学方面,由考订校勘转而趋于研求本朝的掌故,讲求边疆地理(特别是西北史地)以谋筹边,研究外国史以谋对外。在这转变的时期,魏源是最杰出的人物,是新时代的代表,对于当时和后来的学术风气影响最大。他有经世的大志,主张通经致用。他说:

　　　　曷为道之器?曰礼乐。曷为道之断?曰兵刑。曷为道之资?曰食货。道形诸事谓之治。以其事笔之方策,俾天下后世得以求道而制事谓之经。藏之成均辟雍,掌以师氏保氏大乐正谓之师儒。师儒所教育,由小学进之国学,由侯国贡之王朝谓之士,士之能九年通经者以淑其身,以形为事业,则能以《周易》决疑,以《洪范》占变,以《春秋》断事,以《礼》、《乐》服制兴教化,以《周官》致太平,以《禹贡》行河,以三百五篇当谏书,以出使专对。谓之以经术为治术。曾有以通经致用为诟厉者乎？以训诂音声蔽小学，以名物器服蔽《三礼》，以象数蔽《易》，以鸟兽草木蔽《诗》。毕生治经，无一言益己，无一事可验诸治者乎？乌乎！古此方策，今亦此方策。古此学校，今亦此学校。今亦宾宾焉以为先王之道在是，吾不谓先王之道不在是也，如国家何？（《古微堂集学篇》）

这是对于乾嘉汉学的重大反抗，这是树立新学风的强烈呼吁。以《春秋》决狱，以《洪范》占变，通经致用，这本是西汉儒家的学问，因之魏源对于经学要抛弃乾嘉专讲训诂名物的经学，而提倡西汉的经学，这便是今文之学了。清儒专治《公羊春秋》者始于孔广森，他作了一部《公羊通义》。稍后又有庄存与作《春秋正辞》十二卷，说《春秋》专主公羊、董仲舒、何休。他外孙刘逢禄承其学，于《春秋》专为公羊一家之学，以《左传》为刘歆所窜乱，以《公羊》为孔门微言，著《公羊经传何氏释例》，以发明何氏之学。庄、刘皆常州人，号称常州学派，今文之帜遂渐树立。初期的今文家只讲《公羊》而已，因为五经之中，只有《春秋》的今文家说保存得最为完整，而公羊家的三世三统改制诸义又切合于当时变法的要求，所以其学最盛。到了魏源，更辑齐、鲁、韩三家《诗》的遗说，著《诗古微》，以发明今文家的遗说，而驳击《毛诗》美刺正变之例。更著《书古微》以抨斥马、郑，以推求西汉经生的古谊。又著《董子春秋发微》上卷以发挥《公羊》的微言大谊而补何邵公的不足。其学上承庄、刘的绪余而恢宏扩大之。更著《两汉经师今古文家法考》，以张今文之帜。他的说法虽未免有时粗疏武断，然对于推进今文家运动，确有很大的影响。

研究边疆地理，也是道光以来学术界的新风气。本来自道光以来，回疆叛变，边祸屡作，当时有识之士，遂提倡边疆史地的研究，以收知己知彼之效。魏源对于边疆史地专治《元史》。在魏源以前治《元史》的本来有邵远平的《元史类编》。钱大昕有志重修《元史》，虽然未能修成，但他所作的《补元史氏族表》、《补元史艺文志》、《宋辽金元四史朔闰考》等书，实对《元史》有极大的贡献。到了魏源更据诸家的资料，著《元史新编》九十五卷，遂实现重修《元史》之志。虽自现在看来，他因限于时代，囿于见闻，尚不免挂漏错误，然在当时，固不失为一部杰出的著作。魏源更由边疆史地推而至于域外的史地。在他以前，《明史》虽然有外国志,但是列国不多,而且语焉不详。至于明末西方来华的传教士虽然有利玛窦的《舆图》、艾儒略的《职方外纪》,和清初南怀仁的《坤舆图说》等书,但是中国人大都并不相信。所以《四库全书提要》疑惑这书是教士们根据中国东方朔《神异经》等书,"因依仿而变幻其说,不必皆有实迹"。可见当时的学者们,对于外界的情形,犹不甚了解。到了鸦片战争时期,中国人渐渐知道了西洋人的利害,并且感觉到要想对付他们必须了解他们。林则徐是一位眼光远大的政治家,当他在广东的时候,便着手令人翻外国报纸和史乘,成了《四洲志》一书。魏源即以此书为蓝本,更依据历代史记及明以来关于外国的史记等书,成了《海国图志》六十卷,后扩充为百卷。其书以地为经,以史为纬,先列地图,中分述各国史地,后附中西纪年对照表、中西异同表,这是中国第一部大规模世分国志。自叙说前人"皆以中土人谭西洋,则此以西洋人谭西洋也"。从这部书出来之后,中国人对于西洋才渐有整个的了解,直到清末,这是关于外国史地主要的参考书,以不懂外国书的人居然能成了这样一部大著作,魄力真是惊人。

魏源是要学以致用的,他深愤"士大夫不讨掌故,道听途说,其究至于贻误于国家。"(《圣武记》十一)所以对于本朝的掌故,尤其留心。他亲眼见到鸦片战争的失败,和《金陵条约》的缔结,他因愤激郁闷,遂作了《圣武记》十四卷,托始于满清的勃兴,迄于嘉庆朝的教乱的敉平,以推清代国运盛衰、用兵成败的道理。末更讲兵法,和筹饷驭夷的方法,是关于清代掌故的一部奇书。他又编了一部《经世文编》一百二十卷,专甄录清代有关经世政治的重要文字,以供时人的参考。魏源对于当时的财赋、水利、漕运、外交问题都有深刻的研究,对于当时盐法的改革,有极大的贡献。他这种学以致用的精神,对于"知古而不知今"专考史而不敢修史的汉学家风气,是一个很重要的转变。当然,他的工作,与乾嘉汉学大师比起来,未免稍失之于粗,但他的气魄和努力的精神是值得佩服的。他不失为转变时期的启蒙大师。

当时与魏源齐名的是他的好友龚自珍,号定盦。定盦不及魏源的精干和留心时务,但工诗词古文,文名在魏源之上。龚定盦是段玉裁的外孙,承其学,于小学经学,都有很深的造诣。他作学问的路径和魏源差不多，但成绩远不及之。他尝从刘逢禄受《公羊春秋》，所以也好今文。不信中古文之说，又以《周礼》为伪书，又著《五经大义终始答问》，主公羊家言，他又著《泰誓答问》一卷，证明今古文中原本皆无《泰誓》，主张和今古文家，全不相同。他也治边疆史地，通蒙古文，尝拟撰《蒙古图志》三十卷。据他的《拟进上蒙古图志表文》里说，其中有表，有志，有图，对于蒙古的制度沿革、地理形势，分类加以叙述，书虽未成，但是他总对于边疆很留心研究。他又提倡西域设置行省，后来果见诸实行，足见他的深识远见。他也留心本朝掌故，关心国计，时于文集中发之。但龚本是文人，并没有系统的著作。

和龚、魏同时，治学的态度差不多的，又有李兆洛。魏源称他的论学，"无汉宋，惟以心得为主，而恶夫以饾饤为汉，空腐为宋也。故以《通鉴》、《通考》二书为学之门户"（《武进李申耆先生传》）。他是刘逢禄的朋友，所以治经宗今文家言，对于庄氏尤所服膺。但他最留心的是天算、地理，尝督率门徒，辑《历代地理韵编》一书，是治史地极重要的一部工具书，今日通行的《地名大辞典》一类的书，实皆以此书为蓝本。他又辑《历代纪元编》三卷，也是一部有用的工具书。

同时又有周济，是一位豪侠之士，尝病《晋书》的秽乱，改编为《晋略》十册，是清人改编正史最成功的一部。和他常往来的又有张琦，作《战国策释地》二卷；包世臣著《安吴四种》。都好谈经史之学，讲求学以致用。经过了这些人的倡导，于是乎乾嘉以来的学风，遂为之丕变了。

四　晚清今文学与史学

自庄、刘、宋、魏等人竖起今文的旗帜，今文运动遂成了晚清学术界的主流。庄、刘之后，治《公羊》的有陈立，著《公羊义疏》七十卷，又著《白虎通疏证》十二卷，最为精博。专治《穀梁传》的有钟文烝的《穀梁补注》、柳兴恩的《穀梁大义述》。辑三家《诗》的有陈乔枞的《三家诗遗说考》，分析家法，较魏氏为精。治今文《尚书》的有皮锡瑞，著有《今文尚书考证》三十卷，又有《尚书大传疏》一卷，考证精详，是晚清今文家最重要的著作。

以上诸家，虽专门研究今文经说，但所用的方法仍是乾嘉诸老训诂考据的方法，渐由龚、魏的粗疏，而走上精密的途径。和他们方法不同，舍训诂考证，专讲微言大义的是廖、康、梁、崔等人，在今文家中别成一派。廖平治今文由礼制入手，不像陈立、皮锡瑞等人但事考据，他注意今古文的系统，以为今古之分本以礼制为主。《王制》为今学之宗，以《周礼》为古学之宗，使今古之分，畔若鸿沟，著《今古学书目表》，将《周礼》、《左传》、《仪礼经》、《逸周书》、《国语》、《说文》尽归之于古文，于是今古文之争，益为扩大。到了康有为更采其说而恢宏扩大之。康据《史记·河间献王传》、《鲁恭王传》不载得古文经之事，遂以古文经皆是刘歆所伪造以媚王莽者，不但认为古文经是刘歆所伪造的，甚至认为经籍中《易经》的《序卦》、《杂卦》、《费氏易》、《古文尚书》、《周官经》、《司马法》、《乐记》、《春秋古经》、《左氏传》、《穀梁传》、《左氏微》、《铎氏微》、《古文论语》、《孝经》、《尔雅》、《西京杂记》、《逸礼》、《小尔雅》，八体六技的古文，《苍颉篇》，整部的《汉书》，大部的《史记》，以至后世发现的殷周彝器，皆为刘歆所伪造。不知刘歆以有限的时间精力，那能制作这一大堆古书？果然如此，应该是古今中外第一个大学者。康有为之所以如此主张，因为他要讲《公羊》，他所以讲《公羊》因为他要主张变法。他作了一部《新学伪经考》，认为古文经典全是假的。又著了一部《孔子托古改制考》，又证明今文的经典中的事实也完全靠不住，因为孔子要改制，不得不造出这一大片谎话。所以这书的第一篇便是《上古茫昧无稽考》，他直否认孔子以前的历史！依他的说法，中国历史至少须缩短两千年。

康、梁后又有崔适，尝著《史记探源》，以为《史记》凡与古文有关的全是刘歆窜乱的，将《史记》"探"去了三分之一。又著《春秋复始》，凡与《公羊》不合的，全行改易，又几乎改了一少半！

所以晚清的今文运动，实在有两派，一派如陈立、皮锡瑞，实事求是，抉微阐幽，虽不免囿于家法的偏见，但恢复西汉的绝学，对学术上颇有贡献；一派是康、梁、廖、崔等人，乃是一种政治运动，而以今文为政治工作，以摧毁守旧派的反对。现在康、梁所倡导的政治运动已经过去，他们的书也渐没有人过问。最近西洋汉学家专以驳廖、康的学说，表示他们的方法的细密,不知这一派的学说,在中国早已经过去了。

今古文之争到现在虽已过去,但是对于后来史学思想却有莫大的影响。其影响可以从三方面来说。第一,今文家指出了古史的神秘性。本来今古文最大的分别乃是今文家说是神秘的,古文家说是历史的。古文家因为不信今文家的神话,以为怪妄虚诞,而将这神话皆改为历史的事实。但是最初的历史本是神话式的传说,这本是历史的通则。这等神话今文说保存了不少,譬如《诗经·大雅·生民篇》说姜嫄因"履帝武敏歆",而生后稷。今文家说帝是上帝,姜嫄祀郊禖之时,见地上有大人的足迹(武敏),姜嫄戏践之,心受歆动,遂生后稷。这本是图腾社会很普通的一种感生神话,事情自然不可能,但是此种信仰却极普遍。古文家因不信神话,遂将帝改为高辛,谓姜嫄从高辛祭祀而生后稷,以后稷有父,非感天而生,遂将原始的神秘性完全排除,认为姜嫄生后稷,和普通人并没有不同。此种解释虽较合理,但是将原始神秘性的神话却抹杀了。后儒愈解释而愈使之合理化,但是愈失了原来的面目,于是将大批的原始神话认作真正的史实。近来今文家搜辑西汉今文家的说法,我们才渐渐知道许多古史上的事实原来本是些神话。近年来的疑古运动即是受今文说的影响。

第二,今文家指出了周秦诸子托古改革的事实。古文家以为六经皆是史实,今文家却相信六经皆是政治哲学,经书的事情仅是哲学的实例。即便是《春秋》中的事情,依今文家看来,只是些寓言事例而已,并不一定实有其事。这种态度,虽然似乎太过,但是指出了一个重要的事实,即是战国时期,诸子托古改制的风气。崔述在他的《考信录提要》中已经指出周秦诸子托古改制的事实,但是他虽知道诸子书中所说的古代制度不可信,而却以为儒家所述的古制可信。到了晚清今文家才大胆的指出即儒家所说三代的质文礼制,也仅是一种理想而已,未必是真正的历史的制度,而康有为的《孔子托古改制考》,尤为有系统的名著。这书出版以后,对于古史的研究,自然也有很大的影响。

第三,今文家引起了现代辨伪的风气。今文家因为不相信古文家的经典和经说,所以他们认为古文家特有的经典(如《周礼》、《左传》等)和经说(如《费氏易》、《孔氏尚书》、《诗毛传》等)都是伪书。到了康有为作《新学伪经考》，直指凡与古文学说有关的皆是伪书，都是刘歆所伪撰。他这种说法，固未必可信，但自今文家提出了一大串伪书，于是乎大家对于许多古书的信念发生了动摇。这正如当时的西方学者怀疑《圣经》，怀疑荷马的史诗，提倡批评史料，具有同样的重要性。我们现在将审查史料的真伪作为研究历史的初步，这种风气一方面固然受了西洋史学方法的影响，一方面也是受了今文家的启示。

所以今文家的主张虽然多半偏激武断，今古文之争，早已成为陈迹，但对于现代史学界的发展颇有重大的影响。"五四"以后的古史辨运动，实在是直接受了今文运动的刺激。关于这点，我们放在下面讨论。

五　晚清的边疆史地学和域外史地学

除了治今文外，治西北史地和外国史地也是晚清学术界的风尚。这也和当时讲富强的风气有关。有清一代陆上的外患大抵来自西北，而海上的外患则来自东南。于是晚清学者治西北史地以谋筹边，治外国史地以谋制夷，这两门学问遂盛极一时了。

前面已说，改编《元史》运动，自乾嘉时已开始，最精的是钱大昕，整个成书的是魏源。两家所用的材料，除了正史、文集之外，复用了《元朝秘史》、《蒙古源流》诸书，改正了不少旧史的错误。不过犹以中土的材料为限。但是蒙元幅员广阔，横跨欧亚，域外的资料足以补正中土资料不足之处甚多。特别是波斯人拉施特哀丁所著的《蒙元史记》，依据蒙古材料记述蒙元来源及开国事迹，为研究《元史》最重要的资料，法人多桑之《蒙古史》即多取材于此书而成。此外蒙古人阿卜而嘎锡之《突厥世系考》，与西域人志费尼之《世界征服者史》，为西人研究蒙古史之三大源泉。西人据此等史料所成之历史，如法人多桑、德人哈木尔、英人霍渥而特、俄人贝勒津，皆成绩斐然，各有独到之处。中国学者利用此项资料者，实以洪钧为第一人。洪钧于光绪三年出使与蒙元最有关系的俄国，乃得博览西方关于《元史》的资料和著作，持与《元史》相印证，感觉《元史》阙漏之处甚多。本来蒙元先定欧亚，后入中国，太祖、太宗、定宗、宪宗西面征服了中亚、西亚以迄印度,北征西伯利亚以迄中欧,及世祖始定鼎燕京,前四朝自是《元史》最重要的部分,但《元史》对于这方面缺略已极。洪钧遂博采西籍补正《元史》,成《元史译文证补》三十卷,序谓:"证者证史之误,补者补史之阙也。"于太祖、定宗、宪宗,开国事迹,开国功臣,西域地理,补正甚多,实为近世元史第一名著。继洪氏而起者为屠寄。洪氏只研究了《元史》的几个问题,屠氏更将太祖开国武功,和西域诸汗国的事实,用纪传体裁作一有系统的叙述,因为其范围不是《元史》所能包括,故名之为《蒙兀儿史记》,可谓对蒙元史一大贡献。

清代元史的研究,集大成的是柯劭忞。柯劭忞综合前人的成绩加以自己的研究,将《元史》完全重编,成《新元史》二百五十七卷,内本纪二十六卷,表七卷,列传一百五十四卷,外附目录,体大思精,不愧为近代史学界最伟大的著作。柯氏费了四十年的心力,著成此书,出版于民国十一年,当时政府明令列为正史之一,清代学者对于《元史》的工作,至是而得一结束。

晚清元史的研究,以洪、屠、柯为三大家。当时西北的研究蔚为一时风尚,名家很多。三家之外,如张穆的《蒙古游牧记》,以地为经,以史为纬,专研究蒙古的地理形势,各部落的历史和盟旗状况,是关于蒙古一部最切实有用的书。他的友人何秋涛著《朔方备乘》八十卷,研究西伯利亚及中亚、西亚之史地,于历代北徼用兵,及清初中俄交涉,俱有考证,也是一部有用的书。此外李文田成《元朝秘史注》、《西游录注》、《朔方备乘札记》、《元朝史地名考》等书,考证细密,贡献极大。他的友人沈曾植,和他同校《元朝秘史》,成《元朝秘史》十五卷,又著《蒙古源流笺证》八卷。沈氏又将元史之学传于其友人张尔田、王国维,于是学者皆有著作,可称西北史地极盛时代了。

晚清士子对于西洋史兴趣的热烈殆较西北史地为尤甚。自鸦片战争以后,国人渐渐地放弃了自尊自傲的心理,而外国人也渐看出中国强弱的程度。到了英法联军之役,外人以少数军队直捣京师,焚毁离宫,天子蒙尘,朝野震动。中国人更丧失了对于固有文化的自信力,渐感觉到非接受西洋文化,不足以立国。始而崇拜西人的坚船利炮,继而要学西人的政治法律，后来又要效法西洋人的文艺哲学，最后要全盘接受西洋文化。在这时期，一般士大夫对于西洋学术兴趣极为热烈，因为西北史地的研究是学者间的，而西学的研究则是大众的。不过西北史地中国犹有相当根基，所以这方面的工作是以研究为主。至于外洋史地几乎完全是一门新学问，中国毫无根基，一时自然难谈到研究，所以在这方面的工作完全是介绍性质。当时除了私家著述之外，更有几个公家机关和学术团体，专以翻译西籍，介绍新学为目的。公家机关最重要的是江南制造局，创立于同治四年（一八六五），除了制造军火外，并且翻译西籍，尤其是以关于技术方面的书籍为多，前后出书共约百余种。同时，同文馆（创立于一八六一年）、总税务司署和各地学堂都编译西学新书。外人方面则以广学会为最重要。该会创立于一八八七年，其设立原意本为编印耶稣教书籍，以供宣教之用。其后感觉到一般智识水准太低，官方阻力太大。一般人不能了解西洋文化，传教事业无法推进。故自一八九一年李提摩太（Timothy Richard）任总干事后，决定兼编译一般西学书籍，以输入西学，促进维新运动。自一八八七至一九二六，四十年间，出版之书达千种，其中有印售达数万册，翻版至数十次者，总计四十年间一共印刷了三六九，三七七，五三〇页。他们的书畅销达全国，对于西学的输入，维新运动的推进，贡献极大。自一九二〇年以后，该会鉴于西学在中国已极发达，无需西人之提倡，且中国学术水准提高，再进一步的提倡亦非泰西传教人士所能胜任，遂专从事于宗教书籍的编印了。

魏源著《海国图志》，实建立我国研究西洋史地的基础。稍后，又有徐继畬的《瀛环志略》出版。其书先图后说，以地为经，以史为纬，体例略和《海国图志》相同。但为书不过十卷，较魏氏为简括。而依据西书，贯串旧史，简赅明白，极便读者。所以这书出版后，翻印不知若干次，直至清末，大家诵读不辍，奉为标准的世界地志，较《海国图志》，尤为风行。他这书中并未提及魏源的书，按其书初印于道光二十八年（一八四八），较魏源的书仅晚六年，或未见其书，亦未可知。自序称他在福建作巡抚的时候，得到西人地图十数幅，当时有美人雅裨理者，能作闽语，遂就之学习。后又得西人所译汉字杂书多种，遂依据西书，穿穴旧籍，前后五年,稿凡十易,用力极苦。虽然自现在看来,仍不免错误累累,但在当时,实是一部简明有用的书,风行数十年,并非偶然。

后来关于西洋史的书籍,几乎皆是译自西文或日文,即是号称自著者,实亦编译而成。其中尤以广学会所出版的《泰西新史揽要》最为通行。《泰西新史揽要》是 Mackenzie 所著 *History of Christian Civilization during the Nineteenth Century* 的译本。原书并非名著,但是叙述十九世纪的大势,尚属简明。是书译本出版于中日战后,正当举国上下渴求新知之时,遂风靡全国。初版几于即刻售罄,三年之间卖了两万本,三版在一八九八年出书,两星期内卖了四千本。前后一共卖了三万本,翻本私印者,尚不在内。销售的额数,打破了中国书业史的记录。这与其归美于本书的价值,无宁说是恰合时代的需要。该书凡八本,共四百四十页。由李提摩太口译,蔡尔康笔述。这种唐代译佛经式的译述方法,在当时是普通译书的方法。风行一时的林译小说,也是用此法译出的。

和《泰西新史揽要》同样风行的是《万国史记》。其书为日人冈本监辅原著,程世爵译,光绪二十四年(一八九八)出版。其书以国为单位,首亚洲各国,次欧洲各国,次美洲各国,终海洋洲群岛,全书共二十卷。内容极为简略,错误累累,而且以日皇纪年,于读者亦极不便。但因其书简要,便于翻阅,所以也能风行一时,翻印不知若干次,读书人大概人手一编。

稍后广学会的《万国通史》出版,内容就比《万国史记》好的多了。《万国通史》是广学会最大的出版品。其书由瑞思义(W. H. Rees)编译,蔡尔康笔述。全书三厚册,凡三十卷,共三千六百页,末附中西名辞对照表,插图精美,是晚清规模最大的西洋通史。此书成本甚重,张之洞捐助了一千圆。初册上古史,起自最初,迄于西罗马之亡。第二、三册,分述英(六卷)、法(四卷)、德(五卷)、俄(五卷)诸国的历史,叙述极为详赡。初册出版于一九〇〇年,至一九〇五年出完。但其书不甚畅销,以致广学会颇受赔累。但晚清晚期的外国史仍以此书为最精详,大概因为卷帙太多,读的人反而少了。

此外当时还有一部甚通行的西洋通史,即是山西大学出版的《迈尔通史》。此书是 Meyers: *General History of the World* 的摘译本。

关于西洋通史的著作，此外还有谢卫楼、赵如光译的《万国通鉴》(六本)，总税务司署所编印的《欧洲史略》，和广学会的《五洲史略》(T. Richard: *The World's History*)，及其重订本。关于上古史的则有以总税务司译的《希腊志略》(一本)、《罗马志略》(一本)。广学会出版的《古史文明》(Walshe: *History of Greece, History of Rome*)。关于国别史，则有黄遵宪的《日本国志》，最为有名。此外尚有王韬的《法国志略》(八本)、慕维廉的《大英国志》(二本)、冈千仞的《美利坚志》(三本)。关于文化的，则有广学会出版的《自西徂东》，德牧师花之安(Ernest Faber)著。该书分五卷，七十三章，七百八十首，分类介绍西洋文化，颇为详尽。出版时广学会曾加印数百部分赠各地官吏，俾其于西洋文化有所了解。又有罗伯雅译的《历史哲学》，系美国 Wilson 的原著。略论西洋文化之发展经过(二册，光绪二十九年，上海广智书局出版)。关于近世史，最重要的，除《泰西新史揽要》外，广学会又有《十八周史》(MacGillivray: *18 Christian Centuries*)、《近世史略》(J. C. Suez: *The Modern Peoples*)、李提摩太的《各国变通兴盛记》。文明书局又译出法人 Seignobos 的 *Europe Since 1914*，系据美人 MacVane 本重译，名曰《欧洲列国变法史》(八册)，在中文中关于十九世纪，以此书较为详赡。

梁启超的《西学书目表》(光绪二十二年刊)，史志类列了西洋史的书二十五种。徐以愻的《东西学书录》又增了十数种。但是两种都不甚完备，譬如广学会的书籍，两目录中漏了甚多，略加搜集，便可补上数十种。晚清编译的西洋史书籍，当不下百种，大概可以断言。不过和其他部门的学问相比，若严译丛书，和林译小说，都包括当时第一流的名著，所以予我思想界以很大的刺激。但是关于西洋史的史籍，几乎全是依据当时简短课本，竟没有一部第一流的著作，以致使我们读书界仅能知道点史事，而不能认识西洋的史学，仅有教育上的功用，而没有学术上的价值，这是很可惜的事体。

不过晚清研究西北史地或者笔述外国史志，都是些不通外国文字的人。他们的困难可称艰巨，而竟能有如许的成绩。现在我们的学术水准提高了，我们已经没有不通蒙文的元史专家和不通西文的西洋史家了。但是我们的成绩反而不如晚清伟大。这不能不使我们惭愧，不能不使我们佩服晚清学人的魄力。

六 晚清时期关于当代史的纂修

自道光间魏源作《圣武记》,引起了士大夫研究本朝掌故的风气。这时清廷文网已疏,朝廷忌讳渐少,而大家又要研究本朝问题,以求实用,于是史学界的风气由考史而转于修史,编纂当代史籍遂渐渐兴盛。

继《圣武记》而出的有夏燮的《中西纪事》(二十四卷)。其书托始于道光二十年(一八四〇)鸦片战争之起,迄于咸丰八年(一八五八)第一次英法联军之役。搜集当时上谕奏稿及其他有关史料而成,为中国方面关于此役最详赡之著作。书中对于主和派如琦善、奕山等,皆深致不满,盖当时一般士大夫的意见,皆是如此。夏燮又精于《明史》,著《明通鉴》一百卷,改正《明史》的错误不少,而且关于南明,又补充了不少资料。《中西纪事》自署江上蹇叟,大概因为这书是述当时的事情,而且议论又非常切直,深恐致祸,所以未用真名。

到了同治初年,又有李元度的《国朝先正事略》,在当时是关于本朝名人最简明的传记集。其书共六十卷,所传之人共五百,连同附见者共六百八人,实集清代同治以前传记之大成。元度长于文采,善叙事理。其书简而不漏,极便披览,所以时人甚重其书。即在今天,仍不失为清史入门最简便的书。关于清代传记的搜集又有钱仪吉的《碑传集》、李桓的《国朝耆献类征》,但这些书都是搜集碑志传记而成,并未尝加以熔铸剪裁,虽然足资参考,但究竟不如李氏书便于披诵。

和李氏相先后的是王闿运的《湘军志》(十六篇)。王氏和李氏都曾参与曾国藩的戎幕,而且都是因为文人不长于治事而不得意以去。但是他们都有史才,而王氏文采尤盛。王氏的《湘军志》,是近代一部史学名著。他虽是湖南人,但并不隐讳湘军的短处,颇有直笔。文笔苍郁凝酣,极可讽诵。记湘军的又有王定安的《湘军记》(二十卷)、朱孔彰的《中兴将帅别传》(三十卷),皆出于曾军幕僚之手,当时人才之盛,可以想见了。

晚清的史家不但因渐注意于本朝的史事,而开始纂修本朝的历史,并且大规模的编印本朝的史料,也自此时开始。最重要的如《东华录》

的刊印,《筹办夷务始末》的编纂,全都是始于这个时期。《东华录》的编辑是始于蒋良骐的《东华录》(三十二卷)。蒋氏于乾隆时与修国史,得见实录档案,遂采撷纂集,起自天命,迄于雍正,凡六朝,学者便之。至清季王先谦更就蒋氏原书为之增补,并续以乾隆至同治五朝之档案,成十一朝《东华录》,共凡六百十九卷。以后朱寿朋更辑光绪朝《东华录续录》二百二十卷。这是关于清代最重要的史料汇编。同时《筹办夷务始末》的编纂也始于是时。此书托始于道光十六年议禁鸦片,至二十九年英人允不入粤城止。凡关于此十四年间中英交涉之史料,上至皇帝的上谕,臣工的奏折,下至华夷往来的照会书札,凡有涉于洋务而未尽载入实录者,俱按年月编入,实为一部最详细的"外交史料汇编"(八十卷)。这部书纂修完毕之后,大家觉得非常有用。所以同治皇帝又命续纂自道光三十年正月起至咸丰十一年七月间的外交史料,凡上谕廷寄,以及京外臣工之折奏,各国往来之照会书函等件,凡有涉于夷务而未纂入实录者,编年纪月,皆行纂入。全书共八十卷,成于同治六年。以后遂成定例,光绪元年遂又命纂修同治朝《筹办夷务始末》,起自咸丰十一月七日至同治十三年十二日止,体例一依前两书,修成于光绪六月八日共一百卷。这三部书共二百六十卷,实是一部空前的外交史料汇编。当时编纂的时候本以实用为目的,所以有"慎密从公毋稍泄漏"的谕旨。直到了民国十八年才由故宫博物院全部印了,实在是关于近世史一部重要的资料。

七　新史学的输入和通史教本的纂修

到了晚清,史学界的风气,已由考史而变为修史,由治古史而改为究心本朝的掌故。但是到清季史学界又发生了一个革新运动。清末因为西籍大量的迻译,泰西的思想遂渐渐的输入到中国来了。关于史学方面,我国史家因读了新翻过来的西洋史书,渐感觉到西洋史籍编制的方法、史事的选择,和我国旧的史学,颇有些不同。第一位积极介绍西洋史学,并呼吁改造中国史学的是梁启超先生。梁启超字卓如,是康有为的大弟子。他一方面接受了康氏的今文思想,一方面更博览中日方面所翻译的西学书籍,深感觉到中国传统的史学,大有改造的必要。他曾于光绪二十八年(公元一九〇二)发表《新史学篇》一文,就他所认识的新史学的观点,对我国传统的史学作猛烈的抨击。他说:

> 试一翻四库之书,其汗牛充栋、浩如烟海者,非史学书居其六七乎?上自太史公、班孟坚,下至毕秋帆、赵瓯北,以史家名者不下数百。兹学之发达,二千年于兹矣。然而陈陈相因,一丘之貉,未闻能有为史界辟一新天地,而令兹学之功及于国民者,何也?吾推其病源,有四端焉。一曰知有朝廷而不知有国家。吾党常言二十四史非史也,二十四姓之家谱而已。……二曰知有个人而不知有群体……三曰知有陈迹而不知有今务……四曰知有事实而不知有理想……缘此四弊,复生二病:其一,能铺张而不能别裁……其二,能因袭而不能创作……合此六弊,其所贻读者之恶果,厥有三端,一曰难读……二曰难别择……三曰无感触……然则吾中国史学,外貌虽极发达,而不能如欧美各国民之实受其益也,职此之由。

这是新史学的第一声角号,这是对传统史学最严烈的批判。梁氏又述说他所认识的新史学道:

> 近世史家之本分,与前者史家有异。前者史家不过记载事实;近世史家必说明其事实之关系与其原因结果。前者史家不过记述人间一二有权力者兴亡隆替之事,虽名为史,不过一人一家之谱牒;近世史家必探察人间全体之运动进步,即国民全部之经历及其相互之关系。

这些议论,自现在看来,虽未免肤浅夸大,而在当时确曾"发聋振聩",发生了很大的影响。梁氏的学术是多方面的,新旧东西,也都爱好,但是自少至老,对于史学,尤其特别嗜好。至民国十年,更应天津南开大学之请,讲历史研究法,后整理为《中国历史研究法》,民国十一年出版。这书出版后,风行一时,对于当时中国史学思想影响极大,可以代表梁氏比较成熟的见解。他在自序中说他对于新史学的认识道:

> 近今史学之进步有两特征:其一为客观的资料之整理——畴昔不认为史迹者今则认之,畴昔认为史迹者今或不认。举从前弃

置散佚之迹,钩稽而比观之,其凡所因袭者,则重加鉴别以估定其价值。如此则史立于真的基础之上,而推论之功,乃不至枉施也。其二为主观的观念之革新——以为人类活态之再现,而非其僵迹之展览,为全社会之业影,而非一人一家之谱录。如此然后历史与吾侪生活相密接,读之始能亲切有味,如此然后能使领会团体生活之意义,以助成其为一国民一世界人之资格也。欧美近百年之史学界,全向于此两种方向以行,今虽仅见其进,未见其止,顾所成就则斐然矣。我国史界浩如烟海之史料,苟无法以整理之耶?则如在矿之金,采之不竭。学者任研治其一部分,皆可以名家,而其所贡献于世界者皆可极大。

他又为历史下一个定义道:

> 史者何?记述人类社会赓续活动之体相,校其总成绩,求得其因果关系,以为现代一般人活动之资鉴者也。

他这书分六章:一史之意义及其范围,二过去之中国史学界,三史之改造,四说史料,五史料之搜集与鉴别,六史迹之论次。这部书在当时是第一部有系统的介绍近代史学的书。所以出版后,风行一时。数年之中,再版者五次,对于当时的学术界发生了很大的影响。可惜梁氏不谙西文,对于西洋史学的认识,不过是依据几本中日翻成的教科书,和当日风行一时的威尔斯《世界史纲》等书,这都是些通俗读物,并不能代表近世西洋史学界研究的方法和理论的趋势。所以他对新史学的介绍,颇为肤浅空泛,而没有正确的认识。他对于西洋人研究历史的方法,似乎是茫然的很。他不知道近世西洋史学是建设在专题研究之上的。《世界史纲》一类的书,乃是一个外行人对于世界通史的一个看法,根本谈不到研究。至于教科书并非专门著述,也不能代表近代西洋史学研究。专门研究是要依据史料从专题研究作起的。梁氏不明通俗著述与研究著作之别,而号召天下研究整个的通史,结果他自己用了这"治史所持之器",并无成绩,而他人用这方法来治史也不会有成绩的。

梁氏以后,向国人介绍西洋史学方法而最有影响的人是胡适先生。胡先生本是在美国学哲学的,但是对于中国学问也很有根柢,而且他并不好玄思冥想,而好作客观研究,所以对于历史颇有兴趣。在美国的时候,他即以西洋的方法整理中国的材料,著《先秦名学之发展》一书。归国后,任教北大,担任中国哲学史一课,更将此书扩充为编著《中国哲学史大纲》一书。他于这书第一篇绪论中先论整理中国哲学资料和方法,他主张在整理一家思想之先,须审查材料的真伪。他很简单的介绍了西洋史学方法的理论,尤其以塞恩卜氏的《史学原论》为主(Langlois & Seignobos: Introduction to the Study of History),结果他这书刊落群言,成了崭新的一部中国哲学史。出版之后,风行一时,数年之中,翻版十余次,对于当时哲学思想、史学思想影响极大。后来顾颉刚先生尝说当时学生们对于他的印象道:

> 哲学系中讲中国哲学史一课的,第一年是陈伯弢先生(汉章)。他是一个极博洽的学者,供给我们无数材料,使得我们的眼光日益开拓,知道研究一种学问应该参考的书是多至不可计的。他从伏羲讲起,讲了一年,只到得商朝的《洪范》。我虽是早受了《孔子改制考》的暗示,知道这些材料大都是靠不住的,但到底爱敬他的渊博,不忍有所非议。第二年改请胡适之先生来教。他是一个美国新回来的留学生,如何能到北京大学里来讲中国的东西?许多同学都这样怀疑,我也未能免俗。他来了,他不管以前的课业,重编讲义,辟头一章是"中国哲学结胎的时代",用《诗经》作时代的说明,丢开唐虞夏商,直从周宣王以后讲起。这一改把我们一班人充满着三皇五帝的脑筋骤然作一个重大的打击,骇得一堂中舌挢而不能下。许多同学都不以为然,只因班中没有激烈分子,还没有闹风潮。我听几堂,听出一个道理来了,对同学说:"他虽没有伯弢先生读书多,但在裁断上是足以自立的。"那时傅孟真先生(斯年)正和我同住在一间屋内,他是最敢放言高论的,从他的言论中常常增加我批评的勇气,我对他说:"胡先生讲得的确不差,他有眼光,有胆量,有断制,确是一个有能力的历史家。他的议论处处合于我的理性,都是想说而不知道怎样说才好的。你虽不是哲学系何妨去听一听呢?"他去旁听了,也是满意。

《哲学史大纲》之外,胡先生在文学方面也作了不少考据文字。最著名的如他的《红楼梦考证》,抛开了前人猜谜式的《红楼梦索隐》而要"考定这书的作者究竟是谁,著者的事迹家世,著书的时代,这书曾有何种不同的版本,这些本子的来历如何"。这本是西洋人研究文学史最初步的工作。他用了这种方法治中国文学,结果为中国文学史的研究开创了一条新路。以后他所作的《水浒传》《三国演义》《儒林外史》《西游记》《醒世姻缘传》等书的考证,都是用了这种方法。他又感觉到清代的朴学与近世西洋所谓科学方法相合,遂以现代学术的眼光表扬清代儒者的治学方法,于清儒之中,尤特别表扬戴震、崔述,这都于当时的治学的风气发生了很大的影响。

梁、胡二氏以外,对于西洋史学理论方法的介绍工作最努力的是何炳松先生。何炳松字伯丞,浙江金华人。他在美国本是学经济学的,但是英文很好,中文也很有根柢。归国后担任北京大学西洋史教授,他即着手翻译美国史学家鲁滨孙(James Harvey Robinson,1863—1936)的《新史学》(New History)作为历史研究法班上的讲义。鲁滨孙这部书的主要目的在推翻旧日窄狭的政治军事史而建设新式的社会史,他主张要将历史的领域扩充到整个人类过去,他反对旧式"年月事实"式的死历史,而提倡对人生活环境演变的了解。他指出:"历史的功用,并不在要从过去得到某种教训,而在利用历史知识来明白现在种种的问题的来源,帮助我们来解决这些问题。"其实这些思想在十九世纪后半期在欧洲早已发生了。格林(J. R. Green)的《英国人民史》、柏克尔(H. T. Buckle)的《英国文化史》,都放弃政治军事的记述,而注重一般人民生活状况的进展,并且要研究文化变迁的因素。到了十九世纪末年,德国文化史运动盛极一时。鲁滨孙同其他许多美国史界老前辈一样,是一位留德的学生。归国后任教于哥伦比亚大学,遂发愤提倡新史学,打倒旧史学。他的名著《西欧史》(History of Western Europe,1902)即是本着此种观点写成的一本教科书,出版后风行一时,影响甚大。他以后又据这本书改编成许多课本,对于美国史学教育有极大的贡献。他的门人很多,在美国史学界中,蔚为一派。不过,他所作的尽是些介绍通俗工作,并不曾作过高深的研究,所以与其说他是历史家不如说他是教育家。何氏译《新史学》的目的,大概因为他认定要作史学研究，必先明了现代史学的趋势。所以朱希祖先生(当时北京大学的历史系主任)的序文中说：

> 我国现在的史学界，实在陈腐极了，没有一番破坏断然不能建设。何先生译了鲁滨孙这部书，是很合我国史学界的程度，先把消极的方面多说些，把史学界陈腐的地方摧陷扩清了，然后慢慢的想到积极建设方面去。所以何先生译了这部书，是很有功于我国史学界的。

据作者所知，这是被介绍到中国来的第一部较有名的史学理论的书。何先生的译述工作很努力，以后他又把约翰生的《历史教学》(Henry Johnson：*Teaching of History*)、绍持韦尔的《西洋史学史》(Shotwell：*History of History*)译为中文。又将塞恩卜的《历史学方法应用于社会科学的方法》(Seignobos：*La Methode historigue appliquée aux Sciences Sociales*)改编为《通史新义》，以提倡所谓新通史。这几本书都是西洋近年来风行一时的著作，何先生将他们介绍到中国来，对于中国史学界发生了很大的影响。他又写了一本小书，名为《历史研究法》，撮述现代历史研究的方法。此书虽然简短，然而对于西洋现代史学的认识，却远胜于梁氏的《中国历史研究法》。以后他又从西洋史学的观点来考究中国史学思想，对于浙东学派以及章学诚的史学思想，也作过相当的研究。

何氏无疑地是当代介绍西洋史学最努力的一位学者，他在中国现代史学有不可磨灭的贡献。可惜他所译的都是些通俗的教科书，他对于当代西洋第一流的史家的著作并不曾介绍，而且似乎未曾考察西洋史家如何依据史料而写成专题的研究，深博的著述。因之，他所提倡的仍是通史的革新，而不是高深的研究。

何氏以后，翻译西洋史学方法、历史哲学的书籍很多。最著名的卜汉姆(Bernheim)的《史学方法》，塞恩卜(Seignobos)、傅林(Fling)、巴恩斯(H. E. Barnes)诸家的史学方法，傅林悌(Robert Flint)、布哈林(Buharin)、萨里曼(Seligman)诸家的历史哲学，都译成中文。国人自著史学概论、史学方法一类的书也不少，其中以陆懋德先生的《史学方法大纲》一书为最精。

新史学思想的输入引起了改编国史的运动。其初最迫切的需要，莫过于学校的课本。旧日书房中习用的书如《纲鉴易知录》、《十七史详节》，或《资治通鉴》之类，既不适合于新时代的需要，于是编纂通史的工作，遂成了改造国史的第一步骤。第一部有名的新式通史是夏曾佑先生的《中学中国历史教科书》。夏曾佑字穗卿，杭州人。他与梁启超、谭嗣同相友善，治经宗今文家言，在当时也是一位维新运动的领袖。他于清末应商务印书馆之托，编纂中学历史课本，第一册出版于清光绪三十年，仅成三册，迄于隋代而止。他这书不用旧日编年、纪传、纪事本末等体，而用近世西洋写历史课本的体裁。周予同先生说他这部书，在体裁方面，大概是受了日人珂那通世的《支那通史》一类的影响，这个说法，极为可能。《支那通史》是用中文写成的，并且曾经罗振玉在中国翻印，对于当时中国学者，影响极大。在内容方面，夏氏也吸收了不少新的思想和观点，如在第一章第一节世界之初，他便引用达尔文的《物种原始》，及斯宾塞尔社会进化的理论，说明宇宙和社会的进化的程序。以下他对于汉族的来源，以苗族为土著，以汉族为西来，显系受了当时西人和日人学说的影响。夏氏是尊信今文的，论古代制度和经学源流极受今文家的影响，而推论中国典章制度的变迁，颇有特识，在当时不愧为一名著。到民国二十二年，商务印书馆辑印大学课本，遂列为大学丛书，改称为《中国古代史》。但是三十年来学术的进步，已使这书的内容陈腐不堪，不能采用了。

和夏氏的教科书同时出版的尚有刘师培的《中国历史教科书》。其书亦于光绪三十年由国学保存会出版。仅出了三册，迄西周之末。编纂体裁，与夏氏书相仿佛而内容则大不相同。刘氏是中国近世最伟大的经师之一，他在近世中国经学史的地位，可与章炳麟、王国维鼎足而三，而他的声光才华则又远在二氏之上。他虽然享年仅三十六岁，可是他的遗著经宁武南氏辑印的已有七十四种之多，其中多有不朽的价值。他是刘文祺的曾孙，四世穷经，到了他更广博无涯涘了。他除了博览旧籍之外，又喜吸收新知，颇受西方社会进化论和日本人学说的影响。他所编《中国历史教科书》乃是他为国学保存会所编的五种教科书之一。他在凡例中说："中国史书之叙事详于君臣而略于人民，详于事迹而略

于典制,详于后代而略于古代。"他又说他这书注意的五方面是:
1. 历代政体的异同
2. 种族分合之始末
3. 制度改革之大纲
4. 社会进化之阶级
5. 学术进退之大势

又说:"今日治史,不专赖中国典籍,西人作中国史者,详述太古事迹,颇足补中史之遗,今所编各课,于征引中国典籍外,复参考西籍,及宗教社会之书,庶人群进化之理,可以稍明。"可见他要改造国史的精神与夏氏并无不同。不过刘氏是一位古文家的经师,看法和夏氏很有些不同而已。

夏、刘二氏虽然编了些教科书,但都没教过历史,而且这些书都是为中学而编的。在北平担任中国史最久,在史学教育上影响最大的要推王桐龄先生了。王桐龄,字峄山,河北任邱人,清季留学日本,毕业于帝大的史学系。与市村、白鸟等人游,在国外专攻史学,正式毕业者,实以先生为第一人。先生于民国二年归国,任教北京高等师范学校,迄今已达四十年,实是吾国史学界的老前辈。他所编的《中国史》,初版印于民国五年,至民国十五年又全部改正,再版改订本。自上古迄清中叶,凡四大册,共一千二百余页,实为内容最详细的中国史。内容每代皆先叙事实,后述文化,体例深受日人的影响。每章之后,附列参考书,而正文中不复注明史料的出处,也是保存着当时日本学者的体例。这部书因为内容广博,粗枝大叶地为中国史画了一个轮廓。王先生执教四十年,弟子遍天下,所以他在历史教育上的影响也较任何人为大。

王先生的《中国史》出版以后,此类书出版的很多。其中内容最精博、编制最谨严的要推邓之诚先生的《中华二千年史》了。邓之诚字文如,江宁人。他这部通史讲义起自秦汉迄于明末,取材以正史、《通考》等书为主,其他有关的史料,也择要选录。他用自己的话作一大纲,而将有关正史的记载尽量采录,既是一部很好的通史,也可以说是一部史料汇编。搜讨广博,去取极严,在现今通行的课本,实在以此书最为切实有用。近年来新出的中国通史课本甚多,较通行的,则有章嶔的《中华通史》(二册)、缪凤林的《中国通史》(二册)、钱穆的《中国史纲》、金兆梓的《中国通史》。中学中国史教本较著名的有顾颉刚、王钟麒的《中国史》、吕思勉的《白话本国史》。前者以制断胜，后者以详赡胜，俱风行一时。

八　从古史辨运动到社会史运动

通史课本的编纂虽然改变了中国史学的体裁，但对于传统史学的内容，却很少改变。到了五四前后，中国的思想界发生了一个大的变动，历史学也受到了深刻的影响，古史辨运动遂应运而生了。一提到古史辨运动我们便联想到这运动的领导者顾颉刚先生。顾先生吴县人，他一方面受了晚清今文家的影响(特别是康有为的《孔子托古改制考》)，而怀疑古史的真实性，一方面又受了胡适先生讲授哲学史的影响，更得到了西洋人研究历史的方法，遂更坚信了上古史靠不住的观念。这时正当伟大的"五四"时代的来临。"五四"时代，是现代中国学术界的第一次大解放运动，一方面它使得中国的学术脱离了传统的羁绊，一方面它又介绍近来西洋文化的新精神——民主的与科学的人生态度。在这种新的学术思想的气氛中，顾先生发动了他的古史辨运动。古史辨是开始于民国十二年顾先生在《读书杂志》上所发表的《与钱玄同先生论古史书》，在这篇长信中，他指出他的"层累地造成的古史观"。他的新古史观有三种意见：第一，可以说明"时代愈后，传说的古史期愈长"。这个重要的事实崔述在他的《考信录提要》中已经指出了，但当时因为受了传统的经学的桎梏而无人注意。顾先生这封信辟头第一句话便是："我二年以来，蓄意要辨论中国的古史，较崔述更进一步。"崔氏已经指出群经或伪经中的古文是靠不住的。顾先生更要指出即真的群经中的古史，也未必可信。这显然是受了康有为的《改制考》的影响。第二，可以说明"时代愈后，传说中的中心人物愈大"。第三，"我们在这上即不能知道某一件事的真确的状况，但可以知道某一件事在传说中的最早的状况"。他并拿"禹"的传说来作为例证，以为禹最早见于九鼎，而以为禹是"九鼎上铸的一种动物"。并且说《说文》训禹为虫，"大约是蜥蜴之类"。

这封可纪念的公开信，引起了中国当代学术史上有名的大辩论。反对的人最初有刘掞藜、胡堇，稍后又有柳诒徵、王国维、陆懋德、李玄伯、张荫麟等人，赞助的人则有胡适、钱玄同。两方辩论的文字，都已经顾先生收在《古史辨》中（先后共出了七册）。刘、胡二氏仅据传统的说法，顾先生很从容的把他们驳倒了。但是柳、王都是精博的学者，举出了许多顾先生最初不曾想到的证据。陆、李诸氏更从西洋史学方法来审察顾先生的说法，更是顾先生严正的诤友。但是尽管顾先生的原文中，不免有许多武断的见解，重大的错误，但是他的"层累的古史观"是驳不倒的。而这问题牵掣之广，内容之杂，不但批评诸先生未想到，即顾先生自己也未想到。所以他在《古史辨·自序》便感觉到要解决这些问题是需要人类学、比较宗教学、民俗学等帮助，这当然不是一手一足之力所能解决的，所以《古史辨》也仅有辩论而无结论。

　　但是这场空前的学术界的大辩论对于我国史学界已经发生了重大影响。这场辩论最重要的贡献是引起大家对于审查史料工作的重视，即是顾先生所谓"辨伪的工作"。在未用一件史料之先，我们应当先考察这史料的真伪；第二，即是真的史料，我们要问作者的时代或用意。春秋时代的书讲夏禹，即是真书，也仅能代表春秋时代的夏禹观，而不能遽认为可信。这个史学方法基本的原则，经顾先生扩大地宣传而深入人心了。其实在顾先生发表致钱氏书的前二年，法国汉学家马伯乐已经在他的《尚书中的神话》一文中，将中国洪水说作了一个彻底的研究，他指出中国古代洪水说并不止一个，他又将中国与世界其他的洪水说加以比较。在《古史辨》出版二十年以前，西洋人编的中国课本已经指出商代以前仅能认为神话时期，而非有史时期，这全是根据近代历史学常识而加以推断的，但是当时中国人并不知道，以致顾先生提出了他的见解之后，大家相顾错愕，惊为怪谈。所以顾先生这部书对于当时的史学思想实有发聋振聩之功。经他的提倡，崔述的古史学，已如日丽中天，即是浅陋如姚际恒的《古今伪书考》，也竟翻了若干版。古史辨运动在中国近世史学史上地位，与十九世纪初年西洋史家如尼泊（Niebuhr）等人，同垂不朽，都是指出了史学研究的第一步的基本工作，史料的审查。当然现在中国古史的研究早已超古史辨时期，而进行着手各部门的建设工作了,但是《古史辨》所代表的初步工作是不能抹杀的。

从"五四"到北伐,在时间上,虽然只有七八年,但是中国的学术思想,又走到第二个解放时期。这两个时期的中心思想是绝对不同的。"五四"的中心思想是自由主义,是知识分子对于传统束缚的解放运动。北伐后的中心思想是社会主义,是以唯物史观的观点对于中国过去的文化加以清算。中国最初介绍唯物史观的学者是李大钊先生。李先生字守常,河北乐亭人(一八八九至一九二七)。尝作《史学要论》、《史学思想史》、《史观》、《唯物史观在现代史学上之价值》等文,介绍唯物史观的精义。到了北伐以后中国社会史的研究,特别是唯物史观的社会史,遂更展开。假如古史辨运动可以象征"五四"的史学,那么中国社会史论战便可以象征北伐后的新史学。这个论战第一声炮是陶希圣先生的《中国封建社会史》和他的《中国社会之史的分析》。《中国封建社会史》是一本薄薄不到一百页的小册子,而内容则从史前的陶器讨论到现在过剩的人口。当然他的价值,只在观点,而不在发现和搜集。在这书中,作者否认(一)现今中国社会尚是封建社会,(二)中国社会自春秋以来即是资本主义社会的两种说法。作者也不承认中国社会是半封建社会,认为:"所谓半封建惝恍不定,可用于宣传,而不宜于研究。"作者认为中国社会,自公元前一七六六至一一二二,已从氏族社会进入封建社会。到了春秋时代末期,封建制度开始崩溃,而集体国家逐渐出现。在他的《中国社会之史的分析》一书中,作者说:"什么是封建制度?这个问题好难解答。"以后作者引用了《大英百科全书》封建制度条的几句话,而且还是由《双十日刊》转引的。本来封建虽是中国的老名辞,而封建社会则是西洋史学近百年来的新观念。作者对于西洋封建制度并未给一个彻底的解说,因之对于中国封建制度的解说也稍失之于空泛笼统。到了后来,陶先生大概感觉这问题太广大,应从专题研究入手,又作了《西汉经济史》、《辩士与游侠》等书。而他所主编的《食货半月刊》更是一个最著名的社会经济史杂志。

同时又有熊得山先生的一本小册子,名为《中国社会史研究》,在当时也颇风行一时。熊氏也没给予封建制度一个明确的定义,便认为中国封建制度始于夏"自不成问题"。又说:"然则封建制度最重要的是什么？怕没有人否认不是现在不合理的土地制度罢？"这似乎是全书的主旨了。

中国社会史的研究到了郭沫若先生才真正的走上了学术的路上。郭沫若字鼎堂，四川人。在中国当代的学者中，梁启超以后，他是最广博的著作家了。他本来是学医的，但是对于中国学问有深厚的修养。于一九二一年联合郁达夫、成仿吾等人发起了创造社，成了中国新文学一股生力军。同时他也非常的注意社会问题，河上肇的《社会主义与社会改革》一书便是经他译为中文。自北伐以后，他又从事于中国社会的研究，结果著了《中国古代社会研究》一书。这书是于一九二九年出版的，共收到四篇论文：（一）《周易》的时代背景与精神生产，（二）《诗》、《书》时代的社会变革与其思想上之反映，（三）卜辞中之古代社会，（四）周金中的社会史观。前有导论一篇，论中国社会之历史的发展阶级。在这篇绪论中，作者指出人类社会的进展，所循的途径大致是相同的。作者所采用的理论是美国人类学家莫尔干的《古代社会》，和恩格斯根据这书所编成的《家族私有财产及国家之起源》。依据作者的看法，中国社会史的演变，可以分为四大阶段：（一）原始共产（西周以前），（二）奴隶制（西周时代），（三）封建制（春秋以后），（四）资本制（最近百年）。作者认为中国封建制度自春秋以后开始，这正是陶希圣所认为封建制度崩溃的时候，立论与陶氏显然不同。不过作者所研究的仅限于殷周，而每篇又依据极明确的史料。而且他不但依据书本上的资料，又因为研究中国社会而研究甲骨金文，将卜辞金文用到社会史的研究。这本书和他近来的《十批判书》、《青铜时代》，都对于中国古代社会有许多重要的贡献。

到了民国廿年，上海神州国光社所出版的《读书杂志》（王礼锡先生主编）出版了一本"中国社会史的论战"专辑，出版后十天之内便销尽了两版，读者们对于这问题兴趣的浓厚，由此可见。这本"论战"中共收了十三篇文字，撰稿者多是学术界的无名英雄，这更可以代表一般读者的意见。王礼锡先生在序言中，曾列了一个研究中国社会史的参考书，列举这方面新出的书凡三十七种，又杂志论文数十篇，这是一篇很好史料，因为这些书现在多半已找不到了。"论战"的第一篇是朱新繁先生的

《关于中国社会之封建性的讨论》。在这文中,朱先生指出陶希圣所认为封建制度的特征是"很暧昧的",是不妥当的。他以为"在中国,自春秋战国以来,一直到十九世纪中叶以前,中国封建制度的确没有破坏"。他所依据的定义,是马克司和恩格斯的著作。第二篇是严灵峰先生批评朱先生说法。严先生也是依据马克司的理论。而严先生的理论又受到了一位镜园先生的攻击。陈邦国在《中国历史发展的道路》一文中,又指出郭沫若先生"误认封建社会是直接由奴隶制度推移来"的错误,他指出莫尔干的《原始社会》出版后,马克司、恩格斯的观点已经改变,因之他认为"中国封建之形成是在西周到了东周已在崩溃的过程中"。作者又以为郭先生以秦的统一为集封建制度之大成是"绝大错误",因为封建制度自西周末期已开始崩溃,而春秋时期已是城市手工业开始了。作者所根据的是考瓦列夫斯的理论。王宜昌先生的《中国社会史论》,又以辩证的观点,指出陶希圣、郭沫若二氏的说法全是错误的,他又以为中国封建制度是起于五胡十六国,而自西周至晋是奴隶时期。

这是第一次依据马克司主义对于中国社会发展的大辩论,大家都是用了辩证法和唯物史观,但是同样观点和同样方法却产了如此不同的结论。秋原先生的通信中,劝勉参加论战者:"对于欧洲经济上之发展,总要有一个正确而丰富的概念……徒然根据一两本讲义,以及教科书式的山川均以至石滨知行《唯物史观经济史》、《经济史概论》,是不够的。"这话实不失为未来研究中国社会史者的明灯。

社会史论战专辑前后共出了三本,但这不过是这大问题辩论的开端,实在说来,中国社会史的研究是当前中国史学界最重要的课题。陶、郭二氏之后,对于中国社会史研究最努力的是吕振羽先生。吕氏自民国二十年到现在共著成了关于中国社会史六七种著作。他用了唯物辩证法,将中国社会史分期来研究。第一部是《史前期中国社会研究》,第二部是《殷周时代的中国社会》,以后他又有《中国政治思想史》、《中国民族史》、《中国史讲话》等书。吕先生以殷代为奴隶制度时代,两周为初期的封建时期,自秦至清中叶为专制的封建时期,自清中叶至今都是资本时期。

中国社会史之唯物辩证法的研究,到了范文澜先生所著编的《中国通史简编》才由初期的创造而开始走进了成熟的时期。范先生对于中国旧学是一位博通的学者,而对于唯物辩证法又有深刻的研究,所以由他来领导这个研究工作自然是最适合的了。这部书对于史料,除了正史之外,以至文集、笔记,都尝博观约取;所用的文字,又是由浅入深,使读者易于领悟。每章后又附有提要,非常易于领悟,绝无公式化,使人如入五里雾中的毛病。称之曰"简编",可谓名实相符。此外《中国近代史》一书也是用同样方法写成的,是一本最好的教科书。著者武波即是范先生的笔名。

最近翦伯赞先生的《中国史纲》,很受到学术界的重视。这书已出两本:第一卷史前史、殷周史,第二卷秦汉史。他这部书规模甚大,特点是考古材料的大量的应用与中国文化和其他文化的比较。这部书尚在进行中,希望能早日完成。

此外还有几部讲中国社会的书,值得我们注意的,李玄伯先生的《中国古代社会新研初稿》是一部极精辟的著作。李先生对于中国古代社会(特别是法国派社会学)有极深的研究,而对于中国史料又运用的很熟。他对于姓的解释,对于邦火的研究,皆已成为定论,是对于古史的大发现。徐炳昶先生的《中国古史的传说时代》,将蒙文通《古史甄微》中的说明又加以扩充,也颇有许多精闢的见解。杨树达先生的《汉代婚丧礼俗考》尽了钩稽的能事,是专题研究的模范。王伊同先生的《五朝门第》、赵丰田先生的《清经济思想史》,都是近年来著名的社会史方面的专题研究。

九 新史料的发现和专题研究的进展

近五十年来,我们的史学界,不但在方法上、史观上有伟大的进步,而这五十年又恰好是中国有史以来史料发现最多的时期。晋初《竹书纪年》的发现,改变了当时的史学思想和古史研究。宋代古物的出土,引起了学者们考古的兴趣。这都是新史料的发现对于学术界的影响,但是和近五十年所发现的新史料相比,实在是渺小得很。

近五十年来,在史料方面,中国有三宗大发现:(一)是河南安阳商代遗物的发现,(二)是敦煌古物的发现,(三)是史前遗迹的发现。

至于北平内阁大库明清史料的整理，明清实录和清代外交史料的刊印尚不在内。这些新发现为我国文化史增加了无数的新资料。如何将这些新资料用来研究中国的文化史，这便是我们当前最艰巨的工作。

关于殷墟遗物的发现，董作宾先生的《甲骨年表》记载已详。简单地说来，最初是无意中发现的。清光绪二十五年，即是庚子的前一年，河南安阳县小屯村农民因种棉而掘得骨片，遂称之为龙骨，售之于药店。其后骨董商人知为古物，挟之入京，引起了中外学者们的注意。最初搜集的有王懿荣、刘鹗，及外人明义士、林泰辅等人。到了罗振玉先生才为之大量的收集，并录考释。到了王国维先生更应用之作文字学历史的研究。到了民国十七年，董作宾先生领导国立中央研究院历史语言研究所同人赴安阳调查，这是对殷墟古物作有系统的发掘的开始。这种工作，前后举行了十五次，直到民国二十六年芦沟桥事变爆发才停止。前后出土的甲骨文字凡二万三千余片，此外出土的铜器、石器、骨器，也有数千件。这实在是二千年来，关于古代史料，最重要的发现。甲骨文字的著录工作虽始于孙诒让、刘鹗二氏，而发扬光大之功，实不能不首推罗振玉先生。罗氏对于甲骨文字搜罗之勤，鉴别之精，著录之多，考释之严，并世无两，是这门学问的开山大师。罗氏的工作，又多靠了他的好友王国维先生的协助。王氏以缜密的方法，锐敏的眼光，又将甲骨文字的研究引到了小学及古史上去。罗、王两先生的弟子董作宾先生不但领导殷墟的发掘，并将甲骨文字作断代的研究，又根据它推测殷历，是当代甲骨学最高的权威。郭沫若先生据甲骨文来研究殷代社会，又为甲骨文字的研究，开创了一个新方面。此外，现在以甲骨文名家者，不下数十人，已经成为一种专门的学问了。

当安阳出土甲骨的明年，也就是八国联军将闹北京的那一年，在西北安静的角落里，又有惊人的大发现。原来甘肃的敦煌，现今虽然是一个穷僻的小县，而自汉至唐，乃是东西交通的孔道，在当时乃是一个繁荣的所在。在光绪二十六年，敦煌城东南千佛洞道士王圆录无意中在洞中发现了无数的写本、刻本书籍，以及古代的绘画。这正是中国情形最混乱的时期，无人注意于此，却是一位英国人名叫斯坦因，威逼利诱，巧取豪夺，共装走了二十九箱。这种国宝本来是不能随意出境的，但是这正当国事混乱空前的时候，那有人来拦挡此事？斯坦因得到了便宜，前后来了数次。其后法人伯希和又从王道士买走了二千卷写本，将一部分携到北平，中国学者才知道此事，遂呈请政府，收归国有。今北平图书馆所保存者，即是这批劫余的残卷。

斯坦因不但诱买了敦煌的残经卷，又在敦煌附近发现近千片的汉简，大部分是汉代守戍人员往来的公文簿册，还有少数的参考书、私人函件，以及一些日用工具。一九三〇年中国学术团体和瑞典人斯文·赫定合组的西北科学考古团又在酒泉以北，汉代振城遗址内发现了一万多片汉简。民国三十三年冬中央研究院、北京大学合组的西北科学考察团历史考古组又在敦煌西北大方盘城附近发现了一些汉简。

这些古代的遗书，以及石窟中的壁画、塑像等都是汉唐期间最珍贵的史料，这些东西的发现增加了不少我们对于汉唐间文化的知识。

其次，近三十年来关于中国史前期遗迹的发现，改变了整个世界对于中国文化来源的看法。五十年前不但外国认为中国没有史前文化，即是中国人也说汉族是西来的。一九二一年仰韶沙锅屯文化的发现，推翻了中国无史前文化的观念，一九三〇年"北京人"的发现，更证明了中国文化的久远。现在这方面的工作方在开始，将来的前途是无量的。

史料的发现一方面增加了我们的知识，同时也增加了我们的工作。这些材料的整理、鉴别、解释，只有专家才能胜任，不是一般人能作的。现在史前考古、甲骨文字、钟鼎文字、西北史地皆成了专门的学问。其余别的部门的研究，也是日趋于专门化。本来专门化是科学工作的基础，只有细密的分工，才能有可靠的收获。现在史学界如司马迁、司马光一人包办全史（教科书除外）的时代已经过去了，正如亚里斯多德式的科学研究已经过去了一样。现代的史学是建设在专题研究之上的，正如有了砖才好造房。

民国以来的史学大师如王国维、陈寅恪、顾颉刚、郭沫若等先生，他们的研绩俱是以专题论文的方式发表出来的，除了他们的作品之外，无数的专题论文，在学术杂志中发表，成了我们现代史学的基础。这种风气经几位大师的提倡，和西洋前例的引导，到了民国十年以后，专门的学术杂志便纷纷的出现了。其中最著名的如北京大学《国学季刊》（一九二三〉、《清华学报》(一九二四)、《燕京学报》(一九二七)、《史学年报》(一九三〇)、《辅仁学志》(一九二八)、《金陵学报》(一九三六)、武昌大学《社会科学季刊》(一九三〇)、《地学杂志》(一九〇九)、《禹贡半月刊》(一九三四)、《食货半月刊》(一九三四)、《中山大学历史语言辑刊》(一九二七)、《中央研究院历史语言研究所集刊》及专刊报告(一九二八)、《田野报告》(一九三六)、北平研究院史学研究所《史学集刊》以及其他学报杂志不下数十种,我们史学的拓荒工作,多半首先在这里发表,这里面实蕴藏着近三十年中国史学研究的大部成绩。

现代的史学和现代的科学一样,已经走到集体工作的阶段上,没有和以前像司马迁、刘知幾等震耀一时的名星了。各专门范围之内,皆有主要的领导者,譬如史前期考古有李济之、梁思永、裴文中、吴金鼎等先生。殷周史以王国维、吴其昌、郭沫若、徐中舒等先生的贡献最大。秦汉、魏晋、南北朝则有陈寅恪、周一良、劳榦、贺昌群等名家。隋唐五代自然以张尔田、陈寅恪二先生为巨擘。宋辽金元近来名家甚多,尤以聂崇岐、冯家昇、邵循正、陈述、陈盘、罗福颐诸先生成绩最多。明清史方面人更多了,老辈如孟森、张尔田皆已作古,后起的则有吴晗、李晋华专治明,萧一山、王崇武、赵丰田专治清。西北史地、中西交通,老辈张星烺、冯承钧皆有不朽的成绩,后起的如王静如、韩儒林皆深通西北民族语言。至于文学史、哲学史、宗教史、美术史、经济史已各有专科,非本文讨论的范围了。

十 结 论

经过了百年来的演变,我们的史学渐走上现代的途径。中国所保存的史料较任何其他民族为多,现在我们用新的方法将这些史料重新加以整理,自是一桩艰巨的工作。但是如果我们耐心作下去,必有宝贵的收获,不但我们的文化的过程可以找出,即是对于全人类文化进展的了解,也必有伟大的贡献。

(《燕京社会科学》1949年第2卷)

民国以来的历史学

方　豪

一　民国成立前的史学界

中国史学,发展至清末,已有了一种崭新的气象。而所以造成此一新气象的原因,实有多种,有些因素是颇为久远的,有些因素则是非常偶然的,而有些因素却是很直接的。

使中国学术界于不知不觉中获得近代治学的科学方法的,无疑的是明末清初的天主教教士,这是很远的因素。他们传授给我们西洋哲学和理则学;他们指示我们推测日月蚀必有赖于望远镜、实地观测和精密的数学推算;他们也告诉了我们测绘地图,不可照抄前人的图志,必须以三角法,利用仪器,实地测量;其他如水利、火器、机械、建筑等,无不如此。利玛窦等且很大胆的要求中国学者直接去研究经书的本文,他们把中国经学分为"古儒"、"今儒",实际是等于提倡怀疑精神,要中国学者不应信任"今儒"所说的一切。这些科学精神和科学方法,最先接受的是张养默、徐光启、李之藻、孙元化、王徵、李天经、方以智、金声等,然后再由他们传给他们的门生和朋友或自己的子弟,如李之藻的儿子次彪,徐光启的儿子骥、孙尔爵、五世孙朝俊,方以智的儿子中通等,或爱好理则与修历之学,或喜研究机械,或留意于一般西学,可谓家学渊源;当然他们的友朋、子弟又会影响于友朋、子弟,这也就是我在十三年前即撰文推知徐霞客受有西洋科学影响的理论。黄宗羲为经史大儒,梅文鼎博学嗜古,江永究心经学,于《三礼》用功尤深;戴震精于考证名物制度,其学得力于永为最多;孔广森从震习公羊《春秋》;焦循则于经无所不治，而尤精于《易》，这几位所谓考证学派的大儒，对于后世的历史学者影响很深，但他们无一不研习西洋数学或历学，亦可说无一不熟谙西洋治学的科学方法；他们中多数也是对地理、金石等有惊人造诣的，他们本于西洋科学方法，研究经学，亦亟亟于实证的获得，渐渐展开了古器物学和古文字学，而这两种学问也成了民国以来历史学所以能高飞远扬的左右二翼。

我说有些因素是非常偶然的，如甲骨文中的材料，使我国古代史丰富了不少，而甲骨的出土和入市，以及被人发现为有价值的古物，都是很偶然的；和甲骨文同一年（光绪二十五年）从敦煌石室中散出的唐宋经卷，这更是偶然不过的一件事，普通说是王道士（圆箓）扫除积砂，因而破壁；王道士则说是天炮响震，忽然山裂一缝，显然是掩饰自己的过失，或故弄玄虚，但其为偶然则一也。

除了文物的发现以外，人事上亦有非常的巧合，可谓适逢其会。

我国当代的史学，受欧洲和日本学者的影响不小，而他们中的几位巨子，亦都不早不迟的在民国前若干年，相继和我们结了不解之缘。

日本新史学的出现，亦是很晚的事。我们可溯源于明治十九年（光绪十二年，一八八六）东京帝国大学的成立史学科以及聘德国史学家黎斯（Ludwig Riess）为教授，时民国前二十五年。桑原隲藏以研究唐、宋、元中国与阿拉伯海上交通史著称，他在光绪三十二年（明治三十九年，一九〇六），由文部省派来我国留学；次年春，应清廷之聘，任某馆教习，寓居北平西城劈柴胡同。

在他以前，光绪二十三年（明治三十年，一八九七），后来专攻我国与南洋交通史的藤田丰八，助罗振玉所主持的上海农学社译农书。同年，王国维亦从之习日文。明年，罗氏在上海创办东文学社，又请藤田任教。后又担任江苏师范学校、北京农科大学总教习。

光绪三十一年春，以中国近代史为终生研究目标的矢野仁一，亦应清廷之邀，讲学于故都。服部宇之吉亦曾受聘为京师大学堂总教习，著有《东洋伦理纲要》、《孔子及孔子教》等。盐谷温则为叶德辉入门弟子，著有《中国文学概论讲话》。内藤虎次郎在民国前后来华游历凡九次，著有《中国文化史》、《中国史学史》等，与王国维、罗振玉等交往颇密。

欧洲学者中,法国汉学巨擘伯希和(Paul Pelliot)在庚子义和团之乱时,他还是一个小兵,守北堂(一说守使馆)。大家都知道他是第二个运走敦煌经卷的人。我从一个荷兰老修士方立中(van Den Brandt)的口中,更知在拳匪围攻北堂时,他即已尽读北堂的藏书,无知的与自私的法国教士,竟以极低的价格,出卖了一部分珍籍。八国联军进城后,故宫流出的许多书,也都被他用各种方法而获得。

法国沙畹(Emmanuel Eduard Chavannes)在汉学上的成就,仅次于伯希和。他是光绪十五年(一八八九)来华,任译官于使馆,实比伯氏早到我国。后回国任巴黎法兰西学院汉学教授,当选为研究院院士。光绪三十三年(一九〇七)再来中国。

比沙畹、伯希和更早来华的,还有法国汉学家高迪爱(Henri Cordier),同治八年(一八六九)即来我国,至光绪二年(一八七六)方才回国。著名的汉学国际权威刊物《通报》(T'oung Pao),即是他和荷兰汉学家施古德(Gustave Schlegel)联合创办的。施氏曾在香港任通事,历访我国都邑,同治十一年(一八七二)归国。

继高迪爱而在巴黎东方现代语学校任教的葛兰言(Marcel Granet)亦于宣统三年(一九一一)至民国二年在北京法国公使馆任职,从事汉学研究。

利用汉文材料而成《马可波罗行纪》三册(冯承钧有译本)的沙海昂(Antoine Charignon)以光绪二十四年(一八九八)来华,为铁路技师,入民国后任交通部技正多年。

荷兰汉学家哈克曼(Heinrich Friedrich Hackmann),以光绪二十年(一八九四)至二十七年(一九〇一)在上海传道。葛罗贝(Wilhelm Grube)为俄人,但毕生居于德国,治中国文学史,通满语,光绪二十三年(一八九七)来华,居北京二年。通汉、满、蒙三种文字。而尤深于元史、清史研究的福兰阁(Otto Franke)亦于光绪十四年(一八八八)供职外交界,服务北京、上海、厦门等地。

近代英国汉学家中最称渊博的翟理斯(Allen Herbert Giles),以同治六年(一八六七)来华后,历在汕头、厦门、宁波、上海等地任领事。对于中国古音最有研究的高本汉(Bernhard Karlgren)留我国甚久,至民国七年始返国。曾任我国红十字会会长、南洋公学校长、盛宣怀秘书、黎元洪顾问、《新闻报》及上海《时报》经理,以余力研究我国艺术的福开森(John C. Ferguson),自光绪十三年(一八八七)起旅华在五十年以上。洛弗尔(Berthold Laufer)于光绪二十七年(一九〇一)来华,居长安数年;夏德(Friedrich Hirth)以同治六年(一八六七)来华,三年后,供职我国海关;光绪四年至十四年供职上海;二十一年(一八九五)返美,在华凡二十五年。罗志意(W. W. Rockhill)则于光绪九年(一八八三)任北京美使馆二等书记官。

其他英、法、美教士曾居中国,而于汉学研究有素者,不暇列举。这些欧美和日本的学人,在民国以前,即与我国爱好史学的人士多所接触,我们史学的前辈那能不受他们的影响?

光绪二十年(一八九四)起,斯文·赫定(Sven Hedin)即到中亚考察;二十六年,在楼兰故址(即罗布淖尔)发现晋代的简牍。

二十六年(一九〇〇)任职于印度政府的匈牙利人斯坦因(Aurel Stein)亦到塔里木盆地作第一次考察;三十二年至三十四年作第二次考察,曾到敦煌和敦煌西北部的长城遗址发掘。民国以后,他还在那方面做过两次考察。

光绪三十年至三十一年,德国人勒柯克(A. von LeCoq)在吐鲁番发掘,规模颇大。三十三年至三十四年,俄人库兹洛甫(P. K. Kozloff)在宁夏北部,掘得西夏黑城故址。日人橘瑞超、大谷光瑞也曾组织中亚探检队(日人习用汉字"探检"二字),于光绪二十八年至三十年、三十四年至宣统元年、宣统二年至民国三年,在新疆北部和甘肃作过三次探检。

这些学人的考察和发掘,都是很有计划的。但他们不先不后的都在同一时期,注意于大体上属于同一地域的古文物的寻求和探讨,而为民国以后的中国史学界平添无数新鲜资料,指示研究的途径。这样碰在一起的事,不能不说是一种偶然。

至于直接的因素,我以为促成民国以来史学发达的原因,实和民国的成立有不可分的关系存在。

中国的革命,乃由于满清的一再丧权辱国。清代的学者亦因此而对最早侵略我国的俄国与我国西北地理加以注意。祁韵士的《皇朝藩部要略》、《西陲要略》,松筠的《新疆识略》等,沈垚的《西域小记》等,何秋涛的《朔方备乘》等,徐松的《西域水道记》、《新疆事略》等,张穆的《蒙古游牧记》等,即为此一方面的代表之作,并由此而推演为域外史地的研究,于是而有沈曾植的《岛夷志略广证》、丁谦的各史四夷传地理考证、魏源的《海国图志》、徐继畬的《瀛寰志略》、黄遵宪的《日本国志》等书,中外交通史亦开端于此。

二　民国史学的草创时期

民国三十五年八月十四日北平《经世日报》读书周刊第一期,有沈兼士的一篇《近三十年来中国史学之趋势》,他说:

> 民初蔡元培长北大,初设史学系,大家都不大重视。凡学生考不上国文学系的才入史学系,但这不能不算打定了史学独立的基础。至于材料和方法方面,倘若不革新,仍同先前一样呆板板地从纸堆中钻研,那是不能满足新时代求真的希望的。所以,北京大学于十一年设研究所国学门,首先创考古学研究室。……其次即为该所十二年五月风俗调查会之成立。……近代史学之新发展,多借助于考古学及民俗学,纵横经纬,合起来便成一种新的史学。

这一个与民国以俱来的中国史学初创时期,社会人士多以中央研究院历史语言研究所的成立为终点,那是民国十七年十一月的事。在这十七年当中,卓越的史学家和杰出的著作,指不胜屈。

柯劭忞的《新元史》,以民国十年木刻本为定本,并由徐世昌为总统时下令列入正史。

罗振玉于民国四年刊行《殷虚书契考释》,十六年加以增订,为初期甲骨学的不朽之作。罗振玉复与王国维合撰《流沙坠简》;又自辑《鸣沙石室古佚书》、《鸣沙石室古佚书续编》、《鸣沙石室古籍丛残》、《敦煌零拾》、《敦煌石室碎金》等,则为早期整理敦煌文物的名著。

王国维的著作,则多收入《观堂集林》。王氏著作完成于民国初年的,数不在少,如《宋元戏曲史》即民国八年出版。

陈垣先生有关元史、宗教史和年历学的早期著作，亦在此一时期中发表，有《元也里可温教考》、《开封一赐乐业教考》、《摩尼教入中国考》、《火祆教入中国考》、《中西回史日历》、《二十史朔闰表》、《元西域人华化考》、《元典章校补》等。

在这里我们不能不提一笔的，即割地后的台湾史学家连横先生，乃于民国七年完成《台湾通史》，而于九年出版上、中册，十年出版下册，颇能为中国史学界发扬正气。

民国八年，北平地质调查所朱庭祐已在辽宁、热河采集石器多种；次年，刘长山在河南亦得石器数百件。

民国九年，天主教教士桑志华（P. Licent）即已在甘肃庆阳之北，采集到中期旧石器时代的遗物；十二年，他又和德日进神父（P. Teilhard de Chardin）在水洞沟、沙拉乌苏河两岸、万巴拉寺、三圣宫、油房头、中卫等地找到许多遗址。

民国五年起，安特生（Dr. J. G. Andersson）开始搜集我国药店中所谓龙骨；七年，他调查房山县周口店地方的龙骨化石；九年，他和师丹斯基博士（Dr. O. Zdansky）在周口店初次发掘；十五年，他发表了在那地方所找到的两个人类臼齿，惜一个是未成熟的，一个是已消耗的。次年，地质调查所和协和医学校合作，加上洛氏基金的补助，便在同一地方作更大规模的发掘，并于是年十月十六日掘出一个保存极佳的真人臼齿。

十年，安特生在河南渑池县仰韶村发现磨光石器后，继续获得很多彩陶和骨器；次年，安氏又在辽宁锦西县沙锅屯发现彩陶、打制石器和拍纹陶器。十二年，安氏在甘肃作了两年考古工作，也有了很丰富的收获，就在这时候，他订定了中国远古文化的六个时期：齐家、仰韶、马厂、辛店、寺洼、沙井，他对于每期距今年代，后来修正了几次。十一年，安徽寿县有战国时代铜器群出土；十二年，河南新郑县亦有铜器百余件发现，为春秋时郑国遗物；同年，山西浑源县亦有铜器出土。

十五年，李济、袁复礼在山西汾水流域的夏县西阴村发掘，获得不少石器，并有半个已经人工破裂的茧化石。

十六年夏，有斯文·赫定和徐炳昶领导的西北科学考察团，往新疆考察,袁复礼、黄文弼等参加,发现长城遗址、居延汉简、高昌古墓、楼兰汉简等。

宣统元年,内阁大库军机处档案,因罗振玉的请求,归于学部收藏,存国子监等处;民国二年,教育部在国子监设历史博物馆筹备处,五年,移于午门。十年,历史博物馆因经费积欠,无法工作,以八千麻袋档案售于纸店;十一年,罗振玉出价收回,并编有《史料丛刊初编》十册;后一部分入李盛铎手。十一年,北京大学研究所国学门(二十一年改称研究院文史部,二十三年又改名文科研究所),由陈垣、沈兼士两先生向教育部请求取得历史博物馆留下来的部分,得六十二箱又一千五百零二麻袋。

民国五年,胡适先生到北京大学任教,其时,傅斯年先生在中国文学系二年级。胡先生提出用三百年前已传入中国的所谓科学方法以治学;又因为在清代中叶时,崔述所著《考信录》,即已否认不少古史传说;稍后,邵懿辰、魏源等对《毛诗》、《逸礼》等都曾表示怀疑,即所谓经今文学派;到了清末,廖平就著有《今古学考》、《古学考》,发现了孔子的托古改制,引起了康有为疑及伪经和经籍中的史实,著有《伪经考》、《孔子改制考》等,直认《尧典》为孔子所作;崔适亦继康有为而著《史记探源》、《春秋复始》诸书,前者考《史记》中刘歆窜入部分,后者斥《左传》而尊《公羊》;民国十二年时,顾颉刚等也提出古史上的许多问题来讨论,当时很多人只是以疑古为时髦,十五年出版了《古史辨》第一册。

十三年十一月,溥仪离故宫,十四年十月故宫博物院成立,设文献部,十六年改名掌故部,十八年又改文献馆。先后接收清内务府(十四年)、军机处(十五年)、清史馆(十七年)以及刑部档案(十八年)等,工作亦逐渐展开。

三 民国史学的顺利时期

看到上面所讲民国初期的史学界情形,对于扩大史料的领域,和以科学方法整理史料诸点,可以说都已在着手进行。当然,那是在草创之初,所以发掘等工作还是由外国学者来做的比较多些。后来傅斯年先生于民国十六年秋在中山大学创立语言历史学研究所,以及十七年十月成立中央研究院的历史语言研究所,从他在《中大语言历史学研究所周刊》第一集第一期的发刊词,和他所写中央研究院设置历史语言研究所的报告书,以及他在《史语所集刊》第一本第一分所登载的《历史语言研究所工作之旨趣》等文中,看他所提出的一切,正是当时别人也已经在提倡,甚至已经在工作的事。

至于他在报告书中,说得较高较大的几点,在史语所成立二十八年后的今日,依然没有实现。譬如他说"助成从事纯粹客观史学及语言之企业","发达历史、语言两科之目录学及文籍检字学",都连影子也没有。但是却有人说:"原来预定的计划都一一付诸实现了!"

从民国十七年到二十六年抗日战争发生,这是民国以来,社会比较安宁的一个时期,学术界也能安心工作,天文、地理、地质以及其它自然科学、社会科学或人文科学方面都有显著的进展,不仅史学为然。这时期最初几年,在各地发掘调查时,也曾遇有几次阻挠或被盗的事,不过为时很短。后来又遇到"九一八"和"一二八"诸役,但比较起来,还是安定的。

这时期一开始,中央研究院即在殷墟发掘,直到二十六年六月十九日,即卢沟桥事变前十八天,共发掘十五次;河南博物馆亦在十八年和十九年发掘二次。报告文见《安阳发掘报告》第一册至第三册及《田野考古报告》第一集中董作宾的《新获卜辞写本》、《大龟四版考释》、《获白麟解》、《安阳侯家庄出土之甲骨文字》等篇,郭沫若有《卜辞通纂》和《卜辞通纂别录一》,关伯益编有《殷墟文字存真》,孙海波有《甲骨文录》。

在世界人类史和中国民族史中辟一新纪元的"秦人属北京种"(Sinanthropus Pekinensis)的发现,也是民国十八年十二月二日下午四点钟的事。到民国二十八年止,共发现牙齿一百四十七枚、头骨十四件、大腿骨七件、上膀骨两件、腕骨一件、破锁骨一件,同时即由外国学者步日耶神父(P. Breuil)、德日进神父、魏敦瑞教授(Prof. Weidenrich)、步达生博士(Dr. Black)在中国专家协助下完成研究。

十九年、二十年,李济、董作宾、郭宝钧、吴金鼎、梁思永等,在山东历城县城子崖发掘二次,后来被定名为龙山期的黑陶文化,即在那里发现。见李济、吴金鼎所编《城子崖》。

十九年,梁思永在昂昂溪发掘史前遗址,并在热河林西、赤峰等处调查新石器遗址。卫聚贤等发掘南京近郊六朝陵墓。

二十一年,郭宝钧、马元材等在浚县辛村发掘二次,二十二年亦发掘二次。二十年,吴金鼎赴胶东潍县的庙埠、驿埠等处,查得周秦遗址。二十年石璋如等在河南辉县、获嘉调查墓地,并得彩陶遗址,以及汲县的汉代遗存;又在浚县辛村之东至大赍店的淇水沿岸,查获彩陶遗址等。二十二年,潘悫在滕县下黄沟村调查宋墓。二十三年,梁思永、马元材、石璋如等调查洹水上游史前遗址。李景聃等调查安徽寿县新石器时代遗址十二处。

二十五年,杭州附近古荡及良渚镇由施昕更发掘,获得黑陶等遗址。

自十二年河南新郑有铜器出土后,至十八年冬关伯益即编成《新郑古器图录》,后又编《郑冢古器图考》;二十六年,孙海波更编成《新郑彝器》,较关书为精。

自十八年秋至十九年冬,洛阳金村有古墓六处被盗,二十三年又有二墓被盗,五六百件周威烈王时代的韩器因而出土。怀履光主教(Bishop W. White)著有《古洛阳冢墓考》(*Tombs of Old Loyang*)。我国向达、徐中舒、郭沫若、唐兰、刘节、吴其昌、温廷敬均有文发表,见《北平图书馆馆刊》五卷六期、六卷一期、七卷一期、中山大学研究所《史学专刊》一卷一期及各专著。日人梅原末治著有《洛阳金村古墓聚英》。

安徽寿县在二十二年,又有第二批铜器群发现,其地似为楚幽王熊悍墓,但亦葬有楚考烈王熊元的铜器。孙壮、商承祚、刘节、胡光炜、唐兰、徐中舒、郭沫若、李景聃等均有研究文发表。见《田野考古报告》第一册、北京大学《国学季刊》四卷一期、《国风》半月刊四卷三期、六期等及专书。

研究河南安阳铜器的有罗振玉、容庚、于省吾、刘体智、商承祚等。

河南浚县出土的铜器,曾由孙海波编为《浚县铜器》一册;二十三年,中央研究院又续得若干,《田野考古报告》第一册有郭宝钧报告文。

西北科学考察团于民国十七年底中辍后,徐炳昶著《西游日记》三册;黄文弼将考古报告,分六辑刊印。二十一年秋,黄氏又至蒙古、新疆考察,一年后回南京。其经过见所著《罗布淖尔考古专刊》。

内阁大库军机处的档案,十七年,又由中研院从李盛铎手中购得,成立《明清史料》编刊会,由陈寅恪、朱希祖、陈垣、傅斯年、徐中舒诸先生总其事,刊行《明清史料》;二十一年出甲编十册,同时又刊行《清代官书记台湾郑氏亡事》丛书一种。当日寇攻入长城,进逼平、津时,档案曾一度南运,二十三年冬又迁回北平,二十四年续出乙、丙二编各十册,及《内阁大库书档旧目》。罗振玉自己留存的一部分档案,后迁往旅顺,二十三年成立大库旧档整理处;二十五年移送奉天图书馆,后并入沈阳博物院,旋改称东北图书馆。罗氏印行《大库史料目录》、《明季史料零拾》、《清史料零拾》、《史料丛编》、《清太祖实录稿》等。

在此时期中,萧一山、王重民从英伦不列颠博物院及剑桥摄归许多太平天国文献;刘复、程演生、俞大维从巴黎东方语言学校及其它海外图书馆亦钞归不少有关太平天国的材料。

故宫博物院虽从十四年起,接收多处档案,但内阁大库因在东华门内,属古物陈列所管辖,不在故宫博物院范围之内,直至十九年才正式点查,二十年开始整理其档案,刊印为《掌故丛编》十册,后易名《文献丛编》及《史料旬刊》,并编印《三藩史料》、《文字狱档》等专刊。又刊行《嘉庆及道光两朝外交史料》、《光绪及宣统两朝中日外交史料》、《光绪朝中法交涉史料》等。

著作中之可称者,如柳诒徵《中国文化史》,引征甚博;胡适《中国哲学史大纲》、《白话文学史》及收入其《胡适文存》、《胡适论学近著》中之论文,冯友兰《中国哲学史》,钱穆《先秦诸子系年》、《刘向歆父子年谱》、《中国近三百年学术史》,郑振铎《中国文学史》,钱宝琮《中国算学史》上册,萧一山《清代通史》,陈垣《旧五代史辑本发覆》,于省吾《尚书新证》、《诗经新证》,向达《唐代长安与西域文明》,张忠绂《中华民国外交史》第一册,张星烺编有《中西交通史料汇编》,译《马哥孛罗游记》、《马哥孛罗游记导言》,冯承钧译《多桑蒙古史》、《西域南海史地考证译丛》、《西突厥史料》、《郑和下西洋考》、《交广印度两道考》等。

民国十九年以后,顾颉刚续编《古史辨》第二册以下各册。第二册分上、中、下三编,第三、四、六册则皆分上、下编,大多为胡适、顾颉刚、钱穆、李镜池、钱玄同、容肇祖、郭沫若、俞平伯、刘大白、陈槃、罗根泽、童书业、张西堂、冯沅君、孙海波、杨向奎、刘复、魏建功、冯友兰等研讨古代人和书的问题,以及古史传说和古代史实的文字。

我国各著名学府和学术机关的定期学术刊物,亦多在这一时期创刊,只有《学衡》创刊于十一年,北大的《国学季刊》创刊于十二年,《清华学报》在十三年,《燕京学报》在十六年,中研院《史语所集刊》在十七年筹备期中出版;接着而起的有十七年创刊的《辅仁学志》、《北平图书馆馆刊》和中山大学《语言历史研究所周刊》、十八年创刊的《岭南学报》和《史学年报》(燕大史学会发行)、十九年创刊的武大《文哲季刊》、二十年创刊的《金陵学报》、二十二年创刊的中山大学《文史研究所月刊》、二十三年创刊的《图书季刊》、二十四年创刊的《文澜学报》、二十五年创刊的《史学集刊》(北平研究院)等。全国史学界人士所精心撰著的论文,多在上列各专门刊物发表,不能悉举。

北平研究院史学研究所,在战前所积文献资料颇多,以北平内外城全部庙宇的记录等、实地调查南北响堂寺的记录等及历次发掘斗鸡台的田野记录为多。

民国二十五年,商务印书馆纂辑《中国文化史丛书》,惜因抗战及太平洋战争发生,未能全部出齐。

陶希圣发起食货学会,出版《食货》半月刊;顾颉刚、谭其骧创办禹贡学会,发行《禹贡》半月刊,为研究中国社会经济史和沿革地理的两大专门刊物。

二十九年,政府筹设国史馆,聘朱希祖为总干事。

在此一时期中,以唯物史观作中国社会经济史探讨,有意或无意的作了共产党夺取政权的准备的,先有李守常在《新潮杂志》和胡汉民在《建设杂志》发表的文字可为代表,胡文有《中国哲学史之唯物的研究》、《唯物史观批评之批评》;其次则有周谷城、熊得山、吴贯因的论著,而梅思平、梁园东、朱伯康、公孙愈之文章则散见《于新生命》、《双十》、《前进》、《读者》、《先导》、《革命评论》等刊物,多作概论式介绍;又进而有郭沫若、任曙等发表稍深的研究性文字,青年中毒甚深,尤以郭沫若的影响为最大。到了这时候,社会上才有少数人起而驳斥,于是进入论战阶段,文字多散见于《现代史学》、《文化杂志》、《社会科学》、《二十世纪》、《历史科学》、《文化批判》等刊物,而《读书杂志》连出《中国社会史论战》四个特辑,尤尽推波逐流之能事。之后,郭沫若发表了他的《中国古代社会研究》、《甲骨文字研究》、《卜辞通纂》、《殷契粹编》、《金文丛考》、《古代铭刻汇考》等,其立场始终为唯物史观。而马乘风的《中国经济史》、吕振羽的《史前期中国社会研究》和《殷周时代的中国社会》,都披着当时最盛行的考证的外衣,利用旧籍和地下材料,为他们所信奉的主义,广事宣传,而学术界鲜能有所纠正。

四 民国史学的艰苦时期(上)抗战时期

抗日战事发生,全国史学者,大多数随各大专学校或学术机关西迁。中央大学迁于重庆附近的沙坪坝和柏溪;中山大学初迁罗定,继至龙州,终至云南澂江;北大、清华、南开三大学则先组织联合大学,在长沙开学,后定名西南联合大学,于二十七年春,迁至昆明;武汉大学迁于四川乐山;浙江大学,初迁建德,再迁江西吉安与泰和,三迁广西宜山,最后乃迁于贵州,分设遵义、湄潭、永兴场三处,仍在浙江龙泉设立分校;北平师大与北洋工学院及河北省立女子师范学院,先在西安成立临时大学,后迁汉中;二十七年四月,部令改称西北联合大学,设于城固,设分校于古路坝、汉中、沔县;二十九年,西北师范学院独立,迁于兰州,继承北平师大;东北大学战前已迁至开封,并再迁至西安;二十七年春乃迁往四川三台;复旦大学先迁庐山,再迁贵阳,三迁重庆菜园坝,四迁重庆北碚;暨南大学于二十六年秋暂迁租界,三年后在福建建阳设分校,太平洋变起,全部迁于福建。凡以上各校播迁所及之地,亦即吾全国史学者讲授著作之所,虽穷乡僻壤,无不安之若素。

中研院史语所二十二年自北平迁上海,次年迁南京,二十六年秋迁长沙,二十七年春迁昆明,二十八年迁至郊外龙头村,二十九年冬迁至四川李庄,卅五年秋迁回南京。北平研究院史学研究所亦将全部文献资料运往昆明,而于卅五年迁回北平。陕西发掘或采集的古物,在抗战时半数存于西安陕西考古会,曾被敌机炸毁一部分,半数仍存北平,胜利后收回,并续修《北平志》,将战前之陕西田野工作扩充至陕、甘两省,而将历史组范围缩限于中国西北史地。

在抗日战争尚未产生时,即二十六年春,中央研究院与经济部地质调查所合组西康古迹考察团,参加者为安特生与祁延霈,当年秋完成工作,得遗址二十九处,采集陶器、石器甚多。

自二十七年十一月至二十九年六月,中研院又与中央博物院筹备处合组苍洱古迹考察团,以吴金鼎为团长,在大理附近调查遗址三十八处,发掘遗址七处,属于史前者二十处。又发现墓葬十七座。中央博物院出版有《苍洱考古报告》。其地点在苍山山麓,洱海海滨,称砂陶文化。

三十年至三十二年,中研院、中博院筹备处及中国营造学社组川康古迹考察团,在彭山、新津等处调查遗址十七处,发掘五处。工作者有高去寻、吴金鼎、曾昭燏、夏鼐、陈明达诸人。

三十一年九月六日,四川古物保存委员会与四川省立博物馆发掘成都西郊琴台古墓(即王建墓)。

三十二年三月二日至九月二十一日,由中研院、中博院筹备处之营造学社及四川省立博物馆合组琴台整理工作团。

三十一年,中研院、中博院筹备处及中国地理研究所合组西北史地考察团,参加者辛树帜、劳榦、石璋如、向达、夏鼐、阎文儒、李承三等。是年八月起,发掘古董滩、察克图烽燧、阳关墓地、老虎煞、丰镐村、岐阳堡、玉门关、长城遗址、洮县阳洼湾、武威南山剌麻湾等地。

以上属于发掘方面,至于调查工作,二十七年九月吴金鼎、石璋如在昆明近郊,后吴金鼎即往大理一带调查兼发掘。三十年,石璋如、张政烺在宜宾调查汉墓;吴金鼎则在叙府、新津、彭山、成都一带调查。

西北史地考察团团员石璋如、劳榦、阎文儒并于途中在广元、天水、兰州、酒泉、安西、黑水流域、泾河流域、邠县至西安、西安至洛阳、西安至耀县、渭水流域、雍水流域、西安至临潼等处调查古城、古堡、古墓、古庙、烽燧、石刻、造像等。

三十二年至三十三年,中研院、中博院筹备处、中国地理研究所与北大文科研究所合组西北科学考察团,参加工作人员有夏鼐、李承三、向达、阎文儒等,发掘敦煌佛爷庙墓地、月牙泉墓地等。

在沦陷区,日人所作考古学侵略,亦颇积极;北京人竟告失踪,至今下落不明;周口店山顶的发掘,开始于民国十九年,发现北京人后即停止;二十二年又继续,抗战时期仍有极重要之发现,尤以研究上洞老人的成绩为最有价值。

抗战期中后方出版的历史著作,可举者有:

《性命古训辨证》,傅斯年著,始撰于二十五年,出版时战事已爆发。

《居延汉简考释》,释文四册,考证二册,劳榦著,三十二年六月完成释文之部,次年六月始完成考证之部。

《殷历谱》,董作宾撰,三十四年完成。以上皆中央研究院印行。

《中国史学通论》,朱希祖撰,三十二年出版。

《中国史学概要》,傅振伦著,三十三年出版。

《中国古史的传说时代》,徐炳昶撰,三十二年刊行。

《隋唐制度渊源略论稿》及《唐代政治史述论稿》,陈寅恪著,时论一致推为抗战期中难得的巨著。

《国史大纲》,钱穆著,二十八年完成,二十九年印行;《中国通史》,吕思勉著,亦二十八年完成;缪凤林《中国通史要略》,则于三十二年完成;张荫麟有《中国史纲》第一册,黎东方有《中国通史》远古篇。

郭廷以则以中国近代史料汇钞为《近代中国史》,初稿成于二十一年秋,修正于二十七年。

拙著《中外文化交通史论丛》及《中国天主教史论丛》,印行于三十三年。

《伪齐录校补》,朱希祖著;《唐代文化史研究》,罗香林著,皆三十三年出版。

许地山遗著《国粹与国学》,则刊行于胜利之年。

其他如劳榦、贺昌群、吕思勉之于秦汉史,杨树达、孙毓棠之于汉史,陈寅恪、周一良之于魏晋南北朝史,陈寅恪之于隋唐五代史,岑仲勉、罗香林之于唐史,张荫麟、陈乐素、邓广铭之于宋史,冯家昇、谭其骧、傅乐焕、陈述之于辽史与金史,韩儒林、姚从吾之于蒙古史,王崇武、吴晗、李晋华之于明史,朱希祖、朱偰、谢国桢之于南明史,萧一山之于清史，简又文、罗尔纲之于太平天国史，史念海、谭其骧、钱穆、蒙文通、冯家昇之于沿革地理，陶希圣、全汉昇、杨联陞、李剑农、梁方仲之于中国社会经济史，郑振铎之于中国文学史，李俨、严敦杰之于中国算学史，白寿彝之于中国交通史，王庸之于中国地理学史，冯承钧之于中国南洋交通史，向达、张维华之于中外关系史，邹鲁之于中国国民党史，或著专书，或撰论文，皆卓然可观。

抗战期中，后方之史学刊物，有二十九年七月说文社创刊的《说文月刊》。三十年二月创刊的《文史杂志》，三十三年十二月出版四卷十一、十二期后，似未再出。史学论文撰著较多者有顾颉刚、贺昌群、唐兰、张维华、罗香林、朱希祖、金毓黻、缪凤林、黄文弼、史念海、容肇祖、丁山、王德昭、方豪、陶元珍、萧一山、向达、白寿彝、谷霁光诸人。

三十三年一月创大创刊《真理杂志》，仅出一卷一至四期。

其他各学校与学术机关出版者，二十六年浙大史地系创刊《史地杂志》，二十九年齐鲁大学创刊《责善》半月刊及《国学季刊》，三十年浙大创刊《文学院集刊》，东北大学创刊《东北集刊》，齐鲁国学研究所、金陵中国文化研究所、燕京国学研究所、华西中国文化研究所共同发行《中国文化研究汇刊》，华西协合大学出版《中国文化研究所集刊》，三十二年中央大学创刊《文史哲季刊》，复旦大学复刊《复旦学报》等。三十四年十二月，重庆史学书局出版《史学杂志》创刊号，似未续出。三十年在遵义出刊的《思想与时代》，间亦有有关史学的论著。

抗战期中，学者生活艰苦，出版尤为困难，如中研院在李庄出版的《六同别录》、《殷历谱》、《居延汉简考释》等，浙大在贵州遵义出版的《史地杂志》和《文学院集刊》、《徐霞客先生逝世三百年纪念特刊》，东北大学在三台创刊的《集刊》等，均属石印，纸张粗劣，但所收文字，多为精心结撰，美不胜收；然因印刷不易，所以很多在战时研究的成果，只能在战后印行。抗战期中，其在沦陷区闭户著书，印行问世者，如陈垣在北平有《释氏疑年录》、《明季滇黔佛教考》、《南宋初河北新道教考》三书；而《辅仁学志》亦继续出版；在上海，李玄伯有《中国古代社会新研》；吕思勉、童书业合编《古史辨》第七册上、中、下三编，不能备举。

对日抗战时期，政府与共党曾发表联合宣言，共赴国难，左派史学家遂大肆活跃。在延安他们有中国历史研究会,由范文澜、叶蠖生、谢华等合辑《中国通史简编》,秘密流通各学校;在重庆等地,郭沫若印行《十批判书》、《青铜时代》、《今昔蒲剑》、《屈原研究》;周谷城有《中国通史》;邓初民有《中国社会史教程》;吴泽有《中国原始社会史》、《中国历史简编》、《古代史》;侯外庐有《中国古代史》、《中国古典社会史》、《中国古代学说思想史》、《中国近代学说思想史》,又和杜守素,纪玄冰合著《中国思想通史》;吕振羽有《中国原始社会史》、《中国社会史纲》、《简明中国通史》等,洪流泛滥,乃至不可收拾!

胜利以后,政府迁台之前,中国近代史出版者有武波的《中国近代史》第一分册,金兆梓著《近代中国史》,李剑农著有《中国近百年政治史》,钱杏村则编有《近代外祸史》;苏诚鉴编著《后汉食货志长编》;李文治编《晚明民变》;潘光旦著《明清两代嘉兴的望族》;朱琳编《洪门志》;岑仲勉撰《元和姓纂四校记》;王崇武著《明靖难史事考证稿》;严耕望辑《两汉太守刺史表》;董作宾著《小屯》,分若干本:第一本为殷墟发掘总报告,第二本为殷墟文字,分甲、乙、丙诸论,而第二本甲编付印最早,故亦于三十七年四月首先出版。

史学著作之受战祸损失者亦极多,举例言之。《殷墟文字》中编,早于二十五年付印,二十六年春夏间即已印成一部分,全毁于战火。二十九年秋再由商务印书馆在香港承印,书成,复于三十年冬,毁于战火;民国十九年,西北科学考察团,在汉代居延所发现的大批汉简,曾由马衡、向达、贺昌群、余逊等分作释文,由商务印书馆在香港印行,太平洋战争爆发后,即下落不明,殆毁于火。

与史学有关的学术刊物,胜利后即相继复刊。由《安阳发掘报告》而更名为《田野考古报告》,战后复刊,又改名为《中国考古学报》,但稿件却是民国二十九年已付印的。新出的有《中央图书馆馆刊》、《学原》和浙江大学的《浙江学报》等。

五　民国史学的艰苦时期(下)

《教育与文化》第六卷第四期,四十四年一月二十二日出版,有王德昭先生撰《四十三年度历史学的研究》一文,虽题限"四十三年",但实际是很广泛地叙述近六七年在台史学界人士的研究工作,非常详尽,甚至于《现代国民基本知识丛书》第三辑中尚待刊印的著作,亦有一部分收入,可供参考,故本节不再赘述。民国以来,史家辈出,作者谫陋,以前各节所述,挂一漏万,知所不免,尚祈读者不吝赐正。

(《方豪六十自定稿》)

评现在之中国史学界

马鸿昌

一 两种根本倾向的对立
——唯物史观与唯心史观

在中国现在史学界,有两种根本倾向明显的对立:一种是唯物史观的倾向,另一种就是反唯物史观的倾向了。我们对于中国史学界的批评,就要从这两个倾向分别着手。

在以前,我们中国不但没有人用过彻底的唯物论底方法和观点研究中国历史,并且也没有人用过彻底的唯心论底方法和观点研究中国历史,严格的说,在中国史学界,找不出"方法",找不出"眼光",找不出"立场",找不出"史观";有之,只是一堆一堆陈陈相因的废纸而已,只是片片断断不成体系的偶然发见而已,谈不到所谓体系完整的唯心史观,不消说,更谈不到体系完整的唯物史观了。

记得托落茨基有一段关于韦尔士《世界史纲》的批评,若是把这一段批评拿来批评中国的史学界,我觉得十分痛快,十分恰切。托落茨基说:

> 我很抱歉,在未读萧伯讷的信以前,我连韦尔士的《世界史纲》这部书的名字都没有听见说过,后来我才看见。我不可抹煞良心说诳话,老实说,我没有把它读完,因为我只读了一两章,便决定没有再费工夫读下去的必要了,你想想吧:既绝对的没有方法,又没有历史的眼光,又不懂得社会生活各方面的相互的关系,总而言之,一点科学的训练也没有。这么一位"历史家",漫不经心像一个

星期日出外闲游的人似的在几千年历史之中大步的乱闯。——于是乎作出了这一部《世界史纲》!

这是托落茨基对于韦尔士的尖辣的讽刺。其实我们中国底历史家及历史著作,比之韦尔士及他底《世界史纲》,还是"望尘莫及"啊!

二　中国史学界之唯物史观的倾向
——评新生命、新思潮……各派作家

在这里,首先是对唯物史观倾向的方面之批评。

一九二五年的暴风雨时代来了!伴着一九二五年中国大革命以俱来的新文化运动,再没有比社会科学一方表现得更明显了。在社会科学底领域里边,也再没有比历史科学闹得更热闹了。几年以来,中外学者不断的试探着用唯物史观底武器,批判中国历史,想把中国历史从断烂朝报底掩蔽之下解放出来。如拉狄克之《中国革命运动史》、伐尔加之《中国革命论》、陈公博之《中国历史上的革命》、郭沫若之《中国古代社会研究》、陶希圣之《中国社会之史的分析》、熊得山之《中国社会史研究》、周谷城之《中国社会之结构》等书,以及《新生命》、《双十月刊》、《现代中国》、《新思潮》、《动力》等刊物所发表的短篇文字,都是企图着应用唯物史观的见地和方法,来处理中国历史的。

在试探的过程中,固然打破了旧史学的营垒,揭穿了旧史学的一切谬误和缺陷;同时,自己本身的错误和缺陷,也是必然难免的。

最大的错误,就是理论和史实的不相融合。就是说,理论自理论,史实自史实,两件东西不能够打成一片,这一点,实在是严重的错误,并且是普遍的错误。

一般急性的新史学家,多半是受了一点唯物史观底启示之后,就自以为得到了解决中国历史的"希世之宝",于是匆匆忙忙跑到中国历史底神殿里边。到了里边,自己也有点眼花撩乱,心神茫然,然而又觉得这个出风头的年头不可错过,于是东一把,西一把,随便捞摸一点东西,又匆匆忙忙的跑出来;出来之后,赶快把唯物史观底大衣拿来,不管合适不合适,就把它硬套在某种东西之上,套上了唯物史观底大衣之后,又匆匆忙忙走到出版界去。我们想一想：这样的潦草，这样的急性儿，这样的生吞活剥，能有什么好的结果？其结果是外观未尝不光彩夺目，书名未尝不新奇迷人，但是叩其内容如何？其内容却反而是穷乏、空虚、浅薄生疏得可怜！这一点实在使我们惋惜到极点了！

本来中国的历史记载就是一堆纷乱支离的糊涂账，要想把这一堆纷乱支离的糊涂账，加以完整的结算，明析解释，与正确的推论，那非有长期的耐性、苦工的研究，与披沙拣金的精神不可。不幸，我们的新史学家恰恰就缺乏这一种耐性、苦工和精神。所以随便把各代的《食货志》拿来凑合一下，就美其名曰中国经济史；把《通志》、《通典》任择几部分拿来一编制，就名之曰中国文化史。他不知道有许多重要的经济史实，并不见之于各代《食货志》，有许多的文化史料，也许为《通典》、《通志》所抛弃的，单是研究中国各代的《食货志》及其他《通典》、《通志》的类书，并不算尽了研究中国经济史及文化史之能事。这种潦草塞责，只是意味着他对于中国历史的无诚和浅陋。

基因于理论史实不相融和的错误，必然又派生了两种缺点：

第一，是结论的武断。人类社会底史的活动，本来就是最复杂最多面的发展物，英雄伟人可以从历史里边找出他底好大喜功的赞词，宗教牧士可以从历史里边找出他底迷信和骗人的教义，孤臣孽子可以从历史里边找出他底愚忠愚孝的信条，隐士学者可以从历史里边找出他底极乐园，资产阶级可以从历史里边找出他底卫护个人主义的根据，同时无产阶级也可以借用历史作批判资本主义的武器。这样说来，历史好像是"有求必应"的菩萨了，我们若是从复杂的历史当中，断章取义的牵强附会，合于自己底脾胃的，就尽量放大烘托；同时不合于自己底脾胃的，就舍掉不提，一笔勾销。那么，历史岂不活活的变成了个人底成见底奴仆了吗？

再从历史的发展形态上来说，历史是社会内诸要素继续不断的互相冲突互相矛盾的发展物。在某一种经济形态、政制形态、意识形态占着支配地位的时代，同时还残存着旧时代底经济形态、政制形态、意识形态；另一方面，又萌芽着新时代底经济形态、政制形态、意识形态。比方，现在的英国、美国是资本主义的经济形态，然而它们绝对不是纯粹的资本主义经济,除了资本主义经济之外,还有封建经济和手工业经济的遗物。同时,资本主义又训练了千千万万掘毁资本主义底根基,奠立社会主义底基础的新阶级。再说我们中国封建势力还残存着,而且尚发挥着颇大的反动力量;反之,几个工商业中心地,慢慢的取得支配全国经济政治的实权;同时,新的势力又已涌现出来。这三个互相激荡互相消长的力量,有时缓缓的暗斗着,有时激烈的敌对着,把中古和近代的历史水面打得风浪滔天,然而有时又暂时呈现着平静状态。所以我们若是对于这冲突矛盾变动永流的历史本体,没有加以细心的推敲,那一定会陷入于片面的武断底险境,而把握不着历史发展的真正形体。

看看我们的新史学家怎样来对付这复杂矛盾的历史本体吧。下面是关于中国社会底本质底例子:

有的人以为秦朝统一之后到现在封建制度崩溃了,贵族阶级消灭了,于是便肯定二千年以来,中国已脱离封建制度了。

有的人以为中国的封建制度,在秦朝虽然表面上经过很大的破坏,但是在实质上中国到现在仍然逗留于封建制度领域之内。

有的人以为中国封建制度,在秦朝开始崩溃了。同时,封建制度崩溃之后,又不像欧洲那样资本主义制度起而代之,所以就肯定二千年以来的中国政治,是官僚政治,换别的话说,就是士大夫政治。

……

关于中国社会之历史发展阶段这个问题的答案,差不多是一个人一个说法,为什么一个共同的研究对象,而解说竟这样东西南北的背驰?除了个人的成见与阶级意识的制约两原因以外,主要的还是因为对于中国历史欠缺深切的认识,归根究底还是理论和史实不能灵活的印证的缘故。

第二,是内容的穷乏。这一点在上边也附带的谈过,这里再补充几句。凡是稍微留心于最近的历史读物的人,你一定会感觉到两种不同的感想,然而同样不是好感。你读到旧的以前的历史著作,你会感到干燥、乏味,没有头绪,没有系统;你要换一换新的历史著作来读,你会感觉到空洞穷乏,开场是铺张扬厉,高谈理论,把唯物史观的教义,东拉西扯的引用着,但是一触到中国历史的实际问题就碰到了难以飞渡的难关,这时候不是仍然被中国历史底洪流所浸毙,便冒着险潦潦草草渡到彼岸完事。

这一种缺陷是显而易见的,在这里我想没有多费纸墨之必要。底下是我对于倾向于唯物史观的新史学家,以及有志于重新批判中国历史的人们的同情与希望。

在现在,除非我们仍然让中国历史被风刮雨洒、虫蠹、耗子咬,除非仍然让那般国故先生校勘啦,辨伪啦,考证啦,整天在中国历史底暗室里表演那捉迷藏的恶剧,除非你是个神仙,是个历史底狐狸精,能够于刹那间把中国历史美化系统化,不然的话,那么没有别的办法,至少现在是没有别的办法,我们只有把握着唯物史观给与我们的方法和观点,作为批判中国历史的指导原则,再能够有耐性的苦工与切实做到理论和实际史实的灵活正确的运用,必如此,然后中国的史学界乃能走上一个新的光明的路径。

三 中国史学界之唯心史观的倾向
——评顾颉刚、傅斯年等

现在我们紧接着批评反唯物史观一倾向。

首先要把范围确定一下。广义的说,凡是一切反对唯物史观的史学家都应当列入,但是这不但不可能,而且不必要。然则我们批评的对象何在?

我们只有找出最主要的,而且在史学界还到处弥漫着势力的几个代表人物,作为批评的对象。然则那一种又是我们主要批评对象?

我们的主要对象就是那以汉学家为师承,而又混用了一点欧美自由主义的科学方法的国故学派。这一派在中国新文化启蒙运动时代也颇负声名,若是叫我把他底名字具体的写出来,那就是在几年以前哄动一时的《古史辨》里边相吹相捧相克相生的胡适之、顾颉刚、钱玄同、傅斯年诸位先生了。

要想知道顾先生底《古史辨》底影响如何之大,那只用把我个人的关于这一本书的经过写出就充分证明了。

大概是我在河南第一师范读书的时候吧，我们的先生和同学都交口称赞这一本书的价值，我虽然没有读完，却是很用心的读了几页。当中，我又胡乱的革了几年命，虽然《古史辨》的内容，我完全隔膜了，但是我仍然留着很好的印象于《古史辨》，并且我懊悔着我不该不读这本书。以后郭沫若底《中国古代社会研究》出版了，内边很推崇罗、王两氏对于古史的贡献，而对于明明是古史辨的《古史辨》，却一字未提，我真有点莫明其妙。然而仅仅是莫明其妙罢了，好印象仍然为《古史辨》留着。

去年，我一时高兴，要想对于中国古代社会，弄个大概的明了，于是从朋友那里借到《古史辨》来参考。我凭着良心来说，我拿着又是景仰又是诚恳的态度去领教于《古史辨》，绝望！绝望！它不能告诉我一点什么东西，最后我翻完了，不由得叫我长叹一声"骗人"。

你要是一个想替你底先生吹嘘的学生，或者是一个想替你底学生捧场的先生，你尽可以买一本《古史辨》看看，作为练习技术的指南；要是为研究中国历史而想有求于《古史辨》，我劝你大可不必。

《古史辨》不但内容空乏，而且其方法简直不成其为方法。顾先生跳来跳去，仍然跳不出汉学家如来佛的手心。顾先生还是抱着古史必求之于古书，古书又必求之于真古书的信条，其实这都是枝节问题。古史不必一定求之于书籍的记载，书籍的记载不必一定是可靠的历史。真古书不必一定是完全可靠的史料，伪古书也不必一定是全无可取的史料。要把历史的本身与历史的记载分别开。我们若是站在人类社会底史的进化一观点来展望历史，那么史书的真伪问题，其作用可真是小之又小了。

假若按照顾先生底方法看来，一切的史实都要以史书的真假作标准，那么我们可以说：某种某种史实是真的，何以故？很简单，因为那种史实所根据的史书是真的缘故；反之，某种某种史实是假的，何以故？因为那种史实所根据的史书是假的缘故。基于顾先生的治史方法，我愿意拿几个简单的例子，展开于顾先生之前，请教！请教！

《亢仓子》："凡蘧氏之在天下也，天下之人，惟知母不知父，鹑居鷇饮，而不求不誉，昼则旅行，夜则类处。"请问顾先生能不能因为本书的作者发生问题，而即否认它是人类社会原始时代的真实历史呢？

孟子："……方里而井,井九百亩,其中为公田,八家皆私百亩,同养公田……"请问顾先生能不能因为本书是真的,而即肯定中国古代的井田制度,真的像孟子所说的那样四四方方匀匀当当的方块式吗?我以为中国古代的井田制度,与其说它是人为的,勿宁说它是自然的;与其归功于圣君贤相的美风善政,勿宁归功于人类社会生活之必然的发展程序。想当年,地广人稀,土地的使用,如现在空气的享受一样,土地的分配,决不像孟子所说的那样陈平割肉式的方方正正。而且在当时决没有一致确定的衡量制度,像孟子所说的那样分配,简直是不可能。后世的学者,信了孟子的古书,且因极其巧妙的附会井田制度,其实倒转来是诬没了古代井田制的真正面目。不料我们的顾先生,现在还叫我们株守古书啊!

总之,不知道或者是不屑意站在人类社会的历史进展的总点来探讨历史,不知道拿人类社会的实际生活来说明历史,不知道拿世界各国的进化历程来旁证中国历史,自己对于中国历史,没有一个大概的轮廓,没有一个粗枝大叶的骨干,而仅仅在枝枝节节片片碎碎的地方,呶呶争论,甚至自己先投身于中国古书底锁镣之中,而犹叫哭连天的诉苦乞怜,那不是徒然?那不是庸人自扰?

现在我们再谈一件最近的事情吧。这一件事情,是非常有趣,而且非常严重的。你只许明了这一件事情,就可以免在他们底著作当中,搜求他们治史的立场和方法的许多麻烦与心血时间的耗废了。

这一件事情,是从我的一位朋友的口中道出,现在我忠实地把朋友的话记录在下面,我深信我的朋友对于傅先生的论点同样是忠实的。言归正传,请读者留心:

> ……最近我碰到了一件关于历史问题的事情,使我惊奇的很!我可以把事实的经过和我当时的感想稍微谈一谈。这一件事情的发生,是在"历史方法论"那一堂上。因为是傅斯年先生担任这一门功课,并且我久矣未听到傅先生的大名,所以我很高兴的要去听一听。傅先生教书的口才的确是好,所以开始听着很入耳,慢慢的使我惊奇,最后简直使我发迷,使我莫明其高深!
>
> 傅先生苦苦谆谆的旁证博引,终于以确有把握的神气达到了

如下的结论：

历史是什么？历史是上句不接下句，东摇西摆，乱七八糟的偶然的不成体统的东西。

这真是伟论，这真是"自生民以来未有盛于夫子者也"的历史哲学。

当傅先生以道貌岸然的神气，完成了他这个斩钉截铁的结论之后，全堂听者为之哑然无声，静默三分钟。我可以拿我自己当时的心情，推测当时全体听讲者对于傅先生的伟论一定是难于领会，同时又不便于公然发难的隐痛。

幸而傅先生的态度还好，几分钟过后，他问听讲者对于他的结论有无疑义有无讨论的地方！听讲者还是默然，傅先生又把话重复问了一次，终于有一位打破了这沉闷的空气，而提出质问：

傅先生！我的见解恰恰和先生相反。我以为人事现象与自然现象，固然有某种程度的差别，但是人事现象也是因果的关联，是永流不断的历程，并不是像先生所说那样历史是上句不接下句的东西。历史也有必然的法则，并不是像先生所说那样历史是乱七八糟、东摇西摆偶然的东西。若是按着先生所说，那么历史根本没有研究的必要，并且根本没有研究的可能。

傅先生似乎有点性急，在质问者的话未充分完结以前，傅先生打断了他的话而开始反驳，以狮子搏兔的全力向他反驳。傅先生说：

你既然提到因果律，我们就首先讨论讨论因果律吧。因果的解释，是指着宗教意味而言，如善因善果，恶因恶报是。其他在科学方面，就没有人谈因果律，反而一般非科学家才在那里高谈因果律啊！

说完了这一段话之后，傅先生还继续着指出历史上元朝成吉斯汗伐日本的例子，作为他底"历史偶然论"的确证。他说：

元朝成吉斯汗把欧亚许多国家都征服了，单单伐日本的时候，因为忽然之间起了大风，把他底兵舰都卷沉海底。若不是忽然之间大风作祟，也许元朝会完成了统一的大帝国，也许世界的历史会是另一个面目了。

谢谢傅先生诲人不倦的好意,把因果律解释之后,又拿出成吉斯汗的故事证明"历史偶然论"底根底。其实傅先生有点过虑,所谓因果律,自然不是宗教上的因果报应。傅先生一面确说现在科学家不谈因果律,一面又把因果律还元到宗教上,这是甚么意思?这是意味着傅先生对于因果律的恶意的仇视,与有意的诬曲。试问一个现代科学家,对于一个现象没有因果关系的认识,那还配得上科学家的头衔吗?试问什么叫做科学?一个现象既然是其来也无形,其去的无定,飘忽神秘,捉摸不定,请问科学家从什么地方建立起他们底共同的对象与一致的认识法则?一个自命为科学家的先生,没有基本的认识法则,请问他怎解说万有现象,判断万有现象,并进而克服万有现象?傅先生钦命下之科学家,恐怕是踏破铁鞋,求之不得吧。

以上是记录我的朋友的谈话。关于成吉斯汗伐日本的公式,也不是傅先生所发明的。这些公式是西洋旧史学家和中国史学家所久已应用了的。我愿意替傅先生再补充几个:

假如埃及的女王克利奥佩特剌底鼻子和原形不同,则罗马帝国的发展形式,就会取着别的方向,这样全欧洲底文明也会沿着不同的河床而进行吧。

假如七年战争的时候,杜拔理侯爵夫人不是那样媚惑迷人,路易十五不是那样对于女性的追求,则十九世纪全欧洲的社会局势,会取着别样的回转吧。

假如陈圆圆不是那样美丽,吴三桂不是那样为她所迷醉,也许他就不会倒戈,满洲就没有侵入中国的机会,也许"今日之中国仍是明家之天下"吧。

够了,这些公式太多了,简直是举之不胜其举。好在傅先生精通中西文,只要努力的到故纸堆里发掘,总有一天"历史偶然论"会被傅先生所完成的。

拉杂的写的不少了,节省我们的时间,确定我们的认识起见,不能不简要的然而又是细心的把傅先生的历史理论加以分析,并予以肯定的扬弃。

只要你不是为大学教授的招牌所吓倒,不是为傅先生的巧妙的讲辞所欺蒙,那你对于傅先生底理论,一定是不会不反对的,至少是不会不成为问题的。

我们对于因果性的认识,当然不是宗教上的意味,又不是机械的唯物论的意味,我们承认人事现象底因果关系,不是像自然现象底因果关系那样的显露、简单,而且可以用再生的人工手段来试验;我们也看到人类社会底史的生活,在其表象上所现出之复杂性、困难性,但是这并不妨害我们对于历史法则的探求,这只是要求我们对于这一部门的研究,要有明白正确的理解,与加倍细心的推论罢了。一位历史家假若看到历史的困难性、多样性,而茫然回头,而声言:"历史是乱七八糟、东摇西摆、上句不连下句的东西。"那只是意味着某位历史家对于历史的暴躁与无知,只是意味着某位历史家故意对于人类社会底史的事实闭上眼睛,或者根本缺少了眼睛罢了。

我们对于偶然性的认识,也不是和机械的唯物论一样。我们也承认偶然作用在历史上的地位,我们也知道偶然作用对于历史本身底发展历程,有时加以阻碍的延滞,有时加以加速的推进,但这只不过是阻碍作用推进作用而已,它决不能本质的决定历史,创造历史,改变历史。所以拿偶然性来说明历史,那只是证明他底观察的浅浮而已。

现在对于反唯物史观一倾向,应当与以结底的批评。在未批评以前,希望读者把前边所举的托落茨基对威尔士的批评再玩味一下,然后把这个批评,再赠给中国的反唯物史观诸君是同样的恰当。他们没有方法,没有"史观",没有确定的立场,他们对于进步的社会科学通统加以鄙视,他们划地自限,不求长进,在他们眼光当中,唯物史观和辩证法,简直不值一顾。谁若是和他们谈唯物史观,谁就是政论家,而不是历史家,是宣传者,而不是学者,好像只有像他们那样没头没脑的钻身于与实际生活相去十万八千里的故纸堆里当书虫一样,才算是不折不扣的学者、历史家。这些人死守着汉学家的残堡,佩挂着欧美自由主义底科学底败甲,装满了胡扯乱道的大胆,要想和唯物史观决战,将来恐怕是凶多吉少吧。

四　对于中国史学界前途的展望

上边已竟把中国现在史学界两种倾向分别说过。归结说来,倾向唯物史观的史学家们,在方法上立场上都是很明确的,不过缺乏研究的耐性与长期的苦功,所以不能够把理论和事实互相印证,互相融合,有时且有歪曲事实将就理论之弊;反之,反唯物史观的史学家们,没有方法,没有"史观",没有确定的一贯的立场,然而他们大部分对于中国史实的用功与熟悉,是我们所不能不承认的。所以我希望前者以后要努力于史实的充实,后者要努力于正确方法的活用。这样才能做到理论与实际历史之一致,这样才能把中国的历史推进于一个正确充实的科学的大道。

本文底目的,只在消极的批评,而且批评的范围,只限于最主要的对象。关于积极的理论的建设,那是大家的事情,我自己也正在努力着,最近将来我愿意有机会再论历史底积极的理论建设。

(《新社会杂志》1931 年第 1 卷第 2 期)

新史学批判

靖　公

从清代光绪二十年甲午战争以后，中经民国八年五四运动，和民国十五年的国民革命，直到"九一八"事变发生前夕，在这四十年间，中国学术界激动最大、贡献最多的是中国的新史学。这时期中新史学的演变和潮流，可以三个人为代表：一个是梁启超，一个是胡适，一个是郭鼎堂。

从甲午之战到五四运动，这期间以梁启超为代表；从五四运动到民国十五年国民革命，这期间以胡适为代表；从北伐完成到"九一八"事变前后，可以郭鼎堂为代表。

自甲午之役，古老的中国民众因再度受到外来的坚甲利炮的教训，于是西洋文化的特长，才为一般明白事理的人所承认所认识，而效法西洋的呼声亦日高一日。思想界也步入了启蒙时期的维新运动。最初有康有为与翰林院侍讲学士文廷式等创立"强学会"于北京和上海，刊行《时务报》，由他的学生梁启超任主笔，鼓吹变法，一时士气大张。各地的革新组织，如雨后春笋，弥漫全国。一八九五年（光绪廿一年）由康、梁倡议，集公车一千三百人签名上书请清政府变法，清政府不能用。一八九八年又酿成戊戌政变。康有为离京潜逃，梁启超则于变法后避往日本公使馆。后梁氏又往日本创《新民丛报》，宣传"宪政"、"民权"思想。这时梁氏除竭力鼓吹"宪政"外，他所主编的《新民丛报》提倡西洋文化最力，一时西政的研究，极使人注意。梁氏于整个激荡的环境中，已不失为一时国民思想的领导者。他对于那时国内文化界影响最深的，是他的政论文字和文学革新思想。而他自己所写的文字，就最能脱除桐城派的古文气质而独成一格。他在《清代学术概论》中介绍他自己的文章的特点说：

> 务为平易畅达，时杂以俚语、韵语及外国语法，纵笔所至不检束，学者竞效之，号新文体。

梁氏对于他的"新文体"似很满意，而事实上也确有不少人受他的影响。他不但创造一种新文体和输入日本文的句法，而且更能把戏曲、小说与论记文平等看待，颇能领会文学的真精神。所以在"五四"时代的钱玄同氏曾说：

> 梁启超先生实为近来创造新文学之一人。……鄙意论现代文学之革新，必数及梁先生。(《胡适文存》，页三七)

梁氏又曾与谭嗣同等提倡汉字改革。当时他的思想之前进，已超过康有为、张之洞等人。他住在日本两年，给予国内思想界的影响已非常之大。那时他尽力于文字的发挥。据他在《三十自述》中说：

> 尔来蛰居东国，忽又岁余矣，所志所事，百不一就，惟日日为文字之奴隶。空言喋喋，无补时艰。平旦自思，只有惭悚！顾自审我之才力，及我今日之地位，舍此更无术可以尽国民责任于万一。兹事虽小，亦安得已？一年已来，颇竭棉薄，欲草一《中国通史》以助爱国思想之发达，然荏苒日月，至今犹未能成十之一二；惟于今春为《新民丛报》，冬间复创刊《新小说》，述其所学所怀抱者，以质于当世达人志士，冀以为中国国民道铎之一助。呜呼！国家多难，岁月如流，渺渺之身，力小任重！吾友韩孔广诗云："舌下无英雄，笔底无奇士。"呜呼！笔舌生涯，已催我中年矣！此后所以报国民之恩者，未知何如？每一念及，未尝不惊心动魄，抑塞而谁语也！(自《饮冰室全集》)

梁氏是一个积学而又热情的人。我们看他的《三十自述》，就知他之涵泳经史，志趣和怀抱，都非常人所能企及。他从小就读很多历史，"家贫，无书可读，惟有《史记》一，《纲鉴易知录》一，王父、父日以课之，故至今《史记》之文，能成诵者八九。父执有爱其慧者，赠以《汉书》一、姚氏《古文辞类纂》一，则大喜，读之卒业焉"。梁氏生时，正当太平天国亡于金陵后十年，曾国藩死后一年。其时清室已日见没落，政府的腐败无力益甚。

梁氏"惋愤时局,时有所吐露","顾益读译书,治算学、地理、历史等"。他的改革政事的思想,早已有了心愿,而他的思想多少是由历史为出发点的。梁启超虽是康有为的学生,康、梁于史学俱有造作,但康有为的史学修养只造成了他的今文家的疑古贡献,而梁氏的史学基础则构建了他的政治的以及学术的和民族的思想。这是康、梁在史学上的差别。

就一般来说,康氏的史学造诣较梁氏为深湛,而梁氏在史学上的成就较康氏为广博,他们两人治学的态度亦因性格的不同遂异其趣。这一点梁启超自己曾说:

> 启超与康有为最相反之一点:有为太有成见,启超太无成见。其应事也有然,其治学也亦有然。有为尝言:"吾学三十岁已成,此后不复有进,亦不必求进。"启超不然,常自觉其学未成,且忧其不成,数十年日在旁皇求索中。(《清代学术概论》第二十六节)

梁氏于康氏始从而终离,其原因盖由于性格和学殖的不同。近人周予同曾说:

> 康氏始终是经学家,其谈史也是为了治经。因为康氏是经学家,所以始终谈"伪经",谈"改制",甚至以神秘性谈孔子。梁氏已由经师弟子转变而为新史学家,所以留意于"我国旧思想之总批判及其所认为今后新思想发展应遵之途径"。梁氏的友人林志钧为梁氏编辑遗稿时,曾有很明确的话。他说:
>
> > 知任公者,则知其为学虽数变,而固有其坚密自守者在,即百变不离于史而已。观其髫年即喜读《史记》、《汉书》。居江户,草中国通史,又欲草世界史及政治史、文化史等。所为文,如《中国史叙论》、《新史学》及传记、学案,乃至传奇小说,皆涵史性。其《历史研究法》,则其治史之方法论。而《政治思想史》、《美文及其历史》、《近三百年学术史》、《佛教史》诸篇,皆为文化史之初稿。……任公先生之于文化史,亦朝夕常言之。(见所著《五十年来中国之新史学》)

周氏和林氏所说,都属近是,而尤以林氏所说为扼要。梁任公一生的思想、学术,"固有其坚密自守者在,即百变不离于史"。这是最重要的一点。梁氏与别人不同处也就在这个地方。

梁氏既是一新史学家，他对于中国的旧史学就采取一种批判的态度。他以为中国旧有的"汗牛充栋之史书，皆如蜡人院之偶像，毫无生气，读之徒费脑力"，因而斥责"中国之史，非益民智之具，而耗民智之具"（《饮冰室合集》文集第四册之九）。他以为历史是进化的学问，中国历史却是退化的。因而他遂有整个改革中国历史学的主张，同时他在这方面也曾下了不少的功夫。梁氏在当时贡献最大的，是史学方法。他说：

旧史中无论何体何家，总不离贵族性，其读客皆限于少数特别阶级——或官僚阶级，或智识阶级。故其效果，亦一如其所期助成国民性之畸形的发达，此二千年史家之所不能逃罪也。此类之史，在前代或为其所甚需要，非此无以保社会之结合均衡，而吾族或早已溃灭。虽然，此种需要在今日早已过去，而保存之则惟增其毒。在今日惟个性圆满发达之民，自进而为种族上、地域上、职业上之团结互助，夫然后可以生存于世界而求有所贡献。而历史其物，即以养成人类此种性习为职志。（梁著《中国历史研究法》，五一页）

以生人本位之历史代死人本位之历史，实史界改革一要义也。（同上）

我们看他这番话，真不啻给与旧日的史学一个彻底的打击。梁氏的意见是不错的。他认为旧日汗牛充栋的史书只是少数阶级的专利品，对于一般群众可说是毫无影响。他"以生人本位的历史来代死人本位的历史"，这个意见非常正确。唯其以生人为本位，这样才有历史的意义和价值。生人的现实环境是怎样造成的？这只有从历史上去找寻正确的解答。现实环境之是否美善？亦只有从历史上可资比较，更可由历史的发展以观测将来。如梁氏在上面所说虽甚简略，但包涵实广。旧有的史书当然都不具备那样的条件。要革新中国的史学，自不能不走梁氏所说的一条道路。

梁氏的有关于史学方面的著作，大都完成于民国八年，游欧回来以后。这时他已由一个政论家成为一个学者。数千年来的专制制度已推倒了八九年，旧的一切正待加以批判和整理。梁氏对于各方面都觉有革新的必要，尤其对于新史学，他更提出了具体的研究方法。他的《中国历史研究法》发表以后，立刻给与全国学术界一很大的影响。中国的新史学固由梁氏此书建立根基,而且更因梁氏在这一方面贡献之多,又直接引起民国八年以后的整理国故运动。其时如研究系一系人物,以及不少国文教师和读书人,都舍弃了其他的事业钻到故纸堆里,整理国故的风气弥漫全国。这些都可说是受了梁氏的影响。梁氏既提供出一些宏富的新史学的方法,无怪胡朴安氏要说梁启超的《中国历史研究法》,是一部"为中国史学界辟一新天地"的作品(见胡氏所著《最近四年中国思想界之倾向与今后革新之机运》)。

梁氏在他的史学思想外,我们还可一说的,是他的哲学思想。梁氏的哲学思想带有东方色彩。他在民国八年从欧洲看完了世界大战回来以后,最使他有感触的,是西方"物质文明——科学的破产"。梁氏在《欧游心影录》中曾说:

> 总之,在这种人生观底下,那么千千万万人前脚接后脚的来这世界走一趟住几十年,干什么呢?独一无二的目的就是抢面包吃。不然就是怕那宇宙间物质运动的大轮子缺了发动力,特自来供给他燃料。果真这样,人生还有一毫意味,人类还有一毫价值吗?无奈当科学全盛时代,那主要的思潮,却是偏在这方面,当时讴歌科学万能的人,满望着科学成功,黄金世界便指日出现。如今功总算成了,一百年物质的进步,比从前三千年所得还加几倍。我们人类不惟没有得着幸福,倒反带来许多灾难。好像沙漠中失路的旅人,远远望见个大黑影,拼命往前赶,以为可以靠他向导,那知赶上几程,影子却不见了,因此无限凄惶失望。影子是谁,就是这位科学先生。欧洲人做了一场科学万能的大梦,到如今却叫起科学破产来了!

梁氏认为这是最近思潮变迁的一个大关键。近代西方文化的骨干是科学,现在科学的误用已被认识,创立一种新局面是不能免的事!我们中国人在这个时间,对西洋文化应取一个什么态度呢?梁先生以为西洋文化中的科学方法我们不能不采用,但我们先哲有许多伟大的思潮,与我们文化中的许多优长,我们是应该发扬光大的。因此,梁先生又说:

> 第一步要人人存一个尊重爱护本国文化的诚意;第二步要用那西洋人研究学问的方法去研究他,得他的真相;第三步把自己的

文化综合起来，还拿别人的来补助他，叫他起一种化合作用，成了一个新文化的系统；第四步把这新系统往外国扩充，叫人类全体都得着他的好处。（同上）

梁氏的意见是很明显的，他认为单纯的物质文明实不足恃，国家和社会的重心还须依靠固有文化。这个意见，聊可作为梁氏哲学思想的代表。从大致上讲，梁氏的哲学思想是属于东方的。那时，受梁氏这种思想的影响者有张东荪、张君劢等人。梁漱溟也多少承袭了梁启超的思想。这些人后来成为"东方文化派的学者"，即今日国内所谓属于"国粹派"的人们，亦可谓由于梁氏一派而来。

我们从梁氏一生的著作观察，他的最大贡献当然是属于史学方面。因为他对于中国史学的修养比较其他方面的修养为深，因此在这上面的成绩也最著。他的哲学思想并不精晋，因而对于科学和西方的物质文明还没有正确的认识。他不知道第一次世界大战其弊并不在于"科学的误用"，而是社会经济基础造成的必然结果。梁氏的史学思想虽已前进，但他对于社会组织与历史的关系这一点，他却完全忽视了。

梁氏是现代中国新史学的建立者。他的《中国历史研究法》一书，至今是中国历史教育上的唯一圭臬。但他还只做了些原则上的功夫，实际上的著作还有待于史观确定后方能着手。例如他说"以生人本位之历史代死人本位之历史"，在观念上是不错的。然而何者为"生人"，何者为"死人"，何者为"生人本位"，他却没有明说。梁氏虽有改革中国史学的雄心，而终于未能完成一全史的著述者，我以为他的缺乏史观，就是唯一的原因。

继梁氏而起，使中国史学完全脱离经学的羁绊而独立的是胡适。

谁都知道，胡适是一个实验主义的史学家。他与梁启超虽亦可称同时，但在史学方法上是不同的。梁氏的史学方法是进步的综合的史学方法，而偏于中国方面。他的史观就包含在这些综合的史学方法中；胡适则异是。胡适介绍实验主义到中国来，正在五四运动开始的时候。其时美国实验主义的领袖杜威亦方来中国。民国八年，"五四"的前三天，杜威自美国来华，前后留华两年半。胡适为杜威鼓吹实验主义甚力。所谓实验主义的方法，据胡适等介绍说：

实验主义有三个根本的要点：

第一，实验主义是一种思考的方法，一种科学的方法，一种实验室里的方法。杜威论思想，把思想分作五步：（一）起于疑难的境地；（二）指定疑难之处究竟在什么地方；（三）假定种种解决疑难的方法；（四）决定那一种假设是适用的解决；（五）证明这种假设是真实的还是谬误的。这就是实验室里的思想方法。

第二，实验主义的方法论，是具有"历史的态度"的。所谓"历史的态度"就是用历史演进的见解来研究事理，观察它的来源，考究它的演化。这就是达尔文《物种原始》的进化观念的应用。

第三，实验主义的方法，是去探索每个问题或观念的实际上的效果，拿这效果来解释每个观念。

实验主义的中心思想，不外是上面说的三点。在中国所以占有势力的原因，也就是因为这三点。实验主义虽号称是实验室里的方法，但实验室里所推求出来的律例，也不是绝对的，更不是一成不变的。杜威论思想，将思想分作五步，第一点至第四点大致还不失为可信的见解，而第五点则未必尽然。我们以为在思想上既分了这样五个"科学化"的步骤，在生活上自然要受思想的影响。第五点以为须用证明这种假设是可靠的还是谬误的，这显然是一种欺人的方法。例如一个人因饥寒交迫，始则对于自己的环境发生疑惑，继则由疑惑而认识其症结之所在，更由此想出种种解决的方法。求事，或流为盗匪，或采取其他的行为。"决定那一种假设是适用的解决"，"证明这种假设是真实可靠的还是谬误的"，结果如求事无着（是不可靠的假设），而作盗匪有犯法的危险（是谬误的假设），其他亦无方法可行，结果岂非只有自杀？因而，实验主义在人事上实在是一种欺人的方法。换言之，是美国社会资产阶级所流露出来的一种意识形态。

其次，实验主义据说还是具有"历史的态度"的。所谓"历史的态度"，其实是达尔文"进化论"的应用。这一点，梁启超在《中国历史研究法》中，倒有很好的说明。但所谓"进化"，毋宁说是"演变"为妥。例如胡适的以"实验主义"方法写成的一些考据文字（如《水浒传考证》、《红楼梦考证》等）都是"演变"，而不是"进化"。

至于第五点，实验主义者所注意的还有每个问题或观念上的实际效果。这更是美国金元国家的市侩哲学，一切先要研究有没有实际上的好处，因此须探求其终极的效用。

实验主义既流入中国以后，一般"学者"们就做了这个美国式市侩哲学的贩子。教育上是袭取实验主义了，整理国学也引用实验主义了，史学上也因胡适的鼓吹而广泛地提倡实验主义的史学方法。实验主义成为"五四"以后史学上的一个主潮，连梁启超都受了若干影响。

与实验主义有同样影响作用的哲学方法是赫胥黎的存疑主义。存疑主义和实验主义可以说是达尔文进化论的双生儿。在中国思想界中，凡是相信存疑主义的大抵都是相信实验主义的。这两种主义在"五四"以后给与中国思想界的影响很大。胡适曾说：

> 我的思想受两个人的影响最大：一个是赫胥黎，一个是杜威。赫胥黎教我怎样怀疑，教我不相信一切没有充分证据的东西。杜威先生教我怎样思想，教我处处顾到当前的问题，教我把一切学说理想都看作待证的假设，教我处处顾到思想的结果。这两个人使我明了科学方法的性质和功用。（胡适：《介绍我自己的思想》）

实验主义的引进，在史学上的成绩是顾颉刚等人的疑古辨伪。但顾氏等的工作积集只在疑古方面，他出了好几册《古史辨》，这里面以怀疑古史为出发点，收集了各家的讨论文章，结果只做到有怀疑、有假设而无结论，《古史辨》的唯一成绩是捣乱了中国的古史。至于辨伪的工作，顾氏等一无实际上的贡献（有之，也仅是一些枝节问题），他的《辨伪丛刊》，就只是搜集了几种自宋以来的辨论经史的著作，加以标点而已。这些作品，都是古人的遗留，根本不能作为顾氏等的功绩。实验主义所造成的，是永远也不会完了的古史疑案，疑案不断增加，而解决则毫无办法。这是"五四"以后，由于胡适等所倡导的实验主义与存疑主义在史学界所造成的现象。

"辨伪"既属古已有之，不能算是实验主义者的特有方法，那末《古史辨》一流人物的态度，只能用疑古的手段，以对付一切。顾氏自己曾说：

>这个讨论何尝是我的力量呢,原是在现在的时势中所应有的产物。(《古史辨》第一册,页七十九)

顾氏等的古史讨论文字都发表在"五四"以后,当时正是对于旧的一切予以否定或重加批判的时期。他们对于整个的中国历史固无力吹毛求疵的"致疑"和"辨伪",适当康有为等人对于经学作了一番考据功夫(尤其是康氏的《新学伪经考》、《孔子改制考》二书给予顾氏以更多的启发),他们就大胆的在古史上作了一些尝试。但他们的态度多少是近于盲目的,他们只脱离了经学的羁绊而追寻古史的"真面目",但因缺乏史观的鉴别力,却发生了不少类似笑话的新奇见解。这种现象,我们在《古史辨》中一再可以发现。

据顾氏在《古史辨》第一册中说:

>照我们现在的观点,东周以上只好说无史。现在所谓很灿烂的古史,所谓很有荣誉的四千年的历史,自三皇以至夏商,整整齐齐的统系的年岁,精密的考求,都是伪书的结晶。……我们这样做,必可使中国历史界起来一大革命。(页三五—三六)

他说"东周以上只好说无史",这是一个奇怪的见解!夏商时已是有史时期,这已是普遍的常识,如何能说"东周以上无史"呢?古史上虽有不少不可遽信的成分,但我们只能细细研求,以正确的史观去辨别古史现象,决不能因怀疑古史中的某些现象,而将其时的一切史迹全部抹煞。顾氏所谓"整整齐齐的年岁",从前人亦未尝确信,所以他说"我们这样做,必可使中国历史上起来一大革命"。不但是夸大的言词,而事实上却将中国的古史毁灭了!

顾氏又说他研究古史的目的:

>所以我的工作,在消极方面说,是希望替考古学家做扫除的工作,使得他们的新系统不致受旧系统的纠缠,在积极方面,是希望替文献考订学家恢复许多旧产业,替民俗学者辟出许多新园地。(《古史辨自序》,第七页)

这个目的是何等的空虚而无聊!古史经他一番"扫除"以后,不但"旧系统"为他破坏,就是考古学家的"新系统"也并不有赖于他的辨论。顾氏的《古史辨》虽出了厚厚的几册,结果无一事得有定论。实验主义应用到这样的地步,已濒于绝境了!

顾氏的《古史辨》虽无所建树,但他在纷乱的中国环境中能一贯努力的治学,这种精神是值得我们钦佩的!

胡适介绍进来的实验主义,被顾颉刚应用到无法收拾的地步,而顾氏一再说明是受了胡氏的影响,这在胡适也是不快的。我们看古史辨的开始有胡适与顾颉刚的通信,后来胡适也渐渐站开,终于胡适与顾颉刚分道扬镳。这可以胡适在他的《论学近著》中《论老子的年代》一文对于顾氏等的批评,便可为佐证。

胡适终究是一个尽够聪明的人物。他的几篇著名的考证文字都属于小说方面。而这些考证文字中的材料,又是经他在国内外几年辛勤搜求后所得的旁证或实证,因此他的"假设"是可有实际的材料来证明的。而顾氏却致力于"文献不足"的古史中,毋怪他只有怀疑,只有破坏,而一无建白了。

《古史辨》到国民革命以后已日趋于没落,胡适似乎在史学上也转了一个方向,想做些建设的工作。他的《论学近著》中第一篇《说儒》就是一篇带有建设性的文章(文后附录傅斯年的《周东封与殷遗民》)。胡氏在这里已在研讨商代的文化和"宗教"。顾氏所谓"东周以前无史"的意见,至此已觉浅薄空疏,而盛极一时的疑古思潮,也到了消声匿迹的地步。

胡适既是一个实验主义的史学者,他在早期的著作中,也带有不健全的毛病。而且他自信过甚,失之夸大。例如他批评自己的《中国哲学史》曾说:

> 但我自信,中国治哲学史,我是开山的人。这一件事要算中国的一件大幸事。这一部书的功用能使中国哲学史变色,以后无论国内国外研究这一门学问的人都躲不了这一部书的影响。凡不能用这种方法和态度的,我可以断言,休想站得住。(《胡适文存》三集,页二一二)

胡适这种话,其实是吹牛。他的《中国哲学史》的方法和态度,到现在是否"站得住",已不用我们来赘说了。

胡适在"五四"时代,又是一个文学革命者。他的文学革命的思想,多少受了梁启超、王国维的影响。然而因胡适的介绍实验主义哲学等等思想，又倡导文学革命，在国故方面又有不少的著述，于是胡适的地位，从"五四"以后，在北方的文化界已站到最高峰。

民国十七年十二月，全国统一。但是政治在形式上虽统一了，而国内种种社会的、经济的，以至人事的问题，则既极复杂而又急待解决。更兼以社会科学界渐知注意于中国社会之探讨，所以中国社会史和经济史的研究，一时便风起云涌。

其时，国民党的学者亦充分注意到中国的革命问题，这一方面的杂志和著作已有不少种，但都没有确断的评论。只是因研究中国社会史的发动，使疑古派以外的释古派得到一个新生的课题。那时使释古派发展而与疑古派、考古派熔冶而成为一中国转变期的新史学者，是郭鼎堂。

郭氏在民国十七年（北伐完成后的第二年）避居日本时，用"杜衍"的笔名，在《东方杂志》上发表了论《易》、《诗》、《书》的时代与社会性质的文章，他以科学的立场为出发。同时又在《思想》杂志上发表《中国社会之历史的发展阶段》一文。翌年又补作《卜辞中的古代社会》和《周金中的社会史观》二文，合编为《中国古代社会研究》一书，于民国十九年三月出版。在这部书的序文里，他主张承接王国维、罗振玉二人的业绩，而对于疑古派（顾颉刚"古史辨"一派）表示不满。他说：

> 在目前，欲论中国的古学，欲清算中国的古代社会，我们是不能不以罗、王二家之业绩为其出发点了。

> 王国维……遗留给我们的是他的智识的产品，那好像一座崔巍的楼阁，在几千年来的旧学的城垒上，灿然放出了一段异样的光辉。

同时，郭氏更声明他的批判不同于胡适一派的"国故整理"。因为在方法上是显然的各异了！郭氏的文字发表以后，他本人虽在日本，但他的见解却引起了国内学术界的极大注意。国民党的学者也多少受了郭氏的影响。他打击了疑古派的盲目论证，就是在北方雄据文化界的胡适，和胡适一派的实验主义者，也都因郭氏的著作而受到激动。郭氏的《中国古代社会研究》一书不久便风靡学术界。就是共党方面，对于郭氏此书，也认为是一册划时代的著述。其实，郭氏此书只是想根据了莫尔甘的《古代社会》缩写而成，故在郭氏书中，到处可以发现莫氏的痕迹。

郭氏的取材是正确的。他承接了罗、王的业绩开辟了一个新天地，这是中国新史学上一个划时代的贡献。虽则在郭氏之前已有人利用过社会史的观点来分析古代社会，如程憬亦于民国十七年曾发表过《商民族的氏族社会》一类文字（连载广州《中山大学语言历史研究所周刊》第四集第三十九至四十二期），而郭氏亦根据甲骨卜辞认为殷商是氏族时代。但郭氏的著作方面较广，涉及的问题也较多，像他那样广泛地应用甲骨和金文来研究古代社会的，确乎是第一人。故其中虽不免有若干错误，然而他在这方面的筚路蓝缕之功，是不能湮灭的。

因为郭氏此书正发表在革命以后，使一般研究社会科学的和国民党的学者都跃跃欲试，因而又引起了一番社会史论战。从一九二九年起，到一九三五年止，在这几年中，各派的主张约计有十数说。其间除陶希圣外，有朱其华（《中国社会的经济结构》，一九三一年新生命出版；《中国经济危机及其前途》，一九三二年新生命出版）、任曙（《中国经济研究绪论》，初版一九三一年，中国问题研究会刊行）、严灵峰（《中国经济问题研究》，一九三一年新生命出版）、孙倬章（《怎样干》，一九三二年社会科学研究社出版）、胡秋原（《亚细亚生产方式与专制主义论》，一九三三年国光社出版）与顾孟余、梁园东、李季、戴行轺、陈邦国、梅思平、王礼锡、王宜昌，和《新思潮》杂志社等人（各家论辩散见于《新生命》、《前进》、《读书杂志》等刊物上）。他们对整个社会史的意见虽各有不同，对于现阶级的认识，除朱其华与新思潮派以为是半殖民半封建社会外，都认为是资本主义社会或殖民地化的资本主义社会。这些论战，当然是受了郭的《中国社会之历史的发展阶段》一文的影响。在各家的文字中，郭氏已成了论战的中心。

这次论战的时间并不长，不久，"九一八"事变起，一些释古派渐由论战时期进于搜讨时期。而郭氏所倡导的释古派的方法，则已为一般人所通用。这不但在研究社会史的人不外这个圈子，即研究思想史者，亦以此为出发点。例如战前所出版范寿康的《中国哲学史通论》，作者在绪论里就主张以"社会的存在"来说明"社会的意识"，这较胡适所著的《中国哲学史》显然已踏进了一步。

但郭等释古派亦犯了一些显著的毛病,如冯友兰在马乘风的《中国经济史》序文中所说:

> 释古一派之史学多有两种缺陷:第一种是……往往缺乏疑古的精神。……往往对于史料,毫不审查,见有一种材料,与其先入之意见相合者,即无条件采用。……第二种缺陷是……往往谈理论太多……感觉他是谈哲学,不是讲历史。……我们应当以事实解释证明理论,而不可以事实迁就理论。

冯氏所谓释古派的第二种缺陷,确乎是常见的现象,郭氏书中即不能免。至于第一种缺陷,郭沫若还犯得少,如《读书杂志》上的人物就难免犯到"对于史料,毫不审查"的毛病。尤其是国外学者研究中国史者犯这种毛病更多(例如俄国沙发诺夫的《中国社会发展史》,引《周礼》来解释中国上古社会,谬误处即蹈此弊)。按诸实际,他们并不是缺乏疑古精神,而是对于史料的认识不足。郭氏此书虽出版最早,而取材则犹严谨,所以它的价值,自在后此的一些同样性质的著作之上。

由梁启超到胡适,是中国新史学的创始时期;由胡适到郭鼎堂,是中国新史学的转变时期。在郭氏以后,还不曾有划时代的作品产生,因此现阶段的史学方法,还是普遍的属于释古派的时代。

但自清末到民国十五年国民革命,在这时期间,有一位超越梁启超、胡适,甚至郭鼎堂而集新史学之大成的,是民国十六年在北京投水而死的王静安先生(郭氏一书,虽出版在王氏死后,但他却深受王氏的影响)。王氏在史学上的贡献,不妨引近人周予同所说:

> 王氏研究古史,原在阐明殷商时代社会的真相,但给予古史学以巨大的影响的,却在打破夏、商、周三代王统道统相承之传统的观念。因为据古文学派的解释,商周两朝是同父异母的两个兄弟的子孙所建立。商的始祖是契,他的母亲是简狄,他的父亲是帝喾。周的始祖是弃,即后稷,他的母亲是姜嫄,他的父亲也是帝喾。既然弃也是帝喾的儿子,为什么姜嫄要将他的儿子弃于"陋巷"、"平林"和"寒冰"呢?关于这,古文学者有许多奇怪的不能自圆其

说的解释。到了王氏,他根据地下的新史料以与纸上的旧史料相比较,以为殷、周的典章制度都不相同,显然的是两个系统。于是王氏的弟子徐中舒撰《殷商文化之蠡测》一文,直言殷、周系属两种民族。甚至于胡适、傅斯年也都受这种见解的影响。三代王统、道统相承之传统的观念到此已完全由动摇而推翻了。(见所著《五十年来中国之新史学》)

周氏的话说得相当扼要。王氏在经学与史学上都有极深邃的功夫。他的方法又十分谨严,他将文献的(包括史料的鉴别、审定和疑古辨伪)以及古文字学的,和考古的材料熔于一炉,而以现代的史观去分析去观察,所以他的结论是坚实的、深切的。他的论证并不冗长,却能包含梁启超、胡适,甚至一切释古派的优点。

梁启超、胡适、郭鼎堂他们代表了各不相同的三种新史学思潮,而其成就都不若王氏之深远伟大。我们可以断定,在未来的一百年中,王氏的著作必能支配一个时期。而现代的中国的史学界,亦不能不以王氏为唯一权威。

末了,我们试引近人钱穆氏批评现代中国史学的话,作为梁、胡、郭三人之综合批判。钱氏在他的近著《国史大纲》的"引论"中说:

> 革新派之于史也,急于求智识,而急于问材料。……其于史既不能如记诵派所知之广,亦不能如考订派所获之精。……彼之把握全史,特把握其胸中所臆测之全史。彼对于国家民族已往文化之评价,特激发于其一时之热情,而非有外在之根据。其绾合历史于现实也,特借历史口号为其宣传改革现实之工具。彼非能真切沉浸于已往之历史智识中,而透露出改革现实之方案。彼乃急于事功而伪造智识者。

钱氏的话,不但指斥了近年一般的释古派,即梁启超、胡适、郭鼎堂亦在指斥之列。他的话是沉痛的,然而却道出了近四十年来"革新派"史学家的一般毛病。

(《杂志》1944 年第 13 卷第 4 期)

新考证派的评价
——一个钻过牛角尖的朋友底自白

子　彬

"喂！掌柜！请问线装书的销路怎样？"我向着旧书铺的书贾这样地问他。

"销路不错啊！尤其是有考证的价值的线装书。"那位面貌清癯留着八字小胡的扬州书贾回答我说。

"《文献通考》，要多少钱一部？"我问他。

"这部书很缺，因为买的人多，不过，先生！《三通考辑要》倒有，您要的话，可以便宜些。"他兜生意的说道。我摇摇头表示不需要。

"我知道您不要的，这书就在'辑要'这两个字上卖不起价钱，如果没有'辑要'这两个字，单单'三通考'，买的人就多啦！"他很在行地说道。

"这是什么缘故呢？"我假装痴呆地问他。

"您不知道吗？单独一部《三通考》，玩考证的人有用。如果是《三通考辑要》，懂得的先生们，就不会要它，反而不及一部《文献通考》，来得吃香呢！"

以上是笔者在某一家旧书铺里和掌柜的一段对话。书铺里的线装书涨价了！这是新考证派的大功啊！自从五四新文化运动转变到"整理国故"的牛角尖后，当年束诸高阁的"五经四史"，声价顿增十倍，尤其是故都琉璃厂的书贾们，都在"弹冠相庆"了。

今天一篇《先秦诸子考》，明天一篇《三皇五帝说》，自民国七八年以来，疑古的文章，接二连三地发表出来。到现在足足有二十余年的时间，《古史辨》这部书已由第一集出到第七集了，可是直到今天还在考证

"三皇五帝"有否其人?"王霸之辨"究含何种意义?倾学人之全力,一股脑儿都钻进了"故纸堆"里,越钻越有劲,牛角尖越钻越深,他们——新考证家们——好似看见金矿深藏在故纸堆里,一闪一烁地发着金光,在诱他们去发掘。

朋友!金矿怎会藏在故纸堆里呢?

似乎有人很沉痛地说过这样几句话(似乎是梁任公说的):

> 清代三百年考证的总成绩,不过是赢得故纸堆中放出万丈的光芒而已!

我现在不妨套这几句话,再说一遍:

> 民国三十余年来的新考证派的总成绩,只赢得几部"新纸堆"而已!

乾嘉以来,这条"考证"的老路,我们是不是还应该继续地再走?时代是不是还容许我们去"皓首穷经"似地去走这条老路?即是容许,是不是应该引诱大部分的青年,倾注他们毕生的精力,到故纸堆里去?这些问题,岂不是值得一加讨论的吗?

青年们跟着他们跑,只跑得"腰",由直而弯,"神经"由强而弱,"思想"由活泼而至"僵化",渐渐地消磨了他们在文化上的创造力,这可说是"文化中毒"。这"文化中毒"的现象,究竟是怎样的呢?我不妨略为说一点,给读者们看看。

新考证家们,搜得了好些证据材料,去证明一件史实。还怕不充分,再要角角落落里去搜寻冷僻的古书,费了很多的精力和时间,从一部有几十册的书里,似"披沙拣金"地仅仅搜得一条材料,也是非常高兴,因为这可加强他考证的力量。总之不问他是考证一个字的来源,抑或某一制度的起源,条目是罗列得越多越好,参考得越广博就越有价值,好似以前那些经学家们,解说《书经》"粤若"二字,洋洋数万言的光景,像这样日以继夜、废寝忘食地在故纸堆里钻,神经怎会不衰弱呢?

其次考证的功夫,要细针密缕地去做,参考要博,引书要多,往往考甲的课题,要牵到乙,由乙又牵到丙,以至……使人感到有无限考证之苦。往往越考越细,路越走越仄,就走到牛角尖里去,由局部而走到更进一层的局部。结果使考证者,如庄子所说的"庖丁"一样,要"目无全牛"了。庖丁做得久了,就看见牛的一跂一节、一块肉……甚至一根筋,那里还会看见整个的一头"全牛"呢?

其次弄考证弄得久了,自动的独立的思想,由迟钝而变为僵化,这是只知埋头考证的必然结果,所说的话,尽是引别人的话,所引的原文,尽是别人的学说,结果,一篇考证的文章,充满了"夹注"或"附注"的资料。有时,也许"附注"或"引文"要比正文多上几倍,这样久而久之,一个人的思想怎会能发展,头脑怎会不僵化呢?

过去,我们出版界因考证风气的盛行,结果,什么《国学名著》哪,《国学丛书》哪,接二连三地出版着。它的数量也许要驾过新的科学和哲学的书吧?又因为一班考证作家浸入了出版界的缘故,关于考证的书,投其所好,出版得更有劲。无形中转变了读书界的风气,不知不觉地引诱了许多的人们跟他们跑入这条考证的老路。不但此也,新考证派们非但浸入到历史部门,并且又渗入到新文学界中,于是什么《文学珍本丛书》翻印出来了!什么晚明公安派和竟陵派的文人集子,也标点出来了。什么《袁中郎集》啊、《陈眉公集》啊,大批地印出来,于是"晚明小品",也风行一时了。也不知有多少爱好文学的青年们,跟他们钻入故纸堆中,在杂志上,在报纸副刊上,常看见模仿晚明小品的散文、日记等等文言的假骨董出现了。真的,这又何苦来呢!

以上所谈的就是自新考证派兴起以来,"文化中毒"的现象,以下我想把"五四"以后整理国故运动怎样会中毒的原因,简单地来谈谈。原来清代之百年的考证学的发展,大体可分为两大阶段:自顾炎武、阎百诗开山以至乾嘉时代的戴东原、段玉裁、王引之父子诸人为前一个阶段;自道咸间龚定庵、魏默深以及武进公羊学派诸君子,如庄存与、刘逢禄等,以至晚清的康有为为后一阶段。这两大阶段,为学的方法虽然是同样运用考证方法,但是精神却大异其趣。前一阶段的重心,在于典章制度和文字训诂;后一阶段却以"思想"为骨干,尤其以公羊学的思想为重心,即所谓"经今文学派"是也。本来有清一代的考证之学,至乾嘉已登峰造极,此后水转山回、别出机杼、异军特起者,为龚定庵、魏默深,其余波及于晚清的康有为、梁任公诸人。我曾想过,假如戊戌变政的康、梁是维新派,那末道咸间龚、魏,可称为老维新派。这两派在时间上虽然是隔断,但是精神却是一脉相通,如江河之潜流。至于五四运动后的新考证派又和晚清今文学派的潜流,一脉相通,并且间接又和龚、魏的精神作风相通。不信的话,只要看五四运动首难诸人的大胆的作风,批评的精神,和挣脱传统的束缚而别树一格的气魄,就可首肯我这句话了。并且新考证派中的新史学派——就是北大的一派,他们的立场比较地倾向于经今文学派,在思想上也有明白宣言,接受康、梁的道统的。再看北大教授崔适所著的《史记探原》和康有为的《新学伪经考》这部书,在著书的动机上不是同样的吗?我再进一步说,后来顾颉刚所主持出版的《辨伪丛书》,和《新学伪经考》精神岂非是具有同样作用吗?——就是打破传统的因袭观念——所以在各方面观察新考证派的新史学派,是晚清今文学派的余波。

那末"五四"后的整理国故运动怎样又会变了质,一步一步走到牛角尖里去的呢?这也说来话长。原来新考证派初始的时候,本来也想打破因袭的传统思想,就从"疑古"下手,只要看他们最初都大做其反案文章。最明显的例子,如胡适之"九流不出于王官论",这是反对《汉书·艺文志》班固所主张的"九流出于王官之论"的文章,至于其他的例子,也举不胜举了。可是"差以毫厘,谬以千里",他们既以"疑古"入手,却未将传统的思想,加以彻底地清算和批评,却不知不觉地走入了"古史"的窠臼。这样一来,就走入了历史考证的老路,他们本来想打破古史的荒谬传说,就不得不找些古书证据来"以毒攻毒",但是不料古史的"遗毒",却未被攻掉,而自己却"中毒"了。于是三皇五帝,大禹初话,直到现在,还未弄清。追源祸始,在于当初未走清算传统思想的这条新路,而走到了"考古"的老路,造成了"文化中毒"的现象。

至于新考证派的派别,粗枝大叶地说来可分为三派:一国粹派,二新史学派,三社会史派。假如以地域来分,可分为京派——国粹派,平派——疑古派亦即北大派,海派——社会史派。过去听得人说,文人有京派和海派的不同,而学坛也有京派和海派的不同哩。这三派崛起的先后,当然是国粹派在先,新史学派在后,而海派则更属"后起之秀"了。讲到势力,国粹派和新史学派势均力敌。前者以东南大学——中大前身,为根据地,而后者以北大为地盘,一南一北,一新一旧,遥遥相对。海派则以上海各大学社会学系为势力范围。他们的出版物,国粹派如《学衡》《国故论丛》等为代表,新史学派以《古史辨》《禹贡》为代表,社会史派以《读书杂志》和《食货》为代表。

讲到这三派的鼎立关系,可以三角关系表示之:

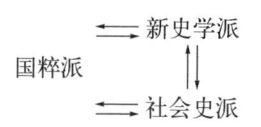

```
                ⇌ 新史学派
    国粹派       ⇅
                ⇌ 社会史派
```

互相对立,互相排斥,各有势力范围,各有信徒,各有发表作品的代表杂志。这三派的共同特征,都以考证的态度,去搜辑古书的材料。不过考证的动机和方法不同罢了,国粹派的动机,在于"复古";新史学派则扯起实验哲学的大旗,以启蒙运动先觉者的姿态,批评传统的古史观;而社会史派呢? 则以建立中国社会史的新体系为目的。三派都想把古书的材料,"化腐朽为神奇"。其次,他们的为学方法也有不同,国粹派纯然用治汉学的方法——乾嘉以来学者们所惯用的方法,新史学派除用前法外,更利用实验科学的方法,社会史派则以经济史观的方法作为研究的原理与指针。

他们的成绩,概括地说,各有优劣,各有成功和失败之处。一、国粹派的成绩,在于他们自幼和古书耳濡目染的缘故,古书接触得多,所以他们的作品,可免浅薄之讥,可是因他们思想的关系,缺乏进步的精神,下焉者简直是除掉书袋之外,更少建树了。

二、新史学派的成绩,在于打破因袭的荒谬的古史传说,给人们对史发生"疑古"的思想,进一步地想建立中国古史的新体系。这是他们的大功处。但是左一篇《三皇考》,右一篇《五帝说》,越考越琐细,越辨越零碎,走到了"牛角尖",真有一些"玩物丧志"起来,直到今日还未能树立起古史的轮廓,和相当的一致的结论。这是他们的无成就处。

三、社会史派的成绩,在于跳出向来只知王朝更替的一部政治史外,告诉人们还有一部比政治史更重要的社会史,在历史的部门中辟一新园地,使我们对历史耳目一新。然而他们后来的弊病和以上两派一样,渐渐地走入啃古书的牛角尖里去,遗忘了历史的完整性,发掘的史料,越来越细,简直是迷途忘返。社会史上的论战,论得乌烟瘴气,也清算不出一个相当一致的结论出来。

如果我们二十几年来,不走这条考证的老路,而倾全国学者之力,指导着青年们向科学这条新路跑,那末现代中国新文化,也许早可奠定科学的基础了吧！我们再看日本自明治维新以来,虽然汉学也有很深厚的潜势力,可是他们却倾全力于新文化的吸收和介绍。单之译书而论吧,不问是那种部门的学术,都是有系统的介绍,并且是整部的大规模翻译。如果你到日本书店去找参考书,保险总有精心的巨著或外国名著的译本,供给你做参考。反观我们自晚清曾国藩、李鸿章开方言馆,设制造局,遣学生出洋留学的年代和明治维新差不多,也许更要早几年,为什么到现在国民文化的水准一高一低如此,而这不是可令吾人深长思之么！

(《大风》1944 年第 23 期)

中国史学之新趋势

——并介绍抗战以后四种国史新著

丁则良

中国史学的发达,已有几千年的历史。世界各国没有一国在史体的完备、史料的丰实、史事的绵长这几方面可以与中国媲美。尤其从"五四"以后,西洋的科学方法传入中国,中国的史学乃更步入新阶段,建立新史学的基础。不幸在史学家埋头研究渐具规模的时候,敌寇就发动了侵略战争。许多文献、古物相继沦丧,许多学者也被迫内移。这固然是一种损失,但也有一种好处。抗战以后,历史学者多能一改旧日考订的作风,著成简明生动的书籍,贡献给这大时代中的国民。据我看,至少有四部著作是极值得推荐的:(一)钱穆著《国史大纲》,(二)张荫麟著《中国史纲》,(三)蒋廷黻著《中国近代史》,(四)雷海宗著《中国文化与中国的兵》。

这四部书各有各的范围,各有各的看法。但集在一起来看,可以看出四部实在代表了一种共同的新趋势。

这个新趋势有两个特征:

第一,它是综合的,而非分析的。我们知道,自从五四运动发生,接受西洋科学方法来整理国故以来,中国的学术界,特别是中国史学界,确实走进了一个新时代。许多学者重新回到故纸堆中,检阅古人的成绩,寻绎未能解决的问题,搜求不被注意的材料,校勘重要的古文古书,整理书籍以外的史料(譬如甲骨、钟鼎、碑碣、竹简、封泥、符印等等古物,都已有人开始整理研究),考订神话、传说的源流和演变,推翻没有根据和不可信的传说。大家在一个求真的目标之下,分门别类去做各种不同的工作。中国的历史,好像是个才被发现的新大陆,探险家正实事求是地检点着他所遇到的一草一木。他细心谛视,发现问题之内复有问题,思考之余仍须思考。结果一个草叶的脉络、类型、营养等问题完全研究清楚了,他的工作可以用两个字来包括,就是只有"分析"的工作。分析的工作在整理历史的整个计划中是个初步的工作,必要的工作,但却不是史学的本身。从"五四"到抗战开始这二十年中,全国的学术界可以说完全埋头在这分析的工作中,大家误解历史,误解史学,以为就是考据,就是校勘。而于我们历史的大貌,文化的轮廓,反没有人能说得清楚。

抗战不仅是中国民族生存史上一个新的界标,而且更是中国学术新生命的一个起点。万里长城上的灏天烽火,扬子江头的遍地血腥,惊醒了这古老的民族,也打破了许多学者的好梦。"鸡声茅店月"是旧王朝统治下,举子们在旅途上的感赋,现在,几乎每个学者、教授在流浪播迁中都亲身尝到了。就在这种内忧外患流离迁徙之中,我们体会出我们先民的艰难缔造,我们看到了无数历史上英雄、美人、学者、志士所遗留下来的痕迹。我们似乎听到了一种呼唤,我们似乎永在低徊里思索着一个问题,那就是中国民族的生死存亡,中国文化的有无生路。在这样情形下,我们的史家改变了他们那一草一木的传统,他们开始要做综合的工作,从综合的工作中,寻求对于问题的解答。现在他们所要诊视的不是一个支离的小病,而是整个民族的生死,他们不再停留在一个皇帝的生母是谁的问题上,他们要告诉国人我们民族有没有理由在这世界上生存,我们的文化究竟对世界有多大的贡献。在他们笔下展开的不是一个个考据的问题,而是在刻划着我们祖国的政治的建设,思想的变迁,社会生活的各方面,文物制度的总成绩。他们告诉我们,中国有他的孔子、墨子、秦始皇、汉武帝、武则天、韩愈、王安石、李白、杜甫、李鸿章、康有为,我们有我们特有的郡县帝国、考试制度、文字传统、思想方法。

就在这四部书里,我们就可看出这种综合研究的精神。这四部书的性质各有不同,但他们的方法和精神则很相近。他们都用比较短小的篇幅来总括我们历史的大概。他们都不免用感情,但这不但不是他们的短处,而是他们的长处。考据工作里不许带一点感情,要冷酷而真实,综合工作里则一定要牵连到活的问题,要有生人的气息。我们知道十九世纪初年德国还不成一个统一的国家,拿破仑的威势,统治着整个欧洲大陆。那时日耳曼的各大学中都燃烧着反抗的怒火。有名的教授们都废寝忘食地在研究德国的历史,他们的心中都横着一个问题:"我们的耻辱是不湔雪的吗?"他们在讲堂上,在工作室中,大声昭告日耳曼民族,上自王侯,下至小贩,无不接受他们的感召,终于推翻法国的霸业,建立了统一的德国,我们今天正在忍辱负重,艰苦求生,恰好看见这几种历史的新著出版,恰好看见综合的工作开始生根。这使我们相信中国和中国史都将获得了新生命。

第二,它是通俗的,而非纯学术的。这四部书除了钱先生的《国史大纲》较深之外,其余都很好懂。学高望重的学者肯来写通俗的国民的读物,可说是中国学术界一大革命。中国过去的学问是少数人的专利品(就是在西洋,也是到了近代,学问才从少数人的手里解放出来)。普通人,如果不是下过十载寒窗的苦工,是不容易了解学者文人们的著作的。这二十年来中国史学,当然有不小的进步,但它依然是限于少数历史学者或有志研究历史的学生的圈内。史学和我们的国计民生、道德标准、民众教育、物质建设等等都毫无关系。钱穆先生慨叹说:"中国是全世界史料最丰富的国家,但中国也是国民历史知识最缺乏的国家。"这话是一点都不错的。五四运动的一大建设是文学革命,是白话文的推行,是新文学的创造,但五四运动在史学上的成就则没有文学革命这样伟大,而且差得很远,这二十年中,史学的研究和普通的国民生活、民众教育脱了节。学者们正忙于建设他们自己的学术宫殿,在崇楼叠阁之中,独自呼吸着中国文化的优美,而一般国民仍在读着三皇五帝的神话。学者们所珍视的甲骨钟鼎,小学生们从历史教科书中还很少能知道它们的来历。

我们试想英国的小孩子那个不知道伊利莎伯、莎士比亚、汉普敦、纳尔逊。由这,他们不特对英国鼓舞起无限的尊敬和爱慕,而且使他们自己更有勇气来做一个正直的孩子,自尊尊人的国民。他们之能受到这种教育,不但当感谢他们的国家,更当感谢他们的历史学者。

反看我们中国,我们国民之缺乏历史知识,尤其是缺乏国史知识,这是无可讳言的。几十年来的不长进,未必不可归究到这一个原因上。我们一定要做一项工作,就是要把历史的知识、历史的兴趣,由学校推广到社会,由学者传播给国民。我们一定要做到学问不是少数人所专有,历史不只是少数人兴趣。一定要国民都晓得我们的过去并不空虚,几千年前我们已有了可观的文物制度;一定要国民知道了,什么是经今古文,什么是府兵制,什么是汉学宋学之争,什么是一条鞭法。这不过是举几个例而已。他们所应知道的还应比这多上十倍、百倍、千倍、万倍。一个国家的全体国民对于本国的历史有了清楚的知识、亲切的情感,这个国家才可以成为现代化的国家,才可以继续发扬自己的历史、自己的文化。这是这四部书所共有的第二个特色。

(昆明《大国民报》1943年4月21日,第1、2版)

最近史学之新趋势

郑师许

一 楔 子

作者闲尝抱定一种见解，以为"思想的变迁，实由时代环境所影响，一个敏锐的历史家受到大时代的影响尤大"。作者与史学为缘，自学生时代计起，大约有三十余年，当时正在废除八股改试策论不久之后，见到了史学的一个趋势。自在大学掌教历史时期计起，迄今也差不多有二十年，正在科学与人生观论战还未停止，国民革命军正在出师北伐之时，作者又见到了史学的一个趋势。自抗战事起，举国一心，史学界受了极大的影响，趋势渐变，时至今日，已臻成熟。作者这回出席参加中国史学会成立大会及教育部史地教育委员会第三届全体大会，与我国史学专家济济一堂，聚首兼旬，交换意见，并搜集史籍书报新刊四五十种，益加证实。现在利用这个机会，和大家提出商榷。

二 史学认识的新趋向

研究史学必须先能认识正确，乃能从事工作。其他翻译、教学，一为所以增加学识以扩所知，一为传播学识以广其用，所以使这门学问发扬光大而已，并拟分史学认识、史学研究、史学翻译、历史教学四方面，略述其新的趋向。

史学认识的新趋向，大要可从三点观察：一是一般思想的趋势，二是历史观念的趋势，三是各科教学的趋势。兹请先说思想的趋势。从世界各国的历史讲起，人类初生浑浑噩噩，根本就无所谓思想，其必为恐怖心理和祈求前程思想所包围，于是迷信和宗教遂占领其全部生活，是为神权时代。人类的思想只为神权思想历史的萌芽适在这时，史家首先受到影响，以为一切事情，莫不有一个主宰，一个尊神为之前定，所以宗教史观遂产生于这时。统治者的理论根据，也只好依赖神权，无他异说。一切的是非也以信仰为标准。与自己的信仰不同的，目为异端，目为邪说。历史的作用，无非为教训与排异两目的。其后聪慧的思想家出，以为神并没有造天地，创立了新的宇宙观，人类陈旧思想渐渐动摇，由怀疑而创造，人生哲学、政治哲学都发生了新的见解。黠的统治者遂创为君权之说以打倒宗教的掣肘，是为君权时代。史学家也慢慢受到影响，提倡尊君，提倡"正统"，满纸为一姓为一人死节的记载，于是英雄史观遂代宗教史观而兴。其后"人"的认识、"自我"的认识先后发生，于是有了"人权宣言"，有了"革命"，大势所趋，君权没落，民权代兴，于是"皇帝教科书"的历史不得不变为"大众化"的历史的趋势。旧日"资治"式的著作遂为史家所放弃，而有从新编写的趋势。这是一般思想的趋势，由神权、君权而民权，史学家受到影响，自自然然成为民权主义的史家。

次言历史观念的趋势。从大历史网析取一点以为观察历史的理论根据，是为史观。今日史观的派别，已有十种以上。自科学昌明，经济组织日趋复杂，史家受了撼震，惊魂未定，以为一切历史的进行，莫不以经济为基础，谓一切人事政治都建筑于此，或称为科学史观，或称为经济史观，或称为唯物史观。这其中虽不无偶有所见，但谓一切人事皆由此决定，则殊未然。总理在《民生主义》第一讲谓："马克斯发明物质是历史的重心，经过欧战后几年的试验以来，便有许多人说是不对。到底什么东西才是历史的重心呢？我们国民党只讲民生主义。……近来美国有一位马克斯的信徒威廉氏（M. Williams）说马克斯以物质为历史的重心是不对的，社会问题才是历史的重心，而社会问题又以生存为重心，他说古今人类的努力，都是求解决自己的生存问题，人类求解决生存问题，才是社会进化的定律，才是历史的重心。民生问题就是生存问题。这位美国学者最近发明，适与吾党主义若合符节。这种发明就是民生为社会进化的重心，社会进化又为历史的重心，归结到历史的重心是民生，不是物质。……民生是政治中心，就是经济的中心，和种种历史活动的中心。我们现在要解除社会问题中的纷乱，再不可说物质问题是历史的中心，要把历史上的政治、社会、经济种种中心都归之于民生问题，以民生为社会历史的中心。先把中心的民生问题研究清楚了，然后对于社会问题才有解决的办法。"这句话是很对的，我们在今日国难日深，恢复国土日益迫切的非常时期，大家已非常明白，苟非意志集中、力量集中，必不能抗战御侮。尚何能如宋人议论未定而兵已渡河，遗后代子孙疾首蹙额，痛言吾辈之未能同心同德，采用整齐的步调、一致的史观，树立救国家、救民族的大计？故近数年来，全国史家已能一致地趋向总理的民生史观而绝无异致。这可说是最近对于史学的新认识之一。

又次则为各科教学的趋势。教学之法，代有不同，大率因缘时间、空间而异，换言之，要不外乎适合国情而已。我国自总理创立三民主义以来，迄今数十年，我中国国民党日夕宣传，深入民间，几于家喻户晓。三民主义就是救国主义，几乎无人不知。征之欧美诸国如英、如苏、如德、如意、如法、如美，自从上次欧战以后，莫不各本其固有的文化习俗和历史的精神，极力发展其民族主义的教育，极力提高其国民的民族意识，以图应付其非常艰巨的前途。故我国之采用民族主义的教学，自为必然的趋势。况在以三民主义立国已久之今日，苟不能将民族主义的教育顺利进行，充分发展，则将何以慰总理在天之灵，何以对国家，何以对民族，何以对我们未来无穷无尽的后代，所以在今日的教育上应充分改进其教学以期与民族主义相吻合，必无疑义。总裁于"党化教育的重要"的演讲中曾说："倘使中国教育能达到我们能所理想的那种成功的地步，民族主义实是这种成功的唯一要素。目下中国在这种国际帝国主义和军阀交相宰割的时候，中国的小学生、中学生、大学生以及各阶级的同志、同胞，都要明了民族主义的意义和受民族主义的教育。大家如果不懂民族主义的意义，没受民族主义教育的机会，中国的国民革命是难得有希望的。"这几句话可说是千真万确。总裁当时是为国民革命进行中的国内情形说的，可是到了今日，抗战建国工作更为艰巨，这话尤其切合实际。故今日一般教学的趋势，咸趋向于民族主义。史学亦何能例外，我们的观念，浪漫的世界主义教学的时代已过，如五四运动以后所谓混合历史教科书，以本国的史料，归纳于世界史之中，其所叙列，往往先述一社会学学说，剪裁中外史料以堆砌之，这一类的著作，经已绝迹。可知历史教学的趋势，最近已由世界主义归到民族主义了。

由此观之，现代史家对于史学的认识，可谓由漫无所归而趋向于三民主义的史学。这种学风可以国立中山大学历史系为其代表，该系十余年来由朱谦之先生主持，创刊《现代史学》已有十年，始终向此目标迈进，迄今已成为史界的重镇。朱先生于现代史学研究会十周年纪念明告大众：所谓现代史学就是三民主义的史学，可谓一语道破了。

三　史学研究的新趋向

史学的认识既已改观，则其研究工作，亦必就因之改其趋向。以吾所见亦有三点：一是舍古以重今，二是借古以镜今，三是由交通史的研究改至边疆史的研究。我国七七抗战以前的史学界，无疑地是受了兰克（Ranke）和瑟诺博司（Seignobos）等考证学派的影响，史料的研究几乎占领了史学研究的全部。风气所及，考古学遂笼罩史学界的全面。作者最初与张荫麟、董作宾、容肇祖诸人发起考古学社的时候，只有八名好汉，及至七七抗战以前，全社社员已增至一百零六名。这种现象迄今不能评定其是好是坏。抗战以后，考古学社诸友，大半改行，从事"考今"。朱谦之于《现代史学》五卷一期卷首语谓："在七七抗战展开以后，这种纯粹考古考证的史风，似乎已经急剧地转变。民族意识的增强，使我们对于本国文化的价值，从极端怀疑古史中解放出来，考证考古的工作一转而从事抗战史料的搜集、社会经济史料的搜集、民族文化史料的搜集，这种努力，使研究工作与现在问题发生密切的联系，不能不说是有很重大底历史意义的。现代史学为要明了我们的现状，故将现在同过去、同未来联成一条生命，而以'现代'为历史生命的中心，所以现代史学不应只是考古，更应该注重'考今'，不然读破'二十四史'，尚不知何谓'现代'，亦有何价值？有何益处？……过去是现在之积，现在是过去之续，所以有'古'即有'今'，考古即以考今，所谓'温故知新'便是。现代史学与从前史学的不同，即在从前史学以'考古'为目的，现代史学则以'考古'为方法，而以'考今'为目的。"这几句话可谓最能道出最近史学研究的趋向。本年五月二日《大公报》载有傅孟真《盛世危言》一文，极论今事之当注重，以为我们应该有一个口号，这个口号便是"一切为反攻"，既然一切为反攻，则凡与反攻无直接关系者，纵有关乎十年大计，百年树人，也不妨从缓。故考古考证之学，大约总得在反攻胜利，失地收复，方有从容讨究的余暇了。

不过现在在史界的新刊物中，我也见到尚有不少研究前代的题目，如《黄巾贼与太平道》、《王安石与司马光》、《张浚与虞允文》、《靖康之乱与北方人口的南迁》、《宋代官制与行政制度》、《宋代外交的失败》、《宋代通货膨胀及其对于物价的影响》、《论明太祖起兵及其策略之转变》等等，或者有人怀疑仍是史料的考证，古制的讨论，殊不知其研究的动机已有不同。有一日我读到了张九如的《抚今思古述弘羊》和《文史杂志》二卷四期的社论《从宋代官制说到现代的政治机构》两文，我便恍然大悟，知道这是借古以镜今的一种办法，讲的虽然是古代，而动机为的是用以镜今，仍然是以致用于今为目的。

此外另有一种研究的新趋向，就是由交通史的研究改至边疆史的研究。原来自鸦片战争以来，我国便接二连三地受到帝国主义者的压迫和侵略，边疆土地渐次沦陷，于是有志的史地学者咸趋重于边疆的研究，如魏源、何秋涛、张穆、李文田、范金寿、钱恂、丁谦、屠寄、张相文、王国维等都是，所有的著述，无非是研究蒙古、新疆、东北等边疆史地。民国以后，史地学者稍稍留心文化交流问题，自张星烺、冯承钧倡导以来，研究的新题，以中外交通为史地学的骄儿。丁谦、屠敬诸人所著的书，成为交通史家的必读课本。研究边疆史者反在少数。不幸在"九一八"沈阳被夺以后，一般习交通史的学者，悉皆改为边疆史地的研究。最初傅斯年等著《东北史纲》，其后杨成能等译《东北开发史》，金毓黼辑《辽海丛书》、辑《渤海国志长编》、著《东北通史》，我国东北史的研究，已超过外国的专家了。又次研究西北，研究西南，研究中南半岛，研究南洋，研究西康、西藏，最近在各刊物各书报上所见的文章，以这一类为最多。

最近法尊大师所著的《西藏民族政教史》竟能为有系统的叙述。这可算是最重要的新趋向。

四 史学翻译的新趋向

史学的翻译自是为史学界一种求知欲的补充，因欲知己知彼，故翻译西洋史籍，因欲借助他山，故翻译西洋史学。百年以来，其事数变，以吾所知，有两点趋势堪供注意的：一为由小册子的翻译而侧重大丛书的翻译，一为由课本的翻译而专重史料的搜集。

我国翻译西洋史籍，在近百年来以上海广学会李提摩太译的《泰西新史揽要》、《列国变通兴衰记》、《三十一国志要》，林乐知的《俄国政俗通考》，李思伦白的《万国通史》为其嚆矢。李思伦白所译的《万国通史》凡三十册，算是最巨的一部。废科举、兴学校以后，西洋史为各级学校必修的学科，一般书店莫不雇人编译，在谢洪赉、樊炳清时代，大抵全是三四十页的小册子而已。及至梁思成等翻译韦尔士的《世界史纲》，见者已惊为奇迹。今则求知欲日炽，区区小册子颇不欲观。自然的要求，遂有着眼于大丛书的迻译。作者这回在北碚参观中山文化教育馆，知道已在征求专家翻译英国剑桥大学《世界大历史全书》，即此可见一斑。

至于史学理论或方法论的翻译，最初有鲁滨孙的《新史学》、瑟诺博司的《史学原论》，其后班兹的《新史学与社会科学》和《史学》、施亨利的《历史之科学与哲学》、弗领的《历史方法概论》等也在翻译。今则拟译汤贝《史学研究》(Toynbee, *A Study of History*)，及剑桥上古史、中古史、近代史了。这也是一种由小册子而侧重大部书的翻译趋向。

课本为应时急需，自然最初译书就是这一套。在作者在学生时代，Hayes氏、Moon氏诸家的课本最为通行，其后各书店渐渐为之迻译，教者、读者皆以能读课本为已足。近则国难严重，知彼之心更切，以区区课本不足为专门的研究，出国学生有在欧西专事西洋史料的搜集，或断代，或专史，咸有其人。迩来有谈西洋史实发为文章的，如无特殊史料与考证，读者颇不欲观。这回全国史家在国立编译馆作学术演讲时，至有以"西洋的史料"为讲题,这也可见新趋向的所在了。

五 历史教学的新趋向

历史教学的新趋向,以我所见,约有三点:一是由国耻史的教学而至国防史的教学,二是由提倡怀疑而尊重教学目的,三是由考证式的编著而至通俗本的撰述。我国自受不平等条约束缚以来,无疑地是积受了无数的国耻。可是因为提倡者太过,就课程标准中所定的教材大纲关于近代、现代两部分,可说大半部是外交失败史,亦即国耻史,甚么鸦片战争、不平等条约的缔结、英法联军、中俄交涉、中法战争、西南藩属的丧失、中日战争、中俄密约、沿海港湾的租借、八国联军与辛丑条约、日俄战争与东三省、民国初年的蒙藏问题、二十一条要求、山东问题、华盛顿会议、五卅惨案、"九一八"、"一二八"、东北四省的被侵等等,应有尽有,一部近代现代史无非是国耻史的讲授。此外,学校中所悬挂的有国耻教材,教师补充的有国耻教材,纪念日报告的有国耻教材,中小学校用的教科书中而尤其是历史教科书中全为国耻氛围所布满了。这原是想拿"痛定思痛"的一种情感作用来刺激儿童和青年,使到大家由受到刺激而得到兴奋,油然生报仇雪耻之心,企图借此达到振发民族精神的目的。那知这种刺激用得太多太过,听者便成了麻木不仁,完全不能兴奋。甚而发生颓丧,反思所以急于享乐。史界同人早已见及此点,急思所以挽救。最近如刘熊祥发表的《论中国近代历史的主流》一文,主张以后教学应改弦易辙,由国耻的教学改为国防的教学。

怀疑古史、怀疑古书确已成为清季以来我国学术界一种主要学派,不意自五四运动以后,今文所煽,末流更甚,挂疑古为招牌,谥古圣为天神,推极所至,墨子为印度人,老聃为大耳族,诸说纷呈,上世文化尽被廓清。少年之研习历史者,不特数典忘祖,几将不能自立,不能相信自己民族足以生存。这其间虽不无一二小节偶然猜中之处,然而因为捉影捕风,造谣生事,动摇传统的历史认识,危害民族自信的精神,为祸之烈,不可想象。使偶然批之书眉,以验个人见解,或私授于其徒众,当无大碍。而竟播之书报,广为流布,以自鸣高,令中小学生不知应有的解释，而徒见新奇可喜之论，则万万不可。最近教育部于三十年十月印发征求高、初中本国历史地理本办法，其关于本国史课本编辑要点第二条第十项规定谓："史料中有疑系古人托古改制之处，但已为历史家所称述，且确足资教训者，仍从古说。近代以科学方法所研究有得之资料，虽经史学界之公认，亦应慎重采择，其过于抵触传统学说，摇动历史观念者，皆所不取。"这可说是代表历史教学最近的一种趋势。故今后为中小学生解释，仍当讲述黄帝武功、尧舜禹汤文德，不得因古史有辩，而演为歧说，为的是要尊重教学目的的原故。

历史以研究已过史实的真相为目的，自为一般历史学家所公认。故近三十年来历史课本的著作，大半是考证式的。史家竞为寻求可靠的史料，往往将原史料节录于著者的撰述之内，或作为附注。自柳翼谋师的《中国文化史》、梁任公师的《先秦政治思想史》，直至最近周谷城的《中国通史》，都是这个作法。但是这种编纂撰述，最易犯上啰嗦不可卒读的毛病。抗战以后，人事忙迫不了，作家为要争取读者大众，自然文字畅达、趣味浓厚为主。史家也受了时代的影响，钱穆著的《国史大纲》，已不节引原文，极力避免考证，后来张荫麟著《中国史纲》上册居然运用小说书的辞句，富有文学色彩，结果，读者极多，最为大众所拥护。这种由考证式的编著而至通俗本的撰述，可说是自然的趋势，不是强求的，亦不可逆转过来的。

六　结　论

综上所述，吾国史学最近的趋势，是酝酿于国民革命出师北伐之时，到了七七抗战而大为发展，及至今日，已臻成熟。国难愈重，国史的认识愈为深切，研究翻译，工作愈为进步。虽有大力，莫之能挽。今后史家而欲从事努力，尚乞三复斯言。

民国三十二年五月十六日讲于国立中山大学文学院学术研究会

(《南宁国民日报》1943年6月22—24日，第3版。手稿藏广州中山图书馆)

抗战以来中国史学之趋向

徐文珊

空前的战争，造成中国空前的劫难，也造成中华民族复兴的契机。由于这次变乱，使一切都得到新生的机会。虽然整个国家民族陷于大患难中，但并不能阻住各方面的进步。学术是民族灵魂的具体表现，同时也是领导民族的明灯，最能表征民族前途的兴衰。我们泛观整个学术界，虽尚不能达到理想，但已足象征国家之有救。因为整个学术界都是进步的，且其趋向是一致的。

本文单论历史。抗战七八年来，历史学术颇见进步，其较可称述者，有左列各端：

一　目标趋向于现实

抗战七年，虽然搅乱了历史学术正在进展中的步骤和原有的秩序，但新的方向和新的中心，却因此建立起来，新的作风也就此造成。那就是，一切为国家，一切为民族，眼光由故纸堆，或书本上，放开到整个现实上。虽然历史学术离不开故纸堆，离不开书本，但眼光却必须放开到面前的现实上，目标必须放到国家民族上。这是面前的事实逼出来的进步。我们目击身受的教训太可怕了。国内学人接受了这一教训，殊途同归，不约而同的自然走向这一个大目标。这是值得高兴的一件事。

历史是一面镜子，民族遇到空前大难，于是大家想起来照镜子。这并不是说从前不想照镜子，而是说，需要没有现在的迫切，感觉没有现在的普遍而深刻。因此，《中华民族抗战史》（陈安仁，商务）、《中国历代兴亡鉴》(汪啸凡,拔提书店)、《中国历代贤豪传》(教育部编,中央宣传部印)、《中国名将传》(王敬,拔提)等书,如雨后春笋的出现了。这都是站在国家民族立场,极力想从历史中找寻自救的途径,掘取更切实有效的教训和资鉴的著作。更具体点说,假如没有此次抗战,这些书是不会产生的。现在我们所珍视的不是限于这几部书,而是这种心情、这种觉悟,和这种作风。

其实上述事实,不过举隅。基于这种观念而蔚成的新的历史风气,正不在少。撮举数要端于后：

第一,传记文学之发达

有史以来,中国传记文学的发达,未有过于今日者。无论政府机关、私人著述、出版家,都肯破釜沉舟的大规模编著印行。文言的,白话的,通俗的,典雅的,综合的,分类的,合刊的,单行的,……种种不一,各式俱备。举其较重要的,如潘公展、印维廉主编的《中国名贤故事集》,顾颉刚师主编的《中国名人传》,上举《历代贤豪传》、《中国名将传》,以及商务、中华、世界各书局,也都有成大套的传记丛书,并且销路均甚畅旺,以见人同此心,心同此理。

第二,历史演讲之盛行

近年关于史学之演讲有两种作风：第一为学术性演讲,各学校机关团体多行之,以中国史学会、中央文化运动委员会为多,曾合办史学讲座多次；第二为通俗历史故事演讲。以黎东方先生开先河。黎氏以生动有趣之词令,讲述历史上之人物或故事,极为一般人所欢迎。虽演讲售票(由知行学社主办),然听众并不因此而减少,每次皆座无虚席,此固由黎氏之学问博洽,词令态度饶有风趣所致,但一般人之爱好历史,以及历史适合民族需要,亦于此见其一斑。

第三,历史剧之盛行

旧剧固十九为历史剧,由来已久。新兴之话剧,则一向以现实为题材,二十多年的话剧史,很少以历史为题材的作品。但抗战开始以后,忽然倾向到这方面,出现不少历史剧,并且都曾上演,极受欢迎。较重要的如杨村彬的《清宫外史》、吴祖光的《正气歌》、胡春冰等的《黄花岗》、于伶的《大明英烈传》、冒舒湮的《董小宛》、陈白尘的《石达开》、郭沫若的《虎符》、《金风剪玉衣》等,这都是话剧用历史题材的实例,在战前是没有的。至于新型歌剧和旧型平剧也有新创作。前者如顾毓琇的《苏武》、王泊生之《周颂》,后者如徐筱汀之《陆文龙》、《收复两京》等。这些剧本的编、导、演出,是否成功,是另一问题,此处不论,我们所重视的,乃是这一新趋向之形成、新作风之开创。谨在此预祝这一趋向继续发展,并且更普遍、更深入。

二　史观之渐趋一致与进步

一提到史观,大家便会想到唯心、唯物等等乌烟瘴气的一大套。其实真理并不是唯心,也不是唯物,而是完整不偏颇的一套。由于抗战的教训,以及历史学术演进的自然结果,逐渐趋于以全民生活为历史动力的看法,慢慢一致起来。这在历史学术本身上,是一种重大进步,应当珍视。

此外,从另一方面看历史,一般的总不免于机械的、固定的看法。认为是无机的,顶多是有机的,但现在则迈进到超机的阶段。这并不是说史家在故弄玄虚,出奇立异,而是对这生龙活虎般的历史,不能用机械的眼光去看,而必须能退出圈子外,去作前后纵贯的观察工夫,即不只能入而察之,又必能出而观之,才能得到其超乎有形事物之上的机运,也才能看出它的气魄和势派来。读历史就在能否得出这种气魄和势派来。工夫固必须一点一滴由史料上入手,效用则需要以超机的看法,求其得失兴废之故,以及已然未然的大势所趋,能这样超脱的观察运用,才能真正得到历史的功用。

由无机的看法,到有机的看法,是一种进步,这是抗战以前的事。由有机到超机,又是一种进步,这是抗战开始以后的事。

因为用超机的看法看历史,所以把历史当作艺术看。人常说人生是一种艺术,这样说,便也可说历史就是艺术。欣赏艺术要放到一个适当距离去看,亦即是说,要退出圈子外去看,观察历史也同样要放到一个适当距离去看。这种看法,过去是没有的。现在虽还未能普遍,但却已有相当力量。

三　关于民族起源流衍观点之一致

由于地下发现之有力物证，中华民族起于本土说，在战前已经成立，西来说已失其存在价值。但这一学说成为每个国人的信念，普遍而坚定，则是抗战以后的事。

由于中国的地广人稠，分布在各地的同胞，受自然条件的限制，有时又加以人谋之不臧，遂致在心理上有此疆彼界的隔膜。又加敌人之挑拨离间，乃真像有甚么种族上的界限，但这明明是白昼见鬼。在"七七"以前不久（若宽泛一点，也可纳入抗战以后了），傅斯年先生已有《中华民族是整个的》，载天津《大公报》。抗战初起，又有顾颉刚师《中华民族是一个》，载昆明《益世报》，用热烈的情绪、正确的事实，唤醒同胞，以铲除团结抗战的心理障碍。从此以后，史学界的研究方向，更朝这方面努力。等到三十二年蒋主席撰著《中国之命运》，只轻描淡写，用"宗族"二字称谓国内各民族，无形中便把大家心理上隔膜打破，立时觉得亲近起来。随着便被普遍使用，不待解释而大家都觉得彼此是一家人了。这一举动，影响历史学术，也影响民族心理，关系非常之大。

四　史学研究之进展

历史学术之研究，并未因抗战而间断，中央研究院历史语言研究所、国立北平研究院史学研究所，都在迁地继续研究。各大学教授、各地史学专家也都在分头努力，并且有很多书刊出版。假如不是战时物力艰难，印刷不易，更将有大量的书刊问世。

历史研究在材料方面仍不限于纸上，同时亦兼及地下出土的实物。在时间方面则似偏重于古代。作者所见到比较可以称举的著作，约略有下列几种：徐炳昶《中国古史的传说时代》（中国文化服务社）、黎东方《中国历史通论》（商务）、郭沫若《青铜时代》（文治出版社）、翦伯赞《中国史论集》（文风书局）……此外对于文化的研究，却有畸形发展的趋势，好像大家对文化问题都感到重要，都有兴趣研究，散见于杂志的论文,数不胜数,专论文化的著作也不在少,以见此问题在今日之重要。

在叙述史实的系统著作中,以钱穆师《国史大纲》(商务)为最通行,最受欢迎,大家一致认为意识正确、简明扼要的历史新著,这是值得称赞和介绍的。此外的系统著作较重要的,有缪凤林《中国通史要略》(商务)、蓝文徵《中国通史》(文通书局)、周谷城《中国通史》(开明书店)……断代史则有黎东方《先秦史》(商务)、萧一山《清代史》(商务)、郑鹤声《中国近世史》(南方印书馆)……

研究的进步,固然有事实的证明,无待深论,但表现研究之进步最明显而真切的,可举一篇文章作代表,即郭沫若的《十年来自我批判》(载《群众》第二十二期)。在这篇长文里,郭氏对他十年前所下的判断,所用的材料和方法,乃至所得的结论,无情的予以批判,宛如攻击另外一个人。把他的《中国古代社会研究》,攻击得体无完肤。假如他这部书晚十年着笔,一定不是那样写,也不那样武断。现在郭氏所用的材料和方法是否十年后再要修改,是另一问题。单就其十年来的进步而论,是值得重视的。郭氏如此,其他诸史家之进步亦可想见。

专史的研究十分发达,七八年来,已出版的著作颇有可观。兹分别举要如左:

关于民族的:

罗香林:《中夏民族与百越系统考》(商务)

张旭光:《中华民族发展史纲》(文化供应社)

关于政治社会经济的:

陶希圣:《中国政治思想史》(南方印书局)

曾资生:《中国政治制度史》(南方、文风、建设出版社)

周谷城:《中国政治史》(中华书局)

周异斌、罗志渊:《中国宪政发展史》(各大书店)

陶希圣:《中国社会史》(文风)

罗仲言:《中国国民经济史》(商务)

关于文学及学术思想者:

罗根泽:《中国文学批评史》第一二三分册(商务)

陈子展:《唐代文学史》与《宋代文学史》(作家书屋)

金毓黻：《中国史学史》（商务）
王玉璋：《中国史学史概论》（商务）
侯外庐：《中国古代思想学说史》（文风）
又　　《中国近世思想学说史》（三友）

五　历史教育尚待积极推进

自民国二十七年，蒋委员长对中央训练团第一届毕业典礼训词，剀切沉痛的指示过去历史教育之失败以后，国人渐知注意。教育部特设立史地教育委员会，负责推动史地教育。但七年以来，成效尚未显著。一般人对本国历史知识仍甚贫乏，最显著的例，即各级学校学生历史程度之低，有出人意料者。由大学招生考试和高普考等各种考试的历史成绩看，不但令人寒心，并且令人害怕。主考人或阅卷人多慨乎言之！论学校教育，则因受课程标准之呆定限制，国文不能与英文分庭抗礼，国史不能与世界史分出主从，区别人我。在制度上已无法加重国史教育，唤发民族情绪。在心理与习惯上，又都在无形中作着历史教育发展的障碍。论社会教育，虽渐渐有人注意利用历史作社教的工具，如上面所述历史剧之盛行、传记文学之发展、史学演讲之提倡等，但仍乏有计划的大规模运动。关于这一点，作者谨以最大热诚，殷切期望于教育当局以及史学专家赶快努力，大刀阔斧，破釜沉舟，以民族中心的教育，唤起民族灵魂，促成民族复兴。

六　国史编修工作之亟待开展

自清史馆裁撤以后，修纂国史的工作便停顿了一个时期。抗战起后，国民政府鉴于修史之重要，设立国史馆筹备委员会准备开始修史工作。但至今数年，仍在筹备中，工作未见积极展开。以论清史，前清史馆的《清史稿》被禁以后，未见改修，至今无国定清史。以论中华民国卅年史，亦无正文典籍，国人欲读而无书。党史史料编纂委员会编有《中国国民党史稿》，虽可为国史之助，但未能当国史之任。至于抗战史，国史馆筹备会虽有准备,但未见正式展开工作。西南联大教授姚从吾闻曾以学者资格搜集史料,但如此大规模战争,岂个人力量所能得其万一。为承先,为启后,实在应当由中央领导用全国力量,担当起这修史的历史使命,并且要争取时间,立即开始。

结　　语

我们试将抗战开始以后的史学作一鸟瞰,则不能不说这艰苦的七年,历史学术确实有很大进步。这空前的苦难,教训了我们,迫着我们的学术走入自救的道路。换句话说,也就是叫我们运用富有民族意味的学术来作领导民族的工作。由于战争的毁灭、播迁,使大量的资料、存稿,直接间接的损失,不可以数计,有的更无法求得补偿。在研究上,增加多少困难。学人生活的艰苦,印刷条件之困难,在在都是学术进步的阻碍。但学人不屈不挠的精神,奋进不已的志气,随时随地在用人力设法克服,并觅取新机。眼前这点点成绩,虽尚未能使人满意,但这已是多少学人用极大的牺牲争取来的结果。惟其如此,故足珍贵。在团结合作上,已于三十二年集全国历史学人组成中国史学会,以求精神之团结,工作之协调。今大难未已,责任正多,大家合衷共济,互助合作,以求更进,实为历史学人今后不可旁贷的使命。

(《中国战时学术》,正中书局,1946)

近三十年来中国史学之趋势

沈兼士

首先要声明的，我是以外行人来谈此问题。外行人而谈个中问题，自然免不了发生错误，尚请方家不吝指正。

我觉得人类因为有追忆过去的本能，才有所谓历史，换言之，历史就是有价值的回忆记录。忆古念旧，从不好方面讲，是顽固的，不进化的；从好的方面讲，能借镜已往的利弊，计画将来的改革，才是有根据的、合于实际的改革，才是有步骤的进化。所以，史学可以称为促进人类文化进步的一种科学。

在未谈本题之前，我先追溯一下一百五十年前一段历史，来作一个引子。我们平常很怀疑清代学术史上一个问题，就是乾嘉时代学者如江永、程瑶田、钱大昕、戴震诸家，于金石、地理、历象、数学、博物、工艺等学，均以绝大的天才，成就惊人的造诣。然而，继之者都不能把上述各种学问扩大成为独立的科学（乾隆二十七年、西历一七六二年卢梭著《民约论》；乾隆三十四年、西历一七六九年瓦特蒸汽机改良；乾隆四十八年、西历一七八三年法人发明轻气球），这是甚么原故呢？现在找一个故事来说明他。当戴东原倡天下学问有义理、考据、文章三事的时候，袁子才以文词推为海内祭酒，他曾寄书与孙渊如，惜其以惊采绝艳之才，从事于考据，奇才竟至不奇，有"可惜一枝笔"之语。又谓著作（即指文章而言）为形上之道，考据为形下之器。孙氏复书驳之，谓袁以钞撮故实为考据，抒写性灵为著作，非经之所谓道与器也。又自谓欲由训诂、文字、历象、明堂、井田等，以明九经三史及圣人制作之意，因器以求道，乃由下而上达之学，道与器不可分之为二（《问字堂集》卷四）。当时焦里堂又与孙书以论考据与著作。略谓：古者专家，各以学名，别无所谓考据，汉后一切学问莫不通之于经，至唐宋以后，古学几亡，于是为词章者徒以空衍为事。王伯厚之徒习而恶之，稍稍寻究古说，摭拾旧闻。此风既起，转相仿效，而天下乃有补苴掇拾之学。后人强以考据名之，以为不如著作之抒写性灵，可谓不揣其本而齐其末矣。近世如惠、江、戴、程、段、王、钱诸家，直当以经学名之，不当以不典之称所谓考据者混目于其间(《雕菰楼集》卷十三)。揣焦氏之意，以为我们考历象、地理是为读《尧典》、《禹贡》，考音韵、博物是为读《三百篇》、《尔雅》，考宫室、衣服是为读《三礼》，一切皆归于经，则争者自然息喙了。其实拿经来统制一切学问，是利，也就是弊。我认为这就是一切学问不能独立自由发展的一个重要原因。还有一点是我们所知道的，大凡学术思想之发生变动，都由于两种潮流的相激相荡，不然就不容易发生推陈出新之剧烈变化的。百余年前欧洲文化尚未东渐(只有天算参用西法)，所以清代学术是以朴学始，以朴学终。终清之世，其学不出乎两部《经解》，而法人之《百科全书》已于乾隆十六年(一七五一)就出版了。

到了民国时代，就不大相同了。欧西文化随着政治的力量而加速东渐，科举既废，经学也式微了。于是，新旧两种潮流激战的结果，是旧的败北了。首先革新的是文学，北大新文学运动，那是人所共晓的。至于史学的革新，却为一般人所忽视。民初蔡元培长北大，初设史学系，大家都不大重视，凡学生考不上国文学系的才入史学系，但这不能不算打定了史学独立的基础。至于材料和方法方面，倘若不革新，仍同先前一样呆板板地从纸堆中钻研，那是不能满足新时代求真的希望的。所以，北京大学于十一年设研究所国学门，首先创考古学研究室，其旨趣是要把自来所谓供文人赏玩的古董，用考古学的方法去发掘搜集，作综合比较的研究。史学方面凭空添加了一支强有力机械化的生力军，古代史上许多问题，或者得了解决，或者起了疑问，这都是研究古代遗迹遗物之收获，予史学界以极大的冲动。其次即为该所十二年五月风俗调查会之成立。我平常喜欢读《汉书·地理志》论域分风俗那一段文章，以为从地理上考民俗，从民俗里观文学，那是最有趣味而又合理的方法。近代史学之新发展，多借助于考古学及民俗学(前者是静的，后者是动的），纵横经纬，合起来便成一种新的史学。现在各地各民族间的风俗，倘加以探本溯原的研究，相信可以解决史学上不少的问题。再其次即为内阁大库档案整理会，这是我和陈援庵先生（那时正任教育部代部长）努力，遂毅然把教部堆存的一大批内阁大库明清档案拨交北大研究所整理，内容包括大量的题本、报销册及明代兵部题行稿、明清实录、圣训、史稿等件。档案是修史取材的大宗来源，可以说是没有渗过水的史料。关于某一问题的档案（如明末边事、清代文字狱），搜聚起来，固然可贵。即是平凡普通的材料（如题本中之各省债务案及争产案）统计起来，也可以解决许多历史上重要的问题。作史者有了这些原料，加上专家判断的识力、组织的技术，便可成为一篇佳构。向来修官书，往往嫌恶档案繁重，除直接可用者外，大半弃置不顾，那是很可惜的。

上面所述的三项，不能不说是三十年来史学研究的新趋势。加之西洋治史新法传入中国，方法上又发生了若干变化。譬如最近出版的李玄伯《中国古代社会新研》之取法古朗士，便是一个好例。

我国号称有五千年的文化，而旧史记载多令人不敢置信。若一味疑古，凿空立说，亦为缺陷。吾人倘能利用上述之新材料、新方法，重新证实我们民族光辉灿烂之信史，岂不是空前的一大收获吗！

（《经世日报》1947 年 8 月 14 日，第 4 版）

中国史学界的展望

齐思和

中国的史学在过去有灿烂的历史，有卓越的成绩。中国人在过去对于历史的贡献，无论在质的方面和量的方面，只有西洋人能同我们比拟，而其他文明古国，如印度等，则不及我们远甚。原因是中国人是一个重现实的民族，所以在哲学上，和由哲学推衍而来的科学上，甚至在艺术上，我们都不及西洋。但是在史学上，我们在一百年前，实在超过西洋，不但毫无愧色而已。

历史是一门切实的学问。所以态度切实的中国人对历史自古就有浓厚的兴趣，譬如拿印度来比，我们重实际的态度便很明显。印度人只注重虚无渺茫的未来，而忽略现实的记载，所以印度自古无历史记载。现在西洋人要研究印度的历史，还要以中国高僧法显的《佛国记》和玄奘的《大唐西域记》等书来作根据。所以中国的和尚也比印度人切实得多。

中国历史学在过去的二千年中，经过不断的改进。最早的历史书如《书经》和《春秋》，相传都经过孔子的整理，但是记载很简单而不细密。所以到了汉朝，司马迁作《史记》，始创以人为单位，有本纪、世家、列传以记人物。此外又有年表以表年月，有书以记文物制度，材料较前丰富。自是以后，历史体例渐趋固定。后世所谓之正史，皆以此体裁修成。以至最近的《清史稿》，都用此体裁。汉献帝以苦《汉书》繁博难读，诏荀悦删之，恢复编年体制，著《汉纪》三十卷。至宋司马光更扩大范围，上起三家分晋，下迄五代之末，成《资治通鉴》，博大精深，遂提高了编年体裁的价值。南宋时，袁枢感《通鉴》翻检之苦，更改编为《通鉴纪事本末》，以事为本位，后世多效之。除三体外，唐杜佑《通典》、宋郑樵《通志》、马端临《文献通考》，以及后来人所续成的，共称"九通"或"十通"，专记载历代的典章制度。由这些史籍来看，可知中国史学是随时都在改进的。历史因为什么常常重写，常常改进呢？大概有以下三个原因：

（一）新材料的发现。新的史料随时被发现，有的可以补旧史的不足，有的可以正前史的谬误。今举一例：西晋时汲冢所发现的《竹书纪年》，系魏国的编年史书，这部书司马迁并未见过。所以自晋以来学者多据这部书来改正《史记》。到了近世，殷商的甲骨文，以及殷周的铜器，大批出土，皆给予我们不少新的启示。所以我们对于上古史的知识，远超过了司马迁，而感觉到《史记》中关于上古的一部分，大有彻底改造的必要了。

（二）方法不同。后人研究历史的方法，逐渐较前人为精密。前人认为真实的史料，后人认为未必可信。因之许多史料，都需要重新去批评。譬如清代崔述作《考信录》，他所根据的材料，与司马迁大体相同，但是方法比较严密，结果便差得很多。

（三）看法不同。对于历史的解释，随时都有改变。前人的解释，后人感觉不满意，因之常常另行改作。因为以上三个原因，历史需要常常重写。德人哥德说："每个时代应当写他自己的历史。"这话一点也不错。

我们前已言及，中国史学在十九世纪以前，有不断的进展，有惊人的成绩，到了今天，却感到十分落后了。因为什么原因呢？一方面是因为清人最擅长的学问是经学、小学，而非史学。而在西洋，则史学的进步，犹如风驰电掣。所以在学术史上，十九世纪往往被称为历史的世纪（Age of History），其发展有三大趋势：

（一）民主化。以前历史的记载，无论中西都侧重非常人物，普通平民在历史上并无地位。因为从前是君主专制、贵族掌权，历史家也势利眼，所以不大记载平民的事。到了十八九世纪以来，西洋政治逐渐民主化了。英国史家葛林先生（Green）在所著的《英国人民简史》（*A Short History of the English People*）上便说"这本书不是英国帝王的历史,也不是英国战争的历史,而是英国人民的历史"(乃研究人民生活进步的历史)。从此以后,历史家的注意点便由非常之人、非常之事,而转移到一般人的日常生活了。所以平民替代大人物成了历史的主人翁,社会经济的发展成了史家研究的对象。

(二)工业化。欧洲自从工业革命之后,由农村经济踏进了工商业经济,在政治、经济、社会各方面,皆有很根本的变动。因之,历史家对于史料的选择和史事的解释,也以经济生活的演变为基础了。

(三)科学化。西洋在十九世纪,科学的发展是突飞猛进,社会科学亦受其影响。用科学新方法来研究,其特点有二:一是方法紧严;二是分工合作,注重专题研究。结果历史家研究的范围越来越小,成绩也越来越精。

在这期间,中国的经济社会、政治制度并未踏进近代的阶段,中国在学术上也没有进展到科学时期。史学是整个社会的反映,史学是不能离开其他门学问而独立的,我们的史学遂亦落后了。自清季以来,许多学者主张改造中国史学,把中国史学现代化。梁启超先生便是最重要的一位。他主张以西洋史学来改革中国史学,他的主张在当时影响颇大。惜彼不甚谙西史,所主张往往似是而非。以后顾颉刚先生等编著《古史辨》,对古代传说和史料,又有了新的审察和看法。而学校中需要新式的通史课本,旧式的课本像《十七史详节》、《纲鉴易知录》之类,早已不合时代的需要,于是新著的通史便应运而起了。后来大家感觉到通史派所改革的只是体裁,内容粗枝大叶,不够细密。于是又提倡专题的研究,像王国维、罗振玉、陈垣、陈寅恪诸先生都是这派名家。他们的问题皆极深窄而结果甚精,颇得到时人的崇拜。

到了民十八北伐成功后,一部分学者对于专题研究又起了怀疑,认为他们的问题太琐碎,他们研究的结果,对于国计民生并无大关系,于是一般新史家渐渐着手于社会史的研究。他们欲知今日社会是什么阶段,将步入何种阶段。其长处在能由大处着眼,而短处是题目太大,材料太少。有的甚至仅翻弄"矛盾"、"崩溃"、"演变"等名辞,发些八股式的议论,而不用心去搜集材料,所以成绩并不太大。

至于将来史学界的趋势,究应如何处理,我认为有几点应当特别注意：

（一）专题研究与社会史合一。我们知道，今日欲治历史，以一人的精力来完成一部尽善尽美的通史，已不可能。历史需要多数人的合作与努力，譬如积砖成屋，才能根基稳固。所以国史的改造，应当由专题研究开始。不过，所说的专题，并不是琐碎片断而无意义的，乃是大问题的枝节，必须与整个社会问题有关。举例来讲，欲改善今日之农业，则研究以前错综复杂的田制，及农业的进展，是何等重要？如农作物、农具的进步沿革，都大有关系。所以题目可专，范围可窄，而研究之问题须有重要性，须于解决当前问题有关，而非专谈掌故，这似乎是今日治史者应当遵守的途径。

（二）中国史与西洋史合一。在过去中国的史学界，西洋史与中国史向无关系，教中国史的不管西洋史，教西洋史的也不管中国史，是判若鸿沟的两门学问。试问教员自己不将两者镕铸为一，如何能让学生融汇贯通？所以我们感觉中西二史应打成一片，最重要的是要用比较方法。譬如说，哥伦布发现新大陆的事迹是在一四九二年，人人都能说。但在中国史上是何年呢？平常中国学生便不注意了。有人甚至说是在汉朝的，有的说是在唐朝的，而不知是在明孝宗时，这就是不比较中西年代所生的过失。又如鸦片战争是中国近世史的开端，在中国史地位是非常重要。而普通的西洋史、英国史课本上则很难发现，因为西洋人并不重视此事。但我们研究西洋史便应当说明一八三二年英国政治的改革，和中等阶级的工商业巨子的获得政权对于鸦片战争的影响。所以我们研究西洋史，对于选择材料，应用中国人的眼光，不可完全循西人的成规，而且要用比较的方法。这样自然对中国文化的特点可以明了。所以我们的口号是"以中国人的眼光来研究西洋史，以西洋史的方法来整理中国史"。这样治史学，才能有新的收获。

（三）断代史的研究要均衡发展。近年来，国人研究本国史的风气，是偏重于头尾与中段——上古、近世与元史研究的人最多。西洋人研究中国史的风气也是如是。上古史的研究当然是经学的一转，元史的研究自然是继承晚清的风气，而清史的研究自然又是因为时代的需要。至于其余的时期，甚至于最重要的时期，如秦汉、隋唐、明代，却很少有人来研究。即对上古、近世的研究,注意点也未免太偏。譬如关于上古史,过去学者们的精力大部分几乎都用在神话的讨论上边,而对于有史时期的经济、社会、政治、学术、制度的进展反却很少有人注意。其实这些神话本应当属于神话学范围之内,历史家没有时间来讨论,同时也非历史家之所能讨论。因为讨论此等问题,须于盈千累万之他民族的神话,作比较的研究也。犹如西塞斯(Theseus)、赫克利斯(Hercules)皆属神话范围而非希腊史范围,希腊史家无谈此等问题者。若希腊史家舍希腊经济、政治、社会、制度之进展不谈,专谈此等问题,岂非笑话?而现今中国上古史的研究竟有此畸形的发展!有人甚至以为这是中国古史的惟一问题,整个的古史不过是猜谜工作,岂非奇怪?

至于近人对于近世史的研究,所注重者似乎太偏于外交方面,至于内部政治、经济、社会、制度的遽烈变化,注意的人并不多,了解的人自然更少。而对于外交史的研究,又多半依据一二外国课本如 Morse、MacNair 之类,真正从中国史料者研究出来者亦不甚多。实则外交史不过是历史的一方面,而且又是很表面的一方面,我们若但研究外交,不但对于内部的进展不能了解,甚至对于外交政策的根本原因也不能了解。

中国古代社会变化最遽烈的时期是春秋战国,而新制度形成于秦汉。中古时期变化最遽烈的时期是魏晋南北朝,而新制度形成于隋唐。宋元又是一个社会变化最遽烈的时期,此后中国遂踏进了近代。对于这几个时期我国研究的人并不甚多。对于唐代的研究,我们远不及日本,至少在量的方面是如此。除非我们对于这些时期有了充分了解,我们对于整个国史那有正确的认识?所以今后国史的研究,我们需要均衡的发展,不要专集中到几个时期。

我们有丰富的史料,我们对于历史又有特殊的兴趣与传统。假若我们顺着以上所说的路线去发展,我想将来我们必能有伟大的收获。

(《大中》1946 年第 1 卷第 5 期。为燕京大学史地学会讲,许大龄笔记)

现代史学的特征

周一良

古人谈到作史，常常要讲三点，就是史才、史学和史识。现在谈写历史，依然免不了要用这三个标准来衡量。然而，才和识是天赋，非人力所能强求，学却是中人以上都可以用功来养成的。作者对于史才、史识两点，不敢妄有论列，但不揣谫陋，想就我所看到的以及我所期望的现代史学略加论述。因为个人的兴趣与工作范围的原故，我的论述与引证大都是就中国以及以中国为中心的亚洲历史方面来下笔。但相信骨子里的精神、原则和方法实是中西一贯，只有现代化与不现代化的区别，没有东西地域的区别。

现代史学的特征大约可以分成五方面来说。第一是科学方法的应用。所谓科学方法，说起来或许令人莫测高深，实际上也很简单，不过是对象——在史学范围内就是史料——仔细观察、比较分析、综合、归纳而已。清代朴学大师们治学的方法即是如此。例如最常被人引作例证的钱大昕证明古无轻唇音的步骤，和高邮王氏父子的《读书杂志》、《经义述闻》里考订古书字句意义，其方法俱不外乎此。只是清儒在经学、小学方面用功深，这种考据方法的成效因之亦大。在史学方面，除去钱大昕《廿二史考异》之考订史文，赵翼《廿二史札记》之考订史事，运用这种方法获有显著而良好的效果之外，不像经学、小学方面那样利用得到家。现代史学的特征，就是承袭了这种方法，再参以西洋人治自然科学的精神，发挥得更精密、更周到。使得史学与纯粹科学日益接近，无论是考订史实或解释现象，都根据于客观的观察与归纳的步骤。现代史学界的著作中能代表这个特征的不胜枚举，我也不必觍缕。我想引胡适先生关于考据之学的几句话，来概括此点。胡先生曾说作考据文字要"大胆地假设，小心地求证"。大胆的假设往往是旧史料的新解释，而小心地求证就是运用科学方法了。胡先生近来又标出四个字，我觉得也颇足以代表现代史学的精神。四个字是"勤谨和缓"。勤是说阅读要广，检查比勘的工作要作得多。谨是小心谨慎，不疏忽，不苟且。和是心地和平，换言之就是态度要客观，头脑要冷静。缓是说立论以后勿急于发表，以待修改。凡此诸端，都是说明现代史学第一个特征的好材料。

现代史学的第二个特征是与辅助科学联系之密切。这一点清儒治史也早已知道，再举钱大昕为例。他于史学之外兼通历算、地理、小学、金石等，所以他之立说每每无孔不入，左右逢源。现代史学所需要的辅助科学范围更广，关系更密。头一样是语言。研究西洋上古史的人要懂希腊文、拉丁文，研究中古史的除古典拉丁文之外，还要懂中古拉丁文以及各国古方言。治中国史同样也有语言文字或语音等等的牵涉。三代两汉的语言与魏晋六朝不同，魏晋六朝又与隋唐不同，隋唐又与宋元以降不同。在中国因为有一种知识阶级通用的 Lingua Franca 文言文，于是各时代的口语便多不传。但自六朝以降，故书杂记里也时有当代口语出现。唐人律绝诗与变文，宋人的词、话本，元人的杂剧和白话碑文，以及历代僧人的语录里都往往碰见。随便举一个例，如"曼"字，在魏晋六朝时有"趁"、"赶"等意，唐宋时便不大用，而用"闻"，近代则都用"趁"了。在利用当代史料时，不弄清楚便容易闹笑话。还有同一词语因时代变迁而涵义迥异者。如"博士"两字在汉魏以来是指一种政府"部聘教授"而言，到了唐代又孳乳出另外一种意思，凡是一种职业的师傅都可以称"博士"。如果不明白这个词在各时代用法不同，对于史料的了解认识一定不能充分。史料的认识不清，结论自然就未必可靠了。文字的关系亦复如此。研究古代史而不能通读甲骨文和金文，研究唐代史而不于辨认西陲写本，往往很危险。从现代史学眼光看来，这种特别的训练或素养都是最基本不可少的。谈到牵涉两国或二国以上的史实时，譬如研究交通史，语言和语音的关系更重要就不待言了。现代史学里，各国互相交涉关系的研究颇为发达，原因即是基于语言研究的发达。法国伯希和先生精通中国、印度、亚拉伯以及中亚语言等，所以在东西交通史上能享有卓著的成就，触类旁通，得心应手。研究近代各国历史，更没有人不通那一国的语言文字而敢着手。西洋人在十九世纪时还有人敢不识中文而写中国历史，近来则无人不从习语言文字入手。还有古音的知识，对于研究交通史上人名、地名的对音有莫大关系。从前大都妄加比对，自从高本汉发表了他研究中国古音的结果，他的《分析字典》变成一部可靠性甚高的参考书，学历史的人增加了无限便利。随便举一个极浅近的例子：最近天津《大公报》载北京大学教授若干人给校长写信，诉说生活之困苦，署名的第一人是马鉴。千百年后如果根据这段通讯来作一篇《北京大学教授考》，岂不要发生香港大学文学院长马鉴先生在北大兼课抑或北大另有马鉴其人的疑问？然而我们知道，马鉴先生在香港，北大却有一位马坚先生教亚拉伯语文。这是"电话"通讯听者之误。并且可以推测，通讯的记者一定不会说广东话，因为广东话里鉴是M而坚是N，决不会相混的。此例极粗浅，但可以证明现代史学上语音知识的确有帮助考订史实的功用。如地理学、年代学、气象学、金石学、甲骨学、古泉学、目录学等，莫不有关。现代史学的趋向并不是期望每一个读历史的人都有百科全书式的知识，但他一定要时时刻刻意识到这许多辅助科学之存在，并且知道在进攻某一方向某一范围时不能不顾到某一门辅助科学。通方知类，即此之谓也。

现代史学的第三个特征是观点与资料之入时。我所谓"入时"，并不是指摩登时髦，人云亦云，而是陈寅恪先生论一个时代作学问能"预流"的意思。陈先生叙陈垣先生《敦煌劫余录》说："一时代之学术必有新材料与新问题。取用此材料以研求问题，则为此时代学术之新潮流。治学之士得预于此潮流者谓之预流，其未得预者，谓之未入流，此古今学术史之通义，非彼闭门造车之徒所能同喻者也。"自从清末河南安阳发现甲骨，研究的学者接踵而出，日益进步，甲骨卜词对于古史与古文字学都有极重大贡献，谁也不能否认。现代学者讲上古史除载籍之外，一定要取材于甲骨与金文，亦不待言。像章炳麟先生国学湛深，一代大师，然而始终怀疑甲骨文字，不加研讨，这种态度就未免太不现代化了。又如西陲出土汉晋竹木简，沙畹、王国维诸先生最先考订，贺昌群先生再加补充，近年劳榦先生撰《居延汉简考释》，著录之丰富和考证之精详，尤无与比。这一堆史料是研究秦汉史决不容忽视的宝贝。因为有了这许多资料才能够讨论许多新问题，如汉代烽燧制度、记时方法、祠祀典制、建元问题等等。如果治秦汉史不知道利用这批材料，徒然拘于《史》《汉》异同或太史公书法等，就是"未入流"了。谈到中古时代，大家自然会想起司坦因、伯希和、罗柯克、橘瑞超等人在甘肃和新疆所劫去的大批卷子与壁画。这些写本数量之庞大、种类之繁富和所用语言之众多，几乎是世界上任何发现新史料的场合所未有。对于史学、文学、经学、宗教各方面的研究，无不供给极丰富的材料。我们看国内如陈寅恪、胡适、向达、王重民诸先生的著作，国外如伯希和、那波利贞、藤枝晃诸家著作，便知利用这些新资料来证成新学说或补充旧史文，正是现代史学所应尽的责任。

现代史学的第四个特征是工具书之运用。六朝人便已有类书之编纂，迄宋代因刊版流行而此风大盛，如《太平御览》、《册府元龟》等，直到今天价值并未减。类似索引的书也非始于海通以后西洋文明传来。清代汪辉祖的《史姓韵编》便是一种索引。不过依现代史学眼光，知道运用类书，亦知类书之不尽可信赖，不能直接征引。西洋如《大英百科全书》或赫斯定（Hastings）的《宗教伦理大词书》（Encyclopedia of Religion and Ethics）等，虽可供考证之典据，在中国却不能引用《图书集成》。至于索引性质的参考书之普遍与利用，确是我国现代史学的一个好现象。洪业先生创意把 index 译成引得，在他与聂崇岐先生领导之下，哈佛燕京学社已经出版许多种极有用的引得和堪靠灯（concordance）。近来北平中法汉学研究所采用"通检"这种名称，也出了若干种。日本学者也编著不少。上举索引以外，极为有用的工具书还有许多，如陈垣先生的《中西回史日历》与《史讳举例》，以及北平图书馆所出各种论文索引等等。要之，看到工具书之重要，并且不自私地去努力于编著这种利他的工具，使得作学问的人可以事半而功倍，这是现代史学的特征之一。

现代史学的第五个特征是运用史料范围之广泛。章学诚曾说过"六经皆史也"，现在更要把这句话扩充推广，从现代史学目光看，凡著于竹帛者无非史料。研究历史固不能囿于廿四史,并且不能局于乙部。举凡四部之书,古今上下,只要利用得法,无一不可供考史。金石文字有裨史学早已为前贤注意,子部、集部著作也同样有用。不唯本国的资料有用,有时本国资料不足,非采用外国资料不可。譬如印度,虽是文明古国,史籍却极希罕。因此近代研究印度史的学者必要利用外国资料。早一点的有希腊人的记载,其次有中国高僧西行求法者的著述,如法显的《佛国记》、玄奘的《西域记》、义净的《南海寄归内法传》、慧超的《往五天竺国传》,都是今日治印度史的人所必读。再晚一点,有亚拉伯人的记载,也是一样要紧。不但印度如此,即号称史学最发达的中国,有时书缺有间,也得借助于外国人的记录。如唐武宗时到中国来的日本和尚圆仁,有一部日记名《入唐求法巡礼行记》,因为他身历其境,所以关于会昌毁法以及当时宦官专横的情形,记述得非常详尽,为研究这一段史事第一等资料。其次如明清时代到中国来的耶稣会教士,也往往有日记之类,自然为研究明清史的绝佳资料。又如研究唐宋时东西交通史,亚拉伯人的记载也必不可少。这些荦荦大端都足以证明现代史学上材料运用是"兼收并蓄,待用无遗"。

以上就我所看到和所期望的现代史学的特征略略论述,自不能完全概括无遗。今为篇幅关系,举例尤欠详尽,如果读者能从这简短叙述中得一个粗枝大叶的印象,就是作者的大幸了。

(《现代学术文化概论》第二册,上海华夏图书出版公司,1948)

中国现代史学界的检讨

曾繁康

中国近年以来,史学界呈现着一种蓬勃的气象,此种盛况,殆为从来所未有。因之,其纷歧错杂,派别繁多,亦为从来所未有。不过在此纷歧错杂之中,我们却可以大概的将其归纳为下列三派,而分别的加以叙述和检讨:

一、考据学派。考据本为治学的方法,而非一种学派的名称,我们此处所以称之为考据学派,只不过一种方便的称呼而已。此派的作品,可以顾颉刚先生的《古史辨》为代表;此派的学者,以中央研究院和北平研究院的历史语言研究所,及北京、清华等大学为大本营。此派主要的精神为注重实证,不但以书籍上的记载为考据的根据,而且极注重发掘,于河南的安阳等地,已经掘出不少的殷墟甲骨书契,和各种遗物,以之与中国旧有的史料,互相参证,往往能发前人之所未发,见前人之所未见,极有裨益于中国古代的史乘。此外更旁及周秦间的金石遗文。因其搜集之勤,与其整理之精密,中国古代史料的范围,遂已无形扩展。此派因其有精密的考据方法,此种方法,不啻一犀利的武器,一切古代伪造的史料,和虚假的传说,一遇此种武器,无不迎刃而解,无所藏其虚伪。凡经精密的考据所得之史料,无不富于客观精神,有客观的价值。故此派自其初起以至于今,虽为时尚不甚久,而其成绩,则甚惊人,对于中国的古代史,已有极丰富,而又极宝贵的贡献。此派的主要意义,在将中国古代的史料,作全盘的检讨,还给古代的历史,一个本来的面目,使我们认清中国的文化,亦系逐渐发展而来。传说中的古代,不一定为中国的黄金时代,我们不必再如既往的留恋古代,我们的眼光须要掉向将来，以求创造一个空前未有的黄金时代。此派的势力，近来有增无减，几有成为正统的历史学派之势，中国近来的青年史学家，大都属于此一类型。不过此派的流失，为破坏之后，不曾继之以建设，建立一个簇新的史学系统。而且因为他们的取材不同，和观点各别，所以往往同一问题，而互相争辩不已，以至不能得到一个一致的结论，致使人有无所适从的痛苦。又此派的学者往往误认方法为目的，为考据而考据，非为历史而考据，以致破碎支离，博而寡要，劳而少功。故其作风乃日趋于枯窘板滞，反不似初起时之活泼新鲜，富有生气。然此派乃中国目前最大的历史学派，其态度较富于客观精神，其方法亦较为严谨。故如领导得法，中国将来的史学界，仍以此派为最有希望。

二、唯物史观的中国历史研究学派。此派从经济社会的立场，以西洋的历史材料，来解释中国历史上的种种现象，其所采择用的方法，便是有名的辩证法。此派的作品，可以从前在上海出版的《新生命》杂志为代表，此派的学者分布于全国各大学、各中学，以及各种文化机关之中。此派关于中国历史和社会的论战，其作品较任何其他的历史学派为多。此派的徒众，曾经盛极一时，在中国的史学界占有绝大的势力。此派以西洋的材料解释中国的历史，其主要的意义，在隐示国人以人类进化的途径，大体相同。从整个人类的历史看来，各民族的发展，颇有齐一的倾向，而其重心，则在于经济生产。有何种的生产形态，便有何种的社会意识，因而便有某种的政治、社会与之相适应。所以中国当前的问题，还是一个生产问题，如欲健强中国，便只有从实行经济革命着手。可惜此派的学者，大都对于中国的古籍无根基，并不很深，对于中国旧有的史料，亦不曾作精密的鉴别，只不过以西洋上的材料，附会于中国的历史。故其作品之中，充满了西洋史上的名词，而不曾实际的探讨到中国历史的核心。因其取材既不审慎，故其作风，已渐为世人所厌，而有日就式微之感！

三、理学派的历史观。此派所有的观点，全系宋明以来理学家的观点；此派对于历史的态度，亦系中国旧日史家对于历史的态度。此派在过去数十年中，颇有日趋没落之势，最近之所以复活，曾含有极浓厚的政治意义。此派为最近兴起的一派，故其势力尚不甚大。此派的学者，大概说来，应以复性书院的马一浮先生为代表，此外乡曲之老师宿儒，亦多与抱相同的观点。此派所用的方法，为传统的演绎法，各人就其所抱的观点而立论，所以我们很难以某家之说，代表其全派的思想，无已，我们姑以马先生之说为代表。马先生著作甚多，但因其态度过于审慎，不肯轻易发表，所以我们见到他的著作不多。我所见到的，不过《泰和会语》和《宜山会语》两种讲演稿而已。马先生以为六艺不但可统中国一切学术，且可兼统西洋一切学术，而六艺之道，则统于一心。以为历史的演变，只是心理的表现，因为万事皆根于心，其动机往往发于隐微，而其结果，则可影响全体社会。故其对于历史的观察，可以"人心之振靡，关系社会之隆污"一语尽之。其学本以穷理尽性为归，而非纯粹的历史学派，其在历史方面的讨论，亦全系从中国传统的历史哲学观点出发。此派最大的企图，即一以补救考据学派之不足，一以矫正唯物史观之偏颇。惟此派所用的方法，完全为传统的演绎法，其对于历史的观察，又只凭主观的臆想，而不措意客观的实证。故其作品，颇缺乏客观精神，是为此派的缺点！

由上说来，可知考据学派之弊，为失之烦琐，而又不大注重历史哲学与社会科学，故此派近来的作品，乃有日即于枯窘与板滞的趋势；唯物史观一派的作品，则多以中国的史料而为之穿上西洋的衣服，其对于中国的历史本无深刻的研究，故其流弊为剿写抄袭，而不能在史学上有真正的贡献；理学派的目的，本在挽救中国人心，有极浓厚的政治意义。惟其理论，多凭主观而不注重实证，恐其流失，将仍不免于有空疏穿凿之弊。故以上三派，皆各有短长，亟宜自加检讨，将来必能于中国的史学上均有贡献。惟鄙见认为考据一派，方法谨严，而又注重客观事实，或者将来以此派的成就，为最有客观的价值。

（《责善月刊》1940年第1卷第5期）

现代中国史学评论
——掌故派与社会学派
齐思和

现在我们整个的文化正在新旧交替的大变荡过程之中,学术是文化之一部分,自然也不能例外。我们的史学在过去虽有灿烂的历史,卓越的成绩,惊人的数量,和过去的西洋史学比较起来,非但毫无愧色,而且在许多方面,实在超过他们。但是,"历史永远需要重写","每个时代必须写它自己的历史",前人的著作,其体例和方法,已经不能满足现代人的需要。所以近二三十年来,时时听到改造中国史学的呼声。自梁启超的《中国历史研究法》(民国十一年初版)起到最近坊间出版关于史学概论、史学方法、历史哲学、历史教学法一类之书,何止百数十册。其内容大体都是要打倒旧史学,建设新史学,指示改造国史的途径。他们所提倡的新史学,即是现代西洋的新史学。换言之,即是要参考西洋人的体例方法来改革我们的旧史学,可见改革旧史学是现今中国史学界迫切的要求。可惜这些书中对中国旧史学的缺点固然说得很好,但是对于现今西洋史学的体例和精神,大多数的书中似乎还未曾抓着。因为我们要了解西洋史学,必须细心研究他们的史学名著,绝不是仅看一两本鲁滨逊《新史学》(何炳松译本,商务出版)、朗古鲁和塞尼卜二氏合著《史学方法导言》(此书李思纯有译本,名《史学原论》,商务出版)之类,便可轻谈,更何况这两种书的内容已经陈旧,不能代表现代西学呢!旧史学已被打倒,而新的还没有建设起来,于是今天我们的史学界,是走到最混乱的时代了。

在这种混乱的现象中,有两三种畸形发展颇占势力。一种是琐碎考订的发达,我们可称他为掌故派。他们大抵知道用纪传的方法改修旧史或纂修新史是不行了，于是乃选择一个窄深冷僻的题目作一到穷源竟流的探讨。考证则细入毫芒，征引则繁富博瞻。作者自矜精深，以为尽史家之能事。但我们一看他们的题目，多是冷僻偏窄，无关宏旨。一个人生卒的年代，一个小说故事来源的考辨，一个名辞的解释，往往成为几万字长文的题目。他们考订的结果，未尝没有可取。但是即使作者能够解决，请问对于中国文化的了解，有何贡献？作者躜入牛角之中，自命为史家，而读者则目眩头晕，掩卷欲睡。试思过去的大史家，无有不能引人入胜、感人至深的。而这些史家们的著作，却只有催眠之功效。其实在外国，掌故家（Antiquitarians）与历史家（Historians）本来有严重的区别。一个地域沿革的考证，一个人物的研究，一个服制或古物的解释，这是掌故家的事；历史上一个时代，或一个国家整个文化的描写才是历史家的责任。即在我国，过去史学与考订亦自有别。譬如，司马迁、司马光是史家，但是王应麟、俞正燮便不是史家。因为从他的著作中，我们不能找到任何时代文化的全貌。但是清人自乾嘉以来，崇尚考据，治史者亦多由修史而变为考史，遂推崇钱、王的史学。至今遂专有一派模仿钱、王的人，其问题较钱、王更窄小更琐碎，真是躜入牛角了。

此外另有一派又走向另一极端，他们因厌弃掌故派的繁琐苛碎的考订，遂要研究中国整个社会的进展，我们可称他们为社会史派。他们对于现代社会科学的知识较掌故派为丰富，因之他们所选择的问题也较掌故派为要重。所以他们的著作，有的能风行一时，与读者以深的刺激。可惜这派人的著作，除了少数的例外，大多数所根据的史料并不充分，所以其结果也并不如掌故家的坚实。甚或对于中国社会的进展先有一个固定的成见，然后再找些材料来证明他的假设。往往是先有一套史观，而后找材料。他们的理论有时很是奇怪，而他们所找的材料又不很完备，有的甚至止从《通鉴辑览》、马骕《绎史》，甚或《纲鉴易知录》、《辞源》之类书籍找一些似是而非的材料，加上一些武断的解释、生硬的名辞，便以为已经证明了他们的假设。所以这一派的著作，我们虽承认他们所提出的问题都很重要，可惜他们往往急于求结论，他们的作品不免失于粗滥。

以上二派是现今中国史学界中的二种最重要的派别。这两派互相嘲笑攻击，彼此都各是其所是，各非其所非。其实，严格底说来，他们都不能算是历史家。掌故家在方法上似乎是继承乾嘉诸老的考据，此外又受了西方汉学家如伯希和一派人的影响，这也是无庸讳言的。但是，乾嘉诸老，都是先治小学而复治经，然后而及史。他们的胜场是小学、经学，至于史学，不过是他们的绪余罢了。乾嘉一派最后的传人是章太炎、王静安二位先生，他们的工作，还是由小学而经，由经而史的考证法。在他们看来，不通经学，不通小学，就不配作考据。现在掌故派中虽然也有几位老辈，但是他们并不治经学、小学，显然和乾嘉诸老的学问并不是一路。在现代西方学者，他们又颇受到伯希和一派学者的影响，由这些学者的著作，更增加了他们的自信。但是，我们要知道，伯希和虽是西方著名的汉学家，但并不是历史家，他在西方史学界中并没有地位。在西洋一般人以为汉学家对于中国应无所不通。收藏家得了一件古器，要请他鉴定。美术家见到了一张中国旧画，要他辨别画的真伪和奇怪的题跋的意义。旅行家买得一件奇怪的装饰品，即向他问它的时代和用法。汉学家必要能一一回答，才能满足社会人的好奇心理，才能得引起一般人的敬仰。伯希和漫无系统组织、百科全书式的学问，正是这个环境中产生的。这正是西洋人所谓掌故家，而中国有些史学家要从他的著作中获得西洋史学体例，岂不可笑？

至于社会史家，专门对于中国社会史中的"演变"、"矛盾"、"崩溃"发挥许多理论，或者某时期的中国社会是走到什么阶段。这类著作，与其说是历史，勿宁说是社会学。当然，历史和社会学，究竟有什么区别，本是一个很繁难的问题。但是，社会学究多注重理论，而历史则注重事实。若是满篇尽是社会动力的分析、阶段的争辩，这便是社会学，不是历史。当然，若从社会学的眼光，把中国社会进展的某一阶段（如原始社会），或某一问题（如氏族）作一彻底研究，当然也是一件极有意义而且极需要作的工作。但是这种工作，并不简单。一方面既要对于中国的史料有搜集的能力，另一方面又要对于现代社会学家对这问题最近的结果非常熟悉，然后才能作出一篇有价值的文字。譬如我们要研究中国古代社会的图腾制度，我们须先对于图腾制度有一个彻底了解。但看了 Frazer 的还不够，必须要翻一翻近二三十年来西洋社会学家、人类学家盈千累百的对于初民社会的调查报告。我们要知道，西洋现今社会学研究的趋势，已经由孔德（Comte）、维斯特马克（Westermarck）、夫里斯（Frazer）、莫尔干（Morgan）等人所代表的大系统的创立工作，而改由调查观察入手了。以前社会学家所根据的材料，多是探险家的游记、传教士的游记、新闻家的记载之类。因为不是专家精确的观察，他们的报告的内容多不可信。因现今关于原始社会的观察是由受过长期训练的社会学家亲自着手，他们必须与土人同居多年学习他们的语言，观察他们习惯，然后对于某一个部落的社会作一个精确的报告。现在社会史的最珍贵的文献，不是某人底大体系，而是盈千累万的这类报告书。除非对于这些报告书的内容有相当的认识，对于中国古代的社会便无从着手。中国近来从事于中国古代社会研究的人虽然很多，但是对于西洋关于初民社会最新研究的趋势和结果较为熟悉者似乎并不甚多，而对于中国古史材料又确能驾驭，如李玄伯先生的《中国古代社会新研初稿》一类的书，并不多见。

但是，我虽否认掌故家和社会学家的著作是史学，我并不否认他们的著作在学术上的价值。历史学是一门最广博的学问，所需要的辅助科学很多，又何况与历史极相近的掌故学和社会学？譬如，掌故家替我们搜集了不少资料，确定了不少事实，而社会学家又替我们指出不少有价值的问题和看法，两派都于历史的研究有莫大的贡献。但是，这两派的著作虽是对于历史研究的本身有贡献，但他们的本身并不是历史。犹如考古学对于历史有极大的贡献，达尔文的进化论也对于历史家有莫大的启示，但是我不能说考古学、生物学皆是史学。所以掌故家和社会学家的著作虽对于史学不无贡献，但都不是史学。

不过，掌故家和社会家的著作和研究方法虽不是历史家的康庄大道，但是中国现今的历史学界以这两派最占势力，应如何矫正研究的问题和方法，才能为中国史家谋真正的出路呢？我以为这是中国史学界当前最严重的问题。我以为掌故派和社会学派应当放弃彼此互相轻视的态度，而应采取对方的长处，切实合作，掌故派要放弃他们冷僻的问题而采取社会学家的问题。掌故家的方法比较细密,对于史料也肯用心搜集。只因他们所选择的问题太苛碎偏僻,所以结果徒劳无功,于国计民生无补助,于文化了解无贡献。若是他肯放弃了他们"闭门造车"的态度,参考现近史学的潮流,研究些社会、经济、典章制度的重要问题,那他们对于史学的贡献要大得多。当然,研究一个社会或经济问题(如清代漕运制度之研究)自然不若研究一个不见于经传的僧人生卒年代或一种不经见的教派的源流,显得精深博雅,而且材料也不易搜集完备。但是如将清代漕运研究清楚了,能对于清代的经济制度更加了解,对于现今的食粮运输问题的解决也有贡献。所以我深望掌故派的先生们,快由象牙之塔中降下来多作些切实而重要的工作。

对于掌故派的先生们,我们以为他们但知聚集些材料,而缺乏思想,缺乏"史观"。至于社会学派先生们,我又以为他们太重史观,往往但有史观、理论,而缺乏材料。他们似只要史观正确,便算是尽了史家的能事。至材料的搜集,不过是一种机械工作,并不重要。所以他们颇有先固定的理论,而后再找材料以证明之的嫌疑。我们知道,依照科学方法,结论须由归纳材料而来,而且材料愈完备,则结论亦愈可信。万不可先有成见,而后再找点材料以证明自己的假设。而且社会学家好用些生硬的名辞,而不加以详细的解释。如氏族社会、封建社会、半封建社会都是社会史中常见的名辞。到底氏族社会的特征是什么,封建社会的特征是什么,半封建社会的特征又是什么?皆有详细解释的必要,至少作者要自己弄明白之后,然后再用。英儒约翰生(Samuel Johnson)曾经说过:"每用一个名辞,先下一个定义。"社会史家似乎尚未脱了但用名辞不明定义的毛病。所以我们希望社会史家们少谈些理论,多搜集些事实。事实既得,结论自明,许多无谓的争论便可以省去了。

孔子曾说过:"学而不思则罔,思而不学则殆。"掌故家的毛病在学而不思,社会史家的毛病又在思而不学。所以我希望以后掌故家在选择一个问题之先,先要问这个问题是否有研究的价值,把同样的精力放到另一个题是否能得更大的效果。我也希望社会史家在他们讨论一个理论的时候,先要找到充分的证据,在用一个名辞的时候,先要清楚它的涵义。今后的史学家,要以理论来作为选择问题的启示,要以材料中获得理论。"理论与事实合一",这是我对于现今中国史学界的第一个要求。

一九四五年九月十三日脱稿于北平学院胡同五十三号寓庐

(《大中》1946 年第 1 卷第 1 期)

中国史学研究之新动向

王静如

编成一部完善的史书,确是很繁难的。可是在一个现代国家里,不可缺少他。我们国史的著述虽多,如果搜寻得部美好通史或史纲来读,却也还是失之于理想。此中原因,不外一方面旧的史学大师,舍不得放弃由传统所承继的心得;而另一方面新史学派的学者,又一时不能完成他们的任务。冯友兰先生序马乘风《中国经济史》说近年来中国史学趋势,可分为信古、疑古及释古三派;钱穆先生在其所著《国史大纲·引论》分中国近来史学为传统、革新及科学三派,正足为此中青黄不接和新旧学识不能贯通的写照。信古和传统一派,可以说是渐成过去,今姑不论。疑古派本为信古之反动,革新派亦近宣传,向非治史正统。惟新兴之释古派和科学(考订)派,才是我们所需要的。冯氏云:"释古一种,应系史学之真正目的。"可谓一语破底。现在此派正在风起云涌,考订派也正和他相辅而行,就要造成一种新趋势、新动向。那末,一部完善的国史,或可由此而早与吾人相见?我们姑拭目以待。

释古派的学者,常用比较法和分析法来解释历史中的各种现象。过去受人注意的,便是利用西方经济史的过程和国史作比较,成绩虽多可议之处,而近年来用社会学解释古史,颇为人所称道。更有治西史学人,以西方典章制度、宗教习俗,比较国史,新见尤多。其中如对氏族制度、封建制度、村落经济、城市经济、原始宗教、文化进展等,均有极美好研究与成就。凡肯阅览新著,以及博雅君子,当能洞悉。惟比较法须善于活用,万勿将西方制度,以至初民习俗,强加国史。此中有地域(空)、民族(人)及古今(时)之分,不必全同,削足适履或画蛇添足之早期论著,已久为学人所觊病。今之史家,当极力避免。

释古学派不仅于比较法,加以使用,即就其范围,亦应扩充。应于新兴之心理学派及旧有之政治学派或文化学派加以综合研究,求其齐点。若然,始可解释一事之生成与消灭,即历史中显著之演变。现之新兴治史学人,颇有此种趋向,实堪期待。昔之释古诸子,常受非笑,强加比附,歪曲说史,固其一端。然妄引伪史,不加鉴别,尤为专家所不取。原搜集史料,分析、考订、排比、归纳,本为史料学应经之路程。史料学又为释史之初步根据。如于此而忽略之,则何以言治史?所以现在释古新派的人,一方面扩张他的领域,对于政治、外交,以至文化心理及社会经济加以观察,综合而研究之;另一方面,更在史料学加一番详细考订,尽量利用前人考据或考古的成绩,可以说合考订与释古为一,这便是现在史学界一个新动向,释古派一支新军,最少在目下,比较是令人满意的一个新趋势。

因索文甚急,无以应命,仅述昨与友人论史之绪言,借供谈助。此文所论虽简,然包括近三十年来中国史学之大变动,嗜史君子,当知吾言之不误也。

(《天下周刊》1946年第1期)

对现在史学界几句诤言

聂崇岐

近三十年来，我们的政治、社会、经济，没有一样不在动荡。学术处于这世运转变的洪流中，自然不会静止。史学是学术的一枝，因而也随着起了很大的波澜。

在民国十年左右，用科学方法整理国故的呼声，继文化革新运动而洋溢各地。于是沉闷几十年的考据之学，又风起云涌，"疑古"的趋势遂一发不可复遏。在这种过程中，旧势力的反对之不能避免，是无可疑的。但时代不同了，故步自封终难敌新潮澎湃。所以不论反对者之如何攻击，如何咒诅，这新势力依然如狂澜之奔注，任是什么人，任是什么力量，毫丝不能阻挡。至于企图挽回，那更成奢念了。

考据疑古的声势，赫赫了约摸七八年，史学界又有一枝异军，突起海上，那就是以唯物论辩证法来治历史的社会史派，又有人称之为史观派。他们标榜出"科学的历史"的口号，旧史家不科学化，当然不为他们所取；就是辉煌一世的新史家——响应科学方法整理国故的人们，在他们眼光里也认为不够科学化，而不时加以苛刻的抨击。这样，新和旧争，新和新吵，一直闹到现在。

争，虽说不是好事，但学以辩而益明，站在客观的立场，出以平实的方式，作学问上的争辩，你不能说不是好现象。即使为一种理论，争到面红耳热，准乎"当仁不让"的原则，也不能说是坏。因为有争才能使人努力，努力才能使事物进步。但目下的史学之争，似乎已超越了客观和平实，凭主观，动意气，大有"歪打官司胡告状"的趋向，这未免失掉学术争辩的真义了。

我是治史学的。对于尚考据者所讥笑的史观派和讲史观者所抨击的考据派，我都认为他们各有千秋，但同时我觉得他们又各有其流弊。因为无论哪派，所发表的作品，精湛餍人望的固属不少，而粗工滥制的急就章也实在很多。现在暂且放下两派的交斗的事情不谈，先检讨一下双方共有的毛病。

大概每一种运动开始，为发聋振聩，打破传统，都会有大胆武断的论调，以耸人听闻，这自难免失之于疏阔。但疏阔并不足为病，日期久了，它可以渐渐走上平实之路的。其足以危害整个运动的，端在投机分子的闯入。这种人向来不会忠于所事的，他的进来，不过是看风气所趋，藉登龙门以十倍自己的声价而已。政治运动如此，学术运动也难例外。就拿搞考据的来说罢，年来最火炽的要算古史了，这是什么缘故？为什么多趋于这一途呢？理由不外两种：一，古史的疑问多，可搞的题目自然也多；二，古代的材料少，所费的时间自然也少。题目多，材料少，见功较易，成名不难。由经济观点上来讲，以少数的代价，博得多数的利润，那正是一笔好买卖，原本无可厚非。可惜治学术不是作生意，偷工取巧，结果是会误己误人的。记得十几年前，曾有人以墨子的姓、名和学说作理由，而推断他是来自印度的学者；又有人掇拾史前史的一鳞半爪，比附三皇五帝的传说，而将中国古史拉长了好几万年；更有人拉着"图腾"之说，东扯西拽，将古帝王姓氏名字，过半都给"图腾"化了起来。诸如此类的文章，乍一看，未尝不是"持之有故，言之成理"，新颖动听。但实际果如此吗？恐怕稍有素养或治学态度审慎的，谁也不敢相信。可是青年学子，有素养的能有多少？态度审慎的又能有多少？还不是"有闻必录"的滔滔皆是。试问这样的作考据，岂不是越考越乱？你能说它没有流毒？有人比拟考古史为画鬼。因为鬼不易见，画的像不像，没有人能作比较，而古史文献少征，依据一点点例证，就可大放厥辞。这个比拟固不免失之于刻，但有些搞古史的，你不能说他没有走入画鬼的一途。

讲考据的流弊已提过了，谈社会史观的毛病在哪里呢？哲学上的问题，唯心、唯物之争，各有各的出发点，此处不必评判谁是谁非。但不论以"心"或"物"为主，立论的根据是不能马虎的，以唯物论辩证法治国史的，精辟和大醇小疵的文章盖不少见，可是生吞活剥，只以贩卖新名词取胜的作品似也不是没有。譬如有部国史名著，纯是根据"社会史观"的理论来写的，文笔犀利，立说警策，假如不细研读，你绝不会知道它的缺点。可是，不幸得很，自经好事者一评再评之后，他的论据讹误，才为世人所知。又有一篇关于杨家将的文章，杂引小说戏曲以攻击宋史，讲来固未尝不头头是道，娓娓动听。但由其文章之纰缪累累，我很怀疑他不但没有细看宋史，没有深理会当时情形，就是他对所赞扬的小说戏曲，似乎也犯了五柳先生的毛病——不求甚解。固然，他这篇文章是有所为而发，并不是为考据而考据。可是世人非皆聋瞽，牵强附会，有谁会心悦而诚服呢？这派人士，大多数是攻击考据的。按常理讲，要想攻击别人，先须检点自己。倘若自己不小心，授人以柄，那被攻击的就要振振有辞，反唇相稽了。

我不反对考据，因为好些史事，非考据无以明真象，就是支离琐碎些，也胜于吞枣。但既搞考据，就应当切切实实的作，不可投机取巧，草率成篇，以贻误后学。我也不反对所谓"科学的历史"，以唯物史观去解释历史，但解释须要有充分的根据、客观的态度，不应当就薄弱的证据立下定论，更不应当用"削足适履"的方法牵强附会。至于两派争斗，我认为尽可都具"雅量"，不必意气用事。谁都晓得，意气用事，只能坏事，不会成事的。

孔子说："学而不思则罔，思而不学则殆。"盼望两派都要注重到"学"，即使偏重于"思"，不学也是难期有好成就哩。

(《现代知识》1947年第1卷第1期)

中国史学界人物及其代表作

吴景宏

我国史籍浩如烟海，论其体裁原分三种：1. 编年体，《左传》开其端，《资治通鉴》等倡其后，所谓"中国外夷，同年共世"者也（见刘知幾《史通》）。此种体裁弊在："事以年隔，年以事析；遭其初莫绎其终，揽其终莫志其初。"（杨万里语）2. 纪传体，《史记》首开先河。刘知幾谓："史记者，纪以包举大端，传以委曲细事，表以序其年爵，志以综括遗漏……"其后准此体而作者有《汉书》、《后汉书》、《明史》、《清史稿》等。此种体裁弊在："每论家国一政而胡越相悬，叙君臣一时而参商是隔。"（见《史通》）3. 纪事本末体，《四库总目提要》谓："至宋袁枢以《通鉴》旧丈，每事为篇，各排比其次第，而详叙其始终，命曰纪事本末，史遂有此一体。"考其渊源当上溯《尚书》，论其演变，则自《春秋左氏传》事类本末，《宋史纪事本末》、《三朝北盟会编》等以至于清末民国初年之新体——夏曾佑之《中国古代史》——盖仿及日本史体裁，为《通志》之变形更加横断者也。此外斟酌变化于三体之间而依研究对象别创新体者，为数尚多。如文化史体有三通等，传记史体有历代名人年谱等，学术史体有历代学案等，史评体有《史通》、《廿二史札记》、《读通鉴论》数类。又如马骕《绎史》虽仿效纪事本末或纪传之体，然每节各注其书名出处，排比其先后，于史学为创格而近于新体者也。

故简言之，我国以往史学在横的方面分年别、人别、事别三体，而纵的方面复分通史与断代两种，若加专史杂体亦三体也。

自欧化东渐，欧美各国史籍多近于纪事本末一体，而貌似实异。史观之自传说或掌故之史实，变而为演化或渊源之研究，由治史以受训之资鉴说,变而为求真辨伪之完形论,更为今日中国史学界著作与古史相异之处。

明乎此则论今日之史学界人物及其代表作可暂分为通史、断代史、专史及专题研究等类。而论其研究之观点与立场言,又可分为整理国故研究古史史料派(包括政治史观、人物史观、地理史观、综合史观等派)、唯物论辩证史观派。

今日史学界之权威可先就中央研究院历史方面评议员而论,盖代表官方史学界以对世界史学界者也。近年以来当其选者常为胡适、陈寅恪、陈垣三氏。胡适写文深入浅出,治学范围极为广泛。其于史学虽少巨著,然散见《文存》及《论学近著》中者专题论文甚多,考据谨严,常具卓见。其《哲学史大纲》上册虽为后人吹毛求疵,然治哲学史者仍不可不一读也。陈寅恪家学渊源,天分极高,精通多国文字,为中古史东亚权威,甚为日人崇仰。尝赴英讲学,近来目疾甚重,蝇头细书已无法遇目。所著专题研究多数见《历史语言研究所集刊》,近有《隋唐制度渊源略论稿》等书出版。陈垣主持辅仁大学多年,偶一为文,为世所宗。其关于中西回历之一部石印著作,尤为后学者重要之参考书。

该院历史语言研究所所长傅斯年,原治心理学等,自留英返国以来,名望虽高,甚少伟著问世。近年从事参政活动,报端所以多慷慨悲歌之时论,少发人深省之专题。

尚有李济先生十余年来四出发掘,于考古学之推进,厥功甚伟。

吴定良先生为人类学权威,对民族素质体质之研究极有研究。

董作宾先生系燕大出身,对于甲骨文之研究、上古史史料之发现,贡献甚多。最近应聘赴美讲学。

以上数位大师,于国际间均有声望,惟所著多过于专门之高深著作,世人或不感兴趣因而从略也。

国立编译馆中郑鹤声等,郑氏著作甚多,年谱之研究较多。

以下先论中国通史方面之作者及其代表著作,所冠校名以其任教较久或现任为原则,次序先后略依出书前后,毫无其他用意。

浙大章嶔教授:章氏身后所著《中华通史》,风行一时。然该书观点陈旧,史料冶为一炉不列出处,实不妥当。

燕大邓之诚教授:所著《二千年史》,眉目清显,搜罗亦富。

中大缪凤林教授：近编《中国通史要略》系用以代替战前所编《中国通史纲要》。材料无可疵议，说法或有斟酌。

持志吕思勉教授：所著极多，以见所学甚广，但见解甚旧。且喜发翻案议论，如岳飞军阀、秦桧非奸之类。近有《中国通史》、《先秦史》等新书刊，系在齐鲁国学研究所时撰述者。

暨南周谷城教授：所著《中国通史》一书，出版时间较近，其见解又近于新派，颇得好评。然《东南日报》副刊尝攻击该书分期命名有不妥处。

浙大张荫麟教授：所著论文极多，初治近代史，旋改专宋史等。其中国通史尚未完稿，即因病谢世，惟已分载不少篇于杂志。

北大钱穆教授：中学出身，为北方名教授。近年零碎文章甚多。专著有《先秦诸子系年》、《国史大纲》等。

齐鲁国学研究所，由顾颉刚教授主持甚久，似侧重史学。顾氏自《古史辨》陆续刊行以来，风头极健，为疑古派之一大师。近编白话通史，已陆续分刊《文史杂志》等。

教育部黎东方先生于促进中国史学会会务外，著有《中国历史通论》等书。

中华书局之金兆梓著有《中国史纲》及高、初中教本多种。

又金兆丰之《中国通史》亦该局出版。

此外武大之吴其昌教授自逝世后，史学界又少一健将。其所撰文多刊《大公报》。

中山之陈安仁教授著作数十种，零碎文章亦极多，似少卓异。

大夏之梁园东教授之见解，有关史学之长篇短论亦有数种。

又商务曾出版王钟麒所著《中国史》及王桐龄所著《中国史》，在今日已甚罕见矣。

以下数位可谓辩证法唯物论之史学家，是以历史的发展决定于社会经济物质生活条件的变动的。

吕振羽先生：近来声誉鹊起，所著专题研究极多。其《简明中国通史》只见上册。推重之者谓渠与翦伯赞、郭沫若二位，鼎足而三。

翦伯赞先生：可谓左派史学界大师，曾任教湘川等校。近著《中国史论集》、《中国史纲》（先出殷周、秦汉两部，分两厚册）等书，皆获好评，据云蒭老研究经济学多年。

吴晗先生：任教清华，为西南联大少壮教授之一。据云所教中国通史颇有叫座能力。

再以断代史言：

上古史方面，郭沫若先生所著《中国古代社会研究》、《青铜时代》、《十批判书》等为不可缺少之古代史参考书。

徐炳昶教授近著有《中国古史的传说时代》一书，颇有独到之处。卫聚贤教授著有《古史研究》、《中国考古学史》等书，年来编《说文月刊》。

陈梦家教授由诗人变研究甲骨文专家，由中大出身而燕京而美国。

向达教授近年多在北大，所研究范围似甚广博。

黎东方先生著《先秦史》与吕思勉教授所著《先秦史》均近来出版。

童书业所著《春秋史》，杨宽著《战国史》，皆出身于齐鲁研究所。

姜蕴刚教授任教华西，为青年党中一学者，零碎文章甚多。

顾颉刚教授对于上古史料之研究，地位自是不低。

此外金大文史研究所中之李小缘、商承祚诸教授等，亦有不少贡献。

中古史方面，陈寅恪教授已见上述，其所著《唐代政治史述论稿》等书，均具卓异之史识。

谷霁光教授专题研究甚多，任教厦大时曾注意唐宋史料，现在中正。

贺昌群教授专题研究亦多，近年多在浙大。

近古史方面，姚从吾教授系留德之元史或蒙古史之权威，在北大主持历史系多年，现任河南大学校长。

孟森教授，《心史丛刊》之作者，为明史、清史之权威，惜已逝世多年。

朱希祖教授主持中大历史系有年，为明史专家，惜无巨著问世，即归道山。

近代史方面，萧一山教授自云于十八岁时即着手撰《清代通史》，惜迄今只有上中两册。渠任教河南、东北两大学多年。近来从事政治活动，为经世派领袖之一，现任北平行营秘书长。

蒋廷黻教授为留美博士，中国外交史权威。编有《近百年外交资料》等书，论者多推重渠眼力甚高，见解过人。初任教南开，后主持清华历史系。近十年来历任驻俄大使、行政院秘书长、行总署长，为独立评论派中一红人。目前有驻美大使之呼声。

陈恭禄教授金大出身，任教金大极久，其《中国近代史》一书搜罗极富，且多西人材料，故与《清代通史》齐名。

金兆丰所著《清史大纲》，比较不引人注意。

左舜生于青年党党务外，亦编有《近百年史资料》等。

此外罗香林、简又文、郭延以、薛澄清、罗尔纲诸氏对于太平天国各方面之研究甚有贡献，罗香林氏与萧一山相似，不止一端。简氏于立法委员公余，致力此项史料之搜集。

郭氏近著《太平天国史事日志》两厚册，薛氏在港研究。罗氏侧重湘军。

专史方面，中国文化史有柳诒徵、陈登原、杨东蓴等氏。

柳氏战前任教中大并主持一国学图书馆。陈、杨二氏著作印行较多。

陈序经教授任教岭南有年，力主全盘西化，零碎文章甚多。

中国民族史有林惠祥教授所著一部，最为有名。渠战前主持厦大历史系，近十年来在南洋一带，曾主办一规模极大之中学。

中国社会史有陶希圣教授，其著作堪称等身，原为北大红教授，常被攻击渠观点与立场六七变。现任《中央日报》总主笔，似甚接近政治舞台。或曰《中国之命运》材料多出其手。

又邓初民与吴泽二氏，前者曾任教中山，著有《简明社会史教程》等书，后者亦有数书问世。

中国经济史有朱偰教授，为朱希祖教授哲嗣，系留德经济学博士，对于货币史甚有研究。近年以来多在财政部任司长等职。

谷霁光、陈啸江、曾资生诸氏亦致力于此。谷氏已见前。陈氏任教中山甚久，论著甚多。曾资生现主编《食货》专刊，对于荐举制度等专题亦常发表。

中国政治史有钱端升、萨孟武、萧公权、钱亦石诸氏。钱端升教授译著甚多，为北大多年之老教授。萨孟武教授主持中政校政治系多年，专题研究极常发表。萧公权教授曾任教燕京等校，近著《中国政治思想史》两厚册，甚有价值。

中国教育史有陈青元、陈东原、王凤喈诸氏。陈青元所著公推最为完备详尽。

中国交通史有张星烺、向达诸氏，均对中西交通史有极大贡献。张氏留德，中年致力史学，译著极多。向氏见前。

中国学术史有钱穆、汤用彤诸氏。钱氏范围太广。汤氏任教北大多年，为魏晋南北朝佛教史之权威。

又穆济波、周予同、容肇祖诸氏著作亦多。穆氏多在中政校，著有《学术思想史》等。周氏多在暨南，长短著作甚多。容氏近有《明代思想史》等书出版。

中国哲学史有冯友兰教授。冯氏留美返国以来多主持清华文学院，所著《中国哲学史》甚为完备，据云胡适自愧不如。近来《新世训》等书陆续出版，颇有销路。最近在美国讲学。

胡适于《哲学史大纲》上册外，在驻美五年任内仍有继续研究中国思想源流及演变。

又范寿康著有《中国哲学史通论》，现任台湾教育处长。

中国文学史有郑振铎所著《插图本中国文学史》，在材料之搜集方面，堪称独步。郑氏藏书极多，惜屡遭散失。近年多执教暨南。此外赵景深、陈子展等作者甚多，不能尽举。

中国外交史有蒋廷黻，已见前述。

又张忠绂教授为远东外交史专家，现任东北中正大学校长。又张道行教授对远东外交、太平洋问题亦极有研究，常有论文在杂志报纸发表。过去任教中政校，又曾在外交部服务。

林希谦教授著有《大战前夕》等，据云于外交史亦有研究心得。

中国史学史有金毓黻教授所著一部，最为详尽。金氏执教中大、东北各校多年，亦系东北问题专家。

中国历史哲学有朱谦之、朱希祖、姚名达诸氏。朱氏著作数十种，多年主持中山历史系，近来对太平天国文化亦有从事研究。朱希祖氏见前。姚氏撰著年谱亦甚多，在中正时殉难。

翻译特多者有冯承钧先生，多收入万有文库。

以上泛论中国史学界中研究中史之专家，以下附带谈研究西洋史或世界史较有名之学者。

通史方面有何炳松,编著甚多,主持商务编译所及暨南甚久。身后萧条,廉洁可风。

雷海宗教授主持清华历史系多年,为战国派一健将。

陈衡哲教授之《高中西洋史》一度风行,文字以清新见长,近来未见专著。

沈刚伯教授任教中大多年。

杨人楩教授为留英公费生,返国后在武大任教,未出国前编有《高中外国史》《世界文化史要略》等多种。

李季谷教授在北方任教多年,近年以来兼主持中国文化服务社。

余协中教授在河南等大学执教有年,亦经世派人物,现任东北行营秘书长。

此外郭斌佳教授多在武汉,谢兆熊教授现在厦门。

又姚莘农为世界书局翻译数部。

断代史方面,中古史有何炳松编《中古欧洲史》。近代史有何编《近世欧洲史》。王绳祖教授所著《欧洲近代史》,系未考中英庚款前所编,但迄今尚有名,返国以来回母校金大执教。

王造时教授译著极多,特别关于外交史方面,对于政论与罗隆基齐名。

王信忠教授执教清华,对于日本史亦极有研究。

浙大之沈炼之、顾谷宜,复旦之余楠秋诸教授,均有译著。

国别史方面有沈炼之、钱端升、余楠秋所译之《英国史》。

俄国史以商务出版何汉文一部最有名。美国史有魏野畴、钱端升诸氏之翻译本。日本史除上述之王信忠外,已殁之王芃生,号称大炮之龚德柏,均有研究心得。

专史方面陈建民于商务译有《古代文化史》《现代文化史》等数种。

附注:本文全凭记忆,仓卒草成,挂一漏万在所难免,如有不尽不实之处,尚盼读者不吝指正。

中华民国卅六年三月初稿草成于福州

(《治平》1947年第1卷第2期)

顾颉刚论现代中国史学与史学家

蒋星煜

问：国际学术界对于中国的文学、史学、哲学比较重视，中国的史学是不是真的有远大的前途？

答：国际学术界之所以重视中国的文学、史学、哲学，是因为三个学术部门，古代的学者曾替我们留下了丰厚的历史遗产。我们要创造中国史学的远大的前途，必须作更深切更系统的研究。

问：现代中国史学家是不是有明显的流派存在？

答：严格地说，明显的流派是不存在的，以前有人勉强分出疑古派、释古派等等，其实疑古是手段，释古是目的，这种方法很不合理。又如陶希圣、郭沫若、翦伯赞同是以唯物史观来理解中国历史的，但各人所得的结论距离很远，未便归纳在一个流派里面。我有一个深刻的印象，就是以北平为中心的史学家，重实际而注意枝节，往往失之琐碎，只见树木不见森林；以上海为中心的史学家，重概括而追求完整，往往失之空洞，只见森林而不见树木。最好是能有梁任公那样集大成的史学家出现，可以综合各方面的研究心得，再予以系统的整理，则中国史学当可有辉煌的发展。陈垣说梁启超的著作每三行中就可以找出一个错误，这其实不足以减低梁启超的价值，假使我们仔细分析司马迁的著作，同样地每三行中也可以找出一个错误。

问：现代中国史学家最迫切的任务是什么？是编写抗战史？中国通史？西洋通史？还是建立一种正确的史观？

答：是编写中国通史，应该写六部，分别给小学生、初中生、高中生、大学生、专家与外国读者阅读，给小学生读的可以采用连环图画的体裁。

问：现有的几本中国通史，你的评价如何？

答：现有的几本中国通史都是给大学生做读本的，夏曾佑的《中国历史教科书》很不错，钱穆的《国史大纲》和吕思勉的《中国通史》都有他们自己独到的看法。至于邓之诚的《中华二千年史》等不过是把现成的材料集中集中而已。

问：有人批评中国古代史籍是帝王家谱，英雄主义与个人主义的色彩太浓，因此否定中国古代史籍的学术价值，你的看法如何？

答：我的史观是唯心、唯物二元的。用最通俗的话来说，我认为时势可以造英雄，英雄也可以造时势。举实际的例子来说，武训是一个乞丐，自己的生活都成问题，当然没有余力来提倡教育，但是，他毕竟兴办了许多义学，以主观的努力克服了客观环境的困难。因此，英雄主义与个人主义并不是全然要不得的。现在，国内外传记书籍都很流行，这说明了读者有这一种需要。我对于中国古代史籍，考证辨伪的工作做得很认真，因为经过考证辨伪，才能正确地衡量它的学术价值。

问：《竹书纪年》和《路史》对于史学家的研究工作有没有帮助？

答：《竹书纪年》在战国时代成书，所应用的原始资料，我们今天已经无法获得，假使没有这本书，这些资料就不会保存下来；《路史》是汉以后的作品，是一部研究道教史的经典著作。这两部书对于史学家的帮助很大。

问：胜利出版社出版了一套《中国历代名贤故事集》，这是比较大部的传记书籍，你有什么批评？

答：我认为其中吴晗的《明太祖》写得最好，用日常的语言说出深刻的道理。大体说来《中国历代名贤故事集》的写作者的学术水准都相当高，听说胜利出版社已经在计划印行《世界名贤故事集》。

问：史学史的研究工作有没有意义？中国当代史学史专家有什么成就？

答：史学史的研究工作自然有它的意义，史学史记载着前人的方法和道路，我们可以有所参考，而决定自己的方法和道路。我所知道的史学专家如金毓黻，材料的搜集特别丰富。王玉璋则以梁启超的材料为材料，以梁启超方法为方法。此外有魏应麒与朱希祖之弟子傅振伦，前四川省立图书馆馆长,现任华西大学教授蒙文通是治史学史最有成就的一位,虽然他不长于外文,但是他能批判接受西洋史学史权威的方法。

问:大学里历史系设置的目的是什么?国内各大学之中那一个大学的历史学系比较办得理想?

答:大学里设置历史学系可以有两个目的:一是造就中等教育的师资;二是给愿望自己成为史学家的学生以基本的训练,养成专家则是研究院和研究所的事情。国立北京大学的历史学系比较办得理想。因为北平随处都是史迹和史籍,这一种气氛很适宜于历史学的研究,而北京大学一向就保持着文史哲三门学科特别有成绩的优良传统。

问:雷海宗所主张的"历史重演论"和"中国文化的周期律"能够成立么?姜蕴刚的社会历史观是否正确?

答:首先历史重演的定义就很难下,历史自然可以原则地重演,但是不应一成不变地重演。因为现代的空间和古代的空间不同,交通的便利使国与国之间的关系更为复杂综错。假使漠视国际形势对于中国的影响,而固执地肯定现代中国是新的战国,假使漠视国际文化对于中国文化的影响,而用中国文化的周期律来解释,当然很难成立的。姜蕴刚是极富于天才史学家,但是感情和想象太丰富,而史学的研究却更需要理智的分析和发掘的精神。

问:你对于张荫麟、何炳松的看法如何?

答:张荫麟对于文史哲都有深厚的学术修养,他的死去是中国史学界的一个重大的损失,假使能多活几年,对于中国史学必有伟大的贡献;至于何炳松,与其说他是历史学家,不如说他是教育家。

问:你觉得中国现在有那些优秀的青年史学家?

答:这可以分三点来说:

(一)以时代划分为标准:治古代史之中央研究院张政烺、华西大学教授黄少荃、光华大学教授杨宽、上海博物馆童书业。治两汉南北朝史之中央研究院严耕望与劳榦、北京大学教授王毓瑚、刻在美国之蒙思明。治隋唐五代史之中央研究院全汉昇。治宋、辽、金、元史之中央研究院傅乐焕、燕京大学教授翁独健、中央大学教授韩儒林、金陵大学研究所刘叔遂。治明、清史之中央研究院王崇武、齐鲁大学教授李得贤、金陵女子文理学院教授沈鉴与王栻、清华大学教授吴晗。

（二）以专门史为标准：治政治史之曾资生，治经济史之中央干校教授傅筑夫，治社会史之华西大学教授冯汉骥、金陵大学教授马长寿，李石曾之子李宗侗，著有《中国古代社会史论》，从图腾制度研究姓氏之起源，尤为名贵。治中西交通史之齐鲁大学教授方诗铭、辅仁大学教授方豪、燕京大学教授刻在英伦侯仁之。治疆域史之国立编译馆史念海，又业已逝世之前重庆史学书局总经理郑逢原，兼清史地，绘有《编年读史地图》，自战国起，已完成十幅，最后一幅为南北朝图。治宗教史之云南大学教授白寿彝，为回教史专家。岭南大学教授李镜池，为道教史专家。方豪为天主教史专家。治艺术史之中央博物院王振铎，上海博物馆童书业、傅振伦。治学术思想史之北京大学教授容肇祖。

（三）以区域为标准：治东北史之冯家昇，治西北史之齐鲁大学教授李得贤，治西南史之云南大学教授方国瑜。

问：你现在的研究工作是不是有几个专题？

答：专题是早就决定了的，不过因为近年来生活的不安定，没有能把全部时间放在史学研究上。我在古史方面的四个专题是：一帝系，二皇制，三道统（我们之所谓道统，事实上是难以存在的），四经学（特别注意郑康成整理经学之成绩）。在古书方面也有四个专题是：一《尧典》（历史的），二《禹贡》（疆域的），三《皇制》，四《月令》（这两本书是记述典章制度的）。我的方法是根据中古时代的材料去研究上古史，因此，我不是上古史专家，而是中古时代的上古史专家。

问：你的史学方法如何？

答：我认为写历史除了有史学的考证精神以外，还需要哲学的思索和文学的技巧。最初我考证夏禹的存在觉得很可能是一条虫，原也不过是假定而已，后来所发现的材料续有增加，知道夏禹实实在在有这么一个人。研究工作的过程中有这一类情形发生，原是很平常的。我觉得史学家尽可以有不同的专题，不同的方法，因为到罗马去的道路不止一条。

（《文化先锋》1947年第6卷第16期）

中国历史学的简单回顾与展望

金灿然

中国史学史,从有计划、有目的的编修历史——《春秋》的孔子算起,已有二千四百多年了。这两千四百多年中,随着社会经济形态及社会意识形态的变迁,史学史大体经过了三个阶段:一是封建时代的历史学,一是资产阶级方法支配下的历史学,一是唯物史观初步运用下的历史学。

这三个阶段中,第一个阶段最长。中国封建社会长期停滞,使封建的历史学得到长期的发展。梁启超先生说过,在二百年前"中国于各种学问中,惟史学为最发达,史学在世界各国中惟中国为最发达"。据《四库全书总目》的统计,这一阶段中专门的历史著作,便有二一七四部,三七〇四七卷(存目合计),再加上该目未收及后来的著作,那就不止此数了。一部二十四史已使人感觉到无从念起,更何况其他的比二十四史多到不知若干倍的著作!二千多年的封建的历史学,曾产生了各种体例的历史著作,张之洞的《书目问答》上,把他们分成下列十四类:

一、正史——二十四史及补注、考证等;

二、编年——《资治通鉴》、《通鉴纲目》等;

三、纪事本末——《通鉴纪事本末》等;

四、古史——《国语》、《国策》、《竹书纪年》等;

五、别史——《东观汉记》、《东华录》等;

六、新史——《路史》、《楚汉春秋》等;

七、载记——《华阳国志》、《十六国春秋》等;

八、传记——《高士传》、《元明臣事略》等;

九、诏令奏议——《陆宣公奏议》等；

十、地理——《元和郡县志》、《天下郡国利病书》等；

十一、政书——《通典》、《通志》、《文献通考》等；

十二、书录——《直斋书录解题》、《四库全书总目提要》、《顾亭林年谱》等；

十三、金石——《金石存》、《金石萃编》等；

十四、史评——《史通》、《文史通义》等；

这种分类法，把有关中国历史的著作固然都包括在内了，其实却是不科学的。第一，就体例上讲，正史不能单独成一类，而且别史、杂史的分别也没有什么一定的标准；第二，没有把历史与政治分开，讲政治制度的政书及历代的诏令奏议固与历史有关，但却并不就是历史。第三，沿革地理中涉及历史，但并不能把一切地理书都包含在历史内。分类的过于笼统，是中国学术史的低级阶段的产物。

既然有这样丰富的历史著作，当然要有一些伟大的历史家。这些史学家中，举其著名，而又能在史学史上自辟径者，便有下列许多人：

一、左丘明——《左传》与《国语》的作者，编年体的发挥者。

二、司马迁——西汉人，《史记》的作者，正史的开山祖。由于他忠实于他的时代，他对于历史材料的烂熟，使他看重"货殖"（经济）在历史变动中的显著作用。

三、班固——东汉人，著有《汉书》，断代史的开创者。

四、刘知幾——唐人，著有《史通》，中国第一个史学批评家。

五、杜佑——唐人，《通典》的作者，专门从事于各种制度的研究。《通典》分八类，而以食货为首。他说："夫道理之先，在乎行政教化；教化之本，在乎足衣食。"他了解经济基础对上层建筑的决定作用。

六、司马光——宋人，《资治通鉴》的作者。《通鉴》上起战国，下迄五代，记载一千三百六十二年的事迹，为中国唯一编年史的巨著。

七、袁枢——宋人，《通鉴纪事本末》的作者。以事为主，区别门目，记述每件事的始末，是纪事本末体的创始人。

八、顾炎武——清人。著有《天下郡国利病书》及《二十一史年表》等。他是明朝的遗民，对于满清对汉人的压迫异常痛心，因此他治史的目的便在想从历史上找出救济民生、振兴民族的方法。

封建社会的历史著作及其史学家,由于时代的限制,便不免有种种缺点。这些缺点的产生,不是他们任何人的过错,而是出于他们的阶级立场造成的。

第一,他们都为封建统治者辩护。任何封建的历史著作中,都有它的"微言大义",也就是说有它的阶级的历史观。孔子修《春秋》,要寓褒贬,别善恶,要使乱臣贼子畏惧,他所褒扬,他所认为善的,都是合乎君君臣臣的道理的事件与行为;他所贬斥,他所认为恶的,都是有违于名分的事件与行为。以后的历史家,都秉承着孔子的这种维护封建正统的历史观,来著述历史。凡是反抗统治制度及统治者的,都是乱臣贼子,都是匪盗流寇。有人说中国的廿四史是一部相砍书,其中除记载着统治阶级砍杀被统治阶级的恶行外,并记载着统治阶级内部互相砍杀的丑事。但我们的历史作者,却都把那种相砍行为描写成当然的,描写成顺乎天而应乎人的美事。他们歌颂统治者的文治武功,他们把统治阶级的剥削行为、腐败生活,染成令人神往的诗一般的美妙的故事。

第二,注重个人,尤其是帝王的丰功伟业、言论行为,忽视广大群众的活动。正史中的"本纪"是历代帝王的家谱。"列传"则多是名臣将相的记述。其他各体的历史著作,也多把少数统治人物的活动摆在首要的地位。广大人民的生活怎样呢?在历史发展中群众的作用怎样呢?这一些,除了与统治者的统治有关的时候外,是很少有人记载的。

第三,注重文物制度(上层建筑),忽视食货经济(下层基础)。正史中的各种"志"、"食货志"只占一小部分,而且又偏重于财政税收方面。"九通"中,讲财政经济的至多也只占到十分之一。关于生产力的发展情形,只能在字里行间去寻找,这便给了研究中国社会史者以一个极大的困难。

除这三大缺点外,在写作方式上的尚铺叙而不能别裁,尚因袭而不能创作,还都是缺点中之小焉者。

封建社会的中国历史学,有它独自发展的道路。它固然有种种缺点,但却并不妨碍其在世界史学史中的光荣地位,并且也确实提供给我们以研究中国史以宝贵的材料,等待我们去利用。

由于资本主义发展得晚及资产阶级本身的软弱，中国第二个阶级的历史学，是在西洋资本主义文明输入以后才发展起来的，在它尚没有开出灿烂的花朵时，便已经凋谢了。

明末清初西洋文化第一次输入中国，在天文、地理、算学、考据等方面，曾给中国学术以相当大的影响，但没有改变了中国历史学的面貌。那原因是因为：在资本主义生产方式非常微弱的土地上，新式文明只能在技术上发生幼芽，但却不能在思想体系上有所收获。只有在清末资本主义生产方式在中国培植起来以后，中国整个的社会意识形态（历史学也在内）才发生了质的变化。

由满清末年兴起的第二个阶段的历史学有些什么特点及成绩呢？

第一便是历史观的改变。

清末的夏曾佑先生曾在其《中国古代史》的叙言中说："史学者，人所不可无之学也。"这儿所说的"人"，便是在学校中受资本主义教育的知识分子。

钱穆先生在他的《中国通史》讲义里，更将进步的资产阶级的所要求的历史规定为：

> 以后新历史之创造与历史知识之探求，自其性质言之，与以前之不同应有三点：
> 一、民本的，非帝王的（全部的，非特殊的）；
> 二、国家的，非朝代的（系统的，非间断的）；
> 三、文化的，非势力的（演化的，非争夺的）；
> 应整个的指示中国民族历史演进之经过，以期解释现在，指示将来。

但中国的资产阶级，在历史学的研究上也正如同在其他事业上一样，并没有忠实于他们的最高理想。在把他们所标榜的历史原则用到具体的历史研究时，便不免投入了封建学者的圈套，以精神、心、道等等唯心的观点来说明中国的历史，过分的估计了英雄在历史发展中的作用，忽视了"民本"的意义。

而且，没有一个资产阶级历史学者，有一个一贯的完整的历史观，他们大都是贩运一些西洋资产阶级的东西，来填补自己的空虚。在历史观上顶大的成就,怕是进化的观点的确立了吧!

第二便是中国通史及各种历史的编著。

前者如夏曾佑的《中国古代史》、邓之诚的《中华二千年史》、钱穆的《中国通史》等等。后者如胡适的《中国哲学史大纲》、冯友兰的《中国哲学史》、柳诒徵的《中国文化史》、梁启超的《先秦政治思想史》、王凤喈的《中国教育史》、戈公振的《中国报学史》等等。

应当承认,中国资产阶级历史学者在通史及各种专史的编纂上,有他的成绩。但这点已做到的成绩与他所应该做的比较起来,实在是太小了。到今天为止,我们没有一部以资产阶级观点写出来的令人满意的中国通史,而各项历史著述只有很少几本可称得起是专门著作。关于中国经济史材料的整理,则几乎留下了空白。

第三是专题的研究与材料的考证。

大约由于资产阶级治学方法发展的短促与资产阶级学者的气力小吧,在专题的研究上较之在系统的历史著作上便获得了较大的成绩。那些专题论文,散见在专门历史刊物及其他学术刊物上,我们不能一一列举。但只要留意中国史学界的人,都知道它们之中不无有价值的作品与独到的见解。

材料的考订,是由清代汉学家的事业中继承下来的,多集中在古史上面,成绩的一部分,曾收集在《古史辨》里。

第四是地下材料的发掘与运用。

实物是研究历史——尤其是古史的宝贵材料,封建时代的历史学者大都不向这方面注意,一般有闲的雅人,则把它们当古董来玩赏。到了资产阶级历史学者的手里,才开始看重古物,把它们当作历史材料来研究,以补文字记载的不足。由研究已有的材料到地下发掘,安阳及仰韶等地的田野工作,给中国古史的研究打开了一条光明的出路。

此外,在研究中国历史上外国学者的参加及外国材料的相助,也是以前所没有的。日本及西洋学者,在运用资产阶级治学方法于中国历史材料的研究上,曾给了我们以卓越的借鉴。日本及朝鲜的材料之于满族史的研究,西洋及中亚细亚的材料之于蒙藏史的研究,都有很大的用处,可惜我们没有有效地运用它们。

史学史的第三阶段,开始于五四时代。在《新青年》上,李大钊先生已初步的用唯物史观的观点来分析中国的伦理关系。后来,随着中国共产党的成立及唯物史观理论的输入,不少人尝试着以之运用于中国历史的研究。大革命失败后,更由于革命实践的要求,从社会性质的研究进入到社会史的研究。从而,绵亘数年的社会史论战便爆发了。

中国社会史论战的最大的特点,便是参战的诸位先生都以掌握马克思主义的方法论自命。这便表示了:在研究中国历史——尤其是社会史上,唯物史观的方法已占了统治的地位,在这个光辉的方法论面前,封建的及资产阶级的历史方法已显得暗淡无光,失却了活力。

运用先进的科学方法于中国历史的研究,首先碰到的问题便是:中国历史是否循着一定的规律发展着?如果是的,那么,它的发展阶段又怎样呢?

对于第一个问题,直接与间接参战的诸位先生大都作了肯定的答复,认为它有一定的必然的规律。对于第二个问题,意见便纷歧了,各式各样的主张都高揭了出来,只举出著名的,便有下面的几派。

第一派认为:到现在为止,中国的历史发展已经经过了原始社会、奴隶社会、封建社会三个阶段,目前则正在半殖民地半封建的过渡阶段。这一派最有力、最科学、最能得到拥护。如郭沫若、吴玉章、范文澜、吕振羽诸先生,都是这一派的代表人物。但在承认这个大的原则下,在时代的割分上,他们的意见又有出入,郭沫若先生认为奴隶社会在西周,其他三位先生则认为在殷商。

第二派(陶希圣)认为:商周是氏族及原始封建时代,春秋至东汉是古代社会时代(即奴隶及小农生产的社会),三国到五代是封建制度时代,宋到鸦片战争是前资本主义社会,鸦片战争以后是半殖民地社会(这是他一个时期的主张)。

第三托派(托派王宜昌)认为:夏以前是原始社会,夏至西晋是奴隶社会,东晋到鸦片战争是封建社会,大革命以后是资本主义社会。

第四派(李季)认为:虞末以前为原始共产主义的生产方法时代,夏至殷末为亚细亚生产方法时代,周为封建生产方法时代,鸦片战争后为资本主义生产方法时代。

四派主张中，除了前一派真正掌握了科学的历史方法，并切实的考查了历史材料外，其他三派不是将社会发展史任意变通，凭空的添上什么前资本主义时代或亚细亚生产方法时代，便是随便抓住点历史材料作自己立论的根据。后三派虽然满口高喊唯物史观，其实确是在那里曲解唯物史观，把自己主观的历史公式硬套在中国历史上。

在社会史论战中，仅次于历史分期，而为大家所注意的问题，一个是亚细亚生产方式是什么，一个是中国封建社会为什么长期停滞。

前一个问题，是由于马克思的几句话引起的。大家争来争去，搬了很多马恩原著，非常牵强的配上些中国材料，自以为得到了真解，其实却是些空论，把中国历史上的重要问题却放过去了。

后一个问题也是由马克思的话引起的，但却与前一个问题有不同的性质，因为中国封建社会确实是长期停滞，致使资本主义不得畅快发展，形成现在的悲惨地位。大概是由于社会史的研究者过速的要求结论了吧，对于这个繁难的问题往往给以简单的条文式的答复，而不能拿出具体的事实来说明停滞的状态及其基本原因。

社会史论战的参加者中，很多人犯了教条主义、公式主义的毛病，他们的论文往往不是在分析中国历史，而是马恩原著的任意搬弄、任意曲解，真正是下笔万言，不着边际。但近十年来科学的历史观之雄视史学界，其基本原因固由于中国革命的实践要求，但这个论战的功劳却也不可轻视。而且，没有这场论战，我们也不会有今天用科学方法研究中国历史的初步成绩，如郭沫若的《中国古代社会研究》、吕振羽的《史前期中国社会》及《殷周时代的中国社会》等等著作。

今后研究中国历史的方向何在呢？那便在于历史唯物论的中国化，也就是说，运用历史唯物论的基本原则来分析、研究中国固有的历史材料，把历史学带到真正的科学道路上。

这不是件容易事，除了要求一个研究者掌握与运用科学的方法论以外，更要求他熟悉历史材料。中国的历史材料浩如烟海，资产阶级学者在整理这些材料上又给我们留下很少的成绩，一切几乎都需要我们从头开始。

今后的历史研究者，要越过那种以社会发展史的公式随便配搭上一点历史材料便算解决了中国历史问题的低级阶段,他们要从具体材料出发,在具体材料中寻找中国历史发展的一般性与特殊性。要知道,最后解决中国历史问题的,不是任何名人的名言,而是中国历史的实际状况。中国的奴隶社会在殷商呢?还是在西周呢?中国的资本主义生产方式为什么发展得那样迟缓?凡此等等,都不是空洞的争论所能解决了的,能够给这些问题以正确回答的,只有具体的历史材料。

但这并不是说,每个进步人士都要抛弃了他的现实工作,投身到故纸堆里去。不是的,这是对中国历史研究者的要求,不是对一般人的要求。想学习中国历史的人,只吸收专门研究者的成果就够了。

《中国通史简编》的出版,在研究中国历史的新方向上打下了一个基石。它是用新的方法整理中国历史的一个宝贵的成果。在处理历史材料与分析历史问题上,它打破了中国旧的史学者的狭隘的阶级偏见,立脚在先进的立场上,洞照了历史发展的全过程。在运用新的方法上,他克服了社会史论战时代的公式主义的作风,以具体的历史材料来描画中国历史的运动状况。它里面没有空洞的议论,把原则溶化在史实的叙述里。对中国历史上的争论问题,它不抽象的告诉你几点泛泛的道理,却照历史的实在状况代替了条文式的回答。

《简编》编者的意见,固然有些人不同意,但这些不同意的人,如果想在中国历史的研究上有所成就,也必然要从批评这部书来着手,它不是一片小小的砖瓦,想一脚把它踢开是不可能的。批判它,吸收它的成果,克服它在历史学现阶段所不可避免的缺点,将是建立中国的新史学的必由之径。

中国的新史学,有它光荣的前途,《通史简编》的出版,只是打下了一个初步的基础。勤恳的史学者,将以他们的工作来继续培植这棵娇嫩的树,使它繁荣滋长。唯物史观获得了这块丰腴的土壤,将更加充实、更加发展。

一九四一初雪之日

(《解放日报》1941年11月20—22日,第3版)

近三十年中国史学的发展
——为纪念中国史学会成立而作

张绍良

一 封建时代中国史学的残破

中国有五千年的文明史,论史籍则汗牛充栋,然而独缺乏一部完整的有机体的生动活泼的历史巨著,这不能不说是天大的憾事。半世纪来,中国的改革运动,走了许多弯曲冤枉的路径,这点缺陷,实不无影响。

在二千年乃至三千年来的中国封建社会里,知识的探研,几为"治者"所独占,老百姓甚少有能力和有机会来发抒他们的生活意识,即如一些出身平民的所谓"士大夫",一旦他们"学优"而"仕"之后,随着生活依据的变化,他们也慢慢的变为治者的代言人了。古代学术的领域里,在文学、哲学一方面,还多少有一些平民意识的反映,独只与政治有直接关系的历史记载,则几乎全是关于治者之一面之词。历朝的正史,既多出自史官之争,则其内容之所载,不问可知。三千年来的历史典籍,早者如《春秋》、《三传》、《史记》、《汉书》,后者如《资治通鉴》,以及今日由三千三百九十七卷所凑成的一部二十五史,其内容所载,还不都是关于领主贵族"治者"的事迹?说它是"帝王家谱"的流水账,是一点都不过分的。在群史之中,司马迁的《史记》,可算得是出类拔萃的作品,它已不像《春秋》的那样低级史法,专门记载贵族帝王的史事,而已注意到全民族的历史生活了,甚而连屠狗卖浆之徒的生活,也曾涉及一二,其实其新创的较高级的本纪、世家、书、表和列传等等,与《春秋》比较起来,实亦无质的进步,它也同样不还是一部封建贵族间的利害争夺和统治的生活史。司马迁之后,名史家如班固、陈寿、范晔、李延寿、欧阳修和柯劭忞等人,他们虽都有他们自己的成就,但是他们的成就,总没有超出《史记》范围之外。甚且与《史记》相较,其气魄与眼光,都觉得尚逊一筹。一部二十五史,严格讲,只能说是一部廿五集的名贵史料,算不得一部完整的有机体的历史书。有宋一代,虽出了一个较为杰出的历史家司马光,他以编年体写的《资治通鉴》,可谓是别出心裁、相当新颖的。按这书的体格,是较为生动活泼而且比较体系化的。只是其记述的现象,依然没有改变其他史书的偏陂意味。他不过是"治者"的生活记录,却不是全民族的历史书。对于该书的评价,罗梦册先生言之极为精当。他说:"该书既不是出于一人之手,而且也太注意了宫廷政治和朝代兴革,尤其是过分的夸大了朝代兴革之道德因素,而忽略了其他更广大和更重要的历史史实。这部书的整个内容所含的教训惩诫意味太浓厚,有失历史书之客观性的尊严。而且他只为'治者'的利害作打算,而忽视'被治者'的地位和存在,不能算是一部完美的历史书。在帝政时代,少数的翰林学士们,能选摘出精采的段落,在茶余饭后,站在或跪在皇帝的卧榻旁边,念给皇帝们听听,倒是一部很有用的书,但却无力供应一般国民的历史要求。"(见氏著《中国史之整理与重建》一文,载于《新政治》六卷三四合刊)

　　一部二十五史,本身就不是完整的有机体的历史书,量既多,而头绪又乱,故无怪乎国人读史而有"从何处说起"之叹!这三千三百九十七卷的"杂凑"烂账,一人尽毕生之时光,究能读得几遍?读了究有何印象,实大成问题。"为了补救这种严重的病症,虽曾有不少的人起而作删繁为简的工作,然而不幸,这般人不是胸怀卫道之心,要返史(《史记》)汉(《汉书》)之史而为《春秋》之史,退回到记账式的原始史法去,如《朱子纲目》之类,便是一些平庸之辈,走向'依样葫芦'文省事简的道路,结果成了袁(了凡)、王(凤洲)之《纲鉴》等书。流风所至,每况愈下。宋季以来,专门记载皇帝、后妃、阉臣、外戚以及所谓忠臣、奸臣的流水账式的历史书,流行于民间的私塾、学馆者近七百余年。一般人从此不易看到国史的'真面目',自更不晓得我中华民族的大历史是究从何处来?要往何处去?"(同上)

本来,封建时代,在人类文明史上,是个顶黑暗的时期,知识成了贵族的专利品,人民是没有份的。"劳心"与"劳力",既分开为"治者"与"被治者"的专业,则人民大众,只能够浑浑噩噩的糊涂一生,他们的精力,尽消耗于现实生活的垦殖中,并意识不到自我以外的古往今来或宇宙万物的变迁和演化。形而上的意识生活,既操在"治者"之手,则文化结晶的学术,自属于"治者"之片面的产物。出自治者之手的文学及哲学,自然是治者意识的反映。出自治者之手的历史的记载,自然也会成了治者的生活史。所以在中国封建社会历史的记载中,便只看见"三纲"、"六纪"、"宗法"、"伦常"的建制与维护运动,只看见士大夫的建制的卫道历史,如由私人和政府所主持修纂成的各朝《会要》、《典例》、《四库全书》、《十朝东华录》,以及各种野史、笔记、掌故、轶闻等书,还不都是记述描绘封建统治的典章文物? 至于人民群众的生活历史,在封建专制文化死灭政策之下,中外古今如出一辙,是不能保存下来的。就是连异族统治下的汉族历史,亦曾被摧残涂改而难见全豹,如《四朝学案》中之《明史》狱和《南山集》狱等文字狱,和用编辑《四库全书》的名义,搜索民间具有种族意识、革命思想的书籍,焚毁而消灭之,这实在是中国史书的浩劫。如今除正史而外,我们几乎看不到其他类型体例的中国历史书。说到这里,我们不由得要叹口气说声:"封建时代中国历史科学的支离破碎了!"

二 近三十年中国史学的发展

鸦片战争后,中国典型的封建制度开始动摇,随着民主势力的高涨,新兴的市民层,依据其自身的希望,乃对过去的封建卫道历史,大施其翻案的工作。中国的史学,从这时起开始转向。所惜,新兴的市民学者,虽对旧的封建卫道史尽了破坏的作用,可是并没有能力建立起完整的系统的中国史。这一工作,直待北伐革命之后,依据新形势新要求,才真正开始。三十年来,中国史学的发展,到如今虽然还不能说已有成熟的果实,但完整的中国史的建立,已略具雏形了。为了解此种过程,兹分以下两个时期分述之:

1. 五四时代中国史的翻案工作

辛亥革命,满清封建专制的民族牢狱打倒,这时封建社会的基础,虽还没有完全颠覆,但社会思想却得到解放。民主思潮随民国成立,而益见高涨。旧的封建宗法礼教,旧的封建卫道史,亦逐渐被清算。民主势力要否定封建的统治,首先必须清算封建士大夫的卫道史。于是顾颉刚、钱玄同等,就沿用欧美近世初期的实验主义,努力于《尚书》、《史记》等古史书作真伪疑古翻案的考据,他们说"尧舜禹"等是河里的爬虫,是"乌有先生",从而否定"尧舜禹",否定"禅让说",说"井田制度"等是孟子的托古改制所虚构,否定"井田制度"等,从而否定儒学,否定封建卫道史,企图建立自己的新历史体系。疑古(钱)玄同等所主持的《古史辨》就是考据真伪疑古翻案,大胆否定封建卫道史的大本营。在文学上,胡适之、刘复等也竭力白话文的号召,反对封建贵族官僚文学的八股文。同时更要求"民主"与"科学"的实现,揭起打倒"孔家店"的旗帜,对封建宗法礼教的儒学作猛烈的进攻。这般人的反封建历史的破坏工作正代表初期自由主义的战斗性和进步性,然而这种进步性,亦止于"破坏"。谈到进一步的建制,则远非实验主义的"疑古"和"翻古"所能胜任。几卷《古史辨》,只不过是"破"的文集,而胡适之的《中国哲学史大纲》的贫乏,已见他们"立"的能力的薄弱了。实验主义者又何尝不想建立他们的新史观呢?只是还没有等待完成他们的志愿,而世界历史已走进新的阶段。在新形势之下,实验主义的新历史建制运动便夭折了。此不但使胡适之的《中国哲学史大纲》下卷难以问世,而《古史辨》的作者顾颉刚、罗根泽等,亦不得由古书真伪的考证工作,退而转向于古物坟墓的发掘,由疑古转向而信古,由儒学的反动转向于儒学的正统。因此,无从说起的"二十五史"的"简编"、"汇编"工作,成为必要。邓之诚的《中华二千年史》、章嶔的《中华通史》以及夏曾佑的《中国历史教科书》的重印(按即商务出的夏著《中国古代史》)算是实验主义新历史建制运动失败后的反应了。中国历史之科学的整理,在北伐革命之前,可以说还没有摸到边际。

2. 北伐革命后中国史的整理

北伐革命,是中国历史上一件划期的事体,其意义不特重大,其内容亦且繁复,正因为如斯,所以在革命进行的过程中,发生过许多交错难解的问题。困难之所在,逼迫着当事者难于历史的深究。十五年后,中国历史研究之极其被学术界重视,绝不是毫无理由发生的。革命势力的反封建是一致的,但对于新中国的未来的希望和憧憬,则是歧异的。中国究竟走向那里去?并不完全决定于革命者的主观意志和主观力量,而要依据于历史的客观现实。因此,了解中国历史的发展,把握中国历史的动向,成了革命者之当前的急务。北洋军阀倒台后,军事一时休止,在革命的新中国建设的迈进中,中国历史的研究,刹时间成了学术界的风尚。过去的中国史,实乃一本糊涂账,而今已到了须要整理的时期了。

适值此时期,整个世界在新民主的浪潮里,亦正进行着新旧历史的转换,西方的更新的民族社会意识,适应中国革命浪潮的高涨,而深刻的渗透入中国,从而新兴科学社会观和历史观,继承"五四"为启蒙的求"真"精神,伸入于中国学术运动的各部门。惟由于吾人社会生活的依据和社会方式的差异,吾人在人生的、国家的,乃至民族的观点和希望也表现不同。因之,对于中国历史的了解,表现着多方面的复杂。总计,这时期译述的、创作的中国史简编,直如雨后春笋,光怪陆离,五花八门,可谓无奇不有。意见既多,见解互异,自不免有所争辩,于是"中国社会史论战"掀起了学术界一个大的浪潮。而后,"论战"休止,转入于更深的研究。待抗战正兴时,中国史的整理,虽还不能说得到结论的成果,但吾人对于国史的认识,究竟是深刻得多了。这一收获,无形中给民族抗战的正确的指导原理之施展以莫大的补益。为了解这一段经过,我们更分三个时期来略述这时期中国史学发展的情况:

一、概论时期(民十六—民二十):十六年以后,在革命者的自我批判中,发端了中国历史研究的风尚,由于实验主义者对于中国史之纯主于"破"的烦琐,一反动而注入急于求"立"的概论。北伐革命后之中国史的研究,其开端作品,大都是概论性质的,首揭其幕者,是《双十半月刊》、《前进旬刊》、《现代中国》和《革命评论》等杂志,这里边,有不少讨论中国社会经济史的短文,大都是词短意简的概念,谈不上精辟深刻的见解。即如熊得山的《中国社会史研究》、陶希圣的《中国社会之史的分析》，虽已汇集成书，在量一方面，是丰厚一些，而内容的质，依然是很穷乏的。至其见解的失当，则更是另一回事。郭沫若的《中国古代社会研究》，在方法上，虽无可非议，但内容上，依然没有作到精确。至其他译述过来的拉底克、田中忠夫以及长野朗等的著作，那更是一知半解，失之偏陂的作品了。概论时期的中国史著作，是很幼稚、很肤浅的。

二、论战时期（民二十一—民二十三）：概论式之"立"的意见既多，便不免发生歧异，于是关于现阶段中国社会的性质、中国史发展的阶段、中国史发展的形式等问题，都成了争论的中心。不同的见解，形成不同的派别，各是其是，各非其非，中国史研究，到此刻已走过了"论战"的阶段了。"新思潮"派与"动力"派之对立，已开论战之端，《读书杂志》之"中国社会史论战特辑"的刊行，则是论战的主流了。其他各书报杂志，亦多有发抒所见而参与交锋的。论战的文章，固多根据学理而作理智的论争的，然亦有不少是囿于门户之见而一味漫骂的。这里就不免发生私见偏见而甚少有价值的研究。同时，那些论战的文章，有一共同的缺点，便是依据材料的贫乏，我们常发现同一的材料，为论敌双方所引用作为攻击的根据。议论多，而材料少，争来争去，终归争不出什么道理来。大家不肯在史料中下工夫，但凭文字游戏的诡辩，是害多而益少的。论战时期的中国史研究，只不过为主题添加了许多"问号"，还谈不上有什么确当的结论的。

三、探讨时期（民二十三— ）：一阵热烈论战之后，并没有使问题得到完满的结论，于是大家感觉疲乏了！中国史的研究乃转变了一个新风气，许多人以为在有限的材料中，作诡辩的论争，是不能解决问题的。广泛的历史材料，不如经一番系统的整理和下一番钩沉工夫，中国历史的来踪和去向，是无法解答的。以往对于史料的整理，太缺少工夫了！如何钩沉旧史籍取得新材料，以充实研究的内容，是论战过后史学界的新风气。《食货半月刊》的问世，可代表这一风气的开端，此后无论杂志报纸，大学历史系以及专门研究机关，多在这方面用工夫了。直待抗战发生，这一收集史料的工作，虽失之零零碎碎，但其有形无形中裨益于中国史的整理，是不待言的。

三十年来中国的历史科学，由"烂账"式的记录，到"烂账"记录的否定,到国史的整理与重建。至今虽说还没有一部精当的历史书产生,但国人对于自己历史的了解究竟是比较深刻了,比较丰富了。今后中国史的建立,自有待我们更大的努力,惟对于这期间研究中所发现的流弊,则不得不当心,不得不改正。

一方面,近年来中国历史的研究,无论在方法上或见解上,无疑的是受有外来的影响的。在方法论一方面,我们自不必有畛域之见,只要是科学的真理,可以施之于中外古今而皆应,这一点,我们绝无意思抱残而守缺。惟独在见解一方面,则不能让外邦人士牵着鼻走。近些年来,外邦之研究中国史者,亦大有人在,我们不能说他们的研究,全不是正确之论,只是彼此所站的立场不同,观念差别甚大,他们的看法想法,都不免有偏陂之处。善意的求"真"精神的研究,尚不见得论到是处(如苏联学者之研究中国史),至如心怀作用而故意曲解中国史者,以为愚弄中国而符合欺压中国的理论(如日本的秋泽修二之所为),则更是中国史整理中的毒素,必须当心根绝。其实,对于中国之了解,再没有比自己了解的清楚了。这如同对一个人的认识,别人都没有他自己清楚是一个道理。外国人对中国史的知识,究竟是比不上生于斯土长于斯土的中国人自身。研究中国史,无疑的是中国人自己的责任。这并不是说外邦人士没有研究中国史的能力,实在是事实所限呀!过去国人对于国史研究的欠缺,已竟够惭愧了!而今再引用外人的一知半解作自己的论据,则更是不对了!自然,外人的见解,也有真实的,我们并不拒绝接受,但也要透民族立场的一层滤纸,否则会限于错误。过去中国史研究中之追随外邦理论的末流,是该使其绝迹的。

另一方面,国人对国史的研究,往往有一种错误的观念,即半殖民地心理的反映。中国在近代,沦为半殖民地,固然是一千真万确的事实,但我们去整理中国史,却不能出发自这种心理。不把中国之"国",当成"独立"之国,不把中国之"史",当作"独立国"之史,则重建之中国史,定会陷于极端错误的结论。半殖民地是中国一时的危运,中国过去不是这样,现在不会永远是这样,而将来就一定会一反是这样的。然而民族失败主义者,往往失察,用半殖民的心理,来整理中国史,这实在是中国史学界的蟊贼。这种错觉,不管出于有意或无意,我们必须警惕防范的。

学术本不分中外,但立场必须正确,真理只有一个,但观念必须确当。只有依据现代化的科学真理,透过民族的形式,才能揭出中国历史的真面来。这趋势到抗战六年的今日,已渐露端倪了。

三　中国历史科学的新动向

六年的抗战,到如今,军事上虽还没有得到决定的胜利,可是在政治上到已获得"独立自主"的成功。军事上对日本帝国主义既立于不败的地位,使全世界上人不得不对中国另眼看待,不平等条约的废除,使中国得以脱下被束缚的枷锁,而扬眉吐气的挺立于世界之上。百年来民族"自卑"、"自贱"的卑屈心理,到今天一扫而空,中国之"国"又归复于其应有的独立地位。这一大解放,不仅影响到中国的政治地位,抑且影响到民族精神文化的各方面。近年来,学术上之"中国化运动",不是适应着这种形势而产生的么?

在新形势之下,中国史学的动向,无疑的定然会有新的发展,今后,我们定然不会盲目的追随外人的尾巴来误认中国史,也不会胸怀自卑的观念来了解中国史,我们一定会站在中国之"独立之国"的立场,来批判一切,摄取一切,从而建立中国的新史学体系,更进而创生新史观的中国史。在研究工具万分缺乏的今日,而中国历史研究的风气,反而一天大一天。这一流风之所趋,定会看到将来辉煌的成果,这又是无可置疑的事。这里,我们又发现一种新危机,就是:在民族自信心理恢复情势之下,一般号称"正统派"的守旧史家,很容易由"自信"而还元到"自大"的心理,由"自大"而发生"复古"的倾向。从而对于中国史乃至于对中国文化的再认识,又搬出一套改头换面的旧理论,这是有害无益的勾当。如轰动一时的"战国策"派的历史观点,只不过换上新装的旧史去,它有意无意的与反动的法西斯主义的历史观结了姻缘。其与三民主义新中国历史的发展绝对不合的,在中国新史学体系的建造中,对这些荒谬的理论,必须严加阻击。

随着中国之"国位"的再提高,中国之"史"将会被国人所重视。数十年来,由于中国之"国"的被轻视,而至影响到遗忘了中国之"史"。这种错误,是必须改正的。今后,国史的研究,不但在学术上要特别加重其分量,并且在学校上的课程上,亦要特别提高其地位。只有深切了解自己民族发展的历史,才能建造自己民族的幸福。三民主义新中国的建造,当然需要技师、工程师,但亦同样需要指导社会发展的理论家啊!

上月二十四日,中国史学会成立于重庆,这象征着中国史学的新主机,愿与会诸先进及国内的史学家,依据中国的新形势,不固执,不偏陂,共同为中国新史学的发展乃至中国新文化的开拓而努力!

三二,四,二日于青龙岭下

(《力行》1943年第7卷第4期)

发展的中国新史学

文　超

什么是新史学？

用唯一正确的方法——卡尔的辩证唯物论与历史唯物论来研究的历史，就是新史学。反之都是旧史学，不管它用如何摩登的化装品来装饰，都是无用的。因为只有这样才能真实地、客观地理解历史，认识历史。

自从满清末年以来，中国史学确乎到了转变的时期，但并未踏上新史学的阶段。从古文学派的章太炎、柳诒徵、陈汉章，今文学派的康有为、夏曾佑、崔适和号称新派的胡适、顾颉刚、王国维、李济之流，他们都只是静止地或片断地研究历史，没有能够全面地研究历史，并且也没有能够把握到研究历史的锁钥——生产方法的研究，所以他们只是对于某一事物底史料的考证。当然他们也有应有的功绩，而未许一笔抹煞的。至于陶希圣、李季、郭沫若这一批人，他们都是自命以辩证法唯物论与历史唯物论来研究中国史的。郭沫若还不失有见地，但他未能准确地运用这唯一正确的方法，而陶希圣、李季呢？则相去更远了，他们用的是形而上学和机械唯物论，因之堕入了错误的陷阱。所以陶希圣之于政治上的叛变行为，就无作惊奇了。

中国史学之所以能从"乌烟瘴气"的包围里脱离出来，而走向转变的境地进而走入新的境地，这决非偶然的。这是由于鸦片战争的炮火，一方面是资本主义的兵舰，冲破了中国古老而反动的封建堡垒，另一方面中国社会自身，也起了急剧的变化，旧的动摇了，为了适应这时代和推进这时代，于是旧的由动摇而溃烂，新的则一天天生长，因之推进社会的基本动力，也呈现出飞突的进步。所以我们对于中国史学之所以转变，应该有力地指出来，仅仅是向旧道统方面去追踪，这显然是不够的。之后经过戊戌政变、辛亥革命一直到五四运动，这些全非历史的偶然现象，而是社会力量起了新的变动的反映，因之也就产生了各种各样的史说，特别在五四运动以后，一向被中国士大夫阶级所鄙视的力量，一天天的发展而且坚强起来，扮演了新历史创造的重要角色。可是偏有不肯向前进步的史学家们，忽视了这种力量，远的放过不谈，单以五四运动的健将、实验主义的信徒胡适博士来说，他就不进则退地停了下来，在"多谈问题，少谈主义"的掩饰下，躲进了故纸堆中，"整理国故"了，于是把悠远的中国文化任意割裂，一切都要"拿证据来"。其后愈演愈劣，顾颉刚之流，就发出了禹是中国古代的一条水虫等等的谬说。

所以《史记》的产生，完全是时代的反映，决非超时代的东西。因之我们对于某些不能迎面赶上时代的落伍者，就用不着痛哭，譬如王国维他在中国近五十年来的史学界里，固然有他底贡献，但他并无什么"前进的理论"，而他"后退的实践"，正就是他没有"前进的理论"底反映。留小辫子和蹈水自杀的事实，正就是一个有力的证明。从他自身看到本阶级的没落，害怕革命浪潮的高涨——一九二五—二七年的大革命，于是蹈水求死。这正是他的"理论与实践"统一的地方，决不是有"知之之勇，不足以赴之的人"，而正是有知之之勇和赴之之勇的人。在这里我们又得到了一个教训，"后退的实践"的人，决没有真正的"前进的理论"的，有之也一定是空头的"前进的理论"，而不是科学的足以为行动指导的前进的理论。前进的理论必定在前进的实践里求发展，于是不仅充实了理论也推进了实践。我们既然"知之"，就一定要"赴之"。"赴"周密了我们的"知"，"知"更加促使我们"赴"的勇敢，我们是不能把他分开来的。宁静的学者往往不能领悟这一点，而筑起了自己和时代隔绝的墙，这真使人"悲闷"，所以要张大自己的眼珠，看清楚什么才是坦荡的去路。

自从一九二五—二七年大革命受到挫折以后，展开了惨酷的内战，中国革命处于一个低潮的时期。由于对革命方向认识的必要和对于革命信心坚定的必要，在中国史学界里，则发生了中国社会性质问题和中国社会史问题的论战。虽则并未有最完满的收获,但对于中国新史学的演进,给了促进一步的力量。关于此,在何干之写的《中国社会性质问题论战》、《中国社会史问题论战》(均生活书店出版)的两书中,总括了"由许多从艰苦的环境出身的学者在刻苦的研究、分析、论辩中而得"的宝贵意见,无疑的它将成为新史学进路中的里程碑。在这一块碑上刻有史学先辈的足迹,我们可以"不必再走着迂回曲折的路",而可以"急起直追"了。在同一时期,又有号称"能够以纯粹学术研究态度写作的"冯友兰的《中国哲学史》的出版,以"一方面吸收输入外来之学说,一方面不忘本民族的地位"为幌子,努力于黑格尔历史哲学中所谓"合"的工作,企图稳定宋明理学的地位,以"承儒家的道统"之建立,而想在荒芜的中国史学界里逞雄。手法不可谓不高妙。"七七"以后,论调起了变化,向右而侧,完全成了统治阶级的工具,百分之百地"御用"化。之后《新理学》、《新世训》、《新事论》的出版,更加刻毒地用伯拉图的功利主义,与程、朱的理欲二元论来害人,并且还要建立什么"民族哲学"。他们热爱半殖民地半封建的泥沼,处身其中,似乎暖暖的,但忘了这正是全中华民族所要争脱的命运。"遨游保定"以后的冯先生,竟就变成了这样的"丑百怪"。

我们并不因这些现象而灰心,我们深信"中国史学在世界文化史上,有其光荣的地位与悠久的历史",而且在民族解放的怒火里,经过了四年的磨练,更加显现出辉煌的业绩,强烈地烛照着人类。因之每个从事于新史学的研究者,更应该牢牢地把握住这锐利的武器——辩证唯物论与历史唯物论,垦辟荒漠而肥沃的新史学园地。并不自满的说一句,新史学在锐利的新武器运用下,也有了不容抹煞的成绩。在求取民族解放的过程中,已成了一支有力的文化支柱。他在辽远而严寒的北方,在"气压"特别低的大后方,在浊浪汹涌的"孤岛"里,日渐地滋长而发展着,显然是中国近五十年来新史学富满收获之所在。并且这神圣工作的努力,当然不是此刻才开始的。在民族解放烽火举行的前夜,就在艰苦地进行的。这里限于篇幅,只能把"七七"前夜直到现在的史学著作作为新史学在这一阶段的收获,而激发我们的努力,是不失其意义的。

首先关于中国革命史方面的,有中国现代史料研究委员会所编的《现代中国革命运动史》(上册)、华岗的《中国民族解放运动史》、平心的《中国现代史初编》、米夫的《英勇奋斗十五年》、钱亦石的《中国怎样降到半殖民地》和最近出版的为杨松、邵力群所编的《中国近代史参考材料》上册;中国通史方面如:周谷城的《中国通史》;社会史方面如:何干之的《中国社会性质问题论战》、《中国社会史论战》、《转变期的中国》,吕振羽的《史前期中国社会研究》、《殷商时代的中国社会》,吴黎平的《社会主义史》;经济史方面如:钱亦石的《近代中国经济史》、沈志远的《近代经济学说史》;政治史方面如:钱亦石的《中国政治史讲话》、吕振羽的《中国政治思想史》、张健甫的《近六十年来的中国与日本》、钱亦石的《中国外交史》;文化史方面如:何干之的《中国启蒙运动史》、谭丕模的《清代思想史纲》;哲学史方面如:向林冰的《中国哲学史纲要》、郭沫若的《周易构成年代》、李仲融的《希腊哲学史》;文学史方面如:鲁迅先生的《汉文学史纲》、徐懋庸的《中国文艺思潮小史》、李何林的《近二十年中国文艺思潮论》、郑振铎的《中国俗文学史》、郭箴一的《中国小说史》;艺术史方面如:郑振铎的《中国版画史》;世界史方面如:陈昌浩的《近代世界革命史》、平心的《各国革命史讲话》、钱亦石的《产业革命讲话》;其次关于历史哲学方面如:艾思奇、吴黎平合编的《科学历史观教程》,翦伯赞的《历史哲学教程》;还有在编写中的如:吴玉章、范文澜等集体编著的《中国通史》(第一册《上古史》闻已出版),吕振羽的《简明中国通史》,翦伯赞的《中国史纲》,张健甫的《清代简史》,平心的《中国近代通史》、《社会思想史》,李达等且在从事于《中国近百年专史》的编著。这里还有值得我们注意的,如陈伯达之对于中国古代哲学的努力研究,我们先后看到的有老子哲学、孔子哲学、墨子哲学、惠施及公孙龙的哲学等篇,确乎是把握了新史学的唯一正确方法,我们希望能够出为专书。同时陈先生对于近代哲学也是很有研究的,如对于谭嗣同思想之解析(见在《文化阵线》上),亦有其特殊的见地。

新史学在今天,已经展开了广泛而深阔的研究,固然在某些地方,还不够纯熟,不够坚固,但一天天在向前发展。即使目前还不够坚固,可是这决非目前还似乎坚固,实际上已经开始衰亡的东西所可比拟。

正在发展着的东西,是有不可征服底前途的,决不可以视为"依附武断"。他们有热情,为了人类未来的光明,而愿意贡献自身,但这也正是冷静、理智的具体表现。他们背了民族解放的实际工作,并且还在不断地加深学术修养,他们有信仰,他们不超然,不圆滑,不以"为学而学术"鸣高,而有其中心。要为不合理的社会合理化而服务,重视"社会的一般性",同样丝毫也没有疏忽"历史的特殊性",并且还正确地把握了它。行动就是最忠实的证人。因之凡是于史学有深切研究的学者,或者是爱好史学的人,应该多方面去帮助他们,为完成神圣的事业而共进。前进的史学家,只有和在发展中的新史学的研究者融成一片,才有光明的前途。

愿大家本着负责的态度、科学的精神为创造辉煌的新史学而努力。而我这一篇稚气的写作,可说是周予同先生近著《五十年来中国之新史学》(《学林》第四辑,开明出版)的读后感,当否还望大家给我指导。

(《学习》1941年第4卷第1期)

抗战以来的历史学

叶蠖生

第一节 抗战后历史学的一般趋向
第二节 抗战营垒中各学派的活动
A 唯物史观学派的活动
B 唯心论历史学者的活动
（1）读史救亡的理论（2）建立民生史观的企图
（3）唯心论历史家对中国社会发展的几种看法
C 适应抗战的宣传活动
第三节 日寇及投降分子的活动
A 日寇侵略政策利用上的历史学
B 妥协分子对中国历史的歪曲
第四节 关于历史学的理论斗争简单的结语

第一节 抗战后历史学的一般趋向

神圣的民族抗敌战争，推动着整个中国社会向前发展，超过了和平时期十年或二十年的进展。然而，在整个的进步中仍然保持着不平衡发展的形式，某些地区已走向独立自由的新民主主义的阶段；另方面，某些地区则退向殖民地或更深的半殖民地方向了。因而，上层建筑的文化方面也随着下层的经济基础而同样表现出不平衡的趋势。作为文化部门之一的历史学也自然无所例外。

第一，为着适应抗战的需要，或者为着准备投降的宣传以及作为侵略中国的根据。无论抗战营垒中那一学派或日寇御用学者以及汉奸、投降妥协分子,都注视到中国社会的历史的发展规律性或历史上的可资借鉴的史迹。一方面,抗战派则从历史的规律中证明抗战胜利的可能性及今后建国应走的道路。或者从历史上民族斗争的光荣史迹来鼓励抗战的信心,或者从历史上民族败类的卖国阴谋来提高对投降分子的警惕性;另方面,投降分子则企图歪曲历史事实以证明其投降理论的正确,日寇御用学者也企图以中国历史的发展规律来证明其侵略行为的合理及有利于中国。因而,一方面看见了各种不同观点,不同使命的人们对历史学不同的活动,同时,相互间也展开了激烈的斗争。

第二,一般的活动,可分为两大营垒,一个是抗战营垒,一个是日寇及投降派的营垒。这里面又可再分为四大派别:抗战营垒中有唯物史观学派和唯心论历史学者的两派。第二个营垒中也可分为日寇的御用历史学者及投降派历史学者两种:前者为公开的日寇代言人,后者还企图隐藏自己的面貌,化装成中国人来说话。后者是更危险的一种。

第三,日寇的御用学者及投降分子,虽然还装出研究学问的态度来研究历史,实际上他们已堕落为日本法西斯军阀的走狗,专门为少数人的侵略行为服务,从事于歪曲和曲解历史,他们已不能作为真正研究历史的一个历史学派而存在了。在抗战营垒中的两派,也具有不同的发展形势,唯心论的历史学者,则走向消沉没落的道路,实验主义的历史家不但已经不能用这种观点去作出多少的成绩来,甚至这种渐进的进化论的历史观,也全然失去它过去在历史学上的权威,毫不为人们所注意了。唯物史观成为一般的前进历史学者所公认的历史科学的唯一的法则,甚至反动的历史家们也故意披上唯物史观的外衣,以作为欺骗的手段。唯心论的历史家既感到渐进的进化论历史观的没落,便有一部分人强调孙中山先生民生主义中消极的二元论的部分,企图把它发展为所谓民生史观,来与唯物史观作对抗,但除对唯物史观的理论加以武断的歪曲和恶意的攻击外,仅仅做一些心物混合的二元论的非科学的空论。虽然他们自称为既非唯心又非唯物的第三种心物混合论,但严格的说,仍超不出唯心论的范畴。除空洞的谬论外,并不能用所谓民生史观的法则去处理历史。这一派人除叫嚣着想把历史科学拉向后退外,可算成绩毫无;另一部分人则从唯心论的立场,强调精神动员的作用,企图从历史教育方法来提高民族自信心,激起爱国的热诚,以增强抗战力量,这自然是对的。但因为他们轻视了实践的重要性,发展为一种读史救国理论,要青年们去埋头于六经、二十五史中去救国,便走向落后的反动的方向去了。反之,唯物史观学派,则从各方面做了他们应做的工作,在世界名著的介绍、历史理论的奠定、中国历史的整理、反投降的斗争等等方面都或多或少地作出一部分成绩来。他们从历史发展的规律中证明抗战如何始能胜利,新民主主义国家如何始能建成等等的道理,来贡献给全国的人民大众,作为前进的指标。显然这一派在不断的向前发展之中。

第四,在抗战营垒中,无论是唯心的唯物的历史学派,为着适应抗战的需要,都注视到浅显通俗的宣传教育的重要,都从事这方面的工作,然而都还做得十分不够,这方面的工作已有的成就还不多,正需要今后更大的努力。

总结地说:由于抗战的推动,整个的历史学是向前进步了,但发展是不平衡的。日寇汉奸则从最反动的方面来利用历史学者们中的堕落分子,以反科学的手段来歪曲历史,散布有毒的作品;唯心论的历史学者虽大部还主张抗战,但整个学派则走向没落消沉之途;唯物史观学派则随着抗战的前进而不断的发展着,从过去仅仅从事理论论争走上对中国历史用科学方法加以整理的道路,而同时反投降的理论斗争也要求他们更多的努力。广大宣传教育活动也还有无限荒地等待他们去开垦。唯物史观的科学方法还在不断地发展之中,它正走向独占中国历史园地,击溃一切非科学的历史方法的道途之中。正因为它已成为历史学中主力,因而起着主导的作用,这便是说整个的中国历史学已是在向前发展进步之中了。

第二节 抗战营垒中各学派的活动

A. 唯物史观学派的活动

"学习我们的历史遗产,用马克思主义的方法给以批判的总结,是我们学习的另一任务。我们这个大民族数千年的历史,有它的发展法则,有它的民族特点,有它的许多珍贵品。对于这个,我们还是小学生。今天的中国是历史的中国之发展,我们是马克思主义的历史主义者,我们不应该割断历史。从孔夫子到孙中山,我们应该给以总结,我们要继承这一份珍贵的遗产。承继遗产,转过来就变为方法,对于指导当前的伟大运动,是有着重要的帮助的。"① 伟大的人民领袖毛泽东同志这一伟大的号召,是被全国唯物史观历史学者们所热烈地响应着,他们分头从事于历史各部门的工作,大略的可分为如次各个部门:(1) 世界科学名著的翻译介绍,(2) 历史科学理论的中国化,(3) 中国历史的整理,(4) 中国各种学术史的整理,(5) 世界史的整理,(6) 通俗化的宣传工作,(7) 反投降的理论斗争。除六、七两部分留归后面叙述外,且略述前五部分的成就罢。

第一,想坚强中国历史科学理论基础,便不能不先从介绍世界上科学名著下手。这方面已有成就。在短短的三年中也还不劣,如《德国革命与反革命》、《德国农民战争》、《法兰西的内战》、《联共党史》、《拿破仑第三政变记》等等典型的著作,都先后被介绍到了中国。尤其是《联共党史》的介绍入中国,给予历史学者一种最新鲜的最标本典型的模范,无论在历史科学理论方面,或在处理史料技术方面,都给以典范的作用,使历史学者得一正确遵循的途径。此外对苏联最近作品的介绍,则有《苏联历史讲话》、《社会经济形态》、《封建主义》等等。无疑地,以上各种科学著作的输入,更扩大了和巩固了中国青年对历史科学的知识。

第二,在使历史科学中国化方面,首先当举出毛泽东同志的三本名著《论持久战》、《论新阶段》和《新民主主义论》来。这三本书虽然都不是专门的历史作品,但它鲜明地、清楚地教训我们怎样把马克思、恩格斯所发明的历史科学方法具体的中国化,怎样运用这些方法来研究中国历史,来把握中国历史发展的法则。正如马克思没有写了专门的哲学著作,但辩证法的方法却充满在《资本论》之中。

第三,中国历史的整理,工作还算开始,已有的成就,仅有中国现代史研究会所编纂的《中国现代革命运动史》上册的出版,和中国历史研

---

① 《论新阶段》,P102。

究室所编纂的《中国通史初稿》在《中国文化》上连续发表,此外,如黄松龄先生于《中苏文化》四卷三期所发表的《中国近百年社会发展史论纲》,吕振羽先生于《读书月报》二卷四五两期所发表的《本国史研究提纲》,则仅为大纲式的论文,无疑地这方面成就还很薄弱,有待于今后更多的努力。

第四,中国各种学术史的整理,也因着需要而部分地着手。某些人硬说马列主义是舶来品,不适用中国国情;某些人则认中国的六经为圣贤的典范,是"不废江河万古流"的东西,便去提倡读经救国。从而,陈伯达同志古代哲学史部分的发表,便从周秦诸子中揭发其辩证的、唯物的思想因素,证明这些思想本为中国所固有,虽然发展还不高,只是片断的东西。然今天接受这些思想,不但有其社会经济的发展的根源,即在思想方面,也决非凭空移植。范文澜同志《中国经学史的演变》的发表也指明它是封建社会的产物,它随着封建社会的发展与衰亡而同其命运。"在今天新民主主义革命一直往前发展和深入,封建残余势力必然趋于消灭,因之经学不仅不能发展,而且只能跟着封建残余势力的消灭而同归于尽"。① 这便给这些谬说以正面的答复。

其次,不能不略提及向林冰先生的大著《中国哲学史纲》。向先生是自命以唯物辩证方法来写作的。关于本书的哲学的部分另有专门研究,此地不去多谈,仅就其对社会发展本质的认识方面少为涉及。这方面,向先生认为是哲学史的基础。所以他说:"因此我们要阐明中国哲学史的阶段性,便不得不以中国社会史的发展阶段为基础。"② 向先生在这方面则采取日本法西斯军阀的工具秋泽修二的意见,对中国社会的发展作了很大的曲解。因为根本的错误了解中国社会的发展,所以也不能不将哲学史的发展曲解,认秦到唐的学术发展为停滞退化时代,而掩没其积极发展的方面。由于根本问题的错误,全书便不能不随之而归于错误了。

再次,钱亦石同志的遗著的被整理发表的,有《中国外交史》、《中国经济史》、《中国政治史讲话》,但非作者生前定稿,内中还不免包含一些

---

① 《中国经学史的演变》,范文澜,《中国文化》二卷二期,P21。
② 《中国哲学史的阶段性及其根本特征》,向林冰,《理论与现实》一卷五期。

尚待修改的缺点。最显著的为《中国政治史讲话》中否认中国历史上奴隶社会发展的阶段和误分原始共产社会与氏族社会为两个相承接的社会，都是既不合于历史发展的规律，也不符于中国历史发展的实际情况的。赵荇先生在《读书月报》的书评中指出这些误点是完全对的。然而，亦石同志的遗著除个别缺点需将来加以修正外，大体上还是运用历史科学方法而写成的进步作品，同样这方面工作也还在开始之中，须待今后的努力的。

第五，对世界史方面可说是最薄弱，仅仅有陈昌浩同志一部《近代世界革命史》，而本书是由一部讲稿作成，详细地方还要待将来的修正。这一方面是我们工作最贫弱的方面。

B. 唯心论历史学者的活动

(1) 读史救亡的理论

站在抗战营垒以内的唯心论历史家，为着他们还主张抗战，为着他们太重视心理作用，他们便强调历史教育的功用，企图以祖国光荣史迹来增强民族自信心，来鼓励抗战精神。他们认为："应当激发学生民族复兴之思想——只要能够遵循着这种目标前进，我相信，在精神国防上我们一定可以得到完满的成功，至少我们可以臆测，这一种国防中心的历史教育实施之价值，是可以由下列各方面表现出来的：一、国权的保障……二、国风的发扬……三、国魂的鼓舞……四、民情的融洽……"①为要达到如上目的，他们便注视到教材的选择和教学的方法。怎样选择教材呢？他们认为："此种教育之工具，自以历史上之教材为主体，吾人欲培养一般国民有爱民族、爱国家之思想而适用于现代，对于本国历史上关于民族、疆域、政治、军事、文化诸方面之教材，须选择补充，凡合于上列标准者则尽量加以发挥，其不甚切合上列标准者，尽量加以缩减，庶几有裨于抗战建国之需要。"②更进而问要怎样去运用教学方法呢？他们认为："多作乡土的研究，乡土研究最易使学生发生爱家、爱乡及敬爱祖先的观念。由于这种观念出发，便可以产生爱慕、眷恋及维

---

① 《历史教育与国防》，杨友群，《教与学》三卷三期。
② 《选择历史教材的目标》，郑鹤声，《教与学》四卷六、七期合刊。

护国土的决心……尽量利用国庆日、国耻日及其他纪念日,在各种纪念日实施特殊教育……俾能养成学生正当的国家观念……最后应当提出的,便是教师的人格感化。"①从这里可以看出唯心论者虽然重视了历史教育对精神的动员的重要,但他们的方法是脱离实践的一种空虚的一套,企图用历史陈迹的刺激以培养封建的爱乡敬祖观念,进一步去发展为爱国观念,以达到所谓精神国防者所竭力的作用。并且,从这种思想的发展上考察起来,它还多少保留着过去统治宣传的法西斯思想的残余。虽然他们是从主张抗战的观点出发,但从这些办法引伸的结果,必然要达到违反抗战利益的方向去。他们便进而主张读史救国的理论,想于埋头在中国浩瀚无涯的史料中去击退日寇,他们认为:"除通史应为常识外,就一般人言之,则古代史最宜熟悉,诚以古代史为本国文化之渊源,后代之制度思想皆于是乎出,不溯其源,不足以明其本,不知其本,不足以窥其变,在古代史中首推六经,所谓六经皆史之说是也。"②这样史的范围是被放大了,推及于六经,于是读史救亡实际上是读经救亡的扩大。无论主观上如何,客观上要大批活泼有为的青年脱离实践埋头于故纸堆中,无疑是减弱抗战力量,是一种反动的理论。

我们不反对某些专家对古代史料作深刻的研究,但坚决反对要一般青年皆去无目的地或者以救亡为目的而去埋头故纸之中。然而我们也决不轻视精神作用,光荣史迹足以激起爱国心的作用,正如吴玉章同志所指出:"历史科学是为民族革命和社会革命而斗争底有力工具。""我们常常看见,凡一个民族,如果缺乏详实的历史记载,则会削弱其民族自尊心和奋斗底信心。"③但完全脱离实践,主张读史去救亡则是一种后退的理论,必须加以反对的理论,这正是唯心论历史学者走向没落之途一种退步的理论。

(2) 建立民生史观的企图

唯心论者历史家们大部分是走向消沉没落了,而某些人们则为着政治作用,企图向科学的历史方法反攻,乃抽取中山先生民生主义中一

---

① 《中国哲学史的阶段性及其根本特征》,向林冰,《理论与现实》一卷五期。
② 《读史救亡论》,余景陶,《国论》十四号。
③ 《研究中国历史的意义》,吴玉章,《解放》五十二期,P7。

些消极的二元的观点,加以扩大,企图建立所谓民生史观,以与唯物史观相对抗。这部分人理论如何? 成就怎样? 且作如次的简单地叙述:

第一,什么是民生史观呢? 在中山先生的遗著中是找不到的,只能看这些信徒们(?)的解说了:"今试进而研究民生史观——民生史观者乃谓历史之活动及进化其原动力为'民生'……民生之谓何? 总理的解释为'民生就是人民的生活,社会的生存,国民的生计,群众的生命'。是知民生之本质非纯为精神,非纯为物质,亦非心物二者之相互独立,而乃心物两因素融合。换言之,民生之基直乃合心物而成为一元,非二元也。"①这里所谓社会进化的动力——心物融合的民生,照他引中山先生的话来说,照常识来说,是不外于"衣食住行",不外于"保养"。但他们并不满足于此,却有更多的巧妙的引伸:

> 而社会所谓心与物,实在是一件事体之两方面,着眼于能力或动态方面的人认宇宙为精神,着眼于静态或体质方面的人认宇宙为物质;国父望天人遍察宇宙一切现象用"生"之一字来解释。面乎万古,放乎六合,将无往而不适宜。②
> 在民生史观中。"生"乃宇宙之中心,非唯心,亦非唯物。③
> 生的本体是太极,一切事物,乃至整个宇宙,都是太极……诚是生的发动点。④

从这些解说中是愈来愈糊涂,中山先生所说的现实社会中的民生,被阉割成为一个"生"。而这个"生"是神妙不可思议的太极或诚。它便是推动社会发展的中心? 这些"太极"、"诚"虽使人不易理解,但也有较明白的说法:"我们的结论是:社会进化的原动力,不是经济,不是生产力,所以也不是物质,而是进步的智能,进步的意识。意识控制存在,才是社会进化现象的真理说明。简单一句话,主宰着社会进化是人绝对不是物。"⑤从这里便抛掉了非心非物的神秘外衣,而清楚地显示出唯心论的本质了。一切自称为心物综合的二元论者,谁个能脱掉唯心论的

---

① 《民生史观之研究》,何运,《中央周刊》四十期。
② 《民生史观的要义》,黎博罗,《力行》二卷二期。
③ 《三民主义之社会科学中心学说》,江寅,《力行》二卷二期。
④ 《总论的宇宙观》,郑元瑞,《力行》二卷三期。
⑤ 《民生的历史哲学之基点》,李显承,《中央周刊》二卷十六期。

范畴呢！所以连他们自己也有人觉得自称为一元论的不大妥当,而称之曰"一元的二元论"了。① 不可捉摸的"生"的掩盖下的民生史观,揭开来看,仍不过是意识决定存在,是社会进化的真理。这便是它的基本点了。

第二,便是对唯物史观的武断的曲解和恶意的攻击,以图达到其政治上某种目的。首先是企图抹杀唯心、唯物两阵营的分别,将唯心论者各种对历史的错误看法,列为种种史观,如胡秋原、缪凤林等的办法,列举所谓宗教史观、伦理史观、地理史观、心理史观、伟人史观、群众史观等等无穷的史观来与唯物史观并列地研究其得失,以图抹杀唯物史观科学的特点,好去淆惑视听。② 其次便否认历史客观存在的真理,抹杀唯物史观为客观历史法则的反映,而认为"在人类纷纭繁杂的各种活动之中,为了学者注意点的不同,乃有各种不同的解释,因以产生各种不同的史观"。③ 从而强调了个人主观的差异,以否认人类对历史客观发展法则的把握。再次则以武断的办法,硬说"经济史观,本名唯物史观,物是指物质的全体,包含所有的气候、山川、土壤、产品等的物质和环境,但马克思的学说,没有这样广阔,他只论及经济方面,经济是物质的一部分,而不是物质的全体。因此学者把唯物史观,改作经济史观,以求确切"。④ 这样武断地将唯物史观与经济史观混同,而责备它忽视上层建筑的反作用,虽然伟大的历史作品上明如次指出:"至于说到社会的观念、理论、观点、政治组织的意义,至于说到它们在历史上的作用,那末,历史唯物主义不仅不否认,而且恰巧相反,正是着重指出它们在社会生活中,在社会历史中的严重作用和意义。"⑤这有何不可随便抹杀呢？

第三,便是强调道德精神超物质的作用。正如缪凤林辈所举出的原宪、荣叟这些隐君子的安贫乐道的行为,是超经济的,非唯物史观所能解释的。但他们为什么只产于封建社会而不能从社会主义社会的苏

---

① 《三民主义的哲学基础与心物综合论》,陶国铸,《中央周刊》二卷三十八期。
② 见胡秋原《世界史略》,连载于《时代日报》周刊《祖国》各期及缪凤林《唯物史观与民生史观》,载《思潮》一卷一期。
③ 《唯物史观与民生史观》,缪凤林,《思潮》一卷一期。
④ 《民生史观:最完善的历史哲学》,吴胜己,《中山月刊》二卷七期。
⑤ 《联共党史》精装本,P138。

联发现他们,这恐怕只有唯物史观才能给以解释吧？正因为他们强调了精神作用,企图让大人先生们从物质上发其国难财,而以精神动员,动员饥饿线上的民众去抗敌,要他们为国亡身,或者安贫乐道,以精神充饥,所以对共产党以加薪加饷,列为救国十大纲领之一,要"实在忍不住说几句抗议的话：毛先生,你也太迷信唯物史观了"。① 这便是他们从研究学术背后所透出的政治背景。

最后,他们的成就,除去玩弄太极、诚、动静、体用、生这一套玄虚的名辞去建立不可捉摸的民生史观的体系外,便是对唯物史观的武断歪曲和攻击。然而,除此外还没有谁能应用民生史观的法则去研究历史和写成历史作品,唯一的用途,便是替发国难财的人们辩护其反对改善民生,只要精神动员的办法是正确而已！

(3) 唯心论历史家对中国社会发展的几种看法

第一,是鄷传诗对中国社会不能走向资本主义化的解释：他认为中国社会自秦已脱离了封建制度,但是二千多年来却停留在某种阶段。这一阶段既非封建社会亦非资本主义社会,至于它属于何种范畴？鄷先生是未加说明的,总而言之,它脱离了封建制度,走了千多年,还未走到资本主义化而已。它为什么老是走不到呢？据鄷先生的解释："我们要研究中国社会为什么未能资本主义化,也只能从中国固有的文化方面,去求求解答。"从这里鄷先生是得到解答了,是儒家自足原则,传统主义的经济精神,限制了中国经济的发展,要打破这种限制,便需要"资本主义下盛行的合理主义"。"由传统主义跳到合理主义,中间必然要有一种力量,把这传统主义打倒才行,这种力量是什么呢？韦伯明白地告诉我们,是合理的先知先觉。中国这两千多年,其所以囿于传统主义,而不可转入合理主义者,就是在历史上没有合理的先知先觉"。此外鄷君更举出法律不良、技术落伍、征发制度等几种附属的条件,因而,中国社会停滞的原因,便被鄷先生找到了。从此而得出结论,中国社会今后发展的方向,不是资本主义化,而是要走国家资本主义的。因为中国目前及将来的经济精神已经由先知先觉孙中山先生规定为平均地权、

---

① 见胡秋原《世界史略》,连载于《时代日报》周刊《祖国》各期及缪凤林《唯物史观与民生史观》,载《思潮》一卷一期。

限制资本了。所以将来的方向是"向有计划的国家资本主义迈进"。①

第二,是雷海宗先生在其所著《中国文化与中国兵》及英文《中国年鉴》中所发表的主张:他把中国过去的历史分作两大周期,"第一为古典文化时期,是自有史以来迄淝水之战,在这个时期里,中国人创造自己的文化,未受任何外来影响;第二混合文化时期,是自淝水之战以迄近代,在这个时期里,一方面有北方野蛮民族不断地骚扰,它方面有印度佛教的输入,所以雷先生把它叫做鞑靼与佛教的混合文化时期"。②"著者根据他们分段法称目前的建国运动是第三周期文化的开展"。③雷先生原著未在手边,以上仅是根据别人对他的评述,恐怕非其全豹。

第三,陈石孚先生的意见,则要把中国史的发展,分为四个阶段,第一为"部落时期包括周代前的那一个时代,也就是唐虞夏商四个朝代"。第二为封建时期,包括整个周代。第三为帝国时期,"秦始皇灭亡六国以后,废封建,分全国为三十郡,成立一个中央集权的统一帝国"。从此以后是这一帝国形式的延长了两千多年,直到辛亥革命。这一帝国的社会性质如何?陈先生是未予解释的。他把这一长期分为七个治乱循环的段落,即是:秦汉期、汉魏期、晋隋期、李唐五代期、宋元期、朱明期、满清期。每一期都由治到乱的一个循环。为什么不五期六期而偏要分作七期,宋元为什么要并为一期,明清却又分作两期,陈先生并未说出他的根据,而治乱循环是否恰是七次,陈先生也未必计算十分精确。总之,这两千多年是帝国时期,内中包含七个治乱循环的阶段,你们知道这些也就够了。以后便是共和期,为辛亥革命到现在。因为"我国历史家向抱盖棺论定的主张……且参加政治活动的人物,今犹健在,倘遽下断案,恐不流于阿谀,即失之讥弹"。"为着保持我国传统历史家的态度起见",陈先生便只好"将前期史实存而不论"了。④

从以上略举的三例中,可以得出一个结论,便是他们都抛弃社会发展的基础——经济形态的不同,想从上层建筑物中找寻解释社会发展的关键,只能得到谬误的空论而已。

---

① 以上所引均见《为什么中国社会不资本主义化》,酆传诗,《新经济》三卷九期。
② 《中国史分期问题》,陈石孚,《新政治》三卷一期。
③ 蒋廷黻评《中国文化与中国兵》,《新经济》三卷九期。
④ 以上所引皆见《中国史分期问题》,陈石孚,《新政治》三卷一期。

C. 适应抗敌的宣传活动

上边已略述抗战营垒中两大历史派别不同的活动及其成就,但却有一个方面,都为两派活动共同的趋向,便是适应抗战需要,从历史方面所做的宣传教育活动,虽然程度与内容有多少的差别,但大体上是相同的。这一运动所触及的方面是广阔的,从专门论著、简明历史读本、报章杂志上的论文、通俗化的各种小册子等等的不同形式;内容方面也各有不同,有的从历史发展的规律中指出抗战发展必经的前途和必能达到的成就,有的从中国宪政史的发展,证明今后民主政治应走的道路和必经修改的以前的某些缺点,有的从民族抗战的史迹中证明我中华民族潜在的力量和投降分子的危险性。有的从外国抗战的史迹叙述来以资借鉴。有的从写作抗敌民族英雄个人传记上来激发抗敌热诚。有的从事各种通俗化的活动,而包括最广。如从已有的成就来看,则从平话式的简明历史课本、传奇式的个人传记,以及大鼓、鼓词、旧戏、小调、诗歌等等形式皆被利用,而内容总不外取材于抗战中英伟壮烈的史迹或古代可歌可泣的民族抗敌故事。这方面范围既广,材料繁多,不可能详细加以叙述,只能采取有代表性作品少加论列,当然挂漏还是很多。

第一,从历史发展规律中指出抗战发展必经的阶段和其前途,给全国以伟大教育意义的首推毛泽东同志《论持久战》及《新民主主义论》两书。它所指出的抗战必经的三阶段和必将到达的新民主主义社会的伟大结论,已为全国坚持抗战的人们所奉为指标用作奋斗的方向了。

第二,从历史发展上证明民主政治的必需及中国宪政运动史的发展趋向的论文很多,我们这里且举邓初民先生最近在《中苏文化》上所发表的一篇论文为例。邓先生这篇文章确实代表了有正义感、有民族气节人士的共同见解。他在本文中首先强调了抗战、团结、民主三者的有机联系,同时更指出:"没有团结,就没有抗战,不能抗战;同时,没有民主——没有政治上的民主化,亦即没有政治上的进步乃至各方面的进步,就没有团结,无从团结。"复次他从史的发展方面,检讨了三年来的民主运动,指出其成就和缺点,特别指出后半期的民主运动"各种政治问题的困难,反特殊深刻"。① 而省市参议会的人选更远较国参会为落后,而强调了更进一步的民主化的必要,指出真正民选的民意机关和宪政运动民主化对抗战的重要性。最后,邓先生的结论则达到坚持抗战、团结、进步,为战胜一切阻碍达到真正民主化的唯一武器,这无疑是正确的。

第三,从历史上证明抗战胜利所必须的条件的著作可分从四个方面来看,有的从中国抗战史上证明团结持久的必要,例如武伯伦先生的《近世中华民族抗敌史》。武先生这本书不过是七八万字的小册子,有的地方太简略了,例如元末农民战争能够驱逐异族出中国的这一胜利史实差不多全被略去,但对南宋投降政策的失败的恶果,则注意地论述到了。而且武先生的分析批判是锐利、正确的,他超出旧历史的限制,很正确地叙述了南宋民众抗敌力量的伟大,及腐败政府如何畏惧和嫉视民众力量而加以限制与防害,致使抗敌失败,走向投降的道路。对于南宋政府背叛民族利益、甘心投降的内在原因,武先生的分析是深刻的。他先叙述了北宋时代残酷的剥削所激起各地反抗的斗争极为普遍,虽然"北宋亡后,民众反抗运动,虽有由经济斗争,转变为民族斗争的趋势,然地主政府仍不敢与之合作。因此宋与金的统治者,在争取地盘,扩大剥削范围上,虽有互相矛盾、冲突的当然现象,但在压平民众叛乱上,却有统一作用的必要。这是宋金和议可能性,而且是一般汉奸认为必须与金和议的根本原因"。② 从而武先生在全书中都强调了依靠民众力量、反对投降的主张,关于明末反抗满清的革命运动,武先生也同样看到了民众力量的伟大。而其终为失败的原因则不是敌人怎样强大,而是抗敌力量的内部分裂互斗的结果。从而武先生在全书中也强调了团结的必要。武先生为西北教育界先辈,这一简单小册子的全部意见,正代表了广大有正义感、有民族气节人士的意见。

有的从历史上汉奸组织对抗敌的危险性,以促起今天对汉奸组织的警惕。例如翦伯赞先生在《中苏文化》六卷二期所发表的一篇论文,

---

① 《抗战三年来的民主运动》,邓初民,《中苏文化》抗战三周年纪念特刊。
② 《近世中华民族抗敌史》,P21。

便是很好地叙述了南宋时汉奸及傀儡组织等危害抗敌的罪恶行为之后,从而指出"在抗战两年零九个月的现在,我们已经有了强大的抗日力量,坚强的抗日的民族意识。然而同时也是汉奸活动登峰造极的时代。这些汉奸,他们每天每时都在企图消灭抗日力量,残害抗日爱国的分子,以求达到彻底卖国的目的。凡秦桧之所为者,今日的汉奸,皆优为之"。①虽然在本文中翦先生认金人南侵为宋朝经济封锁所引起一点,既不合当时史实又不应为侵略者找出理由,侵略者的行径是没有正当的理由可言的,然这并不能掩盖翦先生全文对汉奸心理的揭发和明快地论断。

有的从各国抗战史中证明中国抗战所必须的行为,例如姚江滨先生《世界各国民族革命的史训》一文,便是列举了英、法、美、希腊各国抗敌史实之后,引申出八条教训,这里面如:"不求和,不妥协,奋斗到底。"如接受外援力量,而不专靠外援,如动员民众,发挥民族威力各点都是十分正确的结论。当然姚先生并不是运用十分科学历史方法去分析西欧史实,很多地方还重视表面现象。这证明了凡是有正义感、有民族气节的人士,虽然所用方法不同,所达到有深浅之别,但同样能得出依靠民众,坚持抗战的正确结论来。②

有的从日寇对我国关系的历史的简述。这方面著作还相当多。我们所知的有李绍和先生的《日本侵略我国小史》、沈洁先生的《日本侵略中国小史》、李毓田先生的《古代中日关系之回溯》、李季先生的《二千年中日关系发展史》等等,皆为抗战后出版的。但十分满意的作品则似乎还未看到。李季的著作比较大型的,但除史料搜集外是很难看出他的意旨所在的。

第四,为着激起抗敌热诚,各种抗战人物的传记也出版了不少。从毛泽东同志、蒋介石先生直到赵老太太等传记都有。但很好地将个人对抗战关系相联系去正确叙述的作品也似乎还未见到。

第五,通俗化的工作也很被注意。大后方,各个战区都有这类作品印行,比较成功的较大型的作品则有平心先生《各国革命史讲话》,胡绳先生主编救国通俗小丛书中《法国民族解放斗争史》、《中华民族解放斗

---

① 《两宋时代汉奸及傀儡组织之史论》,翦伯赞,《中苏文化》六卷二期。
② 姚著《世界各国革命的史训》,载《新政治》二卷六期。

争史》等等。其他用各种形式写作的读物，多不胜收，无法一一加以评述。但大体上为着力求通俗，多沦于一般化，更具体、更生动、更新鲜活泼等方面的进步也还须更多的努力。

第三节　日寇及投降分子的活动

A. 日寇侵略政策利用下的历史学

日寇对中国的侵略，是使用了一切的力量的，从武力以至于文化，作为文化部门之一的历史学，自然也被积极地动员了。它的活动可分为三个方面：第一，为着麻醉抗敌的意识，提倡陈腐的封建思想，便从历史上找出封建思想的代表人物，再加以歪曲的制造，编为通俗的历史读物，如《孔子事迹与思想》等类的小册子等等。

第二，为着减轻中国人对日寇侵略行为的仇恨心理，便强调西方列强侵略中国的史迹，以刺激中国人仇恨白种人的心理，而同时则高唱中日同种同文的滥调，将日寇的侵略行为曲解为帮助中国人抵抗西方人侵略行为的义举。于是近百年列强侵略中国的史实，也被编为各种通俗的小册子，如《近代史中之欧美侵略中国之实例》、《英国对华罪恶小史》等等。

第三，则动员日本军阀的御用历史学者，从理论方面，对中国历史的发展加以歪曲。举例来说：德富苏峰是日本学术界的老宿了，这七十余岁的衰翁，也不能不以其垂死的残年，为日本军阀服务。他在《华文大阪每日》杂志上发表一篇论文，装出学者公正的态度，来论述日本与中国互相了解的必要，也斥责一般日本人轻视中国的态度为不当，好象他是客观地从历史上了解中国。他是怎样了解呢？第一，他认为中国为旧国家，日本乃新国家。"而中国虽至今日尚与尧舜时代之中国，在大体上无大差异"；第二，"无论中国、日本，两国均以忠孝为国家及社会之基础。惟中国以孝为先，次及于忠。""……但在中国，则无论何处均为以孝为主，而中国在忠孝难两全之时，每多取孝，总之中国乃家族本位，以家族本位而建国"；第三，"中国具有根深蒂固的文化力量，虽被外族侵入,仍能同化他们,决不会亡国"。当然从苏峰先生的研究中,不难看出,中国人只要保持数千年前形态,无须进步,因旧是中国特点,是足以自夸的特点,无须爱国,要紧是尽孝好了。日本人的侵入也无甚可怕,反正中国会同化外族,不至亡国的。这便是日本军阀工具的学者对中国的了解。更奇怪的是,他指出日本接受中国许多文化,所以中国是日本的恩人,但同时日本也是中国的恩人。因为它甲午之役打了中国,促使中国觉醒,应当感恩的!所以今天日本又打了中国,中国仍应感恩,"与日本提携,以保持其在东亚旧大国家而发扬之"。①

其次,秋泽修二,是以前以辩证唯物主义者出现的,虽然现在已经变节投降了日本的法西斯军阀,还要装成披上以前的外衣,来欺骗一切,当然,德富苏峰型的陈旧滥调,也许不能欺骗前进的青年,更让秋泽来一套辩证唯物理论,去分析中国的社会罢。应运而生,秋泽便于去年(一九三九)发表了他的《支那社会构成》的大作了。秋泽仍旧窃取科学历史方法的外衣来掩盖其丑污,是窃取马克思、恩格斯对中国的光辉的见解而加以歪曲来作为立论的根据的。第一,他对于中国社会的发展,给予了一个特征,这便是"所谓亚细亚的停滞性"。这种停滞特性由何而生呢?便由于中国的农村公社及父家长制度而来,由于人工灌溉及与此相关系的中央政府的经济机能而来,由于敌对的社会构成而来。因为中国是有这样特殊的停滞性,社会的发展便陷于长期的停滞之中,或治乱的循环往复。要打破这样停滞,中国社会本身是无此种内在力量的,只有感谢外力。所以五胡乱华的外族的侵袭,结果便促进唐以后的封建社会的形成,"由于欧洲资本主义侵入,亚细亚的停滞的中国社会经济的特征之'农业与手工业的直接结合'终被破坏,以农业为中心的旧中国的生产机构终被解体,终创造出中国资本主义发生的条件"。第二,再来看秋泽对中国社会发展的具体分析罢。他将中国社会的发展划为四大阶段,殷商时代为氏族社会,周到汉为奴隶社会,从西汉末到唐初为过渡时代,是从奴隶社会向封建社会的过渡期,从唐到清是封建社会。这里必须注意到他所歪曲的各个特点。1. 他认为周之代殷,不是殷的属领的周对殷的反抗,而是外来种族的侵入。后魏的侵入自

---

① 以上所引,皆德富猪一郎《中日相识乃相亲之前提》,《华文大阪每日》创刊号。

然也是外族，这些外族侵入便是促使中国社会进步的主要动力；2. 奴隶制的消灭，不是经过革命，而是由于汉元帝下诏令免十万奴隶为庶人的结果。同样封建制度的形成，也由唐玄宗时逐渐发生的，社会的变革无须要暴力的革命；3. 从汉到唐的一千余年是不知所属的过渡期；4. 中国奴隶社会曾复活于封建社会之后，经过唐宋的封建社会之后，元人的侵入，又复活了中国的奴隶社会。第三，秋泽又将中国社会与日本和印度作对比的研究。他们认为中国社会性格与日本不同，日本社会具有前进的自立的特性。中国社会却是与印度同型，具有亚细亚的停滞性。因于中日两国社会性格的不同，便引起了现在不幸的东亚事态。于是他的任务，便在指出要以日本社会和中国与印度社会性格相异的基础之上去了解现代亚细亚日本的特殊地位。便在说明，此次的中日事变，皇军的武力，把那些为中国社会亚细亚的停滞性的政治支柱，即所谓军阀统治，从中国广大的主要的区域中清扫了。与中国社会之特有的停滞性以最后的克服，与前进的自立的日本结合，拓开其获得真正自立的道路。于是，秋泽先生便完成了其科学研究的使命了。这种卑鄙的法西斯走卒们对科学历史方法的侮辱地歪曲和盗窃，本来是欲盖弥彰的。论理，中国的学者只有揭发其阴谋无耻，决不该受其影响的，但以辩证唯物主义者自居的向林冰先生，却受其影响，袭其意见，作为他的大著《中国哲学史》基本的观点，来向中国青年作再输出。这真是日寇所获得的不少的收获品了，我们不能不替向先生惋惜之至的。

B. 妥协分子对中国历史的歪曲

为着替投降妥协行为找根据，为着替现在的行为辩护，于是妥协分子们便动员了他们的历史家，去作历史上的翻案，替历史上卖国投降人物作辩护。这一派中不能不推蒋廷黻为老手，为能手了。无论蒋先生主观上如何居心，客观上他是鼓吹投降妥协的能手。由于蒋先生的自白来看而且是个老手，远从九一八以来，他便有一贯的主张，抗战后则更具体的发表了论文和著作，如《中国近代史》、《中国近代史大纲》、《百年的外交》、《再论近百年的外交》等等书和论文。除《中国近代史》不在手边外，我们且检讨一下其他著作中蒋先生的意见罢。

蒋先生的《中国近代史大纲》,不过是五六万字的小册子,按其内容来说,与其叫做中国近代史,不如叫做近代投降史更为确切,因为近代许多重要史实在其屏除之列,单单有系统的叙述了晚清以来各次投降的活动,而为之辩护其行为之正当合理。我们不能不佩服蒋先生文笔的清晰生动,很流利的通俗地叙述史实。正为如此,更帮助了对内容毒素的传播。简括本书的内容涵义,不外如次各点:

第一,是替举世公认的投降卖国的罪魁辩护,于是首订中英条约的琦善,受贿卖国的李鸿章,懦怯无知的奕䜣、文祥,都被蒋先生推为具有远大目光的外交家。他认为琦善是"下了一番知己知彼的工夫。……所以他决计抚夷"。① 而奕䜣与文祥则是最勇敢最进步的人物,"他们最初因无外交经验,不免举棋不定。后来把形势看清楚了,他们就毅然决然承认外人的要求,与英法订立《北京条约》。……奕䜣与文祥绝不转头回看,留恋那已去不复回的闭关时代。他们大胆的向前进,到国际生活中去找新出路"。② 李鸿章呢?当然是最有远见的政治家,缺点则不该联俄抗日。而当时具有民族气节,主张抗敌的林则徐,在蒋先生的笔下,变成了无耻的两面派,外面主张抗敌,内心实是畏敌的小人,蒋先生深以清廷将林撤职,未让他去同英人接触,未亲自遭到失败,以至到今天还保持抗敌的虚名为可惜。

第二,则故意轻视丧权辱国、割地赔款的《天津条约》、《北京条约》的严重损失,认为北京"条约签订以后,英法退军,中国并没有丧失一寸土地(九龙半岛蒋先生是不把它算作土地的)。……条款虽很多,主要的是北京驻使和长江通商(割地赔款、协定关税在蒋先生皆认为非主要的)。历史上的意义不外从此中国与西洋的关系更要密切了。这种关系固可以为祸,亦可以兴福,看我们振作与否"。③ 日寇不是曾认为甲午之役,打了中国,为中国的恩人,蒋先生是与之具有同感的。

第三,嘲笑民众力量,硬说拳变时是顽固分子利用民众、玩弄民众为依靠民众,"顽固分子以为可以依靠民众。利用民众或'民心'或'民

---

① 《中国近代史大纲》,P15。
② 《中国近代史大纲》,P35—36。
③ 《中国近代史大纲》,P35—36。

气'去对外,是林则徐、徐广缙、叶名琛一直到西太后、载漪、刚毅、徐桐传统的法宝"。① 但是在蒋先生眼中民众是毫无力量。不但拳民无知闯祸,就连平英团的广东人民也是无用的胡闹,所以英法联军首先进攻广东,"士大夫阶级所依赖的民心竟毫无力量"。② 问题在他们并未真正依赖民众,却反而疾害民众力量的发展。这一点是蒋先生所不能或不愿意看到的!

第四,强调忍辱图强的谬说,便认为"自强不是短期内所能成功的,在自强没有达到预期的程度以前,中国应该信守条约以免战争"。但是人家打了我们怎样办呢? 只有屈辱求和,所以他称"恭亲王及文祥两个人都是有血性的人,下了很大的决心要推行他们的新政,在国家危急的时候,他们胆敢出来与外人周旋,并且专靠外交的运用,他们居然收复了首都"。既然史迹斐然,有例可寻,那末,今天的抗日为多事,何如用外交手段收复今日的首都南京呢? 这便是蒋先生弦外之音吧。

总结地说,民众不可靠,战争不可恃,当政者要有琦善、奕䜣、文祥、李鸿章这样的卖国的精神,去忍辱求和,便是该书的一贯意旨所在了。

在《百年的外交》一文中,蒋先生更大胆的发现"自宋以来,士大夫是极端注重气节的。最近这百年并不是例外。无论我们是研究这百年初期的外交家如林则徐、琦善、耆英、桂良、花沙纳,或是中期的外交家如奕䜣、文祥、曾国藩、李鸿章、郭嵩焘、曾纪泽、薛福成,或是最近期的袁世凯、段祺瑞、张作霖及当代的人物,我们不能发现一个人不竭尽心力挣扎,又挣扎,而后肯对外人有所退让。……若论他们的爱国心,不但无可疑问,且可引为民族的及士大夫阶级的光荣"这样大胆的发现,要我们人民安心信任这一段"忠诚可靠"的外交家,他们是由"我国数千年与异族的奋斗逐渐养成了士大夫的爱国心肠,这是根深蒂固,无须我们过虑的"。③ 但是蒋先生竟胆敢替时代最近的袁世凯签订《二十一条》的行为辩护,认为正当,终不免引起人们的过虑,所以引起邓公玄先生的过虑,疑蒋先生别有用心,所以他说"看了这两段文章(指《百年的

---

① 《中国近代史大纲》,P113。
② 《中国近代史大纲》,P31。
③ 《百年的外交》,蒋廷黻,《新经济》一卷四期。

外交》论文),我们不说蒋氏替琦善、袁世凯二人翻案为不当,只是要问为什么要在这个时候,特替他们翻案?"①

这一问题真把蒋先生问住了,他只能举出这是他一贯的主张。他这一套是在国内外许多大学内讲过,在中英文杂志上发表过的。不错,我们也早知蒋先生自九一八后即高唱投降外交的,这个能证明什么呢?不过证明他是投降老手而已。但在全民族英勇抗战之时,还加倍来散布这有引诱投降的毒素的老调,只能是更加其罪恶深重而已,所以在这里我们不能不举出他作为投降派中最典型的代表。

第四节 关于历史学的理论斗争

抗战推动一切学术更走向实践之途,它的理论斗争都和实践更密切地联系着,历史学自然也是如此。历史学上的理论斗争可分为两大方向:第一是历史科学方法建立的方面,这里面包括了科学方法的介绍和错误理论的清算;第二为反对日寇汉奸诱降及投降等理论的斗争。当然有些文字是双方面都包括到了的,并无绝对的界限,还有一种文字如对新作的评论介绍,虽非斗争的文字,但也多涉及理论问题,也应附属于此。

这方面的工作虽然还嫌不够,尤其是关于对汉奸投降理论打击的不够。但已发表的文章也颇不少,这里为篇幅所限,自难一一论及,仅举出几篇有代表性的,存在手边的文章略加论列罢。属于第一类如侯外庐先生在《中苏文化》四卷二期所发表的《社会史论导言》,翦伯赞先生在《读书月报》二卷三期所发表的《中国历史科学的实验主义》,吴泽先生在同上书二卷四期所发表的《怎样运用中国的原始社会的史料》,华岗先生在同上书一卷十期所发表的《研究中国历史的钥匙》等等;属于第二类的如吕振羽先生在《理论与现实》二卷一期上发表的《关于中国社会史的诸问题》,及其在《中苏文化》纪念中山先生逝世十五年特刊上发表的《日本法西斯蒂的中国历史观与三民主义的国民革命》,陈伯达同志在《解放》六十一期上的《评陈独秀的亡国论》及同上书八十五期

---

① 见《再论近百年的外交》,蒋廷黻,引邓先生的话,《新经济》一卷七期。

上的《随感录》等等。而焦甘霖先生在《理论与现实》二卷一期上所译的《评朴克洛夫斯基学派的历史理论》，则为介绍苏联理论斗争的文字，也应属于第一类中。

我们知道，朴克洛夫斯基的理论，对中国历史学者是有很大的影响的，苏联对朴克洛夫斯基经济唯物理论错误的清算，给予历史学上一个很大向前的推动。焦先生本文为译自《真理报》上耶洛斯拉夫斯基同志的一篇论文，对朴氏的错误各点以概括的论述，并指示其错误的根源为在于他是个不彻底的辩证唯物主义者，他时常拥护经济唯物理论。本文的介绍，对中国历史学者是有很大的理论上的帮助的。

侯外庐先生的一篇论文，则是想利用《资本论》中散见的有关社会形态的文献，抽取结合起来，给资本主义社会形态下一明确的定义，也就是给认识社会形态的方法论一个示范。侯先生对于决定社会形态应由于生产方法，而生产方法与生产诸关系又是互相渗透的，不能孤立开来，只认作生产诸力的总和，给以明白地叙述，是十分正确的。虽然本文的主要目的在于建设，但也做了破坏的工作。它对罗隆基、陈独秀辈，认"苏联的国家工业是没有资产阶级的资本主义——不能说已经走出了人剥削人的资本主义制"的理论给以打击。[①] 不过侯先生仅以苏联没有阶级一点作证明，而认当新经济政策时代，生产物的分配是有资本主义的要素，为生产编制却是社会主义的要素主导着。而对于已经建成社会主义社会今天的苏联的分配，则未加说明，对于社会主义社会分配原则各尽所能，各取所需的基本法则与资本主义社会中剩余价值的分配，表面或有相混之处，本质上的截然不同，未予详细说明，而对罗、陈等的批评也未进一步发现其错误本质所在，则可为遗憾之点。然这并不能掩盖本文的功绩的。

翦先生对实验主义者的批判是正确的。他指出实验主义者以主观观念论出发，以渐进的进化论为历史发展规律，受限于机械地因果律，强调历史发展中主观作用，强调历史的偶然性等等，因而否认历史客观发展的规律性，否认历史的突变，否认各个因果间的联系，否认客观对主观能动性的限制，否认历史必然的发展等等的缺点，也是对的，对历

[①] 侯外庐先生引陈独秀语，见《社会史论导言》，原引《再生》三期罗文，陈文未注出处。

史学中经验论的残余是有力的打击。但蔍先生忽视了"五四"时代他们曾尽过的责任，一概加以非难，似有点近于超历史时代的非难了。

吴先生和华先生两文，虽无多少的创见，但将历史科学方法的某部分作有系统的叙述。而指出某些错误观点的要不得，对广大青年，是有用的文字。正需要多做这类工作。

吕振羽先生两篇文章，主要为对日寇代言人秋泽修二的《支那社会构成》一书的批判，当然这是极要紧的工作。吕先生的批判大部分是正确的，他在指出秋泽的见解是以地理史观为基础时，他的理论是对的。但吕先生解释中国社会发展缓慢的原因时，却举出"最主要的，而是中国所处的大陆环境，可耕的土地是一个最广漠的区域……中国又没有强大的民族来加以阻挠。这使中国社会内在的矛盾斗争不断地获得缓和，阻碍了生产力的跃进与生产关系的破坏"。[①] 这里吕先生却以地理作用来做为主要因素了。而且中国何尝未受外来强大的民族的阻碍呢？元魏、金、元都曾大大地阻碍和破坏了中国社会的发展。民族侵入残暴地破坏阻碍了中国社会的发展，不但在抗战今天应当强调，而且具体史实也更如此显示。试将金、元侵入后经济与唐宋对比，是显然可见的。异族入主，使中国经济发生了很大的停滞。这一真理与秋泽所说中国发展由外族推动，是真实的反对物，吕先生未注意到用此打击日寇谬说是很可惜的。

复次，吕先生因为反驳日寇，便强调中国没有停滞现象。其实如果细察史实，五胡乱华之时，金、元侵袭之日，何尝无此现象。问题在造成这种现象的正由于外族的侵略破坏。而中国社会正常发展的时代汉、唐、宋正是击退外族侵略之时代。如果不认清外族侵入破坏停滞的作用，则吕先生所认为宋代已到封建末期，这以后千余年时间为何不能发展到资本主义，倒无法解释了。正因元和满清入侵的破坏作用，才使宋以后社会未得到正常的发展。这几点的认识不到，是吕先生文章的美中不足。

陈伯达同志评陈独秀的亡国论，本不当作为历史学方面的问题。

---

① 《日本法西斯蒂的中国历史观与三民主义的中国革命》，《中苏文化》中山先生逝世十五周年纪念特刊，P67。

但批评了陈独秀的进化论的渐进的历史发展观点,和其对中国社会性质为资本主义的托派老调的重唱的批评则是属于历史学方面的。这本是一般公认的问题,因陈独秀重新拾起老调,便不能不引起再度批评了。

在《随感录》中批评了蒋君解释建国的化装了的投降理论是正确的,但对蒋君正面的投降著作中的谬论未予提及,似乎不够。不过这篇文章只是随见随感的东西,并不是对蒋氏专门批评的文章。

最后,关于历史作品评论的文字,《读书月报》上差不多经常登载。其中如赵荇先生对《中国政治史讲话》,照念先生对《近代世界革命史》和《各国革命史讲话》,楼毅先生对《世界文化史讲话》等的批评,都很细心地指出原作的缺点和其长处,对之作了较正确的评价。虽仅是介绍的短文,却也含有理论批评在内。

简单的结论

从上面的概述中,可以看出,三年来的历史学是大大地前进了。为着抗战,它更走向实践,更带着战斗的姿态。

辩证唯物主义成为历史科学的指导方法,唯物史观学派渐走向主导的地位。他从各方面做了工作,从方法的中国化、史的整理以至反投降理论的斗争及各种宣传教育活动。

唯心论的历史学派则趋向没落。一部分人仍限于实验主义的范围;另一部分人为着某种政治作用,企图以建立"民生史观"来与唯物史观相对抗。历史限定了他们,不能带丝毫的科学气味,只能成为无聊地政治上反动的宣传。

日寇、汉奸也歪曲历史,作为诱降、投降的宣传与辩护,但遭到了应有的回击。

从总方向看,历史学是进步了。但还不够,远落在现实需要之后。关于历史科学方法中国化方面,在伟大的人民领袖毛泽东同志领导之下有了很好的成就。全国各前进杂志刊物时常登载前进学者们的作品,毛泽东同志的每句指示被引作研究的根据。史的整理,则还在开步走的阶段,成就不多。反投降斗争也还不够广泛,许多种谬论任其传播,还未作系统地批判。通俗化的宣传教育活动离现实需要很远,质与量双方都需要很大的改进,是急切需要推动的部门。

历史学是进步了,做了应做的工作,但还很不够,不足供现实的需要。我们不但丝毫不能以此自满,反之,要对现实更加策励,要今后更多的努力。

(《中国文化》1941年第3卷第2期)

战时中国历史研究

郭沫若

本文为郭先生于去年八月三日在莫斯科苏联对外文化协会历史哲学组所作之讲演词，此地系根据去年十二月号苏联《历史问题》杂志所刊载之节略稿译出——译者。

在抗日战争的八年中间，中国丧失了不少领土，损失了不少贵重文物，各种客观条件（频繁的撤退，参考资料的缺乏，印刷设备、纸张的不够，等等）给了中国科学界以重大的影响，对科学研究工作造成了极大的困难。在历史科学上，同样也有这些困难。必要的史料往往不可能获得。为要预防书籍和原稿遭受敌机的轰炸，就得取出图书馆和藏书室中最有价值的书分散到各个地方。如果研究结果获有一定的成就，那要把这些著作印刷出来又会遇到不少的新困难。由于这一切的原因，战时中国历史科学的活动在效果上就和战前有重大区别。不过，不管这一切的困难，中国历史学家在抗战时期从未停止过自己的工作，放下过自己的手。

中国历史科学拥有大量的资料，这些资料的丰富往往到了无法加以整理的程度。这些资料大部分是帝王的专制统治的记载，或者是无数次战争的记载。中国历史学家过去一向把社会制度、人民生活、文化及科学的进步等等问题放在附属的地位，好像沙漠中的金砂一样，过去历史学家的著作中难得遇到这些问题的资料。过去中国有人说过，"一部二十四史，无非是帝王家族生活的年表"，或者说，"二十四史是一部记载纷扰相斫的书"，这话绝没有夸张。

中国还没有一部良好的通史。近三十年来，中国历史学家的智慧是用在解决基本的问题之上,就是如何在中国历史资料当中找出历史发展的法则,并根据这些法则指明各个历史时代的人民、文化、科学和艺术应该放在重要的位置,从而在这个基础上重新创造中国的历史。

这一个问题,最近一两年来由于中国学术界的努力已经逐渐地得到了解决。不久以前有两部值得注意的中国一般历史书出版。这是中国历史研究上的一件凸出的大事。一部叫做《中国历史简编》,是延安的历史家范文澜、吕振羽和尹启明合写的。其中一部分已发表在重庆出版的《群众》杂志上。这本书的价值不仅在于它把中国历史系统化,而且在于写得非常的通俗。这本书的叙述是很浅显而明白的,它指出了许多最现实的地方。这本书的目的是在使广大民众——工人、农民、兵士——能够认识中国的历史。这本书和中国一切科学著作所固有的经院主义完全无缘的。

另一部书是翦伯赞的《中国史纲》。这部书的名称虽叫做史纲,实则是一部大书。全书还没有完成,现在只出了叙述秦以前时代的第一卷。第二卷包括秦汉和三国时的历史,尚在印刷中。全书完成共需要六卷。当我离开重庆的时候,他告诉我,打算在年内完成他的书。我相信,书也许会完成,不过印刷一定遇到极大的困难。

这两部书,从材料使用的方法上说来,是完全相似的。在两个场合下,作者都能从中国历史材料中引出确定的历史趋势,使材料本身系统化,说明中国社会从原始共产主义通过奴隶制度,再通过封建制的经济形式达到它的现在的状态,是经过了很长的发展道路的。在中国社会发展的时代划分上,两部书的作者的见解并没有不同,他们确定夏以前的时期是原始共产主义时代,夏和殷是奴隶制度时代,从周朝起,以及以后,是封建社会时代。然而在这两部著作发表以后,中国历史学家之间对于奴隶社会问题马上发生了巨大的论争。一般说来,关于中国奴隶制经济形态问题,还在十几年以前就有过论争了,但是现在论争又重新炽烈起来,并踏进了一个新的阶段。

关于中国过去也曾有过奴隶社会这一层,我还在一九二九年在我的《中国古代社会研究》一书中就已得出了结论了。

那时我确定殷朝是原始共产社会,而周朝是奴隶社会的基本时期。

上述二书的作者——吕振羽和翦伯赞等——当时都反对我的理论,并给予批判。但我继续自己的研究,在研究过程中,我为自己的理论得到了若干的修正,我承认中国在殷朝已进了奴隶制时期,这一奴隶制的瓦解开始于春秋时代的中叶,而从秦汉时代起,中国便确立了封建制度。关于我的这些新的见解,我曾写过《古代研究的自我批判》一文,发表于一九四四年十月三十一日的《群众》上,延安《解放日报》也曾刊登这篇文章的全文。由各方面来判断,中国其余的历史学家这一次是同意我的结论的。

可惜我今天不能把这篇文章里我所提出的论据全部引证出来,但我可以把我基本的结论简单地说一说。

在殷朝时期,我们可以确信已有劳动的分工——手工业和农业的分工。农民开始被称作"众人",或者是"众"。周朝初年还沿用这个名称,后来农民被称作"庶民",或简称"民",这等于是农业中的奴隶。可是这种奴隶,因为他们是和农业有联系的,所以和从事工业及商业的奴隶不同,而享有相当大的自由。因此,说"民献"这个术语在古代作自由民来解释,是不对的。

农业奴隶——"民献"——的解放是和井田制的摧毁有联系的。当时奴隶主攫夺了农业奴隶的剩余劳动,利用它们来耕种井田以外的自由的土地,并把这些土地变为自己的"私田",或领地。这些"私田"和地主的数目渐渐增加,他们多过于"公田"(私有财产在容量上超过了国有财产),政权也渐渐从社会最上层——帝王——的手里转到比较底层的地主手。这样就发生了地主的土地领有的封建制度。这个过程是在春秋战国时代(纪元前七至三世纪期间)逐渐进行的。

与农业生产方法的变化并行的,手工业的生产也发生了变化。在殷周时期,从事手工业的人民叫"百工"。这是一大群属于国家的参加各种劳动的奴隶,设立了专门的监督机关来监督他们。这情形,直到春秋时期的中叶,还没有发生很大的变化。在齐桓公当政时,宰相管仲说过:"管理奴隶——手工业者,也是一种'政治'。"(手工业者是像畜群一样由官吏们牧养的)

晋文公时,晋国有一句这样的话:"手工业者和商人由政府给养。"（即所谓"工商食官"，政府供给手工业者和商人食料）这一切就充分明白的证明了手工业者和商人的性质（那时他们是奴隶）。顷公当政的第二年，元前五八九纪年，楚国攻陷鲁国，鲁国交出一百名奴隶——手工业者——织工、裁缝、木匠等——作赔偿金。这些手工业者完全没有人身自由的。从西周末年起，管理手工业奴隶劳动的官吏自己也用制造各种产品和采行超额劳动的方法，篡夺他们的剩余劳动。他们把这种生产品去交换新出现的地主的农产品。这样，在城市里就发生了行会手工艺的工场。农业中的地主的土地所有权和私人手工艺工场的创立，加速了商业的发展。中国在战国时代就已发行了许多货币。

我所引的这些结论，证明在周秦的交界上发生了由奴隶制社会向封建制社会的变革。只有同意这一点，才能明白为什么周秦这个时期在思想上产生了如此强大的高潮。中国现正根据这一社会历史理论对周秦时代的各种哲学学派展开极普遍的研究。这些研究是和过去胡适、梁启超、冯友兰等著作中所解释的孔、墨、法等哲学学派的研究不同的。在这一主题上，不久以前我写过一部《十批判书》的集子，但这本书直到我离开重庆时还没有出版（现已出版——译者）。

在研究这一时期的哲学问题及其他思想形态问题的中国历史学家当中，侯外庐占了最显要的地位。不久以前，他发表过《中国古代社会史论》和《中国古代思想学说史》二书。他认为周代是奴隶社会，在这一点上，他的见解和我是相符的，但在这一时期的思想史的许多问题，我们之间就有了本质的分歧。

我认为，在秦以前，孔子学派（尤其是孔孟本人）是以人民为出发点。他们召唤在民间普及教育，反对贵族特权。他们尊重历史，在历史中寻求足以模仿的实例，利用这些实例来做自己的宣传。他们特别崇拜尧帝和舜帝的人格，把他们当作真正民主政治的创造者和先导者来加以通俗化。在民间文化艺术的播传上，孔子学派在当时是做过很大的工作的。

墨家哲学学派把帝王、统治者放在第一位。到了春秋时期，他们利用民间流行的对于"最高的天上权力"的宗教信仰，开始给流行于中国民间的自然主义信仰赋与宗教的形式。他们主要的哲学术语是兼爱和非攻。可是他们所解释的兼爱并不是对人民的爱,而是对私有财产和拥有私有财产的人尊重。这个术语,在实际上就是说：你尊重我的私有财产,我也会尊重你的财产。在墨家哲学学派的代表者看来,人民的地位和牲畜或土地的地位并没有两样,因为无论牲畜、人民和土地同样都是皇帝和王公的私有财产。这个学派是反人民的,它不久便停止自己的存在,也就毫不足奇了。

道教的哲学理论以个人为基础。道家要求保存个人主义。他们反对宗教和迷信,从这个观点上说来,他们是进步的。但是整个说来,他们的教义是反人民的,因为他们只看到个人,而忽视社会,他们号召个人逃避社会,去过隐遁生活。因此,在他们的实际活动上,他们和墨家没有丝毫的区别,他们认为人民是愚蠢的,反对以教育、文化和艺术普及于民间。

至于后来所产生的法家,那他们只把道家的哲学和墨家的见解综合起来,就是说,把个人主义的原则和不可分的王权的原则结合起来。法家的著名代表申不害和韩非子曾创造一种理论,证明只有皇帝一人能够赋与个性。这个理论是极端专制的。

中国自秦汉以后,历朝帝王在外表上以孔教的哲学为依归,实则他们的哲学是法家的哲学。地主阶级和知识分子在外表上也以孔教为依归,实则他们所信奉的是道教的教义。对于宋明时代的孔教,情形亦复相同。

上面提出的我对中国古代思想史的见解,不仅和胡适、冯友兰的见解,而且和现代历史学家和侯外庐、范文澜、翦伯赞等的见解有实质的区别。我知道,我的理论也许在许多地方还没有成熟,所以我还要继续在它上面下工夫。对于研究思想史问题,侯外庐的能力是很强的。除了《古代思想史》一著作外,出于侯外庐的手笔的还有一部《中国近世思想学说史》的巨著,侯外庐在这一方面的成就是非常伟大的。

在中国历史学家所研究的问题当中,引起普遍注意的一个问题就是：中国封建社会的时期为什么这样长久？中国自己为什么不能从封建制度过渡到资本主义？这也是一个老的问题,但现在却带着新的尖锐性。近几年来,从各方面解答这问题的理论已提出了很多。学者们——历史学家们开始研究了整个中国历史上所常见的农民革命。中国历史上充满了不断的大规模的农民革命。为什么每次农民革命终归失败,而即使胜利,也没有改变社会的社会基础?这是同一问题的两个方面。中国农民革命为什么不曾得到胜利,这问题也就是中国封建制度为什么不能自行产生资本主义的问题。

对于这个问题,中国历史学家还没有提出确定的答案,不过大多数人都能同意我下面所说的五点。

一、中国是一个位于温带的大农业国。因为她的领土广大,所以封建制下的农业生产是由北方逐渐移到南方,而未能尽它的效果。

二、中国历史上所发生的不断的战争给农民以极大的损失,千百万的农民丧亡了,中国古谚叫做"赤地千里"。在广大的面积上,往往看不到一支炊烟,荒草遍野,后来才逐渐有人定住,使用旧方法去耕作。

三、财产继承制阻碍了资本的原始积累,在中国家庭中,是没有长子继承权的制度的,父亲死后,几个儿子各各继承了父亲的一部分产业。这样,积蓄起来的财产就分散了。因此中国有一句俗话说:"一个家庭不会有三代富足。"孟子也说:"富有的家族不能保存五代的财富。"女儿在出嫁时也以一部分财产做她的嫁妆。

四、中国西部的山地和沙漠,成了中国和西方接触的障碍物,阻碍了商业联系的发展。

五、中国邻邦完全是用中国的工业产品来满足的,因为他们自己的生产水平和需要是比中国还要低落。因此中国就没有本身工业发展的刺激。

这大概就是造成中国生产力停滞不进的原因。因此,中国农民革命不能造成新的生产方法,也因此,意识形态的上层构造——政治、文化等等——也就停滞不进。中国社会不变化的基本原因,是在于生产方法未曾变化。

现在,中国发展上的基本障碍物之一——不平等条约——已经消灭了。

旧的封建的生产方法早已完全不适用而有害于现代社会了。空中、陆地、海上的交通成了全人类的成绩,对于中国工商业的发展已经再没有障碍了。中国需要现代化和工业化——这是历史科学指给我们的历史的必然。人民已经醒来了,中国历史要从"帝王家谱"的时代进到"人民历史"的时代。

(《中国学术》1946年第1卷第1期,文雄译)

近五年间中国历史研究的成绩

胡　绳

"学术中国化"的开始

　　大致在一九四〇年，学术界中提出了一个口号，叫做"学术中国化"。这个口号自然是为了纠正理论脱离实际的倾向。搬弄西洋来的理论，而不能真正密切结合于中国的实际，这种毛病，在抗战时期，越来越深切地为人感到了。

　　但口号是这样提出了，究竟如何才能实行这口号呢？——老实说，在提出口号的当时，许多人是感到茫茫然的。

　　到了现在，回想到一九四〇年最初提出的这个口号，也许有人觉得，几年来并没有什么成绩。

　　我想，不能说没有成绩。成绩在那里？就在从一九四一年后关于中国历史的研究上。

　　原来要做到"学术中国化"，并不就是把一般性的学术拿来用"中国化"的词句叙述一下，并充实以"中国化"的例证。假如这样做法，那就仍不免于是公式主义和教条主义。真正要做到"学术中国化"，其先决条件乃是——姑且这样说——"中国学术化"。中国这有了五千年文化史的古国，已积累下了无数的经验，当前的现实中又充满着最错综繁复的事实材料。这许多经验和材料都还是被散乱委弃着，没有加以排成、整理，使之条理化，而形成理论。所以我们一定要先把中国的历史经验和现实材料理论化了以后，于是我们自然就可以做到理论的中国化。

　　当最初"学术中国化"的口号提出时，有人就设想，立刻编出一套中国化的教材书来。列出《中国化的经济学》、《中国化的政治学》、《中国化的哲学》等等题目来，这种计划从来没有能实现过。其所以不能实现的原故，就因为这种计划还不可能实现。必须在我们先认真作了中国经济学发展史的研究后，我们才可能有中国化的经济学的教科书；同样的，我们也必须先认真研究政治发展、思想发展的历史后，我们才可能有中国化的政治学、哲学的教科书。

一九四〇年以后，抗战进入了相持阶段的最沉闷、最艰难的时期，社会实践和学术研究工作都遭遇到沉重的阻碍。实际的形势使人更加看出抗战的胜利和中国问题的解决绝不是短期间可以奏效的事，也就逼得人不能不从更深远处来研究中国的历史和实际，由这里来追寻解决中国问题的线索。所以就形成了这一时期中中国历史研究风气的旺盛。拿抗战时期各方面的学术研究成绩来看，恐怕也不能否认，中国史的研究是比较最有成绩的一方面。由上述的意义上看，其他各方面的学术研究，要沿着"中国化"的方面而前进一步，也不能不以中国史的研究为基础。

所以有人认为，这几年间的历史研究著作较多是由于逃避现实的结果，或只是为了避免检查，以古论今。这种看法是并不合乎事实的。固然的确由于文化迫害的结果，对于中国当前实际问题的研究比较不如历史研究那样发达，但研究历史的目的仍是为了由过去而烛见现在和将来，不能谓为逃避现实。但同时，历史研究的意义也绝不只是讽喻式地以古论今。人们是在认真地从历史研究中发现规律，由这些规律而使人对于现实的某一方面得到启示。

从历史研究来粉饰现实和歪曲现实的倾向，在抗战期中，却也的确是有的，而且也相当盛行。有人从历史研究中证明中国不能实行民主或中国早就有了民主；也有人从历史研究中证明"法统"、"道统"、"正统"之神圣由来，为一党专政的政权辩护。这种"历史研究"其实不过是对历史的玩弄，是新的《资治通鉴》。正确的历史研究为了扩清这些错误的历史观念，在这几年间进行了激烈的斗争，这斗争是具有强烈的现实性意义的。所以在严格的检查制度下，历史研究的著作虽曾一时侥幸作漏网之鱼，但是终于也处于最严密的被禁闭状态中了。

笔者手边没有充分的材料足以来总结这几年间的历史研究的成绩，只能就记忆所及作一简单的叙述。所谓近五年是指一九四一——一九四五年，下面所接到的著作绝大部分都产生于这五年间，但也有少数是在一九三九——一九四〇年间产生的。

丰美的果实

我们可以分成先秦的古代史、封建专制主义时代的中古史，和近百年的现代史三部分来检阅这五年间历史研究的丰美的果实。

在古代史方面，我们首先应提到郭沫若先生。他是在中国历史学界中拥有最初独立地以新方法论来驰骋于古代史领域中的荣誉的。继续他在一九三〇年的《中国古代社会研究》，到了抗战时期，他又完成了《十批判书》和《青铜时代》两部辉煌著作。《十批判书》中的第一篇《古代研究的自我批判》最初在一九四三年发表时，给了学术界以强烈的震动。两书共二十二篇中除四篇外，均一九四三到一九四四年所撰。其中提出了许多天才的意见，给中国古代社会史和思想史增加了丰富的彩色。

郭先生对古代社会史的新看法改变了他在《中国古代社会研究》中的意见，把殷与两周都列为奴隶社会。但是侯外庐先生却支持郭先生的旧看法，认为西周建国才是奴隶社会的开始，他在一九四三年发表了一本精致的著作《中国古典社会史论》。

吕振羽、翦伯赞、范文澜诸先生一贯地认为殷代是奴隶社会，由西周即已开始进入封建社会时期。他们在古代史领域内，在这几年间，都提出了有价值的著作。

范文澜先生和其他几位在延安的历史研究者合力著作了一部通史。其上册于一九三九—四〇年间即开始编纂，内容写到汉代。翦伯赞先生在困难的条件下独立从事通史的著作，其以古代史为范围的第一卷在一九四三年完成和出版。吕振羽先生早在战前即已写有《中国原始社会史》和《中国奴隶社会史》二书。前一册经过修改后于一九四三年重印，后一册也修改过，可惜还没有得到重印的机会。吕先生又计划写一部比较通俗的中国通史读本,可惜只写出了先秦的一部分,即在一九四一年出版的《简明中国通史》。

对于古代史的分期问题,各家意见虽尚未一致,但是经过这几年著作的确把古代史的研究深入了一层。

此外,吴泽先生也有古代社会史的著作。我们还应提到已故的张荫麟先生的一本《中国史纲》,已出版的是计划中的通史中的第一册,至汉代打止。张荫麟先生是浙江大学教授,从他这本著作中可以看出是采取着开明的自由主义的观点以考察历史。可惜在不良的政治环境下抑郁早亡,否则百尺竿头,更进一步,是可能有更好的成绩以贡献于学术界的。

其次,我们要提到由秦以后的二千余年的封建专制主义时代。这二千多年与当前的实践关系极密切,可是这二千多年间的丰富资料都是最少经过整理和有系统的研究。

翦伯赞先生的《中国史纲》第二卷即进入这个时期,以秦汉时期为范围。这一卷虽已于战时完成,但至今刚在重庆印出。

范文澜先生等合著的中国史中册在一九四三年出版,写到鸦片战争前。他们编纂这本中国史很费了不少搜集材料的力。说他们开始是罗列一切史籍中材料撰为长编,然后再加以编构而成定稿。以新的方法论而写成的中国封建时期的全史,要以此为第一种。

关于封建专制主义时代的历史,还产生了一本别致的小书,即蒲韧先生著《二千年间》。这本来是在一九四四到四五年间陆续发表于《中学生》杂志上,直到战后才在上海印行单引本。这本书的内容不像通常的历史书那样按年代写下来,而是就这二千多年的历史中综合地提出几个问题来加以述评。

因为封建时代特别长,历史事实繁复而少经过整理,因此的确需要各种各样不同的形式来加以处理。按年代的通史的形式自然需要,《二千年间》一书中的纵剖面的分析说明也是一种形式。此外还特别需要就某一典型的历史事件或历史人物作个别的探索研究。"举一反三",研究典型事件和人物的方法很值得推广。这几年间也很有不少研究者因这方法得到可珍贵的成绩。这也正表明这几年间历史研究方法上的进步——更走向具体而深入。

一九四四年恰为明末的"甲申"年的三百周年。当时正值中国国内外形势极严重的情况。所以很多人就三百年前的甲申事变写了研究的论文。这种研究的目的,并不像有些恶意中伤的人所说,是为了证明三百年前甲申事变后亡国的悲剧又要重见于今日;恰恰相反,倒是为了证明,今日的甲申已不同于三百年前的甲申,人民要从历史中取得教训以阻止腐败统治者一手断送国家。关于这一历史事件研究论文中最值得注意的是郭沫若先生的《甲申三百年祭》。

剖析封建时代的典型历史人物的著作有吴晗先生的《明太祖传》。这本著作的价值不应低估,只可惜著者受了"政治性的书商"的愚弄,以致这本书在学术界和读书界中都没有能发生什么影响。(吴晗先生最近在《文汇报》上发表过一篇文章,写他这本著作怎样被愚弄的情形。)

在这几年间,杂志报章中零碎发表的历史论文也很不少,大多都是分析某一个典型的历史事件的。翦伯赞先生的《中国史论集》和吴晗先生的《历史的镜子》都收有这一类的论文,他们都特别注意于从官场的贪污腐败情形和宦官擅政的现象来说明封建专制主义的统治机构,也特别注意于在封建压迫下的农民斗争的现象来显示出的"正统"的历史书所压抑了的人民的力量。陈家康先生在一九四三—四四年间也曾发表过研究元代与明末的农民起义和蒙古在中国的统治的若干论文。此外散见的诸家论文还很多,不及一一述及。

在思想史方面,侯外庐、向林冰、杨荣国诸先生均有所致力。他们都在这几年前提出了若干专著和散篇论文,也不能一一提到了。

最后说到近百年史的范围。

华岗先生的《中国民族解放运动史》,于一九四〇年出版了第一卷和第二卷(共三卷)。这是根据他的旧著《中国大革命史》扩充改编而成的,是通史性质的近百年史。张健甫先生也著有一本近百年史,于一九四二年在桂林出版。

毛泽东先生在抗战期间先后发表过好多篇论文,其中尤其是一九三九年的《新民主主义论》,虽不是专门的历史著作,但他在处理当前的现实问题时,总结了过去的历史经验,对于中国近代史的研究可说是提供了重大的贡献。

的确，由于当前中国实践问题的刺激，使人对于近百年来的历史发展必须作更精密的研究。

譬如为了处理当前现实中的官僚资本压抑生产发展的事实，人们就自然要回头去从近百年历史中研究官僚资本、买办资本发展的道路。因此许多专门的经济学家也参加了近代中国经济史的研究。关于近代经济史的研究，有一本著作值得特别一提，即严中平先生的《中国棉业之发展》，一九四三年出版。此书副标题为"中国资本主义发展过程之个案分析"，可说是以棉业为典型来研究中国资本主义在近百年来的发展的历史的。

为了认识专制统治者的面目及其手段，范文澜先生写了曾国藩的研究，陈伯达先生写了《窃国大盗袁世凯》。二者虽是篇幅不大的论文，但其历史研究的价值很高，尤其后一篇，是很深地揭发了买办性的专制统治者的罪恶。这可说是从典型的个别人物来分析了一个在近百年来虽占着统治地位而走着下坡路的阶级。

为了认识中国的宪法问题，许多宪法学者回头作了自清末以后的宪法运动史的研究。张友渔、邓初民先生均有所撰述。平心先生且特别写了一部《中国民主宪政运动史》，大约是在一九四〇年出版的。

近百年史范围内应该探索和研究的问题实在还很多。譬如属于近百年史范围的太平天国史至今还缺少更精密的研究。专攻这一方面的简又文、罗尔纲诸先生所作的工作还没有超过考据材料的范围。他们在这八年中的确也辛勤地写出了若干内容丰富的著作，对于后来的研究者准备下了许多材料，其功却也是不可抹煞的。

继续努力的方向

此上所述，自不免于有遗漏，应该提及而未提及的一定还有。

但即此已可看出，要说在抗战期间，学术研究上没有什么成绩，或者说，这些成绩不值得注意，那是极不公平的。

仅仅在不算很长的几年间，又是在战争的动乱环境下，研究者的自由和生活毫无保障,仍能获得这许多成绩,岂能不说是可惊的事?至于这些成绩的意义,则已如前述,不仅表现着历史研究这一个部门内的进步,而且可说是学术研究风气转移的一个重要的契机。学术研究以认识中国的历史和实际的基础,那才能做到理论和实践的一致,才能做到学术中国化,才能使洋八股和洋教条完全"休息"下来。

由此可见,中国学术界在这几年中的辛勤努力,是给今后学术研究工作开辟了一个新的方向。

自然,我们也不以为,这几年来的历史研究工作已经足够。不,宁可说还只是个开始,还有很烦重、艰巨的工作必须继续进行。

关于古代史的若干未决问题,固然还须继续研究,但是在没有得到可能以从事更广泛的地下发掘以前,也许要作更大的进步已属不易。但在封建时代史与近百年史范围内,都实在还有极广大的未开垦的处女地待人去垦殖,尤其近百年史,更是迫切地要求工作者去努力,因为中国革命问题越迫近解决的时候,这类历史问题的解决就越是富于现实的意义。

采取典型的历史事件与人物,作深入的研究,由一隅而照见全面,这个方法对于新史观处理历史的研究者,或许还可说是新近学到的方法。因这方法来克服粗枝大叶和概念式的图案的毛病是有效的。这个方法应该是值得继续提倡的。

八月二十日写

(《新文化》1946年第2卷第5期)

正在展开中之史学的反动倾向

翦伯赞

近来,在中国史学的领域中,发现了一种复古的倾向。这种复古的倾向,表现于有人企图把中国的史学研究,拉回古典学派的道路。这里所谓古典学派,即指乾嘉学派的"末流之末流"。

我要着重地指出,这种复古的倾向,是中国史学向前发展中的一个反动。这种反动,不是几个抱残守缺的学究之个人的行动,而是"当作一个阶级的愚民政策"之一部而出现。这个阶级,现在正向全国的人民宣战,他们企图用资本主义的武器,保卫封建的统治,因而史学的复古运动者,也就企图以腐朽的古典学派作武器,进攻科学历史学派的城堡。

文化的复古与政治的反动是分不开的。有王莽的篡汉,便有刘歆出现为新莽王朝的国师,替王莽窜乱经传,以说明王莽篡汉之孚合于圣人的教义。刘歆虽然和王莽一同埋葬了,但"刘歆型"的文化奴才,直到现在依然存在。这说明了只要有人想做王莽,就有人愿做刘歆。

今天中国虽不是王莽的时代,然而却有人想做王莽的事业。因而文化的复古,还是当前重要政治任务。具体的事实指示出来,早在抗战期间,学术的复古就在不断地蠢动,特别是史学的复古,因为现实的斗争,在史学中反映得格外强烈,格外鲜明。

我记得在抗战的首都重庆,曾经召开过一次所谓"全国历史学会"。在这次会议中,应诏而至者有二百以上大学和专科的史学教授。这个会议的目的,就是要组成一个古典派的史学阵容,以对抗科学的历史学派。不幸因为缺少一个领导人物,这次会议算是白开了。

抗战结束，内战展开，政治反动日益强烈，因而史学复古的要求更加迫切。恰好这时就有刘歆那样的文化奴才从美国回来，自告奋勇，于是酝酿已久史学复古运动，终于展开了。

说到这位复古运动的领导者，大家应该记得，他在五四前后，曾经揭起实验主义的旗帜以与古典派为敌。现在为甚么又转而投到古典派的旗下呢？很明白，这不是他个人兴趣的转换，而是他前后的政治任务不同。在五四前后，中国市民阶级和美帝国主义的共同敌人是封建残余。当作一个市民学者或文化买办，他的文化任务，当然是反对作为封建残余的意识形态的古典派。现在，中美两国反动派之共同的敌人，是中国的民主主义者，因而当作一个共同的文化奴才，他的任务自然是纠合一切保守、落后、腐朽的学究，以与新的科学历史学派为敌。不过，和中国的封建残余之为美帝国主义的傀儡一样，中国的古典学派也不过是美国文化买办玩弄的古董而已。

古典派（即乾嘉学派的本身）并不反动，只有在两百年后的今日，重新回到这个学派才是反动。因为各种学派都有他自己的时代，在他自己的时代，都带有进步性的。古典学派治史的方法，在乾嘉时代是崭新的方法，这表现于他一反宋明踏空的作风，而以无信不征的精神，开辟了实事求是的学风。

但是研究学问的方法，是与时俱进的，跟着时代的前进，就会出现更新的方法，而过去之新的方法，就会变为陈旧。乾嘉学派也不能例外。自从逻辑学的方法传到中国，乾嘉学派的方法即已相形见绌。到现在中国的史学，已经踏上科学的阶梯，乾嘉时代的方法，自然更显得幼稚了。

假如把史学方法比作镜子，则乾嘉学派的方法是铜镜，逻辑学的方法是玻璃镜，而科学史观则是 X 光线。至于乾嘉学派的末流之末流，他们手中所有的，则不过是他们祖传下来的一面生了锈的铜镜而已。因而复古主义者在今日而提倡乾嘉学派，这就无异放着 X 光线不用，而主张使用一面生了锈的铜镜。

诚然，乾嘉学派也留下了光辉灿烂的成绩。这种成绩，直至现在还被视为中国学术中之最珍贵的遗产。他们对于史学的供献，也有不朽的劳绩,特别是对于史料的搜集和考证。不过,他们的努力也就止于史料的整理而已。假如史学的任务,不仅是整理史料,还要写成完整的历史,则乾嘉学派对于史学所做的工作只是一半。

而且就这一半工作而言,他们所做的又仅限于文献学方面,对于考古学、民俗学的史料,并未着手,因而对于上古的努力,只是写成了一些神话传说的汇编。至对于有史以后的史料之考证补注,大抵亦以文献为据。假如史料的范围不限于文献,而尚存于文献以外,则乾嘉学派整理史料的工作,又只做了一半。

再就这一半的一半而说,乾嘉学者所做的工作,又偏于僵死的一面。例如就其所补各史表志而言,十之八九为地理志,其次为经籍志,又其次为天文志、律历志,而对于与社会经济有关的食货志,对于与生活习惯有关的舆服志,对于与艺术活动有关的乐志,则无人措意。他若保存在历代文艺作品中的史料,更是原封未动。假如保留在文献中的史料,除僵死者外尚有生动的部分,则乾嘉学派对于文献学上的史料之整理,又只做了一半。

总而言之,所谓乾嘉学派的史学,其全部内容,就是史料的考证与整理;而史料之考证与整理,又偏于文献学方面;在文献学方面,复偏于僵死的部分。这对于史学而言,只是做了一个局部而又局部的准备工作而已。

以上是就乾嘉学派的鼎盛时代而言。降及末流,则专以撼拾丛残、毛举细故为能事,因而支离烦琐,愈趋芜秽。对于这些末流,章实斋曾有这样的批评:

> 今之俗儒,且憾不见夫子未修之《春秋》,又憾戴公得《商颂》而不存七篇之阙目,以谓高情胜致,互相赞叹。充其僻见,且似夫子删修,不如王伯厚之善搜遗逸焉。盖遂于时趋,而误以掌绩补苴,谓足尽天下之能事也。幸而生于后世也,如生于秦火未毁以前,典籍具存,无事补辑,彼将无所用其学矣。

梁启超也说:

> 总而论之,清儒所做辑佚事业,甚勤苦,其成绩可供后世专家

研究资料者不少,然毕竟一抄书匠之能事耳。末流以此相矜尚,治经者,现存的《三礼》郑注不读,而专讲些甚么《尚书》、《论语》郑注;治史者,现成的《汉书》、《三国志》不读,而专讲些甚么谢承、华峤、臧荣绪、何法盛;治诸子者,现成的几部子书不读,而专讲些甚么《鬻子》、《燕丹子》。若此之徒,真可谓本末倒置,大惑不解。

末流如此,至于末流之末流,即今日之所谓古典学派,则更等而下之。他们再没有他们先辈那样的智慧魄力和学问,进行大规模的史料的辑补和考证,只是抓剔糟粕,吹求阙失,企图剿袭陈说,翻为新论;钩稽幽隐,用眩流俗。而其所钩稽与所吹求,又皆支离断烂,无关弘旨,僵死干枯,绝无生气,正如一大旧货摊,破铜烂铁,无所不有,而一无可用。然而他们却人人自以为握灵蛇之珠,个个自以为怀昆山之玉,不知其所握所怀,都是破铜烂铁。退一步说,即偶使有珠玉,他们也不能琢以为器,贯而为串,依然为无用之物。

一言以蔽之,今日之所谓古典派,实已由"史料的整理"堕落到"史料的玩弄"。然而他们却以为史之为学,就是"史料的玩弄",而且只有玩弄史料,才算是史学的正宗、史学的上乘、史学的专家。实则这些玩弄史料的专家,正是章实斋之所谓"横通",盖琴工、碑匠之流亚,然而他们亦遂江湖挥麈,登坛说法,嚣然自命,不自知其通之出于横也。

任何人都知道,史学的任务,决不是史料的玩弄,亦不止于史料的整理,而是要辨证史料、综合史料,写成完整而有系统的历史。然而今日之古典派,他们以为只要把史料变成历史,便不算史学。

诚然,史料的整理与鉴别,是研究历史最基本的工作,但史料不就是历史,正犹砖瓦不就是房屋,秫黍不就是酒。然而今日之古典派,却指史料为史学,是直指砖瓦以为房屋,指秫黍以为酒,其为错误,尽人皆知。

任何学问,都要依从正确的方法,才能得到正确的说明。历史也是一样,没有正确的方法,则虽有史料,也不会成为说明历史的资料,正"犹愚贾操金,不能货殖"。

没有方法,不但不能写成历史,即搜集史料,也不可能。因为史料并不像放在钱柜里的金银,随手可得,而是像矿石一样,埋藏在人所不知的地方。没有采矿学的智识,虽身入宝山,也只有空手而回。今日的古典派,即使据有宝山,也是枉然。

因为古典学派腐烂至此,何以复古运动者还要提倡他呢?这就是因为这个学派具有回避现实,学以为学的传统,足以愚弄青年,僵化青年。他告诉青年,治史的目的,不是为了致用,而是为了娱乐;不是为了从历史上吸收经验与教训,而是昏迷于废纸堆中,不省人事。这样习而久之,一个青年便会变成没有思想没有灵魂的废物,便会变成不辨黑白、不辨是非的呆子,从而他们就会把独裁当民主,把人民当土匪,把美军强奸中国女学生当"法律问题",特别会把《水经注》当作最了不得的学问。这样,一个青年便会白首寒窗而至死不通,结果,和蠹鱼一样葬身于断简残篇之中。

假如古典派之玩弄史料是"玩物",则复古运动者之愚弄青年,便是"玩人"。但是,我要正告复古运动者,今天的青年已经不是乾嘉时代的青年,他们是不会被玩弄的。他们对于专制独裁的暴政,不是容忍,而是反抗,他们决不会从斗争的前线退到"时代的后院"。他们正高举唯物史观的旗帜,把科学方法当作 X 光线,照明中国史发展的规律、过程及其倾向,照明反动者的五脏六腑,当然也会照出刘歆的心肝。

一月十一日

(《文萃》1947 年第 2 卷第 15、16 期合刊)

二十年来我国之国故整理

陈钟凡

中华学艺社创立于民国五年,今年适值二十周年纪念,《学艺》杂志拟出一专号,用资纪念。主编诸君嘱为述二十年来国故之整理一文,以饷读者,适以迁居,箧衍狼藉,不克翻帑群籍,博综探讨,仅就记忆所及,参之见闻,举其荦荦大者,与海内外学人一商榷焉。

一 引 言

整理国故之说,近二十年来,始宣腾于人口,溯其原流,实始于清代。有清三百年,其学派虽至纷歧,要以古典考证为一代学术之中坚。盖自顾炎武倡经学即理学后,一时学者多以治经为事,乾嘉之世,爰标"汉学"之名,考证之风,斯时特著。举凡群经、传记、诸子著书,下逮汉唐各家笺注,莫不疏通证明,而得古学复兴之结果。斯固晚近整理国故之先声,犹之西历纪元后一四五三年,东罗马学者奔避意大利,从事希腊古典研究,为西方文艺复兴(Renaissance)之前驱也。道咸而后,今文经学运动起,汉学别为两支。言今文者务引古匡今,归于经世致用。光宣之间,康有为、梁启超乃昌言变法,学术之途,至是不变,西方科学及其工艺、技术,遂为国人所注重。直至民国肇造,章炳麟刊行其所著《国故论衡》,一时学风,为之转变。民元八年,五四运动起于北平,一般学子津津于东西文化之比较,乃认新文化整理与国故运动为不可偏废之两大工作。兹言后者。先问国故一辞,涵义至广,其内容究分几目?昔章学诚言"六经皆史",天下歙然宗之。夫《尚书》纪言,《春秋》纪事,两者同为古史，固无待言。《三礼》所述典章制度，亦当与史同科。若夫《易》学，虽分象数、义理、图书三派，孔门《十翼》，及晚周、西汉各家之言《易》者并言大义，则当属之哲学。《诗经》所载，多里巷歌谣，当属之艺文。故近人每嫌国学一名之涵混，爰析为哲学、文学、史学三者言之。

二 哲 学

清人考证学，由文字、声音、义训，推求古代典制，原与哲学无涉，惟宋元人以来言理学者，每以六经为注脚，傅会释氏之玄谈。清人欲推翻其说，不得不援据经训以相质证，戴震因著《原善》及《孟子字义疏证》两书，主"惟情主义"以代"惟理主义"，实近代哲学上一大创获，惜当时学者未知重也。

晚周诸子本以说理为宗，而清人治诸子亦从考证入手，犹之其治经学也。其学约分数派：一曰校勘。如汪中、毕沅之校《墨子》，谢墉之校《荀子》，孙星衍之校《孙子》、《吴子》，顾广圻之校《韩非》，毕沅、梁玉绳之校《吕览》，及王念孙之《读书杂志》，俞樾之《诸子平议》，孙诒让之《札迻》是也。二曰辑佚。如严可均之辑《慎子》、《商子》，章宗源之辑《尸子》、《燕丹子》，及马国翰《玉函山房辑佚书》、黄奭《汉学堂遗书考》之辑先秦汉魏诸子是也。三曰订伪。如姚际恒《古今伪书考》之疑《鹖子》、《关尹子》、《子华子》、《亢仓子》、《晏子》、《鬼谷子》等书是也。四曰疏证。如洪颐煊之《管子义证》，王先谦之《庄子集解》、《荀子集解》，孙诒让之《墨子间诂》是也。

上举四者，并与哲学无涉。其近于哲学者则为"通论"一派。如汪中《述学》有《荀子通论》、《墨子序》、《墨子后序》，孙星衍《平津馆丛书》有《墨子序》，皆条举一家学说，考其原委，评其中失，成一有体系之学说，实近人言诸子者之所本。清末，章炳麟著《检论》，有《订孔》、《原墨》、《原法》、《通程》、《议王》诸篇，持论宏通。后更著《国故论衡》，其《明见》、《辨性》等篇，亦多精到之论。又有《庄子齐物论释》，以佛学唯识宗理论印证庄子，虽未免傅会，亦不失为哲学上有名之著述。他于《菿汉微言》自序其学养曰："少时博观诸子，略识微言……独于荀卿、韩非,谓不可易。……继阅佛藏,涉猎《华严》、《法华》、《涅槃》诸经,义解渐深。"盖得力于印度哲学者深也。其时严复所译赫胥黎之《天演论》,风行一世,西洋哲学亦为一般人士所注目,"物竞天择"、"优胜劣败"之说,播于人口。后更译斯宾塞《群学肄言》、甄克思《社会通诠》、亚丹·斯密《原富》、孟德斯鸠《法意》诸书,学者读之,乃知西方社会科学之立说精辟,不在其自然科学之下。因多援引西说,以发明晚周诸子之指意,如梁启超之论中国古代思潮,及其《春秋界说》、《孟子界说》、《墨学微》等编,并见《饮冰室丛书》中。时严氏译穆勒《名学》,刊行未竟,又译耶芳斯《名学浅说》,识者又知立言轨则,必遵逻辑(Logic)。民元以后,章士钊倡之尤力,文见《甲寅杂志存稿》,严氏实导其先路。此皆西方思想输入后之影响中国哲学者也。

上述二十年前各家关于中国哲学之论著,多属单篇,散见群书中,绝少专门巨制。其足称为专门著述者,则自胡适《中国哲学史大纲》始。胡氏此书,刊行于民国八年,诚近世哲学中一部开山之著。惜其书仅及先秦而止,迄未见赓续,以竟全功。且其所以评判各家学说者,莫不以杜威(Dewey)所主张之实验主义(Pragmatism)为标准,见解未免狭隘。他排列先秦学术体系,从道家之老子起,至法家之韩非止,谓孔子学说为老子、少正卯、邓析等说之反对。考老子之书,修理密察,未必出于孔子之前。又说:"孔子学说的一切根本,都在《易经》。"不知《易》除卦辞、爻辞而外,其彖、象、文言、系辞及系辞传,并七十子以后之著作,谓孔子学说渊源于此,尤为前后倒置。民十,梁启超批评其书,说:"这书第一个缺点,把思想来源抹杀得太过;第二个缺点,写时代的背景太不对;第三,《老子》著作年代在战国之末。"(《梁任公学术演讲集》第一辑)由今言之,胡氏非"把思想来源抹杀得太过",实"傅会得太过"也。十九年后,李季又著专书评胡,由神州国光社印行,更觉精密。但李氏专以唯物史观之见地,诋正胡说,持论未免偏见。近辛垦书店所出叶青之书,名为《胡适批判》,实则叶氏自抒己见,于异同处略加辨析,更非完全批判胡氏之书。总之,胡书为近代开山之著,昔人有言,"凡创始者难为功,继起者易为力"。胡书之评价于此可见,所冀继述者之努力耳。

梁启超于清末及民元之初,曾著《中国法理学发达史论》,发表于

《新民丛报》《国风报》中。至民十一年，讲学于南京东南大学，乃改编为《先秦政治思想史》，凡三十四章，前三章为序论，次八章为前论，后为本论。本论中前十六章分述儒家、道家、墨家、法家思想；后六章分论教育、生计、乡治、民权诸问题。其范围限于政治、法律、经济三者，故叙述较为详尽。且于思想之史的序述外，赘以概论，实能以综合的研究，予诸家以相当之评价。特其最后结论，提出"如何应用先哲最优美之人生观使实现于今日"之一问题，而其断案乃说："一、精神生活与物质生活之调和；二、个性与社会性之调和。"不免仍陷于调停派之老论调耳。近陶希圣著《中国政治思想史》，乃将此调和折衷之二元论见解，改为唯物的一元论见解，彼此观点因之殊异，此则成书有先后，斯立场各不同也。

梁氏又著《墨子学案》，分述墨子兼爱主义、实利主义、经济学说、宗教思想、社会组织、实践主义、论理学及其他科学，并附《论墨者及墨学派别》《墨子年代考》两篇，概论墨学之全体大用，结论则深致慨于秦汉以后墨学之中绝。惜于墨学之所以发生，与夫中绝之原因，未能剖析。盖墨学之社会背景，梁氏尚未真切认识也。

胡氏哲学史于《别墨》一章，论"墨辩与知识"，最为精审。胡氏又取《墨子·经》上下、《经说》上下、《大取》《小取》六篇，详加考释，成《墨辩新诂》。梁氏读而韪之，乃依晋鲁胜《墨辩序》"引说就经"之言，欲将《经说》逐条分析，系于经文之下。但经文间错，句读尚易，《经说》字句较繁，且互相连属，每条起讫，动生疑问，引说就经，其事非易。又用张惠言、孙诒让"牒经"之例，说："凡《经说》每条之首一字，必牒举所说经文此条之首一字以为标题。此字在经中可与下文连读成句。在《经说》中，决不许与下文连读。"循此以读，足以谠正旧注，成《墨经校释》四卷。其后专解墨经之书，伍非百有《墨辩解诂》，邓高镜有《墨经新释》，谭戒甫有《墨经易解》，范耕研有《墨辩疏证》，各有所见，谭书最为可观。其引西方名家之说以释《墨经》者，章士钊亦多论述，散见《甲寅杂志》中。

《墨子全书》，清代毕沅、顾广圻、孙星衍、王念孙、张惠言校勘补订，稍具觊理。孙诒让网罗诸家，折衷一是，成《墨子间诂》十五卷，阙义仍不能免。张纯一著《墨子间诂笺》《间诂笺补校》二书，李笠著《墨子间诂校补》，多所补苴。陈柱《墨子间诂补正》尤称巨制。

解释老庄者，其人愈众，文亦滋繁。如罗泽根编《古史辨》第四册下篇所收关于老子各文，考证老子时代及其著书者也。王重民《老子考》所录，关于老子著述者也。杨树达《老子古义》，辑录秦汉人解老之言也。刘师培《老子韵表》，考证古韵者也。其疏证文义者，以马叙伦之《老子校诂》最为详赡。马氏又著《庄子义证》三十三卷，荟萃章炳麟《庄子解故》、刘师培《庄子校补》、陶鸿庆《庄子札记》诸说。又取各本异文，更以《北堂书钞》、《艺文类聚》、《初学记》、《白孔六帖》、《太平御览》、《文选注》、《后汉书注》核之，更求之声音训诂，考其文字本义，乃能厘然理解，比之王先谦《庄子集解》、郭庆藩《庄子集释》，精核远过之矣。

其通论诸子之书，始于江瑔之《读子卮言》，陈钟凡继著《诸子通谊》，高维昌本之，扩充为《周秦诸子通论》。陈柱著《诸子概论》外，又为《子二十六论》，于九流十家，扬榷得失，终归于实践，符契"诸子务治"之言。刘汝霖《周秦诸子考》则说明诸子生平事迹及其思想之渊源与影响，并考其书籍之真伪与源流。钱穆《诸子系年考辨》，考证先秦诸子生卒及其行事，用力至勤。刘汝霖《东晋南北朝学术编年》，搜罗亦富，皆非前人所能及也。

前述胡氏《中国哲学史》仅及古代，两汉以下尚付缺如。其后，常乃惪著《中国思想小史》，杨东莼著《中国学术史讲话》，并嫌简略。日人宇野哲人著《中国哲学史研究》、《中国哲学史讲话》，三浦藤作著《中国伦理学史》，渡边秀方著《中国哲学史概论》，亦未能尽惬人意。近冯友兰著《中国哲学史》，上册述周秦哲学，持论精当，下册述汉至清代哲学，限于正统派人物，取材未免太窄。他若李石岑之《人生哲学》，及其遗著《中国哲学概论》、吕思勉之《先秦学术概论》、姚舜钦之《秦汉哲学史》、容肇祖之《魏晋之自然主义》，能断代研究，亦时有善言。其他关于中国哲学著述尚多，未及详加征引，姑候他日，再为补述，仓卒述此，愧未能详也。

三 文 学

文学本以创作为能事，二十年来，新文学之小说、诗歌及戏剧层出不穷。兹言国故整理，当就其理解旧文学方面言之，摹拟与创作皆非所及也。

中国文学界说，前人每广泛言之，及于一切学术。如章炳麟《国故论衡·文学论略》谓"凡以文字著于竹帛谓之文"是也。刘师培循阮元之说，谓"必偶语用韵，始得称文"，亦仅限于形式，而忽视内涵。近人取西方之说，知必以艺术技巧表现想象、感情、思想之文字，乃为文学。持是以衡量前人述造，如《诗经》、《楚辞》、汉魏乐府、唐诗、宋词、金元杂剧、明清传奇小说，乃为纯粹文学，其余各体，则皆杂文学也。

清代毛诗学多致力于声音训诂，至魏源《诗古微》始论及作者及时代等问题。王国维乃断定《商颂》出于春秋宋襄公之世，《周颂》为舞诗（见《观堂集林》"说商颂"、"说周颂"等篇）。近人纯以文学眼光言《诗》，特表章崔述《读风偶识》及方玉润《诗经原始》两书。因是关于采诗、删诗、作诗及诗乐、诗序、诗旨诸问题，并为言诗者所究心。如顾颉刚《古史辨》第三册下所收，蒋善国《三百篇演论》所述，皆是类也。其能以民俗学解《诗》者，为胡适之说"野有死麕"，谓为"初民社会，男子获取野兽，献于女子以求婚"，最为允洽。其以文法学解《诗》者，如杨树达之论三百篇"言"字、"之"字诸篇，并属归纳的研究。郭沫若以今语释《诗》，为《卷耳集》，学子踵效之，难符原意。谢无量之《诗经研究》，等诸自郐矣。

自廖平著《楚辞讲义》，说"《楚辞》为秦始皇诸博士所为之仙真人诗，非屈子一人之作"，开疑《楚辞》之先声。胡适遂于其《读书杂志》中发表《读楚辞》一文，说"九歌为湘江民族的祭歌，与屈原传说绝无关系"。又以《史记·屈原列传》文多错迕，说"屈原实无其人"。嗣是，陆侃如、唐景升、钱穆、陈钟凡等于此多所商榷，后陆侃如著《屈原评传》、《宋玉评传》，游国恩著《楚辞概论》，于《楚辞》之渊源，屈原、宋玉之事迹，《楚辞》各篇之作者，详加论定，犹未能解众说之纠纷也。

关于乐府诗之论著较鲜，以古乐不存，探讨自非易事。孔德著《汉短箫铙歌十八曲考》，所考限于铙歌。王易《乐府通论》则撮拾郭茂倩《乐府诗集》及各史乐志、《通典·乐典》、《通考·乐考》之说。惟罗根泽《乐府文学史》、陆侃如《乐府古辞考》于乐府源流派别及各篇考释征引较详。朱谦之《音乐文学史》于此亦有论列。又关于古诗问题，如五言诗发生于何时，十九首是否西汉之作，及《孔雀东南飞》、《木兰辞》等篇之作者与其时地背景，徐中舒、陆侃如、张为骐、张文昌、姚大荣等各有专文，散见各报，未易缕述也。

批评唐宋诗之论文，较为繁富。许文雨之《唐诗综论》，于唐诗之统绪、体制、材料及押韵等，各有申释。胡云翼《唐诗研究》依高棅《唐诗品汇》说，分初唐、盛唐、中唐、晚唐四期序述。苏雪林《唐诗概论》则分派研究。胡云翼又著《宋诗研究》，并有可观。黄节《诗学》，于唐宋两代诗式，论列较详。

平词之作，以王国维《人间词话》最称精辟。言词律者，则有郑文焯《词原斠律》。近任讷有《增订词律之商榷》一文（见《东方杂志》）。夏承焘有《白石道人歌曲考证》及《白石道人歌曲旁谱辨》（见《燕京学报》）。胡适、郑振铎、姜亮夫及日人铃木虎雄，并于词之起源，各有探究。以龙沐勋《词原》于曲之说，允为创见。盖隋唐两代，西方大曲传布中土，文人仅取其一支填之，斯为令词。取其长调填之，则为慢词。后人昧其经过，漫谓曲源于词，实为倒见。说详龙编《词学季刊》中。刘毓盘《词史》于词之源流派别，继述甚明。刘氏尚有《唐五代宋辽金元词辑》若干卷，未见刊行。近赵万里校辑《宋金元人词》、唐圭璋拟编《全宋词》，搜罗尤备。

论曲之作，王国维《戏曲考原》、《宋大曲考》、《唐宋大曲考》，并洞见本源，更综述为《宋元戏曲史》，实近代文学上一大创作。日人青木正儿之《中国近代戏曲史》继王书而作，除历述南北曲之废兴外，于清初"雅部"、"花部"之嬗变，言之尤详。徐嘉瑞近著《中国音乐文学史》，于大曲亦深明原委。专言散曲者则有任讷，既汇刊元人关、白、马、郑四家散曲，附以乔梦符、张小山二家之作，为《元人散曲三种》。后更扩充，自明清人之散曲专集、选本、总集，至于各家论说，成《散曲丛刊十五种》，而以自撰之《散曲概论》及《曲谐》殿其末焉。梁乙真之《元明散曲小史》继是刊行。吴梅收藏明清两代之杂剧、传奇甚富，曾汇刊为《奢摩他室曲丛》二集，后毁于"一·二八"之难，未竟全功。近人校刊曲本者踵起，与整理无多关系，故不备列。

自新文艺流行，旧小说遂为世人推许，跻于文学之列。考证《山海经》者，有陆侃如、蒋径三、何观洲、郑德坤等；考证《穆天子传》者，有刘盼遂、卫聚贤等；考证《水浒传》者，有胡适、郑振铎、俞平伯、李玄伯等；考证《红楼梦》者，有蔡元培、胡适、刘大杰、李玄伯、蔡锦远、王梦阮等。其他关于《包公案》、《岳传》乃至民间故事及童话等研究，未易更仆数。周树人之《中国小说史》及《小说旧闻钞》为有体系之述作。刘复编《中国俗曲总录稿》，孙楷第编《中国通俗小说书目》，及《日本东京大连图书馆所见中国小说书目提要》，载此类书目至备，足供参稽。

自敦煌石室发见"俗文"、"变文"后，知中古时代民间小说及俗曲外，尚有诗歌与散文混合之一体，为佛曲之变相，弹词与戏剧之前驱，郑振铎《中国文学史》中世卷于此序述独详。郑编有《敦煌俗文学》三集、刘复编《敦煌掇琐》、罗振玉编《敦煌零拾》，所载皆此类材料也。

十五年来，坊间出版之文学史何只三四十种，胡适之《白话文学史》较有见地，惜其所述，自汉魏讫于中唐，首尾未完。钱基博著《现代中国文学史》，起王闿运，下讫胡适，凡二十五家，附录三十二人，于文章外，兼著行事，以供后人论定，非仅传其文也。冯沅君、陆侃如合编《中国诗史》，由三百篇、辞赋，下及散曲，实文学史中最重要一大部门。陈钟凡昔著《中国文学评论》，以文学批评史弁其简端，中华书局因分印为《中国文学批评史》及《中国韵文通论》两部。后罗根泽著《中国文学批评史》，详尽倍之。郭绍虞著《中国文学批评史》，益远过之矣。

四　史　学

中国近代史学界，自清末德人夏德(F. Hirth)著《中国古代史》，根据科学方法驳正古来无稽之谈，国人读之，始一变其治史之态度，知数千年相传之神话及传说不可尽信。西纪一九〇二年，国际汉学家开东方学会于德国之汉堡(Hamburg)，由俄人拉德禄夫(Radloff)计画，组织国际中亚探险家，至中国新疆一带探险，英、法、德、俄、日本竞派学者参加。英国由斯坦因(M. A. Stein)领导，法国则由伯希和(Pelliot)领导，俄由考斯拉夫(Kozlof)、鄂登保(Ol'denburg)，日本由大谷光瑞、橘瑞超等领导，先后在新疆考查发掘，获得佛教经典、摩尼教经典、火祆教经典外，又发见许多汉籍及魏晋木简。其时适河南安阳甲骨文字出土，所载多殷代君臣名号，断为殷墟遗物，益震动我国史学界，咸思依据实物及地下材料，建设可信的古史。一般笃古者流，群起嫉视，诋为赝品，终不敌怀疑论者之据批判精神、科学方法，其思想自由奔放，横决而不可阻遏也。因分近二十年来史学为信古、疑古及考古三派述之。

（甲）信古派

此派笃信传统的古代经传史籍及诸子之传说，下逮西汉以后之纬书，如《春秋命历序》所述三皇十纪之说，谓："天皇、地皇、人皇，兄弟各若干，头人各万，数千岁。"又谓："自开辟至于获麟，分为十纪：一曰九头纪，二曰五龙纪，三曰摄提纪，四曰合雒纪，五曰连通纪，六曰序命纪，七曰循蜚纪，八曰因提纪，九曰禅通纪，十曰疏讫纪。"其他诸书所载，有巢、燧人、庖羲、神农诸氏，各有发明，以利民用。其后则有黄帝、颛顼、帝喾、帝尧、帝舜，斯为五帝。嗣是乃有夏商周三代。夫夏殷礼制，孔子已叹无征。五皇之"文不雅驯"，司马迁亦谓"缙绅先生难言"。而近史家有不待审思明辨，竟深信不疑者，如陈汉章《中国上古史讲义》（北大印本），其最著者。柳诒徵之《中国文化史》，虽认三皇十纪为神话，至燧人以下之五帝，则谓为洪水以前之制作，悉出其手。盖据《世本作篇》，并参之传记诸子，以为不可易也。更有略识近世科学，遂以之附会古史者，为以有巢氏为巢居时期，燧人氏为火食时期，庖羲氏为畜牧时期，神农氏为农业时期，黄帝为封建时期，不求实物根据，任意比附。即以诸氏代表社会进化诸阶段，尤属可笑。

（乙）疑古派

清代学者，继汉王充、唐刘知幾而后，对于传统学说力加攻击者，始有姚际恒之《古今伪书考》，继有崔述之《考信录》，于古代伪书、伪事，考其来原，准之事理，详加辨正。五四以后，疑古之风益炽，顾颉刚、钱玄同等专摘取古书中之破绽，穷究其造成之时代，及其所以伪造之原因，乃知古史率由历世累积而成。其断案谓："层累地造成的古史，有两个原则：一、时代愈后，传说的古史期愈长；二、时代愈后，传说的中心人物愈放愈大。"以上述两原则，可将古史总括成四种方式："一、把每一件史事的种种传说，依先后出现的次序排列起来。二、研究这件史事在每一个时代,有什么样子的传说。三、研究这件史事的渐渐演进,由简单变为复杂,由陋野变为雅驯,由地方的变为全国的,由神变为人,由神话变为史事,由寓言变为事实。四、遇可能时,解释每一次演变的原因。"他根据上列方式,以研究尧舜禹的演变,及历史问题,如井田制度的传说,一一为之推翻,断古代无尧舜禹其人,及井田之事。不知禹见于金文秦公敦,猥谓"禹夔饕餮在字义上为虫兽之名",遂假定禹为动物,未免过当。且其说属于破坏方面者多,于古史真象,未能建设,未尽治史之能事也。

（丙）考古派

此派于书本、甲骨文、金文外,更从地质学、古生物学、人类学、古器物学、社会学、民俗学上搜集古史材料,说明古代社会结构、民族迁徙,及文化发达情形。近代研究古史,既不能墨守成见,又不便一切推翻,惟有取地下发掘之材料,及各低级民族生活状况,建设科学的古史,方有信今传后之价值,否则抱残守缺,徒自误误人而已。试观王国维所著之《殷周制度论》、《殷卜辞中所见先王先公考》、《鬼方昆夷猃狁考》、《明堂庙寝考》及《古史新证》,莫不根据甲骨卜辞及青铜器中文字,以考订殷周两代文物制度,为古史开一新生面。此特从古器物刻辞中搜集一部分之史料耳,考古学者更推广及于地下各项材料。首先研究地层,以决定其距今之年代;次考查该层中所有遗物之种类及其性质,以推测其时人类生活之状况,及其文化程度之浅深。如西纪一九二〇年,北平地质调查所于北平周口店发现原人之臼齿及矩形、核形、刀形、尖形石器,其地质属于新生代第三纪之更新世。因知更新世之中期,中国北部发见人类,其时为始石器时期。又法人李桑（F. Licent）、德日进（T. Chardia）于宁夏之水东沟、鄂尔多斯之萨拉乌苏、陕西榆林之油坊头及甘肃庆阳县等地,发见穿孔之尖锐石器、刮磨石器,及狩猎形武器,而其地层则相当于更新世之上部。故知更新世之末期,中国西北部榆林以西,宁夏以东,甘肃庆阳以北一带为旧石器时期。又瑞典人安特生（C. G. Andersson）等于河南、甘肃等地寻到古文化遗址三十七处,计河南七处,甘肃二十七处,山西、陕西、辽宁各一处。李济等又于山西夏县之西阴村发见此类遗迹,其遗物有陶器、骨器及各种精工石器,其地层相当于第四纪之洪积世。因知西起甘肃，东到辽宁，南至河南，北至山西，此一带为新石器分布区域。甘肃之辛店、寺洼、沙井三地兼有铜器，为石铜区域。即当洪积世时，中国西北部为新石器及石铜并用时期。以上所述始石器、旧石器、新石器三期，其遗物上并无文字，故称先史时期，其历史即为史前史（Pre-History），其遗迹为史前文物。古书中所传三皇、十纪之神话虽起于后人想象，其所假设之年代即相当于此时也。

继石铜时期而起者为冲积世之铜器时期，其区域散布于黄河流域上下游一带。今就发掘成绩最著之安阳殷墟言之，其龟甲兽骨上所刻卜辞，孙诒让、罗振玉、王国维并加考证，以卜辞中所载人名、地名，悉与殷代符合，因即据之考证文字异同及殷商礼俗，知为最宝贵之唯一史料。近中央研究院更于十七年后，作大规模之发掘，于殷代建筑、雕刻、文字、器皿，发见尤多。董作宾等据是推定当时帝王世系、方国位置、巫史人名，及天文历法、宗教礼制，莫不洞见本原（见《甲骨文断代研究例》）。郭沫若《卜辞通纂考释》、朱芳圃《甲骨学商史编》，并为综合的研究，于殷代文化制度，能窥见大凡。然则孔子所叹为"不足征"，与夫旧史中传疑之文献，今皆得弥缝补苴，略见端倪。考古学之裨益于书册，其价值之宏伟，自不待言。特古物发见，必须就发掘时详细观察其地水面之升降、地形之变迁、地层之厚度及其次序，方能推定各文化期之相对年代。此固非国家组织之机关、丰富之经费，及专门技术人材，不能从事。奈我国近日所设此类研究机关仅中央研究院、北平研究院、北京大学西北考古团、河南古迹会数处。其成绩以中央研究院历史语言研究所考古组为多，比之地质调查所尚觉不及。而该组历年所得即归各组员保管研究，秘不示人。其他有志无力之学者，乃随地俯拾石块陶片之类似遗物者，参之该地历史，即任意附会，哗众取宠，无怪少数顽固墨守者流，借口嘈讽，以考古学为仅凭一砖片瓦即高谈古史也。总之，今后言整理古史者，从书册中所见之各文化期情况，必证之该期实物，使果互相接近，两无违忤，方有十分可信之价值。否则一味盲从，或任情驳斥，皆毫无根据，无征不足信也。

自美人莫尔甘（L. H. Morgan）长期考察美洲北部及中部印第安人

之结果，于一八七七年发表《古代社会》一书，据人类技术上之进步，区分人类社会之发达为野蛮时代、未开化时代及文明时代三大阶段。各阶段之血族组织、社会制度、生活状况及其文化程度，莫不随各氏族所采用之新工具，或技术上之新发明以为进步，为说明社会进化之最初巨著。恩格尔(F. Engels)据之，著《家族私有财产及国家之起原》，将人类生活之历史，由物观的见地，作综合的论述，亦为近世民族学上有名之巨著。郭沫若更据上列两书之论断，从甲骨文、金文及《诗》、《书》文献上考察我国古代社会之来原，成《中国古代社会研究》一书，又为史学界开一新研究之途径。因是各杂志中关于中国社会史之论文，层出不穷。对于中国社会史分期之研究，尤各持一说，王礼锡主编之《读书杂志》特刊行"中国社会史论战专辑"四册，讫未得正确之结论也。其专著则有陶希圣之《中国社会之史的分析》、《中国封建社会史》，周谷城之《中国社会之结构》，熊得山之《中国社会史研究》等书，内容皆不充实，大抵皆偏于物观的倾向。由是各家乃致意于经济史之研究，则有朱新繁之《中国资本主义之发展》，郭真之《中国资本主义史》，陈啸江之《两汉经济史》，任曙之《中国经济研究》，马乘风之《中国经济史》，刘霄鸣之《中国历代耕地问题》，刘道元之《中国中古时期的田赋制度》、《两宋田赋制度》，鞠清远之《唐宋官私工业》，全汉昇之《中国行会制度史》，及贺扬灵等译述之《元代奴隶考》，著述益趋于专门化矣。近陶希圣主编之《食货半月刊》，所载多研究此类论文，并附有中国经济社会史重要论文分类索引，可供参考。

地理学本属自然科学之一部门，而沿革地理则与史学有密切关系。近年以来，研究甲骨文及金文中之地名与其地方制度者，有董作宾、于省吾、吴其昌、唐兰、刘节、孙海波等；研究古籍中之地名及民族演进史者，有傅斯年、徐炳昶、钱穆、蒙文通、黄文弼、徐中舒等；研究地方志者，有张国淦、瞿宣颖、傅振伦、李泰棻等；研究中西交通史者，有陈垣、陈寅恪、冯承钧、张星烺、向达、贺昌群等；研究地图史者，有翁文灏、王庸等。各有考辨之文，揭载于各定期刊物中。郑德坤则专攻《水经注》，重绘《水经注图》；朱士嘉专攻地方志，编《中国地方志综录》；冯家昇专攻辽金史，作《契丹名义考释》等论文；张维华专攻明史，注释《明史》佛郎机、吕宋、和兰、意大利亚四传；张星烺特辑《中西交通史料》外，又译注《马哥孛罗游记》。顾颉刚近亦转向于此途，与谭其骧发起组织禹贡学会，合编《禹贡半月刊》外，并拟编纂《中国民族史》、《中国地理沿革史》、《中国地理沿革图》，考订校补历代正史《地理志》、《中国地理书目》、《中国地名辞典》、《中国地方文化史料集》、《中华民国一统志》等书，会集专家通力合作，其将来成就必有可观者矣。

五　附　论

前述清代国学限于经籍，至近人扩充为哲学、文学、史学三部门，其借以研究此三部门之工具，则文字、音训是也。清人言文字学者必尊许慎，以《说文解字》为古文字学唯一之专著。自吴大澂著《字说》及《说文古籀补》，每据周代钟鼎彝器文字，驳正许书。罗振玉著《殷商贞卜文字考》，更谓："甲骨文与金文相发明，足以纠正许书之韦失。"自罗、王两氏考释刊布后，商承祚、柯昌济、叶玉森、陈邦怀、陈邦福、余永梁、郭沫若、丁山、闻宥、唐兰、董作宾、吴其昌、孙海波等各有考订之文，载诸各种期刊，叶玉森汇萃为《殷虚书契前编集释》。其汇集甲骨文可识之字，依说文部次排列成书者，王襄有《簠室殷契类纂》，商承祚有《殷虚文字类编》，朱芳圃有《甲骨学文字编》，孙海波有《甲骨文编》。王书所录八百七十三字，商录七百八十九字，朱录八百四十六字，孙录增至一千零六字。且摹写其文，一仍旧观，重文异体，兼收博采，于商代用字之例，最便检寻。汇集金文依许例成字书者，容庚有《金文编》及《金文续编》。至丁佛言之《说文古籀补补》，强运开之《三补》，兼及钵印陶木文字。两氏并补吴书，丁书较芜。徐文镜更割裂吴、丁、商、容等书，成《古籀汇编》，益无足观。唐兰拟编古文字学七书，由甲骨、金文、六国文字，及于秦篆，分编研究，综为名始，用以笺正《说文》。先成导编，印行问世，指示研究方法，最便初学也。

言音韵者约分四类：一曰古音学，二曰广韵学，三曰等韵学，四曰国音学。古音学从《诗》、《骚》各古韵文，《说文》中之形声字，及《广韵》所保存之古音中，以求周秦两汉之音。自清代顾炎武、戴震、段玉裁、钱大昕、陈澧后，章炳麟分古韵为二十三部，黄侃分为二十八部，分古声为十九类，至是告一结束。瑞典高本汉（B. Karlgren）著《中国音韵学研究》（Ètudes Sur la Phonologie Chinoise）及《中国解析字典》（Analytic Dictionary of Chinese）两书，用三十三种重要方音，其中包括日本、朝鲜、安南等国借用之中国古音，以考定我国昔时之音读。盖以西方科学为基础，将中国固有之学问，重新改革，以建设一种新的科学。吾人读之乃知不论研究任何一种语系之古音，首当根据多处可靠之方音，其次乃为韵书及其译音，或其他材料，以之确定其古音音值，方不至于大误。较国内学者仅根据古韵文、谐声字，及韵书以言古音者，其取材范围之广狭悬殊矣。赵元任、王静如各节译若干章，载诸清华研究院《国学丛刊》，及《中央研究院历史语言研究所集刊》中。其后，俄人 A. Dragunov 又著《对于中国古音重订的贡献》一文，于高氏所订咍（灰）泰、皆佳、覃谈、咸衔、山删、耕庚等双韵问题，加以讨论。罗常培著《切韵鱼虞之音值及其所据方音考》一文，从六朝时之方音分布情形，于高氏之切韵音读加以商榷，并见《中央研究院历史语言研究所集刊》中。

江永《四声切韵表》及戴震《声类表》并以等韵方法研究《广韵》，偏于审音。陈澧认为不满，别以反切方法研究《广韵》，偏于考古。黄侃折衷两派，一面从《广韵》上切语之研究，以建立古音之体系，一面以古今音变解释《广韵》之分部，而不免仍多缺憾。因其对于语音历史之观念不明，不知语音演变，由逐渐推移，其过程至繁，非直接由古音即变为今音也。故黄氏所谓由某音变某音者，多与历史上语音嬗变之程序不符。又以明清人等韵方法及近代音读，类定《广韵》等呼，归纳成二十三摄，亦与隋唐时实际音读不合。较之高本汉据隋唐时音译之外国语，外国传述之隋唐语，宋元等韵表上所保存之隋唐音，及现代各地纷歧之方音，参互比较，又从阴阳入各部之通转，及语音变化之趋势上，以推测《广韵》各部之音读者，其精疏相越，自不可同日语矣。近张世禄作《广韵研究》，即应用高氏方法，说明研究《广韵》之新途径者也。

等韵学一方综合《广韵》二百六韵，归纳为韵摄；一方又于各韵中辨析其等呼，以韵目等呼为经，以三十六字母为纬，列为各表，以统括百韵。劳乃宣《等韵一得》最为简明，近教育部规定之注音字母中之三介母,即用其说。国音学以三十九个注音字母为注音之用,其音值虽以元明以来之北音为准,其方法实依据欧洲拼音文字及其发音学理而来。今后言音韵者自以国音为主,而整理国故则注重古音及《广韵》之研究,后二者特附带言之耳。

本文以仓卒写定,挂漏之讥,知所难免。忆北平图书馆有《国学论文索引》两编,备载各刊物中关于国学单篇论著,至为详尽,学者可以取阅。本文只能数及成书,势难遍及单篇文字,其关系较重者亦仅提作者姓氏而已。又所引各家著述,或凭记忆,未能遍检原书,注明卷数页数,诸希谅鉴!文以客观序述,于平生敬爱诸师友,概直称姓名,尤抱歉忱。

(《学艺》1937年第16卷第1号)

近年来国学研究在北京

傅芸子

一 总 说

北京为吾国文化之中心，学术机关甲于全国，国学研究向即著称世界。各大学于文学院之外，又附设研究院，对于国学方面之专门的研究，均有完善之组织，聘请海内专家担任指导。而一般研究员亦皆潜心学术，努力钻研，以致成绩斐然，积久犹传其名不坠。即如往昔北京大学国学门研究所，指导研究者之王国维、罗振玉、陈垣、胡适、朱希祖、马衡诸氏，均为海内有名之学者。而当时之研究员亦济济多士，如顾颉刚、容庚、董作宾、魏建功等，今均成为中型的有名学者，对于国学之研究有伟大之贡献。自北大国学门研究所成立以来，对于近代学风实影响甚巨也。清华大学继之亦有研究院之设，导师有王国维、梁启超、陈寅恪诸氏，从之研究者，均有特殊之造诣，今多执教于各大学中，学风影响亦不下于北大国学门。厥后师大、燕大、辅大继之，纷纷设立研究院，近年国学之发展，诚有莫大之关系焉。

自事变以还，北大、清华、师大、燕大，或陷于停顿，或至于解散，惟余辅大、中大，仍维持原状，弦歌未辍。一般专门学者多散而之四方，亦有隐居都门者，当时北京之学术界颇呈落寞之势，而国学之研究亦稍现静止之状态。幸经当局之努力振兴文化，恢复教育，自二十七年三月，师大首先复兴，改为国立北京师范学院，四月又增设国立北京女子学院，由王谟、张恺分任院长。后复合并为今之师范大学，校长为黎世蘅，校务益臻发达。而北京大学文学院则于二十八年，由周作人氏苦心擘划亦恢复原状,并附设文史研究所整理处,整理旧北大国学门研究所残存资料。北大、师大两校文学院,对于国学方面之课目,或敦请耆宿名家,或网罗少壮学者,以蓬勃之精神,恳切之指导,使莘莘学子无不孜孜研求学问,已呈落寞的文化中心之北京复现欣欣向荣之势。至于辅大,或为外款兴办,或由私费设立,苦心维持,绝不以经济的关系而阻滞教育事业之发展,而国学方面研究之业绩,尤多可称述者。

往昔吾国书院,制度完善,造就人材极众,惜久已停废。近年王揖唐、周肇祥诸氏为振兴国学起见,创办国学书院,除聘请专家讲学之外,并有课艺征文之举,纯仿旧日书院规制,对于国学方面寝衰之经史词章,尤有振导复兴之功。此为事变后华北惟一国学专门研究之机关。研究方法,虽有新旧之殊,然而振兴国学,初无二致,其所负使命盖亦重大焉。

近代外人研究汉籍,盛极一时,在京设立机关,中外合作者,前有哈佛燕京社及中印研究所、中德学会。近年又有中法汉学研究所继起,设立虽仅三年,而业绩灿然尤为迈进,有后来居上之势。至于东方文化事业总委员会主办北京人文科学研究所之《续修四库全书》,将来对于汉学之贡献当更伟大矣。

本篇旨在叙述近年来华北方面——特别是文化中心的北京各国学研究机关之现状及其研究之业绩,作一简要之记载,以见近年国学研究之状况。值兹侭世,而各专门学者不以衣食之困厄影响其研究指导工作,其苦心毅力至足钦敬焉。

二　国学研究机关之现状

北京各大学文学院及其他国学研究机关,其组织概况,担任教授,兹分别叙述如下。各大学文学院组织,国人已多熟悉,仅志其略。至于事变后成立之古学院、国学书院、中法汉学研究所,其组织状况,工作情形,各有特色,世多未悉,故稍加详备焉。

(一) 北大文学院。院长钱稻孙。教授及讲师:国文学系:周作人、赵荫棠、陈介白、容庚、朱肇洛、许世瑛、郑骞、沈国华、齐佩瑢、华粹深、傅芸子、傅惜华、韩文佑、霍世休、黄公渚、徐审义、商鸿逵、李九魁；史学系：吴祥麒（主任）、冯承钧、谢国桢、瞿益锴、杨仙洲、姚鉴等；哲学系：温公颐（主任）、江绍原、李戏鱼、汪迪晨等。

文史研究所整理处为继承旧北大国学门研究所之整理研究机关，计分考古、史料、语音、编辑四组。研究员有李光璧、吴丰培、李曼茵、李今繁等。

（二）师大文学院。院长罗庸。教授及讲师：国文系：傅岳棻（主任）、姜忠奎、张鸿来、柯昌泗、夏枝巢、张弓、俞静安、彭主邕、唐玉书、寿昀；史学系：李泰棻（主任）、陈同燮、陆鼎吉、梁绳祎、王森然。

附设研究所，所长李泰棻，内分国学、史学两部。导师有李泰棻、傅岳棻、姜忠奎、江绍原等。

（三）辅大文学院。院长　　。教授及讲师：国文系：余嘉锡（主任）、孙人和、顾随、梁启雄、孙楷第、赵万里、刘盼遂、周祖谟；史学系：张星烺（主任）、陈垣、朱师辙、余逊、张鸿翔。

（四）中大文学院。院长邓以蛰。教授及讲师：国文学系：俞平伯（主任）、孙人和、王静如、赵万里、刘树滋、商鸿逵、华粹深；史学系：齐思和（主任）、翁独健、孔繁霱。

（五）北京古学院。创始于民国二十七年，初为江朝宗、周肇祥、吴廷燮等多人发起，初设筹备处于团城，以保存固有文化为宗旨，阐扬古代学艺，俾流传勿替。院长为江朝宗，内设经学、史学、诸子学、文学、金石学、目录校勘学、艺术七组，研究员各任一组，并得兼他组，各将研究报告提出审议会，成绩优良者，予以酬金，并招生考课，发行《古学丛刊》，一时声绩伟然。惟经费由于捐集，至二十九年，渐形支绌，诸务停顿。洎年江朝宗辞院长，改推王揖唐继任，先筹集基金，根本渐臻巩固。惟诸务需费甚巨，仍难发展，遂改刊行先哲遗书，流通古籍为事业，今仍设于团城内。

（六）国学书院。民国二十九年冬成立，分第一第二两院，院长初由华北政委会委员长兼领。第一院副院长为周肇祥，第二院副院长为瞿益锴。第一院院址借用团城古学院一部分，其事业为办理每月考课，轮请名流耆宿评阅，每年甄录一次，合之津保录取三百人。研究班分经、史、诸子、词章、佛学五门,每周星期日,由导师讲授,研究员二百余人,大多数为各机关委任以上职员及考课生之年壮者。二年期满,第一次毕业式于三十二年八月举行,成绩最佳,惜期满之后未继续进行也。至今之研究班则第一第二两院合组,招收大学毕业者为研究生,讲授无定期,所交成绩亦不似旧时之严整矣。第一院又利用古学院藏书,及年来购备之书千余种,各办国学图书馆,任人入览,研究国学者得所参考,俾益颇大。经费据闻甚少,事业乃有四种,若扩而充之,而于国学之倡导必多贡献也。第二院地址在北新桥方家胡同,组织略同学校,于国学较为注重。自瞿氏辞职后,改聘郭则沄为副院长,第一班学生已毕业,第二班正继之。

（七）中法汉学研究所。民国三十年冬,由驻华法国大使戈思默氏主持之下正式成立。以沟通中法文化为主旨。所址借用前中法大学礼堂,屋宇狭隘,仅设民俗学组。次年九月语言历史组及通检组先后成立,工作较前扩大,各组乃移于中法大学大楼中,礼堂院旧址只供图书馆之用。该所现分民俗学、语言历史、通检三组。民俗学组工作计分（一）五祀研究,（二）风土全志之编纂,（三）民俗学分类之编制,（四）神祃之搜集整理与研究,（五）年画资料之搜集与研究,（六）照像资料之搜集整理与研究,（七）杂志论文通检,（八）日报论文通检;语言历史组,目的在研究中国文字语音及考订史学上之诸问题,编撰已就者有《甲骨文字之发现及其贡献》(法文)及《汉语语法论》等书;通检组,中国典籍之通检(或称引得及索引),近十年来相继出版,对于国学之研究,贡献至大。此组于民国三十一年九月成立,因与民俗学组有密切联络关系,故选书方面,多偏重有关民俗学研究之古籍。已出版者有《论衡通检》等四种。该所为引起社会人士对于汉学研究注意起见,规定每年举行公开学术讲演会若干次,又为外界明了该所汉学研究工作有所认识起见,并拟定每年公开展览会若干次。现所长为法国汉学家铎尔孟氏,主持所务者为常务理事杜让氏,研究员有中国少壮学者多人。

三　国学研究机关之刊物

北京各大学文学院及各国学机关之刊物,不及事变以前刊行之多,如北大文学院,有《北大文学》一种,于民国三十二年,仅出版一册。师范大学有《师大学刊》一种,系综合性质,前有关于国学研究文字数篇,亦仅刊行两册,近又复刊之说。辅大之《辅仁学志》,自民国二十一年创刊,年刊两期(或合刊一期),至今已十三卷矣,犹保持其在学术界之地位不变。尚有《辅仁文苑》一种,乃中国文学系之刊物。中国大学事变以后,似尚未有国学研究刊物也。

至于国学研究机关,古学院前曾发行《古学丛刊》一种,厥后停刊。该院自改刊行先哲遗著及流传罕见故籍以来,刊印颇多,三十二年出版者有《敬跻堂经解》四种,计《四书拾义》、《诗经广诂》、《仪礼今文疏证》、《周礼故书疏证》。三十三年出版者有《敬跻堂丛刻》六种,计《东塾杂俎》、《经学博采录》、《周官证古》、《韩诗外传校议》、《毛诗注疏考异》、《大戴礼记斠补》。至于现在刊刻及审定借抄备刻之书甚多,如沈曾植之《元史补注》及顾炎武《菰中随笔》二本,不久亦将出版。国学书院第一院有《国学丛刊》一种,民国三十三年创刊,至今已出十四册,此刊之特色乃在附载考课生之佳作云。

中法汉学研究所除刊行通检外,尚有期刊数种,有关国学者为《汉学》,系不定期刊物,专载有关汉学之论文,创刊号已出版,有中国《通报》之称,可见其在学术界之位置矣。又有《图书馆馆刊》一种,尚未出版。

四　国学研究综合之成绩

关于近年来华北方面国学研究之论著以发表于各学术刊物者为多,单行刊本较少。兹择其最要者,介绍如下。姑以经学、史学、文学、小学、金石五类区之,惟匆匆执笔,翻检未周,遗漏恐多,尚希时贤有以谅之耳。

(一) 经学

群经方面则以程树德所辑《论语集释》一书,[①]凡百余万言,最称巨

---

① 程树德《论语集释》,原载国学书院《国学丛刊》中,后由国立华北编译馆印行,全三册。

著。考《论语》之注释,汉有孔安国、马融、郑玄、包咸诸家,魏则陈群、王肃亦有义说。自何晏集解行,而郑、王各注皆废,自朱子集注行,而集解及邢、皇二疏又废。自宋至今,又八百余年,其间明清两代,名儒辈出,著述日富,训诂义理,多为前贤所未及。惜无荟萃贯串之书,故程氏乃辑为此稿,内分十类,一据阮元《论语校勘记》、翟灏《四书考异》、日本山井鼎《七经考》、叶德辉《天文本论语校勘记》等书而考经文之异同。二据陆德明《经典释文》、武亿《经读考异》而明其句读及字音读法。三据《大戴礼》、《说苑》、《新序》、《春秋繁露》、《韩诗外传》、《中论》、《论衡》等书以考其名物制度。四集解。五唐以前古注。六集注。七别解。八择清初汉学家言论无门户偏见者为余论。九择宋人诂经之语,可资修齐准绳者为发明。十凡集解、集注、别解诸说不同者,明其是非,别为按语。以上十类,汉宋兼采,而家法不紊,盖其特点。《论语》为群经钤键,而是书尤为治《论语》之集大成者,盖可传之作也。《周易》近年则以江绍原致力最勤,创获亦多,《周易大畜上爻辞何天之衢新解》①为江氏近作《归藏周易卦名同异考》之一部分。《同异考》旨在说明《归藏》卦名多古于《周易》所用,《归藏》之大明、耆老、荧惑必即《周易》之中孚、贲、噬嗑三卦。《何天之衢新解》一文,虽为《同异考》之一小部分,以《诗·商颂》何天之休、《小雅》为龙为光二句,及毛公鼎铭一句为主要资料,旁征博引,已逾万言,想见《同异考》全稿之丰富详赡。而以新方法释经,尤为治国学者示一新范。俞平伯近年诗文著述之余,兼治经学,在中大讲授《论语》,贯串群经,多阐新义,听者满室,久而不倦。《论语孟子之起讫问题》②即为《论语讲义》之一部分,俞氏主张《论语》亦拟六经之作,起首两章即《易》之乾、坤。此文论首篇《学而》,终篇《尧曰》,即内圣外王之道,其结末处,尚有古、鲁、齐三家之别,深具卓见。俞氏又有《左传震云伯之庙一条非左氏旧文说》,③俱可见俞氏近年治经功力之深也。至于治经不囿于旧说而发新解者,尚有赵贞信之《论语尧曰章作于墨者考》,④乃赵氏《论语尧曰篇探源》之一部分,其说虽近新奇,然未尽妄

---

① 见傅芸子编《沙滩小集》(印刷中)。
② 见傅芸子编《沙滩小集》(印刷中)。
③ 见《中德学志》第五卷第四期。
④ 见《中德学志》第五卷第一、二期合刊。

诞。盖儒墨古本并称，救世济民之心，初无二致，此文亦可示近年国人治经一新趋势。

(二) 史学

史学方面近年较为发达，仍推陈援庵新著最多。陈氏以数十年之力，专治史学，博通淹贯，一时无俦。近年所撰《明季滇黔佛教考》[①]、《南宋初河北新道教考》[②]二书，博大精微，与前撰《旧五代史辑本发覆》、《元西域人华化考》诸书，均为同一不朽之业。《滇黔佛教考》计六卷，篇目十八，都十二万余言，所立凡三义，以十八事说明之。第一至第三卷，论明季滇黔佛教之盛由于当时风会使然，此宗教史实亦文化史。第四卷论滇黔开辟多由僧侣之力，此宗教史实亦地方史。第五至第六卷，论明季遗民逃禅学佛者多，盖有隐痛非甘心为僧学佛者。此宗教史实亦明末政治史。陈氏以明季滇黔文化、风土、政治三者说明季滇黔佛教，同时并说明二省之文化、风土与政治。其征引之博，闻见之广，识断之精，体制之善，所谓科学方法者，实足当之而无愧。《河北新道教考》乃继《滇黔佛教考》续出之书，计三篇四卷二十三章，都六万余言。所谓新道教者，为全真教主王喆重阳，大道教主刘德仁无忧，太一教主萧抱珍一悟，皆自宋南渡崛起于河北者，均能以宽柔为教，与金元二代相终始，其事略见于《元史·释老传》而语焉不详。陈氏乃据纂集未刊之《道家金石略》为基本史料，复博采金元以来诸名家集，以考三教之始末及其政治的活动。朱师辙《新道教考跋》云："所谓王、刘、萧三教主者，皆宋之遗民，怀志士仁人抑郁之情，而思振拔于社会，以修道厉行，遁隐躬耕为基，觉世牖民，救人利物为务，固与昔之符箓惑民而邀愚俗之利者，实异旨趣。非先生之巨识，乌足以知之。"又云："先生斯著，足以补旧史之阙遗，开新编之创制"，可见推崇之深。按陈氏前后两著，均一再致意宗教与政治之关系，两书虽专为宗教史而作，而善读书者固不仅以宗教史目之。观其立义之精，涵盖之广，可谓戛戛独造，近世不可多得之良史也。至于其他论著，近年散见于《辅仁学志》者甚多，不备述。西域史

---

① 《辅仁大学丛书》之六。
② 《辅仁大学丛书》之八。

方面,近年则以冯承钧著述最富,冯氏近介绍近代西方学者关于西域南洋研究成绩之第一人,厥功甚伟。其著或独阐研究所得,或订正西人研究之误,不下数十种。近年发表者多散见于各学术杂志,如《高车之西徙与平师邻善国之分散》、①《迦腻色迦时代之汉质子》、②《高昌城镇与唐代蒲昌》③以及《高昌鄯善两事辑》,④均为详赡之作。而《辽金北边部族考》⑤取辽金元三史之部族比对牵合,于其强弱分合,随时地而转迁异名有所发明,可见其治外族史方法之善。冯氏之哲嗣先恕,颇能继其家学,于西域史方面,亦有著述。惜天不永年,今岁忽焉以殁,最足惋惜也。中日文化交流史方面,近年梁盛志著有《汉学东渐丛考》,⑥计收论文十三篇,如《宋末季竹隐海外讲学考》、《五代日僧巡礼五台之遗物》,搜求资料,详人所略,阐微烛隐,可称创获。《明季两戴笠事迹考》、《梁任公著朱舜水年谱补正》,钩稽勘合东西史料文献,以正往哲时贤之失。他如《唐秘书监晁衡事辑》、《山井鼎与七经孟子考文》则撮录改编东土学者论著,参以所见而成,颇便国人阅读也。其他史学方面之重要论著,如余嘉锡之《寒食散考》、⑦又《汉武伐大宛为改良马政考》、⑧又《疑年录稽疑》,⑨朱师辙之《北魏六镇考辨》,⑩张星烺之《道家仙境之演变及其所受之地理影响》,⑪谢刚主之《河套民族变迁考》,⑫赵万里之《魏宗室东阳王荣与敦煌写经》,⑬王斐烈之《新莽革政与失败之原理》、刘厚滋之《宋金以来之钞币》,⑭孙海波之《西汉今古文之争与政法暗潮》,⑮孙楷第之《傀儡戏考源》、杨堃之《灶神考》、张芝联之《资治通鉴

---

① 见《辅仁学志》第十一卷第一、二期合刊。
② 见《汉学》第一辑。
③ 见《中央亚细亚》第一卷第一期。
④ 见《国立华北编译馆馆刊》二之九、之十。
⑤ 见《辅仁学志》第八卷第一期。
⑥ 中国留日同学会出版。
⑦ 见《辅仁学志》第十卷第一、二期合刊。
⑧ 同前第九卷第一期。
⑨ 同前第十卷第一、二期合刊。
⑩ 同前第十二卷第一、二期合刊。
⑪ 见《中国学报》第一卷第三、四期。
⑫ 见《中和月刊》第一卷第三期。
⑬ 见《中德学志》第五卷第三期。
⑭ 同前第六卷第一、二期合刊。
⑮ 见《中国学报》第二卷第一期。

纂修始末》,聂崇岐之《赵忠简公画像跋》,[①]何达之《殷商经济史》,[②]瞿兑之之《传说证误举隅》,郑骞之《洛阳伽蓝记丛考》,傅惜华之《李卓吾著作考》,[③]傅芸子之《沈榜宛署杂记之发见》[④]等不备载,皆各有创见,以供于史实之考据者也。

(三) 文学

关于文学方面论著则不及史学方面之多,单行刊本如周知堂《药堂杂文》[⑤]第一分凡四题:《汉文学的传统》、《中国的思想问题》、《中国文学上的两种思想》、《汉文学的前途》,皆关于文学方面之论文。尤以《汉文学的传统》一篇,对于现在为文者有重要之启示云:"我以为我们现在写文章重要的还是努力减少那腔调病,与制艺策论愈远愈好,至于骈偶倒不妨设法利用,因为白话文的语汇少欠丰富,句法也易陷于单调,从汉字的特质上找出一点妆饰性来,如能用得适合,或者能使营养不良的文章增点血色,亦未可知。"又云:"但是我总自以为这意见是对的,假如能够将骈文的精华应用一点到白话文里去,我们一定可以写出比现在更好的文章来。"周氏此论可为现在用白话为文者开一新法门,而主张设法利用骈偶精华于白话文中尤可注意也。又如夏仁虎之《枝巢四述》[⑥]则纯为旧文学之说法,共四种,曰说骈,曰言诗,各四章。曰谈词,曰论曲,各八章。说骈:一源流,二构造,三储材,四禁忌。言诗:一谐声,二审韵,三明体,四总论。谈词上三章为明体、谐声、设色,下五章为辨格、趋向、作法、审音、附录。其论曲八章,第一曲与古乐之系属,第二曲与诗词之系属及其分别,第三曲之本体与其作法,第四论曲之宫调,第五论曲之套数,第六分隶各宫调之曲牌,第七论曲之音韵,第八曲学须知,所论均有精到语,可为研究旧文学者之参考也。至于期刊中论文之可称述者,如故储皖峰之《陶渊明述酒诗补注》。陶诗自宋以来,注家甚夥,独《述酒》一篇,题虽咏酒实无关觞爵中物,自来注家认为难解,作

---

① 均见《汉学》第一辑。
② 见《亚洲文化论丛》第一辑。
③ 均见《沙滩小集》。
④ 见《中和月刊》第三卷第五期。
⑤ 新民印书馆出版。
⑥ 三十二年印行,全书一册。

者治陶诗有年,取宋汤汉、元李公焕、吴师道,明黄文焕、吴瞻泰,清陶澍诸家注,分录篇中各句之下,复稽之史传,参之载籍,为《补注》一卷,考知是篇乃渊明悼晋祚之式微,愤刘氏之盗篡而作,故结局托之游仙,取喻寓意,约文微辞,势使之然。文末举二事,推此诗当作于宋元嘉四年三月以后渊明垂尽之年云。孙楷第之《吴昌龄与杂剧西游记》①考定今本《西游记杂剧》为杨井言所作,非出于吴昌龄。昌龄所作《唐三藏西天取经杂剧》今佚,仅散见于《万壑清音》等曲谱所引耳。后人以名称近似谓《西游记杂剧》为昌龄撰实误云。他如李戏鱼之《司空图诗品与道家思想》、②许世瑛之《长门赋真伪辨》、③孙作云之《九歌东君考》、④寿普暄之《选学境原发疑》、⑤俞平伯之《谈西厢记哭宴》、⑥傅惜华之《汉魏六朝小说之存佚》、⑦傅芸子之《内阁文库读曲续记》⑧等,皆可注意者也。

(四) 小学

关于音韵学方面,近年以周祖谟氏致力最深,著述亦多。前有《广韵校勘记》⑨一书行世,援引核实,取意平正,订立校例十三条,用以祛疑复真,谨严周详,可称有功于《广韵》。继之发表者,有《颜氏家训音辞篇注补》。⑩《音辞》一篇,原为颜黄门专为辨析声韵而作,斟酌古今,掎摭利病,具有精义,实为研求古音者所当深究。赵曦明旧注虽经卢抱经增补,段若膺又为卢注参定,然段氏精于考古,疏于审音,故笺注虽繁,犹未尽切。周氏此篇对于旧注之阙误,为之补注,发其隐奥,疏其滞难,有功音韵学亦为不少。又有《宋代汴洛语音考》。⑪ 今日论唐五代语音者,法人马伯乐(H. Maspero)及罗常培二氏前已有建树,至于宋代迄今尚无撰述行世。周氏此篇乃取邵雍《皇极经世书声音倡和图》,以《击

---

① 均见《辅仁学志》第八卷第一、二期合刊。
② 见《文学集刊》第一辑。
③ 见《中德学志》第六卷第一、二期合刊。
④ 见《中和月刊》第二卷第六期。
⑤ 见《师大学刊》第二集。
⑥ 见《文学集刊》第一辑。
⑦ 见《汉学》第一辑。
⑧ 见《中国留日同学会季刊》第二期。
⑨ 国立中央研究院历史语言研究所专刊之一,廿七年商务版。
⑩ 《辅仁学志》第十二卷第一、二期合刊。
⑪ 《辅仁学志》第十二卷第一、二期合刊。

壤集》及诸家之作,等韵音理相参,为《声音倡和图》解诠发其要,于是洛邑之音始有可考。复取汴京人士之诗韵比证,曲衍旁通,始知宋代汴洛方音与《广韵》大异,论声则与中原音韵之二十母相近,其读音盖不出齐合撮四呼与元明以降之音相近云。他如戴君仁之《古音无邪纽补证》,①依故钱玄同《古音无邪纽证》,于经籍异文,加以比辑,凡在澄神喻诸纽者即认为古在定纽云。至于等韵研究方面,以赵荫棠之《等韵源流》②一书,推为巨著。计四编,第一编等韵之蕴酿,第二编等韵之成立,第三编等韵之改革,第四编等韵之批评及研究,内分二十二节,凡三十余万言。条分缕析,颇能穷源尽委,向之疑难,多可迎刃而解,可谓一极良善之等韵学史。附录论文数篇,如《守温韵学残卷后记》发见南梁为南梁州,《切韵指掌图撰述年代考》证为淳熙三年以后与嘉泰三年以前之作,均为创获,足资参考。自民国以来,音韵学已形科学化,最为进步,其研究成绩驾乎清儒之上,齐佩瑢有《中国近三十年之声韵学》③一文,述之甚详,欲知近年音韵学之所以发达者,不可不一读此文也。语言学方面,可推王斐烈之《论吐火罗及吐火罗语》④一文,根据大夏、大小月支、贵霜与吐火罗等之名词,探索稽考,证明吐火罗之非大夏,而今人之以大夏当Bactria,亦应改订,固不仅为中亚古代语言之一重要解决,折一中亚古研究之一重要解决也。其他如高名凯之《汉语规定词的》,⑤就语音及意义两方面研究语助词之的字,于现代口语中所有之语法价值及历史上演变之迹,为系统之研究,修理邃密,远迈时贤,堪称可贵。高氏尚有《甲骨文之发现及其贡献》一书,与法人甘茂德(J. M. de Kermadec)合著,尚未出版,度其书必有详赡之叙述,可资参考,倘再译为中文,尤为吾人所望也。

(五) 金石

近年国学研究,以金石学方面著述最少,以视日本原田(淑人)、梅

---

① 《辅仁学志》第十二卷第一、二期合刊。
② 国立华北编译馆大学丛书已定未出版,今有北大讲义室排印本。
③ 见《中国学报》第一卷第一、二期。
④ 见《中德学志》第五卷第一、二期合刊。
⑤ 见《汉学》第一辑。

原(末治)、水野(清一)、长广(敏雄)诸氏之作则有逊色矣。然唐兰之《智君子鉴考》考河南辉县出土二器之年代及主人。刘厚滋之《原始鼎铉之推测》,①推测器物发生状况,并以文字形声订证各家旧说之非。柯昌泗之《释站》,②据新出之元代站官官印三枚(清水县蘸之印、长宁蘸印、黄妃蘸印)为旧谱所未著录者,以为考核之佐证,断站字始于蒙古为"站赤"译音之省。柯昌济之《散氏盘为氐羌族器考》,③推测散氏非中夏民族而为氐羌之一系,其族之遗器及文化,堪与周室比隆,在民族文化史上放一异彩。瞿益锴之《汉画象中之政治组织》,④考画象中所现之乡亭为汉代地方政治之起点,两汉政治之异,即在治民之官多,治官之官少,复能熔官治自治为一炉,成汉代政治之特色。以及姚鉴之《唐镜文中之西方意匠》,⑤王森然之《汉裴岑纪功颂碑考》⑥等作,虽非长篇论文,然于金石学上,或订旧说,或阐新义,考释精审,均有足述者。

五 结 语

综观以上所记北京各学人发表之国学研究论文,其业绩较前未有大开展,然似乎尚能保持过去在世界学术上之位置。今后倘能获得新的资料,益以充分时间的研究,则其将来之业绩,当更必有可观,此为吾人所欣望者矣。

(《文化年刊》1945 年第 2 卷)

---

① 均见《辅仁学志》第七卷第一、二期合刊。
② 见《中和月刊》第一卷第二期。
③ 见《中央亚细亚季刊》第一卷第二期。
④ 见《国立华北编译馆馆刊》二之四。
⑤ 见《中央亚细亚季刊》第一卷第一期。
⑥ 见《师大学刊》第一集。

三十年来国学界的概况

聂崇岐

清代学术,自顾亭林(炎武)开其端,经过几十年的培养,到康雍以后,才收了辉煌的成果。乾嘉年间,大师辈出,其中如戴东原(震)、段若膺(玉裁)、王怀祖(念孙)、阮伯元(元)之治经,王凤喈(鸣盛)、赵耘崧(翼)、钱晓徵(大昕)、洪稚存(亮吉)之治史,戴东原、段若膺、王怀祖、邵与桐(晋涵)之治古词典,都有不可磨灭的业绩。道咸以还,世运移转,所谓朴学,虽然也出了几个名家,如朱丰芑(骏声)、邹叔绩(汉勋)、俞荫甫(樾)、孙仲容(诒让)之流,对于小学、舆地、诸子,各有相当的贡献,但比起前两朝来,究竟差得多了。民国成立,老师宿儒,凋零殆尽。乾嘉余韵,几无所存。直到胡适之先生倡导新文化运动,这垂灭的死灰才又复燃起来。

胡先生是有"历史癖"和"考据癖"的,这自然要对"国学"发生兴趣。他认为清儒之学,绕来绕去,多未脱"经"的藩篱,范围太窄,不足以尽"国学"之能事。因而主张扩大,主张以新的方法去整理旧的东西。于是率先在北京大学成立研究国学的部门,创编《国学季刊》,以为之倡,在《国学季刊·发刊宣言》中,他提出研究应该注意的几点:

一、扩大研究的范围。把国学的领域极力拓展,不拘是经,是史,是诸子,是小说,是歌谣,是戏曲,凡是和文化有关系的骨董杂碎,都网罗进来,加以研究。

二、注意系统的整理。随时编制索引之类的工具书,并将前人的成绩,逐类纂辑起来,以省学者精力。

三、博采参考比较的资料。整理国故的对象,虽说是"国""故",但外国的学术和国学可以互相发明的,也应当去参考比较。

从胡先生这样倡导以后,不久,就有继之而起者,如厦门大学、中山大学、燕京大学,都先后成立起"国学研究所",而中央、北平二研究院,也有了相似的机构。时至今日,这类组织,更为普遍,不必一一的提了。

整理国学的纲领定了,研究国学的机构有了,三十来年的表现是什么呢?对这个问题的回答,可以分作两项:一、资料的寻求、整理和工具的准备,二、各方面研究的业绩。现在先说第一项。

从前研究国学,多是在书本上兜圈子。这种办法,当然不能满足现代学者的欲望。于是另辟新路,册档整理和古物寻求,遂分别进行。关于册档整理,故宫博物院已印出好些《文献丛刊》之类的东西,于研究清史帮助不小。其古物寻求,地质调查所已发现好几处旧新石器时代的遗迹和原人(北京人)头骨。中央研究院和北平研究院,也分在河南殷墟,陕西斗鸡台,从事有系统的发掘。除了斗鸡台发掘的结果,尚未公布外,其他全有报告,于研究史前史和殷商史,帮助也很大。

至于工具的准备,最早问世的,当推陈援庵(垣)先生的《中西回史日历》和《二十史朔闰表》,容希白(庚)的《金文编》、孙海波的《甲骨文编》、顾起潜(廷龙)的《古陶文㫺录》,于治文字学的都很有用处。索引之类,北京大学研究所和北平图书馆各有专组以司纂辑,而燕京大学哈佛燕京学社,由洪煨莲(业)先生建议,也于民国十九年秋季,成立引得编纂处(引得即索引)。十几年中,三处所印的索引或引得,已不下六十余种。(引得编纂处已印行五十八种。沦陷期间,北平中法汉学研究所,也印了六种通检。)假如把私人或坊贾所编印的索引合起来,大概总有八十多种。不过,中国典籍,浩如烟海,几十种索引、通检,或引得,"沧海一粟",是绝不够用的。

谈到第二项,研究的业绩,真是千头百绪,不知从何说起。为清晰的,姑且照胡适之先生所拟的中国文化史系统(见《国学季刊·发刊宣言》):

一、民族史,二、语言文字史,三、经济史,四、政治史,五、国际交通史,六、思想学术史,七、宗教史,八、文艺史,九、风俗史,十、制度史,逐次说一说。

一　民　族　史

三四十年前，西洋学者曾盛倡中国民族西来之说，一时附和者颇不乏人，但反对者也不少，真是"聚讼纷纭，莫衷一是"。不过，从二十多年来地质考古学上的调查，新旧石器时代的遗迹，已找到很多，而周口店"北京人"头骨之发现，尤足把中国民族外来之说打得粉碎。至于姬周以前，我们这赤县神州民族分布的情形，蒙文通把他们类别为三大系统：一、海岱(泰族)，二、河洛(黄族)，三、江淮(炎族)。徐旭生(炳昶)又给整编一下，把炎帝等支配入黄族，而定名为风偃、炎黄(姬姜)和苗蛮三大集团。这两种分法，当然不无牵强，但比以往总算有系统了。还有，□苗族一□，旧日多不太注意，这些年也有学者去下功夫，如广西之猺、贵州之苗、云南之猡猡，已经有好些调查报告出来，假如努力下去，把他们的神话传说等，都弄清楚，那于研究中国民族史，一定会有很大的帮助的。

二　语言文字史

从前多认为钟鼎文(金文)是中国传下来的最古的文字(禹的岣嵝碑是假的，不算数。伏羲画八卦的事，更不足信)，到殷墟甲骨文出土，钟鼎文遂不得不降低一辈。研究甲骨文，成绩最著的当属王静安(国维)先生，此后容希白、董作宾、唐笠庵(兰)、商锡永(承祚)、郭沫若，也都有贡献。现在认出来的字已有一千左右，还有一些，大家正在猜谜。至于旁的文字，如契丹文、西夏文，早就死了，目下大有复活的倾向。提到音韵、方言调查，业已着手，古音研究，进步也相当的快。赵元任、沈兼士、罗常培、魏建功、李方桂，都是知名的音韵名家，而陆志韦先生由心理学转治小学，七八年间，已把周秦直到晚近的声韵系统，整理清楚，其成就可以说早超越前人了。

三　经　济　史

研究经济史，不仅要重国故，还要晓得经济学。但这两件每不易凑在一起。所以,这一门的成绩,并不很高。前些年,虽然陶希圣办过《食货》,着重于经济史的研究,可是好些文章,都不免粗枝大叶,略欠精深。听说有的外国人正在那里弄这套东西,延揽几位中国的大学毕业生替他搜集材料。"多财善贾",说不定真会出来好的成绩呢。

四 政治史

弄这一门和治经济史相似,不懂政治学不易搞到好处,就目下而言,通三千年政治史的,还没听说有什么人。若一段段的来讲,齐致中(思和)之于两周,陈寅恪之于隋唐,皆已有相关的文章发表,而陈先生之《唐代政治史述论稿》,听说在"大后方"曾经名震一时。

五 国际交通史

研究这种东西,当然要通外国文,不然就难运用外国材料。张亮丞(星烺)是以治中西交通史出名的,六大本的《中西交通史料汇编》,搜集、翻译,还要偶加注释,费的功夫,不问可知。冯子衡(承钧)晚年也走入这一行,用的力量虽不及张先生之大,但却有好些精到处。只是,张先生年来体质不佳,冯先生又已作古,后起的还没有寄以大希望的人。

六 思想学术史

这一门闹得相当火炽,但够火候的并不很多。从胡适之先生《中国哲学史大纲》上册问世以后,接着梁任公先生又加以提倡,一时弹此调的,很是不少。站得住的,如罗根泽、钱穆等,确也有几位,不过,最结实的,那当然要数冯芝生(友兰)先生。旁人弄这些套东西,多专于某个时代,惟冯先生大致已打通古今,他的《中国古代哲学史》和《新理学》及《新原道》,可以说都是不平凡的著作。他不但是思想学术史家,同时也是思想家。虽说有些人攻击他,讥笑他,但一半出于嫉妒,不理也罢!

七　宗　教　史

中国的宗教，样数很不少，所以治宗教史，方面也多。对这一门，最博的要推陈援庵先生，他不但精于所信仰的基督教史（作过元代的也里可温考），就是火袄教、摩尼教、犹太教（也作过一赐乐业教考）的历史，也都有研究。而在太平洋战争发生时期，所出《南宋河北新道教考》，写民族意识于考据之中，尤为学术界人士所称道。关于佛教史，下功夫的也有几位，其中以汤锡予（用彤）为铮铮者。至许地山对道教，对摩尼教，虽也写过文字，但多属介绍性质，严格说来，不足视为研究。论到回教，中国回教徒那么多，现在反没有很好论及回教的文字，真不免是一件憾事。

八　文　艺　史

学术界走这条路的真是"车载斗量"。自然有些是"野狐禅"，但以此名家的确也不少。就整个文学史来讲，郑西谛（振铎）、郭绍虞、赵景深都很说得下去。而孙子书（楷第）于普通文学史外，又擅长小说戏曲之流变，前后在杂志所发表的作品，既博且精，多有独到之处，可称是特出的人才。此外如鲁迅的《中国小说史略》、胡适之先生的《国语文学史》，皆曾风行一时。至王静庵《宋元戏曲史》，问世较早，不必提了。

九　风　俗　史

这一门太难。既复杂，又零碎。不用说兼收并蓄，就是抱定一条窄道，也未必走的很通。况且，有的东西，必须由社会学上下手，咨诹搜访，参考外国资料，才能相得益彰，弄到好处。这是多么麻烦！所以，二十多年来，仅仅有几个人对于此道，算是略有成就。如江绍原之讲禁忌、考火……杨堃之考证五祀，搞的总还不错。至于注意研究民俗的机关，在国里也有几处，不过，工作都显着松懈，倒是中法汉学研究所干得还相当起劲,将来或许有点希望。

十　制　度　史

　　制度也是难弄的东西。门类虽不及风俗之复杂,但头绪纷繁,那是不能否认的。就拿考试制度来说罢,汉朝当然和清朝不同,而清朝本身前后也不一样。所以要研究这一套,非在通史上有相当的根基不可,只专一两个时期,是走不通的。并且,有的制度,如丧服之类,还需要实物的证明,才能下手。空口说白话,怎么也搞不清楚。就目下学人来讲,齐致中对于春秋战国制度,谭季龙(其骧)对于地理沿革制度,陈寅恪对于隋唐制度,都已有深到的研究。至于坊间所出的各种制度史,固然有的很不错,但大多数,出于钞胥。"述而不作",条理分明,已是诸中皎皎的了。

　　以上是就胡先生所举十项加以叙述的。现在我再将通史整理情形略说一下。

　　通史和文化史不同。文化史是合若干专史而成,通史则注重综合的演变。通史本身也有分别,统述历代是通史,单叙一朝也是通史,只是后者多称之为断代史罢了。在专史没有完全弄好以前,作第一种通史,不是件容易事。现在中国通史一类的书,不下十种(中学教科书不能算),但没有一部尽美尽善。这并不是著者学问不好,乃是他们所凭藉的东西不够,想好也好不了。至于第二种通史——断代史,这些年的成绩还不坏。从上到下数起,顾颉刚先生对古史的贡献是举世闻名,不必细表。此外若蒙文通、钱穆、卫聚贤,以及童书业、杨宽……都是个中名家。自然,他们的见解不一定全对,甚至有的根本错误,但"好学深思"四个字,总可当之而无愧。又如:王静庵由甲骨文以考证殷商公王系统,郭沫若据金文、甲骨以探讨古代社会状况,钟凤年之博稽秦汉典籍以研究战国诸国地理,齐致中旁征西洋各史以说明西周封建情形,虽不能说是怎样的体大思精,可是,谓之为言之有据,似乎倒没有什么不可。秦汉两朝史实,还不知有谁是特出专家。六朝隋唐的研究,陈寅恪可称巨擘。余如陈乐素之治宋史,冯伯平(家昇)之治辽史,陈述之治金史,翁独健之治元史,都已有成绩发表。而张亮丞先生之于蒙元史,名望尤为高大。朱明事迹,吴春晗(晗)素称精熟。清朝掌故,孟心史(森)、郑毅生(天挺)、萧一山,皆有深刻的探讨。至于邓文如(之诚)、柳翼谋(诒徵)二先生,虽不致力于一朝一代的史,但博奥渊深,又非"专门曲学"所能望其项背了。

总而言之,近三十年来,内乱屡起,外侮叠乘,一般抱残守阙的书生,在吃不饱,穿不暖,住不安静,行不舒服的景况下,固然"弦歌不辍",居然还弄出些成绩给人看看,对国家,对民族,恐怕不能说对不起罢!

(《益世报》1946年10月10日,第5版)

谈古史辨

舟 及

最近郑振铎先生在《东方杂志》新年特大号发表了一篇《古史新辨汤祷篇》，篇前小序说：

> 古史的研究，于今为极盛。有完全捧着古书，无条件的屈服于往昔的记载之下的；也有凭着理智的辨解力，使用着考据的最有效的方法，对于古代的不近人情或不合理的史实，加以驳诘，加以辨证的。顾颉刚先生的《古史辨》便是属于后者的有力的一部书。顾先生重新引起了王充、郑樵、崔述、康有为诸人的怀疑的求真的精神。康氏往往有所蔽，好以己意强解古书，割裂古书；顾先生的态度，却是异常的恳挚的，他的"为真理而求真理"的热忱，是为我们友人们所共佩的。他的《古史辨》已出了三册，还未有已。在青年读者们间是有了相当的影响的。他告诉他们古书是不可尽信的，用时须加以谨慎的拣择。他以为古代的圣人的以及其他的故事，都是累积而成的，即愈到后来，那故事附会的成分愈多。他的意见是很值得注意的。也有不少的跟从者在做着同类的工作。……但我却有一个愚见，我以为《古史辨》的时代是应该告一个结束了！

我初读了郑先生这篇小序，心里不禁吓然一跳，觉得郑先生是顾先生的好友，为什么对顾先生下了这样不客气的"忠告"呢？后来仔细一想，才知道郑先生现在所说的话，确是一篇忠实的好话。

大凡一种学术的兴替，信如胡适之先生所说，可分为四个时期：第一是童年时期，第二是少年时期，第三是壮年时期，第四是老年时期。当他初起之时，领导此派思想的学者，必能认识时代之需要，狂呼时代要如此,然后义旗一举,四方响应,浩浩荡荡,望旧营杀奔而来,旧营将员鲜能与之抗御。此派学术根基便从此奠定了。后来社会环境变迁了,时代改易了,另一派人物起来,又狂呼着说,现在时代和从前不同了,我们应当怎么样怎么样。结果这新派人物和旧派人物拼了一下火,旧派权威又崩溃,新派权威又确立了。

所以学术上的可贵,在乎不断地创新,今天翻弄一个新花样,明天翻弄一个新花样,天天翻弄新花样,日日翻弄新花样,然后万华撩乱,形形色色美丽灿烂的文化才能建设起来。

但人类封建的遗毒,终不易割除。古人说得好:"自己的文章,别人的老婆。"任何文学家或学者,当他自己学派成了社会权威学派以后,倘若另有一种新的学派起来和他反抗,那么,旧的学派决不肯让步,认为让步对于他们自己的权威有所损失。于是,旧派本来也是一种革命的学派,到了此时,反而完全变成一种阻碍革新的学派了。

当五四运动时候,现在住在北平的许多学者,统是轰轰烈烈的文化革命家。当时他们提出"打倒孔家店"的口号,孔家店便被打倒了;当时他们提出"男女社交自由"的口号,男女社交便自由了。他们认为古人一切的东西,都要不得,我们二十世纪人,务须创立我们二十世纪人自己的文化,于是古人的东西,便都被起了疑窦了。特别在顾颉刚先生领导下的"古史辨"一派的思想,掀起了惊天动地的巨潮。人人都说,古史不可信了,我们应当创设一部新的历史了。伟大的经学家和《说文》学者钱玄同先生,并且因此而废姓,改号称其名曰"疑古玄同"。

《古史辨》已经出版到第三册了,"还未有已"(按第四册现已出版)。顾先生除了告诉我们古史不可信任以外,古代社会情形究竟怎么样,他始终没有告诉我们。我不是研究历史的人,顾先生《古史辨》价值究竟怎样,我勿敢说。但我读了顾先生的《古史辨》以后,始终觉得顾先生三册《古史辨》,不过猜谜语式的著作而已。

现在大部分学者仍旧坚守着五四运动的时候古旧的阵线,对于新兴唯物史观的巨潮,始终疑惧不敢接收。(当然,物观方法讲究到极点,有陷成机械论的危险,这是不好的。)去年鲁迅先生到了北平,听说玄同先生痛恶他思想不能统一,并且遽然和他绝了交了。

十二月三日天津《庸报》"另外一页"记载着说道：

> 鲁迅这一次翩然抵平，仅仅的几日逗留，却又"卷土重去"。……
>
> 他老先生这一次到平，师大国文系的学生因为亟欲瞻仰这位文坛的霸主的丰采，曾派代表晋谒系主任钱玄同，请他敦聘周氏来校作一次讲演。钱氏频摇其首，喟然叹曰："我已和他绝交了！我已和他绝交了！"并且进一步作谩骂的言辞："鲁迅没普罗的时候大骂普罗文学，现在他普罗了，却又恭维普罗文学。……真是朝秦暮楚，……思想不统一。"（钱氏原辞）

鲁迅先生是相信马克思主义的。马克思主义究竟是否解救今日中国惟一适当的办法，我们对于政治学、社会学毫无研究，绝对不敢贸然相信、接收。但鲁迅先生那种孜孜汲汲，朝夕努力于社会改良运动，却为我们所五体投地。

思想这东西，贵于翻弄新花样，已于前说。现在疑古玄同先生这种故步自封，定要把思想固于一尊的态度，我们绝对不敢赞同。若果北平学术空气永远僵死下去，不肯变换，那么，我敢说，北平学术确已到了肺病第三期，目前的光荣，仅和清代桐城派文章二度中兴时候"回光返照"的情形同样罢了。

然而说也可怪，疑古玄同先生所以能够在学术界上得有今日光荣之权威者，却正从"思想不统一"中得来，却正从肯翻弄新花样，转变空气中得来。不信，请看《古史辨》第一册他给顾颉刚先生《论今古文经学及〈辨伪丛书〉书》说：

> 我对于"经"，从一九〇九至一九一七，颇宗今文家言。我专宗今文，是从看了《新学伪经考》和《史记探源》而起。这两部书，我都是在一九一一才看到的。一九〇九细绎刘申受与龚定庵二人之书，始"背师"（章太炎师专宗古文，痛诋今文）而宗今文家言。但那时惟对《春秋》一经排斥左氏而已，此外如《书》之马、《诗》之毛，虽皆古文，却不在排斥之列，而鲁恭王得壁经一事，并不疑其为子虚乌有，故那时虽宗今文，尚未绝对排斥古文。自一九一一读了康、

崔二氏之书,乃始专宗今文。

看呀,这不是"变"吗?自从彻底的宗奉古文家,转变而为半宗奉古文家,半宗奉今文家;复从半宗奉古文家,半宗奉今文家,转变而为彻底的宗奉今文家,盖已三变矣。这还能算是"思想统一"吗?疑古玄同先生若单为了鲁迅先生思想不能统一,便和他绝交,那么,玄同先生在那再三转变时候,不知已经该被多少人绝交了!

郑振铎先生又说:

> 我以为顾先生的《古史辨》,乃是最后一部的表现中国式的怀疑精神与求真理的热忱的书,她是结束,不是开创,他把郑、崔诸人的路线,给了一个总结束。但如果从今以后,要想走上另一条更近真理的路,那只有别去开辟门户。像陶希圣先生和郭沫若先生对于古代社会的研究便是一个好例。他们下手,他们便各有所得而去。老在旧书堆里翻筋斗,是绝对跳不出如来佛的手掌心以外的。此亦一是非,彼亦一是非,旧书堆里的纠纷,老是不会减少的。

这话很对。当然,我们提倡革新的人,并不是说凡是新的东西都是好的。其中还有必要的条件就是,信如茅盾先生所说:"我们要看货色!"(见《现代》一卷三期苏汶《关于"文新"与胡秋原的文艺论辩》)自从物观思潮泛滥到中国之后,能够当得起"权威著作"荣称的中国社会史、文学史等著作,至今还没有一部出现,其中尤以文学史为尤甚。但不过,像《古史辨》那样的著作,确实已经到了结束的时期了。

总之,革新是我们学术上必需的办法,也是使学术、文化灿烂起来最有力量的武器。迷恋《古史辨》一派的青年们,快快起来罢,醒回来罢,"《古史辨》的时代是应该告一结束了"!

迷恋《古史辨》的青年们,快快起来罢,醒回来罢,你们应当放轻你们的辨伪的工作,再不要"跟从"顾颉刚先生专门做那种猜谜语式的、无谓的疑古事件了。

一月八日

(《北平晨报》1933年4月18日,第12版)

近代古史研究鸟瞰

沅 思

近代古史之研究尚矣。自胡适氏讲学北大，裨贩其西洋学说于国内，标榜实验主义，涣然大号。陈独秀、钱玄同张其军，一时少年之士，望风而靡。胡氏尝以清代学者治学的科学方法以自炫，凡所述作，自《中国哲学史大纲》暨《尝试集》以及新文化运动之论著，小说之考证，一皆以实验主义之科学方法为归。而要之，不过"大胆的假设，小心的求证"而已。弟子顾颉刚本胡氏之说，以治古史，而有《古史辨》之作。其持欧美之实验主义以衡论中国之古史，而勇于疑古，则又继让请姚际恒、崔东壁诸氏之辨伪精神而大张其军者也。盖自清代朴学大盛，大师辈出，考证之学，超越往古，流风余韵，久而勿替。益以西学东渐，学者论学，好言方法，于是引申科学方法之利器以研究古史，遂成风会。其先为古代史籍之考证，萃数年之精力，以研究一二古书之作者、作期、作地诸端者，则有清华大学之卫聚贤氏。虽素以新文学轰动一时之日本医科留学生郭沫若氏，亦有《中国古代社会研究》之辑述，则以摩尔根之前史人类进化阶段公式，与马克思之人类史上经济分期说为原质，而将中国古籍附会以就其说者也。凡此三者，虽其鹄的不尽同，方法不相合，要之为受西方学说之影响则一也。近时又有郑振铎氏创古史新辨之说，则可为此派学说之殿军矣。

以东南大师，登坛讲学，殚精史籍，持正统稳健之论，不为非常异议可怪之谈，则有柳诒徵氏，考信古籍，不轻于疑，与北方之高谈疑古者殊科矣。本柳氏之说，专精史学，以一人之力，编著通史者，则有其弟子缪氏凤林。承今文大师廖平氏之学，由经、子、骚以考其同异，确然有以见古代民族学术之不同,条别以明其义者,则有蒙氏文通之《古史甄微》。兹二者虽持论不同,所见各异,要其本于师说,出于史学,无二致也。他若王氏国维、罗氏振玉之治龟甲,暨金石之研究,考古之发掘,皆大有俾于古史,今兹所论,概从略焉。

一　持科学方法以研究古史者

持欧美之学说,以究研古史者,当首推绩溪胡适开风气之先。钱师子泉尝谓胡适"其有以疑古为稽古,不为章炳麟氏之信而好古,以王充《论衡》为骨干,而以姚际恒《古今伪书考》、崔述《考信录》暨康有为《新学伪经考》诸书张羽翼,排摈一切,旁援欧儒,益为曼衍,谓贤圣为刍狗之已陈,无当于世教。谓经子悉后出所托伪,奚裨于征文。喜为异说而不让,敢为高论而不顾。若而人者,绩溪胡适实倡之。随时抑扬,而后进弥以驰逐,汉学扬徽,遂以署新者也。"(《茹经堂文集序》)胡氏之学,在扬新汉学之徽,而弥极于疑古者也,顾虽以实验主义为方法,而所谓"大胆的假设",则常陷于谬妄,小心的求证,则多杂以主观。所著《中国哲学史大纲》,近人李季批判甚详(《胡适中国哲学史大纲之批判》)。梁任公亦云:

> 胡先生的偏处,在疑古太过。疑古原不失为治学的一种方法,但太过,也很生出毛病。诸君细读这书,可以看出他有一种自定的规律,凡是他所怀疑的书都不征引,所以不惟排斥《左传》《周礼》,连《尚书》也一字不提。殊不知讲古代史,若连《尚书》、《左传》都一笔勾消,简直是把祖宗遗产荡去一大半。

梁氏之言,可谓洞见症结。故充其量,大胆等于妄狂,求证无异附会,此胡氏之所以失,而顾颉刚氏治史之所以褊也。请略言胡、顾治学之关系。

当胡氏自美洲学成而归,教授于北京大学时,顾氏尚肄业于北大,既受胡氏"中国哲学史"之陶染,颇为心折。尝谓:

> 胡先生讲得的确不差,他有眼光,有胆量,有断制,确是一个有能力的历史家。

遂与胡氏过从日密,深受其影响焉。尝谓:

> 适之先生发表的论文很多,在这些论文中,他时常给我以研究历史的方法,我都能深挚地了解而承受,并使我发生一种自觉心,知道最合我的性情的学问乃是史学。

顾氏既藉胡氏之说而有所启发,遂致力于古史之辨伪。时胡氏方为《水浒传考证》,洋洋数万言,明其由来与其递进之演变,读之若有会心者,厥后治古史之法,亦遂以明古史传说之由来与其递续之演变为主。其《古史辨》之根本原则"层累地造成古史",与夫发生之次序,及排列之系统,实为反背之说,即以是而萌蘖焉。

顾氏自北大毕业后,服务于母校图书馆。嗣后拟编辑《辨伪丛刊》,与胡适、钱玄同书函往还,一再磋商,盖发其端于读姚际恒之《古今伪书考》;而推翻古史之动机,亦复因康有为之《孔子改制考》而启发焉。顾氏自言其治学曰:

> 那时我排列过几个表:一是依了从前人的方法,编排史目,看书上说的什么时代,就放在什么时代。例如:置《三五历纪》、《春秋命历序》于太古;置《尧典》、《舜典》、《皋陶谟》于唐虞;置《逸周书》、《穆天子传》于西周。一个是依了我们现在的眼光,编排史目,看它们在什么时代起来的,就放在什么时代。例如:置《虞夏书》于东周;置《易传》、《竹书纪年》、《胠箧篇》于战国、秦汉间;置《命历序》、《五帝德》于汉;置《帝王世纪》、《伪古文尚书》于晋;置《路史》、《三坟》于南宋。这两表实在平平无奇,但比较看时,便立刻显出冲突的剧烈和渐次增高的可惊了。这使我明白以前人看古史是平面的,无论在那个时候发生的故事,他们总一例的看待,所以会愈积愈多。现在我们看古史是垂线的,起初一条线,后来又分成若干条高低错落累累如贯珠垂旒,只要细心看去,就分得出清楚的层次。

此则"古史辨"之原则"古史是层累地造成的,发生的次序和排列的系统恰是一个反背"之说,已有明确之观念和凭证矣。迨顾氏为商务印书馆编纂中学本国史教科书时,忽起一大疑窦,即尧、舜、禹之地位问题是也。

《商颂·长发》的"禹敷下土方。……常立子生商",把他(禹)

看作一个开天辟地的神。其次是《鲁颂·閟宫》的"后稷……奄有下土,缵禹之绪",把他(禹)看作一个最早的人王。其次是《论语》上的"禹稷躬稼,和禹……尽力乎沟洫",把他看作一个耕稼的人王。最后乃为《尧典》的"禹拜稽首,让于稷契",把后生的人和缵绪的人都改成了他的同寅。尧、舜的事迹也是照了这个次序。《诗经》和《尚书》(除首数篇)中全没有说到尧、舜,似乎不曾知道他们是的。《论语》中……没有清楚的事实。到《尧典》中他们的德行政事,才灿然大备了。……所以在我的意想中,觉得禹是西周时就有的,尧、舜是到春秋末年才起来的。……我就建立了一个假设:"古史是层累地造成的,发生的次序和排列的系统恰是一个反背。"

其理由之充足与否,方法之确立与否,吾人如读过梁园东《古史辨的史学方法商榷》,自能得其彻底之概念。至其《与钱玄同先生论古史书》则更有肯定之结论。约而言之,厥端凡三:

> 第一,可以说明时代愈后,传说的古史期愈长。第二,可以说明时代愈后,传说中的中心人物愈放愈大。第三,我们在这上即不能知道某一件事的真确的状况,但可以知道某一件事在传说中最早的状况。

此则可知顾氏治学之方法以及"古史辨"基本观念之确立焉。然顾氏不甘以此自限也,故复有《我的研究古史的计划》一文:

> 第一学程读魏晋以前史书(六年)。第二学程作春秋战国秦汉经籍考(三年)。第三学程依据考定的经籍的时代和地域,抽出古史料排比起来,以见一时代或一地域对于古代观念,并明其承前启后的关系(一年)。第四学程研究古器物学(三年)。第五学程研究民俗学(三年)。第六学程把以前十六年中所得的材料重加整理,著成专书。……应将下列诸问题作为系统的说明:(1)某时代的古史观念如何?(2)这个古史观念是从何时、何地,或因何事来的?为什么要来?(3)这个古史观念在当时及后来发生了什么影响?(4)这时的史事可以考实的有多少?(5)这时的实物留遗至今的有多少?(6)对于这时的民族和文化的大概情形的想象是怎样?

其立志之远大,几将终身以从事。较世之邀辛取宠以苟得一时之名者,固不可以等量齐观。然勇于疑而好奇,不免持非常异议可怪之论以惊世而眩俗,如以禹为神话传说中之人物。而究其源曰:

> 《说文》训"禹"为"虫",训"内"为"兽足蹂地"。合此二义,颇似蜥蜴。而彝器上有"螭",正作蜥蜴之形,似禹有出于九鼎的可能。

更推而广之,以《左传》中所称之夔龙为九鼎上之魑魅魍魉,饕餮为阔嘴之兽,蚩尤为大耳大目长眼之兽,鲧为水族。钱玄同氏更唱而和之,谓:

> 我从前以为尧、舜二人一定是"无是公"、"乌有先生"。尧,高也。舜借为俊,大也。"尧"、"舜"的意义,就和"圣人"、"贤人"一样。

是则好奇之过而趋于怪诞,不知《说文》谊例而妄为证引,以此治古徒滋惑耳!此丹徒柳诒徵氏之所以深诋而痛辟之也!故顾氏之研究,仅在明白"层累地造成"之神话。至古史之作,实非所敢望。顾氏亦自叹"我们几十年的寿命里是看不见了",殆所谓"自知之明"者非耶!同时有卫聚贤者,肄业于清华研究院,专治古史,其疑古精神与顾氏无不同,而言必有证,语无虚设,以客观的科学方法为依据,不妄构,不矫造,实为顾氏所不及。卫氏以为治史当先读上古史,然古史难读:一因后人之伪及窜改也,二因进化程序之消失也。故治古史必先整理古籍,而整理之步骤:一曰作期,二曰作地,三曰作者,四曰辨伪。卫氏秉此四端,博考勤搜,其已整理就绪者,曰《春秋》:断为春秋末孔子所作,无大伪,惟中多为后人所误解耳;曰《左传》:系周威烈王元年后,十三年前,卜子夏在晋地作,中多西汉人窜入;曰《国语》:系周考王十年后,周赧王初年前,楚人左人郢及其子孙作。中有《越语》,则西汉末年人所作;曰《穆天子传》:作于战国末年以前,从魏地出土,而与魏有关系;曰《山海经》:系战国中年之作品,似为印度人作,或受印度(或希腊)之影响而作。而《大荒经》四篇,则为东汉所附托;曰《禹贡》:系战国末年秦人所作。此其考证之大略也。至其方法亦可得而言者:

一曰利用表格以统计也。如《于於用作介词统计表》则统计文字也,就甲骨文、金文以及《书》、《诗》、《春秋》、《左传》、《国语》、《论语》、《孟子》

中统计"于"、"於"之用法,以见其时代之先后也。如《诸侯卒表》则统计数字也,计分卒、弑、葬、奔四者,如《周书》卒若干人,弑、葬、奔者若干人,鲁、齐等等亦如之。比而观之,观其于某国少书若干人,某国全。因以推定其为某国人所作,盖以一人记本国之记当较确,而别国之事易漏略也。

二曰利用组织与内容相比拟也。即分析其性质之内涵,以及名词、文法之异同以考证者也。约而言之:可分(1)比较明显法:将两书所载同一之事实,排列于上下,比而观之,可知孰先孰后也;(2)记载异同法:同一事实,苟两书之记载相同,则史料必同出于一源,相异则否,因此而亦可考见作期也;(3)布局异同法:观乎此而可以知书之为一人手笔,抑有他人之增益也;(4)文体异同法:亦可考见全书之是否为一人手笔也;(5)逞显本能法:如作者长于某类事项,而记载以此为最详,是一人之作,不然则否;(6)文法变迁法:一时代文法之组织与他时代每有不同,亦可因而考其真伪也;(7)本身考定法:就作品中之暗示,以考其当属于何代。其他之旁证反证,兹不赘焉。

郭沫若氏挟摩尔根之前史人类进化阶段之公式,以及马克思人类史上进化分期之论,以中国之旧籍附会之。苟有不合,斥为伪书。苟足以圆其说,则皆可信。要其指归,大抵以西洋学说为依归,而取材于龟甲、金文之研究。而所谓《中国古代社会研究》者,不过以古籍为外人之学说作疏证而已,此其所以为时人讥也。

最近郑振铎有"古史新辨",载于《东方杂志》名曰《汤祷篇》。则以为疑古之说,至顾氏之《古史辨》,已为总结束之期。吾人之治古史,当另辟新途径以从事之也。其所论有足以救疑古之成疾者,略征述之:

> 我以为古书固不可尽信为真实,但也不可单凭直觉的理智去抹杀古代的事实。古人或不至像我们所相信的那末样的惯于作伪,惯于凭空捏造多多少少的故事出来。他们假使有什么附会,也必定有一个可以使他生出这种附会来的根据的。愈是今人以为大不近人情大不合理,却愈有其至深且厚至真且确的根据在着。自从人类学、人种志和民族学开始以来,我们对于古代的神话和传说,已不复单视之为野蛮人里的假语村言了。自从萧莱曼在特洛伊城废址进行发掘以来,我们对于古代的神话和传说,也已不复仅

仅把他们当作诗人们的想象了。

"古史新辨"之要恉,略尽于此矣。至其所谓《汤祷篇》,即就《荀子》、《尸子》、《吕览》、《淮南》、《说苑》诸书中所载商时大旱汤祷于桑林而天雨之古事,以之傅演成一小说体之文字,而推定古代确有斯事,天之降雨,不过偶然耳。谓古代于荒旱之事,皆丛罪戾于领袖之一身,汤祷说之也来,即古代民族以汤为牺牲而求雨之说传也。汤适逢幸运,天忽降雨,身以得免耳。又为之考其后代曲解之故,证之以史乘,核之西方之传说以明其信。此"古史新辨"之方法。凡兹数者,其同异得失之间,可得言者,皆详结论,兹不备焉。

二　承清代朴学大师治学之精神以研究古史者

尝读柳诒徵氏《中国文化史》之绪论,足以见柳氏治学,不为深疑,不为妄信,要以古籍为根本,而参之以金石、龟甲之考证。其称古代领域,以《尧典》、《禹贡》为征,则固以《尧典》、《禹贡》之文为可信,与顾颉刚、郭沫若诸氏斥《今文尚书》之伪者为异趋。由足知柳氏之学,犹本于清儒而不骛新说,是柳氏之不轻于疑古也。然其述古史之年代,则以《春秋元命苞》、《春秋命历序》为伪书荒诞之说,以《礼含文嘉》、《春秋运斗枢》、《潜夫论》所称尧以前诸史为无史不信,仅可存疑,则柳氏又非轻于信古者矣。其于现代新说,间亦采择,如甄克思之《社会通诠》等等,亦非概从摒斥。至尚论古代,则以诸子百家之书相为参证,或以存疑,或以推断,不全信,不全疑,此柳氏治古史之态度与方法,可为吾人取则者也。弟子缪凤林承其绪,肆其全力以著通史,积十余年教学之编纂,成《中国通史纲要》四编,有志述作,斐然可观,洵足以挽颓风而振末俗焉!缪氏尝自述治史之历程,与《中国通史纲要》之概略云:

予自胜衣就傅,读《史鉴节要》,长读《史记》、《通鉴》,继而泛滥乙部,旁习六艺百家,皆与史学相表里。光阴荏苒,忽忽二纪余年。持其业以教于国内各大学,亦将十载。讲义论著,不下百余万言。……忘其僭劣,草《通史纲要》,分为四编。首编导论,略述史学通义,及国史上之民族年代与地理。次编历代史略,以说明各时代之重要潮流为主旨。三编政治制度。四编学术文化宗教。……凡所叙述，皆先通其大，标立节目，次就一己涉猎之正史、《通鉴》、《通考》与百家传记之书，旁及中东时彦论著，扼要汇录。……而顾氏《日知录》、赵氏《廿二史札记》、丹徒柳先生《中国文化史》三书，采录为尤多。《日知录》上篇经术，中篇治道，下篇博闻。……治道一篇，于官方吏治、财赋、水利、风俗、典礼、选举之属，多疏通其源流，邕论其利弊。学博而识精，理到而辞达，史学经世之业，惟此书足以当之……吾书第三编多取之。赵氏之书，略可区为四类：曰考证诸史源流，审订诸史曲直，校正文字异同，综辨历代史迹。……赵氏别著《陔余丛考》，其十六、十七、十八诸卷，体例略与此同，可补此编之未备。《札记·自序》欲比《日知录》，虽规切时弊，深切著明，远有不逮，而事之详明过之。……吾书第二编于赵书第四类几全部采入。《文化史》以六艺诸史为经，而纬以百家，举凡典章、经制、教学、文艺、社会、风俗，以至经济、生活、物产、建筑、图画、雕刻之类，皆就民族全体之精神所表现者，广搜列举，以求人类演进之通则，以明吾民独造之真际。体例虽为近代史著，而性质与《日知录》中篇、《札记》第四类略近，议论亦在二氏之际。襄从先生受此书，予之粗通史学，先生启之也。

其论治学之经过以及编著通史之纲要，略具于是矣。至其言古代之史，则又与其师柳氏之传疑征信者同科。而博采通人，广征时论，以视其师，抑又进焉。

井研廖氏季平，讲学于成都国学院，承龚氏自珍《六经正名》之说，据礼数以判今古学之异同，而二学如冰炭之不可同器。同时有仪征刘师培申叔，亦讲学于国学院，以古文学自张其壁垒，撰《汉代古文学辨诬》（见《国粹学报》），洋洋数万言，以西汉初年学者多治古文学，而西汉今文家亦不废古文，更痛斥宋于庭诸氏之说为不足信。弟子蒙氏文通乃就今古文之判别以见经子之异趋，既而读《楚辞》，又确然见其异于齐、鲁、魏、晋之学，成《古史甄微》、《经学抉源》、《天问本事》三书，则因廖氏、刘氏今古文学之不同而启其甄古史之微，独树一帜者也。蒙氏自言其治学之经过曰：

文通于壬子癸丑间,学经于国学院。时廖、刘两师及名山吴师,并在讲席。或崇今,或尊古,或会而通之。持各有故,言各成理。朝夕所闻,无非矛盾,惊骇无已,几历岁年,口诵心维,而莫敢发一问。……然依礼数以判家法,此两师之所同。吴师亦曰:"五经皆以礼为断。"是固师门之绪论,仅守而勿敢失者也。廖师曰:"齐、鲁为今学,燕、赵为古学。……齐学则消息于今之古间,……鲁学今文也。"刘师则曰:"鲁学古文也,而齐学为今文。"两先生言齐、鲁学虽不同,其舍今古而进谈齐、鲁又一也。廖师又曰:"今学统乎王,古学统乎霸。"此皆足导余以先路而启其造说之端。

既于齐、鲁、燕、赵之不同,尚王崇霸之或异,会心有得,确然有其不同,遂草《古史甄微》。初稿甫成,又见《天问》所陈皆楚人相传之史,《山海经》雅与符会,谅同本于楚人之旧传,既大异于《六经》,复不同于诸子。乃恍然于《古史甄微》所述,多本韩非之意,同符汲冢之书,别是北方三晋所传。而儒家《六经》所陈,究皆鲁人之说耳。盖鲁人宿敦礼义,故说汤、武俱为圣智;晋人宿崇功利,故说舜、禹皆同篡窃;楚人宿好鬼,故称虞、夏极其灵怪。《古史甄微》备言太古民族,显有三系之分,其分布之地域不同,其生活与文化亦异。《六经》、《汲冢书》、《山海经》三者,称道古事各判,即其本三系民族传说之史,固各不同耶?晋之《乘》,楚之《梼杌》,鲁不修之《春秋》,其文寥落不可知,其义则彰然可识也。

此则蒙氏慧心独运,于古史有独特之见,发前人所未发名曰甄微,不亦宜乎!

三 结 论

时贤之治古史者,既鸟瞰而略述之矣。试论之曰:以主义为目的,而以治学为其目的之试验者,胡适、顾颉刚也。胡氏标榜实验主义,尝自言其所为之哲学史、新文化运动、小说考证,皆所以实现其主义。夫以学问为主义而牺牲,宜其挟主观之偏见,而无当于信史。顾氏有志于古,然中于胡氏之毒而莫能自拔。言古而不由其大,务枝枝节节以求,论古而不考其信，务诡言怪论以疑，是则胡氏以问学为其主义之牺牲，而顾氏亦因为胡氏而牺牲矣！缪氏凤林有言曰："自社会主义家以历史为解释唯物史观之工具，而新史学之邪见兴。自命为科学的历史家，宣传主义，而隐身于历史著作，皆邪见也，皆史学之妖孽也。"畏友李君步青亦云："至于新兴之疑古派、考古派，其读书之细心，亦有为吾人所钦佩，然胸中已尝有怀得一种古不可靠之成见去读书，古之不可疑也几希矣！至于今日，且有以学术作宣传主义之工具者矣，以致学术愈不真实。"盖皆隐射郭沫若辈而慨乎言之，抑亦史学前途之不幸也。卫聚贤持统计方法，以考证旧籍，执科学工具以考信古史，而不与胡氏、顾氏同趋向，虽无十分成就，而好学深思，已不可及。至郑振铎以研究希腊神话传说之故技，小说家之想象力，施之于古史，标榜古史新辨，然新其所辨寝以失真，我敢断其必不能探古史之根源。此治古史之一派也。

丹徒柳氏诒徵之《文化史》，于唐虞以前之史，付之传疑之列，洵得其宜。然过信《今文尚书》之说，于是历序唐虞之政教，称唐虞至周皆封建时代。缪氏凤林，益演其说而大之，放王氏国维殷卜辞中之考证，则以夏商皆唐虞以来古国，其大小强弱，本不甚悬殊。所谓有天下者，亦第以其名居诸侯之上，是则三代之时，尚为部落，各据一方，无所谓君臣之分。凡诸古国，生于自然，又谁封之而谁建之耶？是则柳氏亦不免信古太过，不能为之曲讳也！

抑又有感者，柳氏、缪氏之作，盖自成一家之言，所谓"余欲托诸空言，不如见之行事之深切著明者"。《文化史》之述作，欲以"求人类演进之通则，明吾民独造之真际"，而主旨所在，犹属于后者，则一览而可知也。缪氏亦自尝言其用心矣：

> 汉唐盛世，御夷防边之规，贞观君臣论治之言，宋祖集权中央之政，今皆可为执政者南针。即如石虎、符生、海陵等之残忍，西晋、两宋沦亡之痛史，隋季群盗、明末流寇之惨祸，亦何一非今人前车之鉴，履霜之戒，然后知《通鉴》资治之名为不可易。向所谓已陈刍狗者，皆有神奇之妙用，特可为知者道，难为无历史观念者言耳！

是则缪氏之灿然述作，别具苦心，其欲力为通史，而不屑屑于一字一事之考据宜矣！蒙氏受业于今古文大师之门，承其遗绪，豁然贯通，拟之标榜主义举剿袭雷同者,不可同日而语。夫今文之学,以大义为主,而蒙氏独好为考论,一若异其师说。然观其所言,以《古史甄微》为学问之粗,将以进究于义,阐道术之精微,考三方思想之异同交午,而衡其得失,校其长短。则庄老沉疴在膏肓,荀韩所陈有同废疾,思孟深粹,墨守无间,必读而辨之,而后知东方文化中之东方文化,斯于学为最当,为常人所不可几及。然一则创为通史,不屑考证,一则勤力考证,显微阐幽,而要归于义则一,是柳氏、缪氏之于蒙氏,虽貌异而心实同也。

胡适氏暨顾颉刚氏则以古史为后人之妄作,经传为刍狗之已陈,无当于治道者也。故古史之辨,务为枝节之考,大胆之疑,所以实行我之主义,以为实验之手段。郭沫若氏之研究古史,所以明唯物史观之说,以他人之方式,绳我国之古籍,而建立大纲,考核本源,若与"古史辨"之枝枝节节者殊科。顾其为疑古以考古,欲藉古以明其主义者则一也,是顾氏之与郭氏,又貌异而心同者矣。

郑振铎氏出其治希腊神话之绪论,以推究古史,而要在于明古史之真际,无异于蒙氏之治古史。然蒙氏辨证古史而得其通,郑氏凭小说家之想象以推其变,则又貌同而实异。而卫聚贤氏持科学方法以考古史,郭沫若氏亦以科学方法治古史,然卫氏则利用方法以研究古籍,而郭氏则利用古籍以我公式,是又貌同而心异者矣。

总观晚近古史之论,大抵嗜奇者务疑,拘谨者笃信。孔子曰"过犹不及",则将安所从乎?窃意治学之道,端在至诚。以学问为主义之牺牲固不可,以片段历史以建立一家之言者,又乌见其为尽善?或徒持其方法之论,舍书而不读,信以方法为不变之典则,以之衡古书而定去取,又乌见其不为方法之奴隶而终莫由自拔?至疑古而不为过疑,信古而不为过信,当疑者疑之,可信者信之,其去取之间,差以毫厘,谬以千里,则又非"好学深思"之士,所能心知其意者矣!

二十二年四月廿一日草

(《国专季刊》1933 年第 1 期)

现代中国古史研究鸟瞰

郑慕雍

一 序 言

中国是世界最古的一个国家,谁都知道他有四千多年的历史,外人常常称我们为文化古国,我们同胞也时常以此自豪。一般人看到现在国家衰弱的情形,感觉外族压迫的痛苦,便想起历史上黄帝的神武,尧舜的德政,以及夏禹的功绩。一部光明灿烂的古代史,不知给大家以多少安慰。

现在忽然有人起来要推翻这灿烂的古史,取消神圣的帝王,将四千年的历史缩短到三千年,以为伏羲、神农、黄帝,都属于子虚乌有,说夏禹是爬虫,后稷是谷神。这是多么奇怪的一种论调,无怪乎许多人要起来争辨,甚而至于咒骂呢。然而他持之有故,言之成理,中间虽经过了多次论战,却始终没有将他屈服,甚而至于他底影响反非常宏大。直至今日,除少数顽固的学究先生外,多数人对于古史都怀疑起来,不似从前绝对的信仰了。

二 古史研究发生的背景

一种学说的兴起,决不是偶然产生的,必有他过去的历史因子,及时代背景。现在让我们来考察这古史研究的历史背景。

本来这一种古史研究,是从过去辨伪学的系统演进而来。现在要问辨伪学何以发生?这是因为过去的人,制造了许多伪的书籍和史事。

至于制造伪书和伪史的原因，据梁任公先生说："文化发达愈久，好古的心事愈强，代远年湮，自然有许多后人伪造古书以应当时的需要。这种情形，各国都有，尤其是在中国，造假的本领特别发达。"(《古书之真伪及其年代》)这话一点不错，譬如十三经内的《周礼》，便是一部伪书，其他若岐伯之《素问》、卜商之《易传》、毛渐之《连山》等，都是后人伪造的。因此过去求真的学者，多引起怀疑，而从事于辨伪的研究。例如汉代的王充，便是一个疑古大家，他在《论衡·书虚篇》说："世信虚妄之书，以为载于竹帛上者，皆圣贤所传，无不然之事，故信而是之，讽而读之，睹真实之传与虚妄之书相违，则并谓短书不可信用。"他的见解，实在不错。但是在王充以前，如孟子、韩非、屈原等，也都发过疑古的言论，不过他们仅仅有辨伪的动机，还没有具体的陈述。及至到了唐朝，有一位史学家刘知幾，和一位文学家柳宗元，对于辨伪学上，方有不少的供献。宋代辨伪的风气更盛，参加的人数也最多，如司马光、欧阳修、苏轼、王安石、郑樵、程大昌、朱熹、叶适等，对于辨伪的成绩增加甚多。至明宋濂的《诸子辨》，及胡应麟的《四部正伪》，又扩大了研究的范围和方法。明亡清继，一般学者受当代政治的种种压迫，不能自由发挥其思想言论，遂转而尽力于无关现时的学业，于是朴学乃大盛行，大家争着攻治考据，风气遍于全国，而辨伪的成绩，也超过前人甚远。例如阎若璩的《古文尚书疏证》、胡渭的《易图明辨》等，承前启后，实在是清代辨伪学书开端巨著。继之而起的，有姚际恒著《九经通论》，及《古今伪书考》。崔述著有《考信录》，对于辨伪的工作，更加扩大。一直到了近代康有为著《新学伪经考》及《孔子改制考》两书，实在集辨伪学的大成。他以为先秦诸子都是托古改制，《六经》是孔子的宣传书籍，尧、舜是孔子的理想人物。他发这种论调，当时虽然有他立论的背景，实际上却立了后人疑古的张本，促成现代古史研究的动机。

三 首倡人及其主张

对于古史绝对怀疑，首先起来努力研究的，我们都知道是顾颉刚先生，他为什么要作古史的研究，这在他《古史辨》第一册自序中说的很详细。他说:"自从读了《孔子改制考》的第一篇之后,经过了五六年的酝酿,到这时始有推翻古史的明了的意识和清楚的计划。计划如何? 是分了三项事情着手做去。第一,要一件一件地去考伪史中的事实是从那里起来的,又是怎样地变迁的;第二,要一件一件地去考伪史中的事实,这人怎样说,那人又怎样说,把他们的话条列起来,比较着看,同审官司一样,使得他们的谎话无可逃遁;第三,造伪的人虽彼此说得不同,但终有他们共同遵守的方式,正如戏中的故事,虽各各不同,但戏的规律却是一致的,我们也可以寻出他们的造伪的义例来。"这一段话将他研究古史的动机和计画,说得清清楚楚。

至于他研究的方法,是用了研究故事的方法来研究古史。他说:"十年前,我极喜观剧,从戏剧里得到许多故事转变的方式,使我对于故事的研究甚有兴味。后来读到适之先生的《井田辨》,与《水浒传考证》,性质上虽有古史与故事的不同,方法却是一个,使我知道研究古史,尽可应用研究故事的方法。回忆观剧时所得的教训,觉得非常亲切,试用这个眼光去读古史,它的来源、格式,与转变的痕迹,也觉得非常清楚。"过去的学者,将古史看得太严重了,虽明明看出有许多不同的地方,他们以为这是史官偶然的错误,决不敢怀疑是伪造出来的,顾先生是一位思想革命家,他打破了传统的观念,将古史与故事平等看待,来作客观的研究,这一种科学的精神,实在令人佩服。

世界上无论什么事情,欲求建设必先有破坏,研究学术也是按照了这个规律。因为真的事实,常常被伪的所遮蔽,要想求真,非先打破假不可。同时在破坏以前,对于破坏的工作,常立下几项标准,作为进行地目的。我们要看顾先生的标准是什么呢?他说:

在推翻非信史方面,我以为应具下列诸项标准:

(一)打破民族出于一元的观念。在现在公认的古史上,一统的世系已经笼罩了百代帝王、四方种族,民族一元论可谓建设得十分巩固了。但我们一读古书,商出于玄鸟,周出于姜嫄,任、宿、须句出于太皞,郑出于少皞,陈出于颛顼,六、蓼出于皋陶、庭坚,楚、夔出于祝融、鬻熊,他们原是各有各的始祖,何尝要求统一。

(二)打破地域向来一统的观念。我们读了《史记》上黄帝的

"东至于海,西至于空桐,南至于江,北逐于荤粥。"以为中国的疆域的四至已在此时规定了。又读了《禹贡》、《尧典》等篇,地域一统的观念更确定了。不知道《禹贡》的九州,《尧典》的四罪,《史记》的黄帝四至乃是战国时七国的疆域,而《尧典》的羲和四宅以交趾入版图更是秦汉的疆域。中国的统一始于秦,中国人民的希望统一始于战国。若战国以前则只有种族观念,并无一统观念。

(三)打破古史人化的观念。古人对于神和人原没有界限,所谓历史差不多完全是神话。人与神混的,如后土原是地神,却也是共工氏之子;实沈原是星名,却也是高辛氏之子。人与兽混的,如夔本是九鼎上的罔两,又是做乐正的官;饕餮本是鼎上图案画中的兽,又是缙云氏的不才子。兽与神混的,如秦文公梦见一条黄蛇,就作祠祭白帝;鲧化为黄熊而为夏郊。此类之事,举不胜举。他们所说的史固决不是信史,但他们有如是的想象,有如是的祭祀,却不能不说为有信史的可能。自春秋末期以后,诸子奋兴,人性发达,于是把神话中的古神古人都"人化"了。

(四)打破古代为黄金世界的观念。古代的神话中人物"人化"之极,于是古代成了黄金世界。其实古代很快乐的观念,为春秋以前的人所没有,所谓"王"只有贵的意思,并无好的意思。自从战国时一班政治家出来,要依托了古王去压服今王,极力把"王功"与"圣道"合在一起,于是大家看古王的道德功业,真是高到极顶,好到极处。于是异于征诛的禅让之说出来了,"其仁如天,其知如神"的人也出来了,《尧典》、《皋陶谟》等极盛的人治和德化也出来了。从后世看唐虞,真是何等的美善快乐!但我们返看古书,不必说《风》、《雅》中怨苦流离的诗尽多,即官撰的《盘庚》、《大诰》之类,所谓商周的贤王亦不过依天托祖的压迫着人民,就他们的轨范。要行一件事情,说不出理由,只会说我们的占卜上是如此说的,你若不照做,先王就要"大罚殛汝"了,我就要"致天之罚于尔躬"了,试问上天和先王能有什么表示?况且你既可以自居为天之元子,他亦可以自说新受天命,改天之元子,所谓"受命"、"革命"比了现在的伪造民意还要胡闹。

对于破坏伪史既然立下标准，同时他对于建设也有计划。在他《与钱玄同先生论古史书》中说："我想做一篇《层累地造成的中国古史》，把传说中的古史的经历详细一说。这有三个意思：第一，可以说明'时代愈后，传说的古史期愈长'，周代人心目中最古的人是禹，到孔子时有尧、舜，到战国时有黄帝、神农，到秦有三皇，到汉以后有盘古等；第二，可以说明'时代愈后，传说中的中心人物愈放愈大'。如舜，在孔子时只是一个'无为而治'的圣君，到《尧典》就成了一个'家齐而后国治'的圣人，到孟子时就成了一个孝子的模范了；第三，我们在这上，即不能知道某一件事的真确的状况，但可以知道某一件事在传说中的最早的状况。我们即不能知道东周时的东周史，也至少能知道战国时的东周史。我们即不能知道夏商时的夏商史，也至少能知道东周时的夏商史。"

顾先生按照了他的计划和方法，时时不继的努力去研究，他所表现的成绩，虽然现在还没有完整的著作，但是在他所编著的《古史辨》中，却给了我们以不少有价值的材料和创见。《古史辨》最近已出版到第五册，内容较前渐趋于一致，不似前几册的问题庞杂了。这一种趋势，很能表现出研究的方法已上了轨道，研究的对象已找到中心。看他在第五册《古史辨·自叙》上说："所以我们研究古史，实不得不以汉代的今古文问题作为先决问题，先打破了这一重关，然后再往上去打战国和春秋的关。我们对于今古文问题的惟一办法，是细心分析这些材料，再尽量拿别种材料做比较研究。第一步工作，是探求这问题的来源及其演变。为要达到这一个任务，所以我编成本册上编；第二步工作，是解剖其内容，知道其构成层次和是非曲直。为要达到这一个任务，所以我编成本册下编，借阴阳五行问题来举一个例。这二十三篇长短不等的文字，固然还不够解决什么问题，但总可以给学术界一种新的提示。"

除了顾颉刚先生外，同时对于古史怀疑，而急切想了然它底真象的，有胡适之先生和钱玄同先生。但是他们仅能从旁鼓励顾先生的研究，在后台擂鼓助阵，而自己却没有努力去干。所以说到古史研究的中心人物，我们只能说跑上最前线的，仅有顾颉刚一人。

此外还有几位从钟鼎甲骨文字上来研究古史，如丁山先生和郭沫若等，根据实物的史料，作真切的研究，比了顾先生似乎又高出一层。

可惜这种材料有限,而且研究起来比较困难,所以他们也还没有完整的古史著述问世。

四　反对论者及其意见

无论任何一种学问,当他首创的时候,总有许多人出来反对。这反对的人,并不是不爱真理,因为他们受过去传统因袭的思想影响太大,当他们看到新的学说兴起,旧的主张快要倾圮的时候,不免惊慌起来,要为旧的去作辩护。因此当古史研究,唱出新的论调以后,便出来两位反对论者,来为旧史作辩护,一位是刘掞藜先生,一位是胡堇人先生。刘先生说:"因为这种翻案的议论,这种怀疑的精神,很有影响于我国的人心和史界,心有所欲言,不敢不告也。"他这段话并没有指出这翻案议论的谬误之点,而仅以"很有影响于人心"为了不得的事情,可见他的辩论,完全出于守旧的心理。

胡堇人先生说:

> 我以为古史虽然庞杂,但只限在尧、舜以前,若尧、舜以后的史料,似乎比较稍近事实。我且把我依据的理由,写在下面:
>
> (一)古史官是世传的,他们父传子,子传孙,容易把史料保存。就是突遭兵火,他们因职务上关系,不能不尽法搜辑。况列国有史官,一国失传,还有别国可以参互考订,决不能各国同时间对于某时代造出一色的假货。例如司马氏在烧书以后,还能保全一部分史料,作成《史记》,他所叙商朝事实,和新出土的龟甲文大致差不多相同。商代如此,夏代便也可知。可见尧、舜、禹、汤,决不是完全杜撰了。
>
> (二)古人一命以上每每铸造重器,各有款识,流传下来,恰是考古的好资料,所以历代学者多很注意。春秋时代那虞夏彝器当然还多,若依顾先生所说"尧、舜、禹、汤系层累地添出",当时学者岂有不知参考之理。例如九鼎既铸有魑魅、罔两等怪物,谅必还有文字说明,何得把鼎上的虫类,忽然移到铸鼎人身上,作为人的名字呢?

（三）天文家岁差之说，创始唐一行，其理论则萌芽于晋虞喜，三国以前并没有一人知道。若依顾先生所说《尧典》是春秋以后造出的伪作的，那么何以《尧典》的天象，和春秋时代不同，而又暗合岁差的公例呢？世间那里有这般凑巧的事。我想那假冒的人，在岁差原理未发明时，决不敢把天象说作两歧，致惹反响，今《尧典》却老实说出，可见它是有根据，并非伪造了。

我们看他的主张，固然也有一部分道理，但是臆想假设的地方也不少。总而言之，他也是为旧史作辩护，而反对新的论调。

此外还有一位未曾明目张胆提出来反对，而躲在一旁作暗暗攻击的柳诒徵先生。他说："今人喜以文字说史，远取甲骨鼎彝古文，近则秦篆。爬罗抉剔，时多新异可喜之谊。顾研究古代文字，虽亦考史之一途术，要当以史为本，不可专信文字，转举古今共信之史籍一概抹杀。即以文字看，亦宜求造字之通例，说字之通例。虽第举一字，必证之他文而皆合，此清代经师治诸经治小学之法也。不明乎此，第就单文只谊矜为创获，鲜不为通人所笑矣。比有某君谓古无夏禹其人，诸书所言之禹皆属子虚乌有。叩其所据，则以《说文》释'禹'为虫，而不指为夏代先王，因疑禹为九鼎所图之怪物，初非圆颅方趾之人。……今之学者欲从文字研究古史，盍先读熟许书，潜心于清儒著述，然后再议疑古乎？"他这段文章虽然没有明白指出何人，但谁也知道他是攻击的顾颉刚先生。因此顾先生就正式的给他一个答辩，同时还有疑古玄同和容庚两位先生，出来为顾先生抱不平。但最后却不见柳先生的动静了。

五 第三者的评判

对于古史的讨论，站在第三者的地位，而加以评判的，第一是张荫麟先生。张先生的批评，共分三条：

（1）根本方法之谬误。凡欲证明某时代无某某历史观念，贵能指出其时代中有与此历史观相反之证据。若因某书或今存某时代之书，无某史事之称述，遂断定某时代无此观念，此种方法，谓之"默证"（Argument from Silence）。默证之应用及其适用之限度，西方史家早有定论。吾观顾氏之论证法,几尽用默证,而什九皆违反其适用之限度。

(2) 夏禹史迹辨正。顾氏谓"西周中期,禹为山川之神,后来有了社稷,又为社神"。其说之妄,刘氏已明辨之矣。兹所亟待讨论者,禹与夏果有无关系?顾氏曰:"何以《诗》、《书》(除《尧典》、《皋陶谟》、《禹贡》)九篇说禹,六篇说夏,乃一致的省文节字而不说出他们的关系。"吾为之下一解答曰:此因《诗》、《书》(除《尧典》、《皋陶谟》、《禹贡》)非夏禹事迹之总记录,因禹与夏之关系非"必当入于其作者之观念中"者。一言以蔽之,此因《诗》、《书》中无说及禹与夏之关系之必要。

(3) 尧舜史迹辨正。顾氏因《诗》、《书》(除《尧典》、《皋陶谟》)无尧、舜之称述,遂断定"尧、舜、禹的传说,禹先起,尧、舜后起,是毫无疑义的"。顾氏此处之谬,亦因误用默证。

其次是陆懋德先生,他说:"大凡人类思想演进之迹,往往有途径可寻,在某时代之中,必须经过某种阶级,而后发生某种思想,此科学的定理使然也。由是言之,后人之思想,未有不受前人之影响者也。余观顾君治史方法,实为剥皮的方法,此即前人司马迁作《史记·五帝本纪》之方法,亦即崔述作《上古考信录》之方法。不过司马氏之剥皮,仅剥去诸子百家,而止于《六经》、《国语》、《家语》;崔氏之剥皮,又剥去《国语》、《家语》,而止于《六经》。顾君之剥皮,是于剥至经书之后,又进剥一层,以求见经书上记载之故事如何演进而出,此为就前人之方法,而加进层次者也。"此外如评其"似有好奇立异之病"、"似有望文生义之病",条目尚多,不胜枚举,要之皆公平之论也。

另外还有一位绍来先生,在天津《益世报》上,发表一篇《整理古史应注意之条件》,他说:"我们整理古史,在零乱的、散漫的、传说纷纭的记载之中,要求出正确的、有系统的观念,在应用考古学以外,应注意左列几个条件:

(1) 证据确凿,不可带模棱的、疑似的性质。

(2) 引证须有普遍性。

(3) 严格遵守逻辑上的规则。

顾先生的《古史辨》,怀疑的精神很可佩服,他很致力于辨伪的工作;但是他的态度上、方法上,却太多令人可议的地方。"

总以上各家的批评,大都称赞他一种怀疑的精神,大胆的主张;至于方法上,则欠完善,因此他研究所得的结果,还不免错误。然而这是一种学术初兴必然的现象,所以我们不能因它没有完成,而将他忽略。

六　余　言

在现代中国所谓"新文化运动"的当中,这一番古史的探讨,总算是一股大的力量,它与文学的革命,有同等的价值和意义。它打破了迷信的思想,推翻了传统的观念,改变了守旧的态度,不仅在史学上开一个新纪元,而对于吾国现代文化生活上,也增加了不少的新力量。俟后研究中国古史的人,多少总要受它的影响,这是不可否认的事实。

(《励学》1935 年第 4 期)

近年史学界对于中国古史之看法

冯友兰

这是国立清华大学文学院院长冯友兰博士最近在北平辅仁大学的讲演稿,其中关于近来史学研究的态度,申论甚详。冯先生为我国有名的哲学家,他虽非专门研究史学者,但他的意见确实有许多值得我们注意的。承维民君远远地把这篇讲演稿寄给我们发表,非常感谢,同时并希读者注意——编者附志。

我想,同学都知道,我个人不是攻研史学的,而我选择这个题目来讨论,是一时兴趣的激动,所以同学对于我的谈话,希望不要以专门研究史学的态度来看,因为假使要那样想,一定是会使你们失望的,这正若舞台上的职业演员和票友的表演,不能作同一的批判一样。

近来我国踏上了倒霉的途程,一般人都是这样认为,甚至有一部分人更相信到教育也破产了,道德也沦丧了,一切不仅很少甚至绝无挽救的希望。这自然是一种片面武断的论调,同时也是文化冲突发生的必然现象,所以这种苦闷呼声是应该有的。不过我个人认为近来我国的学术方面的确是很大的进步,不能不说是最近我们对于学术方面努力迈进的结果。而进展中最为显著的,便是带有地域性的史学于近来一二十年里获有特殊的成功。但是此种成功是一般研究史学的人还没有自觉地发现,因为他们是在当局的立场,不知自己已是有长足的进步,能够看出他们进步的,乃是我们非研究史学的旁观者较为清楚。现在我要讨论的便是他们研究史学的三个时期,或三个倾向,或是三个看法及态度:

(一)信古

学者具有此种态度较早,是最缺乏批判精神的,所以后来研究史学的对于这种态度渐渐发生转变。我记得民国四年,沈兼士先生在北京大学讲授"中国哲学史",讲了一学期功夫才讲到周代,因为他的哲学是由远古讲起的。而我们通常知先秦以前并没有哲学,那时确实没有哲学思想产生,所以那时不应引起我们的注意或研究。而我国近来对于信古,仍有一部分人是不遗余力的,不管他们的动机是怎样,他们那种的"复古运动"真是可惊,学校读经便是最显明的例子。

(二) 疑古

关于疑古,是发生于信古以后,是研究史的另外一种态度,此种自较盲目的信古态度进步些。可是立于研究的立场上说,仍是属于消极方面的,而于研究的效率方面,亦不能得到满意的进展。自然在我们所存在的古书中,伪书很多,所以不能全部尽信,孟子也曾这样说过:"尽信书,不若无书。"也是这个意思,因为要使绝对以信古的精神去研究,将定要发生严重的错误,而且这种错误是不可避免的。沈兼士先生和胡适先生是表现两种不同的研究史学的态度,沈先生认为的中国哲学史的发创的时期比胡先生所认为的较早,所以沈先生对于"先秦"以前的哲学以为仍有研究之必要;而胡先生的《中国哲学史大纲》一书认为中国哲学是应该自"先秦时期"开始。蔡子民先生很重视胡先生此种新颖的见解,确实是对于中国哲学的一种合理的看法,这也是疑古精神的第一步。著作《古史辨》的顾颉刚先生便是立于疑古的观点研究史学。

(三) 释古

释古是研究史学的第三种态度,是与信古、疑古两者迥不相同的,同时也是研究史学的态度进步到第三个阶段。此种态度似乎是介于信古与疑古之间,因为信古和疑古两者都是偏于极端方面的。信古的态度自然不免陷于盲目,而纯粹的疑古态度,仍不能离其"惑疑主义"错误的势力圈外。释古便是这两种态度的折衷,这种是比较有科学精神。因为古籍虽是不可尽信,然也不应该一概否认其发生是有相当原因的。我也曾在我所写的《中国哲学史》一书里,论及到这个问题,此种研究史学的态度,表面上看来,似乎有些双关的样子,若我们中国昔日的官吏呈报上司的案情都是千篇一律的,"事出有因,察无实据"八个字。在这简短的两句话里,却兼顾了两种不同的意义,近乎骑墙的态度,可是确是攻研史学的合理态度。例若我国一般传说伏羲氏画八卦,和尧舜二帝禅位的事,都是没有确切的信史可考。我们就要从历史上推到其社会背景,再由其社会背景而追溯其历史,这便是释古,是与信古与疑古二者所不相同的地方。

关于史书的真伪问题,的确是对于攻研史学者的先决条件,因为它对于史学的本身影响太大,错误的结果,是会使研究者徒劳无功,反因之而灰心失望。举例来谈,在我国班固著的《汉书·艺文志》里,曾谓诸子都是出身于王官,而现在我们当然知道是与事实不相符合的。在民国初年,胡适先生他是最早具有这种见解,他曾经写有一篇文章是《诸子不出于王官论》,这篇文在当时很能得一般人的惊赞。因为这还是胡先生一种新颖的见解,是我们不应该忘记的。这文批判诸子出于王官的说法,完全没有它相当的根据。而在六经内,也曾以诸子出于司徒之官,这种见解是陷于机械论的谬误,可是在"事出有因,察无实据"的方面,不能不需要一种新的看法。我们知道我国在"先秦时代"是贵族政治,当时的社会阶级有贵族与庶民的区别,而关于政治与经济的各种力量,都是操于贵族阶级的手里,一般智识分子因为需要及环境的各方面,不能不与贵族发生密切的关系或结合,于是智识与学问仍是同样地笼罩在贵族阶级势力气氛里,一般专家都好似贵族的幕宾一样,也即是贵族势力下所属的官吏。贵族历年是为世袭,而贵族的专家也竟与贵族一样的世袭起来。可是到后来贵族阶级不幸渐渐陷于崩溃的境地,而一般智识分子的专家也因是而失掉了他们自己的职业。于是一些智识分子自从失势以后,他们便不约而同的散布于民间了,以私人的资格从事于著述,以挽回失业困难的厄运。因此在思想与性质上的各异,乃产生了一些分门别类的什么家,若"儒家"、"墨家",及"道家"等。到了这个时候,社会里发生了一种空前的变动,正若班固所谓的"官失其守","礼失而求诸野"。通常以为六经谓诸子出于王官之说似乎不错,其实我们对于一件问题自然不能认为太难,可是也不要看得太容易。就此一般研究诸子起处的问题,我们就用一种批判的精神,对于存遗着的材料,向可疑与可信的各方面探讨,兼有疑古和信古的两种精神,这便是用释古的态度来研究,用比较的方法来探悉史学的各种问题了。

关于我国古代"井田制度",孟子的著述里讨论甚详。当时土地的形式分配,是将田土画为井字形,分为九份,有官田和私田的区别,居在最中央的是为官田,其四周的八份为私田。官田是公有的,八家人合同耕种,私田属于八家私人的,是个别耕种的田地。要认为它是否真实,在信古的观点上看来,因为这话是出于圣人的写作里,当然很有充分的理由去相信它。可是要在疑古的观点上看来,便不是这样了,认为"井田制度"在实际上是没有的,不过仅是孟子个人的理想或学说罢了,是有一种"托古改制"的动机,我们是决不能置信的。而在释古的观点上看来,"井田制度"虽不能尽信它是曾经存在过,但是我们可以认为在当时有一种现象或动机,是能够予孟子的学说有所暗示,这样看法也不能认为不合理的。又若《诗经》里曾说:"四海之内,莫非王土,率土之滨,莫非王臣。"这些话虽是不免过于夸大,但是当时国王对于子弟的分封,这确是实有的现象。关于政治与经济各种组织,都是连环地维系着,正若贵族与佃户的关系相似。所以关于"井田制度"也可以认为是孟子的一种新看法,因为在那时纷扰的社会里,他希望能对于农民的利益方面有相当的意见。

从效果和价值方面来看,盲目的信古是没有辨伪的疑古来得重要。若近来大家从事《墨子》、《庄子》、《管子》等书的辨伪,以一两部书的根据来决定他的真伪,这似乎有些武断,这是一种疑古的态度。但是在释古的观点看来,既不能认为它是完全对的,可是也不能认为是绝对谬误的。因为《庄子》是否是庄周自己写的,这对于书的本身关系究竟很少,尤绝对不能先假设其错误,而再批判其真伪。因为这样不啻是责罚以后,才证明其是否犯罪,是不应该的。而在图书馆的书汇里署名著者庄周,这是他们的习惯,不能算是他们的错误。在"先秦时代"是决没有整部的《庄子》、《管子》的,完全是零乱的散篇,不过是后来的学者根据它的性质或思想而将它编辑成为整部集子。若《庄子》里的《马蹄篇》或《秋水篇》,都是由散乱的篇数收集起来的。不幸后人以史书里的一两句话而决定一书的真伪,这完全是对于当时的社会观念不很清楚。对于书的著者的真伪,我们实认为不必要,而所最重要的是在写作的本身方面。这种现象不仅是在中国特有的,而在中古世纪的欧洲也在这样。疑古的态度是抹杀一切的,这是它的短处,可是对于史学也不无有所相当的贡献。过分的追求,往往会陷于近视的危险,也正若《孟子》里有象引舜入井是否真确一样,也若神农曾坐在"太和殿"的各种无所谓的问题。总之,信古、疑古、释古的三种攻研史学的态度,正若历史进化般的有了"起""承""合"的三种不同的嬗变一样。

一九三五,五,一九,辅大

(《骨鲠》1935年第62期,维民记)

略论近年来国内史家史前史研究的成绩

童书业

历史的研究,自从王静安先生(国维)提出二重证据(地下的与纸上的)之论,于是那虽有器物遗迹而不能与书本确实印证的殷商以前的时代便变成史前时期了。本文所指的史前时期,便是指从夏代末年上溯至有人类的那个时期。这时期的历史传说和文化遗迹,在最近一二十年来,几乎成为历史研究的中心,好像一个历史研究者不研究殷商以前的历史,便不能成为史学家一般。因之最近一二十年来关于这一时期的历史研究也最有成绩。

近年来,国内史前史的专门研究者确实很多,其间派别纷纭,极史学界之奇观,其最重要的派别大略可分为七个:

(一)信古派。这是传统的旧派,人数最多,都持"信而好古"的态度。但这一派中专门研究上古史的人却很少,其中对于史前时期的历史具有较新的见解的,据我所知,有缪赞虞先生(凤林)、张素痴先生(荫麟)、刘掞藜先生等几位。

(二)考据派。这是现代历史学界的正统派,人数也不少,其治学的方法是参合清代的汉学和西洋正统派史家的考据方法而成的。他们之中对于史前史有特殊见解的,大略有王静安先生、胡适之先生、傅孟真先生(斯年)、徐中舒先生几位。

(三)考古派。这是史前史研究成绩最可靠的一派。他们应用科学方法做地下发掘研究的工作。在史前史方面用功的,略有李济之先生、董彦堂先生(作宾)、梁思永先生等几位。

(四)疑古派。这是传统派史学的反动。他们对于史前史持极端怀疑的态度。其方法也是考据的，其特点为动的线索的研究法，即用溯源的方法以探索传说在各时代各地域的变动状态，而根本推翻其信史的地位。这一派的重要人物可推顾颉刚先生和钱玄同先生等为代表。

（五）释古派。这派似乎又是疑古派的反动。他们的态度是"古史传说虽不必尽可信，但也未必尽无根据，古史传说不过是野蛮事实的文明化和简单事实的繁复化而已"。他们根据通史和社会史的知识眼光来探索史前史的真相。其方法也用考据，但多从推论而假定结论。这派的人也很多，据我现在记忆所及，如冯芝生先生（友兰）、吕诚之先生（思勉）、蒙文通先生、钱宾四先生等几位都是。

（六）神话学派。这派似是疑古派和释古派的混合派。他们用神话学、宗教学的眼光来探索史前传说的真相。其与疑古派异者为：疑古派多从破坏方面着手，而这派多从建设方面着手（他们的目的是要推翻伪的政治史而建立真的宗教史）；其与释古派异者为：释古派多据异时代异地域的事实推测史前时期的真相，而这派根本认史前传说都是神话，没有信史的存在。这派的重要作家，据我所知，有郭沫若先生、闻一多先生、陈梦家先生、杨宽正先生（宽）等几位。

（七）社会科学派。这派是现代史学界里最新的集团。他们专用社会科学的知识眼光来研究史前传说。他们的立场和释古派很近，所不同的，释古派所用的仍是传统的考据法，而他们所标榜的是所谓最时髦的唯物辩证法；释古派是"疏通知远"，而他们却是依律断狱。这一派截至现在为止，有成绩的作家还不多，最重要的代表者也是郭沫若先生。此外梁园东先生和陶希圣也都属于这一派。梁、陶二人所用的方法常被正统派的社会科学家认为旁门外道，但是所谓正统派的社会科学家他们对于史前史研究的成绩又在那里呢？

以上七派，各有各的见地，各有各的特长和贡献。他们研究的成绩略述在下面：

（一）史前文物的研究。这差不多是考古派专有的成绩。如河南仰韶村、辽宁沙锅屯、山西西阴村、荆村及甘肃等古文化遗址的发掘和研究，使我们知道上古文化的真相。至彩陶和黑陶文化的发现和研究，尤使我们明白古代文化确有东西两系，而且受有外来的影响。

（二）古史地域的研究。关于这点，各派的结论已大致接近，即殷商以前，中国民族的主要活动区域不出黄河两岸的地点，但各派对于中国文化的发源地仍是争论不一，如：傅孟真先生等主张东西二源说，王静安先生、吕诚之先生和杨拱辰先生（向奎）等主张东源说，钱宾四先生等主张河洛之间为中国古代文化根据地说。至于疑古一派的人对于夸张的古代疆域说的破坏，其功也不在小。

（三）古史民族的研究。关于这点，有一源说和多源说两种。传统的史家多主中国民族一源说。新史家则有的主张汉族一源异族多源说，如吕诚之先生等；有的主张中国民族东西二源说，如傅孟真先生等（傅先生主张中国民族虞夏周为一系，殷商及东夷为一系）；疑古派的史家多主中国民族多源说，他们在摧毁旧的中国民族一源说上颇化了些气力。至于王静安先生的古代民族统系的研究和蒙文通先生、吕诚之先生等古代民族移徙的研究，也极有成绩。

（四）史前人物的研究。关于这点，以疑古和神话学二派为最有成绩，其他各派也多有新见解提出。如缪赞虞先生主张三皇是道家理想化的人物，三皇五帝的称号都出周秦人的杜撰，伏羲、神农等都是社会进化阶段的象征人物。顾颉刚先生主张三皇是天地泰一之神的人化，五帝是五天帝的人化，禹是越族或羌族的宗神后底神的人化，太康是启人格的分化。吕诚之先生主张少皞传说是蚩尤传说的分化。蒙文通先生主张三皇的称号原本三一（天一、地一、泰一），五帝的称号原本五运。郭沫若先生主张舜是帝喾的分化，少皞即是帝挚。陈梦家先生主张太皞也是帝喾的分化，少皞、仓颉都是契的分化，夏代帝王都是商代帝王的分化（夏世即商世）。杨宽正先生主张盘古本为犬戎之宗神，五帝是东西二系民族上帝的组合，黄帝即是皇帝（上帝），颛顼是尧的分化，丹朱即朱明、祝融（亦即驩兜），为东方民族之火神；虽即共工、玄冥、冯夷为东方民族之水神（陈、杨二先生都否认夏代的存在！陈先生以为夏世即商世，杨先生以为夏即是下，下国是对上天而言的）。我也曾提出三皇称号本于三才，五帝称被本于五行，天皇、地皇出于天主、地主，黄帝即五天帝中的五黄帝，炎帝即五天帝中的赤帝，颛顼也是天帝的人化。丹朱与驩兜、虽与共工、伯夷与皋陶、四岳、许由，禹与勾龙，后稷与程都是一人传说的分化。五观人名为扈观国名的分化。(我又曾主张陶唐的代号唤起,尧本是虞帝。)

(五)史前事迹的研究。关于这点,疑古、神话、考据、释古等派的贡献都不少。例如顾颉刚先生假定古圣人制器和尧舜禅让等传说都出于墨家的主义宣传,虽禹治水传说是神话的人事化,太康淫佚传说出于启淫佚传说的分化。傅孟真先生主张大禹治水的传说为中国的创世纪。吕诚之先生假定大禹治水分州的传说出于古代九个小部族抵抗洪水的事实(吕先生认为禹的治水并不曾成功,乃从东方平原退到西方的高地而安居的),羿促篡夏和少康中兴等传说多出于神话的增饰。蒙文通先生等发挥刘知几的尧舜禹禅让实为篡夺事实的增饰说。钱宾四和郭沫若诸先生主张禅让说为古代部族酋长推举制的遗影(郭先生近已否认旧说,认尧舜禅让的故事出于神话)。杨宽正先生主张黄帝征蚩尤的传说实出皇帝(上帝)遏绝苗民的神话,尧舜禅让的传说实出天帝禅代的神话,禹治水的传说实出社神平定水土的神话。我也曾推定黄帝征蚩尤的传说出于姜(羌)、姬、苗三族斗争事实的神话化,重黎绝地天通即太阳神开辟天地的神话,尧舜禅让说是神话而经过墨家增饰的,禹的得天下本由于征有苗,舜禹禅让传说是墨子以后人所增造的。虽禹堤防疏导洪水的传说出于"湮洪水"的神话,羿、浞、尧、少康等之争本为神话中神之斗争,现在所传少康中兴的故事出于东汉人影射光武中兴的事实而杜撰的。

(六)史前史料的考订。史前的史料只有后人伪托的《虞夏书》。关于《虞夏书》的考订,经过各派的争辩,大致有如下的各种主张:(甲)关于《尧典》的著作时代(《皋陶谟》的时代略同《尧典》),略有春秋时代著作说(刘朝阳先生等主之),战国时代著作说(主张这说的人很多,我从前也主这一说),秦代著作说(顾颉刚先生的旧说,近叶国庆先生等主之),西汉时代著作说(顾颉刚先生等主之),各时代增成说(吕诚之、杨宽正诸先生和我现在都主张这一说),西周著作而经过汉人翻译说(缪赞虞先生主之);(乙)关于《禹贡》的著作时代,略有战国时代著作说(这一说主张的人也最多,有的主张著作地点在魏国,有的主张著作地点在秦国),秦代著作说(我最近的主张),西汉时代著作说(闻有主张之人),各时代增成说(吕诚之先生等主之);(丙)关于《甘誓》的著作时代,略有本为《商书》说(郭沫若先生主之)、战国时代著作说(主张的人很多)、西汉时代著作说(顾颉刚先生主之)。

以上六项,就是近年来史前史研究者的重要发现和主张。大家如要寻他的出处,关于信古派的,可参看缪赞虞先生的《中国通史纲要》(钟山书局出版)和《古史辨》中诸文;关于考据派的,散见《海宁王忠悫公遗书》和《胡适文存》、《胡适论学近著》及《中央研究院语言历史研究所集刊》、北京大学《国学论丛》、《史学论丛》、清华大学《清华学报》、燕京大学《燕京学报》、《史学年报》、禹贡学会《禹贡半月刊》等刊物;关于考古派的,可参看地质调查所及中央研究院、吴越史地研究会出版的考古各专刊,及卫聚贤的《中国考古学史》(商务出版);关于疑古派的,可参看《古史辨》一、二、三、五、七等册(《古史辨》第七册即将出版);关于释古派的,可参看吕诚之先生的《先秦史》(将由商务出版)、蒙文通先生的《古史甄微》(商务出版),以及国内各重要国学刊物;关于神话学派的,可参看郭沫若先生的《甲骨文字研究》、《金文丛考》、《先秦天道观之进展》(商务出版)等书,及《清华学报》、《燕京学报》等刊物与《古史辨》;关于社会科学派的,可参看郭沫若先生的《中国古代社会研究》,及陶希圣的各著述,吕振羽的《史前期中国社会研究》,以及神州国光社出版的《读书杂志》"中国社会史论战专号"等刊物。

上面所述的近年来史前史研究者的重要发现和主张,虽不一定都是对的,但总是大家苦心思索的结果。大致说来,以史前文化、古史地域、古史民族三项的研究为最有成绩。傅孟真先生的中国民族文化东西二源说是最值得我们注意的一种主张。至史前人物和事迹、史料的研究,我们现在虽不敢决定那种主张是对的,但古代的野蛮乃是事实,在史前时期决没有像传说里的那种三皇五帝禹启式的神化的圣人(不是说绝对没有他们的人,是说没有像传说里的他们),和制作、禅让、治水等的神化的圣史,以及现在所传的《尧典》、《皋陶谟》、《禹贡》那类的小说化的圣书,这是已经可以决定的了!在这点上,我们又不能不推崇王静安、胡适之、顾颉刚、郭沫若诸位先生的开创的伟绩!

(《光华年刊》1939年第14期)

古史及古史研究者

华白沙

一　前　言

　　一提到中国古史,就会使人引起一种头痛的感觉。一则是从五四以来,这二十年中,一度形成学术界风气的"疑古"与古史研究,至今聚讼纷纭,莫衷一是,不免令人失望。二则是这些满被着尘埃的骨骸,除了为"整理"或"发扬"本国文化以及为学者们"发皇"考据以外,离开现实既远,一般人对于这些令人头昏的古史问题,就很少有人去顾问的。

　　话虽如此,除非我们撇开中国历史不讲,倘要回溯一下本国史的发展过程,或为了解已往社会的状态起见,这个劈头遇到的古史问题,就无法避免了!问题虽难以解决,然而又决不能抛弃不讲,要讲则又不得不采择或评论近人所研究的成绩。这在事实上就很困难了。为什么呢?因为从五四以来,我们的研究古史的学者们,委实还很少给我们一些可靠的定案,甚至要我们介绍这些著名学者们的意见,都是很困难的。

　　这也许便是一般人对于近二十年来的古史研究,所以很少有人去顾问的原因。

　　笔者对于中国古史,也有相当的兴趣,而且几乎是成为嗜好的。但也不免有与一般人相同的感觉。

二　顾颉刚与古史辨

　　先从我们那位将夏禹王考证为一条虫的大名鼎鼎的古史学者顾颉

刚先生说起。

顾先生的生平,已有他自己详细介绍长凡十余万言的《自序》说得非常详尽,无用赘述。他是苏州人,在北京大学哲学系毕业。民国十五年那一年,国民革命军由武汉更向平汉路推进,还未到北京,直系军阀已受了很大的打击,北京城里充满了革命的空气。一些青年们尤多徬徨莫定,皇皇然不可终日。这时一代大师王国维突在北京颐和园投水自杀,这消息传出以后,竟意外的振撼了北京学术界的平静空气。其时顾颉刚已在北大毕业,在王国维死后不到三月,他的《古史辨》就出版了。这里面的内容是并不纯粹的,除了最主要的,他和胡适、钱玄同等人往来讨论古史的信件以外,其他收集了一些与古史直接间接有关的文章,其中还有王国维的《古史新证》。在他的《自序》里,最奇特的,是绝不提起王国维的古史意见。但对于康有为和梁启超,很表示钦佩。这时梁启超正在清华研究院担任导师,继任王国维的遗职,对于顾氏的《古史辨》,丝毫不加批评和褒贬,但在方法上,顾氏由胡适所倡导的实验主义出发,以"疑古"为手段,以破坏"伪古史"为目的,和梁氏在清华研究院所讲的《中国历史研究法》的一般性的史学方法是完全不同的。从现在看来,我们觉得梁氏的史学方法比较完整,是刘知几、章实斋诸人的继承,因此在历史教育上,与对于通史研究,自有其划时代的贡献,并具有普遍性,和顾氏的偏于破坏"伪古史"一方面者,自不可同日而语。顾氏《古史辨》出版不久,革命军已到北京。一向在北京研究甲骨、金文的罗振玉等,都一起溜到天津做寓公去了,在北京的文化人和大学教授,大都参加了革命运动。就在这革命思潮的激荡之下,古史辨遂应运而起。同时因民族资本势力的抬头,封建残余的日益崩坏,"疑古"和"辨伪",便蔚成北平学术界的一时风气。在顾氏《自序》中说:

> 适之先生带了西洋史学方法回来,把传说中的古代制度和小说中的故事举了几个演变的例,使人读了不但要去辨伪,要去研究伪史的背景,而且要去寻出它的渐渐演变的线索,就从线索上去研究,这比了长素先生的方法又深了一层了!

他所说比了康有为(长素先生)"又深了一层"的"西洋史学方法",就是胡适从金元主义的美国带回来的实验主义。实验主义专重"实际的效果"——即"实际的利益",说得不客气一点,所谓实验主义的"科学方法"者,其实就是美国资产阶级的"市侩哲学"。顾氏所用疑古和辨伪的方法,只是一种对于旧传说加以否定的手段,以破坏为目的,以怀疑古代史料为基本态度。顾氏对古史的中心思想是"层累地造成的中国古史",他所运用的"史学方法",是根据各时代的时势来解释各时代的传说中的古史,他的假设是:古史是"层累地造成的,发生的次序和排列的系统恰好相反"。

这个假设也可分两方面来说:第一,照顾氏说,"时代愈后,传说的古史期愈长"。所以在西周以至春秋初年的时候,当时的人以为禹是最古的人王,到了东周晚年,尧舜出现了,尧舜出现之后,禹便从人王的地位一变而为普通的人,而尧舜便成了两个道德最高,功绩最大的古王。到了战国时代,秦国在尧舜上头加了黄帝,许行一辈人又在黄帝上头添了神农。到了秦,李斯等又添上三皇。到了汉代以后,盘古氏也出现了。古史就是这样堆积而成的,"时代越后,知道的古史越前,文籍越无征,知道的古史越多"。其次,"时代愈后,传说中的中心人物愈放愈大"。例如舜,在孔子时只是一个"无为而治"的贤君,到了战国时,在《尧典》里所表现的舜,已是一个"家齐而后国治"的圣人,到了孟子时,更成了一个孝子的模范了。(参看《古史辨》第一册,第五十九页至六十六页)

古史经他这样一辨,经他把所谓"伪书"和"真书"中的伪史完全推翻,所谓五千年的历史,只余下二千余年。中国古史经过这样一番大改革,自东周以上只好说是无史。"现在所谓很灿烂的古史,所谓很有荣誉的四千年的历史,自三皇以至夏商,整整齐齐的统系和年岁,精密的考来,都是伪书的结晶品"。(同上,第三十五页)

三 翁文灏的见解

顾氏的方法和结论是否可靠?据我看来,是极有危险的。第一,他对古史只看到"层累地造成的"一方面,这固然是一种事实,然而是极不完整的。因为古史虽有"层累地造成的"现象,也有层累地被剥削的现象,这被剥削的现象比层累地造成的现象还要重要。但是这却为顾氏所忽略了!他只看到"传说中中心人物的愈放愈大",在战国以前尚无黄帝,在许行之前尚无神农,在汉代以前尚无盘古,于是就说古代时并无黄帝、神农、盘古其人,这一些人物的传说都是伪史。这不能不说是非常错误的见解!我们知道,人类的历史智识是逐渐进步的,是愈进化愈清楚的。在传说中"黄帝"的时代,还决不会留下黄帝的史料,在盘古的传说中,决不容易看到盘古的本身,在神农的神话中,我们不容易找出神农所留下来的遗迹。但我们不能因看不到黄帝时的史料、盘古的本身或神农的遗迹,便说黄帝、盘古、神农的传说都不足取,这是史学方法上的极大错误。在这一点上,顾氏和他的学生们虽费了不少"辨伪"、"疑古"的气力,但其结论往往是空虚的。记得翁文灏对于古史有几句话倒说得很好。他在《清华周刊》"回头看与向前看"一文中说道:

> 一说是文化的改变,同一个民族也可以因环境的变化与外面的接触而发生很深文化的变迁。从这样眼光来观察中国古代的传说,也可以格外明了历史的意义。中国三皇五帝的历史大抵说是某某氏享年若干岁做了什么有益人生的事,若干岁是时代的观念,什么事或什么物是文化的表征。所以燧人、有巢、神农、轩辕、陶唐、虞、舜诸氏,与其说是做皇帝的个人,不如说是发明用火、建筑,……农事、舟车的时代,或是做陶器、作渔猎的民族。好像近代做小说的对于牛、猿、羊、扫帚、磨石……都可以人格化了,把他变成能行的妖精,加上牛、猿、杨人类姓名。从前说古史的也把各个文化时期个人化了,把一时代的精神一民族的生活都归作一个体的圣人。这种以个人为中心的观念,也许就是我们汉族思想上的一个特点。

这一节话,比顾氏的见解要高明得多。上古史上的人物,原只能用这样的眼光去看。否则即使如顾氏所作《三皇考》(燕京哈佛学社出版)一册十几万字的考证文章,结果仍是得不到定论的史料堆砌,还不如翁氏所说的意见为正确。这种毛病在疑古派的人们既成为通病,因此自《古史辨》第一册出版以来,将近二十年中,虽已出了几百万字的辑集,但至今所得的总成绩,简直会使我们感觉到几乎不能相信的惊异!试看最近出版的《古史辨》第七册，在编者自序中说他们这十几年来的总成绩，是怎样地自供出来的：

> 古史辨的结论究竟是怎样呢？我们的回答是：绝对的结论在现在还不能有，相对的结论大致是这样：
>
> "三皇"、"五帝"的名称系统和史迹，大部分是后人有意或无意假造或讹传的。"皇"、"帝"的名号本属于天神，"三"、"五"的数字乃是一种幼稚的数学的范畴，"三皇"、"五帝"和古代哲学与神话是有密切的联系的。大约：盘古、天皇、地皇、泰皇（或人皇）决无其人，燧人、有巢、伏羲、神农，也至多是些社会进化的符号。至于黄帝、颛顼、帝喾、尧、舜、鲧、禹等，确实有无其人虽不可知，但他们的身上附有很多神话，却是事实。把这些神话传说剥去，他们的真相也就所剩无几了。至启以下的夏史，神话传说的成分也是很重，但比较接近于历史了。到商以后，才有真实的历史可考。总而言之，夏以前的古史十分之七八是与神话传说打成一片的，它的可信的成分贫薄到了极点！

这是何等"贫薄"的结论！不但使我们对于疑古派的所谓"史学方法"表示怀疑，简直觉得他们的工作太空虚了！这一节虽则大致无误，然而前半段所说，几乎是一个中学生知道的常识。"三"、"五"的数字乃是"一种幼稚的数学的范畴"，这在清代汪中的《释三九》一文中早已说过（见《汪容甫全集·述学》），而盘古、神农等也至多是社会进化的符号，这一点，翁文灏也早已说过了！并且翁氏所说，还较他们的结论精确简洁。至于黄帝，在我以为和古代东夷中的"黄夷"是有关系的。黄夷据考古家张凤氏说，黄字古文象日光横被形，大约黄帝原属东方系的太阳神，和颛顼相近，后来大约因周人的东征，将东方的黄夷夷族俘获到西方，因而秦国遂有黄帝的神话。帝喾与舜，王静安（国维）在他的名著《卜辞所见殷先公先王考》（《观堂集林》卷十）一文中已详加考证，不知顾氏何以将王氏之说搁置不理，而认为这些人都不可信。尧号陶唐，是和陶器有关的一个名词，是可以成为定论的（近人卫聚贤《古史研究》第二集中，以尧为酒壶，则大谬）。至于鲧和禹，顾氏以为禹是一条虫，而鲧是并无其人的。禹是一条虫的见解，在我们看来，实在是太奇特了！而且多少是一种不合理的假设。因为我们的祖宗大禹倘使真的是一条虫，现在的我们，必定是背上生着鳞壳的虫子虫孙了！这是多么滑稽的一件事呀！

四　缺少科学根据

顾氏的方法，至今看来，有不少地方是太幼稚了！譬如禹是一条虫的见解，只能说有一半对，但决不能这样笼统地说明。"禹"字据《说文》象兽足踩地，固然是一种爬虫类的象征，但这种现象在古史上的意义，显然是一种"图腾"（Totem）遗痕，而鲧应是一种鱼类的代表，这种动物在古代沿渤海以至江淮间的丘渚中大约是常见的。其时这一带都是冲积平原，禹和鲧大约都是当时的种族图腾，后来"禹敷下土"、"禹有九州"的传说，则又从禹字古文"九土"二字而来，这一点，近人何天行氏所说最好（参看《学林》第五辑《夏代诸帝考》及《禹即九州考》），很可补正顾氏之说的粗忽。

其次，所谓美国式实验主义的史学方法，还有两点错误是很明显的。实验主义者的唯一口号是"拿证据来"！至于史观和史识，却完全遗忘了。这在历史学的研究上，就只看到"层累地造成的古史"，却疏略了被各时代的环境所湮没的史实。譬如我们说，在现在的某一些都市或乡村中，其中有多少生活在贫困中的男女，过着悲哀或愤怒的生活，在暗淡中生存，在暗淡中死去。但我们无法举出他们或她们姓甚名谁，也没有关于他们或她们的记载，这些人在实验主义史学家的眼光里是必不存在的！因为我们不曾替他们找出"证据"，实验主义的史学家就不承认他们是历史上的一分子。

这种情形，是由于缺乏史观而造成的。顾氏的辨疑文章，大都犯有同此的弊病。自《古史辨》第一、二册出版后，梁园东氏在《东方杂志》上曾加批评，以为古史辨根本没有方法。梁氏的话或不免近于偏激，然而古史辨方法之缺失，也无可置疑。因为这种方法，是顾氏杜撰的实验主义的方法——顾氏以为司马迁整理古史的方法，是以"雅驯"做标准，崔述"考信"的方法是以古经为标准，而他所取的方法则以书的真伪为标准。所谓古书上史料的真伪,若没有正确的史观去驾驭、去鉴别,其结果必异常危险。因为没有正确的史观,对一切的史料先要"存疑",拿"存疑"的态度来对付一般历史现象,是十分危险的。

因此,顾氏虽以研究夏商以前的古史自任,但在十年之前,他在北京大学史学系讲授先秦史的时候,在讲义的第一章上,劈头就说:

> 商代以前的中国历史,我们已不能详确知道了。大约在耶稣纪元前二千年左右,黄河流域的中部,有一种比较文明的民族在那里居住着、发展着,这种民族所建立的国家,就是那历史上有名"三代"的第一代夏。不知在什么时候,出来了一个商民族,在现在的山东省境内发展势力。约在耶稣纪元前一千多年的时候,商民族出来了一位很能干的君主叫做汤,统一了东方诸部落,举兵西向,就把夏国灭了。

这一节话,虽很笼统,但大致可信。要说得更清楚一点,就发生问题了!在《古史辨》中说夏是在西方的,其地望当在现在的山西省界,后来更远向西北。但我们知道,在古代时,"山西为山地,在原始时代沉沦于石炭纪之大海,不宜牧畜"(语见瞿同祖著《中国封建社会》,第七页,商务本)。夏人的文明是很早就发生的。他的发祥地必不在山西境内。而且古代陕西、山西等地,气候极冷,据近人竺可桢说,当虞舜至商时,秦晋一带,每到太阳西下,气候就降至冰点以下,极不宜于人类的生活(详见竺可桢《论以岁差定尚书尧典四仲中星之年代》,刊十六年七月一日南京中国史地学会《史学与地学》)。顾氏等在《古史辨》上根据秦汉以来的传说与注疏说夏在太行山以西区域,在文献上的"证据"是拿得出来的,其奈事实上不可能何!所以在疑古派的人们断为定谳的时候,往往在科学的史学方法上是并不如此的!

五 怪论种种

疑古派的古史家虽忽视了正确的史观,和不能以博赅的史识来鉴定史料,然而他们的贡献——将古史材料的排比与存疑态度,是有足取的(例如顾氏在《燕京学报》上所发表的《纣恶七十事发生的次第》一类文章,都是疑古派最好的作品)。但对于学术界的影响,他们的存疑态度,远不及顾氏所说"禹是一条虫"那种新奇立说的影响大。自民国十四年到二十一年,这几年中,我们的学者们仍以不断的研究精神,继续发挥出不少如《易经与生殖器》一类的高见,而这些美国式民俗学与古史研究的影响所及,几乎每年都可以发现一些令人骇然愕然的新见解。如这类新奇的见解都成为定论的话,这功绩是不能不归功于古史辨一派的学者们的。其中最妙的理论(有的还是"考证"),如舜是一头狮子,尧是一把茶壶,墨子是印度阿炭,周公是一个鸡蛋之类。而这些著名的"考证"方法,大致是这样:舜字在甲骨文中是一头只兽,头大嘴尖,顶上似乎多肉多毛,这是一种什么动物呢?我们的考古家想去想来,忽然想到了狮子身上,呀!这不是一头狮子么?狮子出产在印度最多,而印度又在中国之南,于是由"假设"到"大前提",由"大前提"以至结论,因而断定舜是狮子,是起于南方的。这样合于逻辑三段论法的考据,当然是最"科学"的,其新奇与"贡献"之大,可以说与"禹是一条虫"的意见,有过之而无不及!

再如说周公是鸡蛋,有什么证据呢?周公不是姓周名旦吗?倘如你在上海到广东店吃过"滑旦粥",就知"旦"便是蛋。旦者,蛋也。周者,圆也。周公者,圆蛋之谓。你如不信,请你先到广东店去吃一顿滑旦粥,便知其中的奥妙了!

此外,这二十年来,史学界妙论之多还不一而足。譬如有人说:老子是云南的苗人,太史公是一部书的图腾,女娲氏炼石补天窗(据说女娲氏所住的房屋在雨天漏水太多,所以要修理天窗)。商汤是当店里的伙计,等等。甚至如鲁迅所说的笑话蚩尤是共产党的领袖,以及某考古家认汉高祖是外国人之类。倘如你觉得历史这门东西实在枯燥无聊,我们这些考据家的宏论,就会使你为之解颐。

戊戌政变以后,梁启超在《新民丛报》"敬告我同业诸君"一文中曾说,发表一般文字的效用和目的:"所骇者进一级,则所习者亦进一级,驯至举天下非常异议可怪之论。无足以相骇,而人智之程度乃达于极点。"这在发挥哲学思想或政论文字,固然是相宜的,若在史学的研究上,只以骇人听闻为目的,其结论必不至如何可信。中国近年来古史学上的缺少成就,这也许是其中原因之一吧!

疑古派除《古史辨》以外,在《禹贡半月刊》上古史与古地理的研究,他们的贡献是很不错的。此外国立北平研究院《史学集刊》编辑委员会(顾颉刚担任委员长)所出版的《史学集刊》上,亦常有精湛的文章,但因出版未久,而且又不局限于古文,所以还不是一般人所能注意的普遍读物。

六　中央研究院人物

其次,我们应特别提出的,是国立中央研究院诸君和郭鼎堂先生。中央研究院成立于民国十七年四月。除物理、地质、气象等研究所外,尚有历史语言研究所,出版物有专刊和集刊。其中最著名的出版物,如《安阳发掘报告》、《西夏研究》、《庆祝蔡元培先生六十五岁论文集》,和近年出版的《人类学集刊》等。傅斯年是该所的所长,语言学方面有赵元任、罗常培、陈寅恪、王静如等,历史方面有陈寅恪、孟森、徐中舒、丁山、容肇祖、董作宾等。语文方面这里不讲,历史学的贡献,应当介绍的大略如下:

就笔者个人的观感评论,陈寅恪的蒙古(蒙古文)研究,在中国自不可多得。除王静如、冯承钧诸人的古西北研究,陈氏的工力可说是王静安以后第一人。本来蒙古语文与古西北研究,从清代乾嘉以来,就少人研究,而这一部分的工作在历史上又是极重要的。静安先生生时,曾费毕生精力,完成了几篇晚年的杰作如《萌古考》、《金界壕考》、《黑车子室韦考》诸文以外,这方面的研究,如无人赓续,几成绝响。陈氏在这方面的垦植,虽还没有巨册的专著问世,但他所作考证,不论长篇或短文,大都深湛精到,足为此学新辟堂庑。陈氏是散原诗人陈三立之子,对于英法诸国文造诣甚深,年前由胡适介绍,到英国伦敦大学担任中国史学教授,又在香港大学任教二年。陈氏的著作虽则不多,但他在学术上的建树,确已不少。

再如孟心史(森)先生,他的史学造诣,也曾予学术界不少贡献。他在北大任课很久,《心史丛刊》在学术界尤享盛名。他的作品大都清新而坚实,近年如在《历史语言研究所集刊》上发表的《八旗制度考实》等文,都是他晚年精力的结晶。

徐中舒和丁山,在中央研究院虽都是主要的研究员之一,但他们的态度和意见,与陈寅恪、孟森等大有不同。他们都是从现代的学校生活中陶冶出来的。因此在题材和方法上,比较陈、孟诸人为新,然而在学殖上,则又不及陈、孟等的深湛淹博。徐中舒自清华毕业以后,在上海立达学园任教时,便已专攻古史,随后于民国十六七年,在复旦授课不久,就到中央研究院去。徐氏与傅斯年的意见最近,而他所发表的古史文章亦最多(均载历史语言研究所专刊及集刊)。在方法上,徐、傅与丁山诸人,可说都是从王静安的一派而来,他们都以古物证文献,或从文献与古物上兼作参证。徐氏作品中如《耒耜考》、《殷人服象及象之南迁》、《殷周之际史迹之检讨》、《士王皇三字之探源》、《豳风说》、《金文嘏辞释例》、《说尊彝陈侯四器考释》、《明初建州女真居地迁徙考》(以上均载集刊)、《从古书推测之殷周民族》(刊清华研究院《国学论丛》)等,可为代表。其中尤以《耒耜考》、《殷人服象与象之南迁》二文为最好。这种有建设性的古史论文,可以补充并纠正顾氏一派疑古主义的狭隘与不足。这一点,徐氏在《人类学集刊》第一卷第一期《跋苗族的洪水故事与伏羲女娲的传说》叙文中自己也说过:

> 此诸部族因同化先后之不同,亦先后将其部族神话加入中国文化系统中,其同化愈后者,则其神话在古史的系统中转愈远而愈古。此如积薪,如垒塔,皆后来居上。顾颉刚先生所谓"层累地造成的中国古史",即指出此种现象。不过顾先生所谓造成(编造或伪造)之说,似有语病。盖此等荒古远史,皆应有其民族的意识,视为信史既不可,视为伪作亦不能。

徐氏此说,确能指出顾氏一派疑古主义史学地方的弱点。因此只说徐、丁诸氏的文章,已由顾氏以破坏为目的的辨伪方法,渐至企图建设真实的信史。丁山氏似较徐氏为粗忽,但独到处却往往过人。其代表作如《由三代都邑论其民族文化》、《由陈侯因资镈铭黄帝论五帝》(载集刊)、《刑中与中庸》(载庆祝蔡元培专集)等,显然自王静安一脉而来,其得失可说大致相等。至于最能代表中央研究院一系的意见的,自然应推傅斯年与董作宾二君。傅氏所发表关于古史的文章很多，如：《周东封与殷遗民》、《姜原》、《论所谓五等爵》、《谁是〈齐物论〉的作者》（载集刊）、《夷夏东西说》（载庆祝蔡元培专集）、《新获卜辞写本后记》等，其中尤以《周东封与殷遗民》及《夷夏东西说》二文可为代表。前者不啻为王静安《殷周制度论》"惟周独崛起西土，武王克纣之后，立武庚，置三监而去，未能抚有东土也"一语的注脚；后者故为新说，以为夏在西方，夷在东方，与王静安"夏商处于河济间，盖数百岁"的意见未合。但傅氏此说却全无确证。因此仍旧不能轶出王静安所论三代地望的论断之外。《姜原》一文，是周起于西土的充分论证。徐中舒《从古书中所见的殷周民族》和《殷周之际史迹之检讨》二文，则又从傅君的《周东封》一文而来，因此结论大都相同。傅氏是历史语言研究所所长，在研究所的"研究员"诸公，意见上不致与傅氏大相背反，只有丁山《由三代都邑论其民族文化》一文与傅氏意见颇有岐异。但丁氏发表此文以后，不久便离开中央研究院，到浙江省政府做秘书去了。

七　默证法的应用

在这逐渐清一色的中央研究院中，除所长傅氏以外，以研究殷墟甲骨自任的董作宾君，也是主要人物之一。董氏于民国十七年由蔡孑民介绍，至河南安阳担任考古发掘工作。此后十年中，在安阳殷墟所发掘出来的商代甲骨，由董氏所经手的，已多至十余万片。这些甲骨既不全部发表，而且又向与外界隔绝，除院中少数人以外，别人是无法问津的。董氏经理甲骨既多，因此关于殷商制度文物的文章，大都为其手笔。在董氏作品中，如《甲骨文例》、《殷商疑年》、《俯身葬》、《五等爵在殷商》（载集刊及报告）、《甲骨文断代研究例》（载专刊）等，董氏著作中都据甲骨文作论证，虽未可目为定评，但大体上尚觉可靠。至如《获白麟解》（载《安阳发掘报告》），将甲骨中的犀字当作麟字，以为此即春秋"西狩获麟"的白麟，则不啻是一种猜谜式的错误。因此使人不免想到，如甲骨文研究，一陷于误解，反将确实可靠的地下史料，铸成疑案，就会令人无可信夺了！

至于中央研究院诸君的唯一特长,是比较能就史料的真伪然后再寻题材,再作结论,因此内容大致坚实,与一般先有题目然后去寻材料自有不同。他们所用的史学方法,可以胡适为代表。如胡适《楞伽宗考》一文中所说(载《历史语言研究所集刊》第五本第三分):

> (达摩曾见梁武帝,谈话不投机,他才渡江北去。)这都是后起的神话,并非事实。——这可见这个神话是逐渐添造完成的。

这种方法,在疑古派的学者们是最注意的。又如胡氏在本文中说:

> 又如道信临终无所付嘱,这也是"付法传衣"的神话起来之前的信史,可谓此派原来没有"付法传衣"的制度。

这种采用"默证法"的例子,在顾颉刚的古史论文中用得最多。但只注意适合于默证的现象,而忽略被掩没的事实,就很危险!这在顾颉刚的论文中时常犯着这种毛病。胡适对于被掩没的史实还能注意得到,如本文中说:

> 曹侯溪慧能和尚的弟子神会替他的老师争道统,不惜造作种种无稽的神话,说慧能是菩提达摩的第四代弘忍的"传衣得法"弟子。于是这一位金刚般若的信徒也就变成楞伽的嫡派了。后来时势大变迁,神会捏造出来的道统伪史居然成了信史,曹溪一派竟篡取了楞伽宗的正统地位。从此以后,习禅和尚又纷纷攀龙附凤,自称为曹溪嫡派,一千多年以来的史家竟完全不知道当年有个楞伽宗了。

就这一点,我们如拿来作为划分顾颉刚一派疑古主义者与中央研究院诸公的不同处,亦无不可。中央研究院自蔡子民死后,该院评议会即公推胡适为院长,而顾颉刚至今与中央研究院分道扬镳者,这也许就是其间的最大原因。——但这种方法在实验主义者往往因新史料的发现才能纠正旧有的传说。如胡适《楞伽宗考》一文,若不见到日本与敦煌所发现有关楞伽宗的传记,就会被传说所遮掩。胡适几篇较好的考证文章,大都如此。再如胡氏在《楞伽宗考》一文中所说:

> 达摩初到中国时,年纪虽轻,大概已被中国人误认作老头子,

他也乐得自认年高。——印度南部人身体发育甚早,所以少年人往往显出老态,很容易被人认作老人。——后来他在中国久了,真老了,只好"自言年一百五十岁了"。

这一段叙述,如在疑古派的学者们,必定意谓"自言一百五十岁"为不可信,必出于后人的伪托无疑。然胡氏此说大致可信。这种利用类似民俗学的地方,自较单纯的辨伪方法为周到。更进一层完全应用民俗学的方法来试探古史者,该院陈槃君《公矢鱼于棠说》一文(载集刊),即其显例。至于这一派学者们的短处,是忽略了各时代的社会背景。这仍是实验主义者唯一的弱点,也是他们所无从掩饰的地方。从大体说来,中央研究院诸君,是采取所谓民族文化史观的。即如陈寅恪所作《彰所知论与蒙古源流》、《李广武周先世事迹杂考》、《刘复愚遗文中年月及其不祀祖问题》,陈乐素《三朝北盟汇编考》,孟森《八旗制度考实》,郑天挺《发羌之地望与对音》,陈述《阿保机与李克用结盟兄弟之年及其背盟相攻之推测》,李晋华《明懿文太子生母考》、《明成祖生母问题汇证》(其生母为蒙古人)等(载集刊),类皆富于民族意识,至少是出于民族文化史的观点的。再如李光涛《内阁大库残余档案内洪承畴报销册序》(载集刊第六本第一分)一文,将清初应付南明的军力的分配,与接济状况,其实际情形,如何以全力制胜,都作一详细叙述。这虽是与古史无关的近代史料,但很可以看出该院诸君对于本国史处理的态度。

八　郭鼎堂先生的贡献

其次,我们因谈古史而对于该院诸君略略提出的,是过于信仰英美人研究中国史的学者。其中最显著的例子,如在《安阳发掘报告》中,对于那位做过多少年印度殖民地博物馆馆长,带有浓厚的英美文化侵略气息的安特生可谓推崇备至,安特生怎么说,我们的学者们也跟着怎么说。安特生今天修正自己的报告书,我们的学者们也跟着修正,安特生今天改变见解,我们的学者们也随着改变。这种事实,李济、徐中舒诸君都还不免。以本国学人研究本国史地文化,而要这样推崇英美人不成熟的见解,不但是无聊,而且是可耻的!此外,我们要说到郭鼎堂(沫若)先生了。

疑古派与中央研究院诸君的共同弱点,是忽略了历史的社会性。能补足这方面的缺陷的,是蛰居日本多年不得意而归国考古的郭鼎堂先生。郭氏的《中国古代社会研究》,无疑的是中国近百年来古史研究上一部划时代的作品。中国史学界有这部著作,犹之中国小说中之有鲁迅的《阿Q正传》。记得前十年,笔者在北平时,每逢看见沈尹默先生,老是夹着这部《中国古代社会研究》,简直对它当作小说似的。他说他是非常爱好这部书的!读者并且说郭氏此书在学术上极有贡献。确非过誉,郭氏此书的最大长处,不但是能以社会史的观点写成,更因他的学力和魄力,能驾驭能发挥这些古代史料,才能完成这样一部不朽的著作。虽然其中有不少地方尚待商榷,但其贡献实远在《古史辨》一类的著作之上。和其他一般研究中国社会史者尤不可同日而语,郭氏是一位诗人,也是一位天才的小说家,又是一位思想家,更是一位精湛的考古学家。他的晚期作品,如《两周金文辞大系》、《金文丛考》、《金文所无考》、《卜辞通纂》、《古代铭刻汇考》、《殷周青铜器铭文研究》,和近年回国后所作《周易之构成时代》诸书,内容的坚实与淹博,可谓王静安以后第一人。而且郭氏著作之丰,除早期创作和文艺译著之外,所作如《甲骨文字研究》、《先秦天道观之进展》,其价值亦可与以上诸书相侔。但他全部著作中,所常见的唯一疵弊,就是想象太多,胆魄太大,或不免有误会或武断处。但是这种缺点只占少教,郭氏全部著作,不能不认为是中国古史研究上的一库瑰宝。

事变的那一年,郭氏从日本回国,原想踏入中央研究院,终于连五百元一月的薪水要求,都被该院拒绝了。但是我们这批坐领美国庚子赔款的研究院诸公,在离开南京时,将留在北极阁的一些古物,毫不负责的丢掉便走,结果连"北京人"(Sinanthropus Pekinensis)头盖骨的标本还由日本驻军代为整理。这种为一般学人所不应有的行为,比了郭氏于烽火中在嘉陵江畔发掘汉唐古墓,那种对于故国怀古的热情,其相差如何?

末了,使我们最不能忘记的,是那位在十几年前投水而死的王静安先生。从他死后,最初是疑古派的盛极一时,继则是一些想从王氏著述中别出蹊径的学者们的标新立异,而终于不能自圆其说。(如中央研究院某君初则否认王氏说夏在东方,随后自己又不承认夏在西方,而修正己说。)到了现在,除郭氏、吴其昌诸人对于静安先生的见解还能发扬光大以外,在别人——尤其是一般以研究古史自命的人,则已是"横竖冯唐今老矣,任他胡乱说徐黄"了!

(《杂志》1942年第9卷第6期)

唯物史观者古史观的批判

童卷章

我们不承认考据家就是史学家,也不承认经过考据的材料就是历史。因为历史是有生命的,不是零零碎碎的一些材料;历史学是整个的,也不是些零零碎碎的考据。但是如果要做真正的历史研究工作,考据史料的一个阶段是必不可越过的。否则,运用了不可靠的史料,虽建成了伟大庄严的历史金字塔,这金字塔也是不久就要倒塌而暴露出里面朽腐的木乃伊来的。郎格纳瓦(Ch. V. Langlois)等所著的《史学原论》说得好:

> 校雠、考证、鉴定之阴郁工作,仅有一理由,可使其合法成立,且使人尊崇,而此理由又极为正确不摇。何者,盖彼乃一必需之事也。如无校雠考证,则无历史矣。(据李思纯先生译本页七四)

这些话我们觉得他并没有说得太夸张。自然,谁不愿意痛痛快快地建筑起辉皇的楼阁,而愿意老做那些零碎的奠基工作?但是空中的楼阁终究是站不住的!所以要造历史的楼阁,一定要先造成稳固的考据的基础。

近来有一派人专用社会分析的眼光来研究中国历史,这种方法本不算错,因为他们运用最新颖的智识,把一切死气沉沉的材料都化作活泼泼的,叫人们勘破事实的表面而进一步探求一切历史的核心。这确是很有史学革命的精神的。不幸他们大多没有考据学的常识,而又不肯虚心的承受他人的成绩,在研究中古以后的历史,还能够勉强对付,一到古代史上他们便不由得出了岔子。这是因为古代史的材料,大半只是些信口编造的谎话,不经一番彻底的整理考订,是没法运用的。他们却非常性急,一心要把中国古代社会的性质在自己著作的一部书或一篇文章里完全决定,这除了运用主观的成见,还有什么办法?所以他们只要拣了一段便于自己援用的文字,便可说古代的事实是如此的;或者用了他们的公式附会一段旧文字,加以曲解,也就可说古代的事实是如此的。他们虽自命为唯物史观者,在实际上,他们的古史观却走上了唯心的路!

我们说近来唯物史观者的古史观是唯心的,唯物史观者一定要不服。我们且举些证据出来,证明他们的唯心的态度。我们先看一看一位王宜昌君的高论:

《商君书》云"神农之世,男耕而食,妇织而衣"……这是半开化中期的情形。

《禹贡》云"梁州……贡璆铁银镂",这是夏代用铁,为半开化时代的根本特征。

《胤征》云"酒荒于厥邑","沉乱于酒",是夏代又有制酒手工业;《五子之歌》云"甘酒嗜音,峻宇雕墙",是夏代又有艺术化的都市建筑了。这种种手工业是半开化时代末期的特征,又是夏代为半开化时代末期的证据。

《五子之歌》云:"内作色荒,外作禽荒。""色荒"便是妇女奴隶的供人淫乐,便是娼妓制度的萌芽。

《胤征》及《左传》均谓夏代"工执艺事以谏",便是指独立的手工业自由民参加政治。(《中国手工业与商业资本之史的发展》,《文化批判》第二卷第四期)

他们看了"男耕而食,妇织而衣"的两句话,便能知道神农之世是半开化中期;看了梁州贡铁的记载和"酒荒于厥邑"、"峻宇雕墙"的话,便能知道夏代是半开化时代的末期;看了"内作色荒"一句话,便能知道是妇女奴隶的供人淫乐,是娼妓制度的萌芽;看了"工执艺事以谏"一句话,便能知道是独立的手工业自由民参加政治。只要有公式可附会,不论什么伪书(《商君书》和《禹贡》都是千伪万伪的伪书,已经前人及近人考证得明明白白;《胤征》和《五子之歌》更是《伪古文尚书》,早经明清学者的判定),都可当做宝贵的史料。我们使用他们的方法和公式,一样也可把民国说成半开化时期，不信，且试试看：

> 民国之世，男耕而食，妇织而衣，这是半开化中期的情形。
>
> 民国有地方出产铁，是民国用铁，为半开化时代的根本特征。
>
> 民国有人好喝老酒，是民国又有制酒的手工业；民国有高大的洋楼，是民国又有艺术化的都市建筑了。这种种手工业是半开化时代末期的特征，又是民国为半开化时代末期的证据。
>
> 民国时有某甲好色，"好色"便是妇女奴隶的供人淫乐，便是娼妓制度的萌芽。
>
> 民国有工会致书政府的事，便是表示独立的手工业自由民参加政治。

根据上面的证据断定民国是半开化时期，是不是唯物史观的社会史家所允许的？唯物史观的社会史家的乱说中国古代社会，其荒谬程度尚不止此，我们再听听另一位唯物史观的社会史家李麦麦的说话：

> 春秋时代的市民有产阶级对于各国的政治有多大的决定的势力，我们从当时重要的时人的论政中便可以看出：叶公子高问政于仲尼，仲尼曰："政在悦近而来远"。子贡问曰："何也？"仲尼曰："叶都大而国小，民有背心，故曰'政在悦近而来远'。"请你们想一想：市民有产阶级是如何的左右了当时的政治？"都大民背"，是否是说叶国的政治是处在太阿倒持的局面下？"政在悦近而来远"，是否叫叶君尊重本国商人和外国商人的要求？
>
> 阳货的势力是由柜台上长出来的。换句话说，他的头衔是用货币换来的。
>
> 我们说春秋时代的弒君现象是古代共和国运动，完全不是附会。史载周厉王十二年，首都起了革命，把厉王推倒了，"厉王子太子静匿召公之家，国人闻之，乃围之"，召公乃以其子代王太子，太子得脱。厉王既倒，新国名为共和，且建立了十四年，这难道不是真正的共和吗？
>
> 《左传》郑庄公二年（案，当做"郑简公三年"），盗杀郑公子䝤、公子发、公子辄，劫郑伯于北宫，子产闻盗，尸而攻盗于北宫，子蟜

率国人助之,众盗尽死。当是两千多年前的共产党暴动。不错,《左传》上说的是"盗",但是现在的人不是把共产党叫做"匪"吗?(《中国古代政治哲学批判》)

唯心的唯物史观者的本领真大!孔子的德化主义一到他们的公式里便变成了尊重商人要求的政策了;陪臣的阳货一到,他们的公式里也便变成了商业有产阶级,阳货的名字(即头衔)也被侦探出是用货币换来的了;春秋时代人的弑君原来是古代的共和国运动;赵盾、陈恒一班人到了唯物史观的公式里也变成民党的代表了。真正的共和政治在中国古代也被找出来了("共伯和干王位"的记载,他们当然是不必理会,或者忘记了),而一个"盗"字里面想不到竟包含着古代"共产党暴动"的事实。唉!唯物史观者的眼光有多么厉害!他们研究古史的方法,又有多么方便啊!

说到这里,我们再请出一位卫聚贤先生来,听他说些什么:

殷墟为石器的末期,铜器的初期。铁器时代为三千五百年,铜器时代为一万零五百年,共计一万四千年;减去铜器初期八百年,再减去铁器初期已包括在铜器的末期三百年,是安阳殷墟遗址距今为一万三千年。

尧系夏民族仿犀牛角而作的陶壶,以此陶壶作其民族的图腾。……尧在距今五万年时旧新石器之交。舜是殷民族以狮子作图……舜在距今三万年左右。

禹是夏民族以两条鳄鱼作图腾,禹亦在殷周之间,距今一万三千年左右。

黄帝、有熊氏为人类离开熊洞,在黄土层内凿穴自居,为新石器时代的开始,距今为四万五千年。

神农氏为农业时代,本在新石器末期;但神农为殷民族,殷民族为世界上最老的民族,而且殷民族文化高于夏民族,欲压倒夏民族,故将神农列在黄帝前,实际神农距今为三万年。

伏羲氏,为游牧时代,距今为十二万年。

燧人氏、有巢氏为原始共产社会现象,在距今四十万年至十二万年之间。

> 人皇氏为人类的产生,在距今四十万年。
>
> 地皇氏为地球的成立,在距今几万万年。
>
> 天皇氏为天体诸星系成立,在距今几万光年。
>
> 盘古氏是苗民以狗作图腾的盘瓠,系越王勾践另一部落的首长范蠡,距今为二千余年。后人将印度梵天的神话放在盘古身上,遂成为开天辟地第一个人。(《中国史的年代》,《中山文化教育馆季刊》二卷二期)

依据整个的机械的唯物史观的公式,加以附会,充类至尽,势必说出这类的疯话来。我们看他说:"中国史的年代不拉长,一切演变的阶段是讲不通的。"(同上)因此他就把最近的西周也说成"距今约一万年"(同上)。为了要讲通唯物史观的公式,便不惜用了幻想来涂改古史,大家请看看这唯心的唯物史观者的不打自招的供状!

此外,唯心的唯物史观者的妙论还多着哩!他们说:"卫䩅瞆与其儿子卫辄的斗争是代表封建派与市民有产阶级的大斗争。"(李麦麦《中国古代政治哲学批判》)"'女娲氏作,是为女皇',正指出女性本位社会的影子。"(案女娲氏在古来的传说里本是个男人)"炎帝神农氏起于烈山,其母曰女登,有神龙之感而生神农,焉始作耒耜,教民艺五谷,故谓之神农。"从这些话中可以看出中国在神农氏以前是女性本位的社会(案直到汉代都有这类感天而生的传说,不知汉代是不是女性本位的社会),一到神农氏则转入男性本位的社会了(季子《中国古代社会史的研究》,《中山文化教育馆季刊》创刊号)。像这类妙论,好在稍微有些古书智识的人都知道它的荒谬,恕我们不作详细的批评了。

以上是我们举出持论最歪曲的几位唯物史观的社会史家的议论,大家看了,这是不是唯心的古史观呢?但是他们却万不肯自己承认的。他们反说别人的考据是玄谈,是武断的疑古辨伪,是埋没史料的工作。大家且再听听王宜昌老先生的高论:

> 生在奴隶社会中的人去古未远,还知道一些古代的历史记载,而重新记载下来。生在资本社会的人,却不好学深思,心知其意,而一概抹煞,论禹为神而非人,把历史的发生朦蔽了,让人们好依照资本家底意志,制造永久都是私有财产制的历史。资本家朦混

中国历史起源的武断的疑古辨伪,是埋没史料的。

好厉害的批判!论禹为神而非人的人原来是资本家,他们的用意原来是想制造出永久都是私有财产制的历史来。顾颉刚在他们的公式里是被判定为资本家的了。可是,顾颉刚的资本在哪里呢?

平心而论,唯物史观一派对于古史也不是没有认识比较清楚的人们,如郭沫若的《中国古代社会研究》就是一部比较可以看的书,而陶希圣的《中国社会之史的分析》也还要得。但是他们中除了一两个人以外,总是爱骂考据家的,他们不能利用和了解考据家的成绩,而一味闭着眼睛的胡骂,真浅薄得可怜了!固然,考据家的结论尽有许多在现在和将来是错误的,但是他们的根本方法却并不错,他们的成绩也必有相当部分是任何人所不能否认的。譬如他们说黄帝、尧、舜、禹是神而非人,关于他们的史料是全伪的,像这类的结论,或许在现存的古文籍里可以寻到相反的证据,或许在将来地下出来的史料里也可以发现破坏他们议论的材料,但是历史上的黄帝、尧、舜、禹决不是传说里的黄帝、尧、舜、禹,这是可断言的。他们指出传说的矛盾和演变的情形,便是他们最大的贡献。我们以为一切的假设只要近乎情理,合于真的事实与否,对于假设本身的价值,是没有什么关系的,因为假设只是假设,假设得对,固然是好;假设得不对,也是为材料所限;材料愈多,假设对的可能性便愈大。古代史的材料是这样少,问题是这样多,岂是现在可以一口气马上解决的?没有现在的不对,哪里会有将来的对呢?况且人不是万能的,所以君子不求备于一人。时代是变动着的,所以从前的真理不必就是现在的真理,现在的真理也不必就是将来的真理。治学问的人应该知人论世——应该在适当的范围内作批评,不应该抹煞一切的事实,而专凭意气用事。这是我们对现在的唯物史论家的忠告。

我们对于唯物史观是相当承认的,对于唯物史观者研究历史的成绩也是相当钦佩的。我们所反对的,只是一部分的唯物史观者的唯心的古史观,和他们对于考据一派的谩骂式的批评。

(《北平晨报》1936年8月21日,第13版)

研究中国历史漫谈

缪凤林

一

研究中国历史,大致可分为四个阶层:

(一)略识过去史实的大端,即今人所谓略具国史常识者是。这一阶层实际上只能说"学习",谈不上什么研究。

(二)进一步对于国家的理乱兴衰、典章经制,以至民生的休戚、社会的变迁、学术文化的因革,博闻而强识之,昔人所谓"通儒之学"者是。

(三)再进一步,网罗所有的旧史料,错综考订,反复校勘,辨其异同,究其是非,又尽取所有的新史料,参互检照,补注罅漏,辗转证释,昔人所为"商榷"、"考异"的著作,以及近人所云"两重证据法"的研究者是。

(四)更进一步,将历史上浩如烟海的资料——不论新的旧的——完全把握到,以简单一贯的形式表达清楚,昔贤寻究"史例"、"史义"的著作,以及今人所谓"历史哲学的研究或解释"者是。

右列四个阶层,每一阶层中,又可细析为若干阶层,为行文简单计,现在不再分析。

介绍相应于每一阶层的国史代表著作,是这篇文字的主要目的。为求明白了解每一阶层研究的内容与发展,本文介绍各种著作,不用账单式的平面列举法,而用立体展开式的历史叙述法。

二

中国很古就有了历史的记载,但古代却无所谓"史学"的专门教学。

"史学祭酒"之名,始见于五胡时代的石勒;接着刘宋时代创设"玄"、"史"、"文"、"儒"四学,"史学"始与玄、文、儒三学并立。唐代盛行科举,亦有"一史"、"三史"等目与"秀才"、"明经"诸科并列。赵宋改制,科举专考经义,沿及明清,专以八股文取士,一般士子对于国史的智识,除了见于《四书》和《五经》者外,简直很少知道。宋朱弁《曲洧旧闻》载着宋神宗时举人的试卷,有"古有董仲舒,不知何代人"的妙文。惠洪《冷斋夜话》载着一个贡士以"欧阳修果何如人"、"能文章否"请问谢无逸的笑话。明代邱濬著《大学衍义补》,更说那时的士子,"登名前列者,或亦有不知史册名目,朝代先后"。清代中叶吴江布衣徐灵昭形容当时的读书人,至说:

> 三句承题,两句破题,摆尾摇头,便道是圣门高弟。可知道三通四史是何等文章!汉祖唐宗是那一朝皇帝!

这当然是几个极端的例子。那时的史学著作,却也有一种相应的总势,即将卷帙繁赜的旧史,尽量地削减篇幅,改编成简单的本子,以便于一般人的阅读。这一类简本著作,可分为下列的三类:

(一)缩编旧史的:始于南宋吕祖谦的《十七史详节》,元时有胡一桂《十七史纂要古今通要》和曾先的《十八史略》,后者号称十八史,全书仅有两卷,其简略概可想见。明世有陈允锡的《史纬》,篇幅较多(计三百三十卷),但如清世陶有容的《廿二史综编》,又仅仅八卷而已。

(二)缩编《通鉴》的:自北宋司马光作《通鉴》,南宋朱子依之作《纲目》,时又有江贽为《通鉴节要》五十卷,陆唐老则为《音注通鉴》一百二十卷,皆节钞《通鉴》以成书。至明世袁黄以《纲目》揭大义,《通鉴》悉事由,合编为一,于二者各取一字,名曰《纲鉴》,明季继续仿效者甚多,至清中叶不稍衰。我在十八年时,曾就国内现存这一类的著作,约略做了一番统计,尚不下二十种(见同年十二月出版《史学杂志》一卷六期拙著《古史研究之过去与现在》),流行最广者,则为《康熙御批通鉴纲目》、《乾隆御批历代通鉴辑览》,及吴承权的《纲鉴易知录》。

(三)以韵语或歌诀缩编全史:始于宋黄继善的《史学提要》,以四言韵语编贯诸史,以便初学记诵,元钱天佑《叙古颂》继之。明清人此类著作,若唐汝询的《诗史》、龙体刚的《半窗史略》、葛震的《诗史》、萧浚的《读史纪略》等，亦颇不鲜。就中最著名的，当推明杨慎的《廿一史弹词》和清张三异续编的《明史弹词》，但这两部书传播并不很广。传播最广的，则为鲍古村的《史鉴节要》，我四十年前在私塾肄业，即曾熟读此书。

此外尚有融史事于议论中的简略读本，如清世杜诏的《读史论略》和于宗林的《诸史论综》，现在坊肆尚有其书。清儒王鸣盛曾对这种种著作下一评论说："宋人史学提纲撮略之书，……入明而益夥。三家村夫子头脑冬烘，授徒多暇，无以遣日，动欲操笔削之权，纂史自娱，皆床上安床，屋下架屋也。"（《十七史商榷》卷一百）

然那时一般士子既不能阅读全史，欲略识过去史实的大端，也只有取资那种种的书了。至于一般工商子弟，又另有如百科要览式的《幼学琼林》一类的书，其中也包涵了不少历史的典故，但简陋更在上述几类书之下了（清季江浙私塾通例，士人子弟于读《四书》、《五经》前，加读《史鉴节要》一类的书，工商子弟则读完《四书》后，接读《幼学琼林》，不读《史鉴》及《五经》）。

三

历史所记载的人事甚繁，我国旧史则特别偏重"理乱兴衰"和"典章经制"。从《史记》以下的正史，"纪"、"传"以述"理乱兴衰"，"书"、"志"以明"典章经制"，大抵两者并重（正史中无书志者，其书志亦多见于他史）。至司马光会通各史，撰为《通鉴》，特详于理乱兴衰，而在他前后，又有杜佑的《通典》和马端临的《通考》，特详于典章经制。马氏《通考序》说：

> 考制度，审宪章，博闻而强识之，固通儒事也。

严格的讲，不特制度宪章，即历代的理乱兴衰，不是通儒，又何尝能详加考审，博闻强识？到这一步，国史的研究，遂由第一阶层进至第二阶层，而和一般普通的读书人无缘，变成少数人的事了！清季废科举，兴学校，在学校中设立历史课程，却依然沿袭了这种传统的目标！试看张之洞《劝学内篇》关于史学的话：

> 史学考治乱典制。史学切用之大端有二：一事实，一典制。事实，择其治乱大端，有关今日鉴戒者考之，无关者置之。典制，择其考见世变，可资今日取法者考之，无所取者略之。事实求之《通鉴》，《通鉴》之学，约之以读《纪事本末》。典制求之正史二通。正史之学约之以读志及列传中奏议。二通之学，《通典》《通考》约之以节本，不急者乙之，《通考》取十之三，《通典》取十之一，足矣。《通志》二十略，知其义例可也。

张氏系以他本人读书的经历为立论的准则，一般学生，一没有张氏的资质，二没有张氏好学勤学的习惯，三没有张氏的读书环境，加以学校功课繁多，科目五花八门，如何能达到他所悬的目标？不仅此也，正史《通鉴》《纪事本末》乃至三通及节本等，举不能为学生的课本，诚欲达到张氏所悬的目标，如何供给适宜的读本，实为最重要的先决问题。稍后张氏在武昌创办"两湖文高等学堂"，网罗了不少张氏所认为合格的教师，担任教课并编辑适用的教本。那时江苏的历史学者陈庆年氏，在张氏幕下实坐着"历史教员"第一把交椅。但当陈氏在"两湖文高等学堂"讲授国史，为了一时没有合适的教本，竟以日人桑原骘藏的《中等东洋史》（清季商务印书馆出版金为氏的重译本，改称《东洋史要》），为讲授的蓝本。到了光绪二十九年（一九〇三）两湖文高等学堂出版了陈氏纂辑的《中国历史教科书》，依然以桑原书为本，"更令事义少近周赡；依据或乖，亦为匡救"（原书序文）而已。近三十年来，不少担任学校教课的历史学者，放言高论说历史乃"记述人类社会赓续活动之体相"，旧史偏重"理乱兴衰"与"典章经制"，范围太隘，应再加入种族社会、民生经济，以及学术文化等等。然"阐理则易为言，责事则难为力"，一般中学乃至大学的国史教本，虽日出不穷，大都不能满足这样的理想。中学毕业投考大学以及大学毕业参加高等考试的国史试卷，亦颇有类似"古有董仲舒，不知何代人""欧阳修果何如人""不知史册名目，朝代先后"，以及"可知道三通四史是何等文章？汉祖唐宗是那一朝皇帝"等等的笑话。五十年前开始设立学校，张之洞氏已以国史第二阶层的研究为学生的目标，谁料到在五十年后的今日，百分之九十九以上学生的国史程度，依然停留在第一阶层？作者本人从民国十二年开始在沈阳东北大学讲授国史,到今天恰满二十五年,卑之无甚高论,认为中学生全部及大学生大部,对于中国历史,只能期望有第一阶层的学习,一部分文科学生,可以从第一阶层进至第二阶层的研究,但亦只限史学系学生中之少数而已。

谈到教本,现在坊肆印行的,尚以丹徒柳翼谋(诒徵)先生在二十五年前编著的《中国文化史》为比较适当的学校用书(最近由正中书局重印出版),次之则为商务印书馆近年出版钱穆先生的《国史大纲》。我从十二年起,即已蓄志编纂一部适合大学讲授的《中国通史纲要》,内容除理乱兴衰与典章经制外,兼重种族社会、民生经济,及学术文化,但在抗战前仅仅出版了三册(全书约八册),现在尚拟以十载之力,继续完成。至在抗战后方编纂之《中国通史要略》(商务出版,共三册),则目的仅在供给大学生第一年讲授之用。至于年来充斥坊肆号称"左派作品"的历史教程,它们大抵以史事为其所信奉主义的奴隶,实际上只是宣传品,不是什么历史课本;且因编撰者缺乏国史素养(有的简直连第一阶层的学习尚不充分),其内容之离奇与错误,在在出人意外,我因另有他文评论,此处恕不一一纠举了。

四

第二阶层的研究,已是少数通儒的事,进至第三阶层,自然只限于更少数的史学名家了。就其最显著者言之,古代的史家,如孔子修《春秋》,使子夏等求周史记,得百二十国宝书;如左丘明观孔子所得的史记而作《左传》;以及司马迁的乘传行天下,求古诸侯之载籍,绌史记石室金匮之书,网罗天下放失旧闻,厥协六经异传,整齐百家杂语;班固《汉书》的"纬六经,缀道纲,总百氏,赞篇章,函雅故,通古今,正文字,惟学林"。它们的成书,都是第三阶层研究的结晶。中世近古的作家,若陈寿《三国志》的"铨叙可观,事多审正";若范晔《后汉书》的"简而且周,疏而不漏";若裴松之《三国志注》的上搜旧闻,旁摭遗逸,补阙考异,随违矫正;若沈约撰《宋书州郡志》,自谓晋宋起居,凡诸记注,并加推讨,随条辨析;若李延寿撰《南》、《北史》,于魏齐周隋宋齐梁陈八代正史外,更勘杂史一千余卷,连缀改定,止资一手;若杜佑的《通典》,每事举其终始,至粹至精;以至宋代名家,若欧阳修的《五代史记》、李焘的《续资治通鉴长编》、李心传的《建炎以来系年要录》、马端临的《文献通考》,下及清儒马骕的《绎史》、林春溥的《竹柏山房丛书》、崔述的《东壁遗书》等,无一不具有第三阶层研究的造诣的。至其著作程序,今犹历历可考者,首推司马光的《通鉴》。据光《致范祖禹书》,他们先为草卷,次为长编,次为考异,而后删述而为《通鉴》正文。现在草卷与长编虽已失传,但《考异》三十卷一字不缺,参互采订之书,正史而外,杂史、小说等多至三百二十有余种,皆详列异同,辨析折衷,而著其考订的结果于《通鉴》正文。国史的"考订学",到此地步,真可说前无古人。此后如王应麟的《困学纪闻》、顾炎武的《日知录》,虽其书兼包四部,不专为考史而作,但考史诸条,亦精审异常。至清儒王鸣盛《十七史商榷》、钱大昕《廿二史考异》二书出,旧史的考订学乃臻极盛。王氏自序有云:

> 予识暗才懦,惟读书校书颇自力。二纪以来,恒独处一室,覃思史事,既校始读,亦随读随校。购借善本,再三雠勘。又搜罗偏霸杂史、稗官野乘、山经地志、谱牒簿录,以暨诸子百家、小说笔记、诗文别集、释老异教,旁及于钟鼎尊彝之款识,山林冢墓、祠庙伽蓝、碑碣断阙之文,尽取以供佐证,参互错综,比物连类,以互相检照。

颇能自道其经历。而钱氏"弱冠时好读乙部书,通籍以后,尤专斯业,自《史》、《汉》讫《金》、《元》,作者廿有二家,反复校勘,虽寒暑疾疢,未尝少辍",其书较《商榷》尤称精审。与王、钱二氏同时有赵翼者,亦专力治史,著《廿二史札记》,昔人或亦与王、钱二著并论。然赵书于校订诸史外,以综论历代史迹为主,于古今风会之递变,政事之屡更,有关于治乱兴衰之故者,论列甚备,故其性质与王、钱之书异也。时贤海盐张菊生(元济)先生于复印旧本廿四史后,复刊印《校史随笔》上下册,虽仅一百六十四则,视王、钱书不及十一,"而博识雅裁,洪纤毕举,凡所疑窒,悉为疏通而证明,遇有舛讹,得以随文匡正。其诣力所到,时与王、钱诸人之说,互相阐发,而精审且或过之。"(傅增湘"序"语)清儒校史之业,惟张氏为能继其后云。

以新史料释旧史料,昔已有之,如晋世汲冢竹简出土,同时杜预注《左传》,稍后郭璞注《山海经》,即用其说,然至清季迄今而大盛。综近五十年来所发现的新史料,一曰殷墟的甲骨文字,二曰敦煌塞上及西域各地的汉晋简牍,三曰敦煌千佛洞的六朝及唐人写本书卷,四曰内阁大库的书籍档册,五曰古代汉族以外的各族文字,六曰各地的金石文物,此外尚须加上没有文字的史前遗存,真是洋洋大观。除史前遗存属于考古学及史前史外,上列六项每项皆可列举若干的研究和有关的著作,本文限于篇幅,不拟一一论述。要其为学术界所公认最有贡献者,殆无过于罗雪堂(振玉)、王静安(国维)两氏。王氏著作新得最多,六项中除"大库书档"、"外族文字"外,皆有有关系之著作(参阅罗氏印本《海宁王忠悫公遗书》或商务印书馆本《王静安遗书》)。蒋汝藻序氏著《观堂集林》云:

  君新得之多,固由于近日所出新史料之多,然非君之学识,则亦无以理董之。盖君于乾嘉诸儒之学术方法无不通,于古书无不贯串,其术甚精,其识甚锐,故能以旧史料释新史料,复以新史料释旧史料,辗转相生,所得乃如是之夥也。

言甚公允。氏晚年著《古史新证》,复创"二重证据法"一名辞,谓"吾辈生于今日,幸于纸上之材料外,更得地下之新材料。由此种材料,我辈固得据以补正纸上之材料,亦得证明古书之某部分全为实录,即百家不雅驯之言,亦不无表示一面之事实。此二重证据法,惟在今日始得为之"云。罗氏的贡献,近人大都称誉其对于新资料与珍秘佚籍的搜集编次和流布(据十七年罗氏自编《雪堂校刊群书目录》——附印在《增订碑别字》的后面——总计二百五十种,九百有三卷。氏卒于二十九年,后十二年所印者,尚有数十种)。讲到他的著作,称誉者少,甚至有谓大部分由王静安氏代笔,实属有意诬蔑。例如殷墟甲骨文字的研究,罗氏《殷商贞卜文字考》一书的刊布,在宣统二年庚戌(一九一〇),这时王静安根本尚未研究古文字学,亦未与新资料有任何的接触,如何能代罗氏执笔?罗氏编著的书,据十六年他自编的《松翁著书目》——附印在《丙寅稿》后——都百种,二百四十一卷;此后十三年所著者,尚不下百卷。姑以《补唐书张义潮传》、《高昌麴氏年表》及《唐折冲府考补》三种言之,皆系以新史料补正旧史料的典型作品,且自印布后,续得新资料,即又补正重印,至再至三,罗氏于撰述之不苟可知,特氏著述之勤,终不及其流布之绩耳。

从罗、王两氏起,广泛的以新史料解释并补正旧史料,在国史研究上,差不多树立了一种新的趋向——少数人所谓"罗王之学"或"罗王学派"者是。我在学校内担任国史课程,每遇学生问及"研究国史要看什么书籍",我总简单的回答要看下列三类的书:

一、基本的史籍;

二、新资料的图籍;

三、考订和研索基本史籍及新资料图籍的作品。

现在所谓"纯正的新史学"或"第三阶层的国史研究",就是这么一回事!我们对于一位国史研究者要决定他的程度或他所走的方向是否正确,只要访问他的"工作室"、"研究室"乃至"书斋",看他在所研究或工作的领域内,对于上列三类的资料是否完具,就可决定他研究的程度乃至他将来的造诣了。

话虽如此说,极少数豪杰之士,是不能以此为轨范的。例如前述张菊生先生的《校史随笔》,其间《三国志》部分"古写本之异同"节虽亦利用鄯善出土古写本《国志》,然十九皆系根据旧史籍,所谓"在故纸堆中讨生活"也。此外则新会陈援庵(垣)先生著作刊布者,将二十种(据先生最近自订所著书目,凡十五种:(1)《中西回史日历》,(2)《廿史朔闰表》,(3)《元典章校补》,(4)《元典章校补释例》,(5)《敦煌劫余录》,(6)《元秘史译音用字考》,(7)《吴渔山年谱》,(8)《旧五代史辑本发覆》,(9)《释氏疑年录》,(10)《明季滇黔佛教考》,(11)《南宋初河北新道教考》,(12)《通鉴胡注表微》,(13)《史讳举例》,(14)《元西域人华化考》,(15)《清初僧诤记》。早期所著,如《开封一赐乐业教考》、《元也里可温考》、《火祆教入中国考》及《摩尼教入中国考》等,皆不列入,意者先生尚欲加以更定欤?其他短篇论文札记,尚以十计),不特无一种不精审异常,且开国史研究许多新法门与新方向(例如年历学、史讳学、校勘学及宗教史新研究与旧史义例学等)。陈先生的著作,有新资料可供取用者,当然网罗净尽(例如《摩尼教考》之取资敦煌卷轴),但十九皆在

"故纸堆中讨生活",而每种著作在史学界皆享有极崇高之地位。陈先生真不愧今日第三阶层国史研究的典型代表。与陈援庵先生齐名者,尚有义宁陈寅恪君。他已发表的短篇文字,亦不下数十篇,大都在普通的旧籍中寻得新解释和新意义,其成本的著作,已印布者,为《唐代政治史述论稿》及《隋唐制度渊源略论稿》两种,亦不愧为第三阶层研究的作品。然陈君著作亦时有疏失及以偏概全之病,实属瑜不掩瑕,不足与援庵先生并论也。

五

现在要略谈第四阶层的研究了。中国儒先,重实际而鲜玄谈,历史的研究亦然。像德儒黑智儿那样的《历史哲学》,以超绝的理性和宇宙理论为根据,解释以往人类的历史现象,我们的史学界是没有那种的著作的。但中国历史虽缺乏纯理的历史哲学,依然有它传统的最高境界,所谓"记事载言"及"善善恶恶"或"劝善惩恶"是也。唐刘知幾《史通·史官建置篇》云:

> ……何者而称不朽乎?盖书名竹帛而已。向使世无竹帛,时缺史官,虽尧、舜之与桀、纣,伊、周之与莽、卓,夷、惠之与跖、蹻,商、冒之与曾、闵,但一从物化,坟土未干,则善恶不分,妍媸永灭者矣。苟史官不绝,竹帛长存,则其人已亡,杳成空寂,而其事如在,皎同星汉。用使后之学者,坐披囊箧,而神交万古,不出户庭,而穷览千载,见贤而思齐,见不贤而内自省。若乃《春秋》成而逆子惧,南史至而贼臣书。其记事载言也则如彼,其劝善惩恶也又如此!

解释旧史的功用和鹄的,真可说深入显出了。我们试以这种标准来看中国的旧史,首宜论述的,当然是孔子的《春秋》。《史》称:"孔子为《春秋》,笔则笔,削则削,子夏之徒,不能赞一辞。"(《史记·孔子世家》)庄周说:"《春秋》经世,先王之志,圣人议而不辩。"(《庄子·齐物论》)《史记·太史公自序》推阐和解释得尤其详尽:

> 上大夫壶遂曰:昔孔子何为而作《春秋》哉?太史公曰:余闻

董生曰:"周道衰废,孔子为鲁司寇,诸侯害之,大夫壅之。孔子知言之不用,道之不行也,是非二百四十二年之中,以为天下仪表,贬天子,退诸侯,讨大夫,以达王事而已矣。"子曰:"我欲载之空言,不如见之于行事之深切著明也。"夫《春秋》上明三王之道,下辨人事之纪,别嫌疑,明是非,定犹豫,善善恶恶,贤贤贱不肖,存亡国,继绝世,补敝起废,王道之大者也。《春秋》辨是非,故长于治人。……《春秋》以道义。拨乱世反之正,莫近于《春秋》。《春秋》文成数万,其指数千,万物之散聚,皆在《春秋》。《春秋》之中,弑君三十六,亡国五十二,诸侯奔走不得保其社稷者,不可胜数。察其所以,皆失其本已。故《易》曰:失之毫厘,差以千里。故曰:臣弑君,子弑父,非一旦一夕之故也,其渐久矣。故有国者不可以不知《春秋》,前有谗而弗见,后有贼而不知。为人臣者不可以不知《春秋》,守经事而不知其宜,遭变事而不知其权。为人君父而不通于《春秋》之义者,必蒙首恶之名。为人臣子而不通于《春秋》之义者,必陷篡弑之诛,死罪之名。其实皆以为善,为之不知其义,被之空言而不敢辞。夫不通礼义之旨,至于君不君,臣不臣,父不父,子不子。夫君不君则犯,臣不臣则诛,父不父则无道,子不子则不孝。此四行者,天下之大过也。以天下之大过予之,则受而弗敢辞。故《春秋》者,礼义之大宗也。

我所以不惮烦的抄录了这么一大段,即因为中国传统旧史最高的境界,就是这种样子。章学诚所谓"史之大源,本乎《春秋》,《春秋》之义,昭乎笔削"也(《文史通义·答客问上》)。司马迁对于《春秋》了解得这样透澈,他父亲亦命他继孔子之业而修史,他的《史记·自序》,虽自谓系"述故事,整齐其世传",但《汉书·司马迁传》载迁与任安书,则明明白白地说:

网罗天下放失旧闻,考之行事,稽其成败兴坏之理,凡百三十篇。亦欲以究天人之际,通古今之变,成一家之言。

"通古今之变,成一家之言",比较容易了解,"究天人之际"则见仁见智,言人人殊。我从前曾单就经济现象方面,在《史记》中抄集了许多关于

战国、秦汉时代的记载,然后加以解释道:

> 就经济方面看,战国、秦汉之际,正是古今之变最剧的时代。……像这种种的经济变迁,"事势之流相激使然"(《史记·平准书》语),并非完全系乎人力,却有孟子所谓"真之为而为者天也"的那种意味,子长一一著之于篇。《自序》说的"原始要终,见盛观衰",一方面是"通古今之变",同时因为天与人参,也真是"究天人之际"了。

这种解释的真确性程度,只好让读者们评判。"究天人之际"为司马迁历史哲学的最高境界,则毫无疑问也。班孟坚的《汉书》,叙传中虽以"穷人理,该万方"自诩,但天人的最高境界,却不易寻究。唐史家刘知幾因自古史传,积习忘返,发愤著《史通》内外篇,辨诸史之指归,殚其体统,而详其得失,实为我国评论史学第一名著。其书虽无若何哲学的意义,但确能将过去浩如烟海的史籍,充分地把握到,以比较简单的形式表达清楚。这在国史的研究方面,也可说是属于第四阶层的了。北宋曾子固(巩)氏校订旧史,著了一篇《南齐书序》,清儒章学诚极意推崇,谓"古人序论史事,无若曾氏此篇之得要领者,盖其窥于本原者深,故所发明直见古人之大体。"然我们细读全文,只是一篇对于旧史的评论,其最精粹之语,如"古之所谓良史者,其明必费以周万事之理,其道必足以适天下之用,其智必足以通难知之意,其文必足以发难显之情……使诵其说者如出乎其时,求其指者如即乎其人"云云,诚然可为旧史的典范,但不能说是历史哲学。司马光的《通鉴》,"叙国家之兴衰,著生民之休戚,使观者自择其善恶得失,以为劝戒",可说是平凡极了。然从开卷论周命魏斯、赵籍、韩虔为诸侯,到后周显德元年冯道卒后附论,于礼法之不可隳,名节之不可亏,一篇之中,三致意焉。汉儒班彪曾说:"杀史见极,平易正直,《春秋》之义也。"拿这话移赠《通鉴》,真是恰当不过,《通鉴》依然是继《春秋》后的典型作品。明末清初诸儒治史者,以顾炎武、黄宗羲、王夫之为著,王氏的《读通鉴论》立论警拔,事理融会,钩稽参互,皆自勘验而出,尤为史评一类书中最有价值的作品。王氏论史,专以华夷道义为准则,既以一治一乱推知天道与人治,又以儒者之统(圣人之教也,是谓道统)与帝王之统(天子之位也,是谓治统)并论,孤怀宏识,迥异流俗。即其对于普通史事之观察,亦时有崭新独到之见解。例如晋世怀愍之际,中原儒者避地河西,日月相继,华夏文物一线之传,端在凉州。王氏既极赞之,又推论其影响云:

> ……沮渠氏灭,河西无复孤立之势,拓拔焘礼聘殷勤,而诸儒始东。阚骃、刘昞、索敞,师表人伦,为北方所矜式。……流风所被,施于上下,拓拔氏乃革面而袭先王之文物,宇文氏承之,而隋以一天下。苏绰、李谔定隋之治具,关朗、王通开唐之文教,皆自此始也。(《读通鉴论》卷八)

前述近人陈寅恪君《隋唐制度渊源略论稿》,开端即有类此论调,而自诩创见,为自来论史者所不及知,姑附正于此(上文谓陈君书瑜不掩瑕,此即一端,其他论述错误者尚多)。

我国论史学的专书,大家都知道在《史通》以外,尚有章学诚的《文史通义》,而后者尤富于哲学意味。《文史通义》中有"原道"三篇,开端即说"道之大原出于天",这话原本于汉儒董仲舒的《贤良对策》,尚属易解。《通义》中又有"史德"一篇,说"史之义出于天",这句话很不易明了,从来讲章氏史学的亦多置之不论,直至最近柳先生(诒徵)所著的《国史要义》,始特别提出,并引董仲舒的话加以正确的解释:

> 董氏《贤良策》曰:孔子作《春秋》,上揆之天道,下质诸人情,参之于古,考之于今。故《春秋》之所讥,灾害之所加也。《春秋》之所恶,怪异之所施也。书邦家之过,兼灾异之变,以此见人之所为,其美恶之极,乃与天地流通而往来相应。此亦言天之一端也。

> 章氏《史德篇》有一最精之语曰:史之义出于天。……究其说之由来,亦即从董氏《贤良策》道之大原出于天一语而来。故董子、史公之讲《春秋》,直至清代章实斋之讲史学,一脉相承,无二义也。夫谓道之大原出于天,闻者既若廓落而无当,谓史之义出于天,读者亦且茫昧而不解。是又可以董子之言解之。《春秋繁露·玉杯篇》曰:"人受命于天,有善善恶恶之性,可养而不可改,可豫而不可去,若形体之可肥瘠而不可得革也。"是故史之为书,所以善善恶恶也。善善恶恶者,人之性而受命于天者也。(《国史要义·史义第七》)

《史德篇》又说:"欲为良史者,当慎辨于天人之际,尽其天而不益以人也。"天者,好恶的公心;人者,个人的私意。我们只要看现代人所著的历史书,不尽其天,惟逞其私,章氏之言,真够令人玩味了。

最后,敬介绍一下柳先生的《国史要义》,这部书是抗战末期先生在重庆柏溪乡下写的,今年二月,由中华书局印行。先生研究国史,逾五十年(今七十岁),这册书虽仅仅十卷(史原、史权、史统、史联、史德、史识、史义、史例、史术、史化),却为先生一生研究国史心得的结晶。全书篇幅及论述范围虽不及《史通》和《文史通义》,而胜义纷纭,尚在二书之上。以此书与二书鼎立为三,实毫无惭色。传统的国史学,可说自此书出,始尽发其蕴,亦自此书出始得一真正的总结。国史研究的最高境界,可于读此书时得之。敬郑重推荐于读者,并以结束本文。

(《创进》1948年第1卷第14、15期)

中国社会史的轮廓

陶希圣

东北大学政经学会,于昨日(六日)下午三时半在小礼堂请北京大学教授陶希圣讲演,讲题为"中国社会史的轮廓",到听讲学生二百余人。陶氏为中国社会史的权威学者,在短时间内将中国社会史的轮廓,讲述颇为详尽,颇得听众之欢迎,至下午五时半始散会。兹为供有志研究中国社会史之读者参考起见,特将昨日陶氏讲词纪录于后,惟因时间关系,未得陶先生之校正,错误之处,当由记者负责。

一 为什么要研究史学呢?

今天所讲的题目,是很广泛的。在六七年以前的时候,我常讲,因为那时对中国社会史也只是一个轮廓,现在因为经过许多劳累,花费许多时间,所以多知道一点,因此常讲狭一点的题目。不过在贵校初次讲演,宽泛一点讲,也许是相宜。现我们从历史说起。史学的内容,总是过去的事实,研究历史便是研究过去的事实。通常的历史学家,总以为把过去事实弄明白了,把许多过去发生的事实作深切的研究,便算了事。但是,史学不仅是研究过去,而且还是为了现在和将来。只研究过去,不是我们所需要的史学。这是历史学家的一大争论,但在我们的意思,则倾向第二种说法,就是研究过去怎样使现在和将来有益处,研究过去的事实和现在的事实有什么关系。然而,为什么明白过去就明白现在和推测将来呢?因为我们知道,社会的变迁是有着一定的规律可寻的,现在社会是过去社会的遗留,所以研究过去便能明白现在。但这不够,因为现在社会的变迁很快,以研究变迁很慢的过去社会来研究现在社会,其直接的益处很小。我们研究史学的根本目的,是从过去社会的变迁的研究,可以给我们以分析现在社会和将来社会趋势的能力,能够给我观察社会、推测将来社会以很多的帮助。所以我们研究史学是为了研究现在与将来的社会而研究的,不仅是为了知道过去。但这并不是我们不研究过去,而是研究过去有一个限度,那限度是研究和现在及将来社会有直接关系,或是从历史的变迁中去看历史变迁的法则和轨道的,不是遇到一个便研究一个。

二 用怎样眼光研究史学?

其次,我们讲用怎样的眼光和怎样的方法去研究历史呢?这可以分为三种:第一,伦理学的史学。过去的历史学,多是伦理学的史学。从中国最早的历史作品里,像《春秋》,以及解释《春秋》的《公羊传》,及其他的春秋学,和以后的许多历史著作,多带有伦理的成分,尤其是宋元明清的史学更是浓厚。这种伦理学的史学,产生在工业不很发达的社会里。因为工业不很发达,社会生产技术不很高明的时代,自然科学和社会科学都不发达,在这时代里是伦理哲学支配思想界。伦理哲学讲的是"应当怎样"。这种学问的起源很早,在资本主义社会以前便很发达。在最古的氏族社会时代,每个人的语言、行为和思想,都决定于其在族里的地位,依其地位而有许多"应为法则",像为人父的应当慈,为人子的应当孝,尊长应当慈爱,小孩子应当服从,贵族应当享福,平民应当种地等。在氏族社会崩溃以后的古代封建社会里,也有许多应为的法则,像奴隶不是人,只能作工具,自由人有自由人应做的事。在封建社会里也是如此,贵族应当享有土地,并且保障农奴的生活,受保护的人一定要尽忠于他的这样一种相互的关系,都包含一种"应为法则"。在这种社会中支配思想界的是伦理哲学——研究应为法则的哲学。所以在这种社会里的史学,也是伦理学的史学,是以君臣、父子、夫妇等伦理基础作中心,而用伦理学的眼光去记载下来的史实。到了宋明的道学家手中,更发挥尽致,他们认为政治的好不好,完全看君主好不好,认为君主和人民之间有互相感应的关系。所以这时期的历史著作,总是注意到君主,尤其是君主的家庭关系,都是些君主的起居注。这种伦理学的史学影响很大,直到现在还没有脱离,这我们可以从每天的报纸上看得出来。就是现在许多的历史著作,也都脱离不了伦理的眼光,这种以人类"应为"作标准来批评历史事实,来记述历史事实的史学,是不科学的史学。科学的史学讲的是"是",而不是"应为"。自然科学中的两分氢一分氧"是"水,而不是"应为",水沸到一百度"是"气,而不是"应为"气,一加二"是"三,而不是"应为"三。社会科学也是讲"是",证是"是"变迁,"是"如此变迁,而不是"应当"变迁,"应当"如此变迁,像一个封建社会"必然"要变迁到资本主义社会,资本主义社会"必然"要变迁到社会主义社会,是"是",而不是"应当","是"证明以后,当然就"应当"起来。像人类利用自然现象的必然法则做成机器,这是社会现象必然这样,人类才说"应当"。

第二,考据学的史学。考据学的史学,是历史学的自有而且必有的方法,因为要寻找过去的事实,一定要考据。因为史学的材料是很零碎的,尤其是当时人记当时事,不一定正确。或者因为要在遗失或残缺的材料中去找事实,所以考据是史学自有和必有的方法。但是,考据说的史学,单从考据是不够的。与其说是方法,勿宁说是技术。考据不能决定事实的对不对,而靠着我们的历史哲学的。不是这样,考据找到不相干的问题,费许多功夫,与史学是无益的。

第三,社会科学的史学。社会科学的史学是讲"是"的,历史社会的发展是必然的,不同于伦理学,也不同于考据学的。因为社会科学的史学是有一定的方向和范围的,不把许多问题当作孤立的研究,而以全部眼光去看社会的发展。孤立的看法虽然有很大的成就,但历史现象不是孤立的,是和其他各方面都有关系的,必须由社会科学的眼光才能看出来。对于一个问题的取舍是有一定的标准的,是依照社会科学原理取舍的。社会科学的考据,也是按需要而取材的。这种史学又可分为几种:(一)从政治学的眼光和方法研究出来的史学是政治史,不是单纯地记载战争,也记载着政治制度的构成、运用和变迁;(二)从经济学的眼光和方法研究出来的是经济史,不一定记载每一个时期的物价,而注意到经济组织和社会现象。总括起来说,社会科学的史学,和通常的史学所注意的对象不同,它注意到社会的、政治的和经济的组织。

三 社会科学的史学底派别

现在我们知道了,只有社会科学的史学是最科学的史学,但在社会科学的史学家,也有很多不同的派别和不同的见解。譬如有一派以为社会的变迁最主要的原因,是由于外来的影响,所以这种史学注重世界文化的移动和传播。这种社会科学的史学家研究中国,要注重到印度佛教和西洋文化传到中国以后的影响。又如有一派的社会科学的史学家,认为社会的变迁,是由于多种原因、多数条件而产生的。因为社会的变迁没有一定的法则,所以他们必须注意到很多零碎的原因,如心理的、宗教的、历史的、地理的等原因,而且在历史的叙述上也是没有系统,认为社会的一切变化都是偶然的。这种社会科学的史学家要走到考据学的史学途上去。可是,认为社会的变迁是有一定的发展,有一定的轨道,并由最根本力量所决定的社会科学的史学家,又分作好多派别:一派以为思想可以影响社会的变迁,所以他们必须注意到每一个时代的大思想家;一派以为地理可以影响社会的变迁,所以他们必须注意到地理的环境;一派以为人口的增加可以影响社会的变迁,所以他们必须追述人口增加的情形。

但历来讲中国社会史的人,大概和这许多的见解都不同,他们不是伦理学的,不是考据学,也不是社会科学的。这五六年来中国社会史学者,大概都有一个相同的见解,就是认为历史的变迁是一元的,是基于社会劳动的变迁、生产与交换方法的变迁而变迁的。这就是说,社会劳动一变迁,则全历史就要变迁。生产和交换的方法可以分作几种,都有着一定的次序,从这一个社会变迁到另一个社会,有着一个必然的关系,就是说社会的变迁决定于生产和交换的方法上。讲中国社会史的人,差不多都是这个见解。所以他们现在努力收集每一个时代的生产与交换方法、劳动组织、生产技术、劳动者和生产的关系、劳动者的编制和交换的制度等方面的材料,这在历史上开了一个新纪元。

在满清以前的历史学者,都注重君主个人生活,和他的民族关系。民国以后直到现在,则注意到社会劳动和生产交换的方法上。不过,这些都是从前历史上所不记载的,因为记载少,收集不容易,所以最初研究中国社会史的人还得就普通历史上所记载的政治现象和思想情形等,推测那个时候的劳动组织、经济制度,和生产与交换制度等去研究。近几年来材料多一点啦,大家也明白一点啦,所以研究的也更进步一点啦。不过,中国社会史的研究,只用普通历史家的著作,是很不正确的。因每一种历史学家的研究方法和眼光不同,所以写出来的历史也是不一样的,所以必须进一步地自己有自己的眼光、材料和对象,而加以收集和整理,这样才能把中国社会史逐渐有独立的发展和坚实的基础。

四　中国社会史学者底派别

虽然,讲中国社会史的人,都有一个共同的见解,就是历史的变迁是一元的,但在中国社会史的学者中的争论也很多。这是因为有许多知道的事实不知道,一分的眼光有一分的材料,和社会科学的见解不同,所以收集的材料也是不一样,当然所得的结论也是不同。这种不同的见解,一共可以分为五类:

第一,认为中国社会从古以来都是封建社会,这是最普通的说法。这个说法还有两种:(一)是含有几个段落:(a)周代以前完全是封建社会,(b)秦汉以后到清是半封建社会,(c)清末到现在是封建社会崩溃时代;(二)认为商周是封建社会萌芽时期,秦汉是封建社会发展时期,魏晋是封建社会成熟时期,南北朝宋元明清以来是封建社会的崩溃时期。

第二,认为中国社会从来就是亚细亚的社会——是停滞的社会,是单纯再生产的社会,工业和农业是结合的。在这一个社会里,政治制度是君主专制的,国家是统一的,土地归国有,和古代的巴比论、埃及的社会一样。这种说法很可以看出一点道理来,很有些人主张此说。不过,主张中国社会从来是封建社会的以中国人为多,主张中国社会从来是亚细亚的社会以外国人为多。

第三，是商业资本主义说，也叫做先资本主义说。认为中国社会在商周以前是封建社会，商周以后是先资本主义社会。先资本主义社会的基础是手工业和农业的分化，由于手工业和商业的繁荣，所以不是封建的社会。但是，手工业还没有发达到资本主义这个阶段，所以是先资本主义社会。

第四，认为中国社会是专制的，其基础建筑在农奴制度上。在地主监督下的佃农，可以生产商品，地主便拿这商品到市场去卖，所以商业很发达，因此国家的形态是统一的，而且是专制的。主张此说的，中国人和外国人都有，从前神州国光社出版的《读书杂志》一派，便是主张这个说法的。

第五，认为中国社会是经过五个段落的变迁：（一）商周是一时期，是氏族社会；（二）春秋到东汉是一时期，是古代社会；（三）魏晋南北朝到宋元明清是一时期，是封建社会；（四）清末是一时期，是封建社会崩溃时期；（五）民国以来是一时期，是殖民地资本主义发达时期。这五个段落中的每一个段落的政治、经济组织，和思想潮流都是不同的，劳动者和生产的关系也是不同的。

我在以前是相信第三说的，就是商周以前的中国社会是封建社会，商周以后的中国社会是先资本主义社会。但最近几年来我却相信最后一说。当我把这个意见，还没有全部发表的时期，便常接到朋友来信，说还是我从前主张的那个说法对，因为从前那一个说法，和社会的表面相合。但如果对生产制度和交换制度深入研究，则分出五个段落来，和政治、经济组织与思想潮流，都有更圆满的解释。所以，我近来很坚持最后这一个说法。

五　怎样研究中国社会史？

不过，我对于中国社会史的对象，知道的还不多，唐代以前的，一个人可以作，唐代以后无论如何一个人也作不了，必须由专门人去作。如果大刀阔斧地去研究，固然可以得到一个相当的研究，但有忽略细节目的缺点,如果专门去做一代一代的研究,固然可以把那一代弄得很清楚,但有完全钻入古代去缺点,不能笼罩全局。所以,中国社会史的研究,必须多数人来分工合作,因为个人的分工,必有相当的缺点,如果合作则可弥补过来。我们知道,对于社会史如果弄不清楚,则全部社会科学便无从建立,因为把社会的基础弄清楚才是崭新的学识,如果社会基础弄不清楚,则一切政治、经济都弄不清楚。客观地看起来,不分工合作是不成功的。

今天所说的只是中国社会史的轮廓,天气很冷,诸位花费许多时间,实在是对不起的。

(《北平晨报》1936 年 11 月 7、8、9、11 日,第 9 版,张佐华记)

中国经济史坛的昨日、今日和明日

秦佩珩

现代世界进步国家的经济进程的主要型范有二：第一为亚洲型范，可以黄种民族之中国经济史为代表。在这方面的研究上，近人唐庆增、陶希圣诸先生，以及日人加藤繁、森谷克己等，皆在作着极大的努力；第二为欧洲型范，可以白种民族之欧洲诸国经济史为主，而美澳诸洲附之。在这方面，英人李卜生、罗伯特，德人桑巴特、卫伯尔，以及美人巴盖特皆有极大的贡献。

近年以来，国人注意于中国经济史问题研究的已经甚多，他们的功绩不可磨灭。但大家所注意的，还是怎样把中国经济史的材料，套入西洋经济史的公式里去的问题。又怎样拿西洋经济史的分期标准来划分或比拟中国经济史的问题。这样一来，便始终忽略了中国经济史的特质。岂知治中国经济史是与中国地理特殊环境，以及生产技术有莫切关联的。不明白这一点，即终日读尽天下书，亦正如张骞初至大夏不能得月氏要领！

本文将先叙述中国过去经济史研究的遗产，再及中国抗战以来在这方面的贡献与努力，最后再谈我们所主张的办法以供抗战胜利后诸同道之参考。

一

所谓昨日的中国经济史坛，我们为了讨论方便起见，暂把这个阶段划入自民国十年到民国二十六年之中。虽在这样短短的期间内，一般的经济史学者，却在经济史的研究上，作了极大的努力。自胡适之与胡汉民等讨论井田问题，以启中国经济史研究之端，一直到陶希圣主编的《食货》杂志，一般学者推波逐澜，纷纷提出他们对经济史的看法与主张，寸前尺进，无一非艰辛血汗之成果。

要说明在此十六年中，经济史变迁的大势，及其在文化上所贡献的分量和价值，我们似永不能忘怀于陶希圣、唐庆增诸先生。因为他们不独开中国经济史研究的先河，而在这方面也是提倡与贡献特大的人。

在这个阶段中，中国经济史研究的主潮是"材料的整理及方法的讨论"。无论何种学术，在最初研究过程上都有这样趋势，可惜材料的整理仍限于许多旧的事物，而缺乏一种新问题的探掘。而同时在方法的辩论上，又犯了老的毛病——不能撷取西洋经济史的精华而却失之于穿凿附会。

此外还有一个支流，是排斥理论而着重于社会经济史实的汇集。这个支流，屡起屡伏，但始终没有很占势力。总之，在这个阶段，中国经济史所走向的大道，我认为是不错的，对于整个中国学术史是极有贡献的。只可惜这种工作还是为少数学者所努力，而没有广被化、系统化。这样一来，则全部工作不易贯澈。可是以后我们凭藉这点遗产，扩充蜕变，再发现一种新的道路，更能把握住时代与学术的关联。饮井思源，我们又不能不感谢诸位开山大师。

研究中国经济史的团体虽然不少，然有一共同目标即以欧洲经济史为借鉴而建树一强化的中国经济史体系。他们在欧洲方面抬出了奈特、阿格、沙普诸人，在中国方面抬出了管子、桓宽、贾思勰、宋应星诸人，而努力于中国经济诸问题的提倡。在"中国经济史"总旗帜底下，虽然有唐庆增、马乘风、齐思和、梁方仲、卫聚贤、连士升、鞠清远、蒲耀琼、莫非斯、陶孟和、魏重庆、王志瑞、陈啸江等氏，然而大势所趋，仍倾向于食货一派，结果自然要以陶希圣的倡导为马首是瞻。他所主办的《食货》杂志，执笔者几遍全国，而其思想亦奄袭大江南北，这时中国经济史的倡导工作，已达到了最高潮。

一般的看来，在这时期的工作，多偏重于材料的汇罗。如井田的考证、秦代的货币、两汉的屯田、三国的民食、两晋南北朝的庄田、隋代的工艺、唐代的两税、宋代的关子与会子、元代的漕运与开河、明代的陶瓷与开矿、清代的圈田与公行等等,我都看见有精确的论列。这些文章都散见于《食货》、《禹贡》、《史学年报》、《中国社会经济史集刊》等几种刊物。

平心而论,在此阶段中之一般经济史学者,皆极刻苦努力,在学术史上确有相当之价值,不能一笔抹杀,但也不无使人批评之处。

第一,在材料的整理方面,民国以来的学者,虽不似明代一般士子,除了钦定《性理大全》外,几乎一书不读,但终究在材料汇集的广博方面仍嫌不够。一般学者所注意的材料,还是在正史的《食货志》,或马端临的《文献通考》里翻斛斗。至于《两汉会要》一类的书,也见有人引用,材料往往失之干燥,再如《西京杂记》一类的书,也见有人引用,论断往往失之迂阔。盖治经济史不同于治通史,必须知当时社会之风尚、民生之状况,以正史为经,以笔记为纬,方可知其来龙去脉。不然,则不能知其底细,即日日焚香读《茶经》,亦为陆鸿渐之不肖子。

但何以能对当时社会之风尚及民生之状况有一比较清楚的认识,则这回答也不容易,不过有一种比较准确的估量,则是应多注意于志书及笔记。几年前我在天津青年会内曾对一般大学生演讲过这个题目,我以为如仅从经济,尤其是国民经济方面来说,正史对于整理经济史的用处,远不及《通考》一类的书,而《通考》一类的书,又远不及志书、笔记一类的书。如欲研究唐人的饮茶,仅读了《唐书》的《食货志》而疏忽了陆羽的《茶经》,是不够的;又如欲知道宋人的饮酒,但读了《宋史·食货志》而忽略了冯时化的《酒史》,也是不为功的。我们必须双管齐下,方易得其究竟。

第二,在阶段的划分方面,我们并不反对什么唯物史论,以及什么氏族社会、封建社会、前资本主义社会、资本主义社会等等的划分方法。我们也更不坚持如日人东晋太郎氏之四期划分法,如古代(?—四七六)、中世纪(四七六——四九二)、近代(一四九二——一八一五)、最近代(一八一五—?),可是我们中国四千年以来的特有的政治经济以地理而影响的历史基础,则我们也不能不加考虑。

这话怎讲?我们认为中国经济史的现象颇有异于西洋。一般的说来，历史的全部不会再重演，然而每个时代均会有一部的再生其前代的现象的可能。在西欧庄园制度和基尔特制度是截然两个不同的时代，在经济基调上其性质更为显著。所以我们又可以说，经济的原则不能无条件的应用，但因空间时间的关系，只能影响其轻重，不能变更其性质。但是不幸，中国历史，尤其是中国经济，却始终在一种盛衰治乱兴亡的循环圈内发生了无数次的循环反复的重复现象。所以从大体上看来，中国经济，几千年来，仿佛永久停滞着没有前进，这是研究经济史的诸位同道们所应特别留心的一点。

不过，这话也有余议，实际上中国经济并非不进步，盖其程度甚缓。易言之，进步不如退步之速，成就不如破坏之大，积蓄不如摧残之多。直至现在，整个的经济机构，除了几个已经资本化了都市以外，中国的一切还是停留在数百年以前。一般学者们也空空地把他们那些讨论农村金融的高论留在纸上。试问现在农村所用的犁和三百年前《农政全书》里所画的有什么差异？又试问现在农家造酒的方法，又和六百年前《酒经》里所指示的又有什么不同？

二

抗战军兴，学者痛定思痛，埋首于学术的研究，以社会之木铎，作文化之倡导。尤其值得我们钦佩感念的，则为在敌区负有一种特殊使命的经济史学者，为抵制敌人所施的奴化教育，为协助智识青年的内移，虽含辛茹苦，仍能继续其一面学术一面救国的工作。

我们无妨把抗战时期之现阶段作为今日之经济史坛来作一鸟瞰。在这个段落中，因为生活的困难，物价的高涨，书籍的缺乏，确实对于研究前途影响了不少。

可是尽管环境困难，研究的精神似从未稍懈，短短七年的抗战时期中，在经济史的研究上，又迈进一个新的阶段。对于以前之研究方法整理材料，都有所踵事增华。着重于大问题的研究，亦留心于小节目的变演。重统计而轻泛论，舍空谈而尚实践。举凡历代之物价问题、租税制度、耕种技术、借贷原则、货币行使等等问题，都有一种详细的调查，都有一种新鲜的看法。

在这一种新的动向中,我们永不能湮没以下几位学者,如方显庭、朱偰、罗仲言、孙毓棠、梁嘉彬、陈振汉、盛成、许育英、齐思和、唐庆增、卫聚贤、董继瑚、梁方仲、袁贤能、瞿同祖等,他们在极端的坚苦之中,仍继续其工作。用科学的方法,研究中国历史上之诸般经济现象。用极大的精力,来探索中国历史上诸般经济史实。这种运动,一方面可认为是旧时代的结局,一方面也可认为是新时代的开山。

在出版方面,虽然没有一种系统的经济专刊出版,但在质的方面,却有极大的进步。在华南方面出版的《人文科学报》(昆明)、《财政评论》(香港)、《中农月刊》(重庆)、《经济汇报》(重庆)、《说文月刊》(重庆),在华北方面所出版的《经济学报》(燕大)、《清华学报》(清华)、《辅仁学志》(辅仁)、《史学年报》(燕大)、《经济季刊》(达仁),在华中所出版的《学林》(上海)、《文化界》(上海)、《思潮》(西安)、《文史月刊》(洛阳),其中都有关于中国经济史的精确论述。

固然,我们对于整理学问的看法,因人而不同,但大体说来,却有一个共同的标准,即材料的完备与方法的科学。在这方面,我们也不断在许多杂志上见到几篇好的文章,如《财政评论》中朱偰先生的几篇文章,《经济学报》中齐思和先生的几篇文章,《学林》杂志中盛成先生的几篇文章,在《文化界》中唐庆增先生的几篇文章,有的论货币,有的论牛耕,有的论物价,有的论水利,材料、方法皆各有独到的地方。

散见于其他各杂志的专题研究也极不少,如《历史语言研究所集刊》之《唐代物价之变动》(三十二年六月份)一文,及《东方杂志》之《元秘史之酒局》(三十二年七月份)一文,选题活动,立论详确,虽方法稍老,仍不失为晚近较有价值的作品。

至于专题研究以外,经济史书的著作也极不少。董继瑚先生所著的《清代漕运之研究》(天津书局代售自印本)、卫聚贤先生所著的《山西票号史》(说文社代售自印本),都极饶兴趣。二君如能更使其有条贯,可成专门之学则,我可以断言。

附带着要提及的,便是与经济史有关的经济思想史,近些年来出版的如赵丰田的《晚清五十年经济思想史》等,对于中国经济史间接也有不少的贡献。

三

泰西的学者有言:"科学之成,非成于科学本身,而成于其所应用之方法。"明陆桴亭说:"世有大儒,决不别立宗旨。譬之国手,无科不精,无方不备,无药不用,岂有执一海上方,而沾沾语人曰:'舍此更无科、无方、无药也?'近之谈宗旨者,皆海上方也。"不错,我们治学不可立宗旨,但不可无方法。盖有宗旨,则易流于主观见解,无方法,便会造成杂乱无章。现在为讨论便利起见,我把明日的经济史界,应走的道路,以及我们的主张和理由,略述于后。

第一,我们要成立一个方志索引社。至低的限度,我们也应该把以下各书的索引工作,在短时间内可以完成。如《冀幽齐三州图经》、《湘中山水记》、《司州山川古今记》、《吴越春秋》、《华阳国志》、《三辅故事》、《陈留风俗传》、《南州异物志》、《荆楚岁时记》、《三辅黄图》、《洛阳伽蓝记》、《滇海虞衡志》、《桂海虞衡志》等书,再则选通都大邑之地方志若干种,依其类别作索引工作,如《历城县志》、《天津县志》、《鄞县志》、《徽州府志》、《扬州府志》、《湖州府志》等。

第二,我们要成立一个欧洲经济史译学社。此社之主要工作,即翻译欧洲经济史之名著。欧洲经济史译为中文者真是凤毛麟角,除阿格之书为李光忠所译,奈特之书为王亚南所译,再即威廉斯之《商业史》、东晋太郎之《欧洲经济史》、格拉斯之《工业史》,其余即寥寥无几。我们急需要在最短期间,把几本经济史名著统统翻译过来,如德依之《商业史》及其《现代经济史》、桑巴特之《现代资本主义》、米勒德斯之《英国经济史》、李卜生之《英国经济史》、罗伯特之《英国经济史》,又如劳顿之《俄国经济史》、克勒芬之《德法十九世纪经济史》、巴盖特之《美国经济史》等……一齐在短时间内译到中国。

第三,我们要成立一个国学研究社。此社的主要的工作,是要把中国过去笔记或诗文集中,有关经济史的材料即分类加以抄纂。分工合作,则用力少而成效大。往年我在平津一带教书的时候,便勉励各大学生，皆要抄纂一本名人笔记，或文集诗稿，为其学业之成绩，不以考试为标准。吾家藏笔记、诗文记至少，不能悉举，愿以睹闻所及，择其要，则又可称者，略如下：

《潜夫论》 王符作。有汪苏潭《潜夫论笺》十卷，甚可读，俗本谬误过多。

《盐铁论》 桓宽作。有《四部备要》本，又有明张氏本，割裂过多，阳城张氏有重刻本甚好。余极喜是书，有关专卖工业问题。

《西京杂记》 此书或言吴均作，或言葛洪作。有《丛书集成》本，有关中国手工艺问题。

《水经注》 桑钦《水经》，北魏郦道元注。明朱谋㙔笺本甚好。顾宁人极称道之。

《齐民要术》 贾思勰作。版本甚多，有《四部备要》本。

《香谱》 洪刍作。有《百川学海》本，印工极佳，清华杨梦赉教授，极为我称道之，关于香类记载颇详。

《竹谱》 有《汉魏丛书》本，惟错字过多，有关竹器之记载。

《风俗通》 应劭作。此书似未经人整理，惟对于经济史关系极大，卢氏《群书拾补》中有条校及补遗，其后张介侯有《补风俗通姓氏》一卷。

《南方草木状》 有《汉魏丛书》本。虽材料不多，余甚喜之。

《茶经》 陆羽著。有《百川学海》本，又有《汉魏丛书》本。林志钧先生对我说以《百川学海》本较好，此书可为中国茶史之蓝本。

《茶录》 宋人讲茶之书，此为第一。内容不多。有通俗本及《丛书集成》本。

《庾子山诗集》 有《四部备要》本，余甚喜其诗，余在洛阳曾购得一私人印本，墨色极好。

《陆宣公奏议》 有《国学基本丛书》本，惟错字甚多，陆贽为唐代中兴名人，整理中唐经济史不可不读。

《酉阳杂俎》 段成式作。此书应小心采引，惟对于唐代庄园问题可以参考。

《杜诗镜铨》 此书版本极多，余在北平购得一部粉纸者，几无一错字。

《长安志》 记长安市井颇详,可作城市商业经济史时之参考,与《三辅黄图》《洛阳伽蓝记》之性质略同。

《元和郡国志》 此书版本亦多,余购得一丛书本于西安东大街。

《梦溪笔谈》 沈括作。以科学入书,详确明备,余藏有明汲古阁本。杨梦赉先生言梁启超极称道此书。

《武林旧事》 周密作。有文明书局印本,错字多,不可卒读。此书记武林饮食颇详,武林者,钱塘也,研南宋经济者,不可不读。

《煎茶水记》 有《丛书集成》本。

《酒谱》 有通俗本,余往年在南京夫子庙购得一册。

《酒史》 冯时化作。余在天津天祥市场购得《丛书集成》本。

《酒经》 窦子野作。于南宋酒事颇详,可与《武林旧事》参阅。

《岭外代答》 周去非作。记岭外之事颇详。有《丛书集成》本。

《东京梦华录》 孟元老著。有《丛书集成》本。凡汴京之生活状况,无不载之甚详。研究舟车饮食者,亦不可不读。

《齐东野语》 周必大作。于关子事论之颇详,为一代不朽之作,齐思和先生极喜是书。

《糖霜谱》 有《丛书集成》本。

《梦粱录》 吴自牧作。有《小说笔记大观》本,错字甚多,不堪读。此书亦为治经济史之佳作。

《剑南诗钞》 有扫叶山房本。

《辍耕录》 陶宗仪作。有《丛书集成》本。有关历代巧匠之记载,以及制墨之人,凡制工艺史者可以参考。

《农桑辑要》 元代重农桑,是书大都辑自《齐民要术》诸书。

《海运志》 海运乃始于元,研究海运之原始者,应注意及之。近年有陶氏刻本,极精致。

《天工开物》 宋应星作。有商务印书馆印本,丁文江先生极称赞是书。

《奇器图说》 王徵作。北平燕大图书馆藏有三种版本,皆甚好。

《菽园杂记》 陆容作。有《丛书集成》本,余极喜之,其中论货币一段,可为治货币史者之取材。

《天下郡国利病书》 顾炎武作。于山川地理记之颇详，可为治矿业史者之参考。

《日知录》 顾炎武作。近来有世界书局印本。是书为宁人先生精心之作，举凡论田制、金银、水利、税制等，皆极精到。

《潞水客谈》 徐贞明作。谈明代北京水利颇详。

《东吴水利录》 归有光作。谈东南水利尤以太湖为详。

《农政全书》 徐光启作。对于古井田法，以及农具之应用，皆言之甚详，而对于水利问题尤有独到之处。

《吴诗集览》 有木刻本，亦有中华书局印本，其中有关史事皆可取材。

《春明梦余录》 孙承泽作。于遵化等地冶铁事载之颇详。

《景德镇陶录》 蓝浦作。版本甚多，有扫叶山房本，于历代陶业言之颇详。

《陶说》 朱琰作。版本甚多。

《浮梁陶政志》 此书附于丛书内，专论浮梁陶政之优者，不及前二书。

《自鸣钟说》 梅定九作。对自鸣钟之考订颇详，本书共二卷。

《壶漏考》 梅定九作。本书共一卷。

第四，我们要成立一个西洋史料供应社。本社之活动，大都偏重采集各国史籍中有关于中国史料者。如研究正德十一年葡人来华问题，则仅靠中国几本《澳门志略》一类的书，是很危险的，必须能娴于葡文，从其中找到材料。又如欲研究利玛窦对于中国在测量上的贡献，又必须旁通意文，仅靠中国人所作的几本《利玛窦传》，也是不够的。我们必须集中力量，分工合作，方能见较大之成绩。

综合上述各节，我们可以极诚恳的态度，向国内研究机关建议，我们亟需要利用分工合作的研究，以发挥经济史研究的效果。在抗战建国的进程中，文化的积累也是对一个民族的前途有莫大的联系。我们应具远大的眼光及和协一致的精神，共同挑起这一个沉重的担子。

(《新经济》1944年第11卷第3期)

论"中国社会史"问题

杨 堃

根据教育部所规定的大学课程标准,在社会学系或其他学系内,每列有"中国社会史"一门,但这门功课应该怎样地讲法,却无规定。而实际上,据我所知,适当的人选,颇成问题。因为带有"社会"两字,故一般的史学家全不愿担任这门功课。又因为带有"中国"及"史"两个名称,故一般的社会学家亦不敢或不愿去轻易尝试。因此,"中国社会史"一门,亦就有了问题。

在未解决问题之前,不妨先叙述一下过去的一段经过。十几年前,在北平各大学担任这门功课的,有一位名教授,即是陶希圣先生。当时北大、清华、燕京、师大、中大诸处的这门功课,全是由他一人包办。陶先生所编的讲义,据说早就列入商务印书馆的《大学丛书》内。该书虽至今未见出版,然陶先生在这一方面的著作,却已发表过数种。而且陶先生的讲义,因各校讲义课全印有铅印本,故在北平各书摊上,亦极易看到。然而凡是读过陶先生的著作的人,其所得的印象是什么呢?

在史学家一方面,有许多朋友仅承认陶先生是一位社会学家,不承认他是一位史学家。再不然,亦仅承认他是史学界内的"海派",而不认其为"正派"。

在社会学家一方面,我们觉得,陶先生的著作虽多,然而却无一本是属于社会学的。所以有些同道仅视陶先生为一史学家,或政治学家,或法律学家(陶汇曾),而不承认其为社会学家。

若再将陶先生的著作,如《中国社会之史的分析》、《中国封建社会史》、《中国社会史》等等,作一详细的检讨,我们就觉得陶先生在史料一方面，虽说全是运用中国的史料，然而他对于史学上那一套传统的考证方法与科学存疑的精神，却似乎均嫌不足，故不为史学界所推重，似非偶然。若再将陶先生的方法，拿来作一批判，却又使我们感觉到，陶先生所用的方法，全是一种思辨的方法，其理论亦全是旧日演化学派与唯物论派的理论。社会学在今日若还是和五十年以前者完全一样，那我们自然亦应承认陶先生是一位社会学家。惟今日之社会学，已早脱离哲学，而变为科学，那我们就很难以社会学家视之了。

在陶先生之后，以教"中国社会史"及著《中国社会史》著名的，则有吕振羽先生。吕先生的《中国社会史》，在七七事变前已经出了两册，早已风行一时，不必再为介绍。在最近数年内，又有翦伯赞先生的《中国史纲》、《中国史论集》等等，亦全是属于中国社会史方面的，销路亦颇可观。然而内容如何呢？因为我们想保持点学术上的礼貌，恕不多言。惟如说，至今日为止，在我国出版界内，连一本像样的或够得上水准的《中国社会史》，尚不曾有过，这却不是过分之言。然而我们的大学内，又全没有这门功课，这令教者如何去教？学者如何去学呢？我们还能说，"中国社会史"这门功课不成问题吗？

在未提出我个人的意见之前，须先指明此问题的原因之所在。必须先认清了病源，然后方可去开药方。

我相信，"中国社会史"一门之所以成为问题，就是因为我国的史学界与社会学界二者的边界未能打通，故史学家与社会学家二者未能取得密切的连系与合作之所致。

请先从社会学一方面说起。社会学之在我国，原是一件舶来品。它虽说已经有了三四十年的历史，然而毕竟尚未完全脱离介绍时期。固然，在抗战期间，由于抗战的种种需要，所以在边疆研究与社会应用两方面，均获有极大的进展，亦可谓由介绍时期今已逐渐走上了建设之途。惟它所以注意的，却仅是现时的这一阶段。至对于整个的中国社会史之研究，却尚未能顾到。虽说有几位少数的社会学家，如黄文山、吴景超、潘光旦诸先生，在这一方面已经有些论文发表，然而他们不仅是少数，不能代表一般的趋势，而且以此而言，亦还离中国社会史之体系的建设，尚远得很。故如将这样的责任——即建设中国社会史，或退一步讲，编写一部《中国社会史》大学课本的责任，交给我们现有的这般社会学家，他们怕不能胜任吧？

再从史学一方面来看，我国第一流的史学家，如顾颉刚（《古史辨·自序》）、周予同（《五十年来中国之新史学》，见《学林》第四，民国三十年二月，上海开明书店）、齐思和（《现代中国史学评论》，见《大中》杂志一卷一期，三十五年一月，北平）、聂崇岐（《对现在史学界几句诤言》，载《现代知识》一卷十一期）诸位先生，他们在史学方面的造诣无论怎样深，怎么渊博，然而他们对于社会学却全是外行，概不了解，故全是将史观派当作社会学派，并全认社会学家即是那般专讲历史法则与历史阶级的历史哲学家，而不知社会学之与历史哲学，在五十年前固系同宗，今已时代久远，分道扬镳，彼此已"风马牛不相及"了！

然而史学家之所以误解社会学，其过错却不在史学家而仍在社会学家。因为我们这些学社会学的，不是高谈某派或某派的方法论，就是从事于某村或某族的实地研究，再不然，就要专讲社会服务、社会行政或社会救济与社会福利，似乎尚不知道，我们当前的责任，是要努力去建设中国文化本位的社会学。而中国是一个历史悠久的古国，保存有丰富无比的文献。若不先利用此类文献，从事于中国社会史之编纂，好作为建设中国社会学的资料，那中国文化本位的社会学，如何能凭空而至呢？反而言之，我们的史学家，却似乎已均觉悟，若不在史学的藩篱之外，另去寻觅些新的方法或救兵，那所谓"中国通史"者，就似乎无法可以讲通。若再谈到中国社会史，如不能得到社会学家的帮助，他们就好像失去了自信。故史学家之愿与社会学家合作，似已不成问题。惟独我们这般学社会学的，因为缺乏史学的素养与训练，故弄得"隔行如隔山"，不是犯了"文人相轻"的老毛病，就是但觉其壁垒森严，无门可入，因而避难就易，仅选择一两个试验村镇，作为横面研究的对象，即认为已尽了社会学家的责任，而忘记文化是一种累积体与社会遗业，故在横面研究之外，还需要包括着一个极长的纵面的研究。

回忆二十年前，余在巴黎，从莫斯（Marcel Mauss）与葛兰言（Marcel Granet）两教授习社会学、民族学与中国文化史，又在《社会学年刊》（*L'Année Sociologique*）与《历史综合评论》（*Revue de Synthèse*

Historique)两刊物内,得读法国社会学家与史学家之论战及其后二者合作之方式,使余颇有感动。后回国,来至北平,因在国立北平大学法学院及女子文理学院两处,主讲"社会进化史"一门,余当时即坚持社会进化史不应与社会进化论混为一谈。尤其是在我国现状之下,而讲社会进化史,更不应忽视我国现有的"中国社会史"上的一些资料。嗣后又到燕大社会学系,因主讲"中国社会史"一门,由于讲授之需要,势不得不在此方面多作工夫。惟余当时因苦于资料之多与时间之短,对一切准备利用的资料,实未能予以充分的利用。故在编写讲稿一方面,除仅将讨论学派与方法的《导论》,曾草过一个大纲外,却只好暂用葛兰言教授的《中国文化》(*La Civilisation Chinoise*)一书作为纲要,而另以新的资料作为补充。而葛氏的那本书,在我看来,在现有的此类著述之中,尚不失为一本比较可用的《中国古代社会史大纲》,惜至今尚未为我国学人所重视。今余又受北洋大学之聘,来津主讲"社会科学概论"与"中国通史"两门。关于"社会科学概论"的问题,余亦有不少意见,当另外发表。兹仅以"中国通史"一门而言,余却坚信,如不从中国社会史之立场去讲,实即无法讲通。至于编写讲义或教本一事,余亦相信,若为应急起见,而将标准降低,那末,如以一人之力,去编写一本《中国社会史》大学用书,似亦并非太难。然若认真起来,当作一个研究的题目,那不仅在现有阶段之下,任何一人全不足以胜任,即便集合十数位社会学与史学专家,共同分工合作,恐亦需要在计划妥善之后,至少再经过若干年,方可有一种比较像样的《中国社会史》丛书之出现。然而以个人之经验而言,我虽说是始终习社会学的,但我却知道史学的重要,并颇喜欢去与史学家们接近,及向史学家们请教。然而我所得到的印象,却是史学家与社会学家二者间的距离实在太远,虽说二者的研究对象原本相同或大致相同,因为总不外人类文化或社会制度那一套玩艺儿,然而彼此的方法却不相同,观点更不相同。至于学术的传统、思想的线索,甚或个人的(即社会学家的个人与史学家的个人)生活方式与价值偏见,在在亦均不同。彼此原是生活在两个不同的地球上。今一旦要使他们发生关系,互相合作,谈何容易乎?

若再看四十年前,法国史学家与社会学家相处的情况,那原是先经过几年的论战时期(约自一九〇〇至一九〇五)，然后始进入于合作的时期。而白尔(Henri Berr)先生所主编的《人类演化丛书》(Collection de L'évolution De L'humanité)，即是那种合作的结果。今该丛书已早成为世界著名的人类文化史与人类社会史丛书中的权威，它不仅完全译成英文，而且内有几种，如《从民族到帝国》(黎东方译)、《种族与历史》(董希白译)等，在中文内，亦已有了译本，故我不必详述。惟我国学术界，处处全是落后。我们是否亦需要先经过一翻论战，然后始能走上合作之途呢？因谈到论战，遂使我们连想到，在十几年前，上海出版的《读书杂志》上，曾有过一次热闹的"中国社会史论战"。惟当时参加的诸战士，多少全是属于史观派的。仅有在当时参加论战的陶希圣先生，因感到论战之无味，乃一人跑到北平，发起"食货学会"，主编《食货半月刊》及《中国社会史丛书》，那在我们幼稚的学术界内，实不能不说是一种进步。惟陶先生所主编的《中国社会史丛书》，亦和他自己所写的那几种书，无大分别，故不能算作科学的著作。至于说不带史观味的中国社会史丛书，在名义上我们亦已经有了一部，那便是王云五先生编纂的《中国文化史丛书》(商务印书馆)。那部丛书的种类之多与规模之大，虽说几可与白尔先生的《人类演化丛书》相比肩，然而真不幸！其种类之杂与内容之糟，却处处均出乎吾人之意料！那如果仅是为的替商务印书馆作一批好买卖，差可胜任。若想满足我们的需要，实有未能。

话再说回来，若想为我国编写一部像样的《中国社会史丛书》，除非我们的社会学家与史学家们，赶快携起手来，大家努力，分工合作，实无其他途径。至于合作的办法，我此处尚无详述之必要。惟我相信，在未谈办法之前，须先造成合作的空气。这除去私人间的学术集会之外，而教育部所定的大学课程标准，似亦有改良之必要。我觉得，历史学系的学生，亦应当选修"社会学原理"、"初民社会"、"社会学研究法"诸门。而入社会学系的学生，除去应修"中国通史"与"中国社会史"两门外，对于"中国上古史"、"史前考古学"、"古文字学"、"语言学"诸门，亦应尽量的多修。如果所占学分太多，实际不可能时，似不妨将社会学系与历史学系再各分为若干组，而"中国社会史"，即是界于社会学与史学二者之间的一组。故凡主修此组者，即应在史学系、社会学系甚或国文系与语文学系内，任选适当的功课，作为此组的必修。像现在的办法，不仅是系与系之间，存有一道鸿沟，而且在系之上，还另有一道鸿沟在，那便是学院。因为社会学系是设在法学院，而历史学系却是设在文学院，各有壁垒，各自为政。此专从学制而言，似亦有改良之必要也。

（《现代知识》1948年第2卷第5期）

近年国人西域研究之发展

冯先恕

绪　论

东西文化交通之研究，为十九世纪末叶以来新兴之学，世界各国学者，咸知所以致力。而其致力之途，则又可分西域与南海。南海者大抵属于近古之事；而西域之交通则亘上古与中古：上古自新石器时代迄于先秦，中古则汉唐是属。上古东西文化交通，迄今有若干绝大问题，未能解决，以文献不足征也；言中古东西文化之交通则不然，既有史籍可以覆按，更有近四十年来，各国探险队在新疆、蒙古等地之考古发掘，与敦煌石室所藏之古物为实据，于是由汉代至宋代东西文化交通之迹，乃益呈伟观，多少崭新学说，又岂十九世纪之世界史家所及料哉！

顾现在吾人所知者，仅为各国探险成绩所发表之一部而已，即我国之西北科学考查团亦然。故至今尚有若干重要问题未能解决（如天山南路古代住民是何种族问题），若干问题未能决定（如吐火罗语名称问题）。今日之是者，又焉知明日之非乎？故现在可谓为过渡时代，多少成绩系"暂时的"，而非"绝对的"，有系统之《中亚通史》之产生，尚有待于异日学者之努力也。对于此次研究，西方学者固已先我着鞭，而日本学者亦急起直追，今且与西方并驾齐驱。思之能不令人太息耶？

吾国对于西域研究发生兴趣时期有二：一为清乾隆至清末时期，一为民国初迄现代时期。前者盖受平准回以后影响，后者乃受西域考古影响，其动机原自不同也。本文以限于篇幅，故分数子目叙述之。关于国人中亚研究之发展概况，前此尚无专文论及，第思大辂始于椎轮，曷不大胆一试，或可得抛砖引玉之效欤？

一 清代学者之研究

清高宗承康、雍两代西征之余威，既定准部，复平回疆，葱岭以外各部，相继臣服，乃于新疆设治，伊犁始设将军，节制南北两路驻防官兵，抚绥部属，监督外藩。抚治回疆策略，为嘉、道诸朝所奉行弗渝者也。武功既竟，撰述以兴，伊犁之设将军在乾隆二十七年，而《钦定皇舆西域图志》之纂，亦在是年。于是乾隆一朝，关于新疆之著作，遂蔚然而起，撰述之盛，乃迈越前代，非偶然耳。傅恒之《钦定平定准噶尔方略》、魏源之《圣武记》等，为关于西征军事者；祁韵士之《西陲要略》、汪廷楷、松筠等之《西陲总统事略》等，为关于政治者；至苏尔德之《回疆志》、和宁之《回疆通志》、松筠之《钦定新疆识略》等，则为关于当时新疆各方面之总叙。

此外尚有谪戍新疆官吏之著述，率多耳闻目睹，其记载皆翔实可据，迄今尚为治西北史地学者所最宝贵之资料。自乾隆迄清末，关于西北史地考证之记载甚夥，兹就管窥所及，摘要评述，非敢对前贤妄事置喙，此盖时代使然，设诸贤生于近代，其成绩必不止此也。

《西域释地》一卷，祁韵士（一七五一至一八一五）著。韵士字鹤皋，山西寿阳人，乾隆四十三年进士，嘉庆九年坐事戍伊犁，寻释还。是编成于嘉庆十二三年间，列举天山南北疆域山川，条分件系，词简意赅。惟于地名考订间袭前人之误，如谓今之乌鲁木齐，唐为庭州，今之乌什，唐为尉头，今之阿克苏，汉魏为温宿国，未免疏舛。

《西域水道记》五卷，《汉书西域传补注》二卷，徐松（一七八一至一八四八）著。松字星伯，大兴人，嘉庆进士，官编修，坐事谪伊犁。尝亲历天山南北二路，记其山川道里，归而著此。二书均佳，迄今为世界学者推重，虽有小疵，亦不足为此书病。

《汉西域图考》七卷，李光廷撰。光廷字恢垣，番禺人，咸丰二年进士，官吏部主事。是编以汉西域为限，非以汉西域为主。图说之外，附论辨于各条之后，诸考大抵从各史及诸书采出，所考今地多仍《西域图志》等编之误。仍误以汉之温宿、姑墨,当今之阿克苏、乌什;元之玉龙杰赤,当今之玉龙哈什;元之讹答剌,当今之阿克苏;汉之大月氏,当今之布哈尔;处汉条支于今俄罗斯之南;别元阿力麻里与阿里马为两地。穿凿附会,不一而足。

《辛卯侍行记》六卷,陶保廉撰。保廉秀水人,光绪十七年辛卯,父模授新疆巡抚,保廉侍行,备记其行程,于所过都邑之沿革,道路之分歧,罔不勤諏广稽,著之于编。九月十四日记考证西安景教碑文;十月初三日记考证《水经注》抱罕以西河流;十月二十九日记列举诸家《禹贡》黑水之说订考,尤为精核。惟十月初八日记误以合黎、皋兰、贺兰、阿拉并是胡语哈喇之对音;十一月二十日记谓回鹘非畏吾儿,二十九日记不知辟展即唐代蒲昌对音之讹。不免舛误,然在近代舆记中不失为佳作也。

《西游录注》一卷,李文田(一八三四至一八九五)撰。文田字仲约,广东顺德人,咸丰九年进士,官至礼部左侍郎。所注颇精审。惟《西游录》之天山乃指阴山,注误作西域之天山;谋速鲁蛮种落乃指回回,注误与《辽史》之普速完部、《金史》之蒲速斡部合而为一;可弗叉即钦察,误以拂菻当之。然此小误,固无害其精审耳。

《新疆建置志》四卷,宋伯鲁撰。伯鲁字芝田,醴泉人。是编成于光绪三十三年,体裁仿《汉书地理志》,征引繁富,为自来考证西域建置之沿革者所莫及。其间若辟《西域图考》以金满、金蒲为两地之误,辟《西域图志》以哈密为扞罙转音之误;从伯希和说以今温宿当汉之姑墨,以今乌什当汉之温宿;从《辛卯侍行记》说,以《元史》之仰吉八里当今之昌吉,皆足正前人之误。唐之斫句迦在今叶城县治,仍袭旧说以今莎车当之,未免白璧微瑕。

《魏略西戎传地编考证》一卷,丁谦(一八四三至一九一九)撰。谦字益甫,仁和人。此编考证多袭旧说,亦未取诸本勘对异文,如呼得国在乌孙国西北,删西北二字;坚昆国在康居东北,改作西北;丁令在乌孙北,改作西。考证亦多臆度之词,不足取也。

《大唐西域记地理考证》一卷,同上。《西域记》原十二卷,是编仅节录记中关于地理之文考释之,故合为一卷。按玄奘记传久已转为西文,考证者不止一家，此书仅于《印度地理旁考》及于恭宁翰之《印度古地志》，而又不全采其说，遂致纰谬百出。如达摩悉铁帝国条后云："《穆天子传》赤乌氏国在舂山西三百里，即其地也。"附会牵合，莫斯为甚。然前人考证《西域记》者惟有此书，故论及焉。

《杜环经行记地理考证》一卷，同上。按大食条之亚俱罗即黑衣大食朝都城，元之苦法，本书注云无考；同条之苦国，误考在高加索山南，按大食语名西利亚曰苦国，应在地中海东也。

《刘郁西使记地理考证》一卷，同上。按是记固出刘郁手，然奉使西觐者实为常德。丁氏误以常德为刘郁本名，而又误刘郁为真定府人。常德字仁卿，仕履未详；刘郁字文季，元中统中拜监察御史，见王恽《秋涧集》引浑源刘氏世德碑，则郁为浑源人。丁氏盖误合《元史》本纪中统元年被召赴阙之真定刘郁为一人矣。丁氏所据者为《图书集成》本，不及《古今说海》本远甚，如乞石迷西当改乞石迷而，襜寒当改担宴，乞里弯王名忽教马丁，应改作忽都鲁丁。然地名考证较其他诸考为精审，虽有小误，固不失为佳作也。

《西游录地理考证》一卷，同上。所考多承袭李文田《西游录注》旧说，鲜所发明。然据《元史》及许有壬《兴元阁记》谓太祖十五年始定都和林，耶律楚材所至之行在所非和林，谋速鲁蛮乃教名非种族名等数条，足正文田之误耳。惟以塔剌思、讹答剌二城为一地，可弗叉当《魏书》之可弗太，《唐书》之可萨或曷萨当今之哈萨克，均非。

《长春真人西游记地理考证》一卷，同上。丁氏诸考中以此本错误最多，未足以资考证。Aulieta 古之塔剌思城，仍误为《元史》之讹答剌；迭屑乃波斯语基督教徒之号，而误以为回教别派之称，谓宜作答失蛮。附《西辽立国本末考》，误以延庆三年改元康国，辽代十年一改元，史云在位二十年，盖合延庆十年康国十年而言，非从耶律大石西去称王以后诸年并计之也。

《经世大典图地理考证》一卷，同上。此编附会之处甚多，如谓别失八里在今乌尔国河，误合撒耳柯思与乞儿吉思为一部，八哈剌因地处今波斯湾内，乃注云此地名少见，类此者尚多，不能一一举出。

丁氏更有《穆天子传地理考证》六卷、《汉书西域传地理考证》一卷、

《佛国记地理考证》一卷、《西域求经记地理考证》一卷、《元张参议耀卿纪行地理考证》一卷,并刊《浙江图书馆丛书》中,兹不另赘。

此外清代学者关于西域记载者有七十一《西域闻见录》八卷,苏尔德《回疆志》四卷,和宁《回疆通志》十二卷,祁韵士《新疆要略》四卷,李文田《元朝秘史注》十五卷,沈垚《西游记金山以东释》一卷,王树枏《新疆访古录》二卷,张相文《西游录今释》一卷。另有邵大纬著《薄海番域录》十二卷及俞浩著《西域考古录》十卷,体例失之糅杂混乱,且附会之处太多,异日有暇,拟详作评述。

元史之学号称难治,盖元代版图掩被东亚,而《元史》成书仓促,预其事者,又不通蒙古文,以致舛误百出,最为荒芜。尤以西北四汗国史料,多为中亚回教史家及俄国史家著述,故《元史》关于四汗国之记载极鲜,欲作补缀工作,乃不得不借镜西方也。清末洪钧(一八三九至一八九三)《元史译文证补》三十卷、屠寄《蒙兀儿史记》一四四卷,及柯凤荪先生(一八五〇至一九三三)《新元史》二五七卷三书,不啻为斯学辟一新天地,此所以迄今为治元史者所不废也。

二　西域之考古

二十世纪西人称为发见时代,其意盖指百年来古城古墓之发掘,在人类文化史上增加甚多为史传所不详之崭新史实。如意大利潘沛伊古城之发掘,巴比伦、迦太基古遗迹之出现,其结果多能证示东方旧史所传之谬误也。

我国西北蒙古、新疆及西藏高原,自十九世纪中叶以来,因政治上之原因,乃渐为西方人士注意。斯时欧洲学者,认识新疆尚不审,小规模之沙海科学考察后,至末叶新疆一隅遂成为考古学上之宝藏。俄国倡之于先,英国继之于后,而法,而德,而瑞典,而日,而美,莫不望风兴起,若百川之汇海焉。俄国之克莱门兹(D. Klementz)、科兹洛夫(P. K. Kozloff),德国之格鲁威德尔(A. Grunwedel)、勒柯克(A. von LeCoq),法国之伯希和(P. Pelliot),日本之橘瑞超,瑞典之斯文·赫定(Sven Hedin)等,皆曾组织探险队,先后至新疆一带考察,其成绩大多已有正式报告矣。除斯文·赫定氏之游记外,其他均无译本。斯氏游记李述礼、孙仲宽二君已分译为华文,向达先生有详评,见《图书季刊》第一卷第三期,一四二至一四六页。

其规模最大,最为世人所称道者,即英印度政府所派匈牙利人斯坦因(A. Stein)之考古是也。斯氏共作三次考察,第一次在一九〇〇至一九〇一年,沿塔里木河盆地踏查,在和阗附近沙碛中掘获废寺壁画、汉晋木简及各种语文佛经残卷甚多。一九〇七年综合其成绩,成《古和阗考》(Ancient Khotan)二册,牛津出版。

第二次在一九〇六至一九〇八年间,循塔里木盆地,至甘肃敦煌及敦煌西北部长城故垒从事发掘,又发现汉晋木简,即世所称"流沙坠简"也。又在敦煌千佛洞石室中取得古代封闭多年之各种语文写本及古画卷。一九二一年斯氏整理比次所得,成《西域考古记》(Serindia),牛津出版。

一九一三至一九一六年间,斯氏复由帕米尔转道新疆、甘肃作第三次之探考。一九二八年出版《亚洲腹地旅行记》(Innermost Asia)。斯氏探险侧重南道,每次皆有专门技师偕行,测量地形,三次测绘共为总分图五十二幅,于中亚地学上贡献极大。民国十九年五月,报载斯氏又来我国,为我政府禁止,入新疆又为新疆当局所阻。

一九三三年斯氏综合三次结果,写成 Ancient Central Asian Tracks(伦敦出版)。向达先生已译为华文,题曰《斯坦因西域考古记》(民二五,中华书局出版)。曾读斯氏三次报告书者,读此固可流贯前后,得一条理,即未阅报告书者,读此亦可得一梗概。斯氏报告书久已绝版,且售价奇昂,普通图书馆不易置备,则向先生将此编译为中文,诚当前之需矣。

自西域考古后,一时"敦煌学"之研究,竟成为东西学术界之风尚。于中亚之历史、地理、种族、语言、文化、宗教、艺术各方面均有惊人发现,断非十九世纪学者所及料也。

三　汉晋木简之研究

一九〇七年斯坦因氏于我国西陲既获汉晋简牍,越六年(一九一三），法国名汉学家沙畹（E. Chavannes）氏为之诠次笺释，影印成书，著《斯坦因在新疆沙碛中所发现之汉文简书》。明年（一九一四）我国罗振玉（一八六六至一九四〇）、王国维（一八七七至一九二七）二先生重加考释，影印行世，即世所习知之《流沙坠简》也。

沙氏所收简牍共九百九十一片，全书分三编：第一编（一至七〇九）系在敦煌西北古长城废墟发现，其中纪年者九十八片，自天汉三年（前九八）迄永兴元年（一五三），纸片之属于唐代者十一（七一〇至七二〇）；第二编（七二一至九五〇）在蒲昌海北发现，其中少数为斯氏第一次旅行在尼稚所得（九四〇至九五〇），简牍皆有，为魏晋间物。有纪年者十八片，自炎兴元年（二六三），迄咸和五年（三三〇），纸片四；第三编（九五一至九九一）在和阗东北等地发现，简牍皆有，而无纪年可考，大抵为隋唐间物。其考释多得力于我国吴勤训、魏怀二君，释文每多误解，于有关史事之重要处，间未能明。虽然，足以启示罗、王二先生之考释者亦良多也。

《流沙坠简》成于民国三年甲寅，又二年，王氏复补苴前说，成《流沙坠简补正》（见《学术丛编》），至今已三十年矣。后以外间流传甚稀，罗氏乃重录印行，内容亦多所损益，尤以《屯戍丛残》更改最繁，盖王氏生前手订。此外考释补遗复增王氏甲寅题跋一通，亦初版所无，前贤为学，新知旧识，转益深沉，非书成便可谓卒业，良可钦也。

此书盖就沙书九百九十一片中，取五百八十八片。计正编三：（一）小学、术数、方技书考释，共八十简，为罗氏所著。（二）屯戍丛残考释，分簿书、烽燧、戍役、禀给、器物、杂事六项，为王氏所著。（三）简牍遗文考释，不分类，罗氏所著。卷首冠罗、王氏序各一，罗序略言成书之经过；王序甚详，于玉门之方位、烽燧之次第、西域两道之分歧、魏晋长史之治所，及古楼兰地有东西之异，多所阐明。综合二书，沙畹氏辟其蚕丛，王氏通其衢术，使千秋遗迹，顿还旧观，当年经营西域情形，幸犹可见于今日，嘉惠后学，厥功伟矣！

此外尚有一必读之文，即贺昌群先生所著《流沙坠简校补》是（见《国立北平图书馆馆刊》八卷五号，一三七至一五四页）。贺氏于二书之同异，《流沙坠简》再版之增益，王氏之疏失，论之甚详。昔称颜师古为

《汉书》功臣,若先生者,固亦无愧二书之功臣也。

四　史料之搜辑

中国史籍中之外国列传及旅行家、僧人行纪,关于西域史地之记载极夥,国人前此尚未作具体搜辑工作,有之,乃自张亮尘(星烺)师《中西交通史料汇编》(《辅仁大学丛书》第一种)始,民国十九年出版,全书共六巨册。第一、二两册言上古时代中西交通及古代中国与欧洲之交通;第三册言古代中国与非洲之交通,及古代中国与阿剌伯之交通;第四册言古代中国与亚美利亚、犹太、伊兰之交通;第五册言古代中国与西部土耳其斯坦之交通;第六册言古代中国与印度之交通。全书逾百万言之多,其勤劳诚不可及,学者参考之佳构也。

玉耳(Henry Yule)原撰,高节(Henri Cordier)补订之《东域纪程录》(*Cathay and the Way Thither*)内,所辑诸行纪,多为国人所未经见之作品;洛佛尔(Laufer)之《中国伊兰卷》(*Sino-Iranica*),关于矿物、植物之考据亦极精审。二书国内均无译本,先生将其研究几尽量迻译采入,亦合学者之需。虽然,尚有望于先生者,即《释藏》中关于西域史地之材料极多,以属稿仓卒,未遑列入,颇望再版时将其加入,固亦青年学子之愿也。

五　法国汉学之介绍

二十世纪时法国汉学研究颇为发达,谓为沙畹氏提倡之功亦不为过。沙氏之后有伯希和、烈维(S. Levi)、马伯乐(H. Maspero)、葛兰奈(M. Granet)诸氏继之,研究成绩乃臻于极盛。关于中亚文化、种族、宗教、史地、语言、艺术各方面创获,亦因西域之考古,而卓越前代焉。其论文除单行者外,多载于《通报》(*T'oung Pao*)、《亚洲学报》(*Journal Asiatique*)及安南《河内法国远东学校校刊》(*B. E. F. E. O.*)中。顾吾国一九二六年以前,除王国维先生有极少之迻译介绍外(见北大《国学季刊》),尚未见有译本。

家严(编者按：即冯承钧先生)幼年游学法国,入巴黎大学法科攻读,以个人兴趣好尚,斯时即好读史,课余常与沙畹氏共研历史。归国后服务教育界,不幸四十后罹风痹症,四肢不仁,乃日以著译娱身心。始念欲以十年通诸史外国传之读,继思欲达此目的,何不先将西方学者关于中亚及南洋之研究成绩介之国人,期与国内学者共完此艰巨工作?斯时余方攻读于中学,每日受课之暇,必笔受千余字,十四年如一日,未尝中辍也。总计译书不下五百万言,法国汉学名著长短编约二百余种,兹将关于中亚方面之译述择要叙述于左:

《多桑蒙古史》七卷(民二三,商务出版)。原书于一八二四年出版,一八三四至一八五二年重刊印行。自洪文卿氏《元史译文证补》刊行后,治蒙古史者莫不知之。柯凤荪、屠敬山二先生改修《元史》,曾引用之,但亦未能直接利用,故多桑书出版百年来,可谓与中国学者未发生直接关系。日本田中萃一郎氏,曾译其前三卷,于昭和八年(一九三三)由三田史学会出版,丸善株式会社发行。家严曾撰评文,见二十三年二月十七日《大公报·图书副刊》第十四期。顾多桑书最有价值部分在后四卷,因所记载者多为伊儿汗国事,间及于窝阔台、察合台,及钦察汗国事,盖著者深通大食波斯文,史料系直接根据回教史家记载,十分之九为中国史乘所不载,其有价值以此,为学者称道亦以此也。译本中于人名、部族名最为矜慎,专名于《元史》、《元秘史》、《圣武亲征录》之已有者,必从旧译,持以对照中文史籍,应不致有郢书燕说之叹矣。余详译序,兹不赘。

《西突厥史料》(民二三,商务出版),沙畹原著,原书出版于一九〇三年,共正补二编。正编分四篇:首篇绪说,说明西突厥诸可汗之世次及年代,与自中国至西突厥之两大通道;第二篇列传,转录隋唐诸书中之西突厥列传并附注释;第三篇裒辑并分析诸正史及玄奘记传中关系西突厥之其他史料;第四篇西突厥史略,起东西突厥之分立,迄于突骑施之灭亡。此篇述西突厥之兴衰离合,颇能扼要,中国、罗马、波斯、印度四大文明由西突厥之兴起,而赖以沟通之迹,亦为阐述无遗。补编系辑录《册府元龟》中之史料而为正编所阙者。未附索引,原著有小疵数点,见译序。

《马可波罗行纪》四卷（民二五，商务出版），沙海昂（A. J. H. Charignon）注释。中世纪欧人履华者不少，然记者均不及马可波罗记载之详。马可波罗约于一二七五年至上都，颇得忽必烈大汗欢心，居留中国约十七年之久。行纪中可见若干为《元史》所不详之当时军事外交情形，十三世纪中亚蒙古各汗国统治下之概况；此外记载元代之社会状况，如农业、棉业、工商业，以及各地城市之繁荣与发展情形；交通驿站、交钞之流行等，亦均为史文所不详。沙氏原注颇有舛误，译本中亦一一为之订正，原注未详者，补注处亦不少。

尚有沙畹所著之《中国之旅行家》（民十五）、《摩尼教流行中国考》（民二十）、费赖之（P. Fister）之《入华耶稣会士列传》十卷（民二七，前三卷出版）、格鲁赛（Grousset）之《蒙古史略》（民二三）、布哇（Bouvat）之《帖木儿帝国》（民二三），均于商务出版。未出版者有伯希和之《蒙古与教廷》及《吐火罗语考》。

短篇研究则载《史地丛考》（民二十，商务，下同）、《史地丛考续编》（民二二），及《西域南海史地考证译丛初编》（民二三）、续编（民二三）、三编（民二五）、四编（民三十）、五编（未出版）中。五编已于民二九译竣，计分蒲陶、元秘史旧蒙文中之一段讹误、黑衣大食都城之汉匠、玄奘记传中之千泉、突厥语与蒙古语中之驿站、斡耳朵、梵衍那考补注、评王国维遗书、澳门之起源、评长春真人西游记译文、郑和下西洋考拾遗、评中国历史商业地图、畏吾儿残卷中之地名、押不芦等十四种。除《押不芦》一篇为洛佛尔所著外，余皆为伯希和氏著。其见于杂志登载及稿藏于家者又约数十种，皆未与焉。可参阅吴鸣时（祥麒）先生所著《中国近三十年来之出版界外国史之部》后附目录（见《国立华北编译馆馆刊》二之九）。

东西考据家关于中亚古舆地考证既多，则为省翻检之劳计，诚有搜罗去取，编一索引之必要，此《西域地名》之所由作也。《西域地名》出版于民国二十年，为《西北科学考查团丛刊》之一。书分二编：上编按西文字母排列，每一地名下附中国史传及行纪中之古地名；下编按中国字典部首排列，后附西名今地，欲求古地今名，稍索即得，出版后极为国内外学者推重。以印书无多，传世极稀，近家严拟与中亚语言专家王静如先生重编此书，将近十年东西方学者及近来研究所得加入，度成绩必较原编倍蓰也。

六　西北科学考查团之贡献

自东西洋学者至中亚考古，发现宝藏后，三十年来，敦煌学之研究，竟成为我国学术界之风尚。至于西渡流沙，用科学方法以追随东西洋学者之后，为各方面之探讨者，尚未之有也。

民国十六年四月二十六日，北京中国学术团体协会与瑞典斯文·赫定氏订定合作办法十九条，组织西北科学考查团，考查事项包含地质学、地磁学、气象学、天文学、人类学、考古学、民俗学在内。计中国团员十人，由徐炳昶先生任团长，欧洲团员十九人，由赫定氏自任团长。于同年五月九日自北京出发，十七年一月二十三日抵哈密，同年冬返北京。其最重要发现，如袁复礼先生之在新疆阜康县三台附近发现天山恐龙化石。此化石在下侏傥纪地层中，在亚洲为第一次发现，可以推倒以前地质学家天山东段无动物化石之说；外如丁道衡君之发见茂明安旗大铁矿，皆足以震惊世人。其在考古学方面，贝格满（Bergmen）在居延一带所发见之汉代简牍，数达万余片，而七十余片之月言簿以及古笔，尤足以考见汉代文化之一斑。详具徐氏著《徐旭生西游日记》，兹不赘。

我国考古组方面黄文弼君于十七年十九年曾两度往访今土鲁番、库车一带，在土鲁番雅尔湖发掘古坟群，获高昌砖志一百二十四方，其他器物称是。二十年二月在北京开西北科学考查团展览会，发刊其《高昌》第一分本，八月《高昌砖集》出版，在《高昌砖集赘言》中，申述研究计划，欲于所得高昌、蒲昌、焉耆、龟兹之古器物、古美术品、古文字之属俱欲有所致力，分别勒成专著，期以三年成书。是年冬又著《高昌疆域郡城考》（见北大《国学季刊》三卷一号），引首又发表其纂辑《高昌国志》之意。二十三年《高昌陶集》出版（西北科学考查团理事会出版）。

第一分本《高昌》共录文五篇：曰吐鲁番发现墓砖记，曰墓砖目录，曰高昌麹氏纪年，曰高昌官制表，曰新疆发现古物概要。

高昌有国始于北魏中叶，麹氏崛起，奕世相承，百四十一年。其刑法、风俗、婚姻、丧葬,与中国大同。中夏民族及文明之移植西域,当以高昌为第一站,研究西域史者,于此俱宜三致意者也。关于高昌麴氏纪年问题,我国史书不载,迨日本大谷光瑞伯及橘瑞超氏等得麴氏墓砖十余方,罗振玉先生遂据之以作《高昌麴氏年表》(见《雪堂丛刻》及《永丰乡人杂著》),然纪年仅延昌、延和、延寿三号而已。黄君所得墓砖,计建号有九,延昌之前,有重光、章和、永和、和平、建昌,延和之后尚有义和,干支俱备,为之整齐排比,不唯高昌纪年粲然复明,即麴氏九代亦确实有据矣。墓砖中最有价值者,即重光元年庚辰刘保欢墓表(见《砖集》一叶),重光二年辛巳张保守墓表(见《砖集》二叶)及重光三年壬午范法子墓表、麴庆瑜墓表(见《砖集》专文一叶)。盖麴嘉即位之年,史无明文,故麴氏享国乃有一四四年及一三四年二说,据此四墓表然后始知麴嘉即位年为魏景明元年(五〇〇),由景明元年下推至唐贞观十四年(六四〇)得一四年,高昌年历,有此首尾两干支之确定,而后不复有游移上下之感矣。后罗氏复依黄著作《增订高昌麴氏年表》(见《辽居杂著乙稿》),以重光系之麴文泰,为其始即位之年号,因仍主享国一四四年之说,非也。

黄著未决者尚有三事:(一)麴光之年号为何?(二)曰和平为何人改元?(三)曰延昌(五六一至六〇一)为何人年号?近家严衮辑史传、《释藏》中关于高昌记载之文,合以诸家成绩,本人研究心得,写《高昌事辑》(见《华北编译馆馆刊》二之九),据墓砖证明延昌为乾固年号(见一八及三〇页),余二事尚有待于新史料之发现。

《高昌砖集》为《高昌》第二分本,盖从所得一百二十四方墓砖中,择其字迹显明者八十四方铜版影印者。每方注明原来尺寸、墨色,及出土地点;至于砖文可识而影印略晦者,则录释文于下,以资比验。余四十方或因墨底红字影映不显,或字迹模糊,必用水浸湿,始可辨识,皆撮录其文于后,别为校砖记为之殿。其足以见西陲文化之概,不仅有益于俗字土语之研究而已。

《高昌陶集》分上下二篇:上篇分发掘报告、古冢遗物说明,及陶器研究三项;下篇全系古陶图版,共一百十图。发掘报告,详记交河城水道沿革,居民迁徙之迹,暨墓葬明器之放置,大抵有图可稽,有物可证,以坟茔为径,日程为纬,读者如身临其地。古冢遗物说明分论器物制度,工艺遗迹,甚至大小厚薄,油彩质料,均有精密之较量。古陶研究推断远古陶器之年代,乃综合西方学者之说,为事实之判断。吾人感有遗憾者,即陶器之定名,多出黄君臆造。如十二版至十六版定名为盆,三十七至三十九版定名为壶,七十一版定名为碟,更有碗状盂、浅底钵之说,尤使人减少对此书信仰。然欲知汉族文明散播农村与贵族之状态,颇能以此书实物证之,故虽有小疵,亦不失为近年考古学上最有价值之作。更有言者,以上述不过就黄君所发表关于高昌之一部成绩而言,未发表者正不知有多少可宝贵之史料也。

七　中亚语言之研究

欲研究汉唐间新疆中亚之文化(尤其是各种宗教输入中国情形),则应首先明了西域古代语言,征之我国史书,仅玄奘法师《大唐西域记》卷一略有记载,然亦不甚详晰。近四十年文物出世以后,经世界各国学者努力研究,结果发现三种为世人所从来未识之语言:

(一)粟特语,或名窣利语。属伊兰语系,乃中亚地方之伊兰商旅用作贸易之语言,通行区域甚远,除中亚交通必经之地外,北方传至北突厥可汗建牙之所,东方传至外蒙古一带。

(二)东伊兰语,或称于阗语,最近则称塞语。此种语言文字,据所得写本考之,在突厥族侵入以前,大致流行于于阗一带,亦属伊兰语系。

(三)吐火罗语。此种语言又分为二种:曰甲种吐火罗语,乙种吐火罗语。甲种吐火罗语独在哈喇沙尔、吐鲁番两地发现;乙种吐火罗语除于上述两地发现外,更在龟兹一带盛行,故法国烈维氏在所著《乙种吐火罗语即龟兹国语考》(原文见一九一三年刊《亚洲学报》,译文见《史地丛考》一至三九页)中,甲种方言定名曰焉耆语,乙种方言定名曰龟兹语。后德国学者谢额(Sieg)、谢额凌(Siegling)二氏在所著《吐火罗语残片》第一卷(一九二一)四至五页中曾驳龟兹语名之非是,以为在哈喇沙尔与吐鲁番两地不特见有乙种方言之文字,且曾发见乙种方言之壁上题识。反之,甲种方言既仅见写本著录,乃假拟其非本地土语,而认为系来自大夏或来自未来之吐火罗地方之一种语言也。但二氏对甲种方言写本何以仅发现于哈喇沙尔及吐鲁番两地？且龟兹为佛教自大夏东渐必经地域，何以竟无写本发现之理，亦未能解说清楚。英国学者白雷(H. W. Bailey)氏于所著《论吐火罗语》中，则赞同烈维氏之说，采《西域记》焉耆名称，而改称甲种方言为阿耆尼语。伯希和氏则反对此说，主张甲种方言仍为吐火罗语（见《吐火罗语考》，载一九三四年刊《亚洲学报》)，乙种方言亦定为龟兹语，一如烈维氏之说。然甲种方言问题经西方语言学者反复研讨，每以支节丛生，悬案层出，故三十年来始终疑而未决也。

最近王静如先生鸠集德、法、英各国学者关于吐火罗语异说，附以己意，著《论吐火罗及吐火罗语》（见《中德学志》第五卷第一二合期，二一七至二七七页），于此问题多所阐明。王先生根据西域发现写本中之 Arsi 名称，以为此名乃是焉耆名称之别写，故主张甲种方言应名焉耆语，不必称之为吐火罗语，因此种语言本非吐火罗地方之语言文字（二六七页）；甲种方言所在地约为焉耆及高昌一带，乙种方言所在地约为龟兹及跋禄迦一带（二六八页）。溯自西域发现古语写本后，数十年来久烦西儒代劳，国人毫无贡献，思之不胜汗颜，参加世界论坛者，当以王先生为第一人，国人当深自庆幸也。惜以战争关系，此文不能为西方学者所见，不然又将引起激烈论辩矣。

此外根据玄奘《大唐西域记》卷一记载，尚有所谓佉沙语者未曾发见，王先生亦谓数年后必被发见（二五六页）。近阅黄文弼氏《高昌砖集赘言》（六叶下）云："第五辑佉沙。此辑兼喀什、巴楚、莎车、叶城四县地考查所得之材料。……至所得材料，巴楚则文字、泥像、木陶器、绢帛为最多。文字亦属印度系，但不同于阗文，与龟兹文，疑为自成一种。现余本玄奘论葱岭已东语系之说，订为佉沙文。欧洲尚未见此，殆西域语文中之第一次发现。"云云。惜黄君未能将其影印公诸于世，以供世界学者之证明，果系佉沙文否也？

八　余　论

以新史料之发现为契机，证明西域为东西文明之传播地后，因而引起世界各国学者之"西域文明研究"之深厚兴趣。盖一面可以明了西域文明，一面依此研究，可以考见中国、印度、伊兰三大文明交流之实况。惟各国学者所发表者多为片断之研究，作综合之叙述者，有日本羽田亨博士《西域文明史概论》（一九三一）。此书根据历次西域探险之结果，扼要叙述西域文化之本质、来源，及其演变。纯持客观态度，一切以实证为依归，不肯稍涉武断，且插图完备，为他书所不及。出版之同年，即由钱稻孙师译为中文，列为泉寿译丛之一；二十三年（一九三四）商务又印行第二种译本，译者为郑元芳先生。两本译文相较，自以钱译本为佳，郑译本虽亦甚平妥，然终有小疵数点，为美中不足。如郑译本中之三页十行、三十三页八行、四十四页十一行、五十页七行、五十一页三行，均可以钱译本四页二行、三十六页五行、四十六页十一行、五十页四行、五十二页一行正之（见于鹤年君《西域文明史概论的二种译本》，文载《大公报·图书副刊》第六十期）。惟原书插图，钱师以出于自力经营，将其略去，深为可惜，郑译本则全数印入，能将两译本互相参考最佳也。后羽田博士又依据最新资料，将中亚作一通史叙述，文载岩波讲座《东洋思潮》中，共二十章，前十一章述由古代至帖木儿帝国时代之中亚史实，后九章说明中亚文化概况，条分缕析，言简意赅，为治西域史者必读之参考书。已由张宏英先生译为中文，题《中央亚细亚的文化》（商务，民三十），译文极忠实，尤以古代译名方面可据，断非率尔操觚者所能望其项背也。

我国关于中亚文化之著述，则为向达先生之《唐代长安与西域文明》（民二二，燕京哈佛社出版），于李唐一代西域文化之流入中国情形，叙述甚详。盖汉魏六朝时与西北各民族之间，多为武力接触，迄唐代声教昌明，不但西域之器物用具渐渐输入，且影响于唐代社会之精神思想矣。此外于西域人华化情形叙述亦详，可与桑原骘藏博士之《隋唐时代西域人华化考》（何健民先生有译本，民三十中华书局出版）、陈援庵（垣）师《元西域人华化考》（民二四），互相参考。

白鸟库吉博士关于西域方面之著述，已多由王古鲁先生译为中文，汇为一编，题曰《塞外史地论文译丛》（民二三，商务）。惟未译者尚多，颇望王先生能有续编、三编付梓也。余如陈捷先生、杨錬先生亦多所介绍。惟余始终以为日本学者之著述迻译太少，倘诸先生能再尽量介绍，则嘉惠后学,非浅鲜矣。

我国对于西域研究之概况,已略如上所述。予以谫陋,辱承姚茫子先生之嘱,滥与编摩,蠡测管窥,裨补盖鲜。尚冀博雅君子,为之绍述,补阙纠违,是固区区之望也。

(《中央亚细亚》1943年第2卷第4期)

南洋研究的回顾与前瞻

许云樵

南洋，说得时髦一些便是东南亚，我国古时称它为南海，明朝又把它分作东西两洋，以婆罗洲北部的汶莱（Brunei）为界限，到清初改称东南洋和南洋，清朝中叶才概称南洋。南洋和中国的关系，可以上溯至周秦。汉魏以降，我国且有遣使通绝域的壮举。唐宋以来，信使往还，史不绝书。明初三保太监下西洋以后，华侨在南洋激剧地增加，甚至雄据一国，南面称王的，也有十余人之多。华侨在南洋虽无确切统计，但估计应在千万人左右，几乎海水到处，无地无之。战前南洋各地的经济权，完全在华侨掌握之中，每年的侨汇及义捐，对于祖国财政上的贡献极大。沦陷的三年半期间，南洋各地华侨所遭遇的痛苦和损失，并不下于祖国的沦陷区。尤其惨重的打击，是和平后，各处都闹着土人排华的风潮，甚至互相仇杀，即和和睦睦华巫相处数百年的马来亚，亦不能免。这不是一个眼前的意外问题，而是华侨前途上极严重的危机。我国政府若再不积极保侨，国内同胞若仍旧漠不相关，南洋侨胞如仍不能惕然警觉，则以往的一切光荣历史，将永成历史，而未来的岁月，更将踏上悲惨的命运，而使祖国失去一条得力的腿，以致蹒跚难行。所以，南洋研究在今日，在中国，是当特别重视而予以提倡的。

南洋研究在中国，古时倒并不忽视，隋唐时的四方馆，明代的四夷馆，清初的四译馆，清季的同文馆，都是对南洋语文习俗作专门研究的机关。四夷馆成立于永乐五年（一四〇七），隶翰林院，教授夷语十种，和现在的国立东方语文专科学校相仿。并且还编纂《各国夷语》一书，内收十国的分类词汇，其中一半是属于南洋的：占城、暹罗、百夷、满剌加和安南。清康熙时，四译馆曾重新编印，刊于《龙威秘书》卷九，名叫《译史纪余》，只收简略的语汇六种，但另有《华夷译语》一书，分二十四编，收各国语汇及表文共十种，属于南洋者为缅甸、巴夷、八百、暹罗等四种。但近百年来，吾国一切科学转落人后，南洋研究亦是如此，可胜浩叹！

近百年来，泰西各国研究南洋最热烈的，是法、荷、英、美四个分割南洋的国家。东方的日本，也不甘落后，急起直追。她自明治维新以来，即以南洋为她的"海之生命线"，而积极鼓吹南进。各国学者用不同的角度看南洋而从事研究，各有各的成就。现在且分别略述其梗概：

法国学者的研究，侧重于中南半岛，尤其是越南方面的研究，而他们研究成绩的卓越，尤其是史地语文方面，为全世界学术界一致推崇。考其所以然，实在是因为他们拥有出类拔萃的汉学权威伯希和（Paul Pelliot）、马伯乐（Henri Maspero）等杰出的俊才所致。

法国的南洋研究总机关是河内的远东法兰西学院（Ecole Francaise d'Extreme-Orient），也是法国的汉学和南洋研究成功的发祥地。举世推崇的权威学者如伯希和、马伯乐、铎米埃维尔、加斯帕尔东等，都是河内学院出身的。

伯希和是巴黎法国学院的教授，学士院会员。义和团事变时，闭居北京，颇负勇敢名。一九〇六—九年，作中亚西亚探险，从敦煌千佛洞运往法国许多发见的古书画，惊倒了全世界。他确是俊才中之俊才，日本学者恭维他为世界之宝的大家。他的研究成绩，可说无往不佳。他精通中国文献的程度，全欧美无出其右。他也通蒙古、土耳其、西藏及安南的语文，且能自由阅读俄文，这是他强有力的利器，得以向学术上的难关进攻。后来他兼任设于索尔蓬奴的中国研究所指导，又任美国哥伦比亚大学的探访教授（Visiting Professor），每隔一年前去一次，又主编荷兰所出版的研究中国及南洋的权威杂志《通报》二十余年，发表有价值的论文不辍。不幸在这次烽火连天中去世了，世界学术界，尤其是汉学与南洋研究，的确失掉一件无价之宝！他对于南洋史地考证，也有不朽的贡献，已故译界名宿冯承钧先生，曾介绍了一部分，如《扶南考》、《交广印度两道考》、《郑和下西洋考》、《马可波罗行纪译注正误》、

《诸蕃志译注正误》《关于越南半岛的几条中国史文》《中国载籍中之宾童龙》《真腊风土记译注》等,都有精到的见解,尤其在《下西洋考》一书中,校订版本之精,即国人亦未能多胜,正是希世之才。

马伯乐名亨利,有弟名乔治,都是河内学院出身的越南研究权威,祖籍意大利,父名却斯东,是《古代东方各国史》的著者,在学术界素负盛名,故亨利兄弟可说是家学渊源。亨利对于中国古代音韵学有极深的造诣,对于安南历史的贡献也不小,经冯先生介绍的有《秦汉象郡考》《唐代安南都护府疆域考》《李陈胡三氏时安南国之政治地理》等。其弟乔治最著名的著作,经冯先生介绍的,有《占婆史》和《宋初越南半岛诸国考》两种。

此外,前河内学院院长费琅(Gabriel Ferrand),也因有汉学根基而有好些不朽的著作,如《昆仑及南海古代航行考》《苏门答剌古国考》《南海中之波斯》《叶调斯调与爪哇》《苏门答剌岛名之最古记录》《瀛涯胜览中之麒麟》等,已经冯先生转为汉文。鄂卢梭(L. Aurousseau)也曾任河内院长,著有《秦代初平越南考》《占城史料补遗》等。战前院长绥岱司(G. Coedes),是法国学者中最精通暹文的一位,他对于暹罗古代史地语文研究的贡献,实不下于伯希和对于汉学的贡献,就是暹罗本国学者,也无能望其项背。他曾受聘于暹政府,专门研究暹罗古碑铭,并作数次发掘,成绩卓著。他用暹文著述的《碑铭汇录》和《泰文演变考》等,都是不朽的杰作。他以丰富的暹文知识,曾为伯希和的《真腊风土记译注》作《补遗》,刊于《河内校刊》,冯先生亦有译文。

这些国际闻名的第一流学者的著作,大多刊于荷兰的《通报》、河内的远东法国学院《校刊》,以及巴黎亚洲学会的《亚洲学报》。亚洲学会也是附带研究南洋的一个著名学术机关,是一八二二年由当时权威汉学家雷穆萨(Abel Remusat)和地理学家玛尔汤,及侨居巴黎的德国权威汉学家克拉卜罗(Klaproth)等所组织创立,迄今有百余年,出版学报不辍,贡献极大。巴黎还有一间东方现代语学校,创办于一七九六年,最初便设有马来语等讲座。

越南是接受中国文化最深的地方,法国学者以精深广博的汉学基础来从事研讨，其贡献的伟大自不待言。现在越南人民正掀起独立的革命怒潮，法国人在越南的政治命运，已经到强弩之末的地步，他们的越南研究，是否将从此消沉下去，却是值得注意的事。

荷兰是一个殖民地大于母国六十倍的小国家，对于殖民地的研究，十分重视，然而他们的成就，却是由于提倡汉学的结果。在莱登（Leiden）有汉学研究院，院长是兑文达（J. J. L. Duyvendak），他的造诣虽不及伯希和，但他也助伯希和编辑《通报》，也和伯希和一样任哥伦比亚大学探访教授，虽则他所著的《商君书译注》等颇为学者所批判，但他在《通报》上的努力，如《郑和七次下西洋时日的重新考订》，确有相当成就，荷兰而有此学者，也足以自豪了。荷兰对于荷属东印度群岛（就是现在的印度尼西亚）的研究，不下于法人在越南的研究，尤其是自然科学方面的贡献更博大。一七八一年设立吧城的皇家艺文学会及皇家吧城文艺科学学会，在莱登和吧城有学报刊行。《通报》是荷兰最堪夸耀的杂志，有全世界第一流的权威汉学家执笔，虽以研究汉学为主，但对于南洋史地考证，颇多珍贵的参考资料。荷兰又和挪威、丹麦共同组织一个亚洲学会，刊有学报一种，不时有南洋研究的论文。

一九三七年，孟士（Jr. J. L. Moens）曾在吧城学会的学报第七七卷第三册中发表《室利佛逝阇婆及迦吒诃考》，将历来泰西学者的史地考证全部推翻，别创新说，极为老友张礼千先生所推崇，但是我除对于他的大胆表示钦佩外，对于他的见解未敢苟同。他以为各国都迁徙无定，忽东忽西，都以史籍所载行程迁就上去，就是他的特色，也是他的新颖处、大胆处，与法国学者严谨作风截然不同。

英国在南洋殖民地，有马来亚、北婆罗洲和缅甸等，不但广大，而且重要，所以英国人对于南洋的研究也极为热烈而努力。他们的研究总机关，便是一八二三年创立的皇家亚洲学会，在上海有华北分会，在印度有锡兰分会，在新嘉坡有马来亚分会，在加尔各答则有早在一七八四年威廉琼斯倡组的孟加尔皇家亚洲学会，在缅甸另有缅甸研究会。在伦敦还有东方学院、皇家地理学院等，都有专刊出版，但其中只有马来亚分会学报和缅甸学报，才算是专门研究南洋的刊物，和河内法国学院的校刊相仿。此外各地的博物院都另有研究动植物或考古学的专刊发行，数量极为丰富。

英国学者在史地考证上的功夫，是不及法国学者的，因为他们没有汉学造诣精深的学者如伯希和等，但他们对于印度方面的研究却有相当成绩，南洋是中印文化交流的区域，所以他们也有另一方面的成就。最显著的是马来语研究，有卫金孙（R. J. Wilkinson）、温士德（R. O. Winstedt）、白剌登（C. O. Blagden）等，好几位大家。至古代史的研究，现在尚无出类拔萃的学者，不过史前研究，新嘉坡的莱佛士博物院（Roffes Museum）却有相当贡献。动植物研究的成绩也不错，而前新嘉坡植物园长勃吉尔（I. H. Burkill）所编著的《马来半岛经济土产辞典》，也是一部不朽的巨著。

美国是一个年龄幼稚的新兴强国，对于历史的兴趣，似乎比较差一点，所以在菲律宾的研究，除了自然科学之外，大多是通俗性的书报，偏重于政治、经济的报导。不过她也有一二位大名家，以造诣深邃的汉学，附带贡献于南洋史地研究。美国人的汉学，是靠德国学者的培植而滋长的，如与美国人洛希尔（W. W. Rockhill）合著《诸蕃志译注》的夏德（F. Hirth）和福克（A. Forke）、拉峨法等，都是德国的汉学权威。洛希尔和夏德译注《诸蕃志》外，尚合著《元明时代南海贸易史》，都是极珍贵的名著。哥伦比亚大学可说是美国汉学的大本营，夏德以后，有伯希和、兑文达等名教授。哈佛大学与北平的燕京大学合组研究所，编印的《哈佛东方研究杂志》，占美国汉学界的王座，对于南洋研究也有相当关系。战后，美国人对于南洋的兴趣浓厚起来，哈佛大学所出版有关南洋的图书尤多，自然大部分是通俗的。

日本，在最近三十年间，对于南洋研究的努力是可惊的，大小研究机关多至七十二处，各有刊物印行，而以台北帝国大学为研究中心，日本第一流的权威学者藤田丰八，便是该校第一任的文学院长，出版的《史学杂志》，颇多研究南洋史的名著。藤田的杰作，是《东西交涉史之研究：南海篇》和《岛夷志略校注》，前者何健民先生有译本，后者有罗振玉的刊本。台湾总督府所藏有关南洋图书，极为丰富，一九四〇年扩充而成南方资料馆，日本誉为东方南洋藏书的首位。总督府所出版的《南洋年鉴》，第四回本刊于一九四二年，分上下二册，资料极为丰富。

一九四三年东京出版的《南方年鉴》，资料更较前者为广博。欧美各国的研究，只偏重于本国的殖民地，像日本那样的冶南洋各属于一炉的巨著，只有自叹勿如。不过日人的著作，好博大而欠精深，所搜罗的材料固然丰富，可是论断未必正确，即第一流学者的著作亦不能免，而且日本立场的色彩，十分浓厚，极易引起人家的反感。惟其如此，所以他们的研究，偏重于政治、经济一方面，而对华侨的研究，尤令人见而心悸。我国至今尚无完整的华侨丛书，而他们却在战前已刊行了一部六大本的《南洋华侨丛书》了，虽说他们的材料有些不大可靠，但他们那种孤心苦诣去调查的精神，和埋头钻研而著作的努力，实在可做我们的楷模。在南进初期，东方所出版关于南洋的书籍，更是汗牛充栋，多得不可胜数。现在他们虽然吃了败仗，屈服了，但将来他们对于南洋，这海之生命线，是不能忘记的，何况他们曾一度疯狂地将它席卷过呢！

战前，暹罗是仅有的独立国，但暹罗研究仍不免由欧西学者越俎代庖，曼谷的暹罗学会，也是欧美各国学者，于一九〇四年所组织的，学报也是以英文为主发表论文的。著名的暹罗研究学者，如瑞士人祁利尼(G. E. Gerini)、法国人绥岱司、英国人葛罗涵(W. A. Graham)、德国人赛屯法屯(E. Seidenfaden)、美国人白刺德莱(C. B. Bradley)等，都是该会的重要分子。暹人尊为"暹史之父"的已故昙隆亲王(Krom Phraya Damrong Rajanubhab)，一向是这会的名誉副会长。日本南进后，该会改称泰国研究会，学报也改以泰文为主。这一部分的研究，贡献最大的，当推昙隆亲王和绥岱司二人。前者一九四三年去世，享寿八十有三，著作达七百种之多，是发扬暹罗文化的大功臣，现在研究暹罗史的，不论本国或外国的学者，全都宗奉他的论断；后者在考古学、文字学上，为暹罗奠定了巩固的基础。所可惜的，他们之中，没有相当造诣的汉学家在内，暹罗史的研究至今尚未完成。昙隆亲王和绥岱司，不过做的披荆斩棘的工作，尚有待于精深博达的汉学家来完成。因为暹罗与中国关系之密，除越南一国外，无出其右，而华侨在暹罗的久远和众多，更是南洋任何国家所不及。第二次缅甸覆亡时，尚赖华侨为之复国。华暹两族之血统，更如水乳相融而不能更分。中暹二国一向的隔阂，原因只在暹罗采用了印度系的文字而已。所以一位汉学家，如果兼通印度学,则对于暹罗研究将有无限量的造诣。

现在,可以回头来看看我们中国人对于南洋研究的情形了。民国初年,何海鸣在北平主编的《侨务旬刊》,可说是近年国人注意南洋研究之初。数年后,暨南大学的南洋文化事业部成立,国内始有正式的研究机关。当初该部的主持人,为老友刘士本先生。刘先生对于南洋研究的兴趣与熟诚,数十年如一日。该部所出版的书籍,不下数十种,并刊行《南洋研究》、《南洋情报》、《中南情报》等期刊,可惜专门人材缺乏,二十年来只做了一些介绍和提倡的工作,真正学术研究上的贡献,还谈不到。这原因是有学识而精通数国语文的学者,很少会到南洋的,不到南洋来,不但没有南洋知识,更没有这兴趣去研究,所以能对南洋研究有相当贡献的,简直如凤毛麟角一般的不可多得了。译著有关南洋的书籍二十余种(在商务印书馆出版)的冯承钧先生,最初是以介绍法国汉学家的汉学成绩为旨趣的,后来因为伯希和的研究兴趣由西域转向南洋,而他也跟着对南洋史地发生了兴趣。这只可以说是意外的收获而已。在南洋文化事业部所刊行的著作中,只有李长傅先生的《南洋华侨史》具有专门研究的气概,并能表现国人创作的精神。李先生后来著述的《中国殖民史》,和冯承钧先生所著的《瀛涯胜览校注》、《星槎胜览校注》、《海录注》、《诸蕃志校注》、《中国南洋交通史》等,都有大家风度。

在南洋华侨中间,学术研究本来是一片枯燥荒芜的沙漠,自从一九四〇年笔者和姚楠、张礼千等先生,发起组织中国南洋学会(South Seas Society)于新嘉坡以来,总算在沙漠里苗了一支嫩芽。战前出版了五期《南洋学报》,因为执笔的会员都是富有修养的学者,颇得国内外学术团体的好评,皇家亚洲学会方面尤引为知己。因为英国学者的要求,第五期起,增辟了英文栏,不幸第六期毁于炮火,就此停顿了四年半。战时迁避往重庆的会员,著译了好些专书,由商务印书馆出版。和平后学会复兴,已出学报两期,质量与形式都较战前为进步,更深得外国学者的重视,而纷纷要求参加,因此目前已变更以中国人研究南洋的宗旨,而开放为国际性的学术团体了。

南洋沦陷期间,国内学者才对南洋注意起来。政府当局也觉得南洋研究的重要,而于民国三十一年设立南洋研究所,可惜办理三年,毫无成绩而裁撤,深堪痛惜。侨务委员会也于战时设立侨务研究室与南洋归侨所组织的南洋通报社,以及邹鲁、翟俊千等先生所发起组织的南洋经济协进会等,都没有什么积极的表现。所差强人意的是国立东方语文专校的创设,和南开、燕京、浙江、复旦、东北、大夏、中山、云南等大学,都增设南洋史地或侨务等科目,这显示了中国各大学已开始认识南洋研究的重要了。

在南洋,除了南洋学会以外,吧城有中国文化学会(China Institution)成立已十余年,但对于研究工作并不十分积极。战前与《南洋学报》性质相同的刊物,只有曼谷《中原报》出版的《中原月刊》,内容完全是研究暹罗的著译论文,由南洋学会暹罗的一辈会员所主持,战时亦尚出版一年,现在停顿已久,似难复刊。战后也只有新嘉坡南洋编译所出版的《南洋杂志》,与《南洋学报》相副而行。两者都由笔者主编,不过杂志是定期的月刊,取材比较通俗而注重趣味,后者为不定期的会刊,内容大半是专门研究的学术论文。南洋编译所是新嘉坡南洋书局有限公司的附属机关,专以编南洋研究的专书、期刊,和南洋通用的教科书为职志,由笔者任所长。现在除出版教科书及《南洋杂志》外,已印行的专书有笔者的《北大年史》、张礼千先生的《东西洋考中之针路》,及笔者校注影印的《新嘉坡风土记》(清李钟珏著)等三种,在印刷中及编译中的尚有十余种。此外还编印了一种专供南洋儿童阅读的期刊《马来亚少年》,每期畅销一万五千份,尚有激剧增加的趋势,大约不久可达三万份,这是南洋出版界的奇迹。

至于欧洲人在南洋的学会,除了新嘉坡的皇家亚洲学会之外,大多因政治动荡而未能复员。皇家亚洲学会虽已于去年初即复办,笔者也被推为五理事之一,曾为复刊号写了一篇史地考证,但付排迄今一年多,还不能出版,战后印刷条件之差,于此可见一斑,研究工作所遭遇的阻碍,也就可想而知。

南洋研究在目前还未能恢复,但将来在学术上的研究,我国学者却是责无旁贷的。以前日本人的研究,当由我国学者来继续自不必说,即不通汉学的其他各国学者的研究,也有待于我国学者去完成,最显著的是与中国关系最密切久远的暹、缅二国的史籍。至于华侨本身问题的研讨,更非惕然自励不可。将来中国和南洋的政局安定之后,在经济上简直有共存共荣的趋势。因为南洋各国是靠胶、锡等土产立国的,现在美国限制天然胶的应用,使全南洋的胶业陷于恐慌中。中国时局平静后工业必然发达,所需的树胶正可解救南洋的苦闷,而中国的工业品,因无日本公开的竞争,可以畅销南洋,挽回对外贸易的入超。即此一端,已可见南洋研究对于中国经济的重要,其他也不必讲了。不过这个责任,应当由国内的学者们共同负起来,政府除鼓励各大学研究南洋,还当多设专门研究机关,奖励专家从事研究,更可以利用台湾所接收的南方资料馆,设为大规模的研究机关,台湾大学也仍当保持帝国大学时代日人偏重南洋史的特色,招致国内第一流学者去主持。我们虽不必如日人那么高唱南洋是"海之生命线",但我们不能忽视南洋是千万左右侨胞的第二故乡,是我国经济复兴的大台柱之一,是千余年来国族光荣的历史写成的场所!

(《文讯月刊》1947年第7卷第3期)

东方学者研究元史之总成绩

憨 生

元史之学,自来号称难治。盖元代享国虽不逾百年,而版图则掩被欧亚,制度多所更张,又兼语言文字不同。而元代史成书仓促,工作非常潦草,当时参与其事者不通蒙古文,对元代典章文物不甚了了,以致舛误百出。昔人均谓各史中以《元史》为荒芜,于是引起一班学者修订或改造之动机,著作有邵远平《元史类编》、魏源《元史新编》、李文田《元朝秘史注》、洪钧《元史译文补证》、屠寄《蒙兀儿史记》、柯劭忞《新元史》等。日人先后治此学者亦有数十家。兹就所有一一加以介绍,藉作初治斯学者之参考。

《元史》成于明初,洪武二年即有编修之议,二次各六月而成,其速为从来所未有。然惟以其成书速,加以距离之时代近,故已有史料得以被采用而完全保存。如本纪十三朝实录均完备,列传根据各家文集,因印刷交通之便,亦易于收集。志则多本《经世大典》一书(今佚),有此三大部分材料,故着手不难。但是成书速而未细加校勘,故书成即有人不满。居今日而批评《元史》,当另具眼光,重新估价,如谓《元史》已具世界史范围,仅恃中国材料,自嫌不足,而《元史》病在灭宋前太缺略。但历来史家病其草率之处,因正其佳处,因正藉此为吾人保存不少根本史料,所失即其所得。例如诸志抄录档案,不加剪裁,此种办法,今日颇可利用。历史的辅助科学,除古文字学外,古文书学亦极重要。吾人根据《元史》,可谓其文书格式,他日另有发现,可因其程式而断其年代。清史全抹去等因奉此诸字样,后之读者即不可得其文书程式矣。

《元史备忘录》,王光鲁撰,借月山房本。明代研究元史者甚少,迄万历始有此书。作者以元时人名、地名不便记忆，且有同名者，故作备忘录以便检查，方法甚佳，开后人不少法门。

《元朝典故类谓》，孙承泽撰，《四库全书》本。作者于研究北京掌故，曾刻《春明梦余录》，自与辽、金、元文献发生关系。是书以典故分类，似《文献通考》。

《元史类编》四十二卷，邵远平撰，康熙二十八年成书。《书目答问》归之别史，此书在当时实整理《元史》新法，以文人、武人分别归类，增加许多新材料，如清初发现之元人文集是。此书乃为助读《元史》而作，无取而代之之意，与《新五代史》、《新唐书》略有不同，不当视为改造之作。

《元史氏族表》三卷，钱大昕撰，《潜研堂集》本，《补元史艺文志》四卷，同上。钱氏毕生致力于元史，成《元史稿》百卷（未刻），其所搜集之材料极多，除当时已有之中国材料外，又于《释藏》、《道藏》中搜得《至元辨伪录》、《佛祖通载》、《长春真人西游记》，及由《永乐大典》中辑出之《元秘史》等书。其已刻者，仅有《氏族表》、《补艺文志》，及《宋辽金元四史朔闰考》二卷。《补艺文志》由《元史新编》全部采入，除引用新材料外，别无特异处，且当时补考不止一家。惟其《氏族表》有价值，极为重要，其法本诸《备忘录》，分元人为蒙古、色目人两大类，用表的形式，每人以最著名者为主，推之若祖若父，及其兄弟子孙，用氏族统字排出。此法于汉人无所用之，而于蒙古人及色目人之不易看出为一家一族者则为用甚大。今之治元史者，如先读《备忘录》，则仅知有十数伯颜而已，如读《氏族表》，则更知此伯颜之父为谁，其子为谁，一目了然，洵精深博大之作。今《新元史》全部采入。

《元史本证》五十卷，汪辉祖撰。《史姓韵篇》作者汪辉祖氏，晚年以史学名家，其关于元史之著作，有《辽金元三史同名录》四十卷最善，作法与《备忘录》、《氏族表》同一路数，以辽与辽同名为一类，金与金同名又一类，元与元又一类，三史同名者别为第四类。此尚不过为工具书而已。更有《元史本证》五十卷尤佳，作法本于《新唐书纠谬》，一证误，二证遗，三证名，即同一名而两样写法者，不愧元史名著，钱竹汀序称，不惟《元史》，各史皆应仿此法作之。《元史》经此时诸老一番订补，已大有可观矣。

《元史新编》九十五卷，魏源撰。道咸之际西北地理，蔚成学风。此种研究，关于蒙古，不得不特加注意，而由蒙古地理联想及元史，于是西北地理与元史混而为一。如魏默深氏之《海国图志》、龚定庵之《蒙古图志》（未成）、何秋涛之《朔方备乘》，及其所校之《元圣武亲征录》等，此辈均以西北地理名家。魏氏乃以余力成《元史新编》九十五卷，此书在当时本非经意之作，今日亦无特殊价值，与《元史类篇》均只可视为"长篇"，至多与王鸿绪之《明史稿》相当。以修史最重新材料之安排，此书仅用旧《元史》及《类篇》材料，而轻易改编之也。此辈学者，更因略谙蒙古语，常以当时蒙语之音，武断前七百年蒙古之音，此亦《新编》自以为是之处。文字方面，颇以意改旧《元史》不少，极易失其原意。

《元史译文证补》三十卷，洪钧撰，史学丛书本。是书为光绪年间元史学破天荒之作，时西北地理学风尚存，洪氏以状元而出使俄国，因外交关系与总理衙门往还，而总理衙门又与西北地理有关，名家如沈子培即衙门职员，李文田之注《元朝秘史》（连筠簃丛书）亦在此时，且随员中颇有深通俄文者。洪氏因而注意元史，今得俄文、波斯文之蒙古史，不啻为斯学辟一新天地。据波斯文之蒙古史，找得元史初期许多材料，及中亚材料（时法人多桑之《蒙古史》亦出）。随手译出不少，关于列传之部分已补至八九，惜书未成而卒，友人印出其手稿三十卷，余稿辗转落于柯劭忞之手。此书为研究元史进步之工作，知借镜于西方，而不忘本来面目，至今不废也。

《蒙兀儿史记》，无卷数，屠寄撰。此书与《证补》同一路数，即注重前半部历史及设法引用外国材料、西域三藩材料是也。惜着手稍迟，未成即卒，未能窥其全豹，实为遗憾。成书分三次印出，第一次八册，二次两册，三次四册，为常州天宁寺所刻，有句读，后辈不能续其业，版已毁，惜哉。此书较《译文证补》更佳，有出处，自作注，方法谨严，功力极深，表志尤多独到，惜名气不大耳。

《元书》一百卷，《序》二卷，曾廉撰。曾氏湖南宝庆人。此书大而无当，托体《史记》，好发议论无新材料，亦无出处，此书与《元史新编》可以说是湖南派，《蒙兀儿》与《证补》为江苏派，相去甚远。

《新元史》二百七十五卷，柯劭忞撰。此书与《元书》同为清末民初之作，而柯氏辈分较早，声名较著，书成在徐东海时代即刻，板极精，比拟二十四史，庚午又重订，氏为吴汝纶之婿，洪文卿遗稿即由吴氏辗转入其手，今已取得二十五史之地位，为世所重矣。日本东京帝国大学，以此书授柯博士，曾有审查报告书。

《元典章校补》六卷，又补阙文三卷，改订表格一卷，陈垣撰。陈援庵先生三十年来搜集多种《元典章》抄本，民国十四年故宫发现元刻本，先生与其门人，用元刻本对校沈家本刻本，后又用诸本互校，校得沈刻本讹误、衍脱、颠倒之处凡一万二千余条，成《元典章校补》六卷。刊成后，又于其中剔择一千余条，各依其所以致误之由，分别类例，成《元典章校补释例》六卷，洵我国校勘学上最重要之方法论，昔挚仲洽谓"杜元凯《春秋释例》本为《左传》设，而所发明，何但《左传》"哉。

《元西域人华化考》八卷，陈垣撰。修史最须注重其原来时代性之保存，如名词须用原来名词，不当更易一字。如《新元史》有"天主教"一名词，此只可作注而已。《蒙兀儿史》亦有基督教一名词，更相差数百年矣。此虽小节，贤者不危，然根据本书，则知当时本来名词，即所谓"也里可温教"是也。是书中如《也里可温考》、《开封赐一乐业教考》等，材料丰富，条理明辨，庶几宋贤著述规模。

此外有《补辽金元艺文志》一卷，倪灿撰，卢文弨校正，抱经堂刊群书拾遗本。《补三史艺文志》一卷，金门诏撰，《八史经籍志》本。《元分藩诸王世表》一卷、《元西域三藩年表》一卷，黄大华撰，《元行省丞相平章政事年表》一卷，吴廷燮撰，不备录。

《多桑蒙古史》七卷，D'Ohsson 著，冯承钧译，是书出版已百余年，久为东西洋学者研究斯学之南针，迄今仍为不废之巨著。先生先译后四卷，续成前三卷，对于译名，颇多比较发明，于日本田中氏译本，亦多是正。

日人之治元史，自当推那珂通世氏为筚路蓝缕之人。其时正当我国咸同之际，边疆多事，学者如沈子培、洪文卿、李文田辈，皆治此学。那珂氏尝与诸人交往，颇蒙助益，自受其影响不少。然其成就除《成吉斯汗实录》外，多为补苴之作，《实录》一书成于晚年，以明治四十年出版，是书即依据《元朝秘史》日译，并加注解，卷首序论本书渊源，旁及蒙古语之文法，极有裨于斯学者。但此时"支那学"之研究，犹在未来新时代之蜕变中，那珂氏允为此朝一代宗师，然方面虽多而欠新裁，其于蒙古史、西域史之造诣与成就，远不及后进箭内亘、白鸟二氏。此固时代使然，非其功力之不足，盖那珂氏实为得风气之先者。

那珂传人箭内亘氏，益恢宏其师之业，论文多载《东洋学报》《史学杂志》《满鲜地理历史研究报告》等。卒后，其门下和田清、石田幹之助等，汇集其遗著四十三篇，为《蒙古史研究》（东京刀江书院，昭和五年版，我国有陈捷、陈清泉节译单行本四种，商务出版），所论大抵出入于文物制度之考证。

他如羽田亨氏之《蒙古驿传考》（《东洋协会学术报告》一）、《元朝对于汉文明之态度》（《狩猎还历纪念论丛》）及《元秘史中所见之蒙古文化》（《艺文》八卷一号），造诣复绝，不下箭内亘氏。池内宏氏对于蒙古与高丽及元兵之征伐日本，最有成就，其大著《元寇之新研究》（东洋文库论丛第十五之一，昭和六年），博征日本史料以反映元史，颇能自成一格。鸳渊一氏之《"八思巴"之汉字音》（《小川还历纪念史学地学论丛》），据中原音韵以与八思巴字（元世祖帝师八思巴，本西藏字而制作者，因其字形书写不便，未能广行民间，惟元代公文则用之）比较，于考证元代语音之转变，极有价值。又田中萃一郎曾译多桑氏之《蒙古史》，惜未完成，仅出一卷（见《田中氏史学论文著作目录》）。此外石田幹之助、和田清、稻叶岩吉、竹内喜荣、藤田元春诸人，亦多论述。

夫元史久已蔚成世界专门之学，国人治此，虽"皓首穷经"，亦不易大成。新派翻译比较，本非易举，所谓范围虽广，运用上终是史料。旧派除《元史》本身自有其面目外，经乾嘉诸老之修订，与洪、屠二家之借镜西方，至少十三朝问题已解决大半，仅少以校勘学方法作综合之工作耳。今之治史者，与其改造《元史》，不如为《元史》作注作补，以旧《元史》作底，尊重原文，无论中外材料，完全仿裴松之注《三国志》，褚少孙补《史记》之法，先成一完整之《元史注》，而将东方数百年文献作一结算，询斯学首要之工作也。

（《再建旬刊》1940 年第 1 卷第 1 期）

元史研究之回顾与前瞻

韩儒林

诸位先生，研究历史，须先搜集材料。材料经考订、分析、综合、贯通后，始能写成历史。在目前之中国，欲以关于元史之中西材料分析贯通而编为历史，则为时尚早。故今日所欲言者，在检讨我国过去研治元史者之工作，及吾人今后应努力之方向而已。

现存正史仅为史料。以二十四史而论，学者向以《元史》为最坏，盖至正二十八年（即明太祖洪武元年）闰七月元帝北遁，十二月明太祖即下令纂修《元史》，上距元亡才四阅月，即距二次开局亦仅一年。修时仓卒，自不能无懈可击。

当时承命纂修诸臣，对《元史》似亦不甚满意，如参与史局之朱右即曾作《元史补遗》十二卷。其书虽佚，但吾人顾名思义，可知躬与其役者，事后亦憾其书缺漏甚多也。有明一代，学者对《元史》虽不满意，顾其书为"昭代所修，未敢议及"，故仅作正误、续编、补遗等工作，未见有发愤重修、取而代之者，如永乐间胡粹中《元史续编》即为好例。

清初邵远平作《元史类编》四十二卷，其书一名《续宏简录》，乃续其祖父邵经邦之《宏简录》也。自谓除采用《元文类》、《经世大典》、《元典章》等书外，复广收元人文集以补《元史》之缺遗。今就其书观之，在邵氏当时所能见到之材料，彼未见者尚多。盖其目的在续"祖录"，并无意推翻旧《元史》也。

至钱大昕，始欲别为编次，以成一代之信史，所撰《元史稿》一百卷，未成书，一九零五—六年间日人岛田翰至江浙访书，犹曾见钱氏手稿，据其所作《访余录》，谓曾见钱书二十八册，缺前二十五卷。范希曾《书目答问补正》,及一九三〇年《通报》伯希和(P. Pelliot)文中,均曾据岛田翰书推测钱稿尚未全亡,希望有好事者起而刊行之,以慰元史学者之渴望。钱氏自谓有重修《元史》之志,归田以后便即搁置,今仅有《艺文志》及《氏族表》二书行世。吾人虽未见竹汀残稿,但据《潜研堂全集》,即可知其搜集材料之能力,如元人普通著述外,兼访释道二藏,纸上材料外,又旁及金石文字。倘钱氏书成,则后之改造《元史》者,必不致若是之多也。

清末魏源作《元史新编》九十五卷。时值洪杨之乱,中西交通日趋发达,历史范围因之扩大。魏源修《海国图志》时,知元代西北二藩所及甚远,遂继钱氏后,发愤重修《元史》。其书亦未完成,光绪末年始有刊本。今读魏氏书,不惟体例不能使人满意,即其所采外国史料,如马礼逊《外国史略》、玛吉思《地理备考》,亦均无史料之价值。盖魏氏为时代所限,虽知海外有新史料,而尚无搜求之门径也。

魏源邵阳人,其同乡有曾廉者,作《元书》一百零二卷,大抵以魏书为蓝本,稍增加若干史事而已。就史料言,益不足道矣。

迨洪钧《元史译文证补》出,乃为元史开辟一新大陆焉。四十年来,国内治元史者犹多不能出洪氏矩矱,考其成就所以能如是之大者,除洪氏个人天才外,其所遭遇之时机,亦实一重要因素也。兹将泰西东方学家研究蒙古史之情况稍述于后,以见洪钧西使时所遇机会之佳,及其所以能在《元史》上有巨大贡献之故。

西人翻译中文蒙古史材料,约始于明清之际。初,东亚、中国耶稣会士均受葡萄牙人保护。康熙时,法王路易十四闻而羡之,亦派六人来华。当时法国教士中有宋君荣(Gaubil)者,译《续宏简录》本纪十卷为法文,一七三九年出版。又有冯秉正(Mailla)者,将《通鉴纲目》、《续纲目》译成法文,计十三大册,其中第九册全为叙述蒙古史者。顺治初,达海(Dahai)、厄尔德尼(Erdeni)等已译《元史》为满文(书名 *Dai Yuwan Gurun i Suduri Bithe*, 12 vols, 1644)。故其书于元史部分亦有参考满文处,一七七九年出版于巴黎。路易十四所遣派之六人中,尚有一人曰刘应(Visdelou)译《文献通考·四裔考》塞北民族史料为法文(即 *Supplément à la Bibliothègue Orientale*),但其中无蒙古部分,此可不论。

十九世纪初期,俄人 Hyacinthe Bicurin 译《元史》之太祖、太宗、定宗、宪宗四本纪为俄文,惜其所据者为乾隆改译本,致使西方学者如多桑(D'Ohsson)、贝勒津(Berezin)等时生误会。

中文元史史料既被介绍至欧洲,遂有人参用东西方材料起而著成蒙古史或注释蒙古史料者。

十九世纪初年,施密德(I. J. Schmidt)在外蒙传教,得蒙文《蒙古源流》,译成德文,一八二九年以蒙德文对照刊行于圣彼德堡。时多桑书已出第一册,故施氏曾采用其所运用之中、西、回教材料作注解。

多桑(Mouradgea D'Ohosson)利用回教与中文材料著成《蒙古史》,一八二四年初版,一八三四——三五年再版,一八五二年三版。其书初版在施密德书之前,故施密德得参考其书。及再版时大加增补,复得参考施氏所译《蒙古源流》。除回教材料外,多桑采用三种中文材料(即前述之法译诸书)。在 Juwayni、Rashid ad-Dīn、Wassaf 等人书未全译为中文之前,其所采用之回教材料,永有参考之价值。

俄人哀德蛮(F. von Erdmann)执教于喀山(Kasan)大学。一八六二年作《不动摇之铁木真》(*Temudschin der Unerschütterliche*)。此书大体译拉施德《史集》之《部族志》及《成吉思汗传》而成,但亦参用有中国材料。如一八五七年俄人 Vasilev 翻译之《蒙鞑备录》,哀书即曾用之也。

一八三三年俄国皇家学院悬金征求钦察汗(即金帐汗)史论文,其条件必须应用中国、中亚及钱币等材料。应征者仅 von Hammer-Purgstall 一人。其论文即著名之《钦察汗史》(*Geschichte der Goldenen Horde*)也。一八四〇年出版于匈牙利京城。一八四二年复著《伊利汗史》,出版于德国南部之 Darmstadt。

英人 Howorth 继诸家之后作《蒙古史》,第一卷出版于一八七六年,为中国部分之蒙古;第二卷(分两册)为金帐汗史,出版于一八八〇年;第三卷为伊利汗史,出版于一八八八年。Howorth 不通东方语言,所用材料皆转手译著。惟其书为蒙古通史,读之可略窥蒙古发展之轮廓。

上举诸书皆节译回教国材料及节录中国史料之译文而成之历史。

其发愤翻译波斯文重要蒙古史料之全书者,似始于俄人贝勒津(按Petis de la Croix 似曾译出若干而未刊行)。贝勒津(Berezin)根据波斯文拉施德《史集》,于一八六一年译出《部族志》,一八六八年译出《成吉思汗传》前半部,一八八八年译出后半部,俄译与波斯文分册刊行。就蒙古史料言,拉施德《史集》与《元史》有同等重要性,惜译文为西欧不甚通行之俄文,故虽有三册译文,几与未译等。

公元一八八九年,即 Howorth 全书完成及拉施德《史集·部族志》及《成吉思汗传》有俄文译本之次年,洪钧出任德俄奥荷公使。洪氏本熟于西北地理,恰又际遇此难逢之时代与机会,故能在元史学上别辟一新天地。洪氏大概不能直读西文书,为之搜集材料与翻译者,有使馆馆员、洋文参赞金楷利(Kreyer)等。其《元史译文证补·太祖本纪》即据贝勒津俄译拉施德《史集·成吉思汗传》重译为中文者。惟节略太多,未可全信。《部族志》亦有译文与考证,惜身后稿本失亡,不可复见。就史料言,仅《太祖本纪译证》可供参考,其余补传皆取材于多桑书,而多桑书则已有完全译本。故其书除考证外,已失去其时代价值。

洪氏之后,融合中西史料而改造元史者,有柯、屠两家。

屠寄作《蒙兀儿史记》一百六十卷,缺若干卷,厘为二十八册。屠氏对于译名非常矜慎,但其工具及训练均不足以解决其所遇之困难。如其书名"蒙兀儿"即系杜撰,不见著录。屠氏作《蒙兀儿史记》时,与柯氏互相交换新材料。屠氏有子相助,宜能为之广搜西方史料,但其人皆非蒙古史专家,所译乞迷亚可亭(Jeremiah Curtin)之 *The Mongols in Russia*(1908),及 *History of Historians* 等书均无史料之价值。

柯劭忞作《新元史》二百五十七卷,费时达数十年,日本帝国大学特因此赠以文学博士之名誉学位。徐世昌为总统时,以之并入廿四史,颁定为廿五史。一般学者亦多以为《新元史》采撷钱大昕以来研究之结果,熔铸新旧材料于一炉,集元史学之大成。但就吾人看来,其书殊少用处。《蒙兀儿史记》有自注,著者虽武断,吾人犹可凭其所据材料以定其是非。至于柯书则不然,无论新旧材料均不注明出处,遂致学者不敢引用,功力等于白费。盖其所用旧材料犹完全存在,而所译新材料则完全不足凭信也。

统观吾国元史研究之进步,可分五个阶段:明人虽不满意《元史》,而犹无发愤重修之意,不过仅作拾遗、续补等工作而已。此第一期也。

第二期之学者,已不甘于作《元史》之诤臣,若钱大昕、魏源等,皆曾爬梳群书,发凡起例,别造新史者也。

迨洪钧《元史译文证补》出,吾国学者始知《元史》之外,蒙古所征服及所接触之他种民族中,尚保存不少蒙古史料。于是柯劭忞、屠寄之流遂利用此种新发现之材料,而成其《新元史》、《蒙兀儿史记》等书。惟此期学者不惟不能直接阅读新史料之原文,且亦未能阅读泰西东方学家之译文,全凭舌人为之重译。原译如误,重译自不能不误。即原译不误,因舌人知识不足而致误者,亦不可胜数。此元史研究进步上之又一阶段也。

柯、屠之后,我国治元史者率皆通习泰西数种语言,能直接阅读西人译著,不复再假舌人隔靴搔痒矣。唯元史史料非一般科学书籍可比,人名、地名、制度名之有待于考证者至夥。苟能证合(Identify)而未经证合,则其人、其地在元史上即失去其意义与价值。盖域外重要蒙古史料,多在波斯、大食文字中,若不用中文史料与原文比较,则原文之人名、地名,不惟泰西译者不能定其读音,即大食、波斯学者亦莫能定其写读。故吾国学人如但凭西人译文研究元史,则西人随意译写之舛谬处,吾人必仍旧因袭莫能改正。质言之,即吾人决不能跳出西人范围而别有所贡献也。近若干年来吾国元史学上所以仍少进步者以此。此元史研究之第四阶段也。

故吾人今后研究元史,于域外史料,决不能仍以贩卖西人译文为满足。必须直接阅读史料所在之原文,与中文材料作比较之研究。原文不易了解之处,将见中文材料往往可以解释之,中文材料不可解释之处,将见域外材料往往可以订正之。如是研究,始可扫荡洪钧以来元史著述上之无数谬误,而渐趋于光明之境域。惟一人精力究有限度,无论如何渊博,决难尽通与元史有关之各种语言文字,尽读与元史有关之各种研究。窃以为吾人今日应各本所长,分力合作,先校译波斯、阿剌毕、拉丁、蒙古、阿昧尼亚、西藏、突厥等文字中之蒙古史料,而成蒙古史料丛书。或仿施密德之译校《蒙古源流》，Quatremère 之译校《旭烈兀传》，原文与译文合璧，附加详细注释。或仿贝勒津之校译《史集》，Houdas 之译校《札兰丁传》，原文与译文分装。然后考证者始有可信材料供比较，写史者始有可靠材料供运用。不然正确史料尚不可得，或竟不知已可运用之史料之存在，而遽写蒙古历史，则其书是否可以立足二十世纪之史学界，不难预知矣。

本人学识谫陋，所见如此，是否有当，尚乞诸位先生指教！

民国二十九年十二月十五日

（《责善半月刊》1941 年第 2 卷第 7 期，张蓉初笔记）

中国外交史学术现状及其发展

蒋廷黻

我今天要谈的,是自己对于研究外交史所用的方法,外交史是历史的一部分,所以我们研究外交史,并不是研究外交,这是应当首先认清的。

研究历史,必先有原料,外交史的原料,多关涉于各国的史实,所以研究外交史,不能仅限于一国的材料,不可根据于一面的评论,这是研究外交史与其他历史不同的一点。

中国外交史的研究,在时间上说,发生并不为过晚,并且历来研究中国外交史的人士亦不算少,但现在看起来,以往的成绩还不算好。清代学者关于这方面的著述很有几部有价值的。最早者有魏默深的《洋艘征抚记》,其次是夏燮的《中西纪事》,其次是梁廷枏的《夷氛闻记》。魏默深的著作在道光二十三四年间出版(载《圣武记》内惟上海申报出版的内中有),夏燮曾作过曾文正公的幕府,梁氏的著作关于鸦片战争以后的史实记述很详尽。这三部书可以代表吾国清代学者研究外交史的成绩,并且他们对于当时实际的外交皆有相当的关系,所以他们这三种著述都可以当作史料看。但是他们共同的缺点,是不明了当时全国和世界的大势。如梁氏对当时广州的事实还能看得清楚,至对于当时北京的情形则完全不明了,关于世界大局更是毫不了解。并且他们都预存着很深的偏见,都袒护林则徐,对于其他办外交的官吏常有不当的批评。

晚近人士关于中国外交史的作品,大半成于留学时期,所以他们的著作多取材于外国。因为外国方面缺乏中国材料,外人教授不知中国外交,所以如顾维钧与刁作谦等人的著作与外人的作品并无差异,他们不过是仅仅把外国人的著作拿来渲染些爱国的情绪而已。

在外人方面,关于中国外交史的作者首推莫耳斯(Morse)。氏为美人,有三部著作,第一部最好,他的态度很公正,毫无故意的偏见,但取材仅限于英国,当然不能称完备;其次为法人寇底(Cordier)。法国人最富于爱国心,所以在寇氏的著作中,爱国的偏见较深。寇氏是当时有名的汉学家,但是他所收集关于中国的材料亦不很完备。他的文名,一般人认为较莫耳斯还高,但关于这种著作,莫氏实较胜于寇氏。其余如德人得尼梯(Dennett)与罗德尼特(Lodnette)都很老诚,对于中国很抱同情,但是他们不通中文,也无中国材料,所以虽然想为中国说好话,而无话可说。

我们观察中国与外国关于中国外交史的著述,使我们感觉到要研究中国外交史,非利用各方面的材料不可,我们如研究应自道咸间以至近代的中国外交史,可将我国及外国的材料,利用西洋的方法整理,但我们如果要研究道咸二朝(1820—1860)的外交史,中国方面的材料已足够用。

中国方面关于道咸间外交史的材料,有《筹办夷务始末记》一书。此书的材料是收集当时军机处所办的外交文案、奏稿、上谕及中外照会的原文而成的,包括自道光十六年至同治末年(1835—1874)的外交公文,计道光朝文件两千五百卷,咸丰朝文件二千五百卷,同治朝文件三千五百卷。此书编法甚机械,但内容丰富,书中的材料现在大部都未曾出版,所以一般人都不知道。以前除林则徐的奏稿外,其他办交涉的奏折,如琦善、耆英、肃亲王、恭亲王、伊里布等人的,我们完全不知。所以我们自发现这一部书之后,对于这一般人所办的外交皆一目了然,对于以前种种穿凿附会的纪录和史料可以根本推翻。关于这点,可以举例说明,如琦善关于鸦片战争,与英代表在天津交涉,一般人都认为辱国丧权,其实我们就事实来看,他实在有他的抚绥政策。当时英首相巴尔莫斯坦(Palmerston)给清廷的照会,本有中英文各一件,中文是由英文本直译的,其硬译方法殊属惊人,其中如"Great Britain demands redress and satisfaction",竟译为"招讨伸冤"四字。琦善误以为不过是英人在广东受了林则徐的欺侮,所以来到清廷伸诉,态度还算温和,所以答复英代表,允准查办林则徐,以招抚英人。对于英人要求鸦片损失的赔偿,琦善则答以鸦片在中国是违禁物,当然无赔偿的义务。至英海军曾残杀中国人民,损害中国财产,则应负赔偿之义务,正好两相抵消。最后琦善嘱英代表既不远千里而来,当请清廷予以相当路费,以全两国的体面。这时琦善以为他的招抚政策算已成功,所以奏知道光,撤退各省已经调往海岸方面的驻军。道光皇帝为人很俭约,以节省军费,深然其说。我们从这点观察,琦善的招抚政策实在是有点道理,这是我们看了《筹办夷务始末记》而得的新史料。其他当时主办外交的人,如徐光缙、叶名琛、肃亲王、恭亲王、桂良、巴萨拉等人的外交,向无参考者,我们得此书,亦可得其梗概。有清咸丰一朝,国势很乱,外交史材料亦很缺乏,但是我们现在有了这部书,一切都可以稽考了。

同治朝外交史材料较多,因为当时主办外交的人,如曾国藩、薛焕、李鸿章等都是文人,其文集多行世,较易获得,但亦尚有未经刊出者,如总理各国事务衙门之外交文件,《筹办夷务始末记》内皆详载之。

所以我们研究外交史者自从发现了这部《筹办夷务始末记》,正如同研究上古史的发现了很有价值的古迹一般,我们根据此书,可以推翻以前的中国外交史,而见中国外交史的真面目,可以说是中国外交史的革命。

但是我们也要明了以上所说的这部书,并不是完善的史料,它的缺点也很多:

(一)公文稿件向有两个日子,一是颁发的日期,一是御览的日期,但在这书中的稿件,只有御览的日期而无颁发的日期。在上谕奏稿初发,与御览的日期,或者相隔数月(当时中国交通不便,公文藉驿递寄送),所以奏事日期,与事实发生的时间,便不尽符合了。

(二)关于中外代表交换之文件向不收存,因为编此书者以外人文字不雅训,所以常忽略抛弃,并且当时地方官也不把文件呈奏存案,尤其是道光朝中,中外代表交换之文件甚缺乏。

(三)关于战事之奏折皆不可靠,常上下掩饰,以败为胜。奕山为当时外交官中之最喜作谎言者,惟叶名琛办外交虽然很坏,奏折尚正确可靠。

此书编自道光十六年,究因何故?该年并没有什么特别事件发生,假如我们在道光年间找适当的日子,一八三四年最合宜,因该年是我国拒绝英国正式派代表来华,与以后交涉是有关系。即不然按断代史言之,此书也应始自道光元年。如自道光元年起,我们现在关于鸦片战争背景的材料绝不至这样缺乏。

此书关于自一八三四年至一八三九年的材料不甚完全,这时正当中英鸦片案解决之后,双方曾约定严禁鸦片,当时国内各地禁烟情形不明,但英首相巴尔莫斯坦(Palmerston)尝讥讽说:中国当局严于外而宽于内(close one eye to the Chinese and open the others to foreigners)。其实中国当时实在先严于内,后严于外,这是中国人办事的一种习惯。至那于此四年间之材料,现在北平景山西大街故宫博物院军机处档案皆有,甚完备,足资参考。

我以为此二种史料(《筹办夷务始末记》及故宫军机处档案)简直可以改造道咸间中国外交史,至同治以后我们研究中国外交史,则应当以外人记载为根据,因为:

(一)自同治以降,外人多有大使驻京,外人对中国事甚清楚,所以此后外人记载较可靠。

(二)甲午以前中国外交尚可谓为自主,甲午以后中国外交依列强所决定,所以中国材料较不重要。

(三)英法美等国关于此种材料发表甚多,虽然较机密者仍多不发表。去夏在日本见蓝皮书有二版:一为平常本,出售;一为密本,仅限于外交人员购用。欧战以后,各国发表关于外交秘密文件甚多,法国曾发表一八七〇至一九一四法德交涉文件,按年月日编记,学者之研究巴尔干问题及三国联盟,其中七部自甲午起与我国外交有关。英国亦出版欧战外交公文汇编(Documents relating to the war),自一八九二起,现出至一九〇八,第一部第二部关于中国外交材料尤多,尤其是关于一八九八前后英俄妥协瓜分中国事件颇详。法国亦出版战前秘密公文,尚未出全。其他俄奥美等国外交秘密文件皆有出版,俄国的现在清华大学已得一本,将拟译成英文。

我们对于同治以后中国外交史之整理，如中国及外国材料并用，对于道咸间之外交，先从中国材料方面着手，研究结果预知将来一定发现很多，将来中国外交史当必另有新面目也。

再还有两点要声明的：

鄙人是一个研究外交史者，但诸位要问，研究外交史是否即可作官，诸君须知研究外交史是学术上的问题，作外交官不必一定得研究外交史，只要把中外历史、政治、经济及国际局势弄清楚即可。

鄙人现在清华教书，清华学生研究外交史者，对鄙人近来兴趣很大，但外交史之研究很难，研究者必精通英法德俄日诸国文字始可，希望将来有人从事分工，中国学生向来太注意欧西文字，而忽略日俄文，如果我们打算研究外交史或办外交，必须通俄文日文，很盼望大家合作研究。

（《燕大周刊》1931年第20期，江扬子笔记）

近代史书史料及其批评

萧一山

吾国史学，本甚发达，社会对于史学之重视，亦远较西人为甚。徒以近百年来，受帝国主义之侵略与压迫，震于欧美之船坚炮利，竞事摩仿，不足，则益之以政法，又不足，则益之以社会经济，于是思想庞杂，国事日亟。自"九·一八"以后，国人感于灭亡之无日，始渐悟立国之道，必有其根，文化之倡，必得其宜，其根其宜，皆须于历史中求之。因此总理所遗留之三民主义，与总裁所倡导之革命教育，乃能为国人普遍的信仰与拥护，因其教皆以历史为基础故也。顾海通以还，吾国史学，不能与时俱进，又为浅闻浮慕之士所曲解误引，走入支离破碎剿说缀辑之途，以致史学人才不能负荷时代所赋予之使命，此深可痛惜者已。史学要务，贵乎达变，尤贵乎知今，盖知今之所以变，即知后之所当因，古人所谓因革损益，百世可知，其理不外乎此。是以史学有详近略远之例，有鉴往知来之机，而皆以近代为枢纽。且史学本为一综合科学，必广览洽闻，得博约之旨而后始能无偏执固陋之弊；是史学又以贯通为务，殊非仄深之士所能喻也。以此而论近代史书，未免有贫乏之感，虽然，筚路蓝缕之功，鸠工庀材之助，其事亦有足述者，兹分陈之。

一　史　书

吾国正史，唐代以后，例由官修。清天聪初设文馆旋改为内三院：曰国史，曰秘书，曰宏文，非仅纂修实录，撰拟敕文，实亦政令所从出也。入关以后，改三院为内阁，设翰林院，以国史馆属之，掌修国史。其体

（一）本纪、（二）传、（三）志、（四）表，书终清代无成，坊间所见者，仅馆臣抄刊之《宗室王公功绩表传》、《蒙古王公功绩表传》、《满汉名臣传》、《儒林文苑传》、《贰臣传》、《逆臣传》，及《清史列传》而已。定例纂本纪须待实录告成以后，为诸臣立传所采事迹，必以实录所见者为准，私家传状碑志，只许作履历生卒等年月日之参考，故实录不啻国史之蓝本也。清修实录，定制缮必五分，每分各具满汉蒙文一部，大本红绫面者两分：一贮皇史宬，一贮奉天崇谟阁。小红本红绫面者二分：一贮乾清宫，一贮内阁实录库。又有小本黄绫面一分，亦贮实录库，以为讲筵之用，然均藏中秘非外间所得见，入国史馆供职者乃见之。

蒋良骐于乾隆三十年充国史馆纂修，据实录红本，成《东华录》十六卷，至雍正末为止。光绪初，王先谦入史馆，援例绎乾隆以次各朝为续编，咸丰一朝六十九卷，又有潘福颐编本，又病蒋录简略，复自天命迄雍正而加详焉。然蒋录虽简而纪事出于王录以外者甚多，以其所据为初纂实录非乾隆以后改订之本也。盖清人以异族入主，满汉之界甚严，雍乾以降，又多雄杰之君，因尊祖而为其祖讳，随时修改，惟意所欲，毫无留存信史之念，不知反以此启人疑窦，野史流传，自非无因。

故宫开放以后，《太祖实录》初纂本已印行，但错误太多，学者病之。后议与《太宗实录》初纂本重加影印，合北平图书馆所得之《世祖实录》初纂本共为三朝初纂《实录》，俾可得开创时期之真相。书未成而北平沦陷，不知何时始能慰读者之望已。然日人于强占沈阳后，即以奉天大内藏本，付之影印，合四卷为一册（《实录》四千三百三十卷，《满洲战迹图》八卷，《宣统政纪》四十三卷）。定价甚巨，流行不广，文化机关耻于索赠，今尚未见其全貌，但以稻叶岩吉之言证之，或亦乾隆后改订之本也。实录本为一代史事之总汇，虽不免有文饰之处，而可以征信者尚多，但亦仅可作史料观，不能作史书读也。

若清史馆所纂之《清史稿》，凡五百三十四卷，装订一百三十一册，丰富博赡，似可为一朝泐定之史书矣。不知其内容亦殊欠精审，汇录谕旨排比履历，固无异实录之变体，对于正史叙事传人之旨，多有未合。外交本为清代后期之大政，不惟未参用西文史料，即故宫存档藏书，亦毫未寓目，辄据坊间杂刊之书成之，轻率可见。学术本为清代文化之特色,而儒林以朴学与理学并传,又出万斯同、刘献廷等于文苑,殊不足见学者治学之精神。其他纰缪不一而足。(故宫博物院曾拟聘请专家校订是书未果,行政院查禁后又请吴宗慈先生校订仅见校记一册,似尚未完,而报章所载批评之文颇多,不便烦引。)且为民国修胜朝之史而抵连民国,虽自托为清之遗民,而其人其学其品,迥非万季野可比。徒以国军北伐,将告成功,始仓皇急就,原稿弃置颇多,金梁之记,似非实录。故体例驳而不纯,文笔简而不畅,殊未足餍学者之望。若以史料观之,则固不遗巨细也。惟此书既为行政院所查禁,书存国府,已随国都以俱毁矣。今所见者,只各大图书馆、大学校及院部会等之旧藏。微闻袁金铠经手发刊事宜,曾以五百部运出关外,其内容与国府查禁本亦微有不同,孟森先生曾为文比校之(见北京大学《国学季刊》第三卷第四期)。平津书贾,又有影印流行之本,定价稍廉,纸张较劣,则此书尚可为吾人参考之助也。有清史书,官修者仅此而已。

若私家著作,清末有缪荃孙之《国史要略》、汪荣宝之《清史讲义》,前者颇究心于制度,后者则取材于魏书(即魏源之《圣武记》),然皆为学校课本,非专著也。民国初年,但焘先生译日人稻叶岩吉之《清朝全史》,颇风行一时,然立场不同,舛疏颇多,(如第六十九章述英法联军入北京,开始即提清廷蔑视条约,并谓"自《南京条约》成立后,英人意甚满足轻于撤退驻兵,使清廷视为易与,而清廷之大望,不在改正屈辱的条约,而在逐外人于中国领域以外,故英人自恃而不设防,即英人之失败也。"此不但袒护外人,且鼓励帝国主义以武力压制中国,此岂我国民所能堪乎?)而吴曾祺之《清史纲要》、许国英之《清鉴易知录》、李豫曾之《纲鉴易知录续编》、文明书局之《清鉴辑览》、陈怀之《清史要略》、刘法曾之《清史纂要》、黄鸿寿之《清史纪事本末》、印鸾章之《清鉴》等书,又均因陈简略,不足餍学者之望。余始发奋著《清代通史》一书,民国十二年上卷出版,自开国迄雍正末约五十万言,十四年中卷出版,自乾隆迄道光末,约六十万言(两卷后归商务出版,均在十六年)。下卷迄今未成,以近十六年,新出史料,盖什佰倍于往昔,整理需时,非一手一足之烈所能胜任。北平沦陷,书籍文稿,留存舍间,此业完成,须待抗战胜利以后矣。自余书出版,国人始有研究有清一代之典章文献者,乃不至为邻邦学人所姗笑。惟余书草创于二十年前,因当时环境所限,取材只能在乎公私著作,虽参考书不下六七百种,而新出秘籍,故宫档册,外国文物,均未及引证,是以疏漏之处颇多。近年稍从事于修订,并拟插入图表,稿已粗成,尚待付锓。至此书之组织、观点、技术,士林已有公评,无容余之赘言矣。凡此皆就通一代之书而言也。

至于分期史及专题研究,其成就似有可观,惟距理想之境则尚远耳。清初杨陆荣撰《三藩纪事本末》,述南明诸王事迹,颇简要,然比之计六奇之《明季南略》、温睿临之《南疆绎史》、吴伟业之《鹿樵野史》、徐鼒之《小腆纪年》、王史之《永历实录》、陈湖居士之《荆驼逸史》等书,则详略有间。南明稗乘,繁夥不可胜纪,大概皆明末遗民藉以寄托其故国之思者,此亦文字之狱屡兴之一要因也。谢国桢先生有《晚明史籍考》一书,朱希祖先生对此类史料搜集颇多,用力亦勤,曾发表《编纂南明史计划》(见《国立中央研究院院务月报》二卷七期),将来必有所成就,以飨后学。

满清开国历史,本极简单,徒以崇、顺、康、雍四朝讳其先人之事,捏造国名,妄改实录,至乾隆变本加厉焉,不特搜罗焚禁明末言边事之书,即言夷夏之防,胡虏之字者亦窜夺之。又撰《开国方略》、《满洲源流考》二书以伪乱真,言所欲言,不知舛复无理,岂能掩尽天下后世人耳目,讳匿之迹,徒贻口实,使研究清史者反多费一番考索功夫耳。此业由日人内藤湖南及稻叶岩吉等引其端,章炳麟撰《清建国别纪》,依明人之著述,以证建州诸夷事,自是国人始注意于此问题。而孟森先生功力最深,成就最宏,遗诗所谓"卅年襞积前朝史,天假成书意尚殷"者是已。先生于民国初年常发表其辨正清代掌故之文章于《东方杂志》,即后集为《心史丛刊》之三册也,虽自谓网罗轶事,非史家必取之资,而荦荦大事,实为谈清史者所必留意。且其治学精神之谨严,亦足为士林取法。晚年专致力于《明元清系通纪》一书,明元者谓明代之纪元,清系者谓清代之世系,盖以明代之纪元,叙清代之世系也。清代肇基于明初,本为明之属夷,至太祖努儿哈赤犹身自朝明者三次,而清世尽讳之,先生搜辑群籍,旁及国外史料作为长编,期以补明清两史之阙,又兼发清人隐讳之秘。其书初名《清朝前纪》,系十九年在中央大学之讲义,已由商务印书馆印行。继在北京大学设课曰满洲开国史,迭经增补,于二十三年始易今称,自计全书约二百五十余万言,大体均已成篇,惟明末数年,尚待勘定,其后陆续由北大出版部印行,迄二十六年已出版前编一卷,正编十五卷,约九十九万余言,叙至嘉靖三年止。书中纪事居十之八,考订居十一强,论评居十一弱,莫不原原本本,惜书未刊成而先生遽归道山矣。遗稿存于北平,先生又著《三大疑案考实》一册、《八旗制度考实》及《香妃考实》二文,尝欲自辑所作清史考证文字为《心史丛刊续编》,亦未及就,惜哉。然其对清世隐秘之事,多所发明,自有不磨价值。

复次则太平天国史及国民党革命亦为时人注意研究之问题,前者以简又文先生留意最久,今方注力以作《太平天国全史》,前数章已陆续发表于《大风》杂志,体例详明,取材丰富,允为杰作,惟尚未完成耳。若完成最早,开洪杨史事研究之先路者,厥惟凌善清先生之《太平天国野史》。乃根据姚氏所藏《洪杨纪事》抄本,增订而成,独详于制度典章,为此书一大特色。惟姚藏《纪事》,实由张德坚奉曾国藩命所纂之《贼情汇纂》改窜而成,自民国二十三年《贼情汇纂》由南京国学图书馆印行以后,此书即失其重要性矣。谢兴尧先生作《太平天国史事论丛》,郭廷以先生作《太平天国历法考》,均对太平史事有所阐述。而罗尔纲先生之《太平天国史纲》,似不失为简明可诵之作。至于余所撰《太平天国丛书》序跋诸文,虽亦有贡献,但非余之专业,其事当于史料中述之。后者则当以冯自由、邹鲁二先生为巨擘,冯著《中华民国开国前革命史》约一百万言,已出版上中二篇,下篇亦已脱稿,因环境关系尚未付梓。又仿稗乘作《革命逸史》,以补正史之阙。邹著《中国国民党史稿》,公正翔实,允称甲选。若曹亚伯之《武昌革命真史》,材料虽尚丰富,论断或有所偏。现中央既设有党史编纂委员会,专任掌修革命史事,同于旧时之史馆,则公私著述,可相得而益彰矣。

鸦片战争以后,开港通商,外力侵入,启亘古未有之变局,贻百年丧弱之厄运,政治社会,胥受影响,于是近百年史之研究,遂为士林所特重。陈怀、李泰棻两先生初以其讲义教授于北京大学,而坊间课本,乃多不可胜纪,高博彦、吴贯因、魏野畴、邢鹏举、罗元鲲、梁园东、沈味之诸先生之书,均各有可取。最近蒋廷黻先生著《中国近代史大纲》,言简事赅，不愧名家，惟关切时事之处，颇足引人误解。李鼎声先生之《中国近代史》，条理清晰，而观点又不无可议。陈恭禄先生之《中国近代史》，才力不能驾驭史料，报章常有批评，兹不赘言。闻郭廷以先生亦有近代史之作，因尚未快读，可俟后论。

至以近百年而称近代，以中国四千五百年之历史悠久言之，未免不伦。倘以西洋文化之影响而论，则明清之际，端绪斯启，旧时分期似仍适当。若谓近代史当与近代国家之建立相适应，鸦片战争一役，不啻我民族自觉之警钟，殊不知我民族革命建国之图，肇于清初，帝国主义者，乃民族革命之新对象耳，百年刹那，迄今尚未成功，又何能以道光二十年前即为近古乎？此名辞有待于商榷也。

其余专史：学术则钱林之《文献征存录》、江藩之《汉学师承记》、阮元之《国史儒林文苑传》及《畴人传》、唐鉴之《国朝学案小识》，皆为鹄矢。惟体裁既旧，成见亦深，如亭林、梨洲均为清学开山，而江氏反退之于卷末；据考为清学特色，唐氏反略而不著，又摈孙夏峰于卷外。凡此皆非史学家之史也。叶德辉之《论经》、章炳麟之《清儒》、罗振玉之《清代学术源流概略》（见日本《东亚杂志》三卷第八第九号），派系分明，见解亦有独到，惟均属论文，不足言史。支伟成《清代朴学大师列传》，稍称详备，但亦非学术史之体裁。若论成熟满意之作，则当首推梁启超先生之《清代学术概论》及《近三百年学术史》二书矣。前书简明允当，读之可知清学之流别及其概要，后书先述各家，继综成绩，事体加详，文质并胜，惜尚未完成耳。其后钱穆先生著《中国近三百年学术史》，首述两宋学术渊源，以经世明道之旨为依归，正论者凡十七家，详人所略，略人所详，自谓明天人之际，通今古之变，求以合之当世，备一家之言，盖别有会心之作，足与梁著媲美矣。同时蒋维乔先生著《中国近三百年哲学史》，钱基博先生著《中国现代文学史》，亦属佳作。此外述思想述艺文者，犹多不可胜纪。

政治史则作者尚少，李剑农先生之《最近三十年中国政治史》，叙事有法，剪裁悉当，不愧名著。陈安仁先生之《中国近代政治史》，鉴于近代异族攘窃政权，致成暗淡晦冥之时期，欲以简括提要之笔，俾览者感发兴起，其用心可谓卓荦不群矣。

外交史旧有江上蹇叟之《中西纪事》、苟塘居士之《防海纪略》、王之春之《国朝柔远记》等书，均属创始之作，不免简陋。及刘彦著《中国近时外交史》（后改名《帝国主义压迫中国史》），取材于日本人之书，条理清晰，独擅史林，然在今日视之，固仍系第二流作品也。因其内容乃展转翻译而来，非直接史料也。蒋廷黻先生虽致力于此科有年，方法见解，均有独到，惜尚未成书耳。

经济本为近代史之重要部分，但以往除《通考》中之典制及专述食货、盐法、海关、赋税、交通等书外，要以王庆云之《熙朝纪政》（一名《石渠余记》）为最详备，然无近代眼光，不能得条贯之解释。侯厚培先生之《中国近代经济发展史》，条理明畅，而取材未充。海上诸作常以唯物史观为经济史研究之中心，其成就亦有未宏。陶希圣先生之《食货半月刊》，本以研究经济史相号召，然关于近代者尚少。中央研究院社会科学研究所，颇从事于此业，所出集刊论文，根据实际材料，多有足取，将来成就，当可观也。总之，专史不能树植相当之园地，则通史亦颇难于措手，良工巧匠运用乏材，一手一足，董理匪易，是所望于治史者之努力矣。

二　史　料

近代史书，虽颇贫乏，而史料则汗牛充栋，毕世不能举其业。以其旧者言之，清列朝之实录，约四千三百余卷，蒋、潘、王三氏《东华录》，亘十一朝（天聪、崇德分而为二），续以光绪一朝（朱寿朋编），亦不下千余卷。列朝圣训，朱批谕旨，又数百函。而宫门抄、邸抄之属，以及晚清坊间所出之《谕折汇存》、《政治官报》、《外交报》等，尤多不可胜纪。凡此皆编年类也。清代每遇大事变，必载其用兵首尾于方略，如《康熙之平定三逆神武方略》，即纪三藩乱事之原委，下逮平定朔漠、金川、准噶尔、两金川、三省邪匪、回疆粤匪、捻匪、陕甘新疆回匪、云南回匪诸方略，均因事为书，卷帙浩繁；若事变之影响较小而为时又不甚久者，则别有纪略述之，如《临清纪略》、《兰州纪略》、《石峰堡纪略》、《台湾纪略》，其性质仍系官书，但录谕旨折奏，往往于对方之情形，不甚了了；而私家撰述，有时足补其缺，如蓝鼎元之《平台纪略》、兰蕊外史之《靖逆记》、王昶之《征缅记略》、《征缅记闻》、方显之《平苗纪略》、《江南北大营纪事》、李滨之《中兴别纪》、王闿运之《湘军志》、王定安之《湘军记》、秦湘业之《平浙纪略》、周世澄之《淮军平捻记》、李浚之《捻匪纪略》、张华垿之《两淮勘乱记》及《流贼任柱赖文光张宗禹纪略》、曾毓瑜之《征西纪略》、张曜之《山东军兴纪略》、陈昌之《霆军纪略》、解涟之《遭乱纪略》、尹耕云之《豫军纪略》、姚锡光之《东方兵事纪略》、侨析生之《京津拳匪纪略》、谢兰生之《军兴本末纪略》以及《平定关陇纪略》、《勘定新疆记》等书，均饶有史料价值。凡此皆纪事类也。至诸役综合为书而其间不无深识别裁者，则有赵翼之《皇朝武功纪盛》、魏源之《圣武记》，二书以后者为较详，可谓为军事史开一先河矣。

清史诸传，原刊者有《宗室王公功绩表传》、《蒙古王公功绩表传》、《满汉名臣传》、《贰臣传》、《逆臣传》，及阮元之《国史儒林文苑传》，然印行与传钞之本增缺微有不同。《清史列传》刊行于民国以后，人物加详，《清史稿》均未能毕收。孟森先生辑《清史列传汇编》，以人为纲，凡诸书传文备录之，各本文字不同者分注之，事涉两歧者考订之，稿存北平，尚未付梓。坊间通行之书，则李桓之《国朝耆献类征》、钱仪吉之《碑传集》、缪荃荪之《碑传续集》、闵尔昌之《碑传集补》，其材料又远出史馆传记以外，为学者省若干功力。若删繁就简，别有义法，则李元度之《国朝先正事略》、朱孔彰之《中兴将帅别传》、蔡冠洛之《清代七百名人传》，均不失为佳作。凡此皆传记类也。

政典一门，《皇朝三通》（通志、通考、通典），及刘锦藻之《皇朝续文献通考》，已具其概略，而敕撰之《皇舆表》、《职官表》、《职贡图》、《掌时通考》、《赋役全书》、《大清通礼》、《玉牒》、《宫史》、《八旗通志》、《八旗满洲氏族谱》、《盛京通志》、《西域图志》、《热河志》、《西域同文志》、《大清一统志》、《礼器图式》、《清凉山志》、《中枢政考》、《台规》，及《六部则例》等，皆可以备稽考，而以光绪二十五年续修之《大清会典》一百卷、《会典事例》一千二百二十卷、《会典图》二百七十卷，为最详备。

私人撰述者，则《日下旧闻》、《枢垣纪略》、《中外大略》、《石渠余记》、《掌故丛编》、《皇室四谱》、《康熙政要》、《光绪政要》、《政治学问答》、《政典挈要》等书，或录自官书，或网罗轶闻，或钩玄提要，亦均可供参考，而《皇朝政典类纂》一书，公文私纪，采辑独详，为一朝掌故之渊薮焉。若清代坊间所出之《缙绅全书》，年有一册，罗列全国职官之籍历，而各部院省复有同官录，每科乡会试有同年录，其例一如《缙绅》，极便考索，特保存全份者甚少，此亦谈典制所不可不知者也。

至于名家文集，显官奏牍，有裨史乘，不胜枚举。然如黄宗羲之《南雷文约》、《文定》，全祖望之《鲒埼亭集》，于明季诸人刻意表章，详尽核实，足补正史。薛福成之《庸盦全集》，多纪当时大事，精核可贵，均未可以丁库目之也。名臣奏议，专集至夥，汇合者有敕编《皇清奏议》一书，流行不广。道光间仁和琴川居士复辑《皇清名臣奏议》六十八卷，始顺治初，迄乾隆末，凡四朝一百数十载之兵刑、礼乐、制度、文章以及吏治、民生利弊兴革，无不略具梗概。《中兴名臣奏议》等书继之，而纪言之作悉备。《林文忠公政书》，曾、胡、左、李四公之全集，关系一代治乱之史料殊富，固未可忽视。即如张文襄、康南海、梁任公诸人全集，亦有关当时之政治、学术。惟执一难以概全，毕览为时不许，总集之作，盖亦尚已。贺长龄之《皇朝经世文编》、盛康（即盛宣怀之父）之《续编》，饶新泉之《续集》、葛士浚之《续编》、陈忠倚之《三编》，及近人郑振铎之《晚清文选》，均为治近代史者所必读。

余如笔记小说之类，虽街谈巷语，道听途说者之所造，而《汉志》列之十家，亦使人缀而不忘，近代史学家颇注意社会活动之真象，尤多取材于小道。清人笔记，自王秀楚《扬州十日记》、吕留良《惟止录》、钮琇《觚賸》、宋荦《筠廊偶笔》以降，至于《郎潜纪闻》、《啸亭杂录》、《江南春梦庵笔记》、《瓮牖余谈》、《菰芦笔记》等，无虑千数百种。综合者有徐珂之《清稗类钞》，小横香室主人之《清朝野史大观》，裘毓麟之《清代轶闻》，王瀛洲、葛虚存之《清代名人轶事》，沃邱仲子之《近代名人小传》，胡怀琛之《清谭》等，惟均不注出处，颇属憾事。汇合者有《说海》、《旧小说》，及《清代笔记丛书》等，似皆不难搜求。小说虽全属虚构，而背影亦颇多可取。如《红楼梦》之纪繁华世家，《儒林外史》之记士子生活，《儿女英雄传》之纪闹场情形，《彭公案》之纪秘密社会；下逮清季讽刺时事，描写社会之作，如《孽海花》、《九尾龟》、《二十年目睹之怪现状》、《官场现形记》、《古城返照记》，则尤形发达，似均有可采之价值，为社会史之良好资料。以上系旧时史料之大略也。

民国十年以后。罗振玉得内阁大库档案于北平楮肆，因发表《史料丛刊》，国立北京大学亟请将余档拨归整理，共数千麻袋，档案之为人注意自此始。十三年，故宫开放，存书存档，全部公诸国人，乃为近代史料辟一新纪元，真迹秘录可证传闻之辞，异籍遗书，足补文献之阙。十余年来，广搜博采，陆续发现，资料增加，奚止百倍，园地之广之美，盖无逾于此者矣。惜耕耘人少，收获尚有待耳。兹将新史料略述如次：

（一）档案

甲、内阁大库档案。内阁为明清两代政令所从出，雍正以后其权始为军机处所夺，库藏旧档，大部系明季清初之文书，嬗代枢机，可贵殊甚。光绪二年曾清查一次。民国后，由教育部历史博物馆保存。该馆因经费支绌，曾以数千麻袋出售于造纸商，适为罗振玉所见，倍其价而购之，后让于天津李盛铎。中央研究院历史语言研究所复由李氏处购回，加以整理，曾出《明清史料》诸编，所谓存什一于千百也。历史博物馆余存之档，于民十一年移付北京大学。该校分三步整理：一分朝代，二摘由，三整理内容，曾出目录一巨册，惟内容之整理，尚未蒇事。（北大研究院文史部所刊行《文史丛刊》数种，如《洪承畴章奏文册汇辑》等，即系档卷材料）。此种档案，展转多手，恐亦不免有散佚矣。

乙、军机处档案。雍正以后，军机处为政府实权所寄，其档案自属全国文物之总汇。民国十三年故宫博物院移存于大高殿中，派人整理，择其重要者，陆续发表于《掌故丛编》、《文献丛编》及《故宫周刊》、《月刊》等书，又将大事分类辑为专刊，如《文字狱档》、《外交史料》等。其附件有价值者亦复刊行，如《西征随笔》、《太平天国文书》等，惜整理迟缓散漫，仅具一鳞半爪而已。而学者随时抄阅，亦颇有重要之发现，所出目录二册，标明类别件数，颇便检查。

丙、崇谟阁档案。辽东为金族龙兴之地，太祖、太宗两朝文物，全部保存于沈阳大内崇谟阁，档案有汉文旧档、满文老档二种。汉文旧档共六册，中重一册，内各项稿簿一册，录天聪二年九月至五年十二月之往来文书,朝鲜来书簿三册,自天聪元年至崇德五年,纪二次朝鲜之役颇详。奏疏一册,自天聪六年至九年三月,凡诸臣奏疏均载之,多有实录所不采者;满文老档分"无圈点"及"有圈点"两种,代表新旧文字。太祖一套共八十一册,起丁未(万历三十五年)至天命十一年,太宗朝共十六套九十九册,自天聪元年至六年凡十套,崇德改元一年即有六套三十八册,其内容巨细毕载,为治清朝开国史者之宝库,惜已残缺不完矣。金梁译《满文老档秘录》二册,文字多抄自官书,当非原来面目也。

丁、宫内档案。内务府及敬事房者为多,纪载宫庭琐事,可以见帝王生活之概况,而乐府杂剧,亦间属之,盖宴乐演戏乃宫内常有之事也。此种档案,悉归故宫文献馆整理,曾出有刊物多种,均系升平署依声之作。康有为、江亢虎、金梁等阴谋复辟案之往来原件,曾影印展览以彰其丑。凡宫史所不载者,均可于此中征之矣。

戊、各部档案。多半散失,惟闻刑部档案尚保存一部分,今亦不知归于何处。外交部档案关系近百年之国运,何等重要,而守者亦漫不经意,或固守秘密,闻国民政府奠都南京,欲求咸丰八年《天津条约》之原本而不可得,其他可知矣。但三十年中,偶一闲步故都街头,每于冷摊杂肆上可获各部院旧档之片纸零册,盖早已售作包裹物,搜集当不易易。各省档案情形亦复相同,余于民国二十四年来川调查关于石达开之史料,省府旧稿,只字无存;友人刘蕖仙先生反于市上得陕西军务奏销档案四大捆,举以相贻,其例盖可见也。

以上所述各种档案之内容及现状,可参看高良佐先生等之《北平文化机关明清档案考察记》(见《建国月刊》十二卷第二三两期)、刘官谔先生之《清档之价值及其整理》(见《中法大学月刊》四卷三期)、徐仲舒先生之《中央研究院历史语言研究所所藏档案的分析》、单士元先生之《故宫博物院文献馆所藏档案的分析》、吴晗先生之《清华大学所藏档案的分析》、赵泉澄先生之《北京大学所藏档案的分析》(均见《中国近代经济史研究集刊》二卷二期)、刘振卿先生之《会典与档案》(见《北平晨报·艺圃》二十四年四月二十四日)、故宫博物院之《汉译满洲档拾零》(见《故宫周刊》三〇〇期至四五八期)、孟森先生之《满洲老档译件论证之一》(见天津《益世报·读书周刊》二十三期,二十四年十一月七日)。

（二）外交史料

外交部所编之各种交涉纪略及红皮书，多述办理某案之经过，并无保存史料之意，故未将全档录出，国人亦仅视为宣传品耳。英人摩尔之《中国国际关系史》(H. B. Morse, *The International Relations of the Chinese Empire*, 3 Vols)，美人麦克乃之《中国近代历史文选》(MacNair, *The Selected Readings of Chinese Modern History*)，根据英法文书，其材料多出国人纪载以外，为研究我国外交史者开一新路。故宫开放，道、咸、同三朝《筹办夷务始末》稿本始发现，蒋廷黻先生因选辑《近代中国外交史资料辑要》两册，提要说明，颇费匠心，又作《道光朝筹办夷务始末之史料的价值》一文载《清华周刊》三十七卷九期。《夷务始末》既由故宫印行，而光绪、宣统两朝仍缺，王亮先生因其父彦威手抄之《洋务始末记》百数十巨帙，辑补为《清季外交史料》二百十八卷、《宣统朝外交史料》二十四卷、《西巡大事记》十一卷、《外交年鉴》四卷。自是国人始渐注意于中外直接史料之探求，治学风气为之一变。故宫存档关系邦交者，亦颇择要刊布，资学者以便利，研究者固可以探本求源矣。惟外国文书档册至为繁夥，搜采比勘殊为不易，目前仅略见其端绪耳。兹述所知如左：

子、英国政府文书(British Government Papers)。一作国会文书或出版品(Parliamentary Papers or Parliamentary Publications)，普通称蓝皮书(Blue Books)，乃英政府所印行之官文书，提出国会为议员作参考者也，但亦定价发行，仿佛不定期之政府公报。其中关于中国问题者，自一八〇七年即嘉庆十二年以至现在，共计不下七百件：有商业报告、外交公文、军事纪录、各种通信以及我国内乱、灾荒、政治、外交、财政、革命等情形，即边省之地理风俗，亦调查靡遗。英人之侵略政策，及列强协以谋我之方针，自可窥见一斑。此研究我国外交史者之可贵史料，惜国人及外交当局从未注意，以致今日欲寻一全份而不可得。国立北平图书馆及清华大学所藏者，仅一八四〇年以后之一部分耳。余在英购得一百五十余件，因其不全，始汇编《关于中国的大英政府文书总目》(*Catalogue of The British Government Papers on China*)，以为按图索骥之用。国人翻译此种文书者,仅民初青嶰堂出版陈国权之《英国政府刊布中国革命蓝皮书》及《逸经》所载曹墅居译《英国政府蓝皮书中之太平天国史料》而已。

丑、英美外交档案。外国对于档案之保管,素极重视,编目索引,条理井然,虽有公开与不公开之分,但大部可以供学者之研究。英国外交档案开放较早,欧战以前者几已全部公开。美国则开放至一八九五年。伦敦有档案保管处(Office of Public Records)任人阅览,其中关于中国者,不下一二万件。关于日本者亦不少,井藤甚太即曾奉其文部省命往抄二年,仅得一小部分。我国则尚未及此,闻蒋廷黻先生曾摄录若干,但未见发表,故数量及内容均不详知。蒋百幻君留学英伦,因研究英法联军之役,亦有抄录,其余则无闻矣。美国政府档案,最称完备,惟保管尚未集中,近年虽有国立档案馆(National Archives Building)之建筑,而各机关档案仍多分散各处,以国会图书馆(Library of Congress)所藏为最多。外交文件,则仍存于State Department之Bureau of Index,索阅者非得其政府及关系人之允许不可,故关于中国文件之数量,迄今尚未能详知耳。

寅、英美人之著作。自海通以还,英美各国星使、侨商、教士及壮游之客,各以职务关系,或述见闻,或本躬历,所著涉及中国问题者,其数无虑数千种。于中纰缪驳杂妄肆为误者居十一二,而撦拾浮言,结构一本臆测者居十五六,但亦不少翔实渊雅之作可供吾人参证。如何别择,如何迻译,为治史者所应注意之工作。刘复译马戛特尼《乾隆英使觐见记》、陈冷汰、陈诒先译濮兰德《清室外纪》、陈霆锐译卡尔女士《慈禧写照记》、王光祈译拜耳《西藏外交文件》,均为此业开一先路,惟继起者尚无人耳。国立北平图书馆曾刊印北平各处所藏外人关于中国译著之书目,凡四巨册。余所抄大英博物院所藏关于中国之书亦不下千余种。美国各大图书馆关于此类目录尤夥,均可为撦寻采迻之助也。

卯、德法档案及文籍。德法外交档案,公开者似不甚多,惟欧战以后,德国社党执政,曾刊布《一八七一至一九一四年欧洲内阁大政》(F. Thimme: *Die Gross Politik der Europaishen Kabinette*, 1871-1914),及《德国外交部文件汇编》(*Diplomatischen Akten des*

Auswärtigen Amtes，1871-1914)二书,共数十巨册,皆系外交部重要文件。列强对我之态度及阴谋,均可窥见真相,王光祈先生曾译述数种,如《辛亥革命与列强态度》《三国干涉还辽秘闻》等,均取材于是书,剔抉隐闷,道人未道。法国巴黎耶稣会宣教师之报告文件,即伯希和教授(Pelliot)所谓欧洲所保存中国史料在中国尚未经见之一种(另一种为太平天国史料,详下目),其内容固不仅宗教已也。至德法人之著述,其数量亦不下英美二国,如法人考狄氏(Cordier)之《中国图书目录》、普鲁士图书馆之书目,即可见一斑矣。杨丙辰先生译魏特之《汤若望传》中所引《汤氏回忆录》,载顺治朝轶事甚夥,颇足补正史之缺略。王光祈先生曾译瓦德西《拳乱笔记》等,均有益于志乘,惟法文书译者尚少。

辰、日俄档案及出版品。帝俄时代,恃其武力,侵扰满蒙,首启吾国外交之门。日本为我邻邦,维新以后,交涉尤多,其文物关系中国者,当不在少。第日人褊狭鬼蜮,档案向不公开。俄国自革命以后,于莫斯科有中央档案局,列宁格勒有中央历史档案局,复有赤档杂志发表,各部档案,亦均可以借阅,闻蒋廷黻先生曾有所抄录。日人著作,多不胜举,矢野仁一以专究中国近代史著名,但成见甚深,每多妄造,未可视为笃实学者,故不具引。俄人著作,亦至繁夥,已译者仅王光祈之《李鸿章游俄纪事》(从俄财政大臣维特 Witte 之回忆录中摘译)、《库伦条约之始末》(自俄国驻华公使廓索维慈 Korostovetz 之《从成吉思汗到苏维埃共和国》一书中摘译)及民耿先生之《帝俄侵略满洲史》(原著者俄人罗曼诺夫 Romanoff)诸书而已。

己、其他诸国资料。英美德法日俄六国以外,若葡萄牙发现印度航路,明季即来中国,租占澳门,先英人而握海市枢纽者亘二百年,即中史所谓佛郎机也;西班牙人又发见太平洋航路,占据菲律宾,扩展我国及南洋贸易,即中史所谓小吕宋也;荷兰继起称霸,据有台湾,首遣贡使于北京,即中史所谓红毛夷也。此三国之文献,关系中外交通及西力东渐之史实甚巨,惜时移事迁,国人追溯往迹,但取材于英法人之著述,而遗忘此原始材料所出之地点。然吾人则试一游里斯本、马德里及海牙等处,则东方史料,仍多粲然在目。即就著述而论,哥页(Coyer)、开泽

(Keyzer)之游记，在英法亦属古本，而东印度公司之贸易册保存尤多，岂非可贵之国际史料乎？我国仅《澳门纪略》一书，材料简陋，不足为史，探本求源，仍待努力。至于天主教之传来，输入西洋文化，转移吾国社会，甚至造成教案之乱阶者，意大利教皇宫内之文献为多，惜固守而不肯示人耳。我国北平之南堂、北堂，上海之徐家汇震旦大学，河北献县之天主教会，亦多有此种史料，如所出《利玛窦传》、《徐文定公全集》、《燕京开教略》、《天主教流传中国考》等书，则极有参考价值。

（三）太平天国史料

太平天国为近代民族革命运动之一大壮澜，其思想及影响，均足以翻旧史而开新运。顾官书所载，比于寇盗之列，遗文遗物，多被清人毁灭殆尽，即曾国藩幕僚所编之《贼情汇纂》一书，亦不使之流传。故民国十四年以前谈太平天国史者，几疑为铜马、赤眉、绿林、黄巾之流，及凌善清《太平天国野史》出版，国人始稍注意于太平史料之搜寻。而《贼情汇纂》之稿本，虽叠经改窜（如北平图书馆所藏之《洪杨类纂史略》，及凌氏所据之姚氏《洪杨纪事》抄本等，均由《汇纂》改窜而成），终得印行，然仍非太平本身之直接史料也。

直接史料之抄录，始于刘复之《太平天国有趣文件十六种》，但皆琐碎小品，固无当于原书。同时程演生先生由巴黎东方语言学校图书馆录得太平原书八种（1.《天命诏旨书》，2.《颁行诏书》，3、4.《天父下凡诏书》二部，5.《太平诏书》，6.《天朝田亩制度》，7.《建天京于金陵论》，8.《贬妖穴为罪隶论》），因辑印《太平天国史料》第一集，自是国人始知太平原书尚多保存于海外。然大英博物院所编《中国图书目录》及《续目》印行于一八七七年及一九〇三年，其中关于太平遗书及史料约三十余种，英国政府文书第二百五十二号关于中国乱事文件，附有太平列王所赠英使之书十二种，由麦都华陀（Walter Henry Medhurst）节要译述者，印行于一八五三年，即洪氏入据金陵之岁也。国人竟不知此种史料之公表已久，其讵不为海外有识者所窃笑乎？民国二十一年余至英伦，亟摄录太平天国原书二十二种（1.《天父上帝言题皇诏》，2.《旧遗诏圣书》，3.《新遗诏圣书》，4.《天条书》，5.《太平诏书》，6.《太平礼制》,7.《太平军目》,8.《太平条规》,9.《太平天国癸好新历》,10.《辛酉十一年新历》,11.《幼学诗》,12.《太平救世歌》,13.《诏书盖玺颁行论》,14.《天朝田亩制度》,15.《天情道理书》,16.《御制千字诏》,17.《行军总要》,18.《天父诗》,19.《醒世文》,20.《王长次兄亲目亲耳共证福音书》,21.《钦定士阶条例》,22.《幼主诏旨》),益以国立中央图书馆在扬州所得之《钦定英杰归真》一种,合为《太平天国丛书》第一集(可参看余之序文),由国立编译馆印行。又编次《太平天国诏谕》一卷、《书翰》一卷,均就原物加以考证,由北平研究院印行。此外加以《太平天国诏旨抄》(曾载于《逸经》及《经世》两半月刊)、《戈登文书》(一部分曾载《国闻周报》)、《粤匪起手根由》、《洪秀全来历》、《洪仁玕自述》、《太平兵册》(均曾载《经世》)、《〈遐迩贯珍〉中之太平史料》,及《资政新篇》等书,合为《太平天国丛书》第二集。版已制就,毁于兵火,今方由商务印书馆重排,不久当可问世。王重民先生至剑桥,复摄抄太平文献数十种,因著《剑桥太平文献新录》一文(载《国闻周报》十三卷九期),其已发表于《逸经》者有《太平天日》、《剑桥所藏之太平天国文件》,及《钦定军次实录》,复拟继程君及余之后,汇刊《太平天国官书新编》十种(1.《天理要论》,2.《太平天国甲寅四年新历》,3.《戊午八年新历》,4.《太平礼制》,5.《己未九年会试题》,6.《资政新编》,7.《干王洪宝制》,8.《钦定军次实录》,9.《诛妖檄文》,10.《太平天日》),尚未出版。而俞大维先生所录柏林图书馆之书,已由罗鸿涛先生编入《太平天国诗文钞》。太平天国之原书,大概悉备,惟以《英杰归真》之例观之,则国内或尚有穴壁之藏耳。

　　太平天国时代与英美交际至繁,欧洲人士,著书论述者,每足补中文史料之缺。如韩山文之《太平天国起义记》(Rew Theodore Hamberg, *The Visions of Hung-Siutshuen and Origin of the Kwang-si Insurrection*)、伯伦之《太平叛党志》(Lindesay Brine, *The Taiping Rebellion in China*)。卞勒与伊凡之《中国叛党起源志》(Callery and Yvan, *L'Insurrection en Chine depuis son Origine Jusqu'à la Prise de Nankin*)等书,叙述洪秀全早年事迹及起义前之状况至详,而林利《太平天国革命史》(Lindley, *The History of the*

Taiping Revolution），亲述见闻，颇多实录。外此纪者不下一百余种，均足以为参证，惟译本尚少，仅孟译林书、简译韩书二本流传而已。余拟编译外人著述为《太平天国丛书》第三集，尚未蒇事。至国内孤本说部手稿有裨史乘者，业已陆续发现，其数量亦殊可观。如《发逆初记》、《干王供辞》、《幼天王昭王恤王原供》、《李秀成供状》、《赖文光供状》、《江南春梦庵笔记》、《蛮氛汇编》、《粤匪杂录》等书，均可资异闻，备稽考。余拟汇编为《太平天国丛书》第四集，惟以抗战军兴，尚未着手耳。北平图书馆已据所藏编印太平天国史籍目录于馆刊中，可便吾人检查，而简又文先生致力此业垂二十年，其搜罗调查，零星译述发表者，如《太平天国杂记》及《逸经》、《大风》诸文，均可为吾人增益新识也。

（四）写本手稿及日记

清代去今未远，先民遗物，存留尚多，其价值自极可珍贵，而社会间陆续发现之稿本，如《罪惟录》、《庄氏史稿》及《天下郡国利病书》等，已由商务影印于《四部丛刊》中，余多不可胜纪。名人日记，如《曾（国藩）文正公日记》、《李（棠阶）文清公日记》、邹鸣鹤《桂林守城日记》、杨亮《围城日录》、戴钧衡《公车日记》、朱学勤《枢垣日记》、吴可读《携雪堂日记》、周寿昌《益思堂日札》、周星誉《讴堂日记》、汪士铎《乙丙日记》、李慈铭《越缦堂日记》、薛福成《出使日记》、杨岘《庸斋日记》、洪良品《皇华日记》、张荫桓《经道三洲日记》、谭献《复堂日记》、《吴汝纶日记》、《翁（同龢）文恭公日记》、王闿运《湘绮楼日记》、叶昌炽《缘督庐日记抄》，或为刻本，或系手稿，已刊未刊，各有特色。而尤以曾、李、薛、翁、王、叶诸记，脍炙人口，本身事功，当时大事，外交情况，政海秘闻，以及治学方法，无不兼综细列，示后学以津梁，增考据之资料，原物传真，手泽亲睹，弥可称已。

名人手札，散处私家，至为弘富，已印行有《昭代名人书牍》、《道咸同光四朝名人手札》，不假缘饰，真情毕见，如蒋廷黻先生《中国近代史大纲》所引林则徐致友人书，盛赞西洋炮良技巧，即以为世人心目中之林则徐，与慢慢觉悟之林则徐，俨然两人，事虽未可论定，但书札之有裨于史实甚巨，从可知也。

海外存藏吾国写本，英伦约有六七百件，余编《大英博物院所藏中国写本目释》一册，尚未出版，其中重要者如天地会文件，余已编为《近代秘密社会史料》六卷，由北平研究院印行。《戈登文书》、《粤匪起手根由》、《太平天国诏旨抄》、《太平天国兵册》等，则已收入《太平天国丛书》中。余如鸦片战争时之檄谕档册，大吏与英人交际之书牍，甲午战争及拳匪乱时所遗之文献，为数尚多，亦将陆续发表，而国内所藏当更丰富，尚望学者随时随地以留意搜求之矣。

（五）实物

历史资料，不仅限于有文字的纪载，即无文字的实物亦为重要史料之一种，史前时代固无论矣，即近代史抑何尝不然。史家分无文字的史料为六类：（一）地理，如山脉、河流等等；（二）建筑，如宫院、城塞、桥梁、道路、运河、坟墓等等；（三）遗骸遗器，如头骨、用具、兵器、衣甲等等；（四）古来的仪式制度、风俗等等；（五）歌谣、神话等等；（六）艺术品，如塑像、雕刻、绘画等等。近代实物遗留至夥，不待地下发掘，随时留意考察搜集，均可资为凭证。譬如徒骇河之防守，因何能聚歼捻匪，而必蹙之于胶莱以东？石达开之纵横十省，何以不能过大渡河，而竟束手于老鸦漩？登临旷览，益当明了。圆明园之建筑，虽为英人焚毁，但残余之一石一柱，都可为学者取证之资，然后知吾国文化之进程与夫受西洋艺术之影响为如何。香妃入宫侍高宗垂三十年，而野乘所载谓为太后赐死，今所留回营、浴室、戎装小影、行乐之图，均可为之反证。余如坛殿之规模、两堂之史料、西陵之地宫、赵县之石桥，以至清宫珍玩、銮仪、卤簿、红夷巨炮、九品顶服、甲仗祭器、雕塑壁刻、锦绣之文、綵素之作，无一不足为吾人研究之资料，广搜博采，成就斯宏，固未可以文字纪载限之也。

（六）口碑新闻

往者十口相传，故老访问，史家即认为资料来源之一种。近世新闻事业发达，朝报夕刊，宣传迅而且遍，惟以各种立场不同，传说常常互异，而新闻记者抱有闻必录之例，未免真伪杂淆，是不可不慎重以别择之也。吾国新闻刊物，始于嘉庆年间，英人在麻六甲所办之《察世俗每月统计传》(Chinese Monthly Magazine)，继以道光年间香港之《遐迩贯珍》，及咸丰年间上海之《六合丛谈》，然皆属杂志一类。道光末（一八五〇）英侨奚安门(Henry Shearman)创办《北华捷报》(North China Herald)，是为英文报纸之滥觞。同治三年（一八六四）改其附属刊物《航务商业日报》为《字林报》(North China Daily News)。而《捷报》仍为周刊，反变为《字林报》之附属刊物。光绪五年（一八七九）英侨开乐凯(J. D. Clark)创办《文汇晚报》(Shanghai Mercury)，至民国十九年（一九三〇）始归并于《大美晚报》(Shanghai Evening Post and Mercury)，此皆上海最著名之英文日报，所载特别通信，颇有参考价值。如一九〇〇年《文汇报》将吉茂尔之《义和团兴起史》(History of the Boxer Raising)另印单行，即其例也。中文日报当以上海《申报》为最早，创办者为英人美查(Ernest Major)，时间在同治十一年（一八七二年）。其余各地报纸，自清末以来，风起云涌，多不胜纪，今亦尚有存在者，惟大半均为历史陈迹，搜集殊不易易。倘或得其一鳞半爪，对于考证史事，似无多大裨益。然对于当时社会之情形，则可征见一斑。至于老将退卒，故家旧臣，遗民父老，得其口述经历之谈，如白头宫女之话天宝遗事，咸同遗老之话长毛故事，斯亦史家不可忽视之一种新史料也。

以上所述新史料六端，容有罅漏，大体已可概见。近人述史料者，每以西洋原料（Primary Source of Material，即直接史料）、次料(Secondary Source，即间接史料)分等而言，如档案、实物、日记、手札，原料也；官书、传记、私人述作、口碑、报章，则次料也。原料之价值恒过于次料，固不待论，但其间亦非有绝对的界限，治史者尤不可不知。如档案公文虽属原料，而所载对方之事，则仍为次料，咸同谕旨折奏之纪洪杨，即其类也。官书、传记虽属次料，而所载本身之事，则仍系原料，蓝皮书之报告，曾、左、李之全集，即其类也。私人笔记，述其见闻，半多道听之言，世固以次料目之矣，但有时所纪事变之内幕，名人之轶闻，以及制度兴革、社会情况，迥非官牍所能详，则仍属原料。如彭孙贻《客舍偶闻》，记康熙初年满人互相挤轧之状，历历如绘，岂官牍中所能见乎？

礼亲王《啸亭杂录》所记清初轶事，每足匡补正史，又岂官牍中所能见乎？故原料与次料也者，乃就关系之直接与间接而言，非其本身即具此特质也。倘史家不能鉴别审断，而徒信官牍粉饰，推诿之说，私人矜功卸责之论，则去事实而愈远矣。史学家哈丁（Harding）云："要采取这些材料，须得有十分的注意，我们必得断定：（1）每种材料是否可靠的；（2）他的著作者是否有知道那件事实的资格，和没有故意欺骗人的心思，还得小心慢慢的必须把伪的错的从真的里面分出。新材料的发见，引用于古事上，去仔细的研究，往往可以推翻前人许多的成说，用新说来替代——这是不奇怪的事。"此为实验历史家必具之态度，兹举数事以为证：

例一：清太祖初建王国，至太宗末改帝号以前，均自称曰金国汗，而崇德以后，讳言大金，妄拟始祖国号曰满洲，清官书谕旨固无一隙之可寻。章太炎、孟心史（森）均据明人纪载以发其覆，此即以次料而证原料也。但自娘娘庙碑、天聪墨谕发现，则又以实物原料而证次料矣。

例二：顺治帝冲龄践祚，廿四而崩，性情刚暴，实录谓其"仪范端凝"、"宽仁大度"、"自古希觏"，此犹可谓为照例颂圣之辞。直璞编弘觉忞禅师（木陈忞）《北游集》载其"龙性难撄，不时鞭朴左右"，木陈劝以不可任情喜怒，后始渐近和易。雍正谕旨乃谓此乃必无之事，明系凭空结撰者，而《汤若望回忆录》，所载此项事实尤众，谓之为"火烈急暴的青年"，何以不约而同？又顺治出家一事，流俗传说甚盛，而官书不著一字，且力为之辩，但据汤氏回忆录及《续指月录》、《玉林语录》等所记，顺治确已削发，惟拟出家而未果耳。此均可以次料证原料者也。

例三：戊戌维新，康有为得受光绪帝知遇，何人为之举荐者？据梁任公《戊戌政变记》云翁同龢，太后谕旨亦以为言。及《翁文恭公日记》出版，章士钊先生因据以驳正此说，而李剑农先生《最近三十年中国政治史》，并引据日记数节，以为康由翁荐，并非事实，乃改据恽毓鼎《崇陵传信录》云系徐致靖所荐。余尝以此事询之任公先生，云翁之于康，始信终疑，又闻诸柳诒徵先生云，其乡有曾某，教书翁家，常闻翁于私邸赞康不绝口，大有"其才百倍于臣"（谕旨引翁语）之慨。今姑以翁之日记证之：

戊戌四月初七日，上命臣索康有为所进书，令再写一份递进，臣对："与康不往来。"上问何也？对曰："以此人居心叵测。"曰："前此何以不说？"对："臣近见其《孔子改制考》知之。"

　　四月初八日上又问康书，臣对如昨，上发怒诘责，臣："传总署令进。"上不允，必欲臣诣张荫桓传知，臣曰："张某日日进见，何不见谕。"上仍不允，乃传知张君……

其中消息，固不难窥见矣。光绪帝责翁："前此何以不说？"此必为翁之饰辞，盖光绪帝质以前此何以举荐耳。不然光绪帝何必再三令翁递进康书，诚如康言张荫桓日日进见，又何以必令翁氏传语。如翁无关系，又何以"发怒诘责"，诘者何？责者何？此即"始信终疑"之绝好证据也。窥翁之用心，盖见康氏《孔子改制考》以后，以其为离经叛道，始有远之之意，故不愿递书，即欲却举荐之责。及康梁得罪，翁亦获咎，事后文饰，不免抵迕，此原料尤有待于考订，不能一味信之者也。

　　例四：日俄战争以前，俄人侵略东北，其财政大臣维特（Witte）对于远东政策之方针，及外交之活动有决定之作用。维特所著回忆录，述其中内幕綦详，世固珍贵之矣，但其中亦不少粉饰之处，罗曼诺夫谓之为一种神话，即据档案以揭破其所宣布政策之真实性（见《帝俄侵略满洲史》），而蒋廷黻先生又以为罗曼诺夫归罪维特"立论偏激"。究竟是非如何，姑不具论，但史料之可靠性，固不能以原料、次料判之也。

　　如上之例，不胜觊缕，但余应加以郑重声明者，即系借示例以明史料之性质与价值，乃相对的而非绝对的，史家不可拘泥成见，以免害事受骗，倘社会上果有绝对真实之原料，则又何需乎史家为耶？但此并非谓次料重于原料，而尤非谓本身材料，多不可信。若就一般之情形言之，则原料之价值，过于次料倍蓰，不过原料所不及者，次料可以补充之，所谓主证、旁证是已。至于如何驾驭史料以达史家鉴别运用之目的，则非本文范围所能及，别有方法论之书在。若夫饰谈科学方法，而内容全无故实，此乃炫人之术，非史学家应有事也。

（国立东北大学《志林》1942年第3期）

历史与教育

钱　穆

一

中国现在的教育，似乎只有留学教育而无国家教育。何以言之？小学的责任在教学生升中学，中学的责任在教学生升大学。大学毕业以后，苟非公私经济所限，照现况论，该像是要全部出洋留学的。国家教育的最高责任，早就付托在外国，全国青年的最高希望，亦是归宿于外国，故说中国只有留学教育无国家教育也。

中国现在的教育，又似乎只有技术教育而无国民教育。何以言之？全国各级学校课程重心，以及公私主持教育者的眼光与理论，所谓提倡实业科学，限制文法科等，全像教育的最高目的，即在授学生以一种职业上的技术。至于其人除却职业以外，在社会之活动与其对国家之贡献，则学校教育并不看重。

上述两点，汇为一趋，正是中国现教育界之趋势。所以各级学校课程，第一是外国语，第二是数理，学生精力大抵全耗于此。对于本国文学，则力求其通俗浅易，而本国历史则在中国现教育界绝无地位。

任何一个国家的国民，对其本国史的智识，绝对需要而有用，尤其是所谓智识分子，在社会各界负中心领导的人物，对其本国历史，更不该茫无所知。所以一个国家真有教育，真有陶冶公民的教育，无论如何，本国史须是极端重要的。不幸而中国的现教育，只求能升学乃至留学，以习得一门技术为主，于是而本国史之在各级学校里，遂至绝不占到教育意义上的地位。我想中国学校里，所以还有中国史一科目，或许因世界各国现行教育制度全有本国史一科目之故,并不是中国的教育界确知道本国史在教育上的真实地位及其使命。

中国人研究中国史,尤其是中国国家教育其国民的本国史科目,其态度和意味,应该与外国人眼光中的中国史,以及外国学校里讲述到的中国史,绝对不同。此所谓不同者,并非抹杀历史事实,或伪造历史事实之谓,而是历史事实上之轻重先后大小缓急之分,尤其是映照在事实上的一点感情之有无或向背之分。现在中国教育界对其本国史,正可谓无情感,甚至抱有一种相反的恶情感。其对本国史的态度,不幸而令人疑其像是一个外国人,这正是现中国人所极端崇拜的所谓客观主义,而并不像是一个中国人在指导其本国青年所应具的本国史智识。

二

这一种风气,并不能全怪教育界,让我们再看一看中国现史学界之状况。约略言之,中国现史学界可分为三大派。一派是文化的自谴主义者。他们以为中国文化百不如人,甚至谓中国史上只有太监、小脚、鸦片烟、八股文,直到最近才开中国史空前未有之进步。从这一派人看来,中国史根本无教育上之价值。即使有,只在消极方面,叫人知中国以往不过如此,叫我们不要自尊自大,该努力学人。然而试问中国史实况是否如此?现中国的不如人,不能牵连埋冤中国史。中国史之悠久及其伟大(指包含广土众民而言),任何别一种历史全比不上,这正是中国已往文化有价值之铁证。把中国史与西洋史划分时代作比,中国史胜过西洋史的时期多,不如西洋史的时期少,不如西洋只在近代。近代的西洋人不知中国史,可以说中国只有太监、小脚、鸦片烟、八股文,中国的智识分子、文化的领导者,不该如此说。这一种文化自谴,并不能教人奋发向上,只能教人轻薄狂妄;第二派是琐碎的考订主义者。他们一方面模仿西洋史学界之所谓考古学与东方学的研究。西洋人把这种方法和态度来研究巴比伦、埃及,中国人则用此等方法和态度来研究自己。再一面是取法前清乾嘉时代的经学家。他们在异族统治下文字狱连续不断的威吓之下,而逃避现实,做一种隔离时代的琐碎的考订。用此种方法和态度,并不能通经学,更何论于史学。其与教育意义不相干,更不待言;第三派是最后起的,惟物的社会主义者。这一派亦源自西洋,他们无宁是看重社会和经济,更过于国家与民族。故他们讨论历史,每每忽略了民族与国家间的差异,而专注意到社会和经济的阶层。这一派的历史观,根本应无所谓本国与外国,其无当国民教育之旨,亦可不论。

上述三派史学,运用恰如其分,对历史之认识上未尝不各有其贡献,然希望其兼顾到国家教育的责任,则殊非所堪。若运用不知分际,过于张皇,则既不能得国史之真态,而流弊有不胜言。不幸而最近的史学界只为此三派包举,又多运用过分,因此国史真相长于暗昧,而本国史在教育上的职责,固难胜任。教育界的眼光,既看不起所谓本国史,史学界的风气,亦顾不到所谓教育的意味,两者凑合,遂成今日国内各级学校之历史教育。要改变这种趋势,一面要国内教育界对于国家教育国民之根本旨趣之认识,另一面要国内史学界对于本国史意态之转变与理论及方法之更新。此事恐非一蹴可几,然诚使人人知有此一段意义,则风气转移,亦非甚难之事也。

三

今试进而一论本国史在教育意义上之使命,及所谓具有教育意义的本国史,其内容大体该若何?请先言其前者。窃谓其国家(或民族)若根本无文化可言则已,否则国史之教育意义,应该首先使其国民认识本国已往历史之真价值,而启发其具有文化意味的爱国精神,同时培养其深厚的奋发复兴之想象与抱负。中国历史决非无文化,而中国文化决非无价值。此层有待于深细发挥,骤难详说。惟本国人对本国史,应有一种相当的情感与敬意,则实为必争之事理,且亦为共明之事理,我们固不愿对国史多所曲解或粉饰,然亦不愿对国史尽只有轻薄与诬蔑。一个国民对其国史,应先付以相当之亲情,如可获恳切之了解,此为负有历史教育之责者所首当肯认之事理。换辞言之,即国史教育之责任,至少当使国民对其本国史具一种温情及善意之看法与理解,此实为具有教育的国民所应有之态度也。惜乎上述三种史学风气,均不能达到此境界,而往往与之背道而驰。我们要希望产生有教育意味的国史教学,我们要使国民对国史能发生一种相当的温情与善意,固在发挥国史真价值真精神,与人以共见。而兹事体大,非此篇所能论及,姑卑之毋甚高论。窃谓国史教育之第一个条件,应该使本国史包涵多分的鲜明而活泼的人事的成分。换言之,即使本国史脱离目前主观的意见,与琐碎的考订,而先恢复到注意具体事情之大体上来。

历史本是人事之记载,不过人事记载之尤复杂者而已。舍人事便无所谓历史。故鲜明与活泼的人事记载愈少,即是距离历史真相愈远。从人事记载里,可以探讨其文化之价值,与剖辨其社会之形态等等。然此不过知道人事记载以后的发生某种见解,见解可以万不同,而见解所从发生的人事根本则只一无二。舍去只一无二的人事,凭空讨论可以万不同的见解,到底成为戏论。所以即使不论教育意义,而纯粹为历史之探究,亦只有先注意其人事的部分。

就人事部分而论,人物自为其重要之一端。人物即是有力推动人事的,而人事随着人物转移。任何一个时代,任何一种社会,不能否认人物之重要性。读史而不注重人物,断难把握社会的重心。注意人物,应该能识别其贤奸智愚,人物的贤奸智愚,影响到人事之成败利害。任何一个时期人事的最后责任,即属于其时代之人物,人物应切实负人事之重责。当知东方文化亦足自存,封建社会亦可图强,只有全国人的思想上,没有辨别贤奸智愚的习惯,不能痛切感觉个人对国家社会应有之责任,则是一个不可救药的死症。我劝读历史的,且勿先讨论东西文化,且勿先分析封建社会与工商社会,且勿先将中国当前种种病痛,一笔推卸于古人,且虚心将中国历史上人物与自身及目前人作一对比。我劝教历史的,且不要教学者高坐堂皇,而批斥古人之是非,且虚心认识一点古人之胜过我们处,这是我们当前的历史教育至少应取的态度。

四

让我借此叙说两件小事。三年前我曾在一个初中学生书架上,抽到一本上海某书肆所印的一种日记簿,似名《文学日记》。翻开第一页,即是二十或三十位文学名家的照像。这二十或三十位文学家,却全是外国的,中国绝无一人。中西文学的比较我不敢知,我只想一个中学生,似乎不应该能知道此二三十位的外国学者。即使知道其名字,亦无从了解其作品之内容与意义。若使中国的中学生居然真能知道此许多的外国学者,而并能了解其作品之内容与大义,我想也不能说是中国社会之合理的或光荣的进步。此书既名《文学日记》,而网罗了几十位外国学者,绝无一中国人,是不是说中国绝无文学,抑是说中国人此时绝不该研究中国文学或大家全该研究外国文学。书肆并无主见,只是趋风气,学时髦,揣摩心理。一个初中学生,他看见三十个外国人的相片,他虽不知底细,然而他总觉得这是表示时代的、合理而光荣的。至少在他并不感到讨厌。若日记开首即印上中国三十位古人的画像,任何一位中国的中学生,恐不免要起反感,觉得案头摆上此书是太腐旧了。那许多人,他亦不知底细,然而至少他觉不得任何好感。中国的青年向他说起孔子,他会提出《论语》上的"惟女子与小人为难养也"等话来质问你。向他提起秦始皇,他会骂一声专制魔王。向他说柏拉图、亚力山大,他或不致向你反对。我想任何一书,若先排印上中国三十位历史上的人物,恐不易打动青年的心坎。书肆何知,牟利而已。然而负教育本国青年之责者,对此种心理该作何感想?

某年暑假,北大新生入学考试,历史试题问及蔡京,据我所阅各卷,答蔡京为北宋有名书家的可十之七,知道蔡京在北宋政治上关系的不到十之三。我想此事很可看出中国现代历史教育之趋势。前人读史,于人物贤奸,国家兴亡,无不注意。或许近人治史,好言文化及经济等项,对于人物贤奸,政治隆污,不暇深论。至于国家兴亡,或许认为帝王家事而忽略了。我又想中学的历史教本里,定有一课特讲北宋艺术等而涉及蔡京能书,故一般中学毕业生,不知道蔡京是北宋政治上的罪人而说他为书法家。此等好像小事,然而试问若将来中国的青年,只知今日的郑孝胥是一个书法家或诗人,而不知其在满洲国做些什么勾当,或是我们将来中国的教育家,只教青年知道郑苏戡是一位民国的诗人或书法家,而不向他们讲他在东四省的一段丑历史,试问大家对此感想如何？此等历史知识要得要不得，此等历史教育，该当不该当？

上等两例，即小可以见大。现中国人的脑里，似乎根本看不起中国史上的人物，既无人物可言，自不必辨贤奸分智愚也。试问还是中国史上真无人物，还是现中国人历史见解与历史教育之偏颇？此等偏颇的见解与教育，对于新中国人物之产生，试问有何影响？固然历史并不全是人物故事，然并人物故事而不知，还讲什么历史呢？

读史若注意到人物，素常的便不能不注意古人的文字。不能欣赏司马迁《史记》的文学，亦绝不能了解《史记》所描写的人物。不能读《出师表》、《归去来兮辞》，亦无从明白诸葛孔明、陶渊明的胸襟与人格。第二要注意历史上的人物，又不能不体会历史上的环境。今人读史，好以我见蔑古，如坐堂上判堂下罪人之曲直，惟我意之所向，古人不复生，将奈我何。即据最近史事言之，石达开、李秀成乃革命之先觉，曾国藩、胡林翼为异族之走狗。石达开的几首诗句，李秀成的一篇供状，可以郑重而道，曾、胡的言论行事，可以懵无所知。以此等态度治史，自然傲视千古，更何所谓温情与善意耶？治史途辙，千蹊万径，本非一格可限，我之所论，特就教育意味而言，然恐迂拘顽固，将为时贤嗤笑，然以中心诚见其如此，故聊复言之。适因匆遽，行文未能精洁，然读者循览一过，当可得其大意耳。

（《历史教育》1937 年第 2 期）

新历史教育论

李季谷

一 新历史教育之使命

世界上一切现象在急变中,中国不但没有例外,而且在暴风雨中迈步前进,环境及一般国民的需要都更变了方式,一切须有新的适应与改造。历史教育也必须有一个画时代的革新!

中华民族有许多优点:辛勤、耐劳、刻苦、聪明等等,常为其他民族所不可及。华侨在外国经商,常能获得外国人所不企及的成功;中国留学生常在国外考得很优良的成绩,都是事实的证明。然而,我们不必自己文饰,我们应该自己反省,中国人却有一个大弱点,即:"自私自利,常以其一家之福利为最高目的,爱国心薄弱,爱民族心淡漠,中国历史上忠臣烈士固然不少,而善为个人谋利益而不惜牺牲国家民族的利益者也指不胜屈!"所以每一次外侮来袭时,便会有张邦昌、洪承畴之流出现,奴膝婢颜以侍异族。一般国民,对国家事,漠不关心!

今日历史教育之使命,就是要洗除这种弱点! 就是要转变这种风气! 要将向来"自私自利"、"有家无国"的一种不良观念,转而为"民族至上"、"国家至上"的信念,确立"匈奴未灭,何以家为"的信条;俾人人能自认为国家之一员,不是家庭之一人,愿将自己之一切,献诸国家,只要对国家民族有利,个人任何牺牲在所不惜——大家有这样的精神!

这里须要再问的,是"这一个重要使命,有完成的可能性否"? 我的简单回答是:"能!"因一时代的风尚,常可因少数人的提倡而改变,这种事例,在历史上俯拾即得,兹为举两例言之:

（一）东汉光武及明章二帝，先后表章节义，敦励名实，故当时儒生尊尚气节，其末世党锢之士，最有声于国内，清议之力，有时且足以屈权臣。桓灵之间，衰而不亡，未尝不受清流之赐。但及曹操好法术而尚刑名，崇奖跅弛之士，其再三下令，至于求负污辱之名，见笑之行，不仁不孝而有治国之术者。风气即为之一变！曹丕复以慕通达而贱守节，其后纲维不振，而虚无放诞之论盈于朝野，人心遂倾波日深，卒使国家多故，西晋以亡。①

（二）唐末五代，兵乱频仍，冯道之流，易主为荣，廉耻道丧，风气日坏。及赵宋有国，即诏增葺祠宇，绘祀圣贤之像。匡胤且自为赞，书于孔颜坐端，复行贡举之法，举孝友行能直言极谏，敦崇教化，儒风日盛，人民颇能励志节而秉礼义。故明叶伯巨有言："昔者宋有天下，盖三百余年，其始以义教其民，当其盛时，闾门里巷，皆有忠厚之风，至于耻言人之过失。洎夫末年，忠臣义士，视死如归，妇人女子，羞被污辱，此皆教化之效也。"②

从上述两时期的转变言之，可知一般国民之思想风尚，常因教化设施而改变方向。故余常谓："人心之陷溺不足虑，而负教育之责者，日遑遑不知所从，宛如一船夫坐视其舟帆漂浮于惊涛骇浪之中，不为之正舵，不为之转帆，不为之推桨，则其小舟安得不触礁而沉，安得不为浪所袭，前途之危险，自不可测！"又语云"人心之良楛，视夫风教之趋向"，其言甚是甚是。

《教育杂志》第三十卷第八号拙著《抗战建国中的历史教育》一文中，亦曾讨论到这个问题，文中曾用英国学者巴格尔氏（Ernest Barker）之言如下：

> 民族性格，不但为"人为者"，且实在继续不断创造与再造之中。民族性非于形成之后永远不变，乃可随时更改者。每一民族，于其历史之过程中，莫不更改其性格，以适应新情势，或适应某种新目的。其变更乃渐进者，例如英国人民自十四世纪充满愉快之精神，一变而为米尔顿（Milton）时代庄严奋斗之桑姆森

---

① 章嵚：《中华通史》乙篇第二篇，第八章。
② 章嵚：《中华通史》丙篇第一篇，第七章。

(Samson)。同时其变更亦可为骤然的。一经变更之后,可与前此之性格完全相反。……德意志在"自由都市时代"(Hanseatic age),其民族充满自动创造与自由结社的精神,然于"荷亨左伦时代"(Hohenzollen age)则满布遵守纪律与服从国家统治之精神。①

由此可知要创造一种新风气、新好尚,转移一般国民气质,并非难事。易言之,欲刷去过去中国国民的"以家庭福利为最高目的"的小我狭隘性,转变为"国家至上"、"民族至上"的伟大精神,并非不可能之事。

自然,要转变国民的气质,其方法应为多方的,文学艺术、宗教、法律、制度等等都为推进这种精神的利器,但是,其力量最大者实为历史教育。李兰(Renan)对于这个问题曾有如下的解释:

> 民族乃精神的精素,此精素由两物造成之,一为过去,一为现在。过去乃记忆中所遗留之丰富遗产,此遗产乃大家所共有者。现在乃现在精神上之默契,在此默契中大家同具共同生活之愿望,并立定意志,继续使用承受之遗产,以维持精神之统一。②

我大中华民族现在遭遇空前的国难,无论老幼男女,都有一种抗御外侮、自力更生的共同愿望,这是很显明的。所谓过去的丰富遗产,那自然就是历史!历史一方面是使人们了解过去、明白现在,并据以推知未来的倾向的东西;但另一方面却是培养国民的"爱国心"、"爱民族心"最有力量的原动力。

所以,我的结论是:"历史教育为民族复兴运动的利器。""新历史教育的使命,是要使国民人人都有'天下兴亡,匹夫有责'的自觉!"

二 过去历史教育失败之原因

此处余所谓过去者,指近二三十年而言。至于中国古代,史学发达极早,故梁启超谓:"中国于各种学问中,惟史学为最发达,史学在世界

---

① Ernest Barker 著《民族性》"引言"(王世宪译本 P.12,商务本)。
② 同上,王世宪译本 P.19。

各国中,惟中国为最发达。"①此固非无所见而云然。相传黄帝时即有仓颉沮诵之说,此固尚不可深信,然据《尚书》、《国语》、《左传》所述,周代史官,且已分科,有太史、小史、内史、外史、左史、右史之别。且不惟王朝有史,即诸侯之国,卿大夫之家,亦俱有史。汉魏以降,史官之制虽改,而史官本职,华贵不替,一如往日,历代俱慎选人才以充其职。每当易姓之后,必纲罗一代学者以修前代之史。二千年来之史乘,实以此等史官的著述为中心,虽刘知幾有"世途多隘,实录难遇"之叹,但齐史直书崔弑,马迁曲述汉非,董狐书法不隐,赵盾为法受恶,②故中国向来之史学,绝非罗列琐事,编纂塞责者流,实申劝诫之风,并励匪躬之节,历代史家,周身之防,虽有所不足,而遗芳余烈,人到于今称之。③

唐宋以后,政府以文取士,文不离史,史文并重,此种风气,直至清季,未曾改易。凡所谓"读书人"者,对于《汉》、《史》及《资治通鉴》诸书,大多略涉一过,即等而下之,亦必浏览《纲鉴易知录》及《读通鉴论》数书,以作一切知识之根源。但自清末以还,科举废而学校兴,提倡新教育者,不免矫枉过正,使青年学子,终年兀兀于英文理化,至历史一科,降为附庸,视为无足重轻,于是历史成绩,每况愈下,对于本国历史,忽略尤甚。大学生有能对亚历山大王、查理大帝、彼得大帝、拿破仑、俾士麦等事迹,侃侃而谈者,但却不知祖逖、刘琨、郑所南、顾炎武、张煌言、郑成功民族思想领导者之姓名,吾辈见及此种情形,能不长叹太息!

近十年来,国内各大学的入学考试,历史成绩,特别低劣。自民国十九年至二十六年之八年间,余每年参加评阅北平大学及北京大学之入学考试历史试卷,平均在四十分以上即能及格,超越八十分者百人中一二名而已。民国二十六年冬,余主试西安临时大学转学生历史科,有某教会大学修了一年的学生数人,俱能操极流利的英语,但口试时,询以前一次中日战后的《马关条约》的内容如何?鸦片战争的内容如何?该二约,约距今若干年?则便瞠目而不能答。二十八年初秋,余任陕西省高等检定考试阅卷委员,历史试卷之能及格,亦仅十之一二。同年

---

① 梁启超:《中国历史研究法》第一章。
② 刘知幾:《史通》内篇第二十四"直书"。
③ 同上。

秋,余作长途旅行,自陕西而四川,而贵州而云南,一路访晤中学历史教员甚多,彼等亦俱谓中学生历史与地理的成绩,俱不见佳。欲使学生注意史地课程,深感困难!

照理,历史是何等有兴味的功课,它可以告诉我们可歌可颂的许多光荣的成功,可悲可泣的不少凄惨的失败,记得幼年读到勾践、豫让、荆轲、项羽等史事时,往往手舞足蹈,刺激至于夜不成寐。所以有许多在中小学任教的友人,谈及学生不喜欢上历史课,几乎使余不敢置信。余深信此种情形,决不是历史本身无味。推究其失败之原因,当不出下列之四端:

第一,教科书编辑不良。我国中小学教科书,向由各书局自由编辑,教育部虽有课程标准的颁布,但内容仍可自由伸缩,并未严格限制。此种办法,本极合理。但事实上书局编辑者未必尽属专家,即属专家,自然不能门门俱专。故历史教科书的编辑人,未必专于历史。即或聘得治史专家,而书局主人,又限以一定时间,促其脱稿。则欲其不粗制滥造,又乌乎可。故现今所通用之中小学历史教科书,常不免有下列种种缺点:

(一)选材不当。刘知幾云:"夫国史之美者,以叙事为先。"①叙事以简要为主,盖文约而事丰,为述作之师范,故《尚书》发踪,所载务于寡事,《春秋》变体,其言贵乎省文。中小学教科书,俱有量的限制,摘出其要点,撮取其精髓,实为重要条件。余尝谓编辑历史教科书,宛如漫画家一般,须能略勾几笔,即能显出某人的面影与姿态。选择教材实为最要紧的事情,否则有价值之史实,略而不书,不重要者,反噜苏叙述,这是一件极不经济的事。当今教科书,大多犯此毛病!

(二)编次失宜。精选教材以后,排列编次,亦属要事。史迹经过,若汇行之有序,因果相乘,常皎然而可寻。中小学生,俱未成年,若以错综成篇,朱紫混淆,冠履颠倒,因果不明,必使理解困难,因而生厌。近年出版之历史教科书,坐此弊者甚多:或一事两度重述;或相关两事,强为分章;凌乱错出,眉目不清。上海某书局出版一种史地混合教科书,讲述南宋抗金一课以后,即接叙沪杭的地理,从而连带述及上海

---

① 刘知幾:《史通》内篇第二十二"叙事"。

"一·二八"之战,然后再接着一课叙述岳飞的事情。如此跳跃式的排列,宛如岳飞生于蔡廷锴之后,使学生愈读愈乱,毫无条理。学生读过历史,只记得许多死人姓名,极不能获得学习历史所应得的效力。

(三)标题不妥。标题是关系学生的兴趣与了解很多的,所以必须浅显明白。有许多教科书,讲述春秋及战国时代,很时髦地用了"封建制度的建立及崩溃"的标题,这实在是不妥的,倒不如老实说"春秋五霸"、"战国七雄"来得明白晓畅,来得更有趣味。叙述汉代的外交,与其说"汉代边疆的开拓",不如简单说"张骞通西域"。此种例子甚多,不胜屈指。此外,术语不妥亦多,此与思想有关,应加矫正。例如"郑成功在台湾抗清",而称之曰"台湾郑氏之乱";太平天国的反清运动,而称之曰"洪杨之乱";"义和团反帝运动",而称之曰"庚子拳匪事件",俱应即加改正。

第二,教员素养不足。中小学历史教育的失败,自然不可徒归咎于教科书之不良,教员素养不足,亦为主因。如果教员素养很好,教科书的缺点可以随时改正的。如能善为活用,教科书稍有缺点并不害事。小学自当别论;中学历史教员如非专门人才,勉强由他课教员兼任,则损失实甚大。盖史学既非其所长,势必逐日敷衍,逐节临时应付,即使为一饶有兴趣、极有意义的史实。而经过其强记背诵,生硬叙述,前后且不能连贯,何能有所启示、有所主张。既失一般史实的因果性,更无一定的历史观,如此而欲希望通过历史教材中提高民族自信精神,国家至上信念,其何以能?

第三,教育者尚多不认识历史价值。许多教育家会奖励学生读国文,学英语,演算题,却常常疏忽了历史课程。学校中不聘历史专任教员,请国文教师兼任本国史,英文教员兼任外国史,那是常事。甚至将历史课程当作弥补钟点不足、薪额过低的活用品,结果至历史一课,任何教员都可担任。当校长者藐视历史,当教员者不懂历史,如此而望其有成绩,何异缘木求鱼!

第四,不注意历史设备。欲望历史教育的成功,单凭教科书当然是不够的。历史地图、名人肖像、战地模型、古代战具及钱币、历代饰物、乐器及祭祀用品,以及一切与历史有关的课外读物,都是不可忽视的。

此外，与国文课教材的联络，有时且应利用电影以诱起学生的兴味。然而我国一般中小学颇能注意理化的设备，而历史设备却常在注意范围以外。此亦为历史教育失败之一因。

三　如何革新历史教育？

（一）中小学历史教育宜以人物为中心。就一般史学理论言，历史宜注意社会动态之全貌，此自属合理之论。但从中小学教材立脚言，如泛论一代的风物制度，倒不如从当时的主要人物的事迹出发，因而论及其时的思想风气及制度等等，更为适切，更易收效。例如，讲述北宋变法，如果空论北宋所以变法的背景及当时一般士大夫的虚矫及反对新法的原因，倒不如老老实实地先从王安石个人的生活思想谈起，更能引起学生的兴味。从个人传记中讲及一时代的大局时尚，这种例子很多，兹不赘举。中国史学，向重传记，正史中传记所占之地位，常在十之八九以上。故近人有批评中国史学，不免有偏重个人崇拜英雄之嫌。其实，崇拜英雄，并未远"见贤思齐"之训，暗示向上，亦正属历史教育目的之一。中小学历史课，正宜善为利用之。余尝谓："国运与人物为不可分的两面。很好的环境如果没有一个伟大人物去运用去利用，这环境的好条件，便会轻易地滑过去，……在历史上所看到的，一个国家造成国运隆盛之时期，一定是由一个或许多伟大政治家有了极周密极聪明的安排与展布的结果，并不是偶然的！这样一个环境，适巧有这样的人物来运用，才能有光荣的成功。"①的确，没有贝律克尔司（Pericles），希腊的文化之花，或许会在蓓蕾中摧折，至少是不会那样灿烂。没有俾士麦（Bismarck），十九世纪后半期，中欧不一定能看到强有力的德帝国的鹰旗的高张。没有总裁蒋介石先生的伟大的指示，今日的中国或许已经在倭寇的野心之前屈了膝。我认为中小学的历史教材，不妨以人物为中心！

（二）莫忽视时间关系。历史的动态，为时间的赓续。"昔《尚书》记言，《春秋》记事，以日月为远近，年世为前后，用使阅之者雁行鱼贯，

---

① 《日本评论》第十二卷第四期，拙著《日本国运论》第一节"国运与人物"。

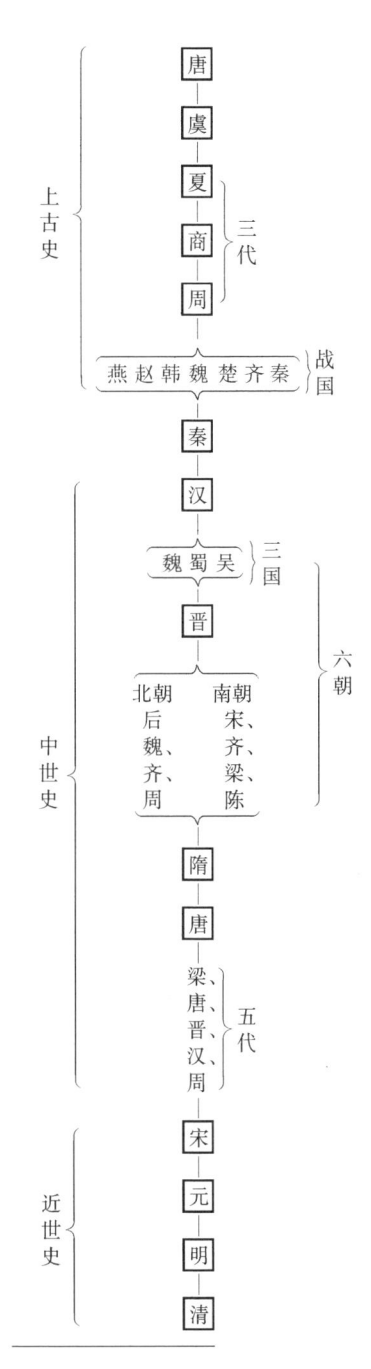

皎然可寻"。① 盖历史教训，常从沿革因果中求之，明日之果，即结自今日之花；今日之花，又发自昨日之蓓，先后相应，历数相承，若忽于时间观念，则史实俱割为断片，果失其因，流无其源，则历史一课，徒令学生硬记些不相关联的故事，完全失去历史教育的意义。余常测验中小学生，询以关于时间的问题，如王莽与曹操孰早？关羽与岳飞孰先？武则天是否在杨贵妃以前？西罗马灭亡之年(476. A. D.)，适当中国何时？日本的镰仓幕府时代，适当中国何期？大都俱瞠目而不能答！如学过本国史，汉是否在晋前，宋是否在唐后 连这种时间观念，都不能了如指掌，则为教师者自己便得承认失败了。我以为中国历史教本的第一课，开宗明义的必须把历代的朝名，顺次简明地叙述一下。如小学教本，就可以这样写："我大中华民国，开化极早，历史悠久。不下五千余年，世界各国，都不能与我比较。民国以前，有朝名的凡十四代：唐、虞、夏、商、周、秦、汉、晋、隋、唐、宋、元、明、清。又周末有'燕赵韩魏齐楚秦'七国并峙，汉末有'蜀、魏、吴'三国鼎立；晋隋之间，南北朝分治，唐末经'梁唐晋汉周'五代。"顶好再附以一个历代兴亡禅代图，使读者可以一目了然：

---

① 刘知幾：《史通》内篇第十三"编次"。

（1）凡一统之朝，俱用方图□以识别之。

（2）夏、商、周称"三代"，周末燕、赵、韩、魏、齐、楚、秦七国并峙时称"战国"，汉末魏、蜀、吴鼎立时称"三国"，吴、东晋、宋、齐、梁、陈俱建都金陵称"六朝"，唐末之梁、唐、晋、汉、周称"五代"。俱在图上表明之，使学生记识史书上最普通之"术语"。

（三）正名斥邪。史之要义，端在劝阻。故孔子曰"名不正则言不顺"。刘知幾谓："是知名之折中，君子所急，况复列之篇籍，传之不朽者耶？"①盖真伪莫分，实贻后来之惑，是非不辨，易张潜盗之风。故习凿齿著《汉晋春秋》，对于魏晋之篡逆，必加斥责。教历史者，必验忠勇贞松之操，令奸伪逆贼惧，始为有得。当今国家丧乱之秋，真伪相蒙，僭窃日多，中小学生尚无辨别是非之力，正可用史事晓以邪正之途，明以顺逆之理。降敌求荣如张邦昌、洪承畴之流，俱当名之为逆贼；爱护民族，不避艰险，抗战到底，坚贞不屈如张煌言、郑成功等，自当誉之为民族英雄。名既正，言自顺，是非真伪，即可晓然。

（四）矫正我国知识分子的虚骄弱点。一个国家的国运兴替，半由外患，半由内争。有外患而无内争，则全国上下，一致对外，往往可以克服此国难；古波斯以十万大军侵入希腊，小小的雅典卒使波斯军半葬于萨拉米斯海湾（The Bay of Salamis）。苻秦以百万投鞭断流之众南侵，晋谢安仅以八万人拒于淝水，卒致风声鹤唳，秦兵狼狈而还。皆以国内一致，能全力拒外有以致之。故余深信国运之替零，多由于内争。中国内争，常起于士大夫的师心自用，亦即所谓虚骄之气。故我国有"文人相轻，自古而然"之语。相互轻蔑，便不再肯平心静气加以反省，对人对事，俱不再有是非，虽我之非，不加自认，虽人之是，亦予弃摒。此种虚骄之气，小之可以乱政，大之可以亡国。宋王安石立新法，用意至周，对军政、经济、制度及训练民众，俱有精密的步骤与办法，所见极远。但当时以君子派自居之司马光辈，明知有益于民有利于国之事，非但不相助以成，且立持苛论，指为忠直疏远，逸佞辐辏，败坏百度，性喜遂非。可谓妄是非正法之至。于是两党互争，新法便不能彻底实行，宋之元气，

---

① 刘知幾：《史通》内篇第十四"称谓"。

实伤于此。明代熊廷弼、袁崇焕等晓畅军事,攻守有方,出关杀敌,忠勇无伦,国家对此名将,应予奖勉,民众对此勇将,宜予慰劳。不料小有失利,言官即加弹劾,卒致忠良构罪,名将弃市,冤狱已成,国亦遂亡。少数人意气之争,其祸延及国家,吾人每读其事,不禁为之长叹太息者再。此种史例,不胜毕举,为教师者讲及此等事,应严加批评,力为矫正,务使此后中国国民能一洗旧有弱点,使此后当位当权者俱能虚心自持,善善恶恶,不泯天良,过而善改,无意气之争,无虚骄之习,则中国前途,庶能有济。历史教育,宜对此点再三注意!

（五）抓住要点。长时期的历史,好像是乱而杂,所以常听人说:"一部二十四史,不知从何说起。"其实,也不尽然,只教你能抓住一时代的特点,鸟瞰一时代的凸凹形态,讲述起来,亦颇简而明的。就中小学的立场言,如讲宋朝,把王安石变法的前因后果及岳飞抗金的经过,加以分析条述,宋朝的面影,也就大致清楚了。如讲清代,将:（一）明人抗清运动的失败,（二）满人统驭汉人的方略,（三）列强侵略我国的经过三事择要叙述一过,有清一代的模型也便有了。撮取要点,是教历史者的一个重要条件。

（六）利用警句格言。历史中,常有一二警句格言,可以代表一时代的精神及情态,或把握一时代的特点及风尚者,其作用甚大。故凡此种警句格言,应令学生牢记或令默书。例如,刘邦的"大风起兮云飞扬,威加海内兮归故乡,安得猛士兮守四方"。这就表示着刘邦当时的气概及要求。又曹操对刘备曰:"今天下英雄唯使君与操耳,袁绍之徒,不足数也"。这便看出曹操知人之深及其笼络刘备的神情。又如:"祖逖不能清中原而复济者有如大江"一语,即可想见东晋一般士大夫的抗战情绪的高涨。此外如岳飞的《满江红》词中:"……驾长车,踏破贺兰山缺,壮士饥餐胡虏肉,笑谈渴饮匈奴血……"方孝孺的"死即死耳,诏不可草"! 俱属短短一二语,而能与读者以深刻的印象,示读者以当时的风范。

（七）歌颂忠义。贞松必后凋,世乱出忠臣。吾国历史中,每当国难临头时,终有许多忠臣义士,挟其必死之心,扶持危局,明知事不可为,亦必奋勇挺前,鞠躬尽瘁,死而后已。此种至大至刚的浩然之气,可长存天地间,为后世所矜式。例如文天祥过零丁洋时之诗:"人生自古谁无死,留取丹心照汗青。"其《衣带诏》则云:"孔曰成仁,孟曰取义,惟其义尽,所以仁至……而今而后,庶几无愧。"此种史实,最能使一般青年感动,讲授时万不可轻轻略过。又明末流寇清兵交相为患之时,鲁宗文、孙承宗、李开先等,无一不戮力王室,共谋残贼,虽最后力竭声嘶,未能覆敌,然人人有成仁取义之心,无一不以殉国为荣,当李自成率寇围榆林之日,全体守兵,弹尽殉城,阖城男女无一人屈节辱身者。清兵入扬州,多铎欲降史可法,可法昂然答曰:"天朝大臣,岂肯偷生作万世罪臣!"清兵进攻日渡浙东,山阴刘宗周绝食以殉国,辞曰:"信国不可为,偷生岂能久。止水与叠山,只争死先后。若云袁夏甫,时地皆非偶。得正而毙焉,庶几全所受。"其后张煌言、郑成功辈矢志抗清,忠勇义烈,经过的事迹,俱可歌可泣,能使青年奋发自强,感泣不已者,实为培养爱国心的最好资料,实为提倡民族至上教育的最有力的史实!

(八)标榜勇将能臣。例如汉之张骞、班超,开拓边疆,凿空西域;蜀汉之诸葛亮,鞠躬尽瘁,死而后已,对国事忠心耿耿,不屈不挠;唐之郭子仪辗转逐北,义不反顾,单骑见虏,卒平回纥;清之林则徐,折冲外交,殚精竭力;清末徐锡麟,起事安庆,以募助当大敌,倡以必死。此种足为后世守将大吏的楷模,中小学历史教材中,善为利用之。然近二十年的教科书对于此种事迹,多不注意,即有提及,亦寥寥数语,轻轻渡过,如此安排,实欠允当。

(九)指斥奸雄汉奸。每当国家丧乱危难之秋,往往发生投机的汉奸或奸雄。汉之王莽、曹操,俱利用不知兵之稚子,以夺取天下,这些即是奸雄。宋之张邦昌、秦桧,明末之吴三桂、洪承畴,则又认贼作父,引狼入室,虽遗臭万年,亦所不顾。我国中小学教本中,对于此等蟊贼,亦欠注意。深望教历史者,随时加以贬斥,发其秽迹,必使青年学生能激发天良,嫉恶如仇,使一切国民,一切官吏,俱能以民族利益为前提,不为一己一时之利欲所蒙蔽,此实亦历史教育目的之一。

(十)利用乡土史料。乡土史料最足引起学生的兴味。教师宜随时随地利用之。如学校附件有先贤、先烈、处士、节孝,及民族英雄等祠墓,宜利用假日,率领学生前往参拜,以诱起其景慕之情。或讲及其人事迹时，竟至其地演讲。某种乡土史料，兼有陶冶学生性情之功，善加利用，其效甚大。

（十一）扫除厌世思想。政治上往往无是非，多坏人，其反应的结果，以隐居为风雅，以避世为高尚。自然不愿随俗浮沉，取得一官半爵以为荣，宁愿幽居陋巷，长隐山林，以遂其洁身自好之愿——此种人物，不无可敬佩之处，然究竟有点回避责任之嫌。如人人洁身自好，跨入象牙之塔，则社会事业，国家大政，民族巨任，谁为之肩负？谁为之担当？故我以为：凡属国民，俱应献其才智学问于国家民族，人人俱应用其所学，发挥其所长，为大众谋福利，促社会之进步。如果好人，俱隐居以自终，消极以自封，则社会更无进步之日，政治益无清明之望。清高在达到某种程度时，即贪图个人的逸乐，或竟责之为"自私"，亦无不可。所以我认为历史教课中，不宜提倡厌世主义。对于隐逸之士，宜用各种角度加以批评，不当以"凡隐士皆君子"的传统观念输入于青年的脑海。自然如顾亭林、黄梨洲、王船山等含有坚持不与异族合作之深意者，必当别作评价，另眼相看，不可以一概论！

四　结　语

上面所述之十一个小目：（一）中小学历史教育宜以人物为中心，（二）莫忽视时间关系，（三）正名斥邪，（四）矫正我国知识分子的虚骄弱点，（五）抓住要点，（六）利用警句格言，（七）歌颂忠勇，（八）标榜勇将能臣，（九）指斥奸雄汉奸，（十）利用乡土史料，（十一）扫除厌世思想，俱不过是讲授教育中之方法，而其真正目的，仍为养成一般国民之"民族至上"、"国家至上"的信念。兹为明白本文的目的起见，再郑重复述第一节所道及的要言："新历史教育的使命，是要将向来'自私自利'、'有家无国'的一种不良观念，转而为'民族至上'、'国家至上'的信念，确立'匈奴未灭，何以家为'的信条。……只要对国家民族有利益，个人任何牺牲，在所不惜。培养这样的精神，就是新历史教育的使命。"

（《教与学月刊》1941年第5卷第11、12期合刊）

西洋史教学之基本问题

齐思和

一　西洋史教学之目的

我国学校中讲授泰西史事,迄今已将近百年。清同治中创立同文馆,其规程中已有"读各国史略"之科目。张之洞《变法自强奏》中则有"小学习中国历代史事大略,本朝制度大略。高等小学习中国历史大事,外国政治学术大略"之请求。光绪二十九年张之洞等《奏定学堂章程》,则大学堂有万国史学门,泰西各国史、西国外交史皆研究焉。中学堂中则有欧洲、美洲史焉。至熊希龄等创办时务学堂于长沙,其章程中则有《万国史记》、《日本国志》、《泰西新史揽要》等课程。及至现今教育制度成立,自蒙养院以至大学,皆有讲授历史知识之规定。历史自高小即为独立之课程,至大学则有历史系。其间中外历史时间之分配,殆相埒焉。是故中国之学童,自束发受读,即耗其一部分之精力与时间于西洋史之学习,大学而上,且有以西洋史为专修者矣。此盈千累万之学生教师既消耗无限宝贵之时间与精力于西洋史,究抱何目的? 西洋史知识究于国计民生有何裨益? 今之教者与学者是否已实现其目的? 是否已获得相当效果? 此从事教育事业者与夫研究历史者所当讨论者也。

今日史家于历史之研究已放弃昔人所谓:"别嫌疑,明是非,定犹豫,善善恶恶,贤贤贱不肖",①与夫"达道义,彰法式,通古今,著功勋,表贤能,叙沿革,明罪恶,旌怪异"之目的。② 吾人于外国史之研究,更

---

① 《史记·太史公自序》。
② 《史通·书事篇》。

不能持此态度。良以二十四史中之人物,已足供道德学家之褒贬,更无待他求也。他国习惯环境,去我者极远,虽喜步司马温公之后尘者,恐亦难达到供吾人之资鉴之目的。故西洋史之研究自不得以褒贬或资鉴为目的。然则西洋史之研究当以何为目的耶？依现代史家之主张,历史知识之大用,在于助吾人了解现在与推测将来。盖宇宙间一切事物皆历时间以存在,即皆为历史的存在。非将其现在与过去联合,决不能了解其现在。① 因之吾人于日常事物,对于其过去所知愈深者,于其现在亦愈明了。如吾人知路人远不如知友人之深,即以吾人知友人之过去,而不知路人之过去也。机关任用新人,例索履历者,即以其人过去之历史为了解其现在之参考也。是故吾人于个人及周围环境之了解,全赖个人之记忆作用。然如吾人欲了解现在社会,现在中国,以至现在世界,则个人渺小之记忆便不敷应用,而有待于大家对于社会、中国、世界之记忆,而历史不可不研究矣。抑尤有进者,历史知识不惟可助吾人了解现在,且可助吾人推测未来。夫人事之演进,如江河之奔流,永无间断,决不能至现在而骤然停顿,必仍循以前之轨道,向前进行。因之,吾人于过去之发展愈明了,则愈能认清其所循之轨道,而于其将来之趋势亦愈能推测。了解现在与推测将来,在心理作用上,实不可分。且了解现在之功用即在预备将来。如吾人于一人,不明其过去,则无由了解其现在,不明其现在,则无由应付之矣。故明了现在,为应付将来不可少之预备。特在日常经验中,以其运用如是自然,吾人遂忽而不察耳。小事如是,大事亦莫不如是。

此现今史家所共认为历史研究之功用也。惟其如是,故在我国,历史教育应以了解现在中国问题与谋将来出路为目标。无论中国外国史之教学,咸当以中国问题为中心。或曰:"历史之大用,在于了解现在,推测将来,既闻命矣。信如是也,国史之研究,自有裨中国问题之了解。至于外国历史,其去中国时地若是之远也,仍以中国问题为中心,毋乃非事实所许乎？"应之曰:"在昔不韦志异,尝论黑齿之氓；蔚宗撰典,乃及大秦之国。斯不过资博雅之异闻,供读者之谈助,固无关于国计民生也。自工业革命以还,以生产技术之进步,与夫交通工具之发达,地球

---

① 参看 Whitehead, A. N., *Adventures of Ideas* (Cambridge, 1933), pp. 246–257.

之距离缩短,国际间之关系日密。迨至今日,则地角天涯,行李之往来,不过期月,消息之传递,瞬息可达。人类之关系在经济上、社会上、学术思想上与夫政治组织上等等,皆有超越国界的趋势,而全世界行将成为一体焉。职是之故,世界各部,无论发生何等变动,皆能直接间接影响其他民族,若一发之动,牵及全体焉。其结果也,夙昔闭关自守,与世隔绝之中国,亦逐渐成为国际间之一员。以弱以削,以至于今日风雨飘摇之境界。故中国今日之紊乱,大部食列强政治上经济上侵略之赐,固非如昔日之'一治'之后,必继以'一乱',平民可静候'王者之兴'也。故欲图国家继续存在,不惟须改革内部,且须了解列强对华之政策,与夫吾国在国际上之地位,然后始可谋应付之道。而时至今日,列强间之内政与外交,实已不可分。各国外交政策,不惟有其传统之背景,且根据其经济利益,社会组织,与其民族性格。故研究一国之外交政策,须于其一国之历史,有深刻之了解,非读一部外交史,即足以知其底蕴也。故欲了解现今中国在国际上之地位,及重要国际问题,非于外国史事有相当之研究不可也。"

抑尤有进者,西洋史之研究,不惟可以助吾人了解中国之外交问题与国际地位,且可使吾人于吾国之文化有更深刻之认识。昔苏子瞻之论养生,以为人之戚戚寡欢,盖以游于物之内而不游于物之外。"物非有大小也,自其内而观之,未有不高且大者也。彼挟其高大以临我,则我当眩乱反覆,如隙中之观斗,又乌知胜负之所在?"吾人于一文化之观察亦如是。在海禁未启以前,吾人于中国文化之外,不甚明了其他文化。边陲四夷,文化幼稚,为吾人所不齿。印度思想虽输入中国,然除在哲学上外,未发生何等影响。故国人于本国文化,仅有主观之欣赏,而无具体之认识。自海运大通,西学东渐以来,国人始知中国文化之外,尚有足与吾人颉抗之泰西文化在。因有比较之标准,国人始有批评本国文化之事。于是国人于本国文化之认识,由所谓"游于物之内"之态度,进为"游于物之外"之态度矣。然后国人于中国之文化,渐为具体的批评与观察,犹如西方哲学对于自我之发现。故始则有张之洞等中西学体用之说,继则有梁任公、梁漱溟等东西文化异同之论,近则更有倡"中国本位文化",与"整个接收西方文化"者矣。虽见仁见智,立说不同,且亦非吾人之所敢悉加赞同,要之国人已渐能用客观眼光,对中国文化为一整个的批评,此则吾人不能不认为一大进步也。顾兹事体大,非于中西史事皆有精密彻底之了解,不能有深刻之观察,固非读一二本《世界史纲》之类,即可侈谈比较东西文化。美国政治思想史权威麦考文尝论希腊政治思想曰:"非于古代城市国家之特点有彻底之研究,则吾人于古代及现代国家基础之共同性,决不能有深刻之了解。"①盖先生治西洋典章制度之沿革凡数十年,而后始论定上中古之政治思想。夫政治思想,仅文化之小部分耳,已不可冒然从事,而况比较两大文明体体系之异同?故中国与西洋是否各有一贯之文明,抑现代中国文化与现代西洋仅为阶段上之差别?东西文化是否自古即有根本之差异,抑自工业革命后其异始显?西洋是否有一整个之文明,抑各国间有重要之差别?所谓东西文化异同者,究何处是异?何处是同?何时本同?何时始异?此等问题皆为比较东西文化之重要问题。此等问题不解决,则所谓比较东西文化之工作,无从谈起。然此问题之解决,当从中西历史着手,则毫无疑义也。是故西洋史之研究,小之可以助吾人了解中国之国际地位,大之可以使吾人了解中国文化之特质,吾所谓西洋史之研究仍须以中国问题为中心者此也。

二 以中国眼光治西洋史

西洋史之研究,既有俾于中国文化与国际地位之了解,已如上述。虽然,此种理想之实现,须有一大前提焉,即须以中国人之眼光治西洋史是也。盖史事之本身虽一,而关于史事之叙述,则以史家时地之不同,其于事实之去取,往往相去甚远。在西洋,五十年前学者喜注重宪法之变迁,三十年前学者恒注重国际关系,今则社会发展之研究,蔚为风气,此以时而异者也。英史家喜偏重政治,法史家多偏重制度,美史家喜侧重经济社会,此以地而异者也。南美洲史事,外人治者甚鲜,而在美国则蔚为专科,以美国与南美政治、经济关系殊密也。殖民地史世界各国治者亦鲜,而在荷兰则极盛,以荷兰与殖民地之关系极为重要

---

① Mcilwain, C. H., *The Political Thought in the West* (New York, 1932), p. 12.

也。此则以各国需要之不同,而注重点各异也。吾人如欲实现西洋史教育之功用,自须以中国之需要为选择之标准。以吾国背景与西洋之悬殊,与夫吾人需要之特殊,则吾人于西洋之取材,其差别当较英法间为尤甚矣。

兹先就一般应注重之点言之。政治军事之描写,伟人异迹之表彰,在西洋史学中本已属过去,于吾人兴趣尤少,自宜缩减至最少之程度。宗教之争本为西洋史中最重要因素之一,迄今在欧西尚为许多政治纠纷之主因,而于吾人则关系极小。吾人为了解西洋史计,固不能忽视其重要性,但亦不必过于详阐。吾人研究西洋史之目的,既为比较中西文化之异同,及明了中国之国际地位,则应集中精力于其经济之发展,制度之沿革,社会之演变,学术之升降,民生之消长。并时时与中国文化之发展比较,然后东西文明发展之迟速,及其异同,始可得而明也。至于西洋最近世史,则吾人不惟应注意其文化之演进,且应留意各国之对华政策,及与中国最有关系之问题。如鸦片战争在英国史上本一极小之问题,[①]在西洋史上更属末节,顾于吾人则影响极大。则吾人不惟于中国外交史中对之应作详细之讨论,且亦须于西洋近世史中,英国史中,阐述其背境。华侨移美问题在美国史中之地位亦极小,平常美国史课本中叙之极简,而关系于中国者则颇巨,吾人亦须于讲述美国史时,详为发挥。举一反三,可以类推。

三 现今我国西洋史教学之缺点

执此义以衡量吾国现今学校中西洋教学之成绩,则如何者?吾尝叩现今大学学生以俾士麦究大约与吾国何人同时?有以为约在唐之中叶者,甚且以为盖与汉武帝同时者矣。吾又叩以美国革命之起,约当中国何时?有以为当在五胡乱华之时者矣。吾又叩以西洋中古之末,约当中国何时,有以为盖在秦汉之际者矣。此等中西史事年代不能联贯

---

① 英人通用之英国史课本如 Gardiner, S. T., *A Student's History of England* (New Inpression, London, 1927), Trevelyan, G. M., *History of England* (London, 1926),对鸦片战争皆未提及。Morriot, J. A., *England Since Waterloo* (Ninth ed., London, 1929),为较详之英国十九世纪史,亦未叙此役。

之弊,乃中国历史教育一般之通病,固非限于一部分学生。吾若试问司马迁约与西洋何人同时?晋太康二年《竹书纪年》之发现,究当西方何时?脑曼人之征服英国,当中国何时?英人瓦特发明汽机,当中国何时?恐不假思索而能回答者,必不甚多。① 似此极浅近之中西年代比较,习史者已觉茫然,更遑论比较中西文化进步之迟速及其异同乎?故在学校中,教员之所讲授,学生之所学习者,皆一套未经消化,与中国问题毫不发生关系之知识。勤学者亦不过勉强能缕述法兰西革命之原因,或亨利八世曾娶几皇后之机械知识。甚或有编为表解,使学者强记此等机械知识者矣。是故学者穷年累月,研讨之结果,仅为不能消化,不能明了之机械知识。甚或并此机械知识亦不能记忆,考试既毕,俱付之东流。其有略能言各国之对华政策者,盖由常读杂志得来,其由西洋史中得来者,殆百无一人。西洋史教学之失败,为如何矣!

吾人于此种失败,大部不能不归咎于教材。年来吾国教育之大弊,在于专重教学法而不研究教材。教育家于如何增进教学效能,研讨甚详。至于教育应采取何种方针,应引用何种教材,则尚未及细加研究。溯自民八以来,吾国教育家以受美国学者杜威、桑戴克、孟禄、克伯屈一般人之影响,甚重视学制之改革与新式教学法之输入。又以杜威尝有"教育本身无目的"之言,全国教育联合会议遂呈请教育部废止教育宗旨,以为"欧战告终,军国民教育不合民本主义,已为世界所公认……故今后之教育,所谓宗旨,不必研究修正或改革,应毅然废止"。此种举动,深可代表美国教育家对于中国教育思想之影响。自北伐成功后,全国教育会议又以三民主义为教育宗旨。二十二年教育部所颁布之《中小学课程标准》,其关于西洋史教学者,如于初中外国史学程有:"叙述各国历史之概况,并特别注意国际现势之由来,与吾国所处之地位,以唤醒学生在本国民族运动上责任的自觉,及说明近世帝国主义之发展,民族运动之大势,与现代国际问题之由来,以研讨我国应付世界事变之方策,而促成国际上自由平等之实现"之规定。始以西洋史教育为解决中国问题之工具,与吾人之主张,较为相近。然"非得其人,虽令不行",

---

① 清人所编西洋史如《万国史记》、《泰西新史览要》等书率附列中国年代,以供参照。近年坊间所出之西洋史则多仅列西历,使学无从与国史对照,尚不如清季之书矣。

教育部虽已规定标准，而未尝延揽学者，从事编纂课本。教材之选择，仍操于牟利者之手。故教育标准虽改，而教本仍换汤而未换药。吾人试一调查现今通行中学西洋史课本，即可知殆皆由外国（特别美国）一二通行课本，改头换面，编译而成，其不适合中国学生之需要，自不待言。同时，吾人又不能以沟通中外历史之责任完全责之于功课繁重之中学教员，则中学西洋史教育之不达应有之理想，又奚足怪？其或采用外国课本，自诩能读原版书者，则往往成绩尤坏。盖学生于英文之训练，如非已至能自由读书之程度，则鲜不发生但重文字，忽略内容之流弊。甚至学生之工作，仅为检查生字，教员上班则为解释其字义，诠释其文法焉。是则西史一科，几成为英文之课程矣。

大学中于西洋史之讲习，依理想已渐入于专门之研究。盖教材既可以自由选择，而教员之造诣亦应较中学教员略深，似应能收沟通中西、学以致用之效矣。而实际则教员之所讲授，学生之所接收者，仍为未经消化，与国计民生无大关系之机械知识，此则殊足惋惜者也。此种缺欠，盖有数因。第一，既云沟通中西，则担任西洋史课程者，不惟于西洋史须有专门研究，于本国史亦须有相当造诣。故依吾人之理想，不通国史者，非惟不能担任国史，且亦不能担任西洋史。此在西洋本属极普通之标准，而在中国则一时尚难作到，以国学、西学俱有根底之人才，为数尚少也。第二，大学教材虽可自由选择，而教员则往往采用一外国课本，而加以发挥。夫外国课本，本依外国之标准，外国学生之程度与需要而编制成书，其不适于国情，奚尚待言？如近年来，外国大学历史课本，其经吾国大学采用最广者，殆无过于 Carlton J. H. Hayes 之 *Political and Cultural History of Modern Europe* 一书。此书在美国本为极风行之课本，优点颇多。然用之于吾国大学中，则未见其宜。盖此书专为美国大学初年级学生说法，设喻取材，悉以美国学生为标准，于吾国学生之需要，自不适合。就其取材言之，是编专论欧洲，不及美国，盖美国大学初年，例有美国史必修科，此则与之相辅而行。在吾国大学中，美国史既非专修，且或并此科目亦无之，则应于近世史中略述美国，俾学生略明美国之发展。自此课本在中国风行后，大学中近世史课程，遂专论欧洲。除少数学生选修美国史者外，其余者即专修历史者,对美国史亦毫无常识。夫以美国在西洋之重要,及其与吾人关系之密切,国人于其史事乃隔膜如是,宁不可惧?其书之所略者,既吾人之所应知,其书之所详者,又往往非吾人之所需要。如海士叙欧洲帝国主义之发展,插入远东近世史一章,以为了解西力东渐之背景。盖在美国大学中,远东史一科从前设者甚少,学生于中国、日本史事,恒极隔膜,此章之插入,本极有意义,而吾人则殊无此需要。再此书于名辞之解释,及其所举之比喻,自以美国学生为主。但事实、名辞于美国学生极为平常,无须解释者(如宗教派别名辞),而中国学生则往往对之茫然,亟须诠释。至于此书中所揭橥之非战主义,及其对于天主教之辩护,于吾人皆非必需,尤为显然。夫以海士此书之完善,用之于吾国大学中,已扞格不合如是。则教科书须由国人自编,不能采用外人成书,已可以明矣。

大学中亦有以无完善课本足资采用,或学生西文程度较浅,尚无读外国课本之能力,遂有自编讲义,以济其穷者。然其成绩则又往往尚不及采用外国教本者。盖课本既为学生之基本读物,编纂自须极为慎重。欧美所通行之课本,皆几经修订,始克成书。随讲随布,率而成章之讲义,自不足以语此。至其印刷之窳劣,鱼鲁之满纸,皆足引起学生之厌倦。且就海士一书言之,其第二册已不下五十余万言,若采之为课本,教员例辅之以其个人之讲演及课外读物,即以中国大学生工作不如西人之紧张,与夫文字上之困难,一学年一科读物,亦当约在百万言左右。若采取讲义制,则以中国大学教授任课之多,工作之重,所编一学科之讲义至多年不过二十万字左右。此则论质论量,已不及课本远甚。而况教员既以全副时间编制讲义,自无暇顾及课外读物,更不能另预备讲演。故教员上班,往往即宣读讲义,俨若学生不识汉字,必待教员朗诵,始得其音读者,此诚大学中之怪现状矣。而在学生方面,以为挟一讲义,即可应付一切,遂不复另读他书。故往往学生于一科既卒业,尚不知关于此科之基本书籍。故余恒谓"讲义制度为中国学术进步之最大障碍,此制不除,则学术无由进步",非过甚其词也。夫在大学中,西洋史教学之情形已如是,则吾国西洋史教学之失败,固有自来,改革之图,刻不容缓矣。

四　改进西洋史教学之方法

　　西洋史教学之改革，吾以为应以刷新教材，编制适合吾人需要之教本，为第一步骤。年来吾国教育宗旨虽更，而教科书之实质未改。沟通中西，合乎国情之教本，终未出现。一方面固由于人才缺乏，一方面亦政府奖励不力。编制提要钩玄，深入浅出，为初学说法之课本，似易而实难。编者非惟须于是学有精深之研究，于国史有相当之根底，且须文笔畅达，能引人入胜。欧美近来趋势，无论中学、大学课本，皆由专家编制，①吾人亦须付之于大学教授，各史专家。近来社会上于大学教授研究成绩之少，啧有烦言。此固由今之大学教员，未必皆能胜任，且亦未必尽对学术有兴趣。而中国大学教员任课过多，工作太重，致使无暇从事著述，作高深研究，亦为中国学术进步迟缓之重要原因。夫大学非惟为教育青年之地，亦为培养专家之所。当局宜从欧美先例，于教授中之富于研究兴趣，或有研究计划者，优其待遇而减其工作，俾其可用课下时间，从事著作。并奖励学者，编制课本。则合乎吾人理想之课本，不难出现。

　　于课本之外，自应辅以课外参考书。至大学高年级，既注重自由讨论，专门研究，则并课本亦不能用，以免受其束缚。此则尤非学校于书籍方面，有充分之设备，不易发挥教学研究之效能。文科之需要书籍，犹理科之须有仪器，书籍缺乏，尚谈何研究？中国年来学术进步迟缓之原因，一方面固由于政府奖励之不力，一方面亦因学校书籍太少，设备不足。往往极普通极基本之书籍，各大学图书馆中亦付缺如，使教者常生"巧妇不能为无米之炊"之叹，勤学者恒兴"无所用武"之感，故中国大学中，论其学科之多，系别之繁，即较欧美第一流大学，亦无逊色，而成绩则多尚不如西洋第三四流大学者，一方面固因教员未必皆能胜任，一方面亦以学校设备不足，使科目等于虚设也。故学校在设一门功课之

---

① 美人约翰生谓即在美国，"从前几乎无论什么人，只要能写字，就能够编著无论那种科目的教科书。一个人可以不必声明他的资格如何……近来中学校的历史教科书大部分统已从专家的手中编出来"。见约翰生著《历史教学法》（何炳松译，上海商务印书馆民国二十一年排印本），页二九〇。

先，须先有相当设备，经费不足，则不如缩减学程，实充内容，庶于教者学者，两有裨益也。

　　与书籍同其重要者为图。古人称"左图右史"，明夫读史之不可无图也。其所谓图盖指地图而言。夫地球为人类之舞台，史事之发生皆有时间性与空间性，自然环境与史事之进展，自有极重大之关系。而山川形势，疆域分合，非图不明，故教学者应备精密准确之历史地图，以备参考。此外又须有着色清晰之挂图，以备讲授时指示之用。

　　虽然，今日之所谓图者，犹不仅限于地图。此外如图片，如像片，如影片，皆为现代历史教育绝不可缺少之工具。盖古今习俗不同，器物、建筑、服饰互异，绝非言语之所能描摹。以图示之，则了然矣。况西洋社会与吾人相去如此之悬远，尤非口讲或笔述之能描摹。西人所编辑之西洋史挂图，其精者绘制准确，印刷精美，于学生对古时社会之了解，极有帮助。而近来各公司所出版之影片，如埃及考古影片，罗马考古影片等，皆就其故墟实物摄照，使观者如登埃及之废墟，临雅典之故城，思古之幽情，油然而生，尤为历史教育之利器。此等照片，定价不过一二美金，放照灯亦仅只六七金，经费较裕之学校，极宜备置。若夫伟人之照片尤足与学生一具体之印象，不俟论矣。

　　图之外，又不可无表，如中西史事之对照，西洋各国文化发展之早晚，以及其疆土之离合，制度之演变，以表明之，皆较讲解为清晰。此等表解，售者固多，自制亦可。若授之以法，使学生为之，尤可得较深之印象也。①

五　国别史之重要

　　现在中国大学中之讲授西洋史，例将整个西洋史分成若干时代，如上古、中古、近古等是。或于近古更为较详细之分期，而依序讨论。此于上古、中古史之研究，或无若何困难，而于近世西洋文化之了解，则殊觉不足。所以然者，西洋上古时代，单位极少，而且时代互相衔接，文化前后相继，如埃及之后，继之以近东，近东之后，继之以希腊、罗马，至希

---

① 关于此点，贝卢思女士之《西洋史教学图表应用法》（本丛书第二种）将详论之，兹不赘。

腊、罗马，始入真正之西洋上古史范围。如一年讲授上古史，则上学期大半时间，皆费于希腊，下学年全部时间皆费于罗马。如是则时代前后相继，文化前后相承，在一时代仅注一单位，虽讲全洲之历史，实仅论一二国家之演变，内容比较整齐，条理比较清楚，了解尚不甚困难也。中古时代，政治之划分，虽不若是之整齐，但在文化上则仍是一致。人民所信仰者，同为一天主教，所拥戴者同为一教皇。文字同用拉丁，学术俱是经院哲学。政治虽分无数之单位，然其时正实行封建制度，近代式之国家尚未出现，自无所谓国家观念。而在名义上，神圣罗马皇帝，尚为各民族之最高政治领袖也。全欧在文化上、宗教上、社会上、政治组织上，既为一整个的系统，则综合的研究，非惟无大多困难，且有不少便利。至于近代史则不然矣，自各国学者以本国方言著书，全欧在文字上之统一遂失。自宗教革命起，全欧在宗教上之统一遂失。自封建制度废，近代国家起，西欧在制度上之统一遂失。自经院哲学衰，科学思想萌动，各国学术思想统一之局亦衰。由统一而分化，此乃中古与近代文化之根本的区别，读史者所不容忽略者也。

各国文化既因人民之天才与其物质的环境，分途发展，历时愈久，相差愈甚。虽列国相距非遥，风气相激荡，思想相影响，西欧文化，就大体言之，自有其根本共同之点。然各国文化，亦皆有其特点，且非将此种种特点认清，则其根本共同之点亦无从认识。况各国文化之发展，其方式既不一，其路径亦互异，而其时间之先后，进步之迟速，亦各不同。故近代欧洲史，非惟内容复杂，且各民族之文化，亦非站在一条线上，综和的研究，遂发生无限之困难。

世之编著近世史者，大都以国际间之大事，如三十年战争、维也纳会议，或超越国界之大运动如宗教革命等为纲领，以各国之内政为背景，以求条理之整齐。虽如是，亦常嫌头绪太繁，了解不易，于列国之发达，皆不能得一明确之概念，甚或过求整齐，失之勉强。吾人读《剑桥近世史》，①常感觉其内容太复杂，缺少系统，此则史实如是，无可如何者。成学之士，对一二国之历史，已有专门之知识，读之或可扩大其眼光，初学读之，鲜不如入五里雾中矣。

---

① *Cambridge Modern History*, 14 vols. Cambridge, 1902－1912.

惟其如是，吾人如欲研究西方政治社会之由来，比较中西文化之异同，则通史之外，须择一二重要国家，为一比较精深的研究，然后对西洋文化之演变，始能有明确之概念。否则鲜不流于肤浅空泛。顾西方国家亦多矣，究以何国为最要耶？窃以为自中国之观点言之，盖莫要于法、英、美、俄之历史矣。此四国者，不惟与中国关系最密切，且皆于近世西洋文化上，有其特殊之贡献。法国上承罗马文化，在中古时代，居最重要之地位。当是时，巴黎为西欧文化中心，经院哲学，宗教运动，皆以法国为策源地，而封建制度，亦在法国最为发达。迨至近世，列强并兴，法国在西洋文化上，遂失其独步之地位，然其国始终在大陆上，居最重要之地位。且一七八九年之大革命，拿破仑之纵横全欧，皆近世西洋史上有数之大事。吾人如欲研究西洋由中古而近古，文化嬗递之过程，则对于法国史，应有相当之研究，非读一二通史教本，即可侈谈西方文化也。苏俄与吾国境毗连，美国与中国一洋之隔，皆吾人之近邻，且二国同为太平洋最重要之强权，其外交政策影响于吾人者甚巨。吾人如欲研究二国之对华政策，与夫中国之国际地位，则不可不研究二国之外交政策与其内部情形。而况苏俄在工业、社会、政治上皆落后，其问题与中国相似者极多。虽其解决之法，吾人不必完全赞成，然亦不可不与以深刻之注意也。美国以物产之丰富，工业之发达，地点之适宜，大战后一跃而为世界第一强国，其机械的利用，工商业的组织，为二十世纪文化之特色，为世界其他各国所仿效。吾人如欲了解现代文化及其将来之趋势，对美国史须有相当之研究。

英国史之重要，不在诸国之下，而其内容则尤为丰富。夫近代西洋文化最显著之特点，为工业之发达，科学之进步，民主政治之确立，与其帝国主义之发展。此四者，除科学之进步，不独为英国之贡献外，其余三者，殆皆渊源于英国。近世工业之发达，导源于十八世纪中叶之工业革命，此革命实始于英国。一千七百三十三年英人开氏(Kay)发明"飞梭"，①其后哈戈维(James Hargreaves)发明纺织(一七六五)，亚克哀(Arkwright)、高破顿(Crompton)于纺织机械，研究愈精，出货逾速，是为现代工业革命之起始。然是时发动力或仰人力，或仰水力，犹极简

---

① 时中国清雍正十一年也。

陋。至千七百六十九年，瓦特（James Watt）发明蒸汽机，引蒸汽推轮发力，无施而不可，为近世之最大发明。① 以后各种发明继之而起，人类社会遂起空前之变动。若工厂之兴起，都市之发达，人口之增加，社会之分化，劳工问题之发生，社会主义之兴起，皆导源于工业革命。故论现代文化，必以工业革命为出发点。而工业革命，先发生于英国，至十九世纪始蔓延于欧洲各部。故欲研究工业及随之而来之各种问题，皆不能不研究英国之历史。

请再论民权政体。西洋近代民权政治渊源于日尔曼民族之部落会议，②大抵野蛮民族，皆有部落会议之制。原始之蒙古，与未入关前之满人，亦有此制。及查理蛮统一西欧大陆，封建制度成立，此制浸衰；至十六七世纪，近世专制国家起，此制在大陆遂至荡毁无余矣。独在英国，一息相传，余薪未烬。至亨利八世藉民众以解决其个人之私事，伊里沙白利用国会以扩张国威，国会之势力遂大。斯托耳朝（1603—1713）为国会与君主争权时代，结果国王失败，大权皆归于国会。而政党制、内阁制等近代代议政治之重要组织，皆于是时成立。英人殖民美洲，其制度亦遂移植于美土。滋养发展，遂酿成一七七六年之美国革命。其后法国之大革命，思想上又受英美之影响。至十九世纪，民主政体，普遍于全欧。溯其由来，皆直接间接渊源于英国。故欲了解近代西方政治制度之由来，亦不可不先从英国史入手。

工业革命在政治上之影响，对内为民主政治之发展，对外则为海外政治上经济上之侵略，即所谓帝国主义也。近世欧洲之向外发展，始于十五世纪中叶葡萄牙人由非洲寻通印度之航线，至哥伦布发现美洲，欧洲发展之方向遂转而向西。西班牙首先占领南美、中美，掠土人之金银，迫土人开矿，国乃暴富。法人继之，占领美洲北部及西部，收买皮毛。英人之向美发展，较二国为晚，然后来居上，发展最速。迨至七年战争之后（1760），并吞法人之殖民地，英人遂独有北美。美人革命成功，十三州丧失。然英人初不灰心，更转而经营印度等地。迨至今日，

---

① 乾隆三十四年。
② 古代希腊及帝治前罗马，亦有所谓德磨克拉西，且民权一辞，亦渊源于希腊，然至罗马帝制时代，其制已完全丧失，野蛮之日尔曼人固无由受其影响也。

西方列强，仍以英国海外领土最多，治理亦最佳。至其政治、经济势力侵入之地，方域更广。吾人今日呻吟于不平等条约之下，鼓慄于经济侵略之中，即食帝国主义之赐。吾人如欲研究帝国主义之由来演变，及其对落后民族侵略之方式，亦不可不研究英国史。

以上不过就英国史之特点而论。至其对中国之关系，则犹有可言者。西人对中国之政治侵略，始于鸦片战争。中国之积弱，既大暴于世，外人之侵略，遂相继而来。始作俑者，实为英人。其后自英法联军至八国联军，每次殆无不以英人为急先锋。庚子之后，其势较缓，大战以后，大英帝国之外交政策益注意于世界和平之维持。但英国在远东属地甚多，其外交政策皆直接间接影响于吾国，故英国之外交政策，吾人亦须特别研究。

以上四者，不过为英国史之四方面。人类社会之进化为整个的，全体之未明，则各方面亦无由了解，故欲明四者之由来演变，须先于全部英国史有相当之研究也。

是故大学中教授西洋史，通史须与国别史并重。治史者不研究通史不能了解西洋文化发展之全貌，及各国之相互关系，不研究国别史则不能知各国文化进展之特殊过程。故吾人于西洋文化，读通史所以究其异中之同，读专史所以研其同中之异，二者俱不容偏废也。

六　美国史之重要

泰西诸国，于西方文化贡献最大，而同时与吾人关系最切，其历史为吾人之所不可不详加考究者，莫如英、法、俄、美四国，已于前章申论之矣。然英、俄、法之史事，学者犹可于普通欧洲中近古史中得一简括之概念。独美国史，以吾国大学中所用近世西洋史之教本，类皆专讲欧洲，往往大学史系毕业生，尚有对之缺乏常识者。此种现象殊有矫正之必要也。故特辟专章以申论之。

夫研究学术，须适于国家社会之需要。如南美、中美诸国，加拿大自治领土，在世界政治上、文化上，可谓最无足轻重矣。而美人研究其史事不遗余力，大学史系皆设专科。以诸邦与美国政治、经济之关系，极为密切也。此种学以致用之精神,吾人最宜仿效。美国与中国,虽远隔重洋,而以现代交通之便,已成邻国。其与吾人在政治上、经济上、文化上之关系,较其他西洋诸国尤为密切。美国自革命成功后,即努力于远东贸易。及至鸦片战争终了,英人与中国订《南京条约》,美国亦遂乘机与吾人定通商条约,是为中美正式缔约之始(1844)。此后中美贸易日增,交涉愈繁。中国与列强之交涉,美国殆皆直接间接参预其事。特以其地位稍异,内部境况不同,故其所抱之政策,亦与他国不一。迨美西战争后,美国一跃而为太平洋下之霸权,与吾国关系益密。其所倡之门户开放主义、机会均等主义,均几拯中国于瓜分之祸。大战以后,美国一跃而为世界第一强国,其一举一动,关系于吾人存亡者尤巨。如其所主持之太平洋会议,为中国现今国际地位之基础。近年其国际政策,皆与吾人有莫大关系,皆吾人所不可不加之意者也。

美国之远东政策,乃根据其经济利益。美国自内战以后,已为对华贸易之重要国家。大战以后,其对华输入总额恒为列国之冠。故中国之市场,已成美国农工业之尾闾,其工商业之繁荣,系于吾人之购买力者甚巨。而其在中国工商业方面、建筑方面、银行方面之投资,为数亦属不赀。职是之故,中国政局一有变动,于美国经济恒发生重要影响,此美国所以于太平洋上风云,无时肯作壁上观也。

抑美国与中国之深切关系,犹不止于远东政策与对华贸易。其内政之变迁,社会经济之演变,皆直接间接与吾人有莫大之影响。盖其外交政策,既多根据其经济利益,而其经济发展,又多根据其国内之工商业情形,与其社会组织。以其内政、外交、经济皆建设于资本主义之上,乃不可分之整个也。惟其如是,其一举一动,皆直接间接与吾人有莫大之影响。如美国前年之白银政策,[①]表面观之,似纯为内政问题,而几使吾国经济破产。凡此之类,不可一二举也。

抑吾人于美国史之研究,目的不仅在观察对华政策,而谋一应付之道。吾人如欲研究现代西方文化,与其将来之趋势,亦须以美国为其代表。夫现代文明之基础,为机器与科学,易言之,即科学的生产技术也。至于政治之组织,社会之结构,以及学术思想,皆建筑于此生产技术基

---

① Silver Purchase Act, 1934.

础之上。① 此在欧洲以封建势力犹未尽泯，传统思想影响尚在，新文化尚须与旧文化争胜，新势力尚须与旧势力抗衡，其势力尚未充分发挥。而美国则以其实用天才之富，物产之饶，与其不受传统势力之束缚，现代之机器文明，在美国发挥遂尤为尽致。故美国实为现代西方文化之代表，而西方文化之前途，亦须于美国觇之。此欧人之所共认，而美人亦以此自居者也。② 然欲了解其现在，推测其将来，须研究其过去。而吾人于美国史遂不容忽视。况吾国自西风东渐以来，受美国文化之影响独多，吾人于其文化之由来与现在，尤不容不有深刻之了解矣。

美国史在西洋史上地位之重要，及其与吾人关系之密切，已如上述。徒以一般人鲜了解此种重要，又或以美国史内容太简单，缺乏兴味，故研究者极少。实则此皆不明美国史者之错误观念，苟略加研究，当知其大谬不然。夫美国史发端于哥伦布之发现美洲，而实始于十七世纪初叶英人之向美殖民，其范围尽在近世史中，史料大体尚皆保存。自有材料浩繁，尽研不易之苦。而况乎英法各国，领域较小，统一已久，治其史事者，但重其中枢之演递，问题尚属简单。美国则地域广阔，不下中华。且其各部，皆有其独立之历史。历三百年之久，虽以政治、经济势力之发展，中央权限，日益发展。然地方间之冲突，仍未尽泯，固未臻于完全统一之境，如英法者也。职是之故，吾人研究美国史，须首先注意各部社会经济之发展，典章制度之演变。条理万千，捉摸非易。故研究美国史之繁难，直不可与其他西洋国别史，相提并论。此乃个人年来之经验，想同好者必以为然者也。

至谓美国史不若他国史之富有兴趣，亦属一偏之见。美国史与欧洲史相较，就政治方面言之，固不易举出与拿破仑、俾斯麦等震撼一世之伟大人物。常人习知之美国史中之英雄，如华盛顿，如林肯，其个性皆不甚显著，其事业亦寻常，诚远不若拿破仑、俾斯麦等人之使人神驰感叹。即以美国史上最富于兴味之伟人言之，如汉密吞（Hamilton），如捷克生（Jackson），如罗斯福（Theodore Roosevelt），其个性虽较华盛

---

① Beard, C. A., ed., *Whither Mankind* (New York, 1928), pp. 1–24.
② [Dickinson, G. L.] *Letters from a Chinese Official* (American Ed., New York, 1925), pp. vii–xiv.

顿、林肯为显著,然雄材伟略,究不足与欧洲第一流人物相比拟。再以历史上之大事言之,美国史上第一件大事自为革命。然美国革命亦不如法兰西大革命、苏俄大革命之可歌可泣。又美国史中之战争,亦无足与卜灵汗(Blenheim)、瓦铁卢相比拟者。故就政治史言,美国史远不如欧洲各国史之富于兴趣,此无庸讳言者也。

虽然,美国史之兴趣不在一二人之杰出,而在全体之进化;不在一二政治军事之事迹,而在社会经济之继续的发展。夫三百年前,美洲乃一荒原耳。草木畅茂,禽兽逼人,而欧人抱大决心,不顾死生,历千险,排万难,以美洲为归宿地。前仆后继,壮志不馁。卒也,地域渐由大西洋伸张至太平洋,人数由数千人增至一万万。三百年间,蔚为大国,成为全世界之政治经济中心。此诚近世史上之大事件,此诚人类之大史诗,史实兴味之浓厚,宁有甚于此者耶? 吾披其载记,览其拓荒者遭遇之艰难,成就之伟大,未尝不废书长叹,深感于衷也!

抑尤有进者,美国之文化,纯为一工商业之文化。① 其最伟大之人物,须于工商业中求之,而不可求之于政界。自工业革命以来,其工业巨擘,如温得比(Vanderbilt),如苟路德(Jay Gould),如罗克菲洛(Rockefeller),如加乃基(Carnegie)及其他大企业家,其卓识远见,雄材大略,足可与拿翁、俾翁相比拟,而其所成就者,规模之大,影响之深,或又超而过之,此亦近世史之奇观也。

惟其如是,美国史家不专描摹一二特殊英雄,而注意一般人之生活;不专考证极窄狭之政治变迁,而究心于社会经济的了解。因之所谓新史学运动者,在美国独盛。故吾人研究美国史,于其全民之进步,尤能有深刻之了解也。故吾主张中学西洋史教本中应尽量增美国史教材,大学中当设美国专课。如教师不敷分配,则隔年一设可也。

(齐思和:《西洋史教学之基本问题》,函雅堂书店,1941)

---

① Adams, J. T., *Out Business Civilization* (New York, 1930), pp. 9 - 31.

近三十年来之出版界（外国史之部）

吴祥麒

外国史在我国学校中列为一科目者，由来已久，屈指计已七十余年矣。清同治六年，有同文馆之创立，其规程中列有"读各国史略"之一科，此为我国人士学习外国史之嚆矢；此后张之洞等，于《奏定学堂章程》中，亦拟有大学堂授万国史学门、泰西各国史、西国外交史及中学堂授欧洲史、美洲史之规定。相沿至今，外国史犹占现今我国学校课程中之一重要科目，自小学而至大学，莫不有外国历史之讲授，且大学中已多有历史一系之设置，专从事于史学之研究。

惟查三十年前，我国人之著作外国史者，虽已一改历代《四裔传》之例，以开辟别史之先声，如徐氏《瀛寰志略》、魏氏《海国图志》、江氏《万国史汇编》，但徐、魏两书不免过偏于舆地，尚未足与言历史，江氏之书只知"据实记载"叙沿革，琐琐碎碎，无系统之可言。自欧西新史学兴，我国学子亦受其影响，一方认清历史之为物，已非专以记载国家制度之沿革及其治乱兴衰用以资鉴为能事，而为使读者明了现在与过去之关系，藉以了解其周围之环境，及推测其将来；他方又更深感学习外国史之重要，因中国已非闭关自守、与世隔绝，而为国际间之一员，不独文化应互相交流，即他国之政治、经济、社会组织与夫其民族性格，亦须深知其底蕴，夫然后吾国始可于国际上自谋应付之道。故近年来，吾国学子从事于外国史之研究者为数日众，其著作亦日见众多。兹就坊间已刊行者而观，记载翔实，剖解清晰，秩然有序者，固属不少，但敷衍成书者，亦不一而足；其译自国外之名著，佳者虽多，然译笔艰涩，而间有谬误者，亦不乏其例。读者于选阅之际，应出诸审慎，否则先入之见一深，祛之即不易。兹将近三十年来，吾国出版之外国史而可供阅读者，分别述之如次。

一 日 本 史

关于该方面之译著，对于日本立国之精神，文化之演进，工商业之进步，国势之膨胀，而能作系统之叙述者：有陈彬龢氏所译之《日本历史大纲》（商务出版），原著者虽为西人古孟（Gomen），但其居住日本甚久，对日本历史获有深刻之认识；又有章钦亮氏译自古田良一之《日本通史》（国立编译馆出版），该书将日本过去二千余年之史实，胪列无遗，且加以整个的考察，而为系统之叙述；其记述明治维新进取之要旨，宪政发达之精神，民权运动之经过，而明示维新后日本民权发展之步骤者，则有黄文中氏译自植原悦二郎所著之《日本民权发达史》（商务出版）。此外又如土屋乔雄氏著而郑合成所译之《日本经济史》，及三菱经济研究所所编而郑思平所译之《日本之产业》（两书皆商务出版），则专纪日本经济之如何发展，及工商业之如何发达也。

二 西 域 史

近数十年来，为古器物、古书籍出世之最盛时代。自来学术之兴，无不本于古器、古书之发见。有孔壁经传之出，而后有两汉以来古文家之学；有赵宋古器之出，而后有古文字、古器物之学。百年来古物之出，已倍蓰宋代，而近数十年尤为古物出世之黄金时代。如殷墟甲骨文字之发现，英人斯坦因（Aurel Stein）氏、法人伯希和（Paul Pelliot）氏之西域探考发现之汉晋木简、敦煌千佛洞之六朝唐人写本，瑞典斯文·赫定（Sven Hedin）氏之确定罗布泊湖位置，德国勒柯克（A. von LeCoq）之中亚吐火罗语古写本发现，尤其荦荦大者。

欲叙述治西域学者研究之近况，则应首先明了西域考古之情形，无西域考古即无今日成绩，此可断言者也。盖百年前欧洲学者认识新疆尚不审，十九世纪中叶始渐有沙海科学考察，斯时新疆之考古学，尚为一种须待创造之科学。至一八九六年斯文·赫定氏及一八九八年克列孟兹(Klementz)之调查后,乃奠定以后斯坦因氏大规模新疆探考计画矣。

斯坦因氏于一九〇〇年五月三十一日,自印度首途,进向帕米尔。于此一年间,历游我国新疆南路之岳特竿、尼雅、安德烈等地。于和阗南发掘古寺废址,得唐以前遗物甚多。复于尼雅河之下流,获魏晋人所书木简约四十枚,于所著之《古和阗考》(Ancient Khotan 一九〇七年牛津出版)中,曾揭其影本,法国沙畹(E. Chavannes)氏为之笺释。斯氏复于一九〇六年四月二日出发,作第二次考古,遍游新疆全土,及甘肃西部,于一九〇八年十一月归,得写本一万四千部,绘画数千帧,先后运归伦敦。此次于敦煌西北长城遗址,发掘两汉人所书木简约千枚;于尼雅河下流故址,得后汉人所书木简十余枚;于罗布淖尔东北故城,得魏晋间木简百余枚,皆当时公牍文字及屯戍簿籍也。此次所得木简,亦由沙畹氏为之笺释,影印成书,见所著《斯坦因在新疆沙碛中所发现之汉文简书》(一九一三年牛津出版)。第二次考察报告均见著名之《西域考古记》(Serindia),嗣后又于一九一三至一九一六年间,竟其未完之志,作第三次旅行,归后统计三次成绩,又写《亚洲腹地考古记》(Innermost Asia)。

我国对汉晋木简之研究,审释文字,多出罗振玉氏,而考证史事,则多出王国维氏。二氏重加考订,于民国三年(一九一四)影印行世,为《流沙坠简》三卷、《考释》三卷。其所发见,如汉时西域两道之分歧,塞上各烽燧之次第,魏晋间葱岭以东诸国,及西域长史之治所,均足补史书阙文。其创获如高昌麹氏之年号世系,沙州张氏,及唐氏之事辑,皆前此未知,莫非敦煌古简、古书之赐也。

其外尤值一书者,即伯希和氏发见之窣利语、吐火罗语及东伊兰语三种世所未知之文字。而罗福苌氏亦从俄人所得西夏字书《掌中珠》残本,及各种西夏残文中,发明西夏文字之构造及意义。不幸罗氏早亡,幸有陈寅恪君、王静如君继其后,斯学赖以不坠,亦学术界之幸矣。

民国十六年(一九二七)春,"中国学术团体协会"鉴于吾国珍贵古物，多流失国外，欲派人往西北考古，于四月二十六日与斯文·赫定氏订立合作方法十九条，共组"西北科学考查团"。计中国团员十人，由徐炳昶君任团长，欧洲团员十九人，由斯文·赫定氏任团长。全团于五月九日自北京出发，十七年一月二十三日抵哈密，同年冬返北京。其最重要发现，则为袁复礼君在新疆阜康县三台附近所得之恐龙化石。此化石在下侏罗纪地层中，在亚洲尚属第一次发现，并可以推倒从前地质学家天山东段无动物化石之说。黄文弼君亦发现若干古城，得古墓砖器物甚多。赫定氏更证明今之罗布淖尔系南移，并非中国古图之误，皆此次考查团之伟大收获。

综合近数十年中外汉学家之发掘报告及研究成绩，可作简单结论如左：

（1）语言方面：西域流行之语言，大可别为二种，汉北道流行者，为吐火罗语，一为甲种吐火罗语，流行吐鲁番、焉耆一带；一为乙种吐火罗语，流行库车一带。汉南道流行者，为东伊兰语，流行区域自和阗抵于甘肃。尚有一第三种语言，属伊兰语系，名窣利语（Sogdien），乃中亚窣利地方之伊兰商旅用作贸易之语言也，通行远至外蒙一带。

（2）宗教方面：天山南路，自三世纪达十世纪，信仰佛教之笃，与印度各地无异。在四世纪鸠摩罗什时代，及七世纪玄奘经行西域时代，库车、和阗等地曾为传布佛教中心。

（3）艺术方面：斯坦因所得各处三世纪迄八世纪间之泥塑、壁画、画版、小木作物，业已证明印度西北之希腊与佛教参合的艺术，曾于和阗得一新据点。吾人已知日本奈良法隆寺著名之壁画中，亦受和阗绘画之直接影响，已由日本多数著名学者证实矣。

由上可知西域在世界文化史上所占地位之重要，盖西域介乎伊兰、印度与中国三大文化之间，其介绍沟通之功，将永为世界文化史上灿烂之一页，此岂又十九世纪之西方汉学家所及料哉。

近三十年世界汉学研究极为发达，尤以法国为最；法国之有今日成绩，谓为沙畹提倡之功亦不为过。沙畹氏后，更有雷维（S. Lévi）、美耶（Meillet）、科第（Cordier）、戈底（Gauthiot）、格累那（Grénard）、伯希和、马伯乐（H. Maspero）诸氏继之；而尤以伯希和氏博洽，冠绝侪辈，益以治学方法精审，于学无所不窥，故每一论文出，辄为全世界学者叹服。德国有勒柯克、格隆威达（A. Grünwdel）及米勒（Müller）之研究西域史地，西格与西格林（Sieg & Siegling）兄弟之研究吐火罗语，亦为学者称道。英国除斯坦因之西域考古报告外，更有翟理斯（Giles）之《中国名人辞典》、托马斯（F. W. Thomas）之《古和阗语》等不朽名作。外如美国劳弗（Laufer）氏之《中国伊兰卷》（*Sino-Iranica*），瑞典高本汉（Karlgren）氏之《中国音韵学》，俄国巴托尔德（Barthold）氏之《蒙古侵略时代之东土耳其斯坦》，亦为世界名著。日本则有橘瑞超氏、桑原骘藏氏、白鸟库吉氏、大谷光瑞氏、箭内亘氏，及羽田亨氏诸学者，精研西域史地，尤以羽田君精通中亚语言，故成绩又凌驾诸氏之上焉。近阅西报，载赫定氏近整理其历次考古成绩蕆事，共五十余巨册，并附西域详图，已于去岁在柏林出版，恨不能先睹为快也。

我国研究西域著名学者，有陈寅恪、冯承钧、向达、张星烺、王静如、贺昌群、岑仲勉、黄文弼诸君。尤以冯君介绍法国汉学之功，为不可没，冯君共译沙畹、伯希和等长篇研究数十种。严格言之，法国汉学家之考证精粹，多见于《通报》、《亚洲学报》，及河内远东法国学校校刊所载之短篇研究中。冯君更尽取而译之，共得百余种，分载《史地丛书》，及《西域南海史地考证译丛》诸篇中。至斯坦因、劳弗、米勒、西格与西格林、格隆威达、巴托尔德之诸名作，吾国尚未见有译本，就中尤以斯氏之三次西域考古报告为要也。

左列书目，未敢自矜完善，然自信研究西域史地之著译，已略备于是。其见于各学术杂志中之论文，则未列入，读者可参阅《国学论文索引》初、二、三篇，及《中国地学论文索引》初、续编。

该方面出版书籍较多，兹特列一表，以资醒目：

中西交通史　西北地理考

《中西交通史》	向达	中华	民二二
《中外交通小史》	向达	商务	民二二
《中西交通史料汇编》	张星烺	辅大丛书第一种	

《中国之旅行家》	沙畹著　冯承钧译	商务　民十五
《历代求注翻经录》	冯承钧	商务　民二十
《欧化东渐史》	张星烺	商务　民二四
《张骞西征考》	桑原骘藏著　杨錬译	商务　民二三
《佛游天竺记考释》	岑仲勉	商务　民二三
《宋云行记笺注》	沙畹著　冯承钧译	《禹贡半月刊》四卷一号六号
《景教碑考》	冯承钧	商务　民二十
《摩尼教流行中国考》	沙畹著　冯承钧译	商务　民二十
《慧超往五天竺国传笺注》	藤田丰八著　钱稻孙译	泉寿丛刊之一　民十八
《马可波罗行纪》四卷	沙海昂注　冯承钧译	商务　民二五
《马哥孛罗游记》一卷	张星烺译	商务　民二五
《马可波罗游记》	李季译	上海亚东图书馆　民二五
《蒙古与教廷》	伯希和著　冯承钧译	全稿已于民二九译竣，未出版。
《陈诚使西域记》		《学海类编》本《使西域记》，残缺不全。此据北京图书馆藏旧钞本，向达君录其全文发表，见《禹贡半月刊》第二卷。
《入华耶稣会士列传》一至三卷	费赖之著　冯承钧译	商务　民二七　全稿共十卷，冯君已于民二八译竣，七至十卷尚未出版。
《利玛窦世界地图专号》	洪业等著	《禹贡半月刊》第五卷第三四合期
《中国天主教传教史》	德礼贤	商务　民二三
《明末奉使罗马教廷耶稣会士卜弥格传》	沙不列著　冯承钧译	商务　民三十　伯希和著《卜弥格传补正》，见冯承钧译《西域南海史地考证译丛》三编，一一五至一九五页。
《西域地名》	冯承钧	西北科学考察团丛刊　民二十

《史地丛考》十一种	烈维等著　冯承钧编译	商务	民二十
《史地丛考续编》四种	伯希和等著　冯承钧译	商务	民二二
《西域南海史地考证译丛》十二种	伯希和等著　冯承钧译	商务	民二三
《续编》十三种	同上　　同上	同上	
《三编》五种	同上　　同上	商务	民二五
《四编》五种	马伯乐著　同上	商务	民三十
《五编》十四种	伯希和等著　同上	原稿于民二九译竣，未出版。	
《中亚史地译丛》九种	伯希和著　冯承钧译	《辅仁学志》抽印本	
《塞外史地考证译丛》	白鸟库吉等著　王古鲁译	商务	民二三
《罗布淖尔专册》三卷	黄文弼	西北科学考查团报告	
《蒙鞑备录笺证》	王国维	见《王忠悫公遗书》	
《黑鞑备录笺证》	同上	同上	
《圣武亲征录校注》	同上	同上	
《长春真人西游记注》	同上	同上	
《鬼方昆夷獯狁考》	同上	见《观堂集林》卷十三	
《西胡考》	同上	同上	
《西域井渠考》	同上	同上	
《黑车子室韦考》	同上	见《观堂集林》卷十四	
《西辽都城虎思斡耳朵考》	同上	同上	
《鞑靼考》	同上	同上	
《辽金时蒙古考》	同上	见《观堂集林》卷十五	
《南宋人所传蒙古史料考》	同上	同上	
《元朝秘史之主因亦儿坚考》	同上	同上	

右十三种伯希和氏有评文，见《通报》一九二九年刊，一一三至一八一页，冯承钧君已译为中文，见《西域南海史地考证丛译》五编。

中亚民族

《东洋史》	王桐龄	商务	民十一

《亚洲各国史地大纲》	洪涤尘	正中　民二四
《匈奴史》	向达译	商务
《乌孙考》	白鸟库吉著　方壮猷译	商务
《西突厥史料》	沙畹著　冯承钧译	商务　民二三
《西夏研究》	陈寅恪　王静如	民十九中央研究院历史语言研究所出版
《西夏文专号》	罗福苌　王静如	《国立北平图书馆馆刊》四卷三号
《蒙兀儿史记》	屠寄	刻本
《多桑蒙古史》七卷	冯承钧译	商务　民二三
《蒙古史略》	格鲁赛著　冯承钧译	商务　民二三
《帖木儿帝国》	布哇著　冯承钧译	

西域文化

《西域文明史概论》	羽田亨著　钱稻孙译	《泉寿丛刊》之一　民二十
又一部	同上　郑元芳译	商务　民二三
《中央亚细亚的文化》	同上　张宏英译	商务　民二七
《唐代长安与西域文明》	向达	燕京哈佛社　民二二
《隋唐时代西域人华化考》	桑原骘藏著　何健民译	中华　民三十
《元西域人华化考》	陈垣	刻本　民二四
《西域之佛教》	常盘大定著　贺昌群译	商务
《吐火罗语考》	伯希和著　冯承钧译	全稿于民十三译竟，未出版。
《流沙坠简》三卷、《考释》三卷	罗振玉　王国维	影印本　民三
《高昌砖集》附《高昌》一册	黄文弼	影印本
《高昌陶集》	黄文弼	已印未发行，书存北大文学院文史研究所。
《印度古代文化》	武田丰四郎著　杨錬译	商务　民二五
《回教专号》	韩儒林等著	《禹贡半月刊》七卷四号
《回教学术思想史》	Ahmed Amin 著　纳忠译	商务　民二八

| 《中国音韵学》 | 高本汉著　中央研究院历史语言研究所译 | 商务　民三十　欲治西域史地之学,必首通音韵,此书出版实予我国学者极大便利。 |

游记

《长征记》	斯文·赫定著　李述礼译	《西北科学考查团丛刊》
《亚洲腹地旅行记》	同上	开明　民二二
《我的探险生涯》	同上　孙仲宽译	《西北科学考查团丛刊》
《斯坦因西域考古记》	向达译	中华　民二四
《吐鲁蕃工作报告》	黄文弼	西北科学考查团油印

三　西　洋　史

拙著《西洋上古史》(国立编译馆出版),何炳松氏所编之《中古欧洲史》及《近世欧洲史》(商务出版),李泰棻氏之《新著西洋近百年史》(商务出版),丁云孙氏之《西洋近百年史》(商务出版)。以上各书,取材审慎,考察绵密,以平淡之笔法,将西洋各时代之特色,原原本本指出,使读者得有线索可寻。又如蒋方震氏之《欧洲史》(商务出版),及陈叔谅氏之《近世欧洲革命史》,高希圣氏之《欧洲革命史》(北新出版),亦皆可读之书。其译自欧美之名著者:有梁思成等所译之威尔斯《世界史大纲》(商务出版),此书确系一富于天才之作品,作者魅力极大,往往能引人入胜。最初几章,如关于星云、鱼类、爬虫类及原始哺乳类等之记述,皆可称为极有价值之文字。惟关于帝王伟人之判断,则迥异于一般史家之所见,愈入近代,作者偏见愈深,其所判断,因此愈觉不可深信;又有伍光建氏所译之《泰西进步概论》(商务出版),原书名 *Living Past*,作者为英人马尔文(Marvin),能将欧洲数千年来之历史,作一扼要的叙述,深入浅出,洵是斫轮老手。托姆逊(Thompson)名著之《西洋中古史》(*The middle Ages*)(商务出版),亦已由前北大史学系主任陈受颐教授译出，将中古时代之历史，详为论述，层次清晰，语皆扼要。至于吴挹青氏所译莫瓦德(Mowat)之《西欧中古近代史要》(*A History of Europe，467-1925*)（商务出版），及莫善诚氏所译劳勃逊之《西欧近古史要》(*A History of Western Europe*)（商务出版），亦可推为历史著作之上乘。对于西洋近代之趋势，政治经济之演变，社会及文化之进展，叙述特详，而极中肯者，当推曹绍廉氏译自赫斯(Hayes)之《近代欧洲政治社会史》(*A Political and Social History of Modern Europe*)，及余楠秋等译自沙碧洛(Schapiro)之《欧洲现代史》(*Modern and Contemporary European History*)（世界出版），其他如王造时氏所译莫瓦德之《近代欧洲外交史》(*A History of European Diplomacy，1815-1914*)（商务出版），谭健常氏所译鲍尔(Buell)之《欧洲战后十年史》(*Europe，A History of Ten Years*)（商务出版），吴献书氏所译杰克逊(Jackson)之《最近欧洲史》(*Europe since the War*)（中华出版），则专述欧洲最近国际之形势，及第一次世界大战后欧洲经济复兴之情形也。

其国别史可供吾人之参考者，有钱端升氏译自屈莱林伦(Trevelyan)之《英国史》(*History of England*)（商务出版），余楠秋等译自徐尼(Cheyney)之《英国史》(*A Short History of England*)（民智出版），贺昌群氏所著之《英国现代史》（商务出版）；魏以新译自哈勒(Haller)之《德国史纲》(*Die Epochender Deutschen Geschichte*)（商务出版），康选宜氏译自陶逊(Daueson)之《德国史》(*History of Germany*)（商务出版），张世禄氏所著之《德国现代史》（商务出版）；左舜生氏所编之《法兰西新史》（启智出版），伍光建氏译自马特伦(Madeln)之《法国大革命史》（商务出版）；周传儒氏所著之《意大利现代史》（商务出版）；魏野畴氏译自皮特(Beard)之《美国史》（商务出版），孙智舆氏所著之《美国现代史》（商务出版）。

其偏重文化方面而详述其原委者，有冯雄氏译桑戴克(Thorndike)所著之《世界文化史》(*A Short History of Civilization*)（商务出版），金溟若氏译西村真次所著之《世界文化史》（世界出版），陈建民氏译瑟诺博斯(Seignobos)所著之《古代文化史》(*l'Histoire de la Civilisation Ancien*)与《现代之文明史》(*l'Histoire da la Civilisation Contemporaine*)

（商务出版），刘麟生氏译鲁宾逊等所编之《欧洲文明史》(*Our World Today and Yesterday*)与麻立脱(Moret)所著之《尼尔河与埃及之文明》(*The Nile and Egyptian Civilization*)（商务出版）。

在史学理论方面，近三十年来所出版者为数至多，有解释史学之原理者，有论述史料搜集及鉴定之方法者，有讨论史学之问题者。如李思纯氏所译之《史学原理》(Langlois & Seignobos, *Introduction aux Etudes Historiques*)（商务出版），卢绍稷氏所编之《史学概要》（商务出版），周容氏所著之《史学通论》（开明出版），胡哲敷氏所著之《史学概论》（中华出版），余楠秋等所译之《史学概论》(E. Scott, *History and Historical Problems*)（民智出版），黎东方氏所译之《历史之科学与哲学》(H. See, *Science et Philosophie de I'Histoire*)（商务出版），何炳松氏所译之《新史学》(J. H. Robinson, *New History*)（商务出版），董之学氏所译之《新史学与社会科学》(H. E. Barnes, *The New History and the Social Studies*)（商务出版），李璜氏所著之《历史学与社会科学》（东南出版），薛澄清氏所译之《历史方法概论》(J. M. Fling, *The Writing of History*)（商务出版），何炳松氏所著之《历史研究法》（商务出版），张宗文氏所译之《社会科学与历史方法》(Seignobos, *La Methode Historique aux Appliquee Sciences Sociales*)（大东出版），王灵皋氏所译之《历史学纲要》(G. W. Hegel, *Varlesungen über die Philosophie der Geschichte*)（神州出版），朱谦之氏所著之《历史哲学》（民智出版），郭斌佳氏所译之《历史哲学概论》(R. Flint, *Introduction to the Philosophy of History*)（黎明出版）。其专论西洋史学之发达者，则有向达氏所译之《史学史》(H. E. Barnes, *History of History*)（商务出版），郭斌佳氏所译之《西洋史学史》(J. T. Shotwell, *An Introduction to the History of History*)（商务出版）。

顾欲作此种介绍报告，非一人之力所能为。笔者谫陋，事变后交通阻梗，新出版书籍多未能寓目；倘蒙大雅鸿博，进而教之，使此目臻于完备，为初治史学者辟一途径，则幸甚矣。

（《国立华北编译馆馆刊》1943年第2卷第9期）

西洋史的出路

齐思和

一

西洋史人才的缺乏是当前中国学术教育界很严重的问题。我们不但没有声望成绩能和西方汉学家如伯希和、高本汉、马伯乐等人对于汉学研究相比的西洋史专家,即是博通西方典籍,精熟西洋史事,堪在大学中任教者,也不甚多。以致现今正在复员中的各大学都找不着西洋史教授。本来在这建国过程中,因为事实上的需要和时代精神的盛召,有志的青年,都争趋于理工,或者政治,学文科的人本来就不多,而且历史是一门朴学,质朴无华,需要长期的修养,深厚的基础,不是很快即可出名的。所以在文科学生之中,学历史的也往往不及学文学或别的学科的人数多,而在学历史的人中,研究西洋史的人又不及研究中国史者十分之一。所以西洋史的人才,不但现在,在最近的将来也不会太多,以致构成了当前中国学术教育界的严重问题。

研究西洋史的人何以这样少呢?最大的原因是大家认为学西洋史没有出路。此地所谓出路,是指着学问上的出路,并非职业上的出路而言。在职业上的出路上来说,学西洋史的比较中国史为容易,因为人少。但是在学问上的出路上来讲,中国史是一片未经开垦的荒原,是一座未经开采的矿山。只要我们用新方法去整理研究,便会有惊人的发现,不朽的成绩。这对于研究学问的人,是何等强有力的诱惑!西洋史呢?已经由西洋人用新方法新眼光整理了一百多年了。即在西洋人,除非有新的材料,或者新的看法(二者都不是容易的事体),不容易得到惊人的成绩。所以当代西洋第一流的大史学家,还没有前世纪多。又何况中国人来研究它?所以中国研究历史的人,大都不肯再走这熟途旧道,而愿意作知识上的拓荒者了。以致不但在国内学历史的人,大多数都集中精力于国史,即原来在外国学历史的,也颇有回国后改治国史的。

除了国史的引诱以外,治西洋史的特殊困难,也是使大家却步不前的一个重要原因。在中国治西洋史至少有三种困难。第一是语言的困难。治西洋学问自然至少要会一种西洋的重要语言,如英、法、德之类。如能三种都会,自然更好。因为这三种文字,是西洋最重要的语言,西洋的重要著作大多数是用其中的一种写成的。当然,其中一部分已经彼此有了译本。但是,重要而未经翻成其他文字的著作,也颇不少。况且已经翻成的也不见得完全可靠,所以对于这三种文字皆有阅读能力,自然是极好的事体。除了这三种普通文字以外,我们如要研究特殊地域或特殊时代的史料,还得懂这地域和时代的文字。譬如我们要研究西班牙国史,我们必得懂西班牙文;我们若研究希腊史,我们得通希腊文。这已经是很繁难的事;二是图书的困难。有了阅读史料的能力了,但是史料在那里呢?我们最大的图书馆中关于西洋史的收藏,普通参考书都不完全,至于一般小图书馆也不过仅有几十本课本,为准备教学用都不够,如何谈到研究?语云"巧妇不能为无米之炊";没有好的导师,也难有优良的成绩。在国内研究西洋史,没有大师堪为指导,没有名家以备咨询。古人云"独学而无友,则孤陋而寡闻",那会有好的成绩呢?

二

西洋史的研究困难重重,而国史的诱惑又如此强烈,难怪研究西洋史的人,几如凤毛麟角呢?但是在国内研究西洋史,虽然是困难重重,我们对于西洋史还必须研究。第一,我们中国正在现代化的重要过程中,而西洋是现代文化的泉源。我们如不研究西洋史,如何能明了现代文化的意义?况且,我们研究中国史除了须自内部考察之外,和其他文化互相比较是很要紧的。西洋史的基本问题，经西洋人一百多年来的努力，大致都解决了，很可以作我们比较的尺度。并且西洋人研究历史的方法，也颇足供我们参考。在我们的课程标准中，西洋史是我们基本训练课程之一，我们需要大批的大中学西洋史教员。这是事实上的需要。我们以为教学和研究不应当分开。因为事实需要，我们对于西洋史是必需研究的。

三

西洋史的研究者，不但是在职业上有出路；在学问上也并非没有真正的无出路。在国内研究西洋史的许多困难，都并非是些不可克服的困难。以后我们研究西洋史，无妨参照西洋人研究汉学的方法。西洋人认真研究汉学，不过是近五六十年来的事。翻译半部《史记》的法人沙畹（Edouard Chavannes）、翻译中国《五经》的莱格（James Legge）和德人卫理贤（Richard Wilhelm）都是先导大师，到了伯希和（Paul Pelliot）、高本汉（Bernhard Karlgren）、马伯乐（Henri Maspero）等人出，遂有卓越的成绩，惊人的贡献。他们开始学中文，大多数都比我们学外国语晚，而他们驾驭中国文字的能力，也远不及中国人对于外国文造诣之深。譬如，直到现在，还没一位西方汉学家能用中文写书的。而中国人在外国发表书的，真是车载斗量，其中外国文特别好的，并且能产生文学价值很高的名著。但是因为西方汉学家方法的细密，和努力不息的结果，他们已经有惊人的成绩了。我们学外国文本领之大，是外国人所承认的，我们对于西文的造诣比西洋人对于中国文字造诣深得多。所以文字问题并不是不能克服的困难。最困难的问题是我们的图书设备不够，使得研究工作无从作起。西洋人对于汉学研究之所以能有成绩，是因为他们有几个较为完备的汉学图书馆。不但法国如是，即是美国的国会图书馆、哈佛图书馆，也颇以收藏丰富著名。我们若不积极添置图书设备，我们对于西洋史的研究，绝不能有进步。现在我们中国人关于西洋史的图书，多半是大中学课本之类，以后不但要购置名著，并且要购置基本史料。中古的史料，大部分是抄本档案，当然是不易购置，我们只能购些已经有印本的以供参考。至于近代现代史料，大部分几乎都是印本的，我们必须大量地购买，对于现代史料，我们更应当尽量搜集，不使他遗漏。这个责任，几个国立大图书馆应该负起来。至于各大学图书馆，限于经费，自然不能全面购置，无妨各自注重一方面，谋特殊的发展。如此校注重美国，那校注重苏联，作为研究某一方面的中心。这样我们很可以对西洋史从近世研究起。其实即以美国而论，它对于希腊、罗马和中古的研究，也是限于资料，研究的成绩远不及欧洲人，但是近年来，美国史学家如哈佛大学的朗格（Willam L. Langer）、费（Sidney B. Fay）对于欧洲近世史的研究，震撼全世，欧洲人也自叹弗如。这种迎头赶上的方法，我们很应当采取。

四

我们万不要以为西洋史已经西洋人研究完了，我们不会有新的发现。其实西洋人研究西洋史，受着传统的束缚，国家民族的偏见，他们见不到的地方还是很多。我们拿完全旁观者的态度，客观的眼光去研究，必能有许多发现。犹如我们中国古史已经中国人几千年来学者的研究了，但是近来西洋人对于中国古史的研究成绩，使得我们不能惊服赞叹。又如英国史，自然英人研究得很精，但是美国格拉斯（Charles Gross）对于英国基尔特（Guild System）起源的研究，法国哈里威（Haleuy）对于十九世纪英国社会的研究，皆超过英国史家，这也是英国史家所乐于承认的。所以站在旁观的地位去研究别的民族的历史是能够有贡献的。

至于中外关系，以前西洋人都是根据西洋人的记载，未能充分地利用中国材料，所得到的结果只是片面的。我们更应当根据中国方面的材料来订正他们的错误。这方面的工作，尤容易有成绩。

导师的缺乏，我们很可以拿出派送留学经费的一部分，来请外国第一流的史学家来中国指导研究。这样比派遣学生到外国去留学经济得多。譬如以前北大请葛利普（Grabau）博士来华任教，使得中国的地质学足堪与外国并驾齐驱。这个前例，很值得提倡。此外我们可再用通信方法，或休假旅行的机会，同外国大家一同研究，也未尝不可。

所以假使我们肯努力，国家学校肯购置图书，研究西洋史在学术上是有出路的。以后学历史的人，大家不必都集中在已经很拥挤的本国史范围内，教西洋史的人，更应当放弃以前的消极的接收态度，而起来积极地参加西洋史的研究工作。

三十五年十月十五日

（《益世报·史地周刊》第 12 期，1946 年 10 月 22 日）

中国史与西洋史
——中国现代史学评论之一

齐思和

一

中国史和西洋史,是现今中国史学界的二大分野。在中学里,四十年来本国史和西洋史是两门主要的课程。现今初高中的西洋史虽然自民国十七年后,已遵照教育部新修正的课程标准改为外国史,但仍不过是在西洋史外稍加上几章东洋史的教材而已。大学史学系的课程中亦以中国史和西洋史为主。此外,在规模较大,设备较完备的大学中,往往再添设几门东洋史的课程,但仍不过是附庸而已。中国史和西洋史实在是现今中国历史教育的主要部门,中国史家、西洋史家是中国史学界的主干。

这种现象本来是极合理的,也是极自然的趋势。中国人研究史学,自然应以国史为主。而西洋是现代文化的发祥地,我们要了解现代文化的来源,必须从西洋史上去寻求,况且中国和欧洲是东西两大文化系统的策源地。要研究这两大文化系统的起源、演变和发展,中国史和西洋史是必具的基本知识。所以不但中国,即在外国(如日本),史学教育中,中国史和西洋史的课程,也皆占重要地位,而在西洋的大学里,也逐渐添设中国史的课程了。

我国对于国史和西洋史方面的教学和教材,这几十年中有很显著的进步。先就国史的教材来说,清末的国史课本,多以《纲鉴易知录》和《十七史详节》为蓝本,多注重事实的排比,有时还发些迂腐的议论。民国初年的中国课本,又多受日本人的影响,叙完各代事实之后,又加述各代的文物制度,这已是一种进步。到了近十年,新出的课本,其中好一点的,有些很能将史实的范围,扩大到整个文化的进展,并且将人类各方面的活动作一个综合的叙述,使学者由机械的记忆而渐能了解整个文化的进展。至于西洋史的教材,也有同样的进展。清季各高等学堂和大学堂最通用的课本,如《万国史记》、《英民史记》等书,都是由日文译出的,《泰西新史揽要》则系由英文译出的。这些书内容都是以政治史为主,而且译名既不统一,材料也失之于凌乱,学者颇有如入五里雾中之苦。到了民国初年,国人自编的课本渐渐的出现,学童较易了解。而西文程度较好的学校,又多采用英文原本,于是罗宾孙、海士、蒙以及韦勃斯特的中学课本在中国风行一时。学生得以学习原来的名辞和术语,而且内容比较丰富,插图也较为精美,使学童对于西洋史书,较有亲切的认识。到了近年来,一两种新课本出现,颇能离开西文原本,作以独立的叙述,而文笔工美,较西文书更容易领悟了。

以上是就中等学校的历史教材而言。至于大学里面的国史教材,民国二十年以前,犹多用讲义制,由教员抄集些材料。学生离开学校,抱着几部讲义出而问世,当它为取之不尽,用之不竭的宝库。所以教授讲义发得愈多,也愈能受学生的欢迎。近年来,各大学图书设备逐渐充实,教授已渐使学生自己去阅读史料,参考原书。听讲之外,还指导他们作点研究工作。近十年来各大学史学系学生的毕业论文,较十年前的论质、论量,皆有显著的进步。至于西洋方面,现在当然是尚在介绍时期,但在较进步的大学中,已能让学生读较好的外国大学课本(特别是英文课本),并且使学生接近史料了。

至于教师和他们的教学方法,也有长足的进步。当清季我国在高等学堂和大学堂初设西洋史课程的时候,我国尚没有这项人才,所以教员多由外人(特别是日人)担任。这当然是同其他的新学问(尤其是科学)一样,不独史学为然。其后我们也渐有通晓西学的人才了,但是史学的专门人才犹不甚多。二十几年前当作者在高中读书的时候的史学教学情形,很可以作一个例。作者当时是在一个华北最著名的中学中读书,学校中设备既好,而教员也较他校为完整。当时教本国史的是一位国学很有根底的老先生,这位先生记诵熟,以能背诵《史记》中的《项羽本纪》、诸葛亮的《隆中对》,以及徐敬业的《讨武后檄文》等等的史料为号召,也因此得学生们的敬仰。但我们除了羡慕先生的记忆力和明朗的音调外,对于中国史并无了解。西洋史第一年是用的 MacNair 所编的英文本《西洋史纲要》,第二年又选用了海士、蒙编的《西洋近世史》(英文本),先生是一位上海著名教会大学的毕业生,西服穿得漂亮,英语也讲得流利。他的本职是教英文,学校偶然有英美人来讲演,常请他翻译,都很胜任。确是一位好英文教师,可惜他对于史学似乎懂得不多,而对于英文又似乎教得太熟,所以教授的方法便是用教英文的方法来教历史。他有时自己将课文朗读一遍或一段以示范,有时再叫学生们分着读以资练习,有时矫正学生的读音,有时分析长句的文法。结果我们的英文程度有点进步,但对于西洋史犹是茫然。当时其他学校也大都是国史由国文教员兼任,西洋史由英文教员兼任,成绩都不甚好。后来各大学史学系的毕业生一批一批地出去,中学的中西史课程大都由专门人才来担任,教学成绩当然日渐进步了。

至于大学方面的情形,亦大约相同。最初中国史多由国学家来担任,而西洋史则找位留学生来担任。因为我国留学生在外国学历史的人极少,所以往往在大学教西洋史的不见得尽是曾经在外国研究过历史的。这也是限于人才,无可如何的事。到了现在,国史的研究愈来愈趋于专门化,在较好的大学中,各代的历史大抵已经由专家来担任。至于西洋史的人才,实在太少,不够分配,这也是不容讳言的事。

二

在短短的三十年中,我们在中西史教学和研究上已经有这些显著的进步,这不能不说是惊人的成绩。但是,这并不是说中西史的教学便无更要进步,更要努力的余地。学问是无止境的,事业是永远前进的,史学自然也不是例外。今后中西史的教学和研究要谋进步,应该循什么途径呢?在未讨论改进的方法之前,我们须先知道现今我国中西史教学和研究的缺欠是什么。

我个人以为现今我国史学界最大的毛病,从中国和西洋史上的关系来说，是中国史教学研究与西洋史教学研究畛域分得太清，彼此太无联系了。中国史家和西洋史家彼此虽是同行，在大学中且共属于一个学系，然彼此在训练上、思想见解上，甚至在外表上，往往彼此距离甚远，不相了解。西洋史教授往往是西服革履的留学生，非常洋化；而教中国史的先生们往往长袍马褂，古色古香。在外表上既彼此不同，在知识上更畔若鸿沟。两派人虽同是史学家，在学术上很少能有切磋琢磨的益处。

中西史学界的分裂对立，对于教学上和研究上都是一个极大的损失。学问本来是整个的，又何况中史西史同是史学，更没有分裂对立的必要，并且教员方面，既不能将中西史融汇贯通，打成一片，又那能希望学生能将两个对立的学问，组成一个体系呢？

因为中西史教授各自为谋的结果，两种学问皆未能发挥他所应有的效能。讲国史的若但就本国史料去钻研发挥，便容易忽略了用比较方法来说明本国文化的特点。讲西洋史的若但抄袭西人的成说，便不能使西洋史与中国史发生联系。学生接收了两种不同的知识，自然更难冶为一炉。譬如在现今大中学的国史教本中，讲到周代的封建制度的时候，很少有同西洋和日本的封建制度比较一下，以说明封建制度的普遍性和我国封建制度的特点的。讲到秦汉统一的时候，也很少有同罗马的帝国的政治制度来加以比较的。这样比较工作，不但使我们发现我国文化的特点，同时更可以引起许多前人不曾注意的问题。我们试读几本西洋人所作的中国史，如德人卫理贤（Wilhelm）的《中国文化史》、福兰阁（Franke）的《中国通史》（已出三册，至唐代）、法人马伯乐（Maspero）的《中国上古史》，他们的取材不及我们所知道的多，知识也不及我们深，然而我们不能不佩服他们新颖的见解，和对于许多我们不注意的问题的研究。这便是因为他们用西洋史的眼光看中国史，所以便有许多新的发现。假使我们放大眼光，也用西洋史来和本国史相比较，不难更有伟大的收获。

我们今后研究中国史需用西洋史来比较；我们研究西洋史更要用中国人的眼光去研究它，然后西洋史的知识才能于解决中国问题有所裨益，于我们的生活发生联系。以前我们对于西洋史的介绍，和自然科学一样，自是生吞活剥，未尝加以消化。但是，我们知道，自然科学与社会科学的性质有许多不同之点。譬如，自然现象多是没有时间性与空间性的，而社会科学有时间性、空间性的。在中国用外国造琉酸的法子也能造琉酸，但是我们不能完全抄袭西洋的成规来改造中国的政府。因之自然科学课本我们无妨翻译，而社会科学则我们不能生吞活剥的介绍过来。

同时我们对于西洋史不但要介绍讲述而已，我们还需要作些工作。我以为教学与研究是不能分开的。研究的人若不教育后进，他的影响必不会大；但是介绍的人若不研究，则他的学识也不能深。介绍西洋史的人若不作研究工作，则他的介绍工作绝不能达到理想的境界。我们对于西洋史的贡献至少要作到伯希和、高本汉对于汉学的贡献，然后我们的西洋史学才能站得住。研究西洋史的困难自然是很多，如语言的隔膜、图书的缺乏、指导的无人等等。这自然都是很困难的问题，但这些都不是不能解决的困难。先拿语言来说，中国人学语言的能力比西洋人大，这是一般外人所承认的。所以我们学西洋文还较西人学汉文为易。至于史料的困难，这自然不是私人能解决的，是须要国家社会来办的。我们若不及时购置，则我们的学术永不能达到水准，我们对于西洋文化决不能有彻底的了解。假设我们有了史料图书，又有肯研究西洋史的人，我们拿中国人的眼光去研究西洋史，我们必能翻陈出新，大有贡献。

这样我们用中国人的眼光去治西洋史，用中国人的方法来整理中国史，用比较方法将国史、西洋史打成一片，我们史学界必有空前的进途。"中国史与西洋史打成一片"，这是我们对于中国史学界迫切的要求。

(《建国评论》1946年第1卷第9期)

图书在版编目(CIP)数据

中国现代史学评论/李孝迁编校. —上海:上海古籍出版社,2018.11
(中国近代史学文献丛刊)
ISBN 978-7-5325-9003-2

Ⅰ.①中… Ⅱ.①李… Ⅲ.①中国历史-现代史-史评 Ⅳ.①K260.7

中国版本图书馆 CIP 数据核字(2018)第 236143 号

中国近代史学文献丛刊
中国现代史学评论
李孝迁　编校
上海古籍出版社出版发行
(上海瑞金二路272号　邮政编码200020)
　(1) 网址:www.guji.com.cn
　(2) E-mail:guji1@guji.com.cn
　(3) 易文网网址:www.ewen.co
浙江新华数码印务有限公司印刷
开本635×965　1/16　印张37.75　插页5　字数574,000
2018年11月第1版　2018年11月第1次印刷
ISBN 978-7-5325-9003-2
K·2564　定价:148.00元
如有质量问题,请与承印公司联系